The Changes of the Legal System
in the Forty Years of
Reform and Opening-up

国家出版基金项目
NATIONAL PUBLICATION FOUNDATION

GZC 高校主题出版
GAOXIAO ZHUTI CHUBAN

改革开放 *40* 年
法律制度变迁

总 主 编　　张文显
执行主编　　柳经纬

民事诉讼法卷

Civil Procedure Law

张卫平 等◎著

厦门大学出版社
XIAMEN UNIVERSITY PRESS

国家一级出版社
全国百佳图书出版单位

图书在版编目(CIP)数据

改革开放 40 年法律制度变迁.民事诉讼法卷/张卫平等著.—厦门:厦门大学出版社,
2019.12
ISBN 978-7-5615-7181-1

Ⅰ.①改… Ⅱ.①张… Ⅲ.①民事诉讼法—法制史—研究—中国—现代 Ⅳ.①D929.7

中国版本图书馆 CIP 数据核字(2018)第 265882 号

出 版 人	郑文礼
策 划	施高翔
责任编辑	甘世恒
装帧设计	李夏凌
技术编辑	许克华

出版发行	厦门大学出版社
社 址	厦门市软件园二期望海路 39 号
邮政编码	361008
总 编 办	0592-2182177 0592-2181406(传真)
营销中心	0592-2184458 0592-2181365
网 址	http://www.xmupress.com
邮 箱	xmupress@126.com
印 刷	厦门集大印刷厂

开本	787 mm×1 092 mm 1/16
印张	25.25
字数	510 千字
版次	2019 年 12 月第 1 版
印次	2019 年 12 月第 1 次印刷
定价	143.00 元

本书如有印装质量问题请直接寄承印厂调换

厦门大学出版社
微信二维码

厦门大学出版社
微博二维码

The Changes of the Legal System
in the Forty Years of
Reform and Opening-up

《改革开放40年法律制度变迁》丛书编委会

编委会主任

张文显（中国法学会副会长、学术委员会主任）

张　彦（厦门大学党委书记）

编委会成员 （按姓氏拼音排序）

卞建林（中国政法大学教授，诉讼法学研究院院长）

韩大元（中国人民大学教授）

黄　进（中国政法大学教授、校长）

孔庆江（中国政法大学教授、国际法学院院长）

李建发（厦门大学教授、副校长）

林　嘉（中国人民大学教授、法学院党委书记）

林秀芹（厦门大学教授、知识产权研究院院长）

柳经纬（中国政法大学教授）

卢代富（西南政法大学教授、经济法学院院长）

齐树洁（厦门大学教授）

曲新久（中国政法大学教授、刑事司法学院院长）

宋方青（厦门大学教授、法学院院长）

宋文艳（厦门大学出版社总编辑）

王树义（武汉大学教授）

薛刚凌（华南师范大学教授）

张卫平（清华大学教授）

赵旭东（中国政法大学教授、民商经济法学院副院长）

郑文礼（厦门大学出版社社长）

秘　书

甘世恒（厦门大学出版社法律编辑室主任）

总　序

改革开放 40 年
中国法治的历程、轨迹和经验

今年是中国改革开放 40 年,也是中国厉行法治 40 年。厦门大学出版社立意高远地策划了"改革开放 40 年法律制度变迁"这一重大选题,旨在通过聚合我国当今知名法学家,全面回顾总结改革开放 40 年来我国法律制度变迁和依法治国事业取得的伟大成就,系统梳理改革开放 40 年来中国特色社会主义法律体系在中国特色社会主义事业波澜壮阔的发展进程中的变迁逻辑、生成规律和实现路径,启迪、展望和探索新时代我国法律制度的建构与发展,以唱响我国法学界献礼改革开放 40 周年主旋律和最强音,为庆祝改革开放 40 周年营造良好社会舆论环境,为我国学术界和实务界在新时代更好推动中国特色社会主义法律体系发展完善,推进全面依法治国、建设法治中国新征程,开创法治发展新时代贡献力量。

值此本套丛书出版之际,我以"改革开放 40 年中国法治的历程、轨迹和经验"为主题作序,与各位作者和编辑一道,豪情满怀地纪念改革开放 40 年,抒发中国特色社会主义法治的理论自信、制度自信和实践自信。

一、中国法治 40 年的历程

1978 年,中国共产党召开了十一届三中全会,结束了长达十年的"文化大革命"。这次全会做出了"加强社会主义法制"的决定并提出了"有法可依、有法必依、执法必严、违法必究"的法制工作方针。以十一届三中全会为起点,中国特色社会主义法治经历了三大历史阶段,实现了三次历史性飞跃。

(一)法制创建新时期(1978—1997)

这一时期,我国的法制建设以恢复重建、全面修宪和大规模立法为引领,主要有以下重要历史节点和重大事件:

1.“一日七法”。中共十一届三中全会召开时,虽然“文化大革命”从形式上已经结束,但中国仍处于“无法可依”的状态,国家法律几乎是空白。因此,当务之急是制定一批法律,迅速恢复法律秩序和以法律秩序为支撑的社会秩序。在党中央的领导下,1979 年 7 月 1 日,五届全国人大二次会议一天之内通过了 7 部法律,即《刑法》《刑事诉讼法》《地方各级人民代表大会和地方各级人民政府组织法》《全国人民代表大会和地方各级人民代表大会选举法》《人民法院组织法》《人民检察院组织法》《中外合资经营企业法》,被法学界称为中国法治史上著名的“一日七法”。以“一日七法”为先导,我国陆续制定了《民法通则》《行政诉讼法》等一大批重要法律,形成了中国特色社会主义法律体系框架。

2.“九九指示”。有了刑法、刑事诉讼法等法律,能否确保法律实施,在当时的情况下却是一个大大的问号。为此,中共中央于 1979 年 9 月 9 日发出了《关于坚决保证刑法、刑事诉讼法切实实施的指示》。该《指示》要求各级党委要保证法律的切实实施,充分发挥司法机关的作用,切实保证人民检察院独立行使检察权,人民法院独立行使审判权,使之不受其他行政机关、团体和个人的干涉。这是改革开放初期,我们党着手清除法律虚无主义,纠正以党代政、以言代法、有法不依等错误习惯的重要文献,意志坚定、观点鲜明、有的放矢、意义重大。

3.世纪审判。在社会主义法制恢复重建初期,发生了中国现代历史上最重大的法律事件,即对林彪、江青反革命集团的大审判。1980 年 11 月 22 日,《人民日报》发表特约评论员文章,指出:“对林彪、江青反革命集团的审判,是我国民主和法制发展道路上的一个引人注目的里程碑,它充分体现了以法治国的精神,坚决维护了法律的权威,认真贯彻了社会主义民主和法制的各项原则。”

4.全面修宪。新中国成立之初,党中央和中央人民政府就启动了制定宪法的程序。1954 年 9 月 20 日,第一届全国人民代表大会通过《中华人民共和国宪法》。这部《宪法》以“根本法”“总章程”的定位,以人民民主原则和社会主义原则为支点,构建了中国历史新纪元的宪法框架,构筑了中国社会主义制度的“四梁八柱”。在“文化大革命”中制定的 1975 年《宪法》和 1978 年《宪法》是带有严重错误和缺点的宪法。1980 年,中共中央决定全面修改“七八宪法”。经过 29 个月的艰苦努力,1982 年 12 月 4 日,五届全国人大五次会议通过了全面修订后的《中华人民共和国宪法》。30 多年来的发展历程充分证明,现行宪法及其修正案有力地坚持了中国共产党领导,有力地保障了人民当家做主,有力地促进了改革开放和社会主义现代化建设,有力地推动了社会主义法治国家建设进程,有力地维护了国家统一、民族团结、社会稳定,具有显著优势、坚实基础、强大生命力。

5.全民普法。在法制恢复重建之初,党和政府启动了全民法制宣传教育活动。1985 年 11 月 22 日,六届全国人大常委会第四次会议通过《全国人民代表大会常务委员会关于在公民中基本普及法律常识的决议》。至今,我国已经先后制定和实施了七个"五年普法规划"。中国的全民普法运动既是中国历史上、也是人类历史上规模空前和影响深远的法治启蒙运动,是一场先进的思想观念和文明的生活方式的宣传教育运动。

(二)依法治国新阶段(1997—2012)

在中国法治的历史上,1997 年是一个难忘的国家记忆。1997 年召开的中共十五大划时代地提出"依法治国,建设社会主义法治国家",开启了依法治国新阶段。在这个阶段,主要有以下历史节点和重大事件。

1.确立依法治国基本方略。1997 年 9 月,中共十五大召开。江泽民同志在十五大报告中明确提出,要"进一步扩大社会主义民主,健全社会主义法制,依法治国,建设社会主义法治国家"。这是中共首次将依法治国作为治国理政的基本方略。1999 年 3 月 15 日,九届全国人大二次会议通过《中华人民共和国宪法》修正案,将"依法治国,建设社会主义法治国家"纳入宪法,使依法治国成为党领导人民治理国家的基本方略,建设社会主义法治国家成为国家建设和发展的重要目标之一。这标志着我国迈向了法治建设新阶段。

2.确立依法执政基本方式。2002 年 10 月,中共十六大召开。江泽民同志在十六大报告正式提出"依法执政"概念。2004 年 9 月 19 日,党的十六届四中全会通过了《中共中央关于加强党的执政能力建设的决定》,把加强依法执政的能力作为加强党的执政能力建设的总体目标之一,并就依法执政的内涵作出科学规定。依法执政基本方式的确立,表明我们党开启了依法治国基本方略与依法执政基本方式有机结合的治国理政的新境界。

3.形成中国特色社会主义法律体系。2011 年 3 月 10 日,在十一届全国人大四次会议上,全国人大常委会工作报告庄严宣布:一个立足中国国情和实际、适应改革开放和社会主义现代化建设需要、集中体现党和人民意志的,以宪法为统帅,以宪法相关法、民商法等多个法律部门的法律为主干,由法律、行政法规、地方性法规等多个层次的法律规范构成的中国特色社会主义法律体系已经形成,国家经济建设、政治建设、文化建设、社会建设以及生态文明建设的各个方面均实现有法可依。中国特色社会主义法律体系的形成,是我国依法治国、建设社会主义法治国家历史进程的重要里程碑,也是世界现代法制史上最具标志性事件,其意义重大而深远,其影响广泛而深刻。

(三)全面依法治国新时代(2012 —)

以中共十八大为历史节点,中国特色社会主义进入新时代,中国法治也跨入新时代。党的十八大以来,以习近平同志为核心的党中央在全面推进依法治国、加快建设中国特色社会主义法治体系和社会主义法治国家的伟大实践中,创造性地发展了中国特色社会主义法治理论,提出了全面依法治国新理念新思想新战略为坚持和开拓中国特色社会主义法治道路奠定了思想基础,为推进法治中国建设提供了理论指引。

1. 明确定位"法治小康"。中共十八大提出全面建成小康社会。十八届三中全会、四中全会、五中全会、六中全会不断明晰和丰富全面建成小康社会的目标和各项要求。全面建成小康社会,在法治领域就是要达到依法治国基本方略全面落实,中国特色社会主义法律体系更加完善,法治政府基本建成,司法公信力明显提高,人权得到切实保障,产权得到有效保护,国家各项工作法治化。这是对我国法治建设目标的首次精准而全面的定位。

2. 提出法治新十六字方针。2012 年,由习近平同志主持起草的中共十八大报告提出:"加快建设社会主义法治国家,必须全面推进科学立法、严格执法、公正司法、全民守法进程。"法学界称之为"新十六字方针"。"新十六字方针"体现依法治国新布局,为全面依法治国基本方略的形成奠定了理论和实践基础。

3. 建设法治中国。"建设法治中国"是习近平总书记在十八大之后不久发出的伟大号召。2013 年,中共十八届三中全会通过的《中共中央关于全面深化改革若干重大问题的决定》提出要推进法治中国建设。2014 年,十八届四中全会进一步向全党和全国各族人民发出"向着建设法治中国不断前进""为建设法治中国而奋斗"的号召。"法治中国"概念是我们党在法治理论上的重大创新,也是对新时代中国法治建设的科学定位。在实践上,"建设法治中国",其要义是依法治国、依法执政、依法行政共同推进,法治国家、法治政府、法治社会一体建设。

4. 全面依法治国。十八大之后,以习近平同志为核心的党中央在完善"五位一体"总体布局之后提出了"四个全面"的战略布局,并把全面依法治国放在总体战略布局之中统筹安排。在这个布局中,全面建成小康社会是战略目标,全面深化改革、全面依法治国、全面从严治党是三大战略举措,对实现全面建成小康社会战略目标一个都不能缺,要努力做到"四个全面"相辅相成、相互促进、相得益彰。根据习近平总书记的这一战略思想,2014 年 10 月,中共十八届四中全会通过了《中共中央关于全面推进依法治国若干重大问题的决定》,标志着我国法治建设站在了新的历史起点上。

5. 建设中国特色社会主义法治体系。中共十八届四中全会是中国共产党执政历史上首次以法治为主题的中央全会,全会通过的《决定》原创性地提出全面依法治国的总目标是建设中国特色社会主义法治体系,建设社会主义法治国家。提出这个总目标,既明确了全面推进依法治国的性质和方向,又突出了全面推进依法治国的工作重点和总抓手。全面依法治国各项工作都要围绕这个总抓手来谋划、来推进。

6. 开启全面依法治国新征程。中国共产党第十九次全国代表大会是中国特色社会主义进入新时代之后中国共产党召开的最为重要的会议。十九大明确了从现在到2020年、从2020年到2035年、从2035年到21世纪中叶一个时段、两个阶段的法治建设目标,为依法治国和法治中国建设指明了前进方向、基本任务、实践路径。十九大把坚持全面依法治国上升为新时代坚持和发展中国特色社会主义的基本方略,凸显了法治在"五位一体"总体布局和"四个全面"战略布局中的地位,提升了法治在推进国家治理现代化和建设社会主义现代化强国中的基础性、支撑性、引领性作用。

二、中国法治40年的轨迹

以中共十一届三中全会做出的"加强社会主义法制"历史性决策为起点,在40年发展历程中,中国法治留下了辉煌的历史轨迹,显现出中国特色社会主义法治发展的鲜明特征和规律。

(一) 从"法制"到"法治"

"法制",望文思义,就是国家的法律和制度。改革开放初期,面对法律几乎"荡然无存"的局面,法制建设的重心是加快立法,健全法制,做到有法可依。之后,在法律体系基本形成的情况下,法治建设经历了从法制到法治的发展。主要体现为:

从"法制"概念到"法治"概念。十一届三中全会之后,在法制领域和法学体系中,最正式最流行的概念就是"法制""法制建设"。中共十五大之后,最正式最流行的概念演进为"法治""依法治国""全面依法治国"等。虽然"法治"与"法制"这两个概念表面上只有一字之差,其内涵和意义却大不相同:第一,"法治"突出了实行法治、摒弃人治的坚强意志和决心,针对性、目标性更强。第二,"法治""法治国家"意味着法律至上,依法而治、依法治权。第三,与"法制"比较,"法治"意味着不仅要有完备的法律体系和制度,而且要树立法律的权威,保证认真实施法律,切实依照法律治理国家和社会。第四,法治包容了法制,涵盖面更广泛,更丰富。

从"方针"到"方略"。改革开放初期,中共十一届三中全会把社会主义法制建设作为党和国家坚定不移的基本方针。中共十五大在社会主义法制基本方针的基础上提出依法治国基本方略。从建设法制的方针到依法治国的方略,显现出中国法治理论和实践发生了深刻变化。

从"法制国家"到"法治国家"。1996 年 2 月 8 日,在中共中央第三次法制讲座上,江泽民同志在总结讲话中明确提出要依法治国,建设社会主义"法制国家",并对依法治国和建设法制国家的重大意义进行了阐述。1997 年 9 月,党的十五大报告根据各方面的建议、特别是依法治国的实践逻辑,把此前的提法修改为"依法治国,建设社会主义法治国家。"用"法治国家"代替"法制国家",是一次新的思想解放,标志着中央领导集体和全党认识上的飞跃。

从"健全社会主义法制"到"健全社会主义法治"。改革开放初期,面对无法可依、制度残缺的局面,党中央作出"健全社会主义法制"的决策,1982 年宪法沿用了"健全社会主义法制"的提法。2018 年,现行宪法第五次修改将原序言中的"发扬社会主义民主,健全社会主义法制"修改为"发扬社会主义民主,健全社会主义法治"。这一字"千金"的修改,从宪法上完成了从法制到法治的根本转型,反映出我国社会主义法治建设历史性的跨越和进步。

(二)从"依法治国"到"全面依法治国"

党的十五大将"依法治国"作为党领导人民治理国家的基本方略。十八大提出"全面推进依法治国"。十八届四中全会后,习近平总书记提出了内涵更为丰富、表述更为精致的"全面依法治国"概念。从"依法治国"到"全面推进依法治国"再到"全面依法治国",提法的变化表明我们党依法治国的思路越来越清晰、越来越精准。

(三)从建设"法治国家"到建设"法治中国"

十八大以后,习近平总书记明确提出"法治中国"的科学命题和建设法治中国的重大历史任务。"法治中国"比"法治国家"的内涵更加丰富,思想更加深刻,形态更加生动,意义更具时代性。从"法治国家"到"法治中国"的转型,意味着我国法治建设的拓展、深化和跨越。

(四)从建设"法律体系"到建设"法治体系"

在全国人大常委会宣布中国特色社会主义法律体系已经形成之后,法治建设如何推进?这是摆在全党和全国人民面前的重大课题。习近平总书记经过深入调研和科学论证,提出"建设中国特色社会主义法治体系"。十八届四中全会正式将"建设中国特色社会主义法治体系"作为全面推进依法治国的总目标、总抓手、牛鼻子。从建设"法律体系"到建设"法治体系",体现了我们党对法治建设规律认识的重大突破。

(五)从"以经济为中心"到"以人民为中心"

中共十一届三中全会果断地、历史性地把党和国家的工作重心从以阶级斗争为纲转向以经济建设为中心,与此同步,中国的法制建设也转向了以经济建设为中心,为经济发展"保驾护航"成为法制的核心价值。中共十八大之后,党中央明确地提出"以人民为中心"的思想,这是统揽全局、指导全面的思想。在法治领域,树立"以人民为中心"的思想,就是要倍加关注人民对民主法治、公平正义、人权保障、产权保护、安定有序、环境良好的美好向往,以满足人民对美好法治生活的向往为宗旨;坚持法治为了人民、依靠人民、造福人民、保护人民,把体现人民利益、反映人民意愿、维护人民权益、增进人民福祉、促进人的全面发展作为法治建设的出发点和落脚点,落实到依法治国全过程各方面。

(六)从"法律之治"到"良法善治"

从1978年至1997年间,我国法制建设的基本方针是"有法可依、有法必依、执法必严、违法必究",总体而言,这是一种形式法治意义的"法律之治"。十八大提出"科学立法、严格执法、公正司法、全民守法",从理论和实践上都向形式法治与实质法治的结合前进一大步。十八大以后,我们党明确提出"法律是治国之重器,良法是善治之前提"。十九大报告进一步提出"以良法促进发展、保障善治"。这是对新时代中国特色社会主义法治作为形式法治与实质法治相统一的法治模式的精辟定型。从"法律之治"到"良法善治"是法治理念的根本性飞跃。

(七)从"法制建设"到"法治改革"

从1978年到21世纪第一个十年,在法治领域,总的提法是法制建设,而且总体上也是按照"建设"来规划部署的。中共十八大以来,习近平总书记多次指出,"全面依法治国是国家治理的一场深刻革命",并以革命的勇气和革命的思维,大刀阔斧地推进法治领域的改革,出台了数百项重大法治改革举措,大力解决立法不良、有法不依、执法不严、司法不公、监督疲软、权力腐败、人权保障不力等突出问题。实践充分证明,法治改革是加快推进法治中国建设的强大动力和必由之路。

(八)从常规建设到加快推进

改革开放以来,我国法制建设有序推进,取得了很大成就。但是,常规的、按部就班的法制建设难以适应全面深化改革、全面依法治国、全面从严治党的迫切要求,难以适应人民群众日益增长的多样化、高质量法治需要,难以跟进国家治理现代化的前进步伐。为此,党中央以时不我待、只争朝夕的姿态加快推进法治改革和法治建设,提出一系列"加快"各领域法治建设和改革的重大措施。

（九）法学教育从恢复重建到繁荣发展

中国的法学教育历史悠久，源远流长。但从 20 世纪 50 年代末，我国的法学教育随着法治的衰败而全面衰败。改革开放 40 年来，伴随着中国法治和中国高等教育前进的步伐，我国法学教育历经恢复重建、快速发展、改革创新，已经形成了具有一定规模、结构比较合理、整体质量稳步提高的教育体系。中国的法学教育已经跻身世界法学教育之林，法学教育的中国模式与法学教育的美国模式、欧洲模式呈三足鼎立态势。一个基本适应我国法治人才需要和法治中国建设需要、具有中国特色的法学体系初步形成。

（十）从人治到法治

40 年的中国法治轨迹，总括而言，就是从人治到法治。法治与人治是两种互相对立的治国方略。在这个问题上，我们有经验也有教训。改革开放初期，邓小平同志针对"要人治不要法治"的错误观念以及人治导致"文革"悲剧的沉痛教训，强调指出："要通过改革，处理好法治和人治的关系"。后来，他又尖锐地指出：要保持党和国家长治久安，避免"文化大革命"那样的历史悲剧重演，必须从法制上解决问题。中共十八大以来，习近平总书记深刻地阐述了厉行法治、摒弃人治的历史规律和深远意义。他指出："法治和人治问题是人类政治文明史上的一个基本问题，也是各国在实现现代化过程中必须面对和解决的一个重大问题。综观世界近现代史，凡是顺利实现现代化的国家，没有一个不是较好解决了法治和人治问题的。""经验和教训使我们党深刻认识到，法治是治国理政不可或缺的重要手段。法治兴则国家兴，法治衰则国家乱。什么时候重视法治、法治昌明，什么时候就国泰民安；什么时候忽视法治、法治松弛，什么时候就国乱民怨。"基于对人治教训的深刻分析和对治国理政规律的深刻把握，以习近平同志为核心的党中央采取一系列重大举措，推动党、国家和社会告别人治传统而步入法治的光明大道。

三、中国法治 40 年的基本经验

40 年的法治建设不仅取得了历史性成就，而且积累了一系列宝贵经验，形成了一整套科学理论。

（一）坚持和拓展中国特色社会主义法治道路

习近平总书记指出："中国特色社会主义法治道路，是社会主义法治建设成就和经验的集中体现，是建设社会主义法治国家的唯一正确道路。""具体讲我国法治建设的成就,大大小小可以列举出十几条、几十条,但归结起来就是开辟了中国特色社会主义法治道路这一条。"坚持中国特色社会主义法治道路,"核心要义"是坚持党的领导,把党的领导贯彻到依法治国各方面和全过程,坚持中国特色社会主义制度,贯彻中国特色社会主义法治理论。改革开放40年来,我国的法治建设、法治改革和全面依法治国之所以能够取得历史性成就,根本原因在于我们坚定不移地走中国特色社会主义法治道路。

(二)坚持依法治国与以德治国相结合

法治与德治的关系问题,历来是治国理政的基本问题,是法学和政治学的基本论题。中共十五大以来,党中央总结古今中外治国理政的成功经验,明确提出了坚持依法治国与以德治国相结合的思想。中共十八届四中全会《决定》和习近平总书记在十八届四中全会上的讲话进一步明确提出依法治国与以德治国相结合是中国特色社会主义法治的基本原则,强调"必须坚持一手抓法治、一手抓德治";既重视发挥法律的规范作用,又重视发挥道德的教化作用,实现法律和道德相辅相成、法治和德治相得益彰。党中央关于依法治国与以德治国相结合的深刻论述,突破了法治、德治水火不容的僵化思维定式,阐明了一种现代法治和新型德治相结合的治国理政新思路。正是遵循了依法治国与以德治国相结合的思想路线和决策部署,我国的法治建设和道德建设才能呈现出相得益彰的良好局面。

(三)坚持依法治国与依规治党有机统一

坚持依法治国与依规治党有机统一,是以习近平同志为核心的党中央在治国理政新实践中探索出来的新经验、概括出来的新理论。依法治国与依规治党有着内在联系,治党与治国相辅相成,依法执政与依规执政高度契合,缺一不可。基于对依法治国与依规治党有机统一关系的深刻认识,我们党采取了一系列措施统筹推进依法治国和依规治党。一是把党内法规制度体系纳入到中国特色社会主义法治体系之中,加快形成完善的党内法规制度体系。二是注重党内法规同国家法律的衔接和协调,共同发挥在治党治国中相辅相成的作用。三是提出思想建党和制度治党紧密结合、同向发力。四是同步推进国家治理体系现代化和中国共产党治理体系现代化,提高党科学执政、民主执政和依法执政的本领。五是探索职能相近的党政机关合并设立或合署办公,推进党和国家治理体制改革,推进国家治理体系和治理能力现代化。

(四)坚持法治与自治良性互动

在一个现代化国家,国家法治与社会自治始终是国家治理的根基所在。依法自治为公民、社会组织等各类社会主体通过自我协商、平等对话、参与社会治理、依法解决社会问题留出了广阔空间。中共十八届三中全会《决定》提出,正确处理政府和社会关系,加快实施政社分开,推进社会组织明确权责、依法自治、发挥作用,并要求放宽社会组织准入门槛,实现依法自治管理。四中全会《决定》进一步提出鼓励和支持基层组织和部门、行业依法治理,支持各类社会主体自我约束、自我管理。两个《决定》开辟了社会依法自治的崭新局面。中共十九大报告进一步提出"打造共建共治共享的社会治理格局";发挥社会组织作用,实现政府治理和社会调节、居民自治良性互动;健全自治、法治、德治相结合的乡村治理体系。这些思想和方略,必将使法治、德治、自治更为有效衔接,推动国家治理和社会治理、国家法治与社会自治良性互动。

(五)坚持以依宪执政和依宪治国统领依法治国和法治中国建设

宪法是国家的根本法、总章程,是"治国理政的总依据""全面依法治国的总依据""国家各种制度和法律法规的总依据"。所以,依法治国首先要坚持依宪治国,依法执政首先要坚持依宪执政。1982 年宪法即现行宪法公布施行后,根据我国改革开放和社会主义现代化建设的实践和发展,在党中央领导下,全国人大先后 5 次对其个别条款和部分内容作出必要的、也是十分重要的修正,共通过了 52 条宪法修正案。现行宪法及其历次修改,为法的立改废释提供了宪法依据,使我国宪法以其科学理论、制度优势和强大权威,统领和引领着全面依法治国和法治中国建设的航程。

(六)坚持法治与改革双轮驱动

1978 年以来,中国特色社会主义事业有两大主题,一是改革开放,一是法治建设。两大主题有着内在的、相辅相成的必然联系。改革与法治如"鸟之两翼、车之双轮",共同推动小康社会建设,是小康社会必不可少的动力支持与保障力量。同时,坚持在法治下推进改革,在改革中完善法治,使改革因法治而得到有效推进,使法治因改革而得到不断完善。

(七)坚持统筹推进国内法治与国际法治

统筹国内国际两个大局是我们党治国理政的基本理念和基本经验。十八大以来,以习近平同志为核心的党中央审时度势,统筹推进"两个法治",使国内法治和国际法治相得益彰。我国以构建人类命运共同体为目标,以推动全球治理体系和治理规则变革为动力,秉持共商共建共享的全球治理观,建设国际法治,推进国际关系法治化,积极开展法律外交,主动参与国际立法,参与和支持国际执法、国际司法、国际仲裁,使国内法治与国际法治的契合达到前所未有的程度。

(八)坚持全面推进与重点突破相协调

全面推进依法治国是一项庞大的系统工程,必须统筹兼顾、把握重点、整体谋划,在共同推进上着力,在一体建设上用劲。在全面推进依法治国过程中,以习近平同志为核心的党中央注重统筹推进、协调发展。同时,善于牵住"牛鼻子"形成"纲举目张"的态势,如强调以中国特色社会主义法治体系为总目标、总抓手、"牛鼻子";始终把"关键少数"作为依法治国的重中之重;注重重点突破瓶颈问题,如倾力推进司法体制改革、破解制约司法公正和司法公信的瓶颈问题,仅中央全面深化改革领导小组就先后42次审议司法改革方案,出台涉及司法体制改革的文件多达53件。。

(九)坚持顶层设计、科学布局与试点探索、先行先试相结合

改革开放初期,无论是经济改革,还是法制建设,几乎都是"摸着石头过河"。十八大以来,以习近平同志为核心的党中央加强了对法治改革和法治建设的统一领导和顶层设计,提出全面推进依法治国的总目标、法治中国建设的总路径。把依法治国纳入"四个全面"战略布局,并与"两个一百年"的奋斗目标对接,把中国特色社会主义法治体系建设与国家治理体系和治理能力现代化紧密连接,彰显出顶层设计的政治引领、理论导航、行动指南作用。在加强统一领导和顶层设计的同时,注重调动地方、部门改革积极性,激励和支持地方、行业先行先试。各地在先行先试中创造了经验,积累了可复制可推广的经验。这些经验又为党中央顶层设计和推进全面改革提供了实践基础和科学依据。

(十)坚持遵循法治规律与秉持中国法理相一致

改革开放40年来,中国法治建设和法治改革的一个十分鲜明的特点就是既重视规律又重视法理,遵循法治规律,秉持法理精神。中共十八大以来,在全面推进依法治国的整个过程中,习近平总书记反复要求解放思想,实事求是,不断深化对法治规律的认识,按照依法治国、依法执政、依法行政、依法自治的客观规律办事,充分发挥法治在治国理政中的基本方式作用。正是由于注重探索法治规律、总结法治经验、凝练法治理论,保证了中国特色社会主义法治始终沿着法治规律科学发展,从胜利走向胜利。

在尊重和遵循规律的同时,也秉持了法理精神。十八大以来,习近平总书记不仅反复强调要学会运用法治思维和法治方式治国理政,而且善于运用法理思维和法理话语提升中国特色社会主义法治理论的解释力、感召力,夯实全面依法治国重大部署和改革方案的法理基础。在他关于法治的讲话和论著中,可以说各篇都有法理金句,通卷闪耀法理珠玑。如法治兴则国泰民安,法治衰则国乱民怨;法安天

下,德润民心;法律的权威源自人民的内心拥护和真诚信仰;自由是秩序的目的,秩序是自由的保障;发展是安全的基础,安全是发展的条件;党的政策是国家法律的先导和指引;依法设定权力、规范权力、制约权力、监督权力,把权力关进制度的笼子;和平、发展、公平、正义、民主、自由,是全人类的共同价值;等等。习近平总书记提炼出来的一系列法理命题为法律体系和法治体系注入了强大生命力,对全党和全国人民保持法治定力、拓展法治道路、深化法治改革、建设社会主义现代化法治强国产生了强大的感染力和推动力。

张文显

2018 年 11 月 10 日

目　录

第一章

总　论

题记：史为鉴，知兴替。

总论之一：绪　论

引　言

从 1978 年至今，我国改革开放走过了 40 年的历程。这是一段交响诗般的历程。

毋庸置疑，改革开放对于我国社会的发展具有革命性的意义。由此，导致我国社会发生了天翻地覆的变化。这些变化不仅体现在经济、政治、文化、观念等方面，也体现在法制方面。改革开放对于法制的变化和发展的意义更具有颠覆性或根本性。可以说，没有改革开放的开启就没有我国法制现代化的起步。没有改革开放的推进和深入，也就不可能有社会主义法治的发展和提升。

在民事诉讼制度方面，亦是如此。改革开放 40 年的历程中，虽然民事诉讼制度的变迁也与改革开放的步伐进程基本同步,民事诉讼制度有了显著的发展和提升;但因为诸多因素的影响,其变迁过程也折射出民事诉讼制度发展变迁的特殊性,反映出民事诉讼制度的变迁的迂回与曲折。因此,回顾改革开放 40 年民事诉讼制度的变迁过程,发现、归纳和总结民事诉讼制度变迁过程中的成功经验和失败教训,把握民事诉讼制度发展的规律,对于我国今后进一步推进民事诉讼制度乃至民事诉讼法治的发展将不无裨益。

民事诉讼制度是一个含义较为广泛和丰富的概念。本书中,民事诉讼制度是指对广义民事诉讼行为具有约束作用的规范总和。民事诉讼制度包括广义的民事诉讼法,也包含各种关于民事诉讼的司法解释(广义的)和政策。如此理解民事诉讼制度,才能真正使改革开放 40 年民事诉讼制度变迁的回顾变得有意义。在我国法治的初级阶段,政策调整依然是国家和社会治理的一种非常重要的手段。离开政策单纯从颁布的法律文本去理解中国法治是远远不够的、不充分和不全面的。民事诉讼政策对于民事诉讼法的实施具有重要的指导意义。各种关于民事诉讼司法解释更是民事诉讼法的具体化和现实化的重要手段,其构成了广义的、实证的民事诉讼法的重要组成部分。

从宏观层面而言,民事诉讼制度的变迁总是与国家的政治、经济、文化、观念等法律大环境因素的变化密切关联。在 1949 年中华人民共和国成立至改革开放之前,脱胎于旧中国的社会主义中国处于初建时期,物质基础十分薄弱。在经济体制方面,受苏联的影响,实行的是计划经济,商品经济很不发达。在政治方面,整个国家的政治重心还处于以阶级斗争为中心的阶段,社会尚未树立与法治社会相适应的法治意识和法治观念。因此,在这样的经济、政治、文化、观念的大环境之中,民事诉讼制度也只能极其初级和简陋。20 世纪 60 年代中期发生的十年浩劫更是彻底将初建的社会主义法制摧毁殆尽。在国家危难之际,我们党以极大魄力力挽狂澜,结束了"文革"的动荡,并决定实行改革开放政策,将我国拉回到应有的发展轨迹。从此开启了我国社会高速发展的新篇章。

改革开放最直接的变化是经济体制——从传统的计划经济转向市场经济。经济体制的改革和商品经济发展直接或间接地引发社会其他方面的发展。在经济与法律的关联层面,市场经济必然要求法治,可以说,市场经济应当是也必须是法治经济。没有法治,市场经济秩序不能维持,市场经济无法存活。经济的发展催生和促使了法治的发展。

从社会形态视角来看,改革开放的一个显著变化是社会形态的转型,即从过去的乡土中国转向城镇中国,从熟人社会转向陌生人社会。中国这种乡土社会、熟人社会、农业社会在社会治理方面体现为"礼制秩序",主要依赖于伦理道德来维持。随着商品经济的发展,社会流动加强,中国也从过去的熟人社会转向陌生人社会,以熟人社会为基础的伦理治理受到了很大冲击。转型后的社会需要以更明晰、更具有强制力的法律规则予以维系。"在当代社会,我们的健康、生活以及财富受到我们从未而且永远不会谋面的人支配。在这样一个到处'潜伏'着危险的'陌生人社会'中,我们如何才能保证生活是安全的呢? 我们没有直接的方法保证罐装食品不会毒害我们,为了防止各种恐惧和灾难,我们需要强有力的方法和对陌生人和他们的工具加以控制。这种控制不可能是面对面的,既不能通过人情,也不能通过市场,只有通过法律,通过各种各样的法律规则。"①从社会转型对社会治理的形态要求来看也就会自然地呼唤法治的到来。这种陌生人的社会不仅会强化实体规则,同时也会强化程序规则,包括解决争议、纠纷的司法程序规则。从某种意义上讲,程序规则乃是法治最核心的规则。在陌生人之间,如消费者与生产者、销售者之间,环境污染者与受害者之间,其他各种侵权者与受害者之间一旦发生纠纷,就需要通过一系列程序,按照陌生人之间必须遵守的规则进行。程序是无情的,裁判者是中立的,因为面对的是陌生人。陌生人之间只能相信规则。只有规则才能超越感性和情感。

从程序法在法治的地位来看,法治的核心是程序,法治的发展必然要求程序法制的建构、完善和发展。以程序为中心的法治是与传统法制区别的关键点。因此我们说改革开放直接引发了我国程序法制的发展,尤其是民事制度的发展。随着改革开放的不断深化,我国经济发展日新月异,社会经济关系也较原来复杂多样,与此相适应,经济纠纷的体量也在不断扩大,纠纷的形态也与时俱进地呈现出多样化、复杂化的样态。为了适应这种社会形势的变化,民事诉讼制度必须不断进化,因此,改革开放就是我国民事诉讼制度变迁的原动力。

改革开放 40 年民事诉讼制度变迁的一个突出表现是制度的建设。其中最主要的是《民事诉讼法》的制定和修订完善。从 1982 年的《民事诉讼法(试行)》到 2012 年最新修订的《民事诉讼法》,作为民事诉讼制度基础的《民事诉讼法》一直随着民事纠纷态势和社会形势的发展变化而不断改进。改革开放之初的《民事诉讼法(试行)》主要移植和借鉴苏联民事诉讼法,以传统民事纠纷解决方式为镜打造具有我国时代特色和印记的民事诉讼法。1991 年的《民事诉讼法》则是在改革开放不断深入拓展的背景下,继续探索民事诉讼规律,是逐步适应民事诉讼规律的一次尝试,在民事诉讼体制转型方面有比较明显的进展,使我国民事诉讼法在现代化的道路上迈出了一大步。可以说,1991 年《民事诉讼法》基本奠定了 40 年来《民事诉讼法》的发展基调和基础。2007 年的《民事诉讼法》修订和 2012 年《民事诉讼法》的修订则是在此基础之上的进一步完善,在这方面 2012 年《民事诉讼法》的作用更为突出一些,这是一次较大规模的修改和完善。在文本修订方面,对《民事诉讼法》

---

① [美]劳伦斯·弗里德曼:《选择的共和国——法律、权威与文化》,高鸿钧等译,清华大学出版社 2005 年版,第 82 页。

的修订也更为灵活,例如 2017 年关于检察公益诉讼制度的修改完善。

我国民事诉讼制度的特点在于作为主要法律文本的《民事诉讼法》规定得相对比较抽象和简约,基于社会发展及变动较快,民事诉讼的实践和理论的积累不够,因此,大量的民事诉讼规范主要通过各种关于民事诉讼的司法解释来担当。基于司法解释对民事诉讼实践具有更强的针对性、灵活性、政策性和实验性,也可以避免立法中的许多争论问题或者搁置争论,尽快对民事诉讼行为予以规范,因此,民事诉讼司法解释就成为更具有可操作性的具体规范。实践中大量问题也需要通过司法解释予以及时解决,在无法获得字面解释或文意解释的根据时,也会通过目的解释创设大量的民事诉讼规范,比较典型的如关于证明责任的分配、书证提出义务等诸多制度的创设。民事诉讼司法解释这种适时性、具体性和政策性特点使得其在改革开放 40 年中更具体、细致和生动地说明我国民事诉讼制度的变迁过程。

从 20 世纪 70 年代末 80 年代初开始,改革就成了中国社会的一种理念、动力、追求、担当和政治,是一种大趋势,改革在推动着人们不由自主地往前走。在法律领域,民事诉讼制度的改革同样存在,有的所谓改革并非在法律制度上有所创新或突破,仅仅是对民事诉讼法规定的制度落实而已。这里的改革是仅对过去传统的审判方式而言的,例如针对过去的审判不公开、审判的非程序化等。有的改革则是走在法律规定的边缘甚至法律规定之外,冲击既有的法律规定,例如关于举证时限的规定,但基于改革本身的政治正当性,这种改革也依然不会停止。这种情形在西方国家的制度变迁中是不太容易见到的,可以说这是具有中国特色的。民事诉讼制度领域的改革是以司法体制的改革联动推进的,这种改革有着一个响亮的名字——民事审判方式改革。因为民事审判方式改革常常成为民事诉讼制度的探索、实验或试水行为,有的改革成果最终被制度化,因此,民事审判方式改革的过程也从一个侧面反映了我国改革开放 40 年民事诉讼制度改革的过程。民事审判方式改革的历程形成了民事诉讼制度变迁的一条复线或辅线。

在改革开放 40 年的发展历程中,人们对民事纠纷、民事诉讼的认识、观念对民事诉讼制度的变迁有着直接的影响。这种认识和观念与改革开放的深化和拓展有直接关系,尤其是与市场经济、国家职能的认识和实践有密切关系。人们认识到民事纠纷是平等民事主体之间的纠纷,民事诉讼也应当与民事实体法的精神保持一致,必须体现和反映民事实体法内在要求,尊重当事人对自己权利的自愿处分,既包括实体权利也包括程序权利。民事纠纷事实的揭示主要依赖于当事人,依赖当事人之间的对抗机制,强调当事人在主张和证明的自我责任,而非法院在传统审判方式中的大包大揽。由此,民事诉讼体制和模式也逐步从法院的职权干预型向当事人主导型转换,并进一步细化和明确当事人自由处分与法院职权处置的正当边界。民事诉讼体制转型也成为改革开放 40 年民事诉讼制度变迁的一种时高时低的旋律。

对国外民事诉讼制度的移植、借鉴与传统审判方式的保留之间的冲突和磨合也从一个侧面反映了民事诉讼制度变迁过程中的矛盾性和紧张关系。在中华人民共和国成立之初,我们就彻底废除了国民党政府时期的"六法",其中也包括"民事诉讼法"。至改革开放前,我国除了与苏联民事诉讼制度有交集之外,与大陆法系民事诉讼制度,以及英美法系民事诉讼制度,均没有任何移植、借鉴关系,改革开放冲破了我们封闭的思想藩篱,我们意识到中国法制现代化的建构不可能离开对国外制度的移植和借鉴。一种基本的认识是国外法律制度和法律理论也是人类发展的共同财富,如何公正、效率、适正地解决民事纠纷是各国民事诉讼制度所共同追求的价值目标。移植借鉴可以说就是建构我国现代民事诉讼制度的捷径,我们自己不应该有一种"知识产权"的意识障碍。法治发达的国家的民事诉讼制度建构和运用实践能够为我们所借鉴,为我们所用。因此,从1982年《民事诉讼法(试行)》到2015年《民事诉讼法》移植和借鉴的比重也在逐步加大。这一阶段是我国民事诉讼制度建构的初级阶段。由于我国民事诉讼制度几乎是建立在一片废墟之上,因此,我国民事诉讼制度的建构过程主要是一个移植和借鉴的过程。在人们的认知方面,发达的市场经济国家其相应的法律制度包括程序法制度方面也应当是与此相适应的,其民事诉讼制度也在一定程度上反映了民事纠纷解决的共性特征。这为移植借鉴法治和经济发达国家的民事诉讼制度提供了基本认知基础。在改革开放的过程中,现代化和全球化始终与改革开放联系在一起。也可以说,改革开放就是现代化和全球化的一部分。[①] 现代化不仅指工农业、科学技术的现代化,也包含法制的现代化。现代化的法制才是法治。全球化则强调世界范围内社会关系的强化,制度文化规范的共性与作用。无论是现代化还是全球化都为法律制度的移植和借鉴提供充分的理由和根据,推动了我国民事诉讼制度的发展。

另外,传统的民事纠纷解决方式、理念也并没有被人们所放弃。这种坚守也具有特定的文化、政治、心理基础。从1982年《民事诉讼法(试行)》到2012年《民事诉讼法》都可以看到人们对民事纠纷解决传统方式和理念的坚守。民事诉讼程序的简易化、民事诉讼的调解化、法院对民事诉讼主体处分的职权干预等特点就集中反映了这种坚持。在改革开放40年的民事诉讼制度变迁的历程中形成两种不同取向,纠结地影响着我国民事诉讼制度的发展。两种取向对民事诉讼制度变迁的影响又与社会形势紧密地联系起来。有时甚至形成一种此消彼长的"零和博弈"状态。在强调了"社会和谐"的政策影响下,诉讼调解被人为地扩大化和绝对化,形成一种诉讼调解化的态势。如何坚持纠纷解决的传统特色?我们在民事纠纷解决的传统方面具有哪些可以继承的遗产和财富?怎样将这些传统融入民事诉讼制度的现代化结构之中?如何将国外或域外民事诉讼制度与我国纠纷解决实践结合,实

---

① 毕竞悦:《中国四十年社会变迁1978—2018》,清华大学出版社2018年版,前言第3页。

现本土化？这些从来都是民事诉讼制度建构和运用的挑战。

民事诉讼理论是民事诉讼制度变迁的一股重要的力量，变迁的轨迹和走向都与理论有着直接的关系。虽然，我国民事诉讼理论研究还较为薄弱，但在许多情形下民事诉讼理论还是能够起到指引民事诉讼制度的作用的。这一点不应被人们所忽视。民事诉讼理论主要在两个方面对民事诉讼制度的演进发挥着作用——制度建构和制度运用。制度建构是我国民事诉讼法初期发展最主要的任务。在改革开放 40 年的民事诉讼制度变迁中，民事诉讼理论在这一方面发挥的作用最为明显。民事诉讼理论的主要贡献在于为民事制度建构提供理论基础。民事诉讼法学者在这一方面发挥了重要作用，无论是制度的宏观建构还是具体制度建构的细节。此外，改革开放至今的民事诉讼制度变迁过程也反映出民事诉讼理论的薄弱，还不能为民事诉讼制度的建构和运用提供更为充分的理论支持。民事诉讼制度建构过程中存在的一些不足和失误与民事诉讼理论研究的不足不无关系。回顾改革开放 40 年民事诉讼理论与民事诉讼制度变迁的关系，其对于我国民事诉讼理论的发展与民事诉讼制度的发展都将意义非凡。

总论之二：民事诉讼制度的变迁

一、1982 年《民事诉讼法（试行）》——制定背景与特点

（一）制定背景

中国法制重建和发展的春天缘于 1978 年中国共产党第十三次全国代表大会。中共中央确定并提出中国法制建设史上具有里程碑意义的重大举措——加强社会主义民主与法制建设，我国民事诉讼法制建设的春天已经到来。在"文革"结束之后，随着我国法制建设工作重新恢复，民事诉讼制度的创建和发展又一次受到重视。1979 年 2 月，最高人民法院召开第二次全国民事审判工作会议。这次会议长达 17 天，会议充分研究讨论了民事审判程序的制度化。会议的成果就是制定对民事诉讼具有规范意义的文本——《人民法院审理民事案件程序制度的规定（试行）》（以下简称《规定（试行）》）。《规定（试行）》分案件受理、审理前的准备工作、调查案情和采取保全措施、调解、开庭审理、裁判、上诉、执行、申诉与再审、回访、案件归档 11 个问题。该规定是在中华人民共和国成立后改革开放前最高人民法院关于民事诉讼的若干规则的基础上改进而成的。《规定（试行）》的重要意义在于为 1982 年《民事诉讼法（试行）》的制定奠定了文本基础。

随着我国法制进程的加快，为了更好地适应社会经济发展的要求和纠纷解决的需要，民事诉讼法的制定很快被提上了日程。人们的共识是应当先于民事实体

法制定民事诉讼法。有了程序法就可以通过诉讼程序适用已有的实体规范解决纠纷。这种认识无疑是具有先进性的。1982年3月8日,第五届全国人民代表大会常务委员会第二十二次会议讨论通过了《中华人民共和国民事诉讼法(试行)》(以下简称《民事诉讼法(试行)》),从而推出我国第一部正式公布的社会主义民事诉讼法典。由专家和学者组成的起草小组①撰写的这部法典②,从起草到通过,历时两年多,先后三次在全国范围内广泛征求意见。自1982年10月1日起,这部法典正式试行,这是中华人民共和国成立以来的第一部民事诉讼法。《民事诉讼法(试行)》继受了新民主主义时期解放区民事诉讼习惯和制度,如两审终审制度;借鉴了苏联民事诉讼法的诸多制度,如对民事审判活动事后的监督。该法吸取了1949年以来国内的民事审判经验,同时也移植了大陆法系国家和地区的某些诉讼制度。鉴于当时的立法环境——商品经济还不发达,纠纷形态简单,人们对程序正义的价值和表现方式还缺乏充分的认知,对现代民事诉讼特点和规律还缺乏足够的认识和理解,更重要的是没有与商品经济社会相适应的民事诉讼实践活动,无法在实践经验的基础上制定民事诉讼的规范,这诸多因素导致《民事诉讼法(试行)》的规定还比较粗疏,制度方面尚有许多缺失,但应看到如此快速地推出这样一部民事诉讼法,实属不易。《民事诉讼法(试行)》对及时应对民事纠纷的解决,保障经济、社会的稳定和发展起到了积极、重要的作用;对于我国民事诉讼法的建构而言无疑具有里程碑的意义。

(二)1982年《民事诉讼法(试行)》的基本框架及特点

1982年《民事诉讼法(试行)》虽然是试行,但实际上就是我国改革开放之后第一部民事诉讼法,不论在结构还是在基本原则和诉讼制度方面,都为以后的《民事诉讼法》奠定了基础和基本框架,反映了人们在特定发展阶段对民事诉讼制度的基本认知。这主要体现在民事诉讼法所规定的基本原则和基本制度方面。

《民事诉讼法(试行)》集中对基本原则和基本诉讼制度作出了规定。这些原则和基本制度的规定充分反映了立法者对民事诉讼的认识和规范意图,体现了我国民事诉讼法的特点。在民事诉讼法规定的原则中,具有我国特色的有以下原则:

① 专家起草小组由柴发邦教授担任组长。小组成员有中国人民大学江伟教授、北京大学刘家兴教授、中国政法大学杨荣新教授、西北政法学院吴明同教授等专家学者。

② 由专家学者组成法律草案起草小组具体负责法律草案的制定,这一模式在后来的民事诉讼法立法中不再适用,改为由人大法工委相关部门形成草案向专家学者征求意见。这或许是考虑到这一模式容易导致法律的制定过于理想化和原理化。但如此一来,相关部门因为由组织者变为研究制定者,也就必然使其工作负担大大增加。

(1)着重调解原则;(2)巡回审判原则;(3)两审终审原则;(4)辩论权原则①;(5)限制性处分原则;(6)检察监督原则;(7)支持起诉原则。尤其是着重调解原则、辩论权原则、限制性处分原则和检察监督原则。着重调解原则强调对传统审判方式的继承,辩论权原则和限制性处分原则强调与西方民事诉讼的差异,两审终审原则和检察监督原则突出对诉讼快捷简便的追求和国家对民事诉讼的干预理念。《民事诉讼法(试行)》中上述颇具我国特色的原则,对 1991 年《民事诉讼法》以及 2012 年修订的《民事诉讼法》都有根本性的影响。可以说该法奠定了现行《民事诉讼法》的基本架构和特点。虽然有的原则由于不具有实际操作性,并未落实,例如,支持起诉原则;也有的原则后来得到了强化和实在化,例如,着重调解原则、检察监督原则。

《民事诉讼法(试行)》作为改革开放之初的一部法律,自然也会打上时代的印记,体现出民事诉讼法的时代特点。其主要有以下几点:

其一,强调国家干预与自由处分的结合。

1982 年《民事诉讼法(试行)》反映出人们对于民事纠纷的性质与民事诉讼的关系还没有充分的认识。这种状况与当时受苏联法制与民事诉讼理论的影响有关。因为苏联根本不承认商品经济,也不承认公法与私法、公权与私权的界分,完全否认民法的契约自由、当事人对自己民事权利的自由处分。因此,在民事诉讼中也就必然强调法院对当事人自由处分诉讼权利和民事权利的干预和限制。辩论原则已不再是大陆法系国家对法院和当事人具有约束意义的辩论主义的内涵,而是强调具有一般意义的辩论权。民事诉讼中的处分原则的重心在于限制当事人的处分。与国外的民事诉讼法比较,我国《民事诉讼法(试行)》体现出较为浓厚的国家干预色彩,还应注意协调民事诉讼法与实体法在原则和精神上的一致性。

其二,追求民事诉讼程序及规范的简略化。

一方面,这种认识显然是基于当时人们对过去旧民事诉讼制度繁杂的反感和对所谓资产阶级民事诉讼的敌视。另一方面,对纠纷解决过程中如何体现和保障程序公正性,在认识上还存在一些偏差和不足,从而导致在制度设置时一味简单地追求程序的简略,使得民事诉讼中一些必要程序缺失。当然,在法制发展的初期,这种情形很难避免。不过直到现在,民事程序的过度简略化依然存在于我们的民事诉讼立法之中。于是,就出现这样的奇怪现象——法律非常简略,但关于该法条的司法解释却不简略。简略、粗疏的法律规定,复杂的司法解释,成了我国法律规

---

① 1982 年《民事诉讼法(试行)》第 12 条规定,民事诉讼当事人有权对争议的问题进行辩论。以往人们常常将其概括为"辩论原则",不过,这种概括容易与大陆法系国家的辩论原则混淆,所以从该规定的实质来看,应当称为"辩论权原则"。当然有的认为,该规定并不具有原则性意义。详见张卫平:《我国民事诉讼辩论原则重述》,载《法学研究》1996 年第 6 期。

范的特点。实际上,有许多司法解释的规定完全可以通过提炼修正之后规定在法律之中。

其三,强调以调解方式而非通过审判方式解决纠纷。

以调解方式解决,而非以审判的方式,是我国解决纠纷的一种传统。这种传统一方面契合了人们中庸的非对抗心理认知,另一方面也适应实体规则缺失的实际状况,很自然成为一种优于审判解决纠纷的主要方式。1982 年《民事诉讼法(试行)》关于民事诉讼着重调解的明确规定表达了对法院调解作用的肯定。从现在的视角来看,这样的规定有其适时的必然性。这也形成了我国民事诉讼调审合一或调审混合,而非调审分离的独特模式。①

二、1991 年《民事诉讼法》的制定背景及其对 1982 年《民事诉讼法(试行)》的发展

(一)1991 年《民事诉讼法》的制定背景

1991 年《民事诉讼法》是中华人民共和国第一部正式实施的《民事诉讼法》法典,也是我国改革开放进一步拓展、深化之后最重要的程序法制成果。20 世纪 70 年代末至 90 年代初可以说是我国社会变化最大的一段时期,这种变化集中体现在国家对经济体制的改革。这一时期我国开始从计划经济体制逐步向市场经济体制转型,强调市场对资源的配置作用,商品经济关系逐步形成和发展。农村家庭联产承包责任制吹响了改革的号角,粮食统购统派被取消。企业作为市场主体的地位逐步确立,私人企业开始合法化,乡镇企业异军突起,第三产业高速发展,"投机倒把"的行为合法化。这种体制转化也直接影响了经济主体在社会中的地位和作用。在市场经济体制转型过程中,必然逐渐强调经济主体的主体性和对自己行为的自由支配和处分。这一社会转型也必然反映在法律领域。在民事实体法领域必然强调民事实体法律关系中当事人对自己实体权利的自由支配,即处分自由。实体法中的这一精神和特点也必然要求在民事诉讼关系中得以体现。相应地,在强调民事主体对自己诉讼权利和实体权利的自由处分的同时,另一方面客观上就要求减少国家干预——弱化法官和法院对当事人诉讼行为的职权干预,强化当事人在诉讼中的自我责任——主张责任、收集证据和证明自己事实主张的责任。在这一时期,全国人大及其常务委员会陆续制定了民法通则等一批重要的民事法律和与民事有关的法律。这些法律的实施就要求民事诉讼法予以相应的配合衔接。

1982 年《民事诉讼法(试行)》制定时,由于制定环境的局限,该民事诉讼法已经不能再适应我国民事纠纷解决的需要。因此,制定一部正式的适应现时我国社

---

① 关于 1982 年《民事诉讼法(试行)》的特点,还可参见潘剑锋:《我国民事诉讼法制建设四十年》,载《中外法学》1989 年第 5 期。

会发展和纠纷解决需要的民事诉讼法典就自然提上了日程。

改革开放的一个重要意义在于促使人们解放思想,改变旧的观念束缚,大胆移植和借鉴国外的先进制度和经验,以推动我国经济、法制、文化等方面的发展。在法制建设方面,人们的思想进一步得以开放,改革的步伐也迈得更大一些。在民事诉讼制度的建设方面,人们意识到了传统审判方式的局限性,开始重视程序正义对审判实体结果公正性的直接影响,注意移植和借鉴西方国家民事诉讼的制度为我国所用。通过实施 1982 年《民事诉讼法(试行)》,我们也积累了大量的经验,为我国制定正式的民事诉讼法典提供了实践依据。1991 年《民事诉讼法》的制定实际上是对 1982 年《民事诉讼法(试行)》的修改。因此,1991 年《民事诉讼法》的修订工作主要是发现和总结 1982 年《民事诉讼法(试行)》实施中存在的问题,以便解决这些问题。立法机关通过广泛的讨论和研究,最终将《民事诉讼法(草案)》提交第七届全国人大四次会议审议通过。1982 年《民事诉讼法(试行)》也随之废除。

(二)1991 年《民事诉讼法》对 1982 年《民事诉讼法(试行)》的发展

虽然 1991 年《民事诉讼法》是中华人民共和国成立后第一部正式制定的民事诉讼法法典,但这部法典实际上是在 1982 年《民事诉讼法(试行)》的基础之上制定的。在这个意义上,1991 年的《民事诉讼法》是对 1982 年《民事诉讼法(试行)》法律文本的完善和发展,主要体现在以下几点:

1. 民事主管方面

在我国,司法权的行使又具体分为民事审判权、刑事审判权和行政审判权,因此,又可以将主管具体分为民事主管、刑事主管和行政主管。按照 1991 年《民事诉讼法》第 3 条的规定:人民法院的民事主管范围包括"公民之间、法人之间、其他组织之间以及他们相互之间因财产关系和人身关系提起的民事诉讼"。这一规定具有十分重要的意义:其一,使得作为程序法的民事诉讼法在主观范围上与 1982 年之后颁布的《民法通则》关于民法调整对象的规定保持了一致,体现了程序法与实体法的统一。其二,建立了"民行"分立的诉讼体制,删除了 1982 年《民事诉讼法(试行)》有关人民法院审理行政案件也适用民事诉讼法规定的内容,在法律上确定了民行案件审理的分离。其三,明确了我国民事诉讼程序的统一性,即人民法院审理经济纠纷案件也适用民事诉讼法,不存在所谓独立于民事诉讼之外的"经济诉讼"形式。由于当时人们对民事纠纷的含义理解存在差异和争论,认为在我国除了平等主体的民事纠纷之外,还存在所谓非平等主体之间的涉及经济利益的经济纠纷,对于这种经济纠纷应当适用专门的经济诉讼程序。这种经济纠纷和经济诉讼的认识实际阻碍了商品经济的进一步发展和扩大,混淆了行政法律关系与民事法律关系的性质,不利于我国私法体系的建立。

2. 基本原则方面

(1)同等原则与对等原则

1991年《民事诉讼法》将过去针对涉外民事诉讼的特有原则提升为一般原则，是对民事诉讼平等原则的进一步具体化。《民事诉讼法》第5条第1款规定，外国人、无国籍人、外国企业和组织在人民法院起诉、应诉，同中华人民共和国公民、法人和其他组织有同等的诉讼权利义务。该条第2款规定，外国法院对中华人民共和国公民、法人和其他组织的民事诉讼权利加以限制的，中华人民共和国人民法院对该国公民、企业和组织的民事诉讼权利，实行对等原则。

(2)诉讼调解——从"着重调解"到"自愿合法调解"

1982年《民事诉讼法(试行)》明确规定民事诉讼实行着重调解原则。这样的规定在当时是符合人们对调解在解决纠纷中的预期。但是随着人们认识的变化，尤其对当事人处分权自由的进一步认识，认为根据民事诉讼处分原则，应当着重人们对自己权利的处分自由。虽然《民事诉讼法(试行)》也明确规定，调解必须自愿，但将着重调解作为一项原则规定时，必然在一定程度会影响调解的自愿性，与民事诉讼的处分原则相矛盾。为了发挥司法裁判的作用，也不至于使法院的裁判职能边缘化，立法机关在制定1991年《民事诉讼法》时将着重调解原则改成了自愿合法调解原则。这一修改反映了人们对民事诉讼特征和规律认识的进一步深化。有学者明确指出，着重调解原则已经不符合市场经济发展的要求，不利于保护当事人的民事权利。[①]

(3)1991年《民事诉讼法》相对于1982年《民事诉讼法(试行)》在原则方面的另一个突出变化，是对检察监督原则的相对具体化——有了明确的检察监督范围。民事诉讼中的检察监督是移植于苏联的。在《民事诉讼法(试行)》中，虽然原则上规定了检察监督，但由于没有具体规定其检察监督职能的范围而无法"落地"。限于人们当时的认识，认为应当将检察监督的范围明确为对民事审判活动的监督。于是，1991年《民事诉讼法》第14条明确规定，人民检察院有权对民事审判活动实行法律监督。当然，即使在1991年《民事诉讼法》有了如此规定，但如何具体落实检察机关对民事诉讼审判活动的监督一直是个问题。[②]

3. 管辖方面

管辖方面最大的变化是承认和确立了协议管辖制度。1991年《民事诉讼法》第25条规定，合同的双方当事人可以在书面合同中协议选择被告住所地、合同履

---

① 江伟、李浩:《论市场经济与法院调解制度的完善》，载《中国人民大学学报》1995年第3期。

② 学界对民事检察监督的合理性一直存有异议。比较具有代表性的观点认为，检察监督的介入冲击了民事诉讼的当事人对抗、法院居中裁判的等腰三角结构。参见谢佑平:《中国检察监督制度的政治性与司法性研究》，中国检察出版社2010年版，第112页。

行地、合同签订地、原告住所地、标的物所在地人民法院管辖,但不得违反本法对级别管辖和专属管辖的规定。仅适用于合同或其他财产权益纠纷,且当事人只能在一定范围内选择。有的学者甚至将此规定认为是我国民事诉讼已经向当事人主义模式迈出的第一步。这虽然是管辖中的一小步,却是民事诉讼制度发展的一大步。

4. 当事人制度方面

当事人制度方面最为突出的变化是根据现代性纠纷的特点设立了具有我国特色的群体诉讼制度——代表人诉讼。现代性纠纷的一个特点是当事人人数众多,按照传统的一对一诉讼方式难以有效率地解决纠纷。因此,我们借鉴大陆法系的诉讼代表人和美国集团诉讼的一些做法,设立以共同诉讼为基础的代表人诉讼制度——人数确定的代表人诉讼和人数不确定的代表人诉讼。前者以必要共同诉讼为基础,后者以普通共同诉讼为基础。[①]

5. 举证与收集方面

基于民事纠纷数量激增,继续按照传统的审判方式——法院主动收集证据,查明案件事实,使法院面临的审判压力越来越大。1982 年《民事诉讼法(试行)》就明确规定:"人民法院应当按照法定程序,全面地、客观地收集和调查证据。"虽然从规定来看,这是全心全意地对案件事实真相负责,但实际上却是不切实际的规定。为了减轻法院的负担,也适应民事诉讼的特性,1991 年《民事诉讼法》强调了当事人对自己事实主张的举证负担。法院对证据的收集仅限于审理的需要,尽管这样的规定依然不是很明确清晰,但已经表明法院收集证据查明案件事实具有裁量性,而不再是必须为之的一种义务。这一规定也同样被认为是民事诉讼模式或体制转型的一种征兆。

6. 特别程序方面

为了与《民法通则》保持一致和协调,1991 年《民事诉讼法》专章设置了"特别程序",增加了包括宣告失踪、认定公民限制民事行为能力等程序规定。为了快捷高效实现权利,《民事诉讼法》还设置了督促程序以及适用于宣告票据无效的公示催告程序。[②]

7. 设立检察抗诉程序

1991 年《民事诉讼法》在"审判监督程序"这一章增加抗诉程序,主要是为了加强检察机关对错误裁判的监督。有学者认为:"抗诉制度在民事诉讼法制度体系中的出现,对民事检察监督制度的发展具有里程碑式的意义:它成为落实检察监督基

---

① 因为人们担心代表人诉讼会影响社会的稳定,因此实务中对代表人诉讼的实施在司法政策上予以限制。该制度原本是为了有效率地解决多数人纠纷而设定的制度,却很少得以适用。

② 从这两种制度的实践来看,两种程序制度的适用都很少。督促程序的适用远远低于人们的预期。就其原因,主要是因为支付令效力的发生必须以义务人没有异议为前提条件。因为异议无须实质理由,因此,在义务人轻易提出异议的情形下,支付令就无法获得执行力。

本原则的第一块基石,正因为有了抗诉制度,停留在抽象层面的检察监督原则,从此获得了实证意义。检察监督基本原则所涵盖的丰富内容,在抗诉制度的牵引下,日益地具有制度证成价值,原则与规则之间的鸿沟得以逐渐填平。"[①]

8. 设置破产还债程序

随着经济体制改革的发展,市场经济的推进,企业破产已经提到改革的日程之中,为了使全民所有制企业破产还债程序有法可依,在破产法短期内还不能出台的背景下,《民事诉讼法》先暂时对此予以规定,以解燃眉之急。

9. 执行程序方面

1982年《民事诉讼法(试行)》虽然有关于强制执行的规定,但规定比较简单。1991年《民事诉讼法》在执行部分有了较大程度的完善,在"一般规定"中增加了关于执行机构的设置、执行和解、暂缓执行以及具有我国特色的执行回转等内容的规定;在"执行的申请和移送"中,规定了法院对仲裁裁决进行审查监督的权力;在"执行措施"中,增加规定了拍卖被执行人财产、加强查明被执行人财产的若干措施。如此以应对执行实践中已经存在的"执行难"问题。

三、2007年《民事诉讼法》的修改

随着我国经济、政治、文化等事业的发展,社会各方面改革的深化,21世纪初,《民事诉讼法》的修改再次提上日程,并成为学界关注的热点问题,普遍认为本次修改应当是全面修改,并且从全盘修改的角度探讨如何完善民事诉讼法。[②] 不过,最终《民事诉讼法》的修改并未实现大改,仅仅是小改。这种小改注重的是应时性或适时性。本次《民事诉讼法》修改选择两个大的制度——再审制度和执行制度作为修改的重点,其目的主要是应对社会对于解决"再审难""执行难"两难问题的强烈诉求。

在再审制度方面,进一步细化再审事由和再审程序。在执行制度方面,其修改也有较大力度,增设了立即执行制度、财产报告制度,加大了执行威慑机制,进一步完善了执行异议制度,设立案外人异议之诉制度。

虽然2007年《民事诉讼法》的修订主要针对化解"两难"问题进行了修改,但由于"两难"并非完全是民事诉讼制度本身的问题,而是法制建设、司法体制的问题。因此,从《民事诉讼法》修改后的实施情形来看,"两难"问题的解决似乎并没有到达预想的结果。

---

① 汤维建:《民事诉讼法的全面修改与检察监督》,载《中国法学》2011年第3期。
② 为此,司法部专门设立了"民事诉讼法修改与完善"这一重点课题。该课题由江伟教授和张卫平教授分别组成课题组对该课题项目进行研究。

四、2012 年《民事诉讼法》的再次修改

（一）背景、指导思想与过程

至 2012 年，1991 年《民事诉讼法》已经实施 20 年，一方面，我们已经为民事诉讼法的实践积累了丰富的经验，对民事诉讼的规律有了进一步的认识。另一方面，在 20 年的实践过程中也反映和显现出《民事诉讼法》存在的诸多不足，需要根据人们对民事诉讼规律的认识和社会发展的需要予以完善。2007 年虽然对 1991 年的《民事诉讼法》进行了修改，但因为时间和准备方面的原因，只能根据当时的急切需要进行小修小改。

1991 年以来民事纠纷数量呈不断增加的态势，纠纷解决的压力也在不断加大。因此，也需要通过《民事诉讼法》的修改，设置相应的程序和制度以更好地应对这种发展态势。

2012 年《民事诉讼法》修改的思路是：尽可能满足人们的诉求，解决我国民事诉讼中的实际问题，不动大的结构，不过多地增加新法实施的负担。

在修改的程序和组织方面，由人大法工委相关部门——民法室——根据社会要求，通过调查研究收集资料形成问题，并与学界和实务界进行多次讨论，征得有关部门和学者关于修改民事诉讼法的建议，并最终形成修改草案。此时，虽然学界已有三个关于《民事诉讼法》修改的专家建议稿[①]，且都提交给了相关立法部门，但从最终通过的《民事诉讼法》修改稿来看，对这些建议稿的吸收不多。原因可能在于专家建议稿移植、借鉴的成分比较重，理想化程度较高，对现实的针对性不够，学术性较强，而且是基于全面修改的目的，并非像现在的中等规模的修改（当时的修法体制也不大可能在如此短的时间内进行大规模的、全面的修改）。

（二）民事诉讼法修改的主要内容

1. 诚实信用原则法定化

2012 年我国《民事诉讼法》修改中的一个引人瞩目之处就是将诚实信用原则明文化、法定化。修订后的《民事诉讼法》第 13 条第 1 款规定："民事诉讼应当遵循诚实信用原则。"第 2 款规定："当事人有权在法律规定的范围内处分自己的民事权利和诉讼权利。"

诚实信用原则的基本含义是指法院、当事人以及其他诉讼参与人在审理民事案件和进行民事诉讼时，必须遵循公正、诚实和善意的原则。诉讼主体在民事诉讼

---

① 三个专家建议稿分别是：江伟的《〈中华人民共和国民事诉讼法〉修改与完善》（第四稿），法律出版社 2011 年版；杨荣新的《〈中华人民共和国民事诉讼法（专家建议稿）立法理由与立法意义》，清华大学出版社 2012 年版；张卫平的《〈中华人民共和国民事诉讼法〉修改建议稿及释义》，载《民事程序法研究》（第 7 辑），厦门大学出版社 2011 年版。

中应当诚实信用地实施民事诉讼行为是民事诉讼法的基本要求,例如,要求正当行使诉讼权利就是诚实信用的要求。

诚实信用原则的明文化、法定化的意义在于:明确对诉讼主体实施诉讼行为提出了更高的要求,甚至可以说是对诉讼主体实施诉讼行为的最高要求。诚实信用原则是将对人们的道德规范吸收进法律规范之中,以提升法律规范的要求。正因为诚实信用作为一种法律规范内的道德要求,诉讼主体的行为又是多种多样的,因此,难以在民事诉讼法中将诚实信用的要求加以具体化,所以,诚实信用只能作为一种抽象的原则加以规定。诚实信用原则明文化、法定化以后,就可以使法院在民事诉讼中根据具体情形加以运用。诚实信用原则明文化、法定化可以为最高人民法院的司法解释提供依据,将诚实信用原则相对具体化,也可以为最高人民法院出台相关的指导性案例提供依据。[①]

2. 管辖制度的修改

管辖制度作为诉讼的入口与前奏,在诉讼制度中占有重要的地位。2012 年《民事诉讼法修正案》60 项修改意见中有 10 项涉及管辖制度的调整,增删条文达到 12 条。管辖条文的修改非常引人注目,具体来讲,主要包括五个方面:(1)统一了民事诉讼法对于国内协议管辖与涉外协议管辖的规定,扩大了原明示协议管辖的适用范围。明确了应诉管辖制度。(2)增加了几类案件的管辖规定。如公司诉讼与非讼案件的管辖规定、确认调解协议案件的管辖规定。实现担保物权案件的管辖规定。(3)明确限制了管辖权的"下放性转移"。(4)明确了提起诉讼或申请仲裁前的证据保全与保全的管辖规定。(5)调整了再审制度中部分涉及管辖的条款。例如,调整了当事人申请再审"上提一级"的管辖规定,删去了"管辖错误"作为再审事由的条款。[②]

3. 确立公益诉讼的原则框架

改革开放几十年来,经济发展令人瞩目,取得了巨大的成功。但应当坦诚的是,这种发展也随之带来了严重的环境污染,造成了人与自然关系的进一步恶化,尤其是在我国,违法带来的利益远高于守法的特定环境之下。然而,侵害社会公共利益的行为又都是违反法律的行为,对此,人们自然会想到法律,希望通过法律获得保护和救济。借助司法的力量避免和救济因他人的违法行为对公共利益造成的损害,弥补"政府失灵"所带来的后果。在各种法律救济手段中,大多数人认为公益诉讼制度是维护社会公共利益的一种很好的手段,建构公益诉讼制度成为一种普遍的社会诉求。我国理论界在十余年以前,学者就开始研讨公益诉讼的制度建构。

---

① 杨秀清:《民事诉讼中诚实信用原则的空洞化及其克服》,载《法学评论》2013 年第 3 期;张卫平:《民事诉讼中的诚实信用原则》,载《法律科学》2012 年第 6 期。

② 张卫平:《新民事诉讼法专题讲座》,中国法制出版社 2012 年版,第 26~28 页。

最终,2012 年《民事诉讼法》的修改对这一普遍社会诉求给予了一定的回应,在《民事诉讼法》中确立了公益诉讼的原则框架。

2012 年《民事诉讼法》第 55 条规定:"对污染环境、侵害众多消费者合法权益等损害社会公共利益的行为,法律规定的机关和有关组织可以向人民法院提起诉讼。"新法颁布以后,不少人认为我国确立了民事公益诉讼制度,并为此而欢欣鼓舞。实际上,该条规定仅仅是一个关于民事公益诉讼的原则性规定。也就是说,只是原则上确认对某些领域中侵害公共利益的行为可以由非直接关系的主体提起诉讼,通过诉讼维护公共利益。虽然,人们希望通过民事诉讼法的修改确立统一的民事公益诉讼制度,但对如何确立具体民事公益诉讼程序和制度,一方面,人们还缺乏足够的理论准备和实践积累;另一方面,各领域中公共利益的实体规范存在很大差异,因此难以在短期内完成统一的公益诉讼程序和制度的建构,只能够确定原则性框架以回应社会的诉求,这也反映了立法与修法中的政治性作为——抽象地回应社会的要求。① 正是由于民事诉讼法修改没有将民事公益诉讼制度化,因此,民事公益诉讼的实际运行也就缺乏具体制度的支持。关于民事公益诉讼的客观范围、民事公益诉讼提起的主观(主体)范围、民事公益诉讼的请求类型、民事公益诉讼的具体程序等问题都需要制度化。但即使仅仅是原则性规定,也并非没有意义,可以为司法解释和实践探索提供依据。

4. 建立小额诉讼制度

民事案件中不少是事实清楚、争议不大的简单民事案件,在这些简单的民事案件当中,有不少更是争议标的不大的案件。现行民事诉讼法仅提供简易程序处理这些案件,同时由于我国目前的总体诚信状况和督促程序尚不完善等原因,导致这些小额、简单的民事案件无法快速解决,这就增加了当事人的诉讼负担,甚至出现当事人诉讼成本大于诉讼收益的现象。因此,有必要新设立小额程序,以满足当事人快速裁决简单、小额民事纠纷的诉讼需求。与此同时也考虑到我国目前正处在经济转轨、社会转型的关键时期,由各种利益诉求引发的矛盾纠纷持续增加,不少地方法院"案多人少"的矛盾始终未得到根本缓解。为此,在基层人民法院设立小额程序,通过进一步合理配置审判资源,提高办案效率。无论是从方便当事人参与诉讼,快速地取得与其争议相适应的诉讼结果,还是从改变现有的司法资源配置方式、提高人民法院处理民事案件的总体效率、确保裁判公正性这两个角度来看,在民事诉讼中增设小额程序均有着较为迫切的必要性。2012 年《民事诉讼法》的修改为回应实践和理论上的上述要求,特增设了小额诉讼程序,专门解决诉讼标的额在各省、自治区、直辖市上年度就业人员年平均工资百分之三十以下的简单民事案

---

① 关于公益诉讼原则的分析,详见张卫平:《民事公益诉讼原则的制度化及实施研究》,载《清华法学》2013 年第 4 期。

件。2012 年《民事诉讼法》第 162 条规定:"基层人民法院和它派出的法庭审理符合本法第一百五十七条第一款规定的简单的民事案件,标的额为各省、自治区、直辖市上年度就业人员年平均工资百分之三十以下的,实行一审终审。"与传统的简易程序相比,小额诉讼程序具有以下几个特征:(1)传统的简易程序是根据诉讼标的额或者案件的繁简程度划分适用范围,而小额诉讼程序则是根据诉讼标的额和诉的类型确定适用范围;(2)小额诉讼程序更为简便、快捷;(3)诉讼成本更低和效率更高;(4)可以先行调解。正是由于小额诉讼程序所具有的这些特点和优势,已被当今世界许多国家民事诉讼立法所选择,作为独立于简易程序的一种诉讼程序。

不过,从小额诉讼的施行来看,似乎未达到人们预期的效果,仅有一小部分符合民事诉讼法规定的小额争议案件适用了小额争议诉讼程序,大多数案件依然适用既有的简易诉讼程序。[①] 虽然从条文语义上看小额争议的诉讼解决应当强制适用小额争议诉讼程序,但法院却有意地规避了小额争议诉讼程序的适用。对小额争议,法院愿意适用简易诉讼程序,实质在于规避小额争议诉讼程序的一审终审,使当事人有上诉的机会。当事人似乎也不愿意适用这一程序,根本原因在于,顾及裁判于己不利的可能性。一审终审毕竟具有更大的风险,通过再审予以救济,概率不大而成本高、周期长。对于法院而言,虽然小额争议诉讼程序有助于提高诉讼的效率,减轻法院审判负担,但由于审判实际上还面临其他风险,所以比较而言还是以规避相应的风险为上策。适用小额争议诉讼程序的风险主要在于一审终审,一旦适用小额争议诉讼程序,就可能因为当事人败诉,又无上诉途径而走向信访,或申请再审。无论是信访还是申请再审,都将给原审法院以及法官带来不利的影响。这种风险或影响与我国的司法政策和司法制度有密切的关系。

5. 设置了第三人撤销之诉制度

2012 年修改后的《民事诉讼法》第 56 条 3 款规定:"前两款规定的第三人,因不能归责于本人的事由未参加诉讼,但有证据证明发生法律效力的判决、裁定、调解书的部分或者全部内容错误,损害其民事权益的,可以自知道或者应当知道其民事权益受到损害之日起六个月内,向作出该判决、裁定、调解书的人民法院提起诉讼。人民法院经审理,诉讼请求成立的,应当改变或者撤销原判决、裁定、调解书;诉讼请求不成立的,驳回诉讼请求。"该款规定意味着,在我国民事诉讼法中设立一种全新的诉讼程序和制度——第三人撤销之诉。这也是 2012 年《民事诉讼法》修

[①] 2012 年《民事诉讼法》实施之后,有学者对 2013 年某直辖市部分基层法院适用小额诉讼制度审结案件情况进行了实证调查。调查结果显示,与适用简易诉讼程序案件相比,适用小额诉讼程序的比例最小为 0.49,最高不过 5.14。参见唐力、谷佳杰:《小额诉讼的实证分析》,载《国家检察官学院学报》2014 年第 2 期。

改中最大的动作。^① 这一制度既是实务中问题最多,同时也是学术界争议最大的一项制度。^② 立法者增设第三人撤销之诉的目的在于,通过撤销他人之间错误判决、裁定、调解书以维护案外第三人的民事权益。该制度设定的理由是,在作出原判决、裁定、调解书的诉讼过程中,该案外第三人没有参加诉讼,使得其程序权利没有得到保障,因而应当给予事后程序保障。增设这一制度的原因主要是为了回应有效应对日益泛滥的虚假诉讼的社会诉求。在我国,人们对现实中较普遍存在的借助司法程序侵害他人合法权益的现象深恶痛绝,例如,通过虚假诉讼、恶意诉讼、冒名诉讼侵害他人合法权益。理论上争论的主要问题是,该制度是在我国法律没有明确规定既判力制度,更没有关于既判力相对性的原则规定的前提下设置的。如果仅从民事诉讼法的这一规定来看,人们就有可能从第三人撤销之诉制度推导出我国不存在判决效力相对性的约束。因为如果存在判决效力相对性的约束,那么在一般意义上(特殊情形除外)就没有必要设置第三人撤销之诉来维护第三人的实体权益。第三人撤销之诉如果有意义,也应当限制在既判力扩张的情形。而对第三人权益的救济,以扩展为再审当事人的方式进行再审,也许更好。^③

6. 对举证时限制度进行了大调整

2012 年《民事诉讼法》在证据制度方面进行多处修改,包括新的证据种类、证人出庭、证人权利、鉴定人出庭义务、设置专家辅助人等,但最引人注目的是关于现行举证时限制度的调整。举证时限制度并非《民事诉讼法》所确定,而是最高人民法院的司法解释所确定的一项制度。

作为民事审判的一项改革措施,最高人民法院在 2002 年的《民事证据规定》中创设了举证时限制度。在诉讼开始后,由法院指定或当事人协商确定当事人提出证据的期限。当事人逾期没有提出证据的,除规定的例外情形之外,视为放弃举证权利,即举证失权。

自 2002 年《民事证据规定》实施后不久,关于举证时限制度及其实施就引起社会的热评。最初主要是以积极评价为主,^④随着时间的推移,消极评价逐渐淹没了

---

① 在向社会公开征求意见的修改草案中,并没有关于第三人撤销之诉的规定。正式通过时的草案中才有了第三人撤销之诉制度。

② 张卫平、曹云吉:《民事诉讼法学:突出规范分析 开展多样化研究》,载《检察日报》2017 年 1 月 5 日第 3 版。

③ 关于理论和实施中的问题点,详见张卫平:《既判力相对性原则:根据、例外与制度化》,载《法学研究》2015 年第 1 期;王福华:《第三人撤销之诉适用研究》,载《清华法学》2013 年第 4 期;任重:《回归法的立场:第三人撤销之诉的体系思考》,载《中外法学》2016 年第 1 期。

④ 关于积极评价,见郭小冬、姜建兴:《民事诉讼中的证据和证明》,厦门大学出版社 2009 年版,第 205 页。

积极评价。[①] 对于举证时限制度,各地法院执行的情况不同,多数法院并没有完全执行或没有执行。当事人和法官常常在诉讼中纠结举证时限制度,实施情形处于比较尴尬的境地。

鉴于人们对《民事证据规定》举证时限的质疑和不尽理想的实践效果,2012年修改的《民事诉讼法》针对原来的举证时限制度作出根本性的调整。2012年《民事诉讼法》第65条第1款规定,当事人对自己提出的主张应当及时提供证据。第2款规定,人民法院根据当事人的主张和案件审理情况,确定当事人应当提供的证据及其期限。当事人在该期限内提供证据确有困难的,可以向人民法院申请延长期限,人民法院根据当事人的申请适当延长。当事人逾期提供证据的,人民法院应当责令其说明理由;拒不说明理由或者理由不成立的,人民法院根据不同情形可以不予采纳该证据,或者采纳该证据但予以训诫、罚款。该规定有以下特点:(1)将举证时限作为一项一般制度,而非专门针对庭审前的准备阶段。(2)举证期限由法院确定。当事人在举证期限内提出证据有困难的,可以申请延长。(3)逾期提出证据,即使理由不成立,也未必一定发生失权效果。总的指导思想是放宽对举证的时限限制。正是由于没有针对庭前准备程序设置专门的举证时限制度,所以,《民事诉讼法》关于举证时限的规定其意义也就不那么明显,甚至不复存在了。虽然法院对于通过举证时限制度提高审判效率拥有利益,但基于特定的政治权力架构,法院对社会影响压力的承受度较弱,因此,2015年《民事诉讼法解释》还是根据非失权的政策导向,进一步放宽了举证的时限。按司法解释的规定,即使当事人逾期提供证据,但只要该证据与案件基本事实有关,法院就应当采纳,如此举证失权即遭彻底否定。

7.保全制度方面的修改

在保全制度方面,修改的重点主要是:(1)增加关于诉前证据保全的规定。2007年《民事诉讼法》第74条规定,在证据可能灭失或以后难以取得的情况下,诉讼参加人可以申请进行证据保全,人民法院也可依职权进行证据保全。(2)增设行为保全制度。1991年和2007年《民事诉讼法》都没有行为保全制度。但是在实践中许多正在进行的诉讼,需要及时采取行为保全防止侵害行为的继续和损害结果的扩大。在民事诉讼法修改之前,在著作权法、专利法、商标法、海事诉讼特别程序法等法律中已经有了相关规定,因此,需要民事诉讼法对诉讼中侵权行为的行为保全作出一般性规定。根据实践的这一现实需要,民事诉讼法设置了行为保全制度。行为保全虽然也是保全,但是和财产保全在制度目的、功能上是有一定差别的。[②]

---

① 学界对举证时限制度的批评,见李浩:《举证时限制度的困境与出路——追问证据失权的正义性》,载《中国法学》2005年第3期。

② 张卫平:《新民事诉讼法专题讲座》,中国法制出版社2012年版,第123～126页。

8.设置担保物权实现程序

担保物权的顺利实现,对于担保物权人至关重要,是其债权能否得到满足的关键所在。在主债务履行期届满而债务人未进行清偿或者出现当事人约定的实现担保物权的情形时,担保物权人到底通过何种途径来实现担保物权,是司法实践中的重要问题。而《物权法》等法律对该问题尽管有所考虑,但在民事诉讼法上却一直缺乏相应的配套程序。而本次修法,在特别程序中单列"实现担保物权案件",增加了两个条文,分别是第 196 条"申请实现担保物权,由担保物权人以及其他有权请求实现担保物权的人依照物权法等法律,向担保财产所在地或者担保物权登记地基层人民法院提出",以及第 197 条"人民法院受理申请后,经审查,符合法律规定的,裁定拍卖、变卖担保财产,当事人依据该裁定可以向人民法院申请执行;不符合法律规定的,裁定驳回申请,当事人可以向人民法院提起诉讼"。

9.判决、裁定文书的公开

2012 年《民事诉讼法》增加关于裁判文书公开的规定,该法第 154 条规定:裁定书应当写明裁定结果和作出该裁定的理由。第 156 条规定:公众可以查阅发生法律效力的判决书、裁定书,但涉及国家秘密、商业秘密和个人隐私的内容除外。而这与加强审判公开、推进司法改革、建设公正高效权威的司法政策有关。当时,最高人民法院将司法公开作为最为重要的改革任务之一。[1]

10.扩展对民事诉讼的检察监督

进入 21 世纪后我国司法腐败现象日益滋生,特别是在人民法院的执行工作中。在执行领域,"执行难""执行乱"成为普遍现象,执行领域中的腐败大案、要案频发,使得加强"民事执行检察监督"成为司法实务界的强烈诉求,也得到学界大部分学者的支持。因此,在全面加强民事行政检察监督的背景下,2012 年《民事诉讼法》全面扩大和充实了民事检察监督的范围和手段。修订后的《民事诉讼法》将民事检察监督的范围由"民事审判"扩展到整个"民事诉讼"(第 14 条);检察院可以对包括调解书在内的法律文书提出抗诉或检察建议(第 208 条、第 212 条);检察院对当事人申请的审查工作应该在三个月内完成,当事人不得重复申请检察监督(第 209 条);检察院因履行法律监督职责的需要,可以向当事人或者案外人调查核实有关情况(第 210 条);检察院以第 200 条第一至五项事由提起抗诉的,并且已经经过下一级人民法院再审的案件必须由同级法院再审(第 211 条)。2012 年修订后的《民事诉讼法》全面加强了人民检察院对于民事诉讼程序的检察监督。[2]

---

① 张卫平:《新民事诉讼法专题讲座》,中国法制出版社 2012 年版,第 198～206 页。

② 张卫平:《新民事诉讼法专题讲座》,中国法制出版社 2012 年版,第 13 页。

五、2017 年《民事诉讼法》的修改——确立检察公益诉讼

2017 年 6 月《民事诉讼法》又进行了一次修改。这次修改的突出之处在于,仅仅修改了一个条文——在《民事诉讼法》第 55 条中增加了一个条款——第 2 款。本次修改反映了法律调整的适时性,即根据社会对法律规范的需求及时对现行的法律进行调整。尽管只是增加一款,动一个法条,也要及时进行修改予以补充。

本次修改在原来《民事诉讼法》第 55 条中增加了第 2 款。该款规定:"人民检察院在履行职责中发现破坏生态环境和资源保护、食品药品安全领域侵害众多消费者合法权益等损害社会公共利益的行为,在没有前款规定的机关和组织或者前款规定的机关和组织不提起诉讼的情况下,可以向人民法院提起诉讼。前款规定的机关或者组织提起诉讼的,人民检察院可以支持起诉。"本款规定明确赋予了检察机关提起公益诉讼的权力,意义重大。我们注意到这一修改的内容在基本结构方面吸收了最高人民检察院 2015 年发布的《检察机关提起公益诉讼试点方案》(以下简称《试点方案》)中的有关规定。最高人民检察院《试点方案》中规定:"检察机关在履行职责中发现污染环境、食品药品安全领域侵害众多消费者合法权益等损害社会公共利益的行为,在没有适格主体或者适格主体不提起诉讼的情况下,可以向人民法院提起民事公益诉讼。"按照民事诉讼法规定,检察机关可以提起公益诉讼的范围被限定在环境公益诉讼和消费者权益保护公益诉讼两个大的方面。这一点与《民事诉讼法》第 55 条第 1 款保持了一致。法条中对一些表述上的处理也很有意义。例如将《试点方案》中比较学术化的表达——"适格主体"调整为法律规定的主体,既通俗,同时涵盖面也更宽。

在逻辑上,《民事诉讼法》第 55 条第 1 款是关于民事公益诉讼的原则条款,作为 55 条的第 2 款应当是相对特殊的条款。所谓特殊,是因为该款特别赋予检察机关提起公益诉讼的职能。因为原来的《民事诉讼法》第 55 条并没有明确检察机关享有提起公益诉讼的职能。在本次修改之前,关于检察机关是否属于法律规定的机关存有争议。当然,要明确授权,赋予检察机关提起公益诉讼的职能并非只有修改《民事诉讼法》一条路,也可以通过修改环境保护法和消费者保护法来实现。这样与民事诉讼法的规定更为协调。因为《民事诉讼法》第 55 条已经原则规定了,法律规定的机关和团体可以提起公益诉讼。

当然,既然选择了修改《民事诉讼法》这一路径,那么,就要考虑第 55 条第 2 款与第 1 款的协调问题。第 55 条第 1 款将公益诉讼的对象范围限定在"污染环境、侵害众多消费者合法权益等损害社会公共利益的行为"。虽然在表述上有"等"字,但理解上此"等"为一种限制。与第 2 款比较,我们可以发现在公益诉讼的对象范围上两款的表述有所差异。第 2 款在表述上采用的是"生态环境和资源保护"。这种差异就可能导致人们在理解上产生疑义。人们必然要问:"污染环境与破坏生态

环境、资源保护中的公益侵权是一种什么关系?"学界对于环境和生态的关系素有争论。有的认为环境应当包括生态,有的认为这是两个不同的概念,各有自己的内涵。如果认同涵摄关系,意味着检察机关提起公益诉讼的范围相对于一般环境公益诉讼的范围要小一些,是一种限缩;如果认为不同,则会面临为何检察机关提起的公益诉讼在范围上仅限于破坏生态环境这样的问题。再者,如果认为不同,还面临着是否其他机关和团体不能对破坏生态环境以及食品药品领域中消费者公益侵权提起公益诉讼,而只能对其他公益侵权行为提起诉讼这样的逻辑问题。因此,在笔者看来,为了避免争议和逻辑处理的困难,在公益诉讼的范围上,第 2 款的表述应当与第 55 条第 1 款的表述保持一致;要不就是对第 55 条第 1 款也进行修改,保持一致或形成涵摄关系。至于应当如何理解,可以交给学术界和实践来完成。我们要保证的是不能在逻辑上出现问题。

在消费者民事公益诉讼方面,《民事诉讼法》对检察机关提起的范围予以限缩,即限制在食品药品安全领域,而非一般消费者公共利益领域。这一限缩规定源于最高人民检察院《人民检察院提起公益诉讼试点工作实施办法》。因此《民事诉讼法》的这一规定可以理解为是检察机关自己的"意思表示"。显然,这样的"意思表示"是基于检察机关对于提起公益诉讼的政策或策略考量。也就是说,检察机关根据现在的自身情形——应对公益诉讼的形式和条件的考量,有意识地选择公益诉讼中最关切社会公共利益的两大领域——食品和药品中的违法行为,是审时度势之为。这样的选择有利于集中检察机关的有限资源有效出击。但是,政策选择是一回事,确认其职能权限是另一回事。作为政策考量是司法者的作为,作为基本职能权限是立法者的作为。民事诉讼法关于检察机关基本职能权限的规范似没有必要"拷贝"检察机关的政策考量,范围应当更大。因为政策考量一定是在法律规范的范围内的作为。因此,在具体的规定方面,只要与第 55 条第 1 款的规定一致即可,没有必要加以限缩。至于检察机关如何作为,选择什么领域作为自己的重点,需要根据当时的形势、情境和自身的条件,是政策上予以考量的事情。我们试想一下,如果今后在消费者公共领域中出现新的变化,需要检察机关就此提起公益诉讼,但又不在食品药品这两个领域,那又如何是好? 检察机关介入公益诉讼与一般民事诉讼不同,不存在权限界分问题。基于我国的检察监督理论,所有公益领域的诉讼,检察机关都是可以提起的。检察机关需要考虑的是提起公益诉讼的必要性或现实性的问题。民事诉讼法的这一规定,其可斟酌之处就在于,没有区分司法的政策考量与司法的职能权限考量这两者的关系,将政策考虑等同于立法考量。最高人民检察院的《试点办法》关于范围的规定是一种政策考虑的结果,毕竟《试点办法》原则上是一种内部规则,因为牵涉自身的条件和阶段性,对其范围作限缩性规定是可以理解的。

总论之三:民事司法改革的变迁

一、引言

民事诉讼制度的变迁从一个侧面反映了改革开放对社会的影响、对法制影响的过程。欲论及民事诉讼制度的变迁,就不能不论及民事司法改革的嬗变过程。民事诉讼制度的变迁在我国存在两条彼此相关,但又不完全重合的主线——《民事诉讼法》文本的变迁和民事司法改革的变迁。这种复线交织的变迁模式是我国独特的制度变迁模式。这与我国特殊的社会结构有密切的关系,也与改革在我国发展方式上的特殊性有直接的关联。我国社会的发展始终是在改革推动之下的发展。改革成为我国变化和发展的一种主要的推动力量,改革已成为一种社会观念和思维方式。

民事司法改革与《民事诉讼法》文本的变迁有联系。一方面,民事司法改革的任务和目标之一是落实《民事诉讼法》的规定。推动《民事诉讼法》的具体实施成为民事司法改革的一条主线。《民事诉讼法》的具体落实需要克服、消除原有的诉讼方式,甚至需要改变原有的审判思维方式。因此,以改革的名义,改革原有的审判方式、思维方式,具体落实民事诉讼法的规定,是民事司法改革的主线。例如,实践中推行的以审判为中心的改革;关于审判公开的改革等。另一方面,民事司法改革又与《民事诉讼法》保持着互为扩展的关系。可以说,民事司法改革的过程也就是民事诉讼规则或规范进一步细化和创新的过程。各种关于改革的规定、通知等都是细化的规则;同时,民事司法改革也推动了《民事诉讼法》文本的完善和发展。民事司法改革是一种探索、实验和尝试。民事司法改革中的某些探索会转化和吸收到新民事诉讼法之中。民事司法改革也是我国民事司法制度或民事诉讼制度的试验田。通过改革尝试不断总结经验,不断丰富和发展我国的民事司法制度、民事诉讼制度。这一作为在世界上是绝无仅有的。

民事司法改革是我国社会改革在司法领域的直接投射。改革的内在属性是有破有立。改革之所以可以轻易破茧,与我国社会的特性有关。我国社会的突出特点是泛政治化,即广泛的政治性,强调政治的重要性。人们习惯从政治的角度认识问题,思考问题,解决问题。在人们的观念中,改革就是最大的政治。就人们的一般心理而言,改革总是正能量的,积极的,是我们应有的一种姿态和作为。在政治因素具有强烈统合作用的我国,正是由于改革的这种政治性特征,因而在人们的一般观念中,改革本身自带正当性。

另外,改革不断得到政策的支持,政策的支持在我国社会是正当性的根据,甚至是最重要的根据。在我国,政策在实践中具有与法律几乎同样,甚至更具有实效性。例如,党的十八届四中全会通过的《中共中央关于全面推进依法治国若干重大问题的决定》就是我国法治建设的纲领性文件。在这一文件中,党中央就明确提出了若干有关民事司法改革的基本方向,甚至基本制度框架和原则。例如,关于立案制度的改革、公益诉讼等。这与政策的特性有密切的关系。从历史发展的现实来看,人们认为政策的适时性、灵活性最适合于我国这样高度政治化、处于急速变化、复杂多样的国度。政策在许多方面总是走在法律规制的前面。在人们的法治认识的范畴中,政策在实际具有规范作用的意义上已经被纳入法治的范畴。我国法治从而也具有与西方法治国家完全不同的含义。

正是由于改革的政治性,也由于改革的困难,因此,为了适应改革的政治性,改革的内涵也就变得多样和灵活。改革并非仅指特定事物体制性、结构性的改变,非基础性的制度更新,甚至改变,往往也被赋予改革的名义,置于改革的范畴之内。于是改革的范围也就变得非常宽泛了。改革也就具有更加广泛的社会性。处于极端时,改革就可能仅仅变成名称、说法、表述方式、形式的变化而已。当然,这种改革是我们不提倡的,需要予以避免的。

改革的尝试性和实验性是改革自身的内在特性。因此,改革在某些层面上也是必然要冲击既有的法律规定,尤其是体制性的改革。因此,改革与合法性之间的确具有比较微妙的关系。此外,法律文本规定的简约和原则也为改革提供了较大的空间。尤其是在具体制度的改革方面具有更大的空间。民事司法改革更典型地反映了这一点。《民事诉讼法》规定的简约和原则比较典型地反映了我国立法的一贯指导思想和理念。正是这样的法典模式为民事司法改革提供了合法性空间。

我们虽然也强调改革的合法性,但对于改革合法性的理解具有相当的弹性与灵活性。因此,只要坚持了政治的基本方向,也就取得了最基本的合法性。在我国,这种特殊的政治与法的关系为改革提供了较大的空间。在不违反法律基本制度和基本框架的前提下,司法改革的各种尝试其正当性都是被予以认可的。虽然在立法组织层面可能有些障碍,但没有构成根本性的障碍。

在改革开放后的法制初级阶段,法律制定的滞后是完全可以理解的。不仅法律研究,尤其是对外国法律制度的研究几乎是空白的,法学界无法提供足够的有关法律构成、运用的知识,在强调国情、本土和传统时,我们又不可能提取并形成法律制度的实践经验。我们几乎需要在一张白纸上勾画法律的蓝图。虽然,有些情况下我们可以大体勾画出一个草图,例如 1982 年的《民事诉讼法(试行)》,即使是1991 年正式制定的《民事诉讼法》也无法提供一个较为完整的民事诉讼规范根据。立法部门由于立法机制的原因,难以充分吸引和调动社会力量使其服务于具体立法工作,因此,面临着实体法制定的艰巨的重任,又鉴于立法的被动性,加之民事诉讼与司法的复杂关系(其中包括司法本身的政治性),使得要在较短的时间内提供一个完善的民事诉讼法规范文本几乎成为一个不可能完成的任务。于是只能依靠法院系统自己的探索,在基本的法律框架内予以完善。

民事司法改革承担起了这方面的重任。法院系统基于自己的利益——民事诉讼规范系统,对法官司法统一性的要求,充分吸收来自当事人和社会的不满——需要通过民事司法改革摸索经验形成规则。而在改革试点和形成相应的规则方面,法院甚至立法机构更具有条件。最高人民法院自身就是一个具有很强研究能力的法律研究单位,全国法院系统也有一整套与之配套的法律研究和政策研究的机构,有一只庞大的研究队伍。即使不是专职的研究人员,作为法官也可以根据需要对相应的法律和实践问题进行研究,每年会产出大量的与法律实践相关的调查研究报告。法院作为审判、执行机构是一个与法律实践联系最为密切的系统,这也为司法改革提供了最好的条件。法院可以针对司法改革的实践和政策需要进行调整,法院的司法改革成了规范的超级试验田。

与我国的情形完全不同,西方国家的司法裁判机关通常被认为是社会最保守的领域,并形成一种与社会激进改革相制衡或掣肘的力量。但我国的司法裁判机关不同,从倡导改革的那天起,司法领域中的各种改革就从来没有停止过,法院甚至扮演了改革排头兵的角色,始终处于改革的前沿。民事审判方式的改革最集中地体现了我国司法裁判机关对改革的热情和态度。

二、民事司法改革的第一阶段——民事审判方式改革

(一)民事审判方式改革第一阶段(20世纪80年代至90年代中后期)

民事审判是民事诉讼的主要领域,民事司法改革最初也集中体现在这一领域。改革开放初期的民事审判方式改革主要是针对传统的审判方式,这是这一时期民事司法改革的基本特点。传统的审判方式虽然在一定程度或某些方面已经不再获得法典的全面支持,但是作为传统或习惯的方式,在观念上和习惯上还是为人们所接受,作为实在的制度依然还在运行。民事审判方式就是要颠覆这种传统的审判方式。

民事审判方式改革的出台主要基于两个方面:政治需求和民事审判的实际需要。这两个方面也是法院民事审判方式改革的原动力。之所以说民事审判方式改革有着政治层面的因素,是因为改革在当时以及现在都是社会的一大趋势,改革已经成为中国最大的政治。作为一种政治行为和政治要求,人们对改革并不要求一定要有实际的作用和效果。作为政治,改革要求人们必须表现出一种姿态,一种反传统的姿态。改革代表着先进和向上,因此各个领域都在提倡和推行改革。在我国,司法机关很容易就卷入这场社会大改革之中。经济体制的改革影响和推动了整个社会的改革,甚至波及政治体制。在司法领域,要改革与国家权力配置有关的体制显然是不可能的,法院体制改革也因为与人事体制的关联而难以展开,因此司

法领域的改革就只能体现在所谓"业务"方面。审判方式改革与当时强调法制、重视法制具有一致性,因而审判方式的改革最具有可行性和"观赏性"。尤其是民事方式的改革,不像刑事审判那样敏感,而且改革空间又非常大,因此,民事审判方式改革在当时被认为大有作为。事实上,现在看来,民事审判方式改革提升了法院改革的政治形象和社会形象,从这方面推出民事审判方式改革是成功的。

与政治因素相关的民事审判方式改革体现在审判方式的民主化方面。20 世纪 80 年代中期以后,中国社会的政治观念变化很快,受外来政治观念的影响,要求进一步实现"社会主义民主"的呼声日益高涨,要求实现社会主义民主成为政治体制改革的社会动力。民主法制化与法制民主化的呼声在审判方式的改革中得到一定程度的响应。在审判领域,审判公开成为最能够体现法制民主化的一项措施。在刑事审判和民事审判领域强调落实审判公开制度就顺应了这种政治发展态势的要求。落实公开审判制度的改革在政治上的作用更大于保障司法实体公正的作用。而且在当时,审判公开受到其他相关制度的限制,很难真正全面贯彻审判对社会的公开。

当然,除了政治层面的因素之外,主要还是民事审判所面临的压力。民事审判方式改革不仅追求一种改革形象的塑造,也是民事纠纷解决的现实需要。民事纠纷解决的巨大压力也从侧面反映了社会改革所带来的巨大影响。改革影响了中国人的观念,人们的权利意识大大提升,人们的利益观念也有了根本的改变,追求利益和维护利益的欲望变得比任何时期都更加强烈。经济体制改革打破了原有的利益格局和权利主体格局,人们之间的经济利益纠纷呈现一种"井喷"状态。[①] 在法制观念的影响下,人们在纠纷解决的路径选择上更多地倾向于司法机关,通过民事诉讼"讨个说法"。

面对井喷式的案件增长,如果仍然以传统审判方式来审理案件,以法院现有的资源显然很难应付。过去传统的审判方式强调的是法院依职权进行调查,实行的是全面调查,在查清案件事实的基础上裁判纠纷,这种传统的民事审判方式在 1982 年的《民事诉讼法(试行)》中有集中的反映。以前人们曾反对法院"坐堂问案"的"衙门"作风,以图"颠覆"旧的审判方式,强调深入实际、密切联系群众、调查研究,但面对如此数量的案件,法院难以"主动出击",仅依靠法院单方面的职权调查解决案件的事实问题显然是不现实的。只能由与案件有直接利害关系的当事人发挥案件事实的揭示和解明作用,法院只是作出判断就可以了。突出体现这一意

---

① 1980 年法院受理的一审民事、经济案件分别为 565 件、679 件。1985 年民事案件上升为 846391 件,经济案件则突然增加至 226695 件。1988 年民事案件也猛然增加到 1455130 件,经济案件为 508965 件,也增加一倍多。1990 年民事案件 1851897 件,比 1988 年增加 27%;经济案件 588143 件,比 1988 年增加 15.5%。参见 1980—1991 年《最高人民法院工作报告》。

图的民事审判方式改革措施就是举证责任制度的实施,虽然人们当时对举证责任的多重含义未必十分清楚。举证责任措施的推出就是为了将案件事实的提出负担转移给当事人,即当事人有义务向法院提出所主张的事实依据,提出事实依据的义务是相对于法院的职权或权力要求,至于这些事实的提出应当由哪一方当事人承担并不是人们所关注的重点。

民事审判方式的改革到了 20 世纪 90 年代中期以后,司法公正性成为人们关注的重点。在这一时期社会腐败已经成为比较突出的社会现实,司法领域也没有能够避免社会腐败的感染,尤其是在民事审判和民事执行领域。因此,社会对民事审判公正性的要求日益强烈,质疑审判程序和审判结果公正性的情形越来越多。这种要求的社会背景是腐败的社会化。

在这种背景下,社会舆论对司法改革给予了更大的压力,对此,法院必须通过加强司法改革的力度,来缓解这种社会压力。在民事审判方面如何体现程序上的公正就成为民事审判改革的一个中心议题。腐败体现为"权情交易"和"权钱交易",要防止司法腐败,就要隔断主体之间交易的路径,也就是要尽量防止审判人员与当事人之间的接触,主要是防止主审法官与当事人之间的接触。根据这一思路,很自然地推出"一步到庭""立审分离""预审与庭审分离""流程管理""当庭宣判"等有利于审判员与当事人隔离的制度。可以说,20 世纪 90 年代中期以后,以消除司法非公正性所进行的审判改革措施是司法改革的主旋律。但从实际效果来看似乎并不明显。

早在 1988 年召开的全国第十四次审判工作会议,就正式启动了民事审判方式改革行驶的"列车"。在这次会议上,作为审判方式改革的"中心工作",主要包括强调当事人的举证责任、调整调解与判决的相互关系等事项。前者的实质是调整法院与当事人在民事诉讼中的作用,收缩了法院在民事诉讼中的职权范围,以减少法院的审判成本。后者主要是提高诉讼的效率。民事审判方式改革的成果最终也在 1991 年《民事诉讼法》中得到了一定的承认。1991 年的《民事诉讼法》除了增加一些新的程序(如督促程序、公示催告程序等)、制度,在结构上进行部分调整外,最主要的特点是弱化了法院的职权,减少了法院的干预,比之以前强调了当事人的主动性和处分自由。

1991 年的《民事诉讼法》虽然对 1982 年《民事诉讼法(试行)》进行了较大的修改,比 1982 年《民事诉讼法(试行)》有了很大的进步,但由于 1991 年《民事诉讼法》的修改在理论上准备不够充分,对理论和实践中的问题(有的问题还未显现出来)也未进行更深入的探讨,使得 1991 年《民事诉讼法》在颁布实施之日起便显现出其不适应性,正是这样才使民事审判方式的改革得以继续,并有较大的空间范围。民事审判方式改革由于具有摸索的性质,没有统一的模式和规范,因此各地法院在民事审判方式"改革"的具体操作上有所差异。这一时期的改革有明显借鉴国外或域外民事审判方式或民事诉讼制度的痕迹。20 世纪 90 年代初全国法院民事审理改革方面的措施,归纳起来主要有以下几个方面:

1. "强化"当事人的举证责任。即改变过去那种法院收集所有证据的做法。一般的提法是在法院的指导下,由当事人负主要举证责任。当事人不举证或举不出证的,将承担败诉的后果。也有的将其称为"双向分担制度",即在收集、调查证据中,参与诉讼的原告、被告双方,对自己的主张实行"谁主张,谁举证"的原则;在原告、被告与法院之间,只有法院认为审理案件需要必要的证据,才由法院收集。强化当事人举证责任的直接动机是试图通过当事人举证而使法院从直接调查案件的繁重工作中解放出来。改革开放以来,民事纠纷直线上升,民事案件数量成倍增长,法院面临着巨大的压力,如果再沿袭过去直接调查收集证据的做法,将无法摆脱这种巨大的压力。此外,法院也意识到长期以来"包揽调查""庭外理案""庭上纠问"的活动方式,忽视和弱化了当事人的举证责任。在诉讼活动中法官包揽"一切"、一切由法官决定的职权主义行为,使当事人仅仅成为被询问、被调查的对象,当事人处于一种"非主体"的地位。这种地位当然不利于发挥当事人的积极性和主动性。当事人与案件的利害关系和与案件事实的联系,使得当事人一方面关心诉讼的审理和结果,主观上积极提供证据;另一方面当事人又最了解案件的实际情况,能够提出证明案件事实的证据。通过当事人相互之间的质辩,法院就可以巧妙地发现案件的真相,作出正确的裁判。

2. 强化庭审功能。其主要内容是强调法院在庭审程序中对当事人提出的诉讼资料进行质证、核实和确认。法院一般不在庭审前进行大量的调查取证,即所谓"一步到庭",只是对特别复杂的案件才进行必要的庭前调查。"一步到庭"改变了过去"纠问式"开庭的"四部曲":第一步,受理案件后,法院直接找当事人了解案情;第二步,法院直接收集调查核实证据;第三步,通过调查已经形成意见观点后,进行庭前调解;第四步,在久调不决的情况下进入开庭审理。实际上因为在庭前已经形成判决意见,所以,庭审就只能是走形式,使庭审"空洞化"。"一步到庭"的改革措施主要意图在于克服"先定后审"的弊端,使庭审程序实在化。

3. 强调公开审判。公开审判制度是民事诉讼的一项基本制度,《民事诉讼法(试行)》和现行的《民事诉讼法》都有关于人民法院审理民事案件应当公开审理的规定,并明确规定了在哪些情况下才不能公开审判。但由于各方面的原因,长期以来,民事诉讼中的公开审判制度并没有得到彻底的贯彻执行,多数民事案件的审判实际上没有公开审判。民事审判方式改革以贯彻公开审判制度为主要突破口,试图以推行公开审判来带动其他方面的民事审判方式改革。在改革者的构想中,公开审判和强化庭审功能是有内在联系的,只有强化庭审,公开审判才有实际意义。在当时,新闻媒体对各种案件的报道基本上还是基于政治的需要,并没有真正成为一种社会监督主体。因此,公开审判作为一项改革措施在改革初期的几年里并没有取得比较突出的实际效果。

4. 实行当事人当庭质证、法院当庭认证。按照大多数法院现行的审理方式，法院在庭审过程中对当事人提出的证据进行质询和认证，当事人之间一般不对各自提出的证据进行质证。因为从传统的审判观念看，当事人提出的证据真实性问题，是由法院来判断的，当事人之间没有必要对各自提出的证据进行质证。虽然《民事诉讼法》第 125 条第 1 款规定，当事人经法庭许可，可以向证人、鉴定人、勘验人发问。《民事诉讼法》也规定了当事人在诉讼中有进行辩论的权利，可以互相进行辩论等。当事人的辩论必然包括对自己主张的事实和理由进行陈述，也包括对对方当事人的事实主张和权利主张进行反驳。对事实主张的反驳就自然要涉及对方当事人提出证据的真实性、证明力等问题。但由于民事诉讼法没有明确规定质证的程序和法律效果，因此，依照现行的审理方式，就不可能将质证规范化。在民事审判方式改革的理念中，当事人之间对证据的质证被视为当事人"辩论式诉讼"的一个重要组成部分。当事人质证被认为既是法庭审查核实证据的一种手段，也是当事人的一种诉讼权利。

还有一些改革措施，属于法院内部职权的分工问题，例如，强调合议制和独任制的职能。一般的提法是"简政放权"，即把过去审判委员会的实际裁决权下放给合议庭。审判委员会研究案件的范围严格控制在重大疑难案件之内。实行独任审判的，由独任法官行使"定案权"。不过，这些措施与民事审理的方式没有直接的联系。

（二）民事审判方式改革的第二阶段——20 世纪 90 年代中后期至 21 世纪初

民事审判方式改革的第二阶段大体上开始于 20 世纪 90 年代中期，其特点是民事审判方式改革又有了较大的推进，"换挡"提速较为明显。除了进一步强化过去认为正确可行的改革措施以外，也适当地对有些改革措施进行了调整，并推出一些新的改革措施。1998 年最高人民法院通过的《关于民事经济审判方式改革问题的若干规定》，将民事审判改革以来比较成熟、成形的改革措施以司法解释的形式使其规范化和制度化。该规定的出台，并没有终结民事审判方式改革的进程，许多法院又在此基础上推出新的改革举措。结合《关于民事经济审判方式改革问题的若干规定》和一些地方法院民事审理方式新举措，民事审理方面的改革措施包括以下几点：

1. 实施庭前证据交换制度。正如前面所提到的那样，在民事审判方式改革的初期，为了强化庭审的功能，推出"一步到庭"的改革措施，意图将诉讼中的一些重要诉讼行为的实施置于庭审之中，以便公开、公正地实施。"一步到庭"措施虽然在客观上强化了庭审的功能，也出现了一些问题。主要问题是，由于没有充分的庭前准备，反而影响了庭审功能的发挥，影响了诉讼的效率。突出的问题是，因没有在庭前较充分地对争点进行整理和提出证据，使庭审成为整理争点和证据的场所，不得不反复开庭。这种情况下,受英美民事诉讼中证据开示制度和大陆法系一些国家准备程序制度的影响,各地法院又推出了庭前证据交换制度,以提高庭审的效率,不再过分地强调"一步到庭",认为应当做好庭前审理的准备工作,做到"分步到庭"。

2. 实行查审分离制度。"查审分离"制度是改变原来的由合议庭审判人员负责调查收集并进行审理的做法,改为案件调查、收集证据由合议庭以外的法院工作人员进行,合议庭的审判人员不再亲自对案件进行调查、收集证据,而是根据专门从事案件调查的工作人员调查收集的证据作出判决。这样做的理由是,有利于程序的公正性。查审合一的做法容易使主审法官在调查阶段和当事人过度接触,难以做到法官判断的中立性。

3. 试行证据失权制度。"证据失权",有的也称为"举证失效""举证时限"等。从现行我国《民事诉讼法》的规定来看,对当事人提出证据的时限性和阶段性持相当宽容的态度。《民事诉讼法》第 125 条第 1 款规定:"当事人在法庭上可以提出新的证据。"这里的法庭自然是指开庭审理中的法庭,准确的说法是当事人在开庭审理时可以提出新的证据。从法律条文的语义逻辑上讲,提出新证据的时间最迟可以在最后一次开庭法庭辩论结束之时。但在审判实际中,在判决书形成之前,当事人实际上都可以提出新的证据。因为无论是审判理念还是审判习惯都存在判决以事实为依据的问题,即追求案件事实真实的绝对化。由于在判决形成之前,审判人员对案件事实的认识是没有止境的,在哲学认知的意义上讲,即使判决形成后也没有使该案的审判人员成为认识本案事实真相的终结者。审判人员只是在有限的认识范围内相对地认识了案件的事实真相。在这种理念的指导下,任何在判决形成之前出现的证据都有可能成为审判人员认识案件事实真相的金钥匙,拒绝新的证据就可能意味着错判。因此,在我国民事诉讼法和民事审判的实际操作中所谓"证据提出随时主义"就必然存在。

4. 进一步强化当事人举证,使当事人举证制度化、规范化。1998 年最高人民法院《关于民事经济审判方式改革问题的若干规定》第 1 条明确规定,人民法院可以制定各类举证须知,明确举证内容及其范围和要求;第 2 条还规定人民法院在送达受理案件通知书和应诉通知书时,应当告知当事人围绕自己的主张提供证据。在最高人民法院《关于民事诉讼证据的若干规定》出台之前,许多法院已经出台了证据规则或举证须知。在证据规则或举证须知中明确指出,当事人对自己的主张不提供证据加以证明的,将承担因此带来的不利后果。最高人民法院《关于民事经济审判方式改革问题的若干规定》第 3 条第 2 款规定,应当由法院调查收集的证据,未能收集到的,仍由负有举证责任的当事人承担举证不能的后果。

5. 进一步规定法院调查收集证据的职权范围。1992 年最高人民法院在《关于适用民事诉讼法若干问题的意见》(简称《民诉意见》)中对法院调查收集证据的职权范围做了明确规定,即依照《民事诉讼法》第 64 条第 2 款规定,由人民法院负责调查收集的证据包括:(1)当事人及其诉讼代理人因客观原因不能自行收集的;(2)人民法院认为需要鉴定、勘验的;(3)当事人提供的证据互相有矛盾、无法认定的;(4)人民法院认为应当由自己收集的其他证据。经过几年的实践,最高人民法院在这方面规定得更加明确和准确,在当事人及其诉讼代理人因客观原因不能自行收集证据这一点,1998 年《关于民事经济审判方式改革问题的若干规定》第 3 条第 1 款第 1 项增加了"并已提出调取证据的申请和该证据的线索"的规定,突出了当事人在诉讼中的主动性、法院调查的被动性和程序性。在当事人提供的证据互相矛盾、无法认定这一点上,更明确地限定为,"当事人双方提出的影响查明案件主要事实的证据材料相互矛盾,经过庭审无法认定其效力"。

6. 试行证据调查令制度。根据该项制度,一旦法院针对特定的案件,发给律师证据调查令,该律师就可以直接向证据持有人收集证据,证据持有人有义务向律师提供证据。调查令的作用在于将法院直接收集转化为间接收集。但由于受制于缺失法律根据,调查令制度在具体实施上仍然存在很大的障碍。

上述民事审判方式的改革和改进措施的适用是有区域性差异和不平衡性的。在民事审判改革推进比较快的地区,例如北京、上海、青岛、广州、昆明等地,改革和改进措施比较到位。有相当多的地方实际上仍然是按照过去的民事审理方式在运作。另外,民事审判方式改革在一定程度上已经成为一项政治任务。在有的地方,民事审判方式改革的进展由于成了衡量该法院政绩的尺度,因此,虽然出台了许多措施和办法,但并没有真正实施,仅仅应付而已。甚至有个别的地方还有曲解或扭曲改革措施的做法。所以,在认识民事审判方式改革时应当注意改革措施实施的差异性和区域性。

民事审判方式的改革作为一项社会性和政治性活动始终没有停止自己的步伐,改革也夹带着各种政治欲求和动机在往前推进。这一时期民事审判方式的改革已经不再限于单纯对审判操作方式的改进和调整,更多的是与审判组织的改进相结合。民事审判方式改革中的"审判方式"在含义上已经有所扩张。这种变化的原因是:一方面审判组织本身与民事审判方式就具有某些内在的联系,民事审判方式不可能完全脱离开审判组织;另一方面由于审判组织具有跨审判类型的特点,因此在研究和实施类型化的审判方式改革时,就会尽可能地避开审判组织的问题,但当类型化的审判方式改革进行到一定阶段后,完全避开审判组织又是不可能的,必须将审判方式的改革与审判组织的改革联系起来共同推进。为了回应社会对司法公正的强烈诉求,法院的改革措施也体现了对审判人员的内部组织监督和法官审判权的制约。规则的细化、审判的效率化导致司法机关在 20 世纪 90 年代又推出了更为复杂的改革措施。在设计这些改革措施的过程中,国外的诉讼制度和理论也被更多予以植入。比较典型的民事审判方式的改革措施是在实践中推出的证据交换制度、举证时限制度和证据认定制度。民事审判方式改革在这一阶段更多地转向证据制度领域。人们发现改革空间最大、最有可能作为改革试验地的领域是审前程序,在这一领域中,法律规定更为粗疏,在程序方面更需要完善。在这一领域中实际可以改革的制度包含两个层面的交错——程序制度和证据制度,程序中包含着证据的内容,证据运用中又包含了程序安排。

20 世纪 90 年代末,最高人民法院明确提出建立"三分立",即立审分立、审执分立、审监分立。在立审分立方面,最高人民法院发布了《立案工作的暂行规定》,从 1998 年起大力推行立审分立制度的实施。到 1999 年,法院的立审分立格局已经基本形成,改革了过去由各业务庭分散立案的做法,将法院各种类型案件的立案全部交由统一的立案机构完成。作为一个相对独立的立案机构,立案庭的工作并不仅仅是立案,也包括诉前保全、支付令、公示催告的办理和处理大量的信访案件。审执分立是要将执行机构与审判机构脱离,最终成为不同于业务审判庭的具有行政化色彩的执行局。审监分立的实施主要是在法院内部成立审判监督庭,专门审理法院主动提起再审和通过申诉、检察院提起抗诉而引发的再审案件的审理。

改革力度比较大的另一个举措是民事诉讼的简易化。简易化一方面可以减轻法院审判的压力,另一方面又迎合了社会的要求。最高人民法院还将 2001 年作为法院"效率年",以推动法院在审判中提高效率,减少审判周期。在提出民事诉讼简易化的口号以后,有不少法院开始实行简易化措施,主要是按照简易化的要求,将民事诉讼法中没有明确规定的简易程序加以具体化。为了提高效率,推行民事诉讼的简易化,有的法院还成立了"速裁庭"或"速裁组",审理简单的民事案件。各地法院推行的简易化改革为最终形成最高人民法院关于审理简单民事案件的司法解释提供了依据。

三、民事司法改革的第二阶段——全面拓展(21 世纪初至今)

这一阶段的民事司法改革的特征,是其改革的领域已经不再限于审判方式,而是扩张到审判之外的领域,例如执行领域。审判方式的改革也具体扩展到新诉讼类型之中,改革的广度和深度都有所推进。在强烈的政治需求下,最高人民法院在这一时期果断地开启了全面改革的模式,在可能进行改革(包括制度更新)的一切领域推进改革。以人民法院为主体的司法改革涉及许多内容,有些内容涉及法院人事体制的改革,例如法官员额制、法官负责制等。由于这些改革并不局限于民事领域,而是涵盖整个司法,因此,本文不再专门论述,主要描述和论述与民事司法关系相对更为密切的改革过程。

(一)案件受理制度的改革

在我国的现行民事案件受理制度下,决定是否应当予以受理、立案的判断标准就是起诉条件,法院审查认为符合起诉条件的,予以立案,对该案件放行随后进入诉讼审理阶段,并作出裁判。由于大量的案件需要在起诉受理阶段进行审查,审查的事项又涉及诸多复杂的事项,为此,法院专门设置了起诉审查机构——立案庭,以应对复杂的立案审查事项。现行的这种立案审查制度虽然有效地阻止了法院认为不能或不应由法院审理、判决的案件,但这种制度却一直为社会所诟病,民众似乎一直在抱怨存在"起诉难"("告状难")的问题。虽然有司法实务工作者坚持认为实际上并不存在起诉难的问题。从笔者的观察分析来看,就起诉难的字面含义而言,"起诉难"当然是指提起诉讼难。不过"起诉难"显然不只是一方行为的结果状态,更多的是当事人和法院之间相互作用发生的结果状态。起诉作为一种当事人向法院递交起诉状的单方行为,如果没有法院的相应反映和作用是不会发生所谓难易问题的。关于"起诉难",人们实际上是从不同的层面来感受的:一是指当事人提起诉讼,向法院递交诉状至法院认可起诉这一过程的不便、复杂、烦琐等所引发的人们的心理感受;二是指尽管当事人提起了诉讼,而且也认为符合起诉的条件,但诉讼却难以进入实质审理阶段的情形。如果说前者是形式上的,则后者就是实质上的。从实践来看,"起诉难"的含义主要是指第二种情形。而第二种情形反映的情况事实上应当是"受理难",而非"起诉难"。在法律上,正如中共十八届四中全会审议通过的《中共中央关于全面推进依法治国若干重大问题的决定》(以下简称《决定》),所指出的,起诉难问题实质上是当事人诉权保障的问题。

《决定》中关于案件受理制度改革的意见便是直接针对这一问题的:"改革法院案件受理制度,变立案审查制为立案登记制,对人民法院依法应该受理的案件,做到有案必立,有诉必理,保障当事人诉权。"作为关于法治的政治性文件,《决定》首先是将案件受理问题作为政治问题来加以考量,必须要回应作为社会问题的起诉难问题。对于起诉难问题,《决定》抓住了问题的制度关键——案件受理,认定只有改革案件受理制度才能化解起诉难这一社会问题,实现保障当事人诉权这一目的。[①]

为了贯彻落实《决定》关于改革案件受理制度的要求,2015 年 4 月 1 日,中央全面深化改革领导小组第十一次会议审议通过了《关于人民法院推行立案登记制改革的意见》(以下简称《意见》)。《意见》规定,登记立案针对的是人民法院的初始案件,对上诉、申请再审和申诉,不适用登记立案。人民法院对符合法律规定条件的民事起诉、行政起诉、刑事自诉、强制执行和国家赔偿申请,一律接收诉状,当场登记立案。当场不能判定的,应当在法律规定的期限内决定是否立案。在法律规定期限内无法判定的,先行立案。不符合形式要件的,人民法院应当及时释明,以书面形式一次性全面告知应当补正的材料和期限。不符合法律规定条件的,应当依法作出裁决。当事人不服的,可以提起上诉或者申请复议。

---

① 张卫平:《民事案件受理制度的反思与重构》,载《法商研究》2015 年第 3 期。

对违法起诉或者不符合法定起诉条件的,涉及危害国家主权和领土完整、危害国家安全、破坏国家统一和民族团结、破坏国家宗教政策的,以及其他不属于人民法院主管的所诉事项,不予登记立案。

《意见》同时提出,要健全配套机制,进一步完善调解、仲裁、行政裁决、行政复议、诉讼等有机衔接,健全多元化纠纷解决机制,让更多的矛盾纠纷通过非诉方式处理。要探索建立司法诉讼的庭前准备程序,完善案件繁简分流、先行调解工作机制。促进各类纠纷案件快速审结,节约司法成本,减轻当事人诉累。

在实行案件受理制度改革之初有人担心,将立案审查制改为立案登记制,是否会导致起诉案件的大量增加,进一步加剧案多人少的矛盾。从立案登记制的实施来看,虽然民事案件有所增加,但各地法院当属可以应对的范围之内。改革以来社会效果明显,立案难的问题似乎得到一定程度的解决。社会对立案难的抱怨已经大大减少,群众对立案登记制改革有了更多获得感。①

对于案件受理体制的改革,有学者认为,案件受理制度的实质改革还需要从民事诉讼的结构上进行调整,将现行民事诉讼法关于起诉要件中相当于诉讼要件的部分从起诉要件移除,并确立诉讼要件制度(包括对不符合诉讼要件情形的处理和裁判方式),才能真正解决起诉难的问题。②

(二)诉讼与非诉讼相衔接机制的改革

在强调"大调解"的司法政策的背景下,诉讼与非诉讼衔接也纳入了司法改革的范畴。为落实中央关于诉讼与非诉讼相衔接的矛盾纠纷解决机制改革的总体部署,中央社会管理综合治理委员会等 16 家单位联合印发《关于深入推进矛盾纠纷大调解工作的指导意见》(综治委〔2011〕10 号)。随之,最高人民法院出台了《关于扩大诉讼与非诉讼相衔接的矛盾纠纷解决机制改革试点总体方案》。其主要内容有两个方面:构建诉调对接工作平台、完善诉调对接工作机制。

在完善诉调对接工作机制方面的措施主要有:

1. 落实委派调解或者委托调解机制。将民商事纠纷在立案前委派或者立案后委托给特邀调解组织或者特邀调解员进行调解。

2. 赋予调解协议合同效力。特邀调解组织或者特邀调解员主持调解达成协议后,当事人就调解协议的履行或者调解协议的内容发生争议的,一方当事人可以就调解协议问题向人民法院提起诉讼,人民法院按照合同纠纷进行审理。当事人一方以原纠纷向人民法院起诉,对方当事人以调解协议抗辩并提供调解协议书的,应当就调解协议的内容进行审理。

---

① 魏巍:《我省法院案件受理改革成效明显》,http://www.sxrb.com/sxfzb/yiban/6970899.shtml,访问日期:2018 年 7 月 5 日。

② 张卫平:《民事案件受理制度的反思与重构》,载《法商研究》2015 年第 3 期。

3. 完善执行联动机制。建立健全党委政法委组织协调、人民法院主办、有关部门联动、社会各界参与的执行工作长效机制,加强执行法院之间、执行法院与政府及其他有关部门之间的联动,积极促成执行和解,促进执行案件的协调解决。

4. 建立无异议调解方案认可机制。经调解未能达成调解协议,但当事人之间的分歧不大的,调解员征得当事人各方书面同意后,可以提出调解方案并书面送达当事人。当事人在七日内提出书面异议的,视为调解不成立;未提出书面异议的,该调解方案即视为双方自愿达成的调解协议。当事人申请司法确认的,应当依照有关规定予以确认。

5. 建立无争议事实记载机制。当事人未达成调解协议的,调解员在征得各方当事人同意后,可以用书面形式记载调解过程中双方没有争议的事实,并告知当事人所记载的内容。经双方签字后,当事人无须在诉讼过程中就已记载的事实举证。

在最高人民法院确定的试点法院,关于对接协调机制的改革,在那一时期成为法院改革的一项重要任务。尽管这一改革有应时、应景的政治需要,存在某些走形式、走过场的情形,各地法院施行的程度和力度也有所不同,实际效果也差异很大;但也应当看到,这一改革还是取得了一些制度性、机制性成效,只是如何持续和发展无疑是今后应当予以认真对待的课题。

(三)检察民事公益诉讼的改革

检察机关作为宪法和法律所规定的法律监督机关,就其监督职能而言应当具有提起环境公益诉讼的权利,这也是学术界较普遍主张的观点。早在 2000 年,最高人民检察院就发出《关于强化检察职能、依法保护国有资产的通知》,通知明确提出检察机关应充分发挥检察职能,对侵害国家利益、社会公共利益的民事违法行为提起诉讼。在 2012 年《民事诉讼法》修改之前,地方检察机关也有提起环境公益诉讼的实践尝试,例如,浙江省平湖市检察院诉嘉兴海宁蒙努集团等 5 家公司环境污染侵权案。如果将《民事诉讼法》第 55 条中的“法律规定”理解为,须具体法律对于检察机关的公益诉权权能明确加以规定,则目前检察机关尚不能就任何公益案件享有提起诉讼的权利,因为当时尚未有法律对此明确加以规定。在这一点上有一个解释论的问题,如果在政策上我们希望检察机关更多地介入公益诉讼,则可以将《民事诉讼法》此条中的“法律规定的有关机关”理解为法律对其基本监督职能予以规定的那些机关,也就是说,只要宪法上对检察机关的法律监督职能做了规定,也就没有必要在其他相关的法律中一一加以规定。是否需要检察机关更多地介入,也涉及检察机关的检察监督的范围和实际应对能力的问题。在应对能力方面,一旦开放检察机关的公益诉权,检察机关是否能够有效应对是一个必须面对的现实问题,尤其是环境公益纠纷不断增加的情形下。有学者认为,在现有法律制度框架内,检察院以直接起诉的方式维护公共利益缺乏明确、直接的法律依据,也很难通过法律解释的方法使这种“司法实验”具有合法性。如果要推行检察院提起的公益诉讼,需要修改《民事诉讼法》中的检察监督条款、案件受理条件条款,也需要修改《人民检察院组织法》中的检察院职责条款。2017 年 5 月 23 日,习近平总书记主持召开中央深改组第三十五次会议,充分肯定检察机关提起公益诉讼试点的成效,要求为检察机关提起公益诉讼提供法律保障。为了解决检察机关提起公益诉讼的主体资格问题,全国人民代表大会常务委员会作出了《关于授权最高人民检察院在部分地区开展公益诉讼试点工作的决定》(2015 年 7 月 1 日第十二届全国人民代表大会常务委员会第十五次会议通过,以下简称《决定》),人大常委会授权最高人民检察院在生态环境和资源保护、国有资产保护、国有土地使用权出让、食品药品安全等领域开展提起公益诉讼的试点。在试点地区,人民法院应当依法审理人民检察院提起的公益诉讼案件。《决定》明确规定,提起公益诉讼前,人民检察院应当依法督促行政机关纠正违法行政行为、履行法定职责,或者督促、支持法律规定的机关和有关组织提起公益诉讼。《决定》赋予最高人民法院、最高人民检察院制定相应实施办法的权力。试点期限为 2 年。

2015 年 7 月 2 日最高人民检察院出台《关于检察机关提起公益诉讼改革试点方案》,方案包括民事公益诉讼和行政公益诉讼。在提起民事公益诉讼方面,按照方案的规定:

检察机关在履行职责中发现污染环境、食品药品安全领域侵害众多消费者合法权益等损害社会公共利益的行为,在没有适格主体或者适格主体不提起诉讼的情况下,检察机关可以公益诉讼人身份向人民法院提起民事公益诉讼,被告是实施损害社会公共利益行为的公民、法人或者其他组织。检察机关提起民事公益诉讼,被告没有反诉权。检察机关在提起民事公益诉讼之前,应当依法督促或者支持法律规定的机关或有关组织提起民事公益诉讼。法律规定的机关或者有关组织应当在收到督促或者支持起诉意见书后一个月内依法办理,并将办理情况及时书面回复检察机关。

随后,最高人民法院于 2016 年 6 月 25 日也相应地发布了《人民法院审理人民检察院提起公益诉讼案件试点工作实施办法》(以下简称《实施办法》)。在具体程序上,该实施办法对人民检察院提起民事公益诉讼的程序做了相应的规定。例如,在诉讼请求类型方面,《实施办法》规定人民检察院提起民事公益诉讼时,可以提出要求被告停止侵害、排除妨碍、消除危险、恢复原状、赔偿损失、赔礼道歉等诉讼请求。再如,人民法院审理人民检察院提起的第一审民事公益诉讼案件,原则上适用人民陪审制。当事人申请不适用人民陪审制审理的,人民法院经审查可以决定不适用人民陪审制审理。在和解或调解方面,人民检察院可以与被告达成和解协议或者调解。

(四)家事司法改革

家事司法改革最初是以家事审判方式改革为发端,家事审判方式改革也是家事司法改革的主要内容。家事司法改革是我国近些年来司法改革总体部署中的主要组成部分。家事审判方式改革也是司法改革领域中最具系统性、前瞻性的改革。最高人民法院对家事审判方式改革的意义、目标,改革的基本原则、工作理念、工作机制、试点范围、试点模式、试点法院都做了明确的规定。这一做法也是在充分吸取总结过去司法改革的经验,成为今后其他领域司法改革的样板。

2016 年 4 月 5 日,最高人民法院召开专题会议,会议主题是家事审判方式改革。会议研究部署了家事审判方式和工作机制改革。为发挥家事审判的职能作用,推动家事审判工作不断科学发展,最高人民法院决定在全国范围内选择部分法院开展家事审判方式和工作机制改革试点。2016 年 2 月 23 日,最高人民法院发布《关于开展家事审判方式和工作机制改革试点工作的意见》,对改革试点工作提出系统、具体的改革意见,由此,拉开了我国家事审判方式改革的序幕。试点期间为 2016 年至 2018 年,为期 2 年。

随后,为了推进家事审判制度的改革,2017 年 7 月 19 日,最高人民法院、中央综治办等 15 个部门和单位联合召开家事审判方式和工作机制改革联席会议第一次全体会议,共同签署了《关于建立家事审判方式和工作机制改革联席会议制度的意见》,明确各自的职责和分工。家事审判方式和工作机制改革联席会议制度正式建立。

在家事审判方式改革的工作理念方面,突出了树立家庭本位的裁判理念,对家庭财产关系的处理以有利于家庭成员共同生活的团体主义为价值追求。坚持以人为本,发挥家事审判的诊断、修复、治疗作用,实现家事审判司法功能与社会功能的有机结合。

根据家事案件特点,全面保护当事人的身份利益、财产利益、人格利益、安全利益和情感利益,切实满足人民群众的司法需求。要在诊断婚姻状况的基础上,注意区分婚姻危机和婚姻死亡,积极化解婚姻危机,正确处理保护婚姻自由与维护家庭稳定的关系。

家事审判方式改革试点的案件范围主要包括:(1)婚姻案件及其附带案件,包括离婚、婚姻无效、婚姻撤销等,附带案件包括监护权、子女抚养费、离婚后财产分割等;(2)抚养、扶养及赡养纠纷案件;(3)亲子关系案件,包括确认亲子关系、否认亲子关系;(4)收养关系纠纷案件;(5)同居关系纠纷案件,包括同居期间的财产分割、非婚生子女抚养等;(6)继承和分家析产纠纷案件等。

按照最高人民法院的决定,已有各省、自治区、直辖市高级人民法院推荐确定的 100 个左右基层人民法院和中级人民法院开展了家事审判方式和工作机制改革试点工作。在最高人民法院的统一部署和指导下,全国各地试点法院在相应高级法院的具体指导下,迅速开展家事审判方式改革的实践和探索。改革实践中,各地法院的做法在最高人民法院的指导意见的框架内也各有特色,以山东武城法院的实践为例,他们的具体做法是:(1)设立专业化家事审判合议庭;(2)完善多元化纠纷解决机制;(3)严格贯彻调解优先原则;(4)引入心理干预机制;(5)实行家庭暴力"禁止令"。[①]

由于家事审判改革的试点期间为两年,2018 年到期,对这一轮改革实践的总结尚需一段时间。有哪些成功的经验、不足和教训也还期待 2018 年之后的总结、研讨才能揭晓。家事司法改革是根据家事纠纷的特点对家事司法制度的重构,因此,准确揭示家事纠纷的特点是至为重要的一点。改革在人们心理上的正效应特点使得人们在改革试点中可能会不自觉地放大其特点和预设改革的效果,最终导致制度设置的错位。家事纠纷所涉及的私性与公性或私性与社会性之间的关联、差异以及如何处置的妥当性是我们需要认真对待的问题。突出家事的社会性时往往容易导致对家事私性的不当干预或干预过度。简单的以维系婚姻关系为目的的制度设置有可能适得其反,法律的分与合都应当遵循事物本身发展的规律。另外,家事司法中,如何处理法院的司法裁判功能与裁判外的其他功能之间的关系或者说法院功能社会化的边界,也是一个应当重视的问题。这些都是我们今后家事司法改革以及家事诉讼和家事非讼程序建构中需要注意的问题。

(五)民事执行制度的改革

执行难是我国司法的一个老大难问题,人民法院一直试图破解这一难题,为此,人民法院也通过执行制度的改革不断尝试如何有效化解执行难。最高人民法院的几次改革纲要也都将解决执行难作为司法改革的重要任务加以落实。尤其是 2016 年以来,最高人民法院和各地法院更是加大力度推动这一难题的解决,也实际有效地朝着解决这一难题的方向不断推进。最高人民法院提出,全面推进执行体制、执行机制、执行模式改革,加强正规化、专业化、职业化执行队伍建设,建立健全信息化执行查控体系、执行管理体系、执行指挥体系及执行信用惩戒体系,不断完善执行规范体系及各种配套措施,破解执行难题,补齐执行短板,在两到三年内实现以下目标:被执行人规避执行、抗拒执行和外界干预执行现象基本得到遏制;人民法院消极执行、选择性执行、乱执行的情形基本消除;无财产可供执行案件终结本次执行的程序标准和实质标准把握不严、恢复执行等相关配套机制应用不畅的问题基本解决;有财产可供执行案件在法定期限内基本执行完毕,人民群众对执行工作的满意度显著提升,人民法院执行权威有效树立,司法公信力进一步增强。

最高人民法院首先明确区别了执行难与执行不能的关系,指出执行难应是指有财产可供执行而不能得到及时全部执行的情况,主要表现为被执行人抗拒或规避执行、转移或隐匿财产、逃避债务;法院执行手段匮乏、执行措施不力、执行力量

---

① 山东省德州市中级人民法院和武城县人民法院联合课题组:《武城法院家事审判方式及工作机制改革创新》,载《中国应用法学》2017 年第 2 期。

不足或出现消极执行、选择性执行,以及有关人员或部门干预执行等情形。针对这种意义上的执行难,人民法院的解决重点就是要把有限的司法资源用在有财产可供执行的案件上,使这部分案件全部或绝大部分得到及时依法执行。为此,人民法院要致力于解决自身存在的消极执行、拖延执行、不规范执行等问题,不断增强执行流程的公开性、透明度,提高人民群众对执行工作的获得感。过去人们常常把执行不能与执行难混淆起来,必然导致无法对症下药,并使得执行难处于无解的状态。

以解决执行难问题为中心,2016 年最高人民法院出台了《关于落实"用两到三年时间基本解决执行难问题"的工作纲要》,进一步明确了人民法院解决执行难的原则、目标和原则性规定,为各地法院推进执行制度改革提供了基本的方向,这是改革开放以来人民法院推进执行制度改革最重要的政策文本,也是执行制度改革的丰硕成果。其具体措施主要有以下几个方面:

1. 实现网络执行查控系统全覆盖。建成以最高人民法院"总对总"网络执行查控系统为核心、以地方各级法院"点对点"网络执行查控系统为补充、覆盖全国地域存款及其他金融产品、车辆、证券、股权、房地产等主要财产形式的网络化、自动化执行查控体系,实现全国四级法院互联互通、全面应用,所有负责办理执行实施案件的执行人员均能熟练使用系统,快速查找、控制所承办案件的被执行人及其财产。

2. 强力惩戒失信被执行人。形成多部门、多行业、多领域、多手段联合信用惩戒工作新常态,让失信被执行人寸步难行、无处逃遁,迫使其自动履行法定义务。

3. 强化执行工作统一管理体制,规范指定执行、提级执行、异地交叉执行的提起和审批程序,提高执行实施效率。

4. 探索改革基层法院执行机构设置,探索破除地方保护主义、提高执行工作效率的新路。

5. 开展执行案款专项清理活动。在全国法院部署开展执行案款专项清理,集中解决执行案款管理中的历史遗留问题。

6. 推行网络司法评估管理和网络司法拍卖。

7. 建立无财产可供执行案件退出和恢复执行机制。建立健全无财产可供执行案件终结本次执行程序的实质标准和程序标准;终结本次执行程序后,在一定年限内继续对被执行人采取限制高消费及有关消费的跟进措施;被执行人恢复履行能力后,执行法院依职权或依当事人申请启动恢复执行程序;全国法院执行案件流程信息管理系统设置专门数据库,集中管理无财产可供执行案件,实现退出和恢复执行程序自动衔接。

8. 完善保全和先予执行协调配合机制。在立案阶段强化执行风险告知和保全、先予执行申请提示,支持、鼓励财产保全保险担保,做好保全申请与执行查控系统的有序衔接,提高保全债务人财产的及时性、有效性。

9. 完善异地执行协作机制。

从 2016 年以来,最高人民法院的上述措施已经逐步落实和贯彻。各地人民法院也根据最高人民法院《关于落实"用两到三年时间基本解决执行难问题"的工作纲要》丰富、提升原有的执行改革措施,成就了各种执行体制的改革模式,[①]并取得可见的成效。在各项解决执行难的措施当中,最具有实效的是失信被执行人信用惩戒机制。最高人民法院还联合 60 多个单位构建失信被执行人信用惩戒网络,建立健全失信被执行人名单制度。在法院执行领域,截至 2018 年 5 月底,全国法院累计公布失信被执行人 1089 万人次。对这部分失信被执行人,相关部门采取了联合惩戒措施,累计限制购买飞机票 1160 万人次,限制购买高铁动车票 441 万人次,限制担任企业负责人、董事、监事和高级管理人员 26.5 万人次,254 万失信被执行人慑于信用惩戒,主动履行义务。"一处失信、处处受限"的信用惩戒格局初步形成。[②]

(六)民事司法智能化改革

2015 年 7 月,最高人民法院院长周强在全国高级法院院长座谈会上曾指出:"要大力推进信息化建设转型升级,加快建成人民法院信息化 3.0 版。"建设"智慧法院",就是要充分运用互联网思维和云计算、大数据、人工智能等技术,进一步推动司法审判网络化、阳光化、智能化,实现人民法院高度智能化的运行与管理,确保司法公正高效、提升司法公信力,促进审判体系与审判能力现代化。由此,在中国,司法信息化、电子化、智能化进入了高速发展阶段。

21 世纪初,随着社会电子化、信息化的发展,司法的电子化和信息化就已经悄然开始。最初主要是将电子和信息技术引入司法领域以提高司法的效率,以后随着网络时代的到来,电子化、信息化的司法也随之升级为网络化、智能化司法。最高人民法院更是雄心勃勃地试图在司法智能化方面走在世界的前列,甚至成为司法智能化的引领者,为信息时代的世界法治文明建设提供"中国方案"。在信息化、网络化、智能化方面,中国有可能第一次与世界先进站在同一起跑线上。司法的智能化亦是如此。

司法的公正与效率一直是司法的基本价值追求,而网络化、智能化恰恰是实现这两大价值目标最有效的手段。改革开放以来,案件数量一直直线上升,甚至出现井喷状态,在经济发达及较发达地区,案多人少的矛盾日益尖锐突出。电子化、信

---

① 关于各地试点法院的执行体制改革模式,参见黄忠顺:《民事执行机构改革实践之反思》,载《现代法学》2017 年第 2 期。

② 《全国失信被执行人联合惩戒效果不断显现》,载"人民网",http://www.people.com.cn,2018 年 6 月 16 日。

息化、网络化对提高审判、执行效率最为明显,在助推司法公正方面虽然不像司法效率方面的效果那样直接和明显,但通过电子化、信息化、网络化和智能化,可以使得司法过程、结果、根据更加公开、阳光,对于司法公正的实现也同样具有明显的效果。因此,与其他司法改革相比,法院对智能化的改革具有更直接的利益,因此也具有更大的热情和激情。

在最高人民法院的统一部署下,各地法院也同样是以改革的意识、改革的姿态广泛开展司法智能化的建设。由于民事司法领域中相对更讲究对效率这一基本价值的追求,因此,民事司法的智能化更为积极,步子也迈得更大一些。

从智慧法院的建设来看,主要是围绕打造审判流程、庭审活动、裁判文书、执行信息四大公开平台。有观点认为,在我国,法院信息化 3.0 版的主体框架已经确立,智慧法院建设的基本格局已初步形成。[①] 在我国,庭审公开网直播庭审超过68.7 万件,观看量突破 50.3 亿人次;中国裁判文书网公开文书超过 4318 万份,访问量突破 138 亿人次,用户覆盖 210 多个国家和地区,成为全球最大的裁判文书资源库。[②]

实现中国全部法院"一张网"办公办案。全国 3525 个法院和 10759 个人民法庭全部接入法院专网,办公办案全程留痕,全程接受监督;深度运用人工智能推动法院改革创新。创建"法信""智审""数字图书馆""类案智能推送"等办案辅助平台;运用信息化手段提升执行工作效率。通过信息化技术,中国法院实现了执行手段的根本性变革,建成覆盖全部法院的网络查控系统和失信被执行人信用惩戒系统;运用信息化平台服务社会公众诉讼。目前,中国 86% 的法院建立了信息化程度较高的诉讼服务大厅,为当事人提供线上线下、方便快捷的"一站式"诉讼服务。

当然,在司法智能化改革方面,各地法院的条件有所不同,具体做法也有所不同。在网络技术运用最早试点、网络技术运用也更为广泛的浙江和江苏等地,比较而言,司法智能化就推进得更快。浙江的一些法院在这方面走在了我国的前列,比如说网上司法拍卖(2012 年浙江法院就在全国首创网络司法拍卖)、网上法庭、庭审记录改革。2017 年 8 月 18 日,全国第一家目前也是唯一一家网络法院——"杭州互联网法院"正式挂牌成立。[③]

2015 年,杭州中院及所辖三家基层法院建设的电子商务"网上法庭"试点,再次在全国首开先河。一年内已受理网络购物、互联网金融、侵权等纠纷 1.7 万余

---

① 祁雷:《中国法院信息化 3.0 版主体框架已确立》,载《南方日报》2018 年 3 月 27 日 A03 版。

② 祁雷:《中国法院信息化 3.0 版主体框架已确立》,载《南方日报》2018 年 3 月 27 日 A03 版。

③ 杭州互联网法院集中管辖杭州市发生的六类案件:互联网购物、服务、小额金融借款等合同纠纷;互联网著作权属、侵权纠纷;利用互联网侵害他人人格权纠纷;互联网购物产品责任侵权纠纷;互联网域名纠纷;因互联网行政管理引发的行政纠纷。参见乔文心、余建华:《浙江通报杭州互联网法院情况:六类涉网案件集中管辖》,载《人民法院报》2017 年 8 月 19 日第 1 版。

件,当事人可以在网上参与诉讼,解决纠纷。2016 年 1 月至 9 月,浙江省法院通过淘宝网司法拍卖总成交额达 368 亿余元;自 2014 年开始,浙江法院依托全面覆盖的数字法庭,在全国率先试行以庭审录音录像取代传统庭审书面记录的改革。截至目前,全省法院已试行网络诉讼 25.8 万件。[①]

在司法智能化方面,各地试点法院都在积极探索尝试,各种体现差异化的规则和模式也在不断产出,有江苏苏州中院的所谓"苏州模式"[②],还有河北省法院系统所谓的"五八六"计划[③]。

智慧法院的打造,司法智能化或民事诉讼智能化的建构,也许是最有冲击力和最具有前景的司法蓝图。不过,目前的司法智能化更多的还是在信息化方面,主要利用信息技术收集、记录、公开各种司法信息,在智能化方面即模拟法官司法行为,甚至在超越法官的司法行为方面还有很大的想象空间。如何能够做到自动识别是否符合受理的条件、自动提出特定诉讼请求所依据的事实类型、当事人提出的事实根据和法律主张是否支持其提出的诉讼请求,对方当事人的抗辩是否成立、对对方证据的否定是否成立、自动提起和比较相同或近似的案例即行裁判、自动提取最佳法律解释等,都是我们可以期待的智能化。智能化的终极目标其实就是计算机完全取代人的作用——无论是法官,还是律师,一句话让人走开。当然这有一个过程,甚至是比较漫长的过程。

司法智能化既是机遇,也是巨大的挑战。一是智能化的合法性问题。民事诉讼法是对传统民事诉讼的规范,而非针对电子化、信息化的民事诉讼,因此规范的非针对性是显而易见的,也就必然导致在特殊性方面制约着民事诉讼的智能化,最突出的例证是电子送达:法院可以在多大程度上实施电子送达,当下,最需要的是立法机关尽快出台原则性或框架性的规定,允许法院在原则之下进行探索。二是在走向智能化的过程中还需要大量的投入,不仅是财力、物力,还包括人力。这些投入不仅是硬件方面,更是软件方面的,如智慧的投入。如何将案件事实提取为计算机可以识别的语言?如何将请求权与相应的要件事实信息化?设计什么样的审理软件能够最大限度实现审理的实质公正和程序公正?三是如何使得智能化能够促进司法的进步,而不是相反。技术本身是没有价值取向的。智能化在加强司法管理、案件管理的同时,如何避免司法的行政化,避免按照行政权力的高低,避免长官意志取代办案法官的独立判断?如何保证案件审理预警机制不会主观预设,不会受制于法律因素的影响?四是保障实体正义的直接审理原则如何在智能化中得

---

① 《浙江省高级人民法院"智慧法院"》,载"正义网",http://www.jcrb.com,2016 年 12 月 12 日。

② 徐清宇:《智慧审判苏州模式的实践探索》,载《人民法院报》2017 年 9 月 13 日第 8 版。

③ 有关资料来自李霁、丁力辛:《"五八六"工程为审判执行插上科技翅膀——河北高院全面推进"智慧法院"建设纪实》,载《人民法院报》2018 年 4 月 15 日第 1 版。

以体现？如何使得智能化能够服从于基本的诉讼价值追求，并且能够很好地将各价值追求之间的紧张关系予以协调。五是网络法庭审理中当事人与法官均不亲临现场直接面对面的情形下，如何能够做到事实揭示和判断的最真性，也是一个值得探讨的问题。六是司法的智能化无疑是最能博人们眼球的改革，如何避免形式化，避免走秀，实质地推进智能化，是司法智能化改革过程中对改革者的挑战。

第二章

改革开放 40 年：民事管辖制度的变迁

引　言

1978 年至 2018 年，我国先后颁布了两部民事诉讼法典。一是 1982 年五届全国人大常委会第二十二次会议通过的《中华人民共和国民事诉讼法（试行）》（以下简称 1982 年《民事诉讼法（试行）》）。二是 1991 年七届全国人大第四次会议通过的《中华人民共和国民事诉讼法》（以下简称 1991 年《民事诉讼法》）。该法历经 2007 年、2012 年、2017 年三次修订，适用至今。管辖制度在民事诉讼制度中占有特殊重要的地位，因为任何具体诉讼的进行都有赖于民事管辖权的确定。"管辖制度不仅是通向公平正义之门，而且其本身就代表着公平正义，或者说是程序正义的一部分。"①我国的民事管辖制度伴随着民事诉讼法的颁布与修订也逐渐得以发展与完善。

从广义上来讲，民事管辖是指不同法院受理民事案件的分工和权限，因此才有二审管辖、再审管辖、执行管辖等概念。但由于确定了第一审管辖法院即确定了二审法院、再审法院以及执行法院，因此一般从狭义上理解管辖，将其界定为"各类法院之间、各级法院之间、同级的不同法院之间受理第一审民事案件的分工与权限"，并由此演绎出普通管辖、专门管辖、级别管辖、地域管辖等类型。法律上的分类，除

---

①　姜启波、孙邦清：《诉讼管辖》，人民法院出版社 2008 年版，第 1 页。

了上述管辖类别之外,还有移送管辖、指定管辖、专属管辖、协议管辖等。而理论上的分类主要从三个角度对民事管辖进行了划分。一是根据管辖由法律直接规定还是由法院裁定确定为标准,将管辖分为法定管辖与裁定管辖;二是根据管辖是由法律强制性规定还是允许当事人协议变更为标准,将管辖分为专属管辖与协议管辖;三是按照当事人、诉讼标的与法院辖区之间的关系为标准,将管辖分为共同管辖与合并管辖。[①] 为了研究与阐述的方便,在探析我国改革开放 40 年民事管辖制度的变迁时,笔者采取了以时间为序,以管辖类型为纲的研究进路。

一、1982 年《民事诉讼法(试行)》中的管辖制度

(一)制度出台的背景

1982 年《民事诉讼法(试行)》自 1979 年 9 月开始起草,至 1982 年 3 月 8 日通过并公布,历时两年零六个月,"整个立法过程,贯彻了群众路线的立法方法,充分发扬民主,让大家把各种意见提出来,经过比较,然后集中正确的意见,制定为法律条文"。[②] 1982 年《民事诉讼法(试行)》在起草中,从便利人民群众进行诉讼、便利人民法院办案的基本思想出发,总结民事审判工作中的历史经验,把一些行之有效的经验,系统化、条文化,写入了民事诉讼法的条文。一个典型例子就是将"马锡五审判方式"所体现的"巡回审判、就地办案"列为民事诉讼法的基本原则。

同时 1982 年《民事诉讼法(试行)》也借鉴了一些外国经验,主要是苏联民事诉讼立法的经验,尤其借鉴了 1964 年《俄罗斯苏维埃社会主义共和国民事诉讼法典》(以下简称《苏俄民诉法典》)。苏联于 1961 年制定和公布了《苏联和各加盟共和国民事诉讼纲要》(以下简称《纲要》)。根据该《纲要》的精神,俄罗斯最高苏维埃制定了 1964 年《苏俄民诉法典》。这部法典共有 6 编 42 章 438 条,具体包括总则、第一审法院诉讼程序、上诉程序、对已经发生法律效力的判决、裁定和决定的再审、执行程序、涉外程序的相关规定等。两相对比不难发现,我国 1982 年《民事诉讼法(试行)》与 1964 年《苏俄民诉法典》,无论是整体架构、基本原则,还是具体制度、法律术语等方面,均存在相似之处。

(二)主要内容

1982 年《民事诉讼法(试行)》在第 2 章(第 16 条至第 34 条)对于管辖制度作了集中规定。借鉴国外,尤其是苏联、东欧国家的立法经验,我国民事管辖制度划分为法定管辖与裁定管辖两大部分。其中法定管辖又细分为级别管辖与地域管辖,裁定管辖又分为移送管辖、指定管辖、管辖权的转移。划分管辖所遵循的原则包括

---

① 张卫平:《民事诉讼法》,法律出版社 2016 年第 4 版,第 102 页。
② 柴发邦:《民事诉讼法学》(修订本),法律出版社 1987 年版,第 37 页。

便于人民群众进行诉讼、便于人民法院行使审判权,法院的职能与工作负担的均衡性,确定管辖应具体明确,维护国家主权与人民利益等。

1.级别管辖。我国确定了四级法院均可以受理一审案件的模式,并专门对中级人民法院、高级人民法院以及最高人民法院受理的案件类型进行了规定。

划分的标准主要是案件的性质、难易程度以及影响大小。学者还提出其他一些标准,代表性的有两个:一是主张按照争议财产价额的大小为标准,二是主张按照当事人的政治身份、社会地位为标准,但均未被采纳。否定第一个标准的理由是"争议财产份额的大小,对于案件的复杂程度有一定影响,但不是决定性的因素",否定后者的理由是"与公民在法律面前一律平等的原则不符"。[①] 最终落实到立法中,中级人民法院管辖的第一审民事案件包括涉外案件、在本辖区有重大影响的案件(第 17 条);高级人民法院管辖的是"在本辖区有重大影响的第一审民事案件"(第 18 条);最高人民法院管辖两类第一审民事案件,一是在全国有重大影响的案件,二是认为应当由自己审判的案件(第 19 条)。其余案件一律由基层人民法院管辖。

2.地域管辖。我国确立了一般地域管辖、特殊地域管辖、专属管辖、选择管辖等基本管辖制度。

一般地域管辖以当事人的所在地与法院辖区的关系为标准,又分为一般规定与例外规定两种情形。一般规定以被告人所在地为标准,即遵循"原告就被告"原则,具体内容为"民事诉讼由被告户籍所在地人民法院管辖;被告的户籍所在地与居所地不一致的,由居所地人民法院管辖。对企业事业单位、机关、团体提起的民事诉讼,由被诉单位所在地人民法院管辖"(第 20 条第 1 款、第 2 款)。例外规定以原告所在地为标准,涉及四类案件:"(1)非军人对军人提起的诉讼;(2)对不在中华人民共和国领域内居住的人提起的有关身份关系的诉讼;(3)对正在被劳动教养的人提起的诉讼;(4)对正在被监禁的人提起的诉讼。"(第 21 条)

特殊地域管辖以诉讼标的,引起法律关系发生、变更、消灭的法律事实所在地为标准来确定特定案件的管辖。涉及七类案件(第 22 条至第 28 条),具体包括:(1)侵权诉讼案件由侵权行为地人民法院管辖;(2)合同纠纷诉讼由合同履行地或者合同签订地人民法院管辖;(3)铁路、公路、水上运输和联合运输诉讼,由负责查处该项纠纷的管理机构所在地人民法院管辖;(4)航空运输诉讼,由运输始发地、目的地或者合同签订地人民法院管辖;(5)航空事故诉讼,由事故发生地或者航空器最初降落地人民法院管辖;(6)船舶碰撞或者其他海事损害事故诉讼,由受害船舶最初到达地、加害船舶被扣留地或者加害船舶船籍港所在地人民法院管辖;(7)海难救助费用诉讼,由救助地或者被救助船舶最初到达地人民法院管辖。

---

① 柴发邦:《民事诉讼法学》(修订本),法律出版社 1987 年版,第 119 页。

特别需要关注的是，该法第 29 条对于一般地域管辖与特殊地域管辖的关系作出明确的界定，即"第 22 条至第 28 条的规定执行有困难的，可以适用第 20 条或者第 21 条的规定"。这意味着特殊地域管辖与一般地域管辖存在基本的竞合适用关系。

专属管辖被定位为特殊地域管辖的一种，是以诉讼标的所在地为标准，规定特定案件归特定法院管辖的管辖类型。专属管辖具有排他性，不适用一般地域管辖的规定，不能协议变更。我国确定了四类专属管辖案件（第 30 条），具体包括：(1)因不动产提起的诉讼，由不动产所在地人民法院管辖；(2)港口作业中发生的诉讼，由港口所在地人民法院管辖；(3)因登记发生的诉讼，由登记机关所在地人民法院管辖；(4)四是继承遗产的诉讼，由被继承人生前户籍所在地或者主要遗产所在地人民法院管辖。

选择管辖规定在 1982 年《民事诉讼法（试行）》第 31 条，具体内容为"两个以上人民法院都有管辖权的诉讼，原告可以选择其中一个人民法院起诉；原告向两个以上有管辖权的人民法院起诉的，由最先收到起诉状的人民法院受理"。

3.裁定管辖。1982 年《民事诉讼法（试行）》通过第 32 条至第 34 条依次规定了移送管辖、指定管辖、管辖权的转移，也确立了我国裁定管辖的基本类型。不过从所在章节的名称来看，只有移送管辖与指定管辖两种类型。

除了专章规定的管辖制度之外，1982 年《民事诉讼法（试行）》还在其他条文中零散规定了一些管辖制度，诸如诉讼保全与先予执行的管辖（第 92 条）、特殊程序案件的管辖（第 131 条、第 133 条、第 136 条、第 141 条）、二审管辖（第 144 条）、再审管辖（第 158 条）、执行管辖（第 161 条）等。

（三）特色与问题

1982 年《民事诉讼法（试行）》是中华人民共和国第一部民事诉讼法典，奠定了中华人民共和国民事管辖制度的基本样态与框架，具有特殊重要的意义。通过分析该法管辖制度的相关条文，我们可以总结出至少如下几点特色：

一是四级法院均享有第一审案件的管辖权，且主要以案件的性质、难易程度以及影响大小为划分标准。

二是确立了一般地域管辖同时考虑被告所在地与原告所在地两个确定法院的标准，具体规定包含"一般"与"例外"的模式。

三是将一般地域管辖与特殊地域管辖的关系基本确定为竞合适用关系。

四是确立了七类案件的特殊地域管辖，并将专属管辖作为特殊地域管辖的类型，但并未确立协议管辖制度。

五是确立了裁定管辖的三种基本类型。

不可否认，由于受立法经验、立法技术的限制以及当时政治、经济、社会条件的影响，1982 年《民事诉讼法（试行）》仍显得比较粗疏，存在不合理之处与制度空白，比如协议管辖、管辖权异议、涉外管辖等均没有明确的规定。

二、1991 年《民事诉讼法》中的管辖制度

(一)制度修订的背景

1982 年《民事诉讼法(试行)》至修改时已实施 9 年,实践证明该法的基本原则和诉讼制度是正确的,有关程序规定总体来讲也是切实可行的,在人民法院依法正确审理民事案件中发挥了很大的作用。出台 1991 年《民事诉讼法》的背景主要有四点:一是在改革开放和社会主义商品经济发展过程中,经济纠纷大量增加,出现了一些新情况、新问题,需要民事诉讼法进行调整与应对;二是全国人大及其常委会陆续制定了《中华人民共和国民法通则》(以下简称《民法通则》)等一批重要的民事实体法,需要民事诉讼法进行配套与衔接;三是人民法院在司法实践中积累的经验与行之有效的做法,需要民事诉讼法加以吸收与提升;四是 1982 年《民事诉讼法(试行)》原有部分条款不够完善,需要进行修改与补充。[1] 1991 年《民事诉讼法》关于民事管辖制度的修改,主要根据以下原则进行:第一,有利于公正审理,保护当事人合法的民事权益;第二,便利当事人依法行使诉讼权利;第三,便利人民法院依法进行审理和执行。

(二)修订的内容及其原因分析

1.级别管辖(第 18 条至第 21 条)做了微调

1991 年《民事诉讼法》仍然依据案件的性质和影响来划分各级法院的管辖范围,继续坚持第一审民事案件原则上由基层法院管辖的做法。其对于级别管辖的调整主要集中在中级法院的管辖案件上。具体有两点:一是将原来的"涉外案件"修改为"重大涉外案件";二是新增了"最高人民法院确定由中级人民法院管辖的案件"。

随着经济体制改革的不断深入,对外的经济交往越来越多。与之相伴,涉外民事案件的比例也相应增加。如果全部涉外民事案件仍按照 1982 年《民事诉讼法(试行)》的规定继续由中级法院作为一审法院,必将过度加重中级法院的负担。同时考虑到涉外案件并不都是复杂案件,基层法院已有能力和条件处理一般的涉外案件,最终将中级法院的管辖范围限定为"重大涉外案件",仅包括那些争议标的额大,或者案情复杂,或者居住在国外的当事人人数众多的涉外案件。[2]

新增"最高人民法院确定由中级人民法院管辖的案件"也是基于适应经济社会

---

[1]　参见全国人大常委会副委员长王汉斌 1991 年 4 月 2 日在七届全国人大四次会议上所作的《关于〈中华人民共和国民事诉讼法(试行)〉(修改草案)的说明》。

[2]　常怡:《民事诉讼法学》,中国政法大学出版社 1999 年版,第 101 页。

快速发展的考虑。根据随后颁布的最高人民法院司法解释，这类案件包括：海事、海商案件，专利纠纷案件，涉及港、澳、台地区的民事、经济纠纷案件等。这些案件不仅涉及的专业知识多、案情复杂，而且影响较大，确定由中级人民法院为一审法院更为适宜。①

2.一般地域管辖（第 22 条至第 23 条）主要修改了两处

一是将原条文中的"居所地"统一改为"经常居住地"。这样修改的主要原因是与《民法通则》第 15 条保持一致，条文表述更为准确。《民法通则》第 15 条明确规定："公民以他的户籍所在地的居住地为住所，经常居住地与住所不一致的，经常居住地视为住所。"

二是一般地域管辖的例外规定中，删掉了"非军人对军人提起的诉讼"，新增了"对下落不明或者宣告失踪的人提起的有关身份关系的诉讼"。删掉前者的原因，可以从《最高人民法院关于适用〈中华人民共和国民事诉讼法〉若干问题的意见》第 11 条找到端倪。"非军人对军人提起的诉讼"一律适用原告住所地法院管辖过于僵化，没有考虑到文职军人、双方均为军人等特殊情况。新增后者的一个重要原因是《民法通则》第 20 条建立了宣告失踪制度。对杳无音信、下落不明的人提起人身诉讼，原告并不了解被告的经常居住地，在被告原户籍所在地起诉也无方便被告的便利，因此改由原告住所地法院管辖为宜。而同样情形下的财产关系纠纷，基于《民法通则》第 21 条规定的财产代管制度，仍适用"原告就被告"原则。

3.特殊地域管辖（第 24 条、第 26 条至第 33 条）改动较大

第一，删除了 1982 年《民事诉讼法（试行）》第 29 条关于特殊管辖优先适用于一般管辖的立法规定，并在一般合同纠纷、保险合同纠纷、票据纠纷、铁路等运输合同纠纷、铁路等事故纠纷、侵权纠纷、海事损害事故纠纷等七类特殊管辖案件中引入了"被告住所地"这一管辖连接点，而对于海难救助纠纷、共同海损纠纷则没有引入上述连接点。这样修改的目的是将本属于一般管辖的连接点收入特殊管辖，进一步彰显 1982 年《民事诉讼法（试行）》中特殊管辖与一般管辖的竞合适用关系，避免适用的歧义与混乱。但由于考虑不周，该做法实际上打破了一般管辖与特殊管辖二分制架构的意义，造成了特殊管辖与一般管辖例外规定的冲突，模糊了个别特殊管辖条款与专属管辖的界限，在实际效果上为 1991 年《民事诉讼法》中的一般管辖与特殊管辖建立了排斥适用关系。可以说，如此修改"打乱了一般管辖和特殊管辖的界限，直接造成了特殊管辖包含一般，一般管辖沦为例外的扭曲状态"②。

第二，新增了保险合同纠纷、票据纠纷、共同海损诉讼的特殊地域管辖规定，统一并修订了铁路、公路、水上、航空运输和联合运输等运输合同纠纷的管辖规定，细

① 杨荣新：《新民事诉讼法释义》，北京出版社 1991 年版，第 25 页。

② 王次宝：《民事一般管辖与特殊管辖的冲突及其消解》，载《当代法学》2011 年第 6 期。

化或补充了铁路、公路、水上和航空事故请求损害赔偿诉讼、海难救助诉讼的管辖规定。这些修改顺应了社会经济发展背景下对于新类型民事案件的诉讼需求。

4.新增了协议管辖制度(第 25 条)

内容为:"合同的双方当事人可以在书面合同中协议选择被告住所地、合同履行地、合同签订地、原告住所地、标的物所在地人民法院管辖,但不得违反本法对级别管辖和专属管辖的规定。"增设协议管辖主要基于两点:一是民事诉讼理论界主张允许当事人协议管辖是各国民事诉讼法通行的做法,不仅有利于扩大当事人的诉讼处分权,增加诉讼程序的民主性,而且能更好地贯彻"便民便审"原则;二是增设协议管辖制度有利于防范与遏制地方保护主义。[①] 不过应当注意的是,1991 年《民事诉讼法》中的国内协议管辖仅包括明示协议管辖一种类型。

5.专属管辖(第 34 条)修改了两处

一是删除了登记案件的专属管辖规定。主要原因是考虑到登记属于行政机关依当事人申请而作出的具体行政行为,因登记纠纷提起的诉讼应属于行政诉讼纠纷。不过也有学者认为,如果是以登记而产生的民事纠纷,如不履行登记义务之诉,应该保留登记地法院的专属管辖权。[②]

二是修订了遗产继承纠纷的管辖连接点,将"被继承人生前户籍所在地"修改为"被继承人死亡时住所地"。原有表述易产生歧义,似乎被继承人还有死后户籍所在地,修改后表述更为严谨。

6.裁定管辖(第 36 条至第 39 条)部分新增了管辖异议制度

1991 年《民事诉讼法》第 38 条规定:"人民法院受理案件后,当事人对管辖权有异议的,应当在提交答辩状期间提出。人民法院对当事人提出的异议,应当审查。异议成立的,裁定将案件移送有管辖权的人民法院;异议不成立的,裁定驳回。"基于管辖是一个非常复杂的问题,人民法院、当事人对于管辖的规定经常理解不同,不可避免地发生一些管辖争议。为了保障民事管辖制度的有效性,有效保障当事人的诉讼权利,有必要增设管辖异议制度。

7.新增了涉外管辖制度(第 243 条至第 246 条)

基于维护当事人的利益与保护国家司法主权的需要,1991 年《民事诉讼法》专章规定了涉外管辖制度,其中包括涉外合同纠纷与其他财产权益纠纷的管辖、涉外协议管辖、涉外应诉管辖、涉外专属管辖等内容。涉外协议管辖的案件范围与可选法院均超过国内协议管辖的规定,应诉管辖则开启了默示协议管辖的立法,涉外专属管辖将"因在中华人民共和国履行中外合资经营企业合同、中外合作经营企业合同、中外合作勘探开发自然资源合同发生纠纷提起的诉讼"纳入我国法院专属管辖

---

① 江伟:《民事诉讼法专论》,中国人民大学出版社 2005 年版,第 143 页。
② 黄川:《民事诉讼管辖研究——制度、案例与问题》,中国法制出版社 2001 年版,第 163 页。

的范围。

8.其他管辖制度的完善

新增了督促程序案件的管辖(第 189 条)、公示催告案件的管辖(第 193 条)、企业法人破产还债案件的管辖(第 205 条)等。

(三)修订情况简评

到 1991 年,我国推动改革开放已有十几年了。1982 年《民事诉讼法(试行)》规定的相对简单的管辖制度已然不能适应我国经济、社会快速发展的步伐和对外不断深化开放交流的需求。新型的合同纠纷案件、票据纠纷、督促案件、公示催告案件、破产案件的管辖均需要明确,司法实践中当事人对于协议管辖与管辖异议权的期待需要回应,同时理论界、实务界基于各国诉讼法理论与实务研究提出的新的观点与建议需要吸收,这就促成了 1991 年《民事诉讼法》对 1982 年《民事诉讼法(试行)》管辖制度的修改。

总体而言,本次修改在传承 1982 年《民事诉讼法(试行)》管辖制度的基本框架与内容的基础上,对相关管辖制度做了较为深入的修改,最为重要的是引入了协议管辖制度,设立了管辖权异议制度,增加了较为完整的涉外管辖制度。涉外管辖中的协议管辖安排与应诉管辖制度的设计非常具有远见,为 2012 年协议管辖制度的统一化奠定了基础。

三、2007 年民事诉讼法修正案对管辖制度的修改

(一)修订的主要内容

2007 年 10 月 28 日十届全国人大常委会第三十次会议通过的《关于修改〈中华人民共和国民事诉讼法〉的决定》(以下简称《决定》),共计 19 条,涉及 9 个方面。从性质上来讲,2007 年民事诉讼法修正案对 1991 年《民事诉讼法》的修改,着眼于解决人民群众反映强烈的"申诉难"和"执行难"问题,内容主要针对审判监督程序与执行程序两个部分。其中涉及管辖的修改主要有三项:

一是对再审管辖的修改。《决定》第 3 项将 1991 年《民事诉讼法》第 178 条修改为:"当事人对已经发生法律效力的判决、裁定,认为有错误的,可以向上一级人民法院申请再审,但不停止判决、裁定的执行。"《决定》第 6 项将 1991 年《民事诉讼法》第 179 条第 2 款改为第 181 条,其中第 2 款内容为:"因当事人申请裁定再审的案件由中级人民法院以上的人民法院审理。最高人民法院、高级人民法院裁定再审的案件,由本院再审或者交其他人民法院再审,也可以交原审人民法院再审。"

二是将"管辖错误"列入再审事由。《决定》第 4 项将 1991 年《民事诉讼法》第 179 条第 1 款修改为第 179 条,其中增列"违反法律规定,管辖错误的"作为再审事由。

三是对执行管辖的调整。《决定》第 10 项将 1991 年《民事诉讼法》第 207 条改为第 201 条,其中第 1 款修改为:"发生法律效力的民事判决、裁定,以及刑事判决、裁定中的财产部分,由第一审人民法院或者与第一审人民法院同级的被执行的财产所在地人民法院执行。"其中新增了一审法院的同级被执行财产所在地法院作为执行法院。《决议》第 12 项为 1991 年《民事诉讼法》增加第 203 条:"人民法院自收到申请执行书之日起超过六个月未执行的,申请执行人可以向上一级人民法院申请执行。上一级人民法院经审查,可以责令原人民法院在一定期限内执行,也可以决定由本院执行或者指令其他人民法院执行。"

(二)修订的原因

一是再审管辖的修改。按照 1991 年《民事诉讼法》的规定,当事人申请再审,既可以向原审人民法院提出,也可以向上一级人民法院提出。该做法在实践中产生的问题是当事人向人民法院多头申诉,反复申诉,人民法院重复审查。本次修改删去了当事人向原审人民法院申请再审的规定,保留了当事人可以向上一级人民法院申请再审的规定,实际上是明确了当事人申请再审应当向上一级人民法院提出的路径。如此修改既可以避免多头申诉、重复审查的问题,也可以避免由原审人民法院自己纠错较为困难,当事人不信任原审人民法院会公正处理的问题。[①] 有学者将此次修改的理由概括为:第一,在当前的司法环境下,当事人对作出生效裁判的原审法院普遍缺乏信任;第二,由原审法院受理、审查当事人的再审申请在实践中存在一定的障碍;第三,原来的规定在审判实践中造成了一定的管辖混乱。[②]

二是增列管辖错误列为再审事由。明确哪些情形应当再审,是解决"申诉难"的重要环节。草案将民事诉讼法规定的再审事由从五项具体化为十六项,当事人的申请符合其中事由之一的,人民法院应当再审。这样规定目的在于"增强可操作性,减少随意性,避免应当再审的不予再审,切实保障当事人的申诉权利"。[③] 可见增列"管辖错误"事由只是细化与明确再审事由的举措之一。

三是对执行管辖的调整。第 10 项修改的原因是有些案件的被执行人的财产不在第一审人民法院所在地,由第一审人民法院执行较为困难。为了便于执行,提高执行效率,草案规定,发生法律效力的民事判决、裁定,可以由被执行的财产所在地人民法院执行;第 12 项增加一条的理由是:"在执行过程中有的执行人员执法不

---

① 参见全国人大常委会法制工作委员会副主任王胜明于 2007 年 6 月 24 日,在第十届全国人大常委会第二十八次会议上所作的《关于〈中华人民共和国民事诉讼法修正案(草案)〉的说明》。

② 最高人民法院民事诉讼法修改研究小组编著:《〈中华人民共和国民事诉讼法〉修改条文理解与适用》,人民法院出版社 2007 年版,第 17～19 页。

③ 参见全国人大常委会法制工作委员会副主任王胜明于 2007 年 6 月 24 日,在第十届全国人大常委会第二十八次会议上所作的《关于〈中华人民共和国民事诉讼法修正案(草案)〉的说明》。

严格、行为不规范,也是产生'执行难'的原因之一。"故此针对有的执行案件受到地方保护主义干扰,长期得不到执行等情况,赋予当事人向上级人民法院申请由其他人民法院执行的权利。[①]

(三)修订情况简评

一是关于再审管辖的修改。修改的出发点是好的,却引发新的问题。"尽管将再审申请的管辖法院上提一级符合当事人和社会大众的整体愿望,也有助于提升人们对审判监督程序的信赖度,但这样的修改并非是没有问题的",比如"上提一级"在很多情况下并不符合诉讼的便利性原则,也不符合各国再审程序设计的一般规律,更重要的是导致大量的申请再审案件涌向高级法院和最高法院。[②] 2007 年修改后的再审审理状况充分印证了这一点。笔者认为当事人申请再审管辖法院的设定,一方面要考虑到上级法院的工作压力,另一方面更要考虑到当事人的程序主体地位。上级法院不能因为案件压力大,而推诿或拒绝管辖当事人向其申请再审的案件,也不能因为多数当事人更愿意到上一级法院申请再审而无视一些当事人愿意选择向原审法院申请再审的客观需求。从这个角度讲,2007 年修改之前的规定"当事人可以向原审人民法院或者上一级人民法院申请再审"是没有问题的。关键是在实际操作中,上级法院并没有尊重当事人对于申请再审管辖法院的选择权,而是一般将再审案件压至原审法院审查,这才是问题的症结所在。"一刀切"地采取将申请再审的管辖法院"上提一级"的做法显然并不合适。

二是将"管辖错误"列入再审事由。关于"管辖错误"是否应当作为再审事由,学界的观点大体上有两种。一种是支持的观点。学者汤维建指出"管辖错误"作为再审事由具有多种价值,包括:弘扬了程序正义的独立价值;体现了立法者通过管辖制度破解地方保护主义的努力;体现了对当事人诉权的充分保障;有助于调控审判权的公正行使;有助于在实践层面解决管辖乱象。[③] 学者李浩也主张"管辖错误"作为再审事由应当予以保留,并认为如果这一理由能够"按照《审监解释》限定的范围[④],并辅之以再审的补充性原则予以适用,应当是一种能够更好地达至纠正

---

① 参见全国人大常委会法制工作委员会副主任王胜明于 2007 年 6 月 24 日,在第十届全国人大常委会第二十八次会议上所作的《关于〈中华人民共和国民事诉讼法修正案(草案)〉的说明》。

② 赵钢、刘学在:《民事审监程序修改过程中若干争议问题之思考》,载《中国法学》2009 年第 4 期。

③ 汤维建:《"管辖错误"作为再审事由不宜删除》,载《法学家》2011 年第 6 期。

④ 即最高人民法院发布的《关于适用〈中华人民共和国民事诉讼法〉审判监督程序若干问题的解释》第 14 条的内容:"违反专属管辖、专门管辖规定以及其他严重违法行使管辖权的,人民法院应当认定为民事诉讼法第 179 条第 1 款第(七)项规定的'管辖错误'。"

错误与维护裁判稳定两者间平衡的方案"。① 另一种是反对的观点。学者张卫平、潘剑锋等均主张"管辖错误不宜作为民事再审的事由"②。主要的依据是：理论上管辖确定错误不会对案件结果产生实质影响；违反一般管辖规则的主要法律后果是给法院和当事人进行诉讼带来不方便；管辖权异议制度已经为当事人提供了较为充分的救济途径；因"管辖错误"提起再审，成本太高；将管辖事项纳入再审事由并不能解决地方保护主义问题等。

三是执行管辖的修改。此次修法新增了可选执行法院，增加了申请变更执行法院制度。这些规定通过交叉执行、提级执行、指定执行等方式，有助于提高执行效果，减少消极执行，克服地方保护主义等。

四、2012 年民事诉讼法修正案对管辖制度的修改③

(一)修订的主要内容

2012 年民事诉讼法修正案 60 项修改意见中有 10 项涉及管辖制度的调整，增删条文达到 12 条，大体包括五个方面。

1.统一了国内协议管辖与涉外协议管辖的规定

一是扩大了原明示协议管辖的适用范围，将之一体适用于国内案件与涉外案件。修正案第 4 项将原《民事诉讼法》第 25 条改为第 34 条，修改为："合同或者其他财产权益纠纷的当事人可以书面协议选择被告住所地、合同履行地、合同签订地、原告住所地、标的物所在地等与争议有实际联系的地点的人民法院管辖，但不得违反本法对级别管辖和专属管辖的规定。"

二是明确了应诉管辖制度(也称默示协议管辖)一体适用于国内案件与涉外案件。修正案第 6 项将原《民事诉讼法》第 38 条改为第 127 条，增加一款："当事人未提出管辖异议，并应诉答辩的，视为受诉人民法院有管辖权，但违反级别管辖和专属管辖规定的除外。"

三是删去了原涉外民事案件的相关管辖规定。修正案第 58 项删去原法第 242 条(涉外明示协议管辖)与第 243 条(涉外应诉管辖)的内容。

2.增加了公司诉讼与非讼案件的管辖规定

一是增加了公司诉讼的管辖规定。修正案第 5 项新增第 26 条："因公司设立、

---

① 李浩：《管辖错误：取消还是保留——兼析〈民事诉讼法修正案(草案)〉第 41 条》，载《政治与法律》2012 年第 4 期。

② 张卫平：《管辖错误不宜作为民事再审的事由》，载《人民法院报》2007 年 9 月 18 日第 6 版；潘剑锋：《论"管辖错误"不宜作为再审事由》，载《法律适用》2009 年第 2 期。

③ 此部分内容的总结与分析，参见王次宝：《新修民事管辖制度之述评与展望》，载韩波主编：《民事程序法研究》第 10 辑，厦门大学出版社 2013 年版，第 79～94 页。

确认股东资格、分配利润、解散等纠纷提起的诉讼，由公司住所地人民法院管辖。"

二是增加了确认调解协议案件的管辖规定。修正案第 42 项新增第 194 条："申请司法确认调解协议，由双方当事人依照人民调解法等法律，自调解协议生效之日起三十日内，共同向调解组织所在地基层人民法院提出。"

三是增加了实现担保物权案件的管辖规定。修正案第 42 项新增第 196 条："申请实现担保物权，由担保物权人以及其他有权请求实现担保物权的人依照物权法等法律，向担保财产所在地或者担保物权登记地基层人民法院提出。"

3.限制了管辖权"下放性转移"的规定

修改方向是增加上级法院向下级法院转移案件的难度。修正案第 7 项将原《民事诉讼法》第 39 条改为第 38 条，第 1 款修改为："上级人民法院有权审理下级人民法院管辖的第一审民事案件；确有必要将本院管辖的第一审民事案件交下级人民法院审理的，应当报请其上级人民法院批准。"

4.明确了提起诉讼或申请仲裁前的证据保全与保全的管辖规定

一是关于证据保全的管辖。修正案第 17 项将原《民事诉讼法》第 74 条改为第 81 条，其中规定"因情况紧急，在证据可能灭失或者以后难以取得的情况下，利害关系人可以在提起诉讼或者申请仲裁前向证据所在地、被申请人住所地或者对案件有管辖权的人民法院申请保全证据"。

二是关于保全的管辖。修正案第 22 项将第 93 条第 1 款改为第 101 条第 1 款，修改为："利害关系人因情况紧急，不立即申请保全将会使其合法权益受到难以弥补的损害的，可以在提起诉讼或者申请仲裁前向被保全财产所在地、被申请人住所地或者对案件有管辖权的人民法院申请采取保全措施。申请人应当提供担保，不提供担保的，裁定驳回申请。"

5.调整了再审制度中部分涉及管辖的条款

一是调整了当事人申请再审"上提一级"的管辖规定。修正案第 43 项将原《民事诉讼法》第 178 条改为第 199 条，新增"当事人一方人数众多或者当事人双方为公民的案件，也可以向原审人民法院申请再审"这一内容。

二是删去了"管辖错误"作为再审事由的条款。修正案第 44 项将第 179 条改为第 200 条，明确删去"第一款第七项"，即"违反法律规定，管辖错误的"不再作为再审事由。

（二）修订的背景与依据

1.协议管辖制度的统一

我国在 1991 年《民事诉讼法》中分别规定了国内案件与涉外案件的协议管辖制度。国内协议管辖适用的案件仅限于合同纠纷，可选择的法院仅限于"被告住所地、合同履行地、合同签订地、原告住所地、标的物所在地"等五个连接点的法院，不适用应诉管辖。与之不同，涉外协议管辖的适用案件范围还包括其他财产权益纠纷，选择的法院范围包括"与争议有实际联系地点的法院"，规定了应诉管辖。随着我国法学研究的深入发展,这种"双轨制"的协议管辖制度受到质疑。其存在的主要问题有:一是与涉外管辖制度相比,国内协议管辖的适用范围过窄;二是内外有别的协议管辖制度违背了当事人诉讼权利平等原则;三是国内协议管辖类型中不包含应诉管辖,导致该制度与管辖权异议制度存在潜在冲突;四是内外有别的协议管辖制度不符合世界民事诉讼法的发展潮流。正是基于这些认识,2012 年民事诉讼法修正案对我国的协议管辖制度进行了统一化处理。

2.公司诉讼以及部分非讼案件管辖规定的增加

随着社会主义法治建设的不断推进,我国各类立法逐步发展完善。作为调整民商事纠纷的基本程序法,民事诉讼法的修正有必要根据民事实体法以及特别程序法的最新立法作出调整。

首先看公司诉讼管辖条款。随着我国社会主义市场经济的不断完善,涉公司类诉讼逐年增多。公司诉讼也越来越受到重视。在 2012 年修法过程中,最高人民法院提出的《修改立法建议稿》明确提出增加"关于公司诉讼的程序规定",含 11 个条文。[①] 最高人民法院《关于适用〈公司法〉若干问题的规定(二)》第 24 条也明确规定:"解散公司诉讼案件和公司清算案件由公司住所地人民法院管辖。"这些因素共同推动本次修正案增加了公司诉讼的管辖。

其次看调解协议司法确认的管辖。调解协议司法确认案件在性质上可归入非讼案件。明确相关案件的管辖有利于推动调解机制与诉讼机制的有效衔接。《人民调解法》第 33 条规定"经人民调解委员会调解达成调解协议后,双方当事人认为有必要的,可以自调解协议生效之日起三十日内共同向人民法院申请司法确认",其中没有明确申请司法确认的具体管辖法院。最高人民法院《关于建立健全诉讼与非诉讼相衔接的矛盾纠纷解决机制的若干意见》第 20 条有效扩大了准许申请司法确认的调解协议的范围。[②] 最高人民法院《关于人民调解协议司法确认程序的若干规定》第 2 条明确规定:"当事人申请确认调解协议的,由主持调解的人民调解委员会所在地基层人民法院或者它派出的法庭管辖……"以这些规定为基础,此次修正案正式规定调解协议的司法确认案件由调解组织所在地的基层人民法院管辖。

再次看实现担保物权案件的管辖。《物权法》第四编对"担保物权"作了详细的规定。基于担保物权人在债务人不履行到期债务或者发生当事人约定的实现担保

---

① 第 1 条的内容为:"公司、公司股东和公司的债权人因公司设立、出资、经营管理、分配利润、公司解散、清算等发生纠纷,应当适用《中华人民共和国公司法》审理的案件,由公司住所地人民法院管辖。"

② 内容为:经行政机关、人民调解组织、商事调解组织、行业调解组织或者其他具有调解职能的组织调解达成的具有民事合同性质的协议,经调解组织和调解员签字盖章后,当事人可以申请有管辖权的人民法院确认其效力。

物权的情形下，依法享有就担保财产优先受偿的权利（法律另有规定的除外）。实现担保物权案件属于一种典型的非讼案件。正是为了实现与《物权法》相关规定的有效衔接，民事诉讼法中新增了"实现担保物权案件的管辖规定"。

3.管辖权"下放性转移"的限制

按照民事诉讼法的规定，我国的管辖权转移分为两种情形：一是"上调性转移"，二是"下放性转移"。学界批评的矛头主要集中在"下放性转移"上。实务操作中甚至出现了下级法院受理了应由上级法院管辖的案件以后，再向上级法院请求将案件的管辖权下放的做法。而这样做的原因很多时候是因为原告追求故意规避级别管辖以及法院滥用管辖权转移制度所致。[①] 原告规避的目的在于自己在基层法院更容易疏通关系或者希望自己所在的中级法院成为本案的终审法院。下级法院滥用管辖权转移的原因则是出于对经济利益的考虑或者实施地方保护主义。这不仅侵蚀了原有的级别管辖制度，更导致司法不公。早在 1996 年，学者李浩就明确主张限制或者删除"下放性转移"的规定，[②] 并另文详细阐释了删除"下放性转移"的理由。[③] 2009 年最高人民法院出台的《关于审理民事级别管辖异议案件若干问题的规定》第 4 条与第 5 条专门对管辖权的"下放性转移"进行了必要的限制。不难看出，诉讼法学界与实务界均认同"下放性转移"确实存在问题。

正是基于以上原因，2011 年的《中华人民共和国民事诉讼法修正案（草案）》第 6 项直接删除了管辖权"下放性转移"的规定，仅保留了"上调性转移"的内容。[④] 但最终通过的修正案采取了限制管辖权"下放性转移"的保守做法。主要原因有：确实有一些案件交由下级法院审理更为方便，[⑤] 一律禁止"下放性转移"会增加上级法院的工作负担；增加上级人民法院审批程序能够有效防止规避级别管辖与防范地方保护主义；可通过司法解释对"下放性转移"做必要的限制。

---

① 江伟：《民事诉讼法专论》，中国人民大学出版社 2005 年版，第 140 页。

② 李浩：《民事诉讼级别管辖存在的问题及其改进》，载《现代法学》1996 年第 4 期。

③ 理由包括：一是与确定级别管辖的原理相矛盾；二是不利于严格执行民事诉讼法；三是削弱了民事诉讼法为正确处理重大案件所提供的程序保障；四是不符合诉讼经济的要求；五是不符合对级别管辖进行"微调"的一般规律；六是我国修订后的刑事诉讼法已删除了管辖权下放性转移的规定。详见李浩：《管辖权下放性转移若干问题研究——兼论我国民诉法第 39 条之修改》，载《法学评论》1998 年第 1 期。

④ 《民事诉讼法修正案（草案）条文及草案说明》，http://www.npc.gov.cn/npc/xinwen/syxw/2011-10/29/content_1678367.htm，访问日期：2012 年 9 月 1 日。

⑤ 对"下放性转移"修正案定稿采取"限制"而不是删除的一个重要原因是："最高人民法院提出，原则上上级法院不宜将本院的民事案件交下级法院审理，但民事案件情况复杂，有的案件如破产程序中的衍生诉讼案件，交下级法院审理更有利于当事人参加诉讼，节约诉讼资源。"参见张洋、毛磊：《民事诉讼法修改进入三审》，http://www.npc.gov.cn/huiyi/cwh/1128/2012-08/28/content_1734481.htm，访问日期：2012 年 8 月 30 日。

4.证据保全与保全管辖的进一步明确

1991 年《民事诉讼法》只规定了诉讼中的证据保全,而没有规定诉前证据保全,这非常明显不利于充分保障当事人收集证据的权利。实践中,当事人在起诉前往往只能通过公证机关公证的方式来达到诉前证据保全的目的。此后不少法律对特定类型的案件规定了诉前证据保全制度,比如《海事诉讼特别程序法》第 63 条、《著作权法》第 51 条、《商标法》第 58 条、《专利法》第 67 条等。此外 1994 年《仲裁法》也没有规定申请仲裁前的证据保全制度。为了更好地保障当事人收集证据的权利,也为了更好地实现与相关民事程序法与实体法的接轨,2012 年民事诉讼法修正案专门增加了"提起诉讼或申请仲裁前的证据保全"。进而也就需要明确此类证据保全的管辖问题。

我国原民事诉讼法只规定了财产保全制度,而没有规定行为保全制度。司法实践中,不少民事诉讼案件尤其是侵权案件,经常需要禁止当事人作出某种行为或者要求其作出某种行为,才能有效制止侵权发生,防止损害扩大。我国不少法律已经作了相关的规定。比如《著作权法》第 50 条、《专利法》第 66 条第 1 款、《商标法》第 57 条等规定的诉前禁令制度,《海事诉讼特别程序法》规定的海事强制令制度。正是基于保护当事人权利的客观需要以及知识产权法、特别程序法已有制度的启示,此次民事诉讼法修正案首次对行为保全制度作出规定,并新增了"提起诉讼或申请仲裁前保全"的管辖规定。

5.再审管辖相关条款的调整

2007 年民事诉讼法修正案将再审管辖"上提一级",结果导致大量申请再审的案件涌向高级人民法院和最高人民法院。2012 年再次修法时,最高人民法院强烈要求修改这一规定。但考虑到 2007 年刚对再审管辖进行调整,完全改回去有些不妥。2012 年民事诉讼法修正案就在原有条文的基础上,新增了"发生在公民之间的案件可以向原审人民法院申请再审"的内容。[①] 同时根据最高人民法院等方面的意见,新增"当事人一方人数众多的案件,也可以向原审人民法院申请再审",理由是"有些案件当事人一方人数较多,由原审人民法院再审,有利于查清事实,将纠纷解决在当地"。[②] 最终形成了 2012 年的折中修订方案。

关于"管辖错误"是否应当作为再审事由,自民事诉讼法 2007 年修订以来一直争论不休。各种观点,莫衷一是。最终 2012 年民事诉讼法修正案考虑到管辖毕竟是诉讼的入口问题,其本身不会对案件结果产生实质影响,同时在增加应诉管辖以

---

① 《民事诉讼法修正案(草案)条文及草案说明》,http://www.npc.gov.cn/npc/xinwen/syxw/2011-10/29/content_1678367.htm,访问日期:2012 年 9 月 1 日。

② 陈丽平:《民事诉讼法修改:人数众多案可由原审法院再审》,http://www.npc.gov.cn/huiyi/cwh/1128/2012-08/28/content_1734493.htm,访问日期:2012 年 8 月 31 日。

及保留管辖权异议的前提下,因"管辖错误"提起再审存在过度救济之嫌,最终选择将该事由删去。

(三)修订的评析

1.值得肯定之处

全国人大法工委在《关于〈民事诉讼法修正案(草案)〉的说明》中提到,此次修改工作的要点包括"总结民事诉讼法实施的经验""针对实践中出现的新情况新问题""进一步保障当事人的诉讼权利""遵循民事诉讼的基本原理""注重有效解决民事纠纷"等等。[①] 总体来看,有关管辖条文的修订基本遵循上述要点,取得了显著的进步,主要体现在:

一是有效吸收民诉学界的先进研究成果。具体表现为:建立了内外统一、类型齐全的协议管辖制度;完善了诉前证据保全的管辖;正式确立了行为保全的管辖;限制管辖权的"下放性转移"等。这些规定均有利于更加有效地保障当事人的诉讼权利。

二是非常注重与民事实体法、特别程序法的对接与配合。一方面,本次修正案修订管辖制度时非常注重与《公司法》《物权法》《著作权法》《商标法》《专利法》等民事实体法的对接。另一方面,本次修改也适当关注与《人民调解法》《仲裁法》《海事诉讼特别程序法》等特别程序法的配合。

三是积极缓解与应对司法实践面临的困境。2007 年修正案中将再审申请管辖法院"上提一级",结果导致最高人民法院与各高级人民法院审查再审案件的工作压力急剧增大。本次修正案又将相当一部分再审案件的管辖权重新下放到原审法院。

2.尚存的问题

一是统一后的协议管辖制度存在不足。协议管辖制度本身凸显的是当事人合意选择管辖法院的权利。扩大协议管辖可选法院的范围,放宽协议管辖的形式要件是大势所趋。此次修改在具体制度的安排上仍然显得过于保守。这主要体现在统一后的协议管辖制度缩小了涉外案件可选法院的范围。按照原《民事诉讼法》第242 条的规定,涉外案件的当事人不仅可以选择我国法院管辖,也可以选择外国法院管辖。但此次修改后,统一适用的协议管辖条款只允许选择"人民法院管辖",实际上缩小了涉外案件当事人可选法院的范围。

二是公司诉讼管辖的定性有欠考虑。此次修订将公司诉讼定位为一种特殊地域管辖,条文设计没有包含"被告住所地"这一连接点。这与学界对于公司诉讼的认识有所偏差。学者江伟主持的民事诉讼法专家建议稿明确将"因公司、合伙企业

---

① 《民事诉讼法修正案(草案)条文及草案说明》,http://www.npc.gov.cn/npc/xinwen/syxw/2011-10/29/content_1678367.htm,访问日期:2012 年 9 月 1 日。

的成立、解散、清算发生纠纷提起的诉讼"规定为一种专属管辖,理由是"这类诉讼可能为民事诉讼,也可能为行政诉讼。不管为何种诉讼,该类纠纷往往涉及行政主管机关,各国一般规定为专属管辖"①。学者张卫平主持的民事诉讼法修改建议稿也将"因公司、合伙企业的有效设立、解散和清算提起的诉讼以及因股东会、董事会决定的有效性提起的诉讼"规定为一种专属管辖,理由是此类纠纷很可能会涉及当事人之外其他人的利益。② 随着我国经济的高速发展,与公司相关的诉讼逐步增多,公司诉讼涉及的范围也越来越大,具有很强的公益性。因此笔者赞同将之规定为一种专属管辖。

三是没有彻底删去管辖权"下放性转移"条款留下隐患。前文已经提及,管辖权的"下放性转移"存在诸多弊端。其本来是级别管辖的一种补充和微调机制,但却逐渐异变为级别管辖制度"侵蚀通道",成为下级法院谋取地方与部门私益以及上级法院减轻工作压力的"暗渠"。既然上级法院有很强的"减负"愿望,规定"下放性转移"报请其上级人民法院批准的意义又有多大呢? 对于最高人民法院来讲,根本没有所谓"上级人民法院",也就意味着本次修改对最高法的管辖权"下放性转移"没有影响。结合该修正案对于"再审申请管辖法院"的规定,即使上级法院尤其是最高人民法院受理了再审申请以后,在很多时候还可以将案件进行"下放性转移",当事人通过最高人民法院审理再审案件的机会无疑被压缩了。

四是再审申请管辖法院规定的修改思路存在偏差。当事人申请再审管辖法院的设定,一方面要考虑上级法院的工作压力,另一方面更要考虑当事人的程序主体地位。2007 年修改之前规定"当事人可以向原审人民法院或者上一级人民法院申请再审"是没有问题的。关键是在实际操作中,上级法院并没有尊重当事人对于申请再审管辖法院的选择权,而是一般将再审案件压至原审法院审查。为了回应我国民众普遍担心原审法院难以公正裁决的情况,2007 年修正案采取了将申请再审的管辖法院"上提一级"的做法,其本意是防止上一级法院无故拒绝当事人向其提出的再审申请,结果导致上级法院压至原审法院的再审案件一下子涌向了上级法院,最高人民法院与高级人民法院的工作压力陡然增大。为此,2012 年民事诉讼法修正案新增"当事人一方人数众多或者当事人双方为公民的案件,也可以向原审人民法院申请再审",实际上给上了上级法院重新将此类案件的再审申请压至下级法院的机会。但如果相关法院不能真正树立起尊重当事人选择权的程序意识,这一规定很可能异化为此类案件一般只能向原审法院申请再审的结局。

五是"管辖错误"作为再审事由的"来去匆匆"折射出部分立法的不稳定性。在2007 年民事诉讼法修订中,"管辖错误"顶着理论界的质疑、最高人民法院的反对,

---

① 江伟:《民事诉讼法典专家修改建议稿及立法理由》,法律出版社 2008 年版,第 26 页。
② 张卫平:《民事程序法研究》(第七辑),厦门大学出版社 2011 年版,第 7、114 页。

最终通过全国人大常委会的第三次审议，成为 15 种法定再审事由之一。显然这一修改有着强烈的回应社会"申请再审难"的影子。入法以后，为了更好地适用这一规定，最高人民法院在《审监解释》中将之作了限缩性解释，仅限于违反专属管辖、专门管辖以及其他严重违法行使管辖权等三种情形。此外最高人民法院坚持再审的补充性原则，如果申请人在原审中不提出管辖权异议，或者异议被驳回后不上诉，则法院将不支持以管辖错误为由申请再审。可以说这一事由经过最高法的限缩，已经能够进行良性运转。本次最高法提出的民事诉讼法修改立法建议稿也没有再提及删去这一再审事由的内容。全国律师协会提交的《律师建议稿》也明确主张保留管辖错误作为再审事由。正如李浩教授所指出的，"尽管有不少学者提出了批评意见，但主张完全取消这一再审事由的却没有"。[①] 但是即使在这种争议较大的情况下，此次修改非常干脆地删去了这一条文。一项刚刚增设短短四年的条文，在入法时没有进行合理论证，在删去时没有考虑现实需求，最终成为一项"来去匆匆"的条文，折射出立法的不成熟性。

五、民事诉讼相关法、司法解释或文件中管辖制度的发展

根据 2017 年 6 月 27 日发布的《全国人民代表大会常务委员会关于修改〈中华人民共和国民事诉讼法〉和〈中华人民共和国行政诉讼法〉的决定》（2017 年 7 月 1 日开始执行），将《民事诉讼法》第 55 条增加一款，作为第二款。[②] 因为更动条文只有一条，且仅涉及赋予人民检察院提起或支持民事公益诉讼的权利以及案件范围，基本不涉及管辖制度的调整，所以不再单独讨论。除了民事诉讼法及其修正案以外，民事诉讼相关法也有一些涉及民事管辖制度的规定，最高人民法院还先后出台了一系列有关民事管辖的司法解释或司法文件。这些规范性文件是最高人民法院对审判工作中具体应用法律问题所作的规定，对各级人民法院的审判同样具有约束力。

（一）1992 年《民诉意见》

1991 年《民事诉讼法》取代 1982 年《民事诉讼法（试行）》后，最高人民法院于 1992 年 7 月 14 日发布了《民诉意见》，目的在于根据民事诉讼法的规定和审判实践经验，对各级人民法院正确适用民事诉讼法提出指导意见，共计 320 条，其中第

---

① 李浩：《管辖错误：取消还是保留——兼析〈民事诉讼法修正案（草案）〉第 41 条》，载《政治与法律》2012 年第 4 期。

② 内容为："人民检察院在履行职责中发现破坏生态环境和资源保护、食品药品安全领域侵害众多消费者合法权益等损害社会公共利益的行为，在没有前款规定的机关和组织或者前款规定的机关和组织不提起诉讼的情况下，可以向人民法院提起诉讼。前款规定的机关或者组织提起诉讼的，人民检察院可以支持起诉。"

1 条至第 37 条集中规定了管辖制度。具体内容如下：

1.级别管辖(第 1 条至第 3 条)。一是解释了何为"重大涉外案件"；二是明确了专利纠纷案件属于最高人民法院确定由中院管辖的案件，海事、海商案件由海事法院专门管辖；三是明确了划分级别管辖的标准，除了案情繁简、在当地的影响，还有诉讼标的金额大小。

2.一般地域管辖(第 4 条至第 17 条)。一是明确了"住所地""经常居住地"的含义；二是细化了一方或双方被注销城镇户口、户籍迁出尚未落户、被监禁或劳动教养、追索赡养费案件、监护关系案件、军人离婚诉讼、夫妻一方或双方离开住所地、涉外离婚案件以及对没有办事机构的公民合伙、合伙型联营体提起诉讼的管辖法院规定。

3.特殊地域管辖(第 4 条至第 17 条、第 25 条至第 32 条)。一是明确了没有实际履行的合同、购销合同、加工承揽合同、财产租赁合同、补偿贸易合同、保险合同的管辖法院；二是明确了票据支付地的含义；三是明确了债权人申请支付令案件的管辖法院；四是明确了侵权行为地的含义、产品质量纠纷的管辖；五是明确了铁路运输合同纠纷以及铁路运输有关侵权纠纷的专门管辖制度；六是规定了申请诉前财产保全等的管辖法院。

4.协议管辖制度(第 23 条、第 24 条)。一是明确了管辖协议的形式；二是协议选择管辖法院不明确或者选择两个以上法院管辖的效力问题。

5.管辖恒定制度(第 34 条、第 35 条)。案件受理后，受诉人民法院的管辖权不受当事人住所地、经常居住地变更、行政区域变更的影响。

6.裁定管辖(第 36 条、第 37 条)。对指定管辖的法院以及书面通知制度做了细化规定。

除此之外，《民诉意见》第 141 条(移送管辖)、第 148 条(有仲裁协议案件的管辖)、第 205 条(再审管辖)、第 256 条(执行管辖)、第 305 条(涉外专属管辖)、第 306 条(国际平行管辖)对相关管辖制度做了细化规定。

(二)2015 年《民事诉讼法解释》

2012 年民事诉讼法修正案通过后，2014 年 12 月 18 日通过了《最高人民法院关于适用〈中华人民共和国民事诉讼法〉的解释》(以下简称《民事诉讼法解释》)，并于 2015 年 2 月 4 日起施行，继承并取代了《民诉意见》。《民事诉讼法解释》共计 552 条，其中第 1 条至第 47 条集中规定了管辖制度。

1.级别管辖(第 1 条、第 2 条)。除了进一步明确重大涉外案件的含义外，增加了专利纠纷可由知识产权法院专门管辖以及最高人民法院确定的基层法院管辖的规定，删除了高级人民法院对本辖区一审案件的级别管辖提出意见的规定。这是顺应我国专门法院的最新发展以及部分基层法院受案能力提高等新情况的积极调整。

2.一般地域管辖(第 3 条至第 17 条)。一是对于非自然人的住所地部分,新增了"其他组织",删除了主要营业地的管辖,新增了注册地和登记地为住所地;二是新增了对没有办事机构的个人合伙、合伙型联营体提起诉讼的管辖;三是微调了被注销户籍、户口迁出尚未落户、被监禁或劳动教养、非军人对军人离婚诉讼、夫妻一方或双方离开住所地的离婚案件的管辖规定;四是增加了抚育费、扶养费案件的管辖规定;五是增加了涉军人或军事单位案件的专门管辖规定;六是新增了已离婚但双方均定居国外中国公民的国内财产分割诉讼的管辖法院。

3.特殊地域管辖(第 18 条至第 27 条)。适应社会变革以及经济发展的最新情况,《民事诉讼法解释》对原有的特殊管辖规则进行了细腻的增删与调整。具体有:一是再次细化了合同履行地的确定,尤其是新增了以信息网络方式订立的买卖合同的合同履行地的确定规则;二是新增了人身保险合同纠纷的管辖规则;三是明确了适用公司诉讼管辖规定的案件类型;四是新增了信息网络侵权行为实施地的确定规则;五是新增了服务质量不合格引发纠纷的管辖规则;六是新增了被申请人、利害关系人因诉前保全受到损失提起诉讼的管辖规则等等。

4.专属管辖(第 28 条)。《民事诉讼法解释》规定适用专属管辖的不动产纠纷案件只包括因不动产的权利确认、分割、相邻关系等引起的物权纠纷,农村土地承包经营合同纠纷、房屋租赁合同纠纷、建设工程施工合同纠纷、政策性房屋买卖合同纠纷等。这一限缩方向与大陆法系国家的一般做法基本一致。

5.协议管辖(第 29 条至第 35 条)。继 2012 年民事诉讼法修正案对协议管辖制度作出调整以后,《民事诉讼法解释》也对协议管辖制度作了深度的细化与调整,一个主要动向就是更加尊重当事人的管辖选择权。具体表现在以下五点:一是规定约定两个以上与争议有实际联系地点的人民法院管辖的管辖协议有效,原告可以向其中一个人民法院起诉;二是对于经营者使用格式条款与消费者订立管辖协议,消费者可以主张无效;三是管辖协议签订后,作为约定管辖法院所在地的当事人住所地变更的,确定管辖以约定时为准;四是合同转让时,管辖协议效力的确定问题;五是因同居或者在解除婚姻、收养关系后发生财产争议的约定管辖问题;六是当事人在答辩期间届满后未应诉答辩的移送管辖规则等。

6.管辖异议(第 39 条)。主旨是保持管辖的稳定性。一方面规定人民法院对管辖异议审查后确定有管辖权的,不因当事人提起反诉、增加或者变更诉讼请求等改变管辖(违反级别管辖、专属管辖规定的除外);另一方面规定人民法院发回重审或者按第一审程序再审的案件,当事人提出管辖异议的,人民法院不予审查。

7.裁定管辖(第 41 条、第 42 条)。一是就指定管辖规定了必须使用"裁定"形式,同时规定对报请上级人民法院指定管辖的案件,下级人民法院应当中止审理;指定管辖裁定作出前,下级人民法院对案件作出判决、裁定的,上级人民法院应当在裁定指定管辖的同时,一并撤销下级人民法院的判决、裁定。二是明确限定了管辖权"向下转移"的具体案件范围,具体包括:(1)破产程序中有关债务人的诉讼案件;(2)当事人人数众多且不方便诉讼的案件;(3)最高人民法院确定的其他类型案件。

(三)有关专门法院与巡回法庭管辖的规定

随着社会的发展,我国专门法院的类型也发生了不少变化。最初我国只有军事法院、铁路运输法院、海事法院等几类专门法院,近几年又新增了知识产权法院、金融法院等,而铁路运输法院已融入普通法院。此外,我国最高人民法院还新近成立了 6 个巡回法庭,2 个国际商事法庭。

1.海事法院

海事法院是审理海事和海商案件的专门法院。根据 1984 年 11 月 4 日,全国人大常委会通过的《关于在沿海港口城市设立海事法院的决定》和最高人民法院发布的《关于设立海事法院几个问题的决定》,中国在大连、天津、青岛、上海、武汉、宁波、厦门、广州、北海、海口共 10 个城市设立了海事法院。

1999 年 12 月 25 日第九届全国人大常委会第十三次会议通过《中华人民共和国海事诉讼特别程序法》(以下简称《海事程序法》),2000 年 7 月 1 日起正式施行。该法第 2 章专章规定了管辖制度。有关海事案件的重要司法解释还有《最高人民法院关于适用〈中华人民共和国海事诉讼特别程序法〉若干问题的解释》(2002 年 12 月 3 日通过,2003 年 2 月 1 日施行),共计 98 条,其中第 1 条至第 17 条集中对人民法院适用海事诉讼程序的具体制度作了细化规定。

2.军事法院

1955 年 8 月,国防部根据《中华人民共和国宪法》和《中华人民共和国人民法院组织法》的规定,将全军各级军法处改为军事法院,纳入国家审判机关的体系。军事法院是国家设立在军队中的专门法院,分三级设置:中国人民解放军军事法院,大军区、军兵种军事法院,基层军事法院。

《最高人民法院关于军事法院管辖民事案件若干问题的规定》于 2012 年 8 月 20 日通过,并自 2012 年 9 月 17 日起施行。这是我国最新的有关军事法院民事案件管辖权的司法解释。3.铁路运输法院

我国的铁路运输法院初建于 1954 年 3 月,到 1956 年初,铁路运输法院的各级机构普遍建立,主要受理涉及铁路运输、铁路安全、铁路财产的民事诉讼和刑事诉讼案件。2009 年 7 月 8 日,中央下发关于铁路公检法管理体制改革的文件,要求铁路公检法整体纳入国家司法体系,铁路法院整体移交驻在地省(直辖市、自治区)党委、高级人民法院管理。截至 2012 年 6 月底,全国铁路法院完成管理体制改革,整体纳入国家司法体系。

根据最高人民法院印发的《关于全面深化人民法院改革的意见——人民法院第四个五年改革纲要(2014—2018)》的改革意见,将铁路运输法院改造为跨行政区

划法院,主要审理跨行政区划案件、重大行政案件、环境资源保护、企业破产、食品药品安全等易受地方因素影响的案件、跨行政区划人民检察院提起公诉的案件和原铁路运输法院受理的刑事、民事案件。《最高人民法院关于铁路运输法院案件管辖范围的若干规定》(2012 年 7 月 2 日通过,2012 年 8 月 1 日起施行)对于铁路运输法院的管辖范围作了更为全面具体的规定。

4.知识产权法院

知识产权法院是为了加强知识产权运用和保护,健全技术创新激励机制而设立的专门法院。2014 年 8 月 31 日,十二届全国人大常委会第十次会议表决通过了全国人大常委会关于在北京、上海、广州设立知识产权法院的决定。2014 年 10 月 27 日通过,11 月 3 日起施行的《最高人民法院关于北京、上海、广州知识产权法院案件管辖的规定》是涉及知识产权法院管辖权的最新司法解释,共计 8 条,涉及一审管辖、跨区域管辖、专属管辖、二审管辖、上诉管辖及未结案件处理等。

5.巡回法庭

2014 年 10 月,十八届四中全会提出推动最高人民法院设立巡回法庭的问题。2015 年 1 月 28 日,最高人民法院第一巡回法庭在广东省深圳市挂牌。同年 1 月 31 日,第二巡回法庭在辽宁省沈阳市挂牌。2016 年又在南京、郑州、重庆、西安分别设立了第三至第六巡回法庭。根据 2015 年 1 月 5 日通过,2016 年 12 月 19 日修正的《最高人民法院关于巡回法庭审理案件若干问题的规定》,第 1 条明确规定了最高人民法院设立巡回法庭,受理巡回区内相关案件;第 3 条则规定了巡回法庭对于民事案件的管辖范围。

6.互联网法院

2017 年 6 月 26 日,中央全面深化改革领导小组第三十六次会议审议通过了《关于设立杭州互联网法院的方案》;2017 年 8 月 18 日,杭州互联网法院正式揭牌,成为中国首家互联网法院;2018 年 7 月 6 日,中央全面深化改革委员会第三次会议又通过了《关于增设北京互联网法院、广州互联网法院的方案》。2018 年 9 月 3 日通过,9 月 7 日生效的《最高人民法院关于互联网法院审理案件若干问题的规定》第 2 条明确规定了北京、广州、杭州互联网法院集中管辖所在市的辖区内应当由基层人民法院受理的第一审案件范围,共涉及 11 类案件。

7.金融法院

2018 年 3 月 28 日召开的中央全面深化改革委员会第一次会议通过了《关于设立上海金融法院的方案》。2018 年 4 月 27 日,第十三届全国人大常委会第二次会议通过了《全国人民代表大会常务委员会关于设立上海金融法院的决定》。该决定共 5 项内容,其中第 2 项规定:"上海金融法院专门管辖上海金融法院设立之前由上海市的中级人民法院管辖的金融民商事案件和涉金融行政案件。管辖案件的具体范围由最高人民法院确定。上海金融法院第一审判决和裁定的上诉案件,由上海市高级人民法院审理。"

8.国际商事法庭

为依法公正及时审理国际商事案件,平等保护中外当事人合法权益,营造稳定、公平、透明、便捷的法治化国际营商环境,服务和保障"一带一路"建设,《最高人民法院关于设立国际商事法庭若干问题的规定》于 2018 年 6 月 27 日正式公布,2018 年 7 月 1 日施行。2018 年 6 月 29 日,最高人民法院第一国际商事法庭在深圳揭牌,最高人民法院第二国际商事法庭在陕西省西安市揭牌,这是我国为公正、专业、高效解决各类国际商事纠纷所设立的专门法庭。该规定第 2 条明确规定了国际商事法庭的管辖范围。

(四)其他重要司法解释或司法文件对管辖制度的规定

1.级别管辖标准

为了贯彻执行 2007 年民事诉讼法修正案,进一步加强最高人民法院和高级人民法院的审判监督和指导职能,最高人民法院于 2008 年 2 月 3 日发布了《最高人民法院关于调整高级人民法院和中级人民法院管辖第一审民商事案件标准的通知》。紧接着,2008 年 3 月 31 日,最高人民法院颁布了《全国各省、自治区、直辖市高级人民法院和中级人民法院管辖第一审民商事案件标准》(以下简称 2008 年《管辖标准》),并于 4 月 1 日正式实施。

2015 年 4 月 30 日,为了适应我国经济社会发展和民事诉讼的需要,准确适用修改后的民事诉讼法关于级别管辖的相关规定,合理定位四级法院民商事审判职能,再次就调整高级人民法院和中级人民法院管辖第一审民商事案件标准问题,发布了 2015 年《最高人民法院关于调整高级人民法院和中级人民法院管辖第一审民商事案件标准的通知》(以下简称 2015 年《管辖标准》)。其中大幅提高了高级人民法院和中级人民法院管辖案件的诉讼标的额标准。

2.集中管辖

2001 年 12 月 25 日最高人民法院通过了《最高人民法院关于涉外民商事案件诉讼管辖若干问题的规定》,并于 2002 年 3 月 1 日起施行。该规定的核心点是对部分涉外民商事案件实行集中管辖,其中第 1 条明确规定了集中管辖的案件范围。集中管辖改变了涉外民商事案件的级别管辖,使得除国务院批准设立的经济技术开发区法院以外的基层法院失去了对此类案件的管辖权,同时也改变了地域管辖,让多数中级人民法院失去了对发生在本辖区涉外案件的管辖权,相应案件的管辖权被集中到少数中级人民法院。这对更好地审理涉外民商事案件,有效保护中外当事人的合法权益发挥了积极的作用。

3.其他

除了上述重要的司法解释或司法文件之外,最高人民法院还先后发布了《关于审理商标案件有关管辖和法律适用问题的解释》(2002 年)、《关于对与证券交易所监管职责相关诉讼案件管辖与受理问题的规定》(2005 年)、《关于审理民事级别管辖异议案件若干问题的规定》(2009 年)、《关于商标法修改决定施行后商标案件管辖和法律适用的解释》(2014 年)等解释或文件。

六、学界对于民事管辖制度的主要争论

作为民事诉讼的入门制度,民事管辖涉及面广、内涵丰富,同时也规则繁杂、问题丛生。学界对于民事管辖制度的争论可谓是众说纷纭。以下梳理的仅是改革开放以来诉讼法学界对于民事管辖制度的主要争论。

(一)级别管辖制度

1.审级制度之争

审级制度是国家司法制度的重要内容,是民事诉讼程序不可或缺的环节。各国审级制度的设立基于各自的历史、文化、社会与经济特点而存在差异,主要有四级三审制、三级三审制、四级两审制。1954 年公布的《法院组织法》确定了我国的审级制度为两审终审制,一直沿用至今。我国确立两审终审制的主要理由包括:一是便于当事人进行诉讼,减少讼累;二是有利于高级人民法院和最高人民法院摆脱审理上诉案件的负担,集中做好审判指导与监督;三是两审终审能够保证案件的公正判决;四是实施审判监督制度可以弥补审级较少的不足。[①] 应该说,两审终审制在相当长的一段时间里对我国的民事审判实践都发挥了积极的作用。

但随着我国经济、社会的发展,人们的法律意识不断增强,案件类型也呈多样化的发展趋势,两审终审制逐渐显露出一些问题,主要表现在:一是大部分案件的终审法院太低,不利于法律适用的统一;二是终审法院的审判水平相对较低,不利于不当裁判的纠错;三是法院靠近案发地,易受地方保护主义与人情关系的影响等。学者对此提出了一系列改革建议,比如实行多元化的审级制度,以两审终审制为基础,以有限的三审终审制和一审终审制为补充;最高人民法院只承担第三审职能;第三审限于法律审;第一审案件只由基层法院和中级法院管辖;完善再审的适用条件与程序等。[②]

2.确定级别管辖的标准

由于我国四级法院均可以受理第一审案件,级别管辖的安排就成为划分各级法院分工与权限的重要问题。而主要的争论在于根据何种标准将案件分配给各级法院。

---

① 江伟、肖建国:《民事诉讼法》,中国人民大学出版社 2015 年版,第 71 页。

② 傅郁林:《审级制度的建构原理——从民事程序视角的比较分析》,载《中国社会科学》2002 年第 4 期;杨荣新、乔欣:《重构我国民事诉讼审级制度的探讨》,载《中国法学》2001 年第 5 期;章武生:《我国民事审级制度之重塑》,载《中国法学》2002 年第 6 期。

我国民事诉讼理论曾长期坚持"三结合"标准,即根据案件的性质、繁简程序以及影响范围来确定不同级别的法院管辖一审案件的范围。这也是我国现行立法主要参考的观点。该观点认为,"三结合"的标准考虑周全,比单纯将诉讼标的额作为确定级别管辖的标准更为合理,原因是"案件的难易程度并不决定于争议金额或者价额的大小,而要受诸多因素的制约,案件的性质、案情繁简、社会的影响等,都制约着整个案件,都不能以一定的数额加以衡量"。[①] 但随着民事诉讼司法实践的发展,这一标准受到越来越多的反思与质疑。学者李浩主张以争议标的数额作为划分级别管辖的主导性标准,以案件性质作为辅助性标准,理由主要有:一是比"三结合"标准确定性强,划分级别管辖的标准本身必须相当确定;二是将争议标的金额作为划分级别管辖的标准是大多数国家的一般做法;三是管辖标准能够精确量化,便民便审,可以避免法院之间因认识和理解不一致而产生的管辖权异议;四是诉讼标的额的大小基本能够反映出案件的难易程度与影响大小。[②] 这种将"争议标的额作为主要划分标准"的少数说逐渐取代了原有的"三结合"说,并被立法机关、司法机关所接受。根据我国最高人民法院先后出台的 2008 年《管辖标准》、2015 年《管辖标准》,最高人民法院在划定高级人民法院与中级人民法院受理第一审民商事案件的标准时,已将争议的诉讼标的额作为首要标准,同时兼顾案件性质、类型、当事人住所地等标准。

3.最高人民法院管辖一审案件的问题

我国 1991 年《民事诉讼法》明确规定:"最高人民法院管辖下列第一审民事案件:(1)在全国有重大影响的案件;(2)认为应当由本院审理的案件。"但最高人民法院是否有必要管辖第一审民事案件呢? 对此学界基本持否定意见。主要理由包括:一是不利于最高人民法院履行职能。最高人民法院主要是政策法院,负责对全国各级法院的指导和监督,不宜再从事案件的一审工作。二是不利于维护两审终审制的统一性。最高人民法院受理的一审案件必然成为两审终审的例外,不利于制度的统一实施。三是在实行级别管辖的国家,均为规定由最高法院受理一审案件。四是从审判实务来看,最高人民法院从未审理过一起第一审民事案件。五是即便取消最高人民法院管辖一审案件的规定,最高人民法院也可以借助管辖权转移的方式,将案件提审。[③] 学者张卫平也认为最高人民法院受理一审案件,有剥夺当事人上诉权益之嫌。[④]

---

① 柴发邦:《民事诉讼法学新编》,法律出版社 1992 年版,第 129 页。
② 李浩:《民事诉讼级别管辖存在的问题及其改进》,载《现代法学》1996 年第 4 期。
③ 江伟:《民事诉讼法专论》,中国人民大学出版社 2005 年版,第 136～137 页。
④ 张卫平:《民事诉讼法》,中国人民大学出版社 2016 年版,第 105 页。

(二)地域管辖制度①

我国民事诉讼法学教材一般将民事地域管辖分为一般地域管辖与特殊地域管辖,简称为一般管辖与特殊管辖。我国的一般管辖以诉讼当事人所在地与法院辖区之间的联系来确定,以被告所在地法院管辖为原则,以原告所在地法院管辖为例外。而特殊管辖不仅以诉讼标的、诉讼标的物或者法律事实与法院辖区之间的联系,还以诉讼当事人所在地与法院辖区之间的联系来确定。② 这就是我国民事一般管辖与特殊管辖关系的"实然状态"。

关于如何定位我国民事诉讼法规定的一般管辖与地域管辖之间的关系,学界多有争论,主要有三种观点。一是特殊管辖与一般管辖之间为竞合适用关系,可以选择适用特殊地域管辖或一般地域管辖的规定。二是特殊管辖与一般管辖之间为顺位适用关系,特殊管辖优先被适用,但其没有规定的内容应参见一般管辖的规定。三是特殊管辖与一般管辖之间为排斥适用关系,特殊管辖有规定的,不再适用一般管辖。

我国现行民事诉讼法采纳的是第三种观点,即特殊管辖与一般管辖的关系是排斥适用关系。其引发的不利后果有三:

一是破坏了二分制结构本身的意义。一般管辖不再是当事人确定管辖法院的基本保障。民事诉讼理论上所称的"一般"与"特殊"这对措辞丧失了本身的逻辑含义。尤其是对没有设置被告住所地连接点的特殊管辖来说,一般管辖与特殊管辖的关系完全蜕变成甲类管辖与乙类管辖之间的关系。

二是造成了特殊管辖与一般管辖例外规定的冲突。如果竞合适用,无法解释民事诉讼法特殊管辖连接点中加入"被告住所地"的做法,以及第 32 条、第 33 条规定的海难救助费用与共同海损诉讼两类特殊案件不适用被告住所地法院管辖的现状。如果不竞合适用,则意味着同一部法律没有有效贯彻一般管辖的例外规定所承载的价值追求。

三是无法厘清个别特殊管辖条款与专属管辖的界限。海难救助费用与共同海损诉讼这两类案件虽属于特殊管辖的情形,但从其特征来看,案件由法律规定了数个特定法院管辖,当事人不得协议变更管辖法院,不适用其他一般管辖和特殊管辖的约束,完全看不出与专属管辖的几类案件在管辖上有何区别。学者赵钢曾经指出专属管辖已经与特别地域管辖趋同。③

---

① 此部分内容主要参见王次宝:《民事一般管辖与特殊管辖的冲突及其消解》,载《当代法学》2011 年第 6 期。

② 相关理论,参见江伟主编:《民事诉讼法》(第四版),中国人民大学出版社 2008 年版,第 108～109 页;张卫平:《民事诉讼法》(第二版),法律出版社 2009 年版,第 93～95 页。

③ 赵钢:《专属管辖与特殊地域管辖趋同论》,载《法学杂志》1998 年第 1 期。

（三）专属管辖制度①

1.概念界定

从概念表述上看,中外学者关于专属管辖的界定差距不大,均强调专属管辖的排他性。不过大陆法系国家与地区的管辖是一个广义的概念,不仅包括一审管辖,还包括二审管辖、三审管辖、再审管辖、执行管辖等,甚至还包括法院内部机构之间的权限划分。法定管辖的种类一般包括职能管辖、事物管辖与地域管辖三类,专属管辖是与任意管辖相对的概念,内容相当广泛,大体包括职能专属管辖、事物专属管辖以及地域专属管辖几个方面。

相比之下,我国由于民诉理论中将民事管辖限定为法院受理第一审案件的分工与权限,同时在管辖归类上把专属管辖置于地域管辖之下,导致我国的民事专属管辖仅限定为第一审案件的地域专属管辖,在概念外延上远远小于大陆法系国家的一般规定,是一种狭义的专属管辖。如果要贴切地界定我国民事专属管辖的概念,可以表述为:"法律明文规定特定案件的第一审只能由特定法院管辖的一种地域管辖。"这大大压缩了专属管辖的作用空间。

2.现有规定存在的问题

一是我国《民事诉讼法》第33条第1项规定所有不动产纠纷均适用不动产所在地专属管辖是否合适?

不动产纠纷不是一个独立的案由,一般理解应当既包括涉及不动产的物权纠纷,又包括涉及不动产的债权纠纷。依据2008年最高人民法院发布的《民事案件案由规定》,涉及不动产纠纷的案由多达20个。如果一刀切地适用不动产所在地专属管辖,不免造成了专属管辖的泛滥,违背了保护公益的初衷。

大陆法系国家和地区基本上将不动产纠纷的专属管辖限定为不动产物权纠纷案件。日本是个例外,其将不动产纠纷案件规定为任意管辖,其《民事诉讼法》第5条第12项规定:"关于不动产的诉讼,可以向不动产所在地的法院提起。"不过日本旧民事诉讼法则是采取折中态度,即关于不动产物权之诉,采专属管辖主义;关于债权之诉,采任意管辖主义。

值得肯定的是,我国2015年施行的《民事诉讼法解释》第28条,明确将我国《民事诉讼法》第33条第1项规定的不动产纠纷限定为"因不动产的权利确认、分割、相邻关系等引起的物权纠纷",大幅缩小了不动产纠纷适用专属管辖的案件范围。对于涉及不动产的债权纠纷案件给予当事人选择被告住所地或不动产所在地法院管辖的权利。这样既可以限制不动产专属管辖的泛滥化,又保留了当事人选择不动产所在地法院管辖的机会。

---

① 此部分内容主要参见王次宝:《我国民事专属管辖制度之反思与重构》,载《现代法学》2011年第5期。

二是我国《民事诉讼法》第 33 条第 2 项规定的因港口作业发生的纠纷由港口所在地法院专属管辖的规定是否有必要？

将港口作业纠纷规定为专属管辖的理由并不充分，原因如下：首先，在我国港口作业纠纷基本由海事法院专门管辖，而我国海事法院仅有 10 个，已经实现了此类案件的专门专业处理。其次，港口所在地一般就是港口作业纠纷的合同履行地或者侵权行为地、事故发生地，受特殊地域管辖调整并不妨碍当事人选择港口所在地法院管辖。再次，专属管辖的内容应当具有较强的公益性，港口作业纠纷并不具备。最后，其他大陆法系国家和地区都没有将此类诉讼归入专属管辖，我国的规定在国际上很难被认同。

三是我国《民事诉讼法》第 33 条第 3 项规定的继承遗产纠纷由被继承人死亡时住所地或者主要遗产所在地法院专属管辖是否合适？

大陆法系国家和地区一般不把继承遗产纠纷规定为专属管辖。如《德国民事诉讼法典》第 27 条规定了继承关系的特别审判籍，第 1 款内容为："以确认继承权、继承人对遗产占有人的请求、基于遗赠或者其他死因处分行为而提出的请求、关于应继分的请求或分割遗产的请求为诉讼标的的诉讼，可以向被继承人死亡时有普通审判籍的法院提起。"《日本民事诉讼法》第 5 条第 14 项规定："关于继承权或遗留份额的诉讼或者关于遗赠或其他因死亡而应生效的行为的诉讼，由继承开始时被继承人的普通审判籍所在地法院管辖。"我国台湾地区所谓的"民事诉讼法"第 18 条规定："因遗产之继承、分割、特留分或因遗赠或其他因死亡而生效力之行为涉讼者，得由继承开始时被继承人住所地之法院管辖。"例外是法国，其将继承遗产纠纷作为专属管辖对待。《法国新民事诉讼法典》第 45 条规定，"继承诉讼案件，被告将受传唤至继承开始地的法院诉讼，包括并直至财产分割完毕"，其中继承开始地的法院是指死者最后住所地法院。[①] 综上，大陆法系国家关于遗产继承纠纷的管辖总的趋势是将其设定为一种特别管辖。

3.专属管辖与其他管辖的关系

（1）专属管辖与级别管辖缺乏联系。我国的级别管辖大体类似于德、日的事物管辖。但德、日的事物管辖比较简单，只是在初级法院和州法院或地方法院与简易法院之间划分民事案件的一审管辖权。我国有四级法院，采两审终审制，每一级都可受理第一审民事案件，这导致我国的级别管辖非常复杂。

大陆法系国家的专属管辖中有所谓事物专属管辖，在广义专属管辖概念视角下，我国是否存在级别专属管辖呢？笔者认为我国存在一定程度的级别专属管辖。原因如下：第一，各级法院管辖案件范围的确定强化了级别管辖的专属性。我国各

---

① ［法］让·文森、塞尔日·金沙尔：《法国民事诉讼法要义（上）》，罗结珍译，中国法制出版社 2005 年版，第 398 页。

级人民法院管辖案件范围的界定相对明确,尤其是中级人民法院的管辖范围。第二,我国的级别管辖规定不允许当事人通过协议管辖加以变更。我国民事诉讼法及相关司法解释明确规定合同的双方当事人协议选择管辖法院不得违反本法对级别管辖和专属管辖的规定,对于违反级别管辖的情形,当事人有权提出管辖权异议。这都使得级别管辖具有很强的强制性和排他性。第三,我国级别管辖划分依据的不确定性与管辖权转移的过度灵活性又降低了其专属性。以上这些原因足以说明我国的级别管辖具有一定程度的专属性。

(2)专属管辖与专门管辖的定位不清。专门管辖是指某些特定类型的案件,只能有专门法院行使管辖权的制度。从概念界定上可以看出,专门管辖与专属管辖有类似之处,类似于德国诉讼途径的专属管辖。不过与德国专门法院的设置独立于普通法院体系不同,我国的专门法院与普通法院体系直接相衔接。学者黄川指出,"专门管辖实为一种事物管辖,即以案件性质不同而确定不同的管辖法院,例如我国的海事法院主要管辖海事、海商案件"。① 之所以设立专门管辖是基于特定类型的案件专业性强,一般法院限于法官的业务知识局限,组织审理有困难,设立专门法院组织审理有利于集中力量审理对口案件。基于现行立法对专门法院管辖的案件范围进行了明确的界定,普通法院不能受理应当由专门法院管辖的案件。我国有关司法解释曾规定:违反专门管辖的,人民法院应当认定为 2007 年修订后的《民事诉讼法》第 179 条第 1 款第 7 项规定的"管辖错误",即作为再审事由之一。② 这都凸显了专门管辖的强制性与排他性。以大陆法系国家广义的专属管辖概念为划分依据,我国的专门管辖相当于一种事物专属管辖。

(3)专属管辖与协议管辖的协调不足。与狭义的专属管辖概念相对应,我国协议管辖的范围非常受限。虽然 2012 年修正案将国内协议管辖与涉外协议管辖的规定进行了统一,规定协议管辖的案件扩大至"合同或者其他财产权益纠纷",可选法院的范围扩大至"被告住所地、合同履行地、合同签订地、原告住所地、标的物所在地等与争议有实际联系的地点的法院",但适用范围仍然过于狭窄。

关于扩大协议管辖的适用范围,学界基本没有争议。但对于怎样扩大,争议较大,主要有两种观点:一是适用于所有的财产权益纠纷案件;二是适用于专属管辖之外的所有民事案件。这实际上涉及协议管辖与专属管辖能否全面对接的问题。

(4)专属管辖与集中管辖的关系模糊。根据《最高人民法院关于涉外民商事案件诉讼管辖若干问题的规定》,我国自 2002 年 3 月 1 日开始对部分涉外民商事案件实行集中管辖。集中管辖在一定程度上打破了级别管辖和地域管辖的一般规

---

① 黄川:《民事诉讼管辖研究——制度、案例与问题》,中国法制出版社 2001 年版,第 280 页。

② 详见最高人民法院颁布的《关于适用〈中华人民共和国民事诉讼法〉审判监督程序若干问题的解释》第 14 条。

定,实现了特定类型的案件由特定级别和特定地域的少数法院管辖。不过集中管辖只是短期内集中司法资源解决部分涉外民商事案件的特殊规定,随着我国法官素质的提高和相关审判经验的积累,此类涉外民商事案件的管辖会逐步回归常态。以大陆法系国家广义的专属管辖概念为划分依据,我国的集中管辖可以定位为一种司法解释确立的级别专属管辖(即事物专属管辖)与地域专属管辖,类似于日本《民事诉讼法》第 6 条规定的对于专利权诉讼专属管辖的规定。

(四)协议管辖制度

协议管辖制度本身凸显的是当事人合意选择管辖法院的权利。扩大协议管辖可选法院的范围,放宽协议管辖的形式要件是大势所趋。2012 年最新修订的协议管辖制度仍然存在不足。具体体现在:

1.立法编排逻辑不当。明示协议管辖与默示协议管辖在立法编排上分别规定在《民事诉讼法》第 34 条与第 127 条第 2 款,这无疑影响了协议管辖制度的形式整体性。分别规定明示协议管辖与默示协议管辖,还导致规定在第 127 条第 2 款的应诉管辖的适用范围脱离了明示协议管辖所设定的案件类型(合同和财产权益纠纷)和法院范围(如"与争议有实际联系地点")的限制,很容易导致权利滥用或制度冲突。

2.适用案件范围模糊。2012 年民事诉讼法修改将明示协议管辖的适用范围限定于"合同或者其他财产权益纠纷"。"其他财产权益纠纷"是一个较为模糊的法律概念,因为我国民事诉讼中的财产权益案件涵盖的范围非常广泛,包括物权、债权以及知识产权的财产权部分。有学者就认为"除特定的身份纠纷(例如婚姻、亲子、家事案件)外,我国的管辖协议将广泛适用于所有因财产法律关系、财产权益或人格权益引发的争议上"[①]。为了有效发挥协议管辖制度的效用,避免协议管辖的扩大适用给当事人带来程序上的不利益,有必要明确"其他财产权益纠纷"的范围。未来《民事诉讼法》修改时应当考虑以肯定列举或者排除式列举的方法来明确协议管辖的适用范围。

3.立法内容尚需考量。2012 年我国民事诉讼法修订后的协议管辖选择法院的范围有所扩大,增加了"与争议有实际联系的地点的人民法院"。2015 年《民事诉讼法解释》第 30 条还允许当事人可选择两个以上与争议有实际联系地点的法院。但对于何为"与争议有实际联系地点的法院"缺乏必要的解释。在司法实践中,对于如何判断"与争议有实际联系的地点"往往由受案法院的法官根据案情自由裁断。我国也有学者指出涉外协议管辖必须选择"与争议有实际联系地点的法院"并不合理,因为这样就排除了当事人以合意的方式直接将国际裁判管辖权赋予

---

① 周翠:《协议管辖问题研究——对〈民事诉讼法〉第 34 条和第 127 条第 2 款的解释》,载《中外法学》2014 年第 2 期。

一个中立法院的可能性。① 现代国际民事程序法发展的趋势是不要求选择"与争议有实际联系地点的法院"。

4.可选法院范围过窄。我国民事诉讼法将可选法院的范围明确限定为"被告住所地、合同履行地、合同签订地、原告住所地、标的物所在地等与争议有实际联系的地点的人民法院"。立法者限定协议法院范围的原因一方面是为了平衡"便民"与"便审"两项价值追求,另一方面是担心当事人不能作出明智的选择。而纵观德国、日本以及我国台湾地区均没有对合意法院的范围作出过多的限定。众所周知,设立协议管辖的宗旨主要在于让当事人有机会自行选择将纠纷交由自己信赖并便于诉讼的法院审理。在充分考量所有与案件相关利益和因素的基础上,双方当事人在选择管辖法院时所进行的全面博弈与协商,远比立法者与法官更能权衡个体双方的利弊得失。

(五)裁定管辖制度

裁定管辖部分的争议点,主要集中于对管辖权"下放性转移"的争论上。实践中被滥用的管辖权"下放性转移"严重侵蚀了级别管辖制度的权威性,引发了法院公正形象受损、诉讼效率降低、地方保护主义抬头等诸多问题。促使法院滥用"下放性转移"的主要原因包括:一是经济诱惑。诉讼标的额大的案件,原告预交的案件受理费也多,在诉讼费用与办案经费挂钩的情况下,法院具有争抢大诉讼标的额案件的积极性。二是规定不明。之前的民事诉讼法与司法解释对于管辖权向下转移缺乏更为具体的程序规定,导致法院对规则的扩大适用。三是人情影响。法官与原告或者其诉讼代理人是熟人、朋友,或者是为了关照本地一方当事人将管辖权下放给基层法院。四是保护地方经济的狭隘考虑。这对当事人不在同一中级人民法院辖区的案件更为明显。为了防止本地的 GDP 流向外地,有效控制案件的审理进程,将案件下放到基层法院,从而达到案件在本地就两审终审的目的。

有学者明确指出应完全取消"下放性转移",理由包括:一是这一做法与确定级别管辖的原理相矛盾,改变了级别管辖的既有标准;二是这一做法不利于严格执行民事诉讼法,赋予了法院太多的自由裁量权;三是这一做法削弱了民事诉讼法为正确处理重大案件提供的程序保障,高级人民法院在排除干扰的能力方面远高于下级法院;四是这一做法不符合诉讼经济的要求,由两级法院的法官对同一案件进行重复审查,延缓了诉讼的进程;五是这一做法不符合对级别管辖微调的一般规律,各国普遍认可"上调性转移"而摒弃"下放性转移";六是我国刑诉法在 1996 年已经取消了管辖权的向下转移。②

① 吴永辉:《论新〈民诉法〉第 34 条对涉外协议管辖的法律适用》,载《法律科学(西北政法大学学报)》2016 年第 5 期。

② 江伟:《民事诉讼法专论》,中国人民大学出版社 2005 年版,第 140～142 页。

值得注意的是，2012 年修正的《民事诉讼法》第 38 条已对管辖权转移制度作了调整，规定上级人民法院确有必要将本院管辖的第一审民事案件交下级人民法院审理的，应当报请其上级人民法院批准。2015 年《民事诉讼法解释》第 42 条进一步明确了可在开庭前交下级法院审理的具体案件类型。相关规定虽然没有完全取消，但已大大限制了管辖权的"下放性转移"，改革基本顺应了学界的主流观点。

（六）管辖权异议制度

我国在 1991 年《民事诉讼法》中正式确立了管辖权异议制度。在该制度的运行中，学界围绕管辖权异议的主体范围、客体范围、提出期间以及程序设计等发生了诸多争论。

1.主体范围

对于被告作为管辖权异议的主体，学界几无争议。毕竟从民事诉讼法的规定来看，当事人对管辖权有异议的，应该在提交答辩状期间提出。在所有的诉讼参加人当中，需要对起诉提出答辩状的只有被告。而且就管辖权异议制度确立的初衷来讲，就是要平衡保护原、被告对于管辖的选择权。

对于原告是否能够作为管辖权异议的主体，学者争论很大。有学者认为，原告在以下三种情况下可以提出管辖权异议：一是原告发现其误向无管辖权的人民法院起诉；二是诉讼开始后追加的共同原告认为受诉法院无管辖权；三是受诉法院认为被告提出的管辖权异议成立，或者认为自己无管辖权依职权将案件移送其他法院，原告对法院的移送裁定有异议。[1] "允许原告在特殊情况下对管辖权提出异议是合法的，也是必要的"，理由是：首先我国民事诉讼法规定的是"当事人"而非被告作为管辖权异议的主体；其次，管辖事关当事人实体利益，允许原告提管辖权异议才能有效保障原告的实体权益；再次，管辖权异议并非绝对对应原告的选择起诉。[2] 有学者认为管辖权异议的主体只能是本诉被告，原告不能对自己选择的管辖法院提出异议，原告的起诉对其他共同原告也具有法律效力。[3]

对于有独立请求权的第三人能否提出管辖权异议，学者意见趋于否定。1990 年最高人民法院在《关于第三人能够对管辖权提出异议问题的批复》中明确规定：有独立请求权的第三人主动参加他人已经开始的诉讼，应视为承认和接受了受诉法院的管辖，因而不发生对管辖权提出异议的问题。

对于无独立权的第三人能够成为管辖权异议主体的问题，学界争论较大。有学者指出，我国的无独立请求权第三人制度存在结构性缺陷，无独立请求权第三人的权利存在严重被侵害之虞；如果不作调整，则应赋予无独立请求权第三人提起管

---

[1] 章武生：《民事案件管辖权异议初探》，载《法学研究》1993 年第 6 期。

[2] 江伟、肖建国：《民事诉讼法》，中国人民大学出版社 2015 年版，第 105 页。

[3] 张卫平：《民事诉讼法》，中国人民大学出版社 2016 年版，第 117 页。

辖权异议的权利。[①] 有学者持反对意见,认为赋予无独立请求权第三人提出管辖权异议的权利,将导致本诉的不确定。因地方保护主义等原因扩大化追加无独立请求权第三人的做法属于第三人制度自身的问题,不能也无法通过管辖权异议制度来加以解决。[②] 对此,最高人民法院已通过司法解释表明立场,《民事诉讼法解释》第 82 条明确规定:"在一审诉讼中,无独立请求权第三人无权提出管辖异议。"

2.客体范围

管辖权异议的客体是第一审案件的管辖权,因而当事人只能对第一审案件的管辖权提出异议。其原因在于我国的管辖制度是针对第一审案件设立的,二审法院是根据一审法院来确定的。就具体范围而言,存在两个问题:一是管辖权异议的客体是否仅限于地域管辖,还是也包括级别管辖?二是管辖权异议的客体是否仅限于法定管辖,还是也包括裁定管辖?

对于第一个问题,争论的缘起在于 1991 年《民事诉讼法》没有明确管辖权异议是否可以针对级别管辖。但 2009 年《最高人民法院关于审理民事级别管辖异议案件若干问题的规定》借助 11 个条文明确规定了如何对级别管辖提出管辖权异议,对此实际已没有争议。

对于第二个问题,存在不同的认识。一种观点认为应当将裁定管辖纳入管辖权异议的客体范围。当事人可以对指定管辖、移送管辖以及管辖权转移提出异议,理由是:一是有利于保护当事人的合法权益;二是有利于克服地方保护主义;三是德、日等国也允许对移送管辖提出异议。另一种观点主张不应将裁定管辖纳入管辖权异议的范围,理由是:一是对于明显违背法律规定的指定管辖、移送管辖、管辖权转移的异议可以通过对法定管辖的异议提出;二是裁定管辖涉及司法审判的行政管辖职能定位和法院就审判任务在系统内依法自主调节,不宜赋予当事人过大的干预权;三是允许当事人对裁定管辖提出异议不利于程序安定和诉讼效率提高;四是我国的管辖权异议制度很大程度上是一种防范地方保护主义等不正常诉讼现象的技术措施,其缺憾可以通过提高司法裁判的社会公信力来弥补;五是国外一般也不允许对指定管辖提出异议。也有学者认为,裁判管辖涉及的情形比较复杂,应视具体情形而定,比如对管辖权的"向下转移"一般应允许提出异议,而对指定管辖一般不宜再提异议。[③]

3.提出期间

按照现行《民事诉讼法》第 127 条的规定:"人民法院受理案件后,当事人对管辖权有异议的,应当在提交答辩状期间提出。"实践中就涉及,在答辩状期间届满以

---

① 王福华:《民事诉讼专题研究》,中国法制出版社 2007 年版,第 104～105 页。

② 张卫平:《民事诉讼法》,中国人民大学出版社 2016 年版,第 117 页。

③ 江伟:《民事诉讼法专论》,中国人民大学出版社 2005 年版,第 157～158 页。

后，当事人是否还能提出管辖权异议的问题？

有学者认为不应允许，理由是规定管辖权异议期间的目的就是诉讼的安定性，如果允许在管辖权异议期间届满后提出异议，无疑会影响诉讼的安定性；同时，追加被告本身有类似参加的性质，因而无权提出异议。①

也有学者认为在特殊情形下，可以允许，至少存在以下两种例外情形：一是导致受诉法院无管辖权的事实发生在答辩期满后。比如当事人在法院开庭审理前增加诉讼请求、提出反诉，从而使诉讼标的额超出法院级别管辖的范围。二是必要共同诉讼追加当事人的情形。被追加的当事人可能是在答辩期届满后才参加诉讼的。如果一律不准提起管辖权异议，对被追加的当事人有失公允。②

4.程序设计

我国现行《民事诉讼法》为管辖权异议制度设计了两审终审，当事人对受诉法院的管辖可以提出异议，法院作出驳回异议的裁定后，当事人对该裁定不服的，还可以在一定期间内向上一级法院上诉。而单就这一生效裁定而言，在我国现有的审判监督程序制度框架内，还存在启动再审程序的可能性。这一制度的设计是否存在"程序过度或程序过剩"的问题呢？学者张卫平指出，"这种设计实际上强化了与实体公正无关的程序利益的争端，把管辖的内部分工外部化为一种诉讼利益，使当事人为了'司法地方保护假定'所产生的预想利益——积极利益和消极利益——而斗争"，"问题在于，基于一种内部分工所产生的管辖权分配，是没有必要外部化的"。③

七、我国民事管辖制度今后改革的方向

从前文不难看出，我国民事管辖制度存在的问题主要有两点：一是理念定位问题，二是体系设计问题。就理念定位而言，我国过度关注管辖问题，将管辖之争与官司输赢紧密关联，使得管辖制度承载了过高的价值期待，一个重要表现就是管辖救济的过度化。就体系设计而言，我国未能准确把握一些管辖类型的定位与作用，在制度设计上缺乏整体性与协调性。管辖制度只是诉讼的入口与前奏曲，主要价值在于简便易行、便民便审。不难看出，遵循与坚持合理的设计理念，准确把握管辖承载的价值，重新调整各类管辖的定位与关系将是我国民事管辖制度今后完善的方向。

(一)级别管辖制度的改革径向

关于审级制度的改革，民事诉讼法学界已经基本达成共识，即实行多元化的审

---

① 张卫平：《民事诉讼法》，中国人民大学出版社 2016 年版，第 117 页。
② 江伟：《民事诉讼法专论》，中国人民大学出版社 2005 年版，第 158~159 页。
③ 张卫平：《民事诉讼法》，中国人民大学出版社 2016 年版，第 119 页。

级制度。我国目前在两审终审制的基础上，已对小额诉讼程序、非讼程序以及最高人民法院受理的一审案件等采取了一审终审制，下一步可以探索对诉讼标的额巨大、性质特殊的案件实行三审终审制，第三审可以借鉴国外的做法，只进行法律审，主要目的在于实现法律适用的统一。

在一审法院的范围上，我国目前的做法忽略了事实问题与法律问题、私人利益与公共利益、个案解决与统一法律规则之间的差异，不利于充分实现上下级法院应有的职能分工需求，不利于与世界各国法院管辖制度的发展潮流接轨。笔者赞同学者肖建国的观点，我国应"借鉴大陆法系国家事物管辖的规定，实现我国的级别管辖向事物管辖的回归，将第一审案件的管辖权限定在基层法院与中级法院之间进行分配"。[①] 国外的事物管辖有广义和狭义之分。[②] 大陆法系国家通常在狭义上使用事物管辖这一概念，如德国在《法院组织法》中明确规定仅在初级法院和州法院之间分派事物管辖权。我国今后的改革方向包括：(1)仅保留基层法院与中级法院的一审案件管辖权；(2)最高人民法院基于统一司法的需要，不再承担二审职能，只受理针对重要法律问题提起的三审上诉案件；(3)高级人民法院作为二审法院受理来自中级人民法院的上诉案件，就重大法律问题提起的三审上诉由最高人民法院裁量决定是否受理；(4)各中级人民法院受理重大的一审案件，同时受理来自基层人民法院的二审上诉，实行上诉审查制，二审审结的案件原则上不得提起三审上诉。[③]

在级别管辖的确定标准方面，传统的"案件性质＋繁简程度＋影响范围"的"三结合"标准具有较高的相对性与不确定性，应当加以改革。从立法技术角度来看，对于财产类案件，以争议标的额作为划分级别管辖的主要标准更为客观与直观；对于非财产类案件，可同时考虑案件性质、类型、当事人住所地等因素来加以确定。我国先后出台的2008年《管辖标准》、2015年《管辖标准》均基本遵循了这一思路，值得肯定。

(二)一般地域管辖与特殊地域管辖的规则重组

我国民事诉讼制度的设计理念与大陆法系国家接近，但在地域管辖制度的设计上却未能抓住二分制架构的精髓。西方的普通审判籍制度主要是从被告的视野

---

① 肖建国：《民事诉讼级别管辖制度的重构》，载《法律适用》2007年第6期。

② 狭义上事物管辖是指在一般管辖权法院中，哪个法院作为一审法院对诉讼作出裁判。事物管辖解决的是同一裁判权范围内初审法院的分工问题。广义上事物管辖则还包括一般管辖权法院与限定管辖权法院之间关系的管辖权问题，是指宪法和法律授予一个法院受理某种争讼的权力，涉及法院本身的性质问题，与个人权利无关。参见肖建国：《民事诉讼级别管辖制度的重构》，载《法律适用》2007年第6期。

③ 傅郁林：《审级制度的建构原理——从民事程序视角的比较分析》，载《中国社会科学》2002年第4期。

出发,被告与人发生纠纷,被提起诉讼的地点是其审判籍,故而一般只考虑原告就被告原则。我国的一般管辖则是从原告的视野出发,看其与他人之间的纠纷可以由哪些法院管辖,故而冒出了"原告住所地"这个连接点。如前所述,大陆法系的一般管辖只遵循"原告就被告的原则",而不存在我国诉讼法中规定的以"原告所在地"确定管辖法院的例外规定。一般管辖对专属管辖以外的所有案件适用,与非专属性特别管辖是竞合适用的关系。一般管辖基本以被告住所地或所在地为确定管辖的因素,是一种对人管辖;特别管辖则以特定案件的具体法律事实或诉讼标的为确定管辖的因素,是一种对事或对物管辖。只有对特别管辖与一般管辖进行配套设计,才能有效兼顾当事人的利益与方便诉讼程序的进行。

关于一般地域管辖与特殊地域管辖的关系调整,主要有以下三点改革建议[1]：

第一,恢复一般管辖的本来面目,即以"原告就被告"为基本原则,同时对被告住所地进行具体界定,适用顺序依次为经常居住地、户籍所在地、居所地、国内最后居住地、首都所在地[2]等。地域管辖立法体系中不再把我国民事诉讼法以及司法解释规定由"原告住所地法院"管辖的情形作为一般管辖的例外,即一般管辖没有例外情形。这些案件是否有必要排斥被告住所地而转由原告住所地法院管辖,学术界颇有争议。笔者认为没有必要,理由是这种设计实际上是在打着保护原告的旗号限制原告的管辖选择权。对于原一般管辖的"例外情形"有如下两种改造办法：一种是规定这些案件"可以"而不是"应当"由原告所在地法院管辖,从而使此类管辖变成特殊管辖的一部分,兼容被告所在地这一连接点,类似国外的"保护性管辖"[3]；另一种做法就是将这些案件纳入专属管辖,排除被告所在地这一连接点。如此才能体现地域管辖二分制架构的本质,理顺一般管辖、特殊管辖以及专属管辖之间的关系。笔者更倾向于第一种做法。

第二,将一般管辖与特殊管辖的关系定位为竞合适用的关系。如前所述,一般管辖应以"被告住所地"这一当事人所在地作为确定因素。特殊管辖一般以诉讼标的物所在地或法律事实等因素作为确定因素,特殊情况下以原告住所地作为确定因素(指保护性管辖的情形)。反映在立法中,即是将特殊管辖中所包含的"被告住所地"这一连接点删掉,避免在一般管辖与特殊管辖竞合适用中的重复建设。其余海难救助费用与共同海损诉讼这两类特殊案件本来就无"被告住所地"这一连接点,条款表述不变,如果选择不归入专属管辖,就直接竞合适用"被告住所地"这一

---

[1] 王次宝：《民事一般管辖与特殊管辖的冲突及其消解》,载《当代法学》2011 年第 6 期。

[2] 首都所在地适用于根据前四项无法判断被告住所地或被告根本在我国没有住所地的情形。

[3] 所谓保护性管辖,并不是一种新的管辖形式,而只是一般地域管辖和特殊地域管辖的补充,是对原告诉权保护的一种延伸。该制度旨在以增加管辖连接点"原告所在地法院"为杠杆,来重新分配诉讼成本,诉讼风险在原、被告间的比例,进而对处于特殊情况下的原告以及特殊原告如弱势群体进行倾斜性保护。参见廖永安：《我国民事诉讼地域管辖制度之反思》,载《法商研究》2006 年第 2 期。

连接点。实际上这也是大陆法系的普遍做法。我国台湾地区所谓的"民事诉讼法"第 16 条就明确规定了海难救助情形的特别审判籍。

第三,考虑设立保护性管辖条款。如前所述,保护性管辖不是一种新的管辖形式,可以定位为一种更为特殊的特殊管辖,因为一般的特殊管辖仅以诉讼标的物所在地或法律事实等因素作为确定因素。保护性管辖旨在"对处于特殊情况下的原告以及特殊原告如弱势群体进行倾斜性保护"。具体的保护性条款要采取列举式立法,如可以对被告下落不明、被告在国外、被告一方被监禁、被告一方被注销户籍、非军人对军人提起离婚诉讼、原告追索赡养费等现行民事诉讼法与司法解释中规定的可由原告住所地法院管辖的案件进行列举式规定。此外,还可考虑参考欧盟《布鲁塞尔公约》的规定,对消费者权益纠纷、个人雇佣合同纠纷、保险合同纠纷以及无行为能力人维权纠纷等,规定由消费者所在地、受雇者惯常工作地或受雇者过去或现在受雇企业的所在地、保单持有人、被保险人或者受益人住所地、无行为能力人住所地的法院管辖。[①] 保护性管辖确定了由"最便于弱势一方当事人所在地法院管辖"的原则,在一定程度上更加人性化,更能有效发挥诉讼制度本身的诉权保障功能。

(三)专属管辖制度的"专属广义化"调整

如前所述,大陆法系国家的民事专属管辖一般包括职能专属管辖、事物专属管辖与地域专属管辖三个方面。而我国的专属管辖则从属于地域管辖之下。依据大陆法系国家的理论解读我国的专属管辖制度,不难发现我国的专属管辖概念过于狭窄,一些重要事项被排除在专属管辖之外。[②] 按照广义专属管辖的概念,原来属于级别管辖、专门管辖以及集中管辖的内容也具有明显的专属管辖属性。具体来讲,我国民事专属管辖制度的改革可以从以下几方面入手。

1.引进广义的专属管辖概念

广义上的专属管辖是一种独立于地域管辖、级别管辖之外的,与任意管辖相对的管辖。我国现行立法将专属管辖限缩于地域管辖之下,实际上是混淆了根据不同分类标准确定的管辖种类。我国的专属管辖主要限定为地域专属管辖,可能是考虑到级别管辖本身已具有较强的专属性,无须再建构所谓级别专属管辖的概念。但实际上,我国的级别管辖由于划分依据的模糊以及管辖权移送的随意等原因,专属管辖的效力并不强。设立部分案件的级别专属管辖恰恰可以更好地保障我国级别管辖的有效实施。专属管辖独立于地域管辖之外,有利于将专属管辖的效力延伸到职能管辖,包括审级管辖、执行管辖、再审管辖等。

---

① 罗剑雯:《欧盟民商事管辖权比较研究》,法律出版社 2003 年版,第 138～150 页。
② 王次宝:《我国民事专属管辖制度之反思与重构》,载《现代法学》2011 年第 5 期。

2.重新梳理专属管辖的案件范围

目前我国的专属管辖案件主要包括三类:一是《民事诉讼法》第 34 条规定的关于不动产纠纷等案件的专属管辖;二是《海事诉讼特别程序法》第 7 条规定的海事法院的专属管辖;三是《民事诉讼法》第 244 条规定的主权专属管辖。

而实际上按照广义专属管辖的概念,我国专属管辖的范围要远远大于上述内容,至少还包括:以中级人民法院受理案件为主的级别专属管辖(可视为一种事物专属管辖);各专门法院的事物专属管辖;特别程序的级别与地域专属管辖(如《民事诉讼法》第 181 条、第 183 条、第 187 条、第 191 条、第 194 条、第 196 条规定的关于选民资格、宣告失踪死亡、认定公民无行为能力或限制行为能力、认定财产无主案件、确认调解协议、实现担保物权案件的管辖);督促程序(《民事诉讼法》第 214 条)与公示催告程序(《民事诉讼法》第 218 条)的级别与地域专属管辖;第三人撤销之诉的职能专属管辖(《民事诉讼法》第 56 条第 3 款);执行程序的职能专属管辖(《民事诉讼法》第 224 条);涉外仲裁中申请财产保全、申请执行涉外仲裁裁决、申请承认与执行国外仲裁裁决的级别与地域专属管辖(《民事诉讼法》第 272 条、第 273 条、第 283 条);破产程序的地域专属管辖(《企业破产法》第 3 条)。此外,当事人申请再审案件的管辖(《民事诉讼法》第 199 条)具有一定的职能专属性。

3.对现行管辖规定的调整

首先,建议修改《民事诉讼法》第 33 条的专属管辖规定。第一项修订为"因不动产物权纠纷提起的诉讼,由不动产所在地人民法院管辖"。第二项予以删除,建议在《海事诉讼特别程序法》中将港口作业纠纷规定为一类特殊地域管辖。第三项予以删除,建议在特殊地域管辖部分增加一条,表述为:"因继承遗产纠纷提起的诉讼,由被继承人死亡时住所地的人民法院管辖。"

其次,建议根据最新的社会发展情况,增设环境污染诉讼、人事诉讼以及部分公司诉讼的专属管辖规定。具体来讲,对于环境污染诉讼的专属管辖可以表述为:"因环境侵害提起的诉讼,由侵权行为地人民法院专属管辖。"人事诉讼的专属管辖可根据我国人事诉讼程序的具体设计加以规定,至少应包括婚姻案件、收养案件以及亲子关系案件的专属管辖。对于公司诉讼的专属管辖,可以暂增设"关于确认公司股东会或者股东大会、董事会决议无效的案件,请求撤销上述决议的案件,请求法院解散公司的案件由公司所在地的人民法院专属管辖"。

(四)协议管辖制度的深度完善

针对现行民事诉讼法中协议管辖制度存在的不足,我国今后可以从以下方面进行完善。

1.立法编排方面。为了从整体上更为严谨地规定协议管辖的类型,我国今后修订民事诉讼法可以将第 127 条第 2 款所规定的默示协议管辖条款移至第 34 条作为第 2 款。原有的第 34 条规定的明示协议管辖则改为第 34 条第 1 款。这样不仅立法逻辑比较合理，而且也与大陆法系国家的规定保持一致。

2.适用范围方面。前文提到，目前学界对于协议管辖的适用范围主要有两种观点：一是适用于所有财产权益纠纷案件；二是适用于专属管辖之外的所有民事案件。本次民事诉讼法修改实际上已经将协议管辖的适用范围扩大至财产权益纠纷案件。但能否实现协议管辖与专属管辖适用范围的全面对接呢？在"专属管辖"部分，笔者建议引进大陆法系国家广义的专属管辖概念来界定我国专属管辖的适用范围，并在此基础上规定协议管辖。由于大陆法系国家的人身关系纠纷基本被划入专属管辖的范围，在此种情形下，将协议管辖的适用案件范围规定为"非专属管辖案件"是行得通的。

3.可选法院方面。2012 年新民事诉讼法已经扩大了协议管辖选择法院的范围，即增加了"与争议有实际联系地点的人民法院"。但这一"扩大"的效果有限，还增加了判断"何为与争议有实际联系的地点"这一难题。设立协议管辖就是要让当事人自行选择理想的管辖法院，没必要进行过多的限制。我们可以借鉴大陆法系国家的做法，规定只要不违背本国的级别管辖和专属管辖规定，任何国家或法域的司法裁判机关，都可以被当事人协议选择为管辖法院。

4.其他方面。一是应诉管辖的程序保障问题。关于应诉管辖，我国现行民事诉讼法并没有规定法院向应诉被告告知自己无管辖权的义务。相对于严格的明示协议管辖条件而言，应诉管辖中法院取得管辖权的条件显得过于随意。如果法院不对自己无管辖权进行释明的话，前去应诉的被告便失去了必要的程序保障。笔者赞同有学者提出的增加法院告知义务的规定，即法院应当告知被告"本院无地域管辖权以及无异议应诉的法律后果"。[①] 二是认定管辖协议无效或可撤销的问题。现实中，当事人由于利益的驱使，以欺诈、胁迫或乘人之危等非法方式来订立协议，迫使或者诱使对方选择不利于其诉讼的法院。由于缺乏明确的规定，当事人往往被迫承受程序上的不利益，法院也因缺乏实体法和程序法依据而无可奈何。[②] 今后民事诉讼法修改有必要明确规定管辖协议无效或可撤销的具体情形。

(五)其他管辖制度的完善

一是完全删除管辖权"向下转移"制度。基于学界对管辖权"向下转移"诟病不断，我国相关民事诉讼立法及其司法解释已经作了一些调整。2012 年修正《民事诉讼法》第 38 条增加了管辖权向下转移的"报批程序"，2015 年《民事诉讼法解释》第 42 条进一步明确了可以"向下转移"的案件范围。这些规定较为有效地收紧了管辖权"向下转移"的出口。但从保障级别管辖的权威性与专属性、强化对当事人

---

① 周翠：《协议管辖问题研究——对〈民事诉讼法〉第 34 条和第 127 条第 2 款的解释》，载《中外法学》2014 年第 2 期。

② 王福华：《协议管辖制度的进步与局限》，载《法律科学（西北政法大学学报）》2012 年第 6 期。

的程序保障、提升诉讼权威与效率、顺应国际发展潮流、契合刑诉发展进度等方面进行长远考量，更彻底的做法仍然是完全取消管辖权的"向下转移"。

二是进一步完善管辖权异议制度。目前关于管辖权异议的主体范围、客体范围、提出期间以及救济程序等均存在一定的争议。张卫平教授指出，"不应当进一步强化管辖权异议制度的复杂性，扩大异议主体范围，使更多的人限于这种无谓的争议之中"。管辖毕竟只是诉讼的入口，不宜给当事人提供"过剩"的程序救济。

就主体范围而言，应限于原告。有学者提出："原告可以对管辖权提出反悔或者不同意见，但这种反悔或者不同意见，并不能称为'管辖权异议'，除被告提出管辖权异议而原告可就此上诉之外，其余情形完全可通过起诉制度中提供的制度框架本身予以解决，而无需借助管辖权异议制度。"[1]笔者比较赞同这一观点。管辖权异议制度的主旨就是为了给被告一个对抗原告管辖选择权的机会，实现平等保障当事人程序权利的目的，因此其行使主体应限于被告。原告可以借助起诉制度所包含的撤诉制度等获得救济，第三人作为参加他人诉讼的主体也无权提出异议。至于有些第三人参加诉讼时有可能被判决承担责任，不赋予其管辖异议权显然不合理的问题，笔者赞同应通过完善第三人制度本身，而非借助扩大管辖权异议主体来解决的观点。学者张卫平主张将第三人分为原告型、被告型与辅助型。[2] 对原告型、被告型第三人均应以起诉或被诉的方式拉入诉讼，在此种情况下，被告型第三人实际上相当于被告，可以提出管辖权异议。这样就化解了目前立法与司法解释中管辖权异议主体范围不清的问题。

就客体范围而言，应限于法定管辖。笔者不赞同将裁定管辖纳入管辖权异议的客体范围，理由主要有两点：一是如果异议的原因系裁定管辖违反法定管辖规则，完全可以通过对法定管辖的异议实现救济；二是裁定管辖是法院依职权对审判案件分工的自主调节，不宜给予当事人过度的程序救济。

就提出期间而言，一般应限于提交答辩状期间。例外情形主要是对于原告在开庭审理前增加诉讼请求、提出反诉等从而使诉讼标的额超出法院级别管辖范围等新情况引发的管辖权异议，可以在提交答辩状之后提出。

就异议处理程序而言，一般采取一审终审，并且不允许申请再审。只对违反广义专属管辖的案件采取两审终审，但也不允许申请再审。"法院对异议应当进行审查，并给予回答，以吸收异议人的不满，没有必要再设置上诉程序（可以考虑将专属管辖作为例外情形，给予上诉救济的机会），更没有必要在异议成立、原受诉法院将案件移送后还给予原告再次对移送行为提出异议的权利。"[3]

---

① 徐昀：《原告管辖权异议之分析与消解》，载《清华法学》2012 年第 2 期。

② 张卫平：《民事诉讼：关键词展开》，中国人民大学出版社 2005 年版，第 157 页。

③ 张卫平：《民事诉讼法》，中国人民大学出版社 2016 年版，第 119 页。

结 语

改革开放 40 年来,随着政治、经济、社会、文化等各方面的快速发展,我国的民事管辖制度也逐渐实现了从无到有,从简到繁,从种类单一到种类齐全,从注重一体化到关注特殊性的变革过程,并保持继续发展与完善的良好势头。现有的民事管辖制度虽然总体上能够基本满足我国现代民事司法制度有效运转的需求,能够基本顺应当事人通过法院有效获取司法救济的需要,但是也存在不少改革与提升的空间。张卫平教授曾在清华民诉课堂上强调:"管辖制度的设计应当预设两个前提:一是所有法院的法官都能公正、准确地审判案件;二是同一案件在不同的法院审理,得到的审判结果应该是一样的。"不容否认,这两个前提在现实生活中实际上受到各种复杂因素的干扰,很难得到完全满足。相关因素包括司法不公、枉法裁判等司法腐败现象、来自法院内外的地方保护主义问题、经济利益对法院和当事人的"诱惑"、现行管辖立法规定存在的缺陷以及人们"重实体、轻程序"的思维习惯和行为方式等。[①] 但应当注意的是,这些问题并不主要因管辖而引起,也不是靠完善管辖制度就能解决的,不应该成为管辖制度设计的负担。

就级别管辖的改革而言,应将重点放在调整上下级法院的职能划分上,应综合考虑法律问题与事实问题的界分,个人利益与公共利益的不同,监督指导与上诉机制的安排,公正解决个案与统一法律适用的关系,力争建立多元审级制,实现部分案件的三审终审,而普通案件的一审法院仅限于基层法院与中级法院。就地域管辖的改革而言,应遵循二分制架构的一般规律,有效维护"最易最优"原则。一般地域管辖的设立目的就是要让原告很容易找到一个管辖法院,遵循的是"最易"原则。而特殊地域管辖的设立目的则在于让原告找到一个更为合适的管辖法院,体现的是"最优"原则。今后地域管辖制度改革的方向就是按照"最易最优"原则重新组建地域管辖的二分制架构,恢复一般地域管辖与特殊地域管辖的竞合适用关系。就专属管辖的改革而言,重点是接纳广义的专属管辖概念,全面梳理专属管辖与特殊地域管辖、级别管辖、专门管辖、协议管辖、集中管辖的关系,并就现有的专属管辖案件类型进行重新划定。就协议管辖的改革而言,重点是进一步扩大协议管辖可选法院的范围,建立更为灵活实用的协议管辖制度。就裁定管辖而言,有两个重要的改革方向:一是取消管辖权"向下转移"制度;二是建构更为简洁明确的管辖权异议制度,避免对于管辖问题的"过剩"救济。

---

① 毛玲:《民事管辖制度若干问题研究》,载《北京科技大学学报(社会科学版)》2002 年第 4 期。

第三章

当事人制度的变迁

引　言

当事人制度是民事诉讼的基本制度之一,在民事诉讼法以及诉讼理论中居于极为重要的地位。在我国传统的以职权主义为特征的诉讼体制下,民事诉讼主体的地位没有得到充分的强调与尊重,当事人的处分权受到较大的限制,在诉讼活动中缺乏主导地位。随着改革开放不断深化,这种状况发生了很大的变化。经过四十年的改革历程,民事司法改革取得了长足的发展,初步建立了具有中国特色的民事司法体系,诉讼体制转型基本完成,民事诉讼制度正趋于规范化、专业化,民事司法体制改革也正在稳步推进。在这一背景之下,当事人的诉讼主体地位逐渐得以彰显,诉讼地位平等、对诉讼权利的尊重和救济、处分自由、诉讼参与等观念在司法实践逐渐得以接受和普及,从而开始强调当事人诉权在诉讼中的主导地位及其对审判权的制约作用。尽管如此,我们仍然可以发现,在如火如荼的民事司法改革热潮中,理论与实务的关注往往聚焦于审判方式、证据制度、诉讼程序等方面,相对而言当事人制度的改革和发展就显得较为冷寂和迟缓。

从立法层面来看,自从 1982 年的试行民事诉讼法和 1991 年的民事诉讼法确定了当事人制度的构架和形态后,当事人制度的构造总体而言没有发生较大改变,呈现一种缓慢发展态势,主要体现为三个阶段:(1)1982 年的试行《民事诉讼法》,规定了当事人能力、当事人的基本诉讼权利,以及共同诉讼和诉讼第三人两种特殊当事人制度,从而奠定了我国民事诉讼当事人的基本制度形态。(2)1991 年的《民事诉讼法》,基本承袭了试行民事诉讼法的规定,最大的变化是增设了代表人诉讼制度,以应对实务中出现的群体诉讼。此外,还明确了当事人包括公民、法人和其他组织三种类型,以及肯定了实务中法院判决无独立请求权第三人承担民事责任的做法,赋予被判决承担民事义务的第三人以当事人地位。(3)2012 年修正的民事诉讼法,仅在个别制度或者个别条文上有所变化,没有触及当事人的基本类型和制度构造。其中,最突出的变化主要体现在两个方面:一是新增了关于公益诉讼原告主体资格的规定;二是在第三人制度框架下了确立了第三人撤销之诉。

较之于立法上的迟滞,实务上的发展则显得更为活跃一些。92 年的《民诉意见》、2015 年的《民诉司法解释》等一系列司法解释,不仅将立法上的规定进行了进一步的补充和具体化,比如,明确了"其他组织"的具体范围,列举了适用必要共同诉讼的十几种情形等,还在某些制度上突破了立法的规定,突出表现为两个方面:其一,在当事人适格的判断标准和范围上,突破了立法上的"直接利害关系人"的局限,逐渐承认了死者近亲属、清算人、诉讼代位人等非直接利害关系人的当事人资格;其二,对必要共同诉讼制度进行类型划分,引入类似必要共同诉讼制度,并将涉及连带责任以及公司决议诉讼等确定为类似必要共同诉讼。

理论上关于当事人制度的研究也有长足的发展,研究的内容主要包括以下内容:第一,关于当事人概念的界定和当事人适格理论的引入。上世纪 80 年代末,以死者人身权益保护案件为肇端,理论上开始反思和重新界定当事人的概念,并最终形成了形式上的当事人概念,与此过程中,大陆法系的当事人适格理论逐渐引入,当事人的外延也不断拓展。第二,关于无独立请求权第三人制度的研究。在我国的当事人制度中,最受争议和关注的莫过于诉讼第三人中的无独立请求权第三人,理论上针对这一制度本身的结构性缺陷以及在实务运用中存在的问题展开研究,并提出了各种重构方案。第三,关于必要共同诉讼适用范围和类型划分的研究。鉴于我国必要共同诉讼在司法实务中的泛化问题,上世纪 90 年代末以后,学界开始关注和研究必要共同诉讼的构成标准、类型划分以及具体适用范围和案型,并引入了类似必要共同诉讼。第四,关于第三人撤销之诉制度的研究。自从 2012 年的《民事诉讼法》确立了第三人撤销之诉后,这一制度引起了理论和实务的广泛争议,这一制度的立法宗旨、起诉条件、适用范围等诸多问题都成为学界研讨的热点话题。

总体而言,在当事人制度的发展上,理论、实务和立法三者相互之间极不平衡,甚至可以说存在较大脱节和紧张关系。学界在借鉴、吸收大陆法系相关理论的基础上,研究逐渐深入,初步形成了较为系统的当事人理论体系;司法实务上虽然未与诉讼理论协调发展,但也有所探索和推进;而立法上则反应迟缓,基本呈现出一种无动于衷的态势。比如,实务中从上世纪 80 年代末开始就出现了为保护他人权益(及所谓"非直接利害关系人")而作为当事人进行诉讼的特定案型,理论上也因此修正了和发展了当事人的概念,而 2012 年的新民事诉讼法仍然将原告与案件"有直接利害关系"作为起诉条件之一。显然,这种状况与当事人在民事诉讼中的主体地位以及当事人主义诉讼模式的基本要求是不相适应的。尤其是随着社会经济的发展,纠纷形态日趋复杂,现代型纠纷不断对传统的当事人制度和理论形成冲击和挑战,当事人权益的程序保障、多数当事人制度的构造、当事人与法院之间的关系等问题的处理,极大地影响着民事诉讼制度的发展以及民事司法社会效果,是未来我国民事诉讼理论和立法亟需解决的重要课题。

二、当事人基本原理的发展变化

(一)当事人内涵和范围的发展变化

1.当事人概念的理论发展

从历史沿革来看,伴随着民事诉讼法与实体法分离、逐步走向独立的过程,大陆法系对当事人概念的认识经历了从实体当事人到形式当事人的演进过程,并最终形成从诉讼法角度出发的形式当事人和从实体法角度出发的实质当事人共存的当事人概念。[①] 我国当事人概念的发展尽管起步较晚,但也经历了类似的发展过程。从 20 世纪 80 年代末 90 年代初开始,我国民事诉讼理论对当事人概念的界定沿着"利害关系当事人说→权利保护当事人说→程序当事人说"的发展轨迹,从实质当事人逐渐向形式当事人演变。这一演变伴随着历程与当事人适格理论的引进和发展,而随着当事人概念的变化,当事人的范围也随之不断扩大。

(1)利害关系当事人说

在 20 世纪 80 年代末以前,我国传统当事人理论中尚无"当事人适格"这一概念,在当事人的界定上采"利害关系当事人说",认为当事人是指因民事上的权利义务关系发生争议,以自己的名义进行诉讼,并受人民法院裁判拘束的直接利害关系人。[②] 并由此总结出民事诉讼当事人的三个特征:其一,以自己的名义进行诉讼;其二,与案件有直接利害关系;其三,受人民法院裁判拘束。"与案件具有直接利害关系"成为当事人的基本特征,而所谓的"直接利害关系人",是指作为诉讼标的的民事法律关系的主体,他们是为保护自己的民事权益而起诉或者应诉。由此可见,"利害关系当事人说"实质上属于实体当事人概念。根据这一理论,1982 年《民事诉讼法(试行)》第 81 条关于起诉的条件的规定中,第一项即明确要求"原告是与本

[①] 在 19 世纪以前的德国,诉讼法尚未脱离实体法的束缚,民事诉讼被视为保护私权的手段,当事人被限定为"实体当事人",即作为诉讼标的的实体权利的主体,直至 1881 年,学者柯勒(Kohler)从诉讼法的角度对当事人进行界定,提出了形式当事人的概念。

[②] 刘家兴:《民事诉讼法教程》,北京大学出版社 1982 年版,第 73 页。

案有直接利害关系的个人、企业事业单位、机关、团体",1991 年《民事诉讼法》第108 条基本沿袭了该规定,同样将原告与本案有"直接利害关系"作为起诉条件之一,并沿用至今。

根据这一概念,当事人被限定在极为狭窄的范围内,只有争议的民事法律关系的双方主体才能成为案件的当事人,法院在决定是否立案前,应当就原告是否为系争法律关系的主体进行审查确定。由于排除了与案件无直接利害关系的人作为当事人进行诉讼的可能性,必然导致某些合法民事权益难以获得诉讼保护。实务中首先遭遇的难题是死者人身权益受侵害的诉讼保护问题,即我国首例侵害死者名誉的案件——1987 年的"荷花女"名誉侵权案,①在该案中,由于原告陈秀琴与本案无直接利害关系,原、被告双方就死者的名誉权是否应受保护以及原告陈秀琴有无诉权展开了激烈争论。最终,经天津市高级人民法院向最高人民法院请示,最高人民法院于 1989 年 4 月 12 日复函:"吉文贞(艺名荷花女)死后,其名誉权应受法律保护,其母陈秀琴亦有权向人民法院提起诉讼。"确认了死者近亲属在保护死者人身权益时可以作为当事人进行诉讼,从而突破了"直接利害关系人"藩篱,在司法实务上开启了非直接利害关系人作为当事人的先例。此后,最高人民法院在 1990 年《关于范应莲诉敬永祥等侵害海灯法师名誉权一案有关诉讼程序问题的复函》、1993 年《名誉权案件解答》第 5 条中均明确在死者名誉受到损害时,其近亲属有权向法院起诉。

(2)权利保护当事人说

自"荷花女"名誉侵权案后,随着社会经济和法律制度的发展,为保护他人权益而作为当事人进行诉讼的情形在实务中不断出现,比如破产企业的清算人、失踪人的财产代管人等,1992 年《民诉意见》第 51 条规定:"企业法人未经清算即被撤销,有清算组织的,以该清算组织为当事人;没有清算组织的,以作出撤销决定的机构为当事人。"明确承认了破产企业清算组织的当事人资格。学界也逐渐认识到直接利害关系说的局限性,并对当事人概念进行修正,以容纳非直接利害关系人作为当事人的情形,从而提出了权利保护当事人概念,将当事人界定为:以自己的名义进行诉讼,旨在保护民事权益,并能引起民事诉讼程序发生、变更或消灭的人。

这一概念与利害关系当事人概念的区别在于,不再限定当事人须是因为自己的民事权益被侵害或者发生纠纷而进行诉讼,也可以是为保护他人的权益而进行诉讼,从而拓宽了当事人的范围,使得当事人包括为保护自己权益进行诉讼的直接利害关系人和为保护他人权益进行诉讼的非直接利害关系人两种类型。

---

① 该案中,"荷花女"的母亲陈秀琴因认为小说《荷花女》侵害了其女儿的名誉,而对该小说的作者和刊登该小说的报社提起了诉讼。具体案情参见《人民法院案例选(1992 年—1996 年合订本)》(上),人民法院出版社 1997 年版,第 533 页。

（3）程序当事人说

尽管范围不同，但利害关系当事人说和权利保护当事人说本质上均属于实体当事人的范畴，二者都是从实体法的角度来观察和界定诉讼当事人，将当事人理解为正当当事人，难以解决诉讼开始阶段的当事人的地位问题，也难以解释不符合条件的当事人（即非正当当事人）能进入诉讼的现象。随着诉讼理论的发展，学界进一步提出了形式当事人概念，将当事人界定为：以自己的名义要求人民法院保护民事权利的人及其相对人。简言之，凡是以自己的名义进行诉讼，要求法院对民事纠纷进行裁判的人及其相对人，均为民事诉讼当事人。

形式当事人概念的基本特征是从诉讼法的角度来界定当事人，从而将正当当事人和非正当当事人均涵括在内，较之于前述两种当事人概念而言发生了质的变化，不仅拓宽了当事人的范围，而且也使诉讼当事人概念摆脱了实体法律关系的束缚，是为目前的通说。[①]

不过，形式当事人是一个纯粹程序上的概念，其确定当事人的根据并不是看当事人是否是实体权利义务关系的主体，而只是看在形式上是否向法院提起诉讼请求以及主观上以谁为相对人。而诉讼须在实质当事人之间进行才有实际意义，因而在诉讼提起后，法院需要结合实体法律关系就启动程序的当事人是否为"实质当事人"（即正当当事人）进行判断。

2.当事人类型和范围的立法发展和司法调整

关于当事人的类型和范围，随着实体法的发展，民事诉讼立法和司法解释也存在一定变化，主要体现在以下四个阶段：

（1）1982年《民事诉讼法（试行）》的规定。由于当时《民法通则》尚未出台，我国还没有确立完备的法人制度，因而1982年试行的民事诉讼法并未出现"法人"一词，对当事人的类型划分也显得比较不规范、不严谨。根据第44条的规定，可以作为民事诉讼的当事人的主要有两种类型：（1）有诉讼权利能力的人；（2）企业事业单位、机关、团体，这些单位由主要负责人作为法定代表人。从该规定来看，两类当事人之间界限并不清晰，而是相互交叠的，因为诉讼权利能力即为当事人能力，是成为诉讼当事人的法律上的资格，企业、机关等也应具有诉讼权利能力，故而已经被第一种类型所覆盖。至于"团体"是否能作为当事人也不能一概而论，关键要看其是否具有诉讼权利能力。另外，该条规定使用了"单位"这一非法律上的概念，具有明显的时代特色。

（2）1991年《民事诉讼法》的规定。1986年的《民法通则》确立了法人制度，并将之与公民（自然人）并列为两种民事主体。而且随着改革开放和商品经济的发

---

① 江伟：《民事诉讼法学》，复旦大学出版社2002年版，第170页；张卫平：《民事诉讼法》，法律出版社2016年版，第123页。

展,从事民事活动的主体也逐渐增加,实践中出现了大量的非法人团体。与此相应,1991 年《民事诉讼法》改变了 1982 年《民事诉讼法(试行)》的规定,于第 48 条规定了民事诉讼当事人的三种类型:公民、法人和其他组织,这一规定沿用至今。根据这一规定,公民、法人和其他组织都具有诉讼权利能力,因而民事诉讼当事人的范围比民事主体的范围要宽泛,诉讼权利能力和民事权利能力由此形成既有密切联系又存在分离的关系,即有民事权利能力的人必然具有诉讼权利能力,而有诉讼权利能力的人未必具有民事权利能力。

(3)1992 年《民诉意见》的规定。民事诉讼法关于当事人类型的规定比较原则化,只做了概念列举,由于实体法中并无关于"其他组织"的明确规定,因而司法适用中最主要涉及的是"其他组织"的范围问题。鉴于此,1992 年的《民诉意见》对诉讼当事人进行了进一步的限定和调整,主要表现为两个方面:其一,规定了法人和其他组织的法定代表人的具体确定方法;其二,明确规定了其他组织的条件和范围。其第 40 条规定:其他组织须满足三个条件,即合法成立、有一定的组织机构和财产、不具备法人资格。同时以列举方法规定了其他组织的范围,具体包括:依法登记领取营业执照的私营独资企业、合伙组织;依法登记领取营业执照的合伙型联营企业;依法登记领取我国营业执照的中外合作经营企业、外资企业;经民政部门核准登记领取社会团体登记证的社会团体;法人依法设立并领取营业执照的分支机构;中国人民银行、各专业银行设在各地的分支机构;中国人民保险公司设在各地的分支机构;经核准登记领取营业执照的乡镇、街道、村办企业;符合本条规定条件的其他组织。此外,还对企业法人的分支机构、个体工商户、个人合伙的诉讼主体资格等问题进行了具体规定。

(4)2015 年《民事诉讼法解释》的规定。随着《合伙企业法》等法律的出台,2015 年《民事诉讼法解释》在 1992 年《民诉意见》的基础上,结合实体法的发展变化,不仅对法人的法定代表人的确定方法进行了一定修改,而且对其他组织的范围进行了调整,删除了私营独资企业、合伙组织、保险公司的分支机构等,出现变化的主要是:依法登记领取营业执照的个人独资企业、合伙企业以及商业银行、政策性银行和非银行金融机构的分支机构等。同时,还赋予村民委员会和有独立财产的村民小组当事人资格。[①]

(二)当事人适格及其判断标准的确立和完善

当事人适格,又称正当当事人,是指对于具体的诉讼有作为当事人起诉或应诉的资格。也即是说,当事人就特定的诉讼,有资格以自己的名义成为原告或被告,这种以自己的名义作为当事人并受本案判决拘束的资格或者权能,称为诉讼实施

---

① 值得一提的是,2017 年《民法总则》第 96 条已经将农村集体经济组织确定为"特别法人",因而村民委员会的当事人类型也有了变化。

权;而具有诉讼实施权的当事人,即为正当当事人。

当事人适格理论起源于德国,并被日本和我国台湾地区所继受。与诉讼权利能力针对一般诉讼(抽象的诉讼)的情形不同,当事人适格是针对具体诉讼而言的,即对于具体的诉讼可作为当事人起诉或应诉的资格。这种资格是从当事人与争议的实体法律关系的实质联系来考察的,指明对于本案诉讼标的,谁应当有权请求法院作出判决和谁应当作为被请求的相对人。因而,当事人适格是沟通实体事实与诉讼程序的一个桥梁,其目的是使诉讼能够在与诉讼标的有实体利益关系的法律主体间展开,以保障诉讼运行的合理性和实现解决纠纷的有效性。[①]

当事人适格是在形式当事人概念基础上产生的,是一个形式的当事人概念基础上对"何人应当作为当事人"问题作出指示的概念。[②] 在我国采实体当事人概念,将当事人限定为直接利害关系人的传统理论中,当事人与正当当事人并无区别,因而也没有当事人适格的概念和理论。随着形式当事人概念的确立,对正当当事人的判断成为诉讼审理中不可或缺的步骤,因而自20世纪90年代开始,学界开始引入当事人适格理论并展开研究,而正当当事人也成为司法实务普遍承认和适用的概念。

1.当事人适格判断标准的理论基础和司法发展

当事人适格的判断标准,是判断形式上的当事人是否为正当当事人的依据。自1982年《民事诉讼法(试行)》开始直至2012年《民事诉讼法》,我国立法上一直采"利害关系当事人说",将与案件具有直接利害关系作为当事人(或者正当当事人)的判断标准,已经难以适应诉讼实务的发展和需要。因而关于当事人适格的判断标准,主要是通过理论和实务来予以确立和适用的。

(1)当事人适格判断标准的理论发展

在大陆法系,关于当事人适格判断标准主要有两个代表性的学说,即以管理权为基础的传统诉讼实施权理论和后来兴起的诉的利益理论,这两种学说也被引入我国,成为确定当事人适格判断标准的理论基础。

诉讼实施权理论是由德国学者提出的,这一理论将诉讼实施权作为当事人适格的一般实体要件抽象出来,并认为在有关财产权诉讼的诉讼中,诉讼实施权的基础就是实体法上的管理权或处分权,从而确立了判断当事人是否适格的一般标准。凡实体法上的主体,就作为诉讼标的的权利或者法律关系有管理处分权的,都可以

---

① 肖建华:《正当当事人理论的现代阐释》,载《比较法研究》2000年第4期。
② [日]高桥宏志:《民事诉讼法——制度与理论的深层分析》,林剑锋译,法律出版社2003年版,第208页。

成为本案的正当当事人。① 根据这一理论,正当当事人主要有两种情况:一是作为诉讼标的的权利或者法律关系的主体(权利人和义务人),即所谓"直接利害关系人";二是虽然不是诉讼标的的主体,但对该诉讼标的有管理权或者处分权,即为他人利益而进行诉讼的"非直接利害关系人",如破产企业的清算人、遗嘱执行人等,此即所谓的诉讼担当。

诉讼实施权理论不仅对日本和我国台湾地区的民事诉讼法产生了很大的影响,而且在我国大陆学界也被广为接受。但这一理论是以财产权诉讼为前提的,不能普遍地适用于各种类型的诉讼,比如确认之诉、将来给付之诉等。随着时代的发展,这种局限性日益明显,诉的利益学说由此应运而生并逐渐引起重视。所谓诉的利益,即诉讼追行利益,是指原告要求获得本案判决的利益。这种利益由于原告主张的实体利益现实地陷入危险或不安时才产生,是原告为了祛除这种危险和不安而诉之法院,从而谋求判决的利益及必要。② 诉的利益学说与管理权学说不同之处在于,无论当事人对请求法院承认和保护的权利是否有管理权,只要有诉的利益,该当事人都被认为是正当当事人,从而扩大了当事人适格的范围。有的学者甚至认为,诉的利益是启动权利主张、进入诉讼审判过程的关键,具有通过诉讼审判而创制实体法规范的功能。③

诉的利益理论可以适用于所有诉讼类型,对确认之诉、将来给付之诉以及现代型诉讼都能够起到定义性作用,在当事人适格理论中逐渐受到重视和推崇,但诉的利益需根据具体请求的内容来对作出本案判决的必要性和实效性进行考量,其标准不易把握,缺乏实用性。因而在诉讼理论上对诉的利益观点不一,关于当事人适格标准的理论基础也存在一元论和二元论的分歧。④ 从我国目前理论和实务的通说来看,关于当事人适格的判断标准基本上采取了二元论的立场,即在管理权说的基础上结合诉的利益说,形成判断的一般标准和例外情形。

(2)当事人适格判断标准的司法发展

关于当事人适格的判断标准,我国立法与司法实务存在较大的隔阂。现行立法仍然固守传统的利害关系人说,将"与本案有直接利害关系"作为当事人适格的

---

① 在德国普通法末期,诉讼实施权的概念主要用于第三人对于他人的实体权利或者法律关系有权进行诉讼的场合,它成为确定法律关系外的第三人能够成为正当当事人的标准。参见肖建华:《正当当事人理论的现代阐释》,载《比较法研究》2000 年第 4 期。

② [日]谷口安平:《程序的正义与诉讼》,王亚新、刘荣军译,中国政法大学出版社 2002 版,第188 页。

③ 肖建华:《正当当事人理论的现代阐释》,载《比较法研究》2000 年第 4 期。

④ 也有学者认为诉的利益与当事人适格是不同的概念,诉的利益涉及的是有关请求内容作出本案判决的必要性及实效性问题,而当事人适格涉及的是对特定当事人作出本案判决的必要性及实效性问题。参见[日]新堂幸司:《新民事诉讼法》,林剑锋译,法律出版社 2008 年版,第 238 页。

基本内涵和要求;而司法实务则通过一系列的案例、司法解释承认了为他人利益而进行诉讼的非直接利害关系人的当事人资格,理论上也通过当事人适格理论为当事人适格的判断提供了理论依据。应该说,我国目前当事人适格的判断标准,是由立法、司法和理论三方合力来构建的。立法确定了当事人适格的一般判断标准,即"直接利害关系人"标准,在通常情况下,本案争议的民事法律关系或者民事权利的双方主体,就是适格的当事人,因而只要确定了系争法律关系的具体类型,就能对原被告是否适格进行识别。而司法和理论则发展了当事人适格的例外情形,主要包括以下两种:

其一,诉讼担当的情形,即法律关系主体以外的第三人根据法律的特别规定,或者基于当事人的意思,对他人的民事权利义务实施管理处分权,并以自己的名义进行诉讼而成为当事人。例如死者的近亲属、破产企业的清算组织、失踪人的财产代管人等等。此外,合同法上的债权人代位权诉讼和公司法上的股东代位诉讼,亦属于此种类型,最高人民法院在 1999 年的《合同法解释(一)》第 16 条和 2017 年的《公司法解释(四)》第 26 条分别进行了规定。

其二,确认之诉。确认之诉具有特殊性,对正当当事人的判断,不是看该当事人是不是争议的实体法律关系的主体,而是看该当事人对争议法律关系的确认是否具有法律上的利益。也就是说,确认之诉中当事人是否适格的判断,是以诉的利益为基准的,事实上,诉的利益理论最初就是为了阐释和限定确认之诉而提出的。只要对诉讼标的有确认利益,即为适格当事人。比如,《婚姻法解释一》第 7 条规定,有权依据《婚姻法》第 10 条规定向人民法院申请宣告婚姻无效的主体,包括婚姻当事人及利害关系人。也就是说,由于利害关系人对诉讼标的有确认利益,因而也属于适格的当事人。

(3)当事人适格的审查程序及裁判方法

当事人适格的审查程序和裁判方法,与对当事人适格要件的定性密切相关。我国自 1982 年的试行民事诉讼法伊始,一直将正当当事人作为起诉条件予以规定,因此,如果当事人适格有欠缺时,应裁定不予受理或者裁定驳回起诉。[①] 从我国立法规定来看,存在两个突出的问题:其一,将原告适格作为起诉条件,这就意味着法院在审查起诉时就需要对争议的实体法律关系进行实体审查,以确定原告是否与案件具有直接利害关系,不仅不符合程序原理,而且导致了起诉条件的"高阶化"现象,[②]提高了起诉的门槛,成为"起诉难"的肇因之一。其二,没有对被告适格

---

① 对于不适格当事人的处理,1982 年《民事诉讼法(试行)》规定了更换当事人制度,法院要求可原告退出或更换被告;拒绝退出或更换的,裁定驳回起诉。但 1991 年《民事诉讼法》取消了关于更换当事人的规定。

② 张卫平:《起诉条件与实体判决要件》,载《法学研究》2004 年第 5 期。

作出规定,而仅要求被告明确即可。这是因为在审查起诉阶段,并没有被告的答辩和到场,仅根据原告的起诉来对被告资格进行实质审查显然是不符合程序原理的。但这种规定直接导致了程序的不平衡性和不平等性:一方面在起诉条件的设置上形成对原被告的不平等要求和不同程度的审查要求;另一方面,人为地割裂了当事人适格的审查程序,将原告适格和被告适格的审查判断置于不同的诉讼阶段,审查的程序和人员(法官)也不相同。

在大陆法系诉讼理论中,当事人适格是诉权的要件之一,根据不同的诉权学说,对当事人适格属于何种要件的观点不一,欠缺当事人适格要件时法院的裁判方式也不同。德国以及我国台湾地区的通说认为当事人适格属于权利保护要件,在当事人适格有欠缺时,应以诉无理由判决驳回诉讼(本案判决);[①]而日本的通说则认为当事人适格属于诉讼要件,有欠缺时应以诉不合法判决驳回诉讼(诉讼判决)。[②] 我国理论上对当事人适格的性质也存有争议,有学者认为当事人适格是权利保护要件,也有学者主张当事人适格作为诉讼成立要件更为合理。[③] 但是由于我国诉讼的审理模式并无诉讼要件、权利保护要件的阶段性程序构造,因此,对当事人适格性质的探讨难以对审查程序产生实质影响。

值得注意的是,为切实解决"立案难"问题,我国自 2015 年 5 月起开始改革法院案件受理制度,变立案审查制为立案登记制,以实现"有诉必理、有案必立"。2015 年的《民事诉讼法解释》第 208 条规定,人民法院对于符合起诉条件的起诉,应当登记立案;对当场不能判定是否符合起诉条件的,也应当接收起诉材料。在这一改革背景下,对当事人适格的判断也应当"后置",于立案之后(即诉讼系属中)再予以审查。因此,对现行立法规定的起诉条件进行修改势在必行,对起诉条件、诉讼要件和权利保护要件进行合理区分,以此确定不同要件的审查方式、审查阶段和裁判方法。

(三)公益诉讼原告适格的实践探索与立法完善

1.我国公益诉讼的司法实践

自改革开放以来,随着社会主义市场经济的发展,我国进入社会转型时期,社会关系的日益复杂化,利益冲突日趋增多,纠纷的范围不断扩大,环境污染、消费者权益保护、食品药品安全、国有资产流失等涉及公共利益侵害的事件不断发生,由此引发了诸多公益诉讼案件。从 20 世纪 90 年代中后期开始,由公民、社会组织、行政机关以及检察机关提起的公益诉讼层出不穷,公益诉讼逐渐成为我国司法实务和诉讼理论关注的热点。

---

① 王甲乙等:《当事人适格之扩张与界限》,载《民事诉讼法之研讨》(六),三民书局 1997 年版,第 4 页。

② [日]新堂幸司:《新民事诉讼法》,林剑锋译,法律出版社 2008 年版,第 204 页。

③ 肖建华:《正当当事人理论的现代阐释》,载《比较法研究》2000 年第 4 期。

在公益诉讼的实践探索和制度构建中,面临的最大困境是原告资格问题。传统的民事诉讼以保护私权为目的,采取纠纷相对性解决的原则,这种诉讼构造在应对公益诉讼时就显得捉襟见肘,甚至排除了公益诉讼存在的可能性,其制度瓶颈突出表现在两个方面:

其一,代表人诉讼的局限性。代表人诉讼是1991年《民事诉讼法》为适应民事纠纷群体化的现实而建立的诉讼制度,①尽管扩大了主体范围,但这一制度实际上仍然是以保护私权为基础构建起来的,难以适用于公益诉讼。首先,代表人诉讼要求人数众多的一方当事人之间具有共同的利害关系,这种共同的利害关系表现为众多的当事人一方的诉讼标的是共同的或者是同一种类的。也即是说,代表人诉讼实际上是共同诉讼的扩大化,难以应对为公众利益进行诉讼的非利害关系人。其次,公益诉讼涉及的人数众多且难以确定,如何确定当事人范围以及如何推选代表人,操作上均非常困难。此外,根据规定,诉讼代表人实施变更、放弃诉讼请求或者承认对方当事人的诉讼请求、进行和解等涉及处分实体权利的行为,必须经被代表人同意方为有效,这些规定进一步加剧了公益诉讼适用的难度。

其二,当事人适格的障碍。无论是现行立法关于起诉条件的规定,还是传统的当事人适格理论,均以与案件有直接利害关系作为当事人适格的一般标准。而在公害诉讼、消费者诉讼等公益诉讼中,系争利益往往具有扩散性和模糊性,群体受损总额很大,但个体损害则往往较小或者不明显,如果要求受害个体才能提起诉讼,基于程序复杂、诉讼成本等因素的考量,很多受害者往往不会寻求诉讼救济。而如果由其他公民、组织或者机关提起诉讼,又难以满足原告适格要件。实践中,由公民提起的公益诉讼,往往都因并非直接利害关系人而不被受理,比如2005年的北京大学三位教授及三位研究生诉中国石油天然气集团公司案、李刚诉全国牙防指导组和乐天(中国)食品有限公司案等。

为了克服传统当事人适格理论的障碍,学界提出了诉讼信托理论,主张通过诉讼信托的方式扩张当事人适格,赋予特定国家机关和一定范围的社会团体以诉讼信托主体资格,从而成为公益诉讼的适格当事人。② 诉讼信托不同于诉讼担当,是指委托人将实体权利及相应诉讼权利转移给受托人,由受托人以当事人的身份进行诉讼,产生的诉讼利益归于受益人的一种信托制度和诉讼当事人形式。③ 这一理论我国立法确立公益诉讼制度奠定了基础。

---

① 我国1982年《民事诉讼法(试行)》并无有关群体性诉讼的制度,代表人诉讼是1991年《民事诉讼法》在总结我国的司法实践经验和域外立法经验的基础上确立的制度。

② 齐树洁、苏婷婷:《公益诉讼与当事人适格之扩张》,载《现代法学》2005年第5期。

③ 徐卫:《论诉讼信托》,载《河北法学》2006年第9期。

2.公益诉讼原告资格的立法规定

经过 20 多年的实践和理论探索,2012 年的《民事诉讼法》于第 55 条新增了公益诉讼制度。根据该规定,只有法律规定的机关和有关组织可以作为公益诉讼的原告。也就是说,只有获得法律授权的机关和有关组织才能成为公益诉讼的适格原告。关于个人能否作为公益诉讼原告的问题,学界争议较大,为了防止公益诉讼被滥用,立法采取了否定态度。其后,一些相关法律和司法解释进一步细化和明确公益诉讼的原告资格,主要包括:

(1)消费者协会。根据《消费者权益保护法》第 47 条的规定,中国消费者协会以及在省、自治区、直辖市设立的消费者协会可以提起消费者保护公益诉讼。

(2)环保组织。《环境保护法》第 58 条规定符合下列条件的社会组织可以提起环境公益诉讼:①依法在设区的市级以上人民政府民政部门登记;②专门从事环境保护公益活动连续五年以上且无违法记录。其后,《环境民事公益诉讼解释》对"专门从事环境保护公益活动""无违法记录"等条件的认定作了进一步的明确规定。

(3)检察机关。我国检察机关从 20 世纪 90 年代即开始探索以各种方式提起或者参与公益诉讼,2015 年 7 月最高人民检察院发布《检察机关提起公益诉讼试点方案》,在全国 13 个省区开展检察机关提起公益诉讼的试点工作。2017 年《民事诉讼法》修正案于第 55 条增加第 2 款,规定:"人民检察院在履行职责中发现破坏生态环境和资源保护、食品药品安全领域侵害众多消费者合法权益等损害社会公共利益的行为,在没有前款规定的机关和组织或者前款规定的机关和组织不提起诉讼的情况下,可以向人民法院提起诉讼。前款规定的机关或者组织提起诉讼的,人民检察院可以支持起诉。"不仅从法律上明确了检察机关提起公益诉讼的资格和范围,而且厘清了检察机关与其他机关和组织在提起公益诉讼上关系。

二、共同诉讼制度的司法泛化与限缩

共同诉讼是当事人一方或者双方为二人以上的诉讼,属于诉的主体的合并,学理上也称诉的主观合并。这种诉讼形式突破了民事诉讼一个原告对一个被告的基本诉讼形态,是随着社会关系的日益复杂化和司法解决纠纷功能的扩大而逐渐发展起来的。由于共同诉讼在防止裁判矛盾和提高诉讼效率等方面具有重要作用,成为各国普遍采纳的一种诉讼形式。我国 1982 年的《民事诉讼法(试行)》从立法上正式规定了共同诉讼制度,继受大陆法系共同诉讼制度的基本形态,以诉讼标的是否共同为标准,将其区分为必要共同诉讼和普通共同诉讼两种类型,并沿用至今。

由于历史的原因,我国共同诉讼制度与德日等大陆法系国家存在较大差异,这一点突出表现在必要共同诉讼制度上,由于以"诉讼标的共同"作为必要共同诉讼的本质特征,其适用范围十分宽泛,加上制度的过于简约和理论的滞后,使得必要共同诉讼的司法适用存在非规范性、非程序性的现象。2015年的《民事诉讼法解释》等司法解释引入大陆法系的类似必要共同诉讼制度,对必要共同诉讼进行了类型化改造,这可以说是我国共同诉讼制度出现的最大变化。此举虽然对必要共同诉讼的强制性有所缓和,但并未从根本上改变目前的制度模式和泛化问题。如何界定共同诉讼的制度类型、适用范围和程序规范,从而构建完善的制度体系,是将来立法与理论急需解决的问题。

(一)我国共同诉讼制度的立法与特色

从1982年《民事诉讼法(试行)》第47条确立共同诉讼制度以来,[①]直至2012年《民事诉讼法》,除1991年《民事诉讼法》增加了关于追加必要共同诉讼人的规定(第119条)外,我国立法上关于共同诉讼的规定基本没有变化,主要包括三个内容:(1)以诉讼标的是共同的还是同种类的为标准,将共同诉讼划分为必要共同诉讼和普通共同诉讼两种类型。(2)在内部关系上对两种共同诉讼分别采用不同的规则。必要共同诉讼采取"协商一致原则",共同诉讼人其中一人的诉讼行为经其他共同诉讼人承认,对其他共同诉讼人发生效力;[②]普通共同诉讼则实行"独立原则",其中任何一个共同诉讼人的诉讼行为,对其他共同诉讼人均不发生效力。(3)规定了必要共同诉讼人追加制度,对必须共同进行诉讼的当事人没有参加诉讼的,人民法院应当通知其参加诉讼。

尽管从基本类型和制度构造来看,我国的共同诉讼制度与德日等国看似基本相同,但实质上却大相径庭,有着不同于大陆法系的制度特色,主要表现在以下几个方面:

其一,在立法体例上,我国的共同诉讼制度采取的一种"两分法"的立法模式。这种立法模式的关键并不在于将共同诉讼划分为普通共同诉讼和必要共同诉讼两种类型,而在于立法上采取了"一分为二"的做法,将普通共同诉讼和必要共同诉讼切割为两个完全独立的制度类型,形成一种非此即彼的并立关系,二者之间泾渭分明,无论是适用范围还是程序规则上均无关联。而在大陆法系的制度设计上,普通共同诉讼和必要共同诉讼则是一种"一般"与"特殊"的关系,即普通共同诉讼为共同诉讼的一般形态,必要共同诉讼则属于特别形态。在程序规则上,有关普通共同诉讼的规定对必要共同诉讼具有支撑和弥补的作用,凡必要共同诉讼没有特别限制的,可适用关于普通共同诉讼的规定。

其二,在普通共同诉讼主观要件上,我国将其限定为"诉讼标的同种类"的情

---

① 从历史角度来看,我国立法上共同诉讼的概念最早始于《大清民事诉讼律草案》,但就制度源流而言,我国现行的共同诉讼制度承袭自苏联,与之没有传承关系。

② 1982年《民事诉讼法(试行)》的表述有所不同,其第47条第2款的表述是"其中一人的诉讼行为经全体承认,对全体发生效力"。

形,因而普通共同诉讼适用范围十分狭窄。而在大陆法系,普通共同诉讼作为共同诉讼的一般形态,其主观要件不仅包括诉讼标的同种类的情形,还包括权利义务由数人共同享有或者承担(即我国通常认为属于"诉讼标的共同"的情形),比如合伙、连带之债等,以及数人间的权利义务系基于同一事实及法律上的原因而发生的情形,其范围十分宽泛,

其三,在必要共同诉讼界定上,我国以"诉讼标的共同"为判断基准,而大陆法系的诉讼理论则以"诉讼标的合一确定的必要"作为必要共同诉讼的本质特征。① 而且在我国传统理论中,对"诉讼标的共同"的界定比较宽泛,通常认为"诉讼标的共同"是指数人对诉讼标的有共同的权利义务关系,主要有两种情形:(1)根据民事实体法的规定,共同诉讼人之间针对诉讼标的原来就有共同的权利义务关系,例如共有、合伙等。(2)共同诉讼人之间原来没有共同的权利义务,由于发生了同一事实上或者法律上的原因,使得共同诉讼人之间具有了共同的权利或共同的义务,例如因共同侵权所引起的损害赔偿诉讼。② 因而必要共同诉讼的范围也比较广。

其四,在必要共同诉讼的构造上,我国立法上没有对必要共同诉讼进行类型划分,因而在 2015 年的《民事诉讼法解释》之前,我国并无类似必要共同诉讼,必要共同诉讼均属于一种不可分之诉,要求当事人必须一并起诉或者应诉,实则相当于大陆法系中的"固有必要共同诉讼"。而在大陆法系,以"诉讼共同的必要性"为标准,将必要共同诉讼进一步区分为固有的和类似的两种类型。类似必要共同诉讼仅具有"合一确定的必要",而无"共同诉讼的必要";而固有必要共同诉讼则须同时具备"共同诉讼的必要"和"合一确定的必要",其适用范围非常狭窄。③

其五,在必要共同诉讼人没有一并起诉或者应诉的处理上,我国设置了必要共同诉讼人追加制度,可以由法院依职权通知其参加诉讼。而大陆法系对此种情形则通常以当事人不适格驳回诉讼。④ 当事人追加制度虽然缓解了共同诉讼人进行诉讼的难度,却使得我国的必要共同诉讼制度蒙上了职权主义色彩。

其六,在必要共同诉讼人的内部关系上,我国采取"协商一致的原则",在必要

---

① 按照学说的解释,所谓"合一确定"是指法院"对于共同诉讼人所宣告之裁判,不得使其内容各异"。参见黄国昌:《共同诉讼之规律与固有必要共同诉讼》,载《月旦法学教室》2006 年第 44 期。

② 江伟:《民事诉讼法学》,复旦大学出版社 2002 年版,第 185 页。

③ 根据学者的总结,固有必要共同诉讼主要适用于三种情形:(1)使他人间法律关系发生变动的诉讼,如第三人提起的撤销他人婚姻关系的诉讼;(2)数人共同管理处分或执行职务的情形,例如,遗产管理人为数人、选定当事人为数人等情形;(3)涉及共有物的诉讼。参见陈计男:《民事诉讼法论》(下),三民书局 1999 年版,第 171 页;兼子一、竹下守夫:《民事诉讼法》,白绿铉译,法律出版社 1995 年版,第 189 页。

④ 值得一提的是,我国台湾地区 2003 年修改所谓的"民事诉讼法"时增设了固有必要共同原告的追加制度。不过,与我国大陆不同的是,其共同原告追加制度以程序保障的理念为基础,须由起诉的原告申请,并由法院在保障被申请人陈述意见的机会的前提下来决定是否予以追加。

共同诉讼中,其中一人的诉讼行为经其他共同诉讼人承认,对其他共同诉讼人发生效力。这种承认包括明示承认和默示承认。只要共同诉讼人未对其他共同诉讼人实施的诉讼行为表示异议,即表明该共同诉讼人已经承认。而大陆法系则通常实行"有利原则",即共同诉讼人中一人所为的诉讼行为,有利于全体共同诉讼人的,对全体有效;不利的,则对全体不生效力。较之于协商一致原则,有利原则的优点是省去了共同诉讼人认可程序,避免诉讼拖延。

(二)必要共同诉讼在司法实务中的泛化适用及其弊端

如前所述,在"两分法"的立法模式之下,我国的普通共同诉讼范围十分狭窄而必要共同诉讼则十分宽泛,通常只要具有实体法上的共同关系或连带关系,均被纳入必要共同诉讼的范畴,由此导致必要共同诉讼的适用极度泛化。

根据1992年《民诉意见》的规定,必要共同诉讼主要包括以下情形:(1)以挂靠形式从事民事活动,当事人请求由挂靠人和被挂靠人依法承担民事责任的,该挂靠人和被挂靠人为共同诉讼人。(2)个体工商户营业执照上登记的经营者与实际经营者不一致的,以登记的经营者和实际经营者为共同诉讼人。(3)未依法登记领取营业执照的个人合伙,全体合伙人为共同诉讼人。(4)企业法人分立的,因分立前的民事活动发生的纠纷,以分立后的企业为共同诉讼人。(5)借用业务介绍信、合同专用章、盖章的空白合同书或者银行账户的,出借单位和借用人为共同诉讼人。(6)因保证合同纠纷提起的诉讼,债权人向保证人和被保证人一并主张权利的,保证人和被保证人为共同被告。保证合同约定为一般保证,债权人仅起诉保证人的,应当将被保证人列为共同被告。(7)无民事行为能力人、限制民事行为能力人致人损害的,无民事行为能力人、限制民事行为能力人和其监护人为共同被告。(8)在继承遗产的诉讼中,部分继承人起诉的,其他继承人应作为共同原告参加诉讼。(9)原告起诉被代理人和代理人,要求承担连带责任的,被代理人和代理人为共同被告。(10)共有财产权受到他人侵害,部分共有权人起诉的,其他共有权人为共同诉讼人。[①]

我国必要共同诉讼的司法泛化有其历史和现实原因。从制度源流来看,德日等大陆法系国家和地区的共同诉讼制度的发展是以固有必要共同诉讼的限缩为核心展开的,以"合一确定"概念为基础限定了其适用范围、类型构成和程序规则,最终形成严格限制固有必要共同诉讼、灵活适用类似必要共同诉讼、宽泛解释普通共同诉讼的格局。而我国的共同诉讼制度沿袭自苏联,没有经历过大陆法系从扩张到不断限缩、分化的漫长演变过程,因而立法和实务均无严格限制必要共同诉讼的观念。从我国司法实践来看,长期存在着注重纠纷解决的彻底性、实效性而轻忽程

---

① 参见《民诉意见》第43条、第46条、第47条、第50条、第52条至第56条。

序保障的倾向,在这种倾向下,必要共同诉讼所具有的简化程序、避免矛盾裁判的功能格外受青睐,因而也极容易出现扩张适用。

必要共同诉讼的泛化适用在实务中产生诸多问题,突出表现为以下几个方面:

第一,不利于当事人的权益保护。必要共同诉讼作为不可分之诉在制度设计上具有一定的"负面效应",为实现合并审理、统一裁判的目的,不仅强制要求共同诉讼人必须共同进行诉讼,而且还要求当事人的诉讼行为以及程序进程保持统一化,这不仅增加了当事人进行诉讼的难度,而且也限制了当事人诉讼行为的自主性。大陆法系的民事诉讼法之所以对固有必要共同诉讼进行严格限制,就是为了尽量消减其负效应,避免因要求所有共同诉讼人须一并诉讼而阻碍权利救济。我国司法实务中如宽泛地适用这一制度,必然使得其诉讼的负面效应愈加突出。

第二,增强了共同诉讼的强制性。为了确保共同诉讼人能一并起诉或者应诉,我国立法上允许法院依职权追加必要共同诉讼人,这一做法虽能确保法院一并审理和裁判,却使得我国的共同诉讼制度带有浓厚的职权主义色彩。根据《民诉意见》的规定,法院追加共同诉讼人,既可以根据当事人的申请也可以依职权进行,而且对于应当追加的当事人,无论其是否参加诉讼,都不影响法院作出裁判。而且是否予以追加取决于法院的裁量,实务中法院的做法并不统一,随意性比较大。因此必要共同诉讼的泛化适用,不仅给当事人进行诉讼带来很大不便和困难,而且扩大了强制与案件有牵连的人作为必要共同诉讼人进入诉讼的范围,从而使得法院依职权追加共同诉讼人与当事人处分权之间的矛盾比较突出。

第三,违背合一裁判的程序原理。由于必要共同诉讼适用过于宽泛,导致涉及的案件类型比较复杂,一些案件中共同诉讼人相互之间亦存在独立请求,并非都利益一致,难以强制各共同诉讼人同进同退、同胜同败。故此,我国审理必要共同诉讼程序规则就比较宽松,并未对诉讼进程统一性作出要求,而仅规定了"协商一致原则"。按此原则,共同诉讼人中一人的诉讼行为仅对同意该行为的其他共同诉讼人生效,对不同意的共同诉讼人则不生效力,并不要求各共同诉讼人的诉讼行为保持一致。从《民诉意见》第 177 条关于必要共同诉讼人提起上诉的规定也可以看出,实务中并未要求判决内容对各共同诉讼人都相同,因而不仅允许必要共同诉讼人中一人或者部分人提起上诉,而且允许必要共同诉讼人之间相互提起上诉。[①]由此可知,在我国必要共同诉讼的实务运作中,注重的是纠纷解决的一次性、彻底

---

① 《民事诉讼法解释》第 319 条规定:"必要共同诉讼人的一人或者部分人提起上诉的,按下列情形分别处理:(一)上诉仅对与对方当事人之间权利义务分担有意见,不涉及其他共同诉讼人利益的,对方当事人为被上诉人,未上诉的同一方当事人依原审诉讼地位列明;(二)上诉仅对共同诉讼人之间权利义务分担有意见,不涉及对方当事人利益的,未上诉的同一方当事人为被上诉人,对方当事人依原审诉讼地位列明;(三)上诉对双方当事人之间以及共同诉讼人之间权利义务承担有意见的,未提起上诉的其他当事人均为被上诉人。"

性,而不是裁判内容的一致性,这种审理和裁判规则显然不符合"判决合一确定"基本原理。

第三,违背实体法原理,导致程序与实体之间的隔阂和冲突。根据司法解释,必要共同诉讼的适用范围涵盖了挂靠关系、共有、合伙、共同继承、连带债务、保证合同、共同侵权等实体法律关系,而且实务中对"诉讼标的共同"往往采取简单、粗放式的把握,而不根据法律关系和纠纷的具体情况予以研判,不仅进一步加剧了必要共同诉讼的泛化问题,而且与实体法原理多有冲突。比如,在我国的司法实务中,连带责任纠纷一直被作为必要共同诉讼的主要类型,凡涉及连带责任的,一律作为必要共同诉讼处理,要求必须将全体债务人列为共同被告,否则法院应予以追加。而根据《民法通则》第 87 条和第 178 条规定,连带债务的每一个债务人都负有履行全部债务的义务,权利人有权请求部分或者全部连带责任人承担责任。因此,债权人进行诉讼时也应当可以分别进行主张,无须以全体债务人为共同被告。把连带债务诉讼作为必要共同诉讼,实际上是强制债权人须对全体债务人一次主张全部请求,显然违背了实体法原理。而且,由于债权可以各别进行主张,诉讼标的并非共同,特别是那些基于不同法律关系而产生的连带责任,显然不符合必要共同诉讼的条件。比如连带责任保证的情形,债务人的责任基于借贷合同,而保证人的责任是基于保证合同。因此,《民诉意见》和《担保法解释》均没有将连带责任保证纠纷作为必要共同诉讼处理。

(三)必要共同诉讼的类型化改造及其局限性

20 世纪 90 年代末以来,必要共同诉讼制度泛化问题逐渐引起了学界的关注和批评。其中,引发学者讨论的主要是连带债务的共同诉讼性质问题。为了解决将将连带债务纠纷作为必要共同诉讼处理与实体法原理相冲突的问题,学者开始借鉴大陆法系的类似必要共同诉讼理论,主张对必要共同诉讼进行类型划分,并将连带债务的共同诉讼作为类似必要共同诉讼处理,允许债权人选择提起单独诉讼或者共同诉讼,以与实体法原理相协调。[1] 这一主张逐渐得到学界普遍支持,类似必要共同诉讼理论也逐渐成为主流学说。[2]

学界的观点逐渐对实务产生了影响,2015 年的《民事诉讼法解释》承认了类似必要共同诉讼理论,并对《民诉意见》的相关规定进行了修改,将挂靠关系、追究被

---

[1] 肖建华:《论共同诉讼的分类理论及实践意义》,载陈光中、江伟:《诉讼法论丛》(第 6 卷),法律出版社 2001 年版;牟逍媛、金权:《论类似的必要共同诉讼在个案中的适用——一起连带债务之诉的思考》,载《法学》2003 年第 7 期;等等。

[2] 张永泉:《必要共同诉讼的类型化及其理论基础》,载《中国法学》2014 年第 1 期;王亚新:《"主体/客体"相互视角下的共同诉讼》,载《当代法学》2015 年第 1 期;张卫平:《民事诉讼法》,法律出版社 2016 年版,第 153 页。

代理人和代理人连带责任等诉讼作为类似必要共同诉讼。① 最高人民法院的权威解读意见也明确指出,连带责任诉讼属于类似必要共同诉讼,因而连带责任人不属于必须参加诉讼的当事人。② 此后,类似必要共同诉讼在解决公司内部纠纷方面的优越性也逐渐受到关注,2017 年的《公司法解释(四)》把公司决议诉讼、公司利润分配诉讼、股东代表诉讼等确定为类似必要共同诉讼。③

所谓类似必要共同诉讼,是指数人对诉讼标的各有独立的诉讼实施权能,不必共同起诉或者被诉,但一旦共同起诉或共同应诉,裁判就必须对全体共同诉讼人合一确定的诉讼。根据大陆法系的通说,类似必要共同诉讼适用于既判力发生扩张的情形,其目的主要是避免矛盾裁判。虽然类似必要共同诉讼在我国实务中得到了广泛认可,但这一制度及其理论在我国尚不成熟,在实务和理论上甚至存在一定误识,并出现扩大化的倾向。

如前所述,我国引入类似必要共同诉讼的初衷带有较为明显的目的性和功利性,主要是借助其允许当事人分别诉讼的灵活性,来解决实务中强制连带债务人参加诉讼与实体法原理相抵触的问题,因而片面强调这种共同诉讼既无"共同诉讼必要"的强制性,又能实现合并审理和裁判的特点,而忽略了其以既判力扩张为基础的制度机理,导致在理解和适用上出现误识,将涉及连带责任的纠纷归入类似必要共同诉讼的范畴。而在德日等大陆法系的国家,其理论和实务的通说均认为此类诉讼属于普通共同诉讼。④

此外,由于既判力制度和原理在我国尚未真正确立,既判力扩张也并未制度化,使得类似必要共同诉讼的适用缺乏欠缺足够的制度和理论支持,因而出现标准模糊、范围不清的现象。比如,关于股东根据公司利润分配方案请求分配利润的诉讼性质问题,最高人民法院的权威意见一方面指出这种诉讼的诉讼标的并非共同,另一方面又认为:由于各股东的利润分配请求权产生的依据均为公司股东大会的决议,能否获得支持取决于决议的效力认定,因而作为类似必要共同诉讼处理更为

---

① 参见《民事诉讼法解释》第 54 条、第 71 条。此外,根据《民事诉讼法解释》第 72 条规定,对涉及共有权的纠纷也不再要求"应当"将其他共有权人列为共同诉讼人,而是应该结合物权法相关规定以及当事人的约定,审查判断是属于必要共同诉讼还是普通共同诉讼。这也体现了司法实务中限缩必要共同诉讼的态度。

② 沈德咏:《最高人民法院民事诉讼法司法解释理解与适用》(下),人民法院出版社 2015 年版,第 783 页。

③ 参见《公司法解释(四)》第 1~3 条、第 14 条、第 24 条。

④ 近年不断有学者开始澄清,指出连带责任诉讼并无判决合一确定的必要性,应属于普通共同诉讼,例如卢正敏:《共同诉讼研究》,法律出版社 2011 年版,第 196 页;段文波:《德日必要共同诉讼"合一确定"概念的嬗变与启示》,载《现代法学》2016 年第 2 期;等等。

合理。^① 这显然是把具有共同争点的情形纳入类似必要诉讼的范畴,而并非以既判力扩张作为判断基准,表明实务上有宽松把握判断基准并扩大类似必要共同诉讼的倾向。

实际上,类似必要共同诉讼的引入,虽然能在一定程度上缓和必要共同诉讼的强制性,但并未突破必要共同诉讼与普通共同诉讼之间的制度藩篱。因为在20世纪90年代末以前,我国理论和实务中均无类似必要共同诉讼,《民诉意见》等司法解释的相关规定,实际上是将固有必要共同诉讼向普通共同诉讼进行了扩张。因此引入类似必要共同诉讼所作的类型化改造,其实并未改变"二分法"的立法模式,也不能根本解决必要共同诉讼的泛化问题。

(四)共同诉讼制度整体性重构的立法展望

在我国共同诉讼制度存在的诸问题中,最为突出的问题是(固有)必要共同诉讼适用的泛化和不规范化,因此,必要共同诉讼的合理缩限和分化,是将来立法完善共同诉讼制度的关键所在。由于我国的共同诉讼制度在基本原理和制度构成上与大陆法系比较贴近,借鉴大陆法系的制度和理论体系来对我国的必要共同诉讼制度进行重整和完善,即以"合一确定必要性"为基础严格限制必要共同诉讼,重新确定不同共同诉讼的界限以及相对应的程序规范,从而形成完整的制度体系,无疑是比较便捷和稳妥的选择,近年来关于共同诉讼的理论研究和制度发展也在朝着这个方向迈进。

1.改变"两分法"的立法模式,重新定位普通共同诉讼

作为限定必要共同诉讼的前提和基础,应改变"两分法"的立法模式,将普通共同诉讼定位为共同诉讼的基础制度,而必要共同诉讼则为其中的特别规定。以此为前提,重新设定普通共同诉讼的主观条件,拓展普通共同诉讼的适用范围,在诉讼标的共同、诉讼标的的基础相同(基于同一事实上原因或法律上原因)、诉讼标的种类相同且原因同种类的情形下,都可以适用普通共同诉讼,以使普通共同诉讼具有足够的包容性,凡共同诉讼人间的诉讼标的不属于法律上必须"合一确定"的,均属于普通共同诉讼的范畴,从而普通共同诉讼与必要共同诉讼形成一种包容关系而非对立关系(如图3-1所示)。

2.以合一确定为基础,对必要共同诉讼进行限缩和分化

所谓"合一确定",是指法院对必要共同诉讼的判决内容不得歧异,即判决结果对必要共同诉讼人必须同胜同败,不得作出部分共同诉讼人胜诉、部分共同诉讼人败诉的判决。诉讼标的的合一确定是必要共同诉讼的本质特征,也是限定必要共同诉讼的基本标准。对必要共同诉讼的限定通过两个层次来完成:首先,以"合一

---

① 最高人民法院民事审判庭:《最高人民法院公司法解释(四)理解与适用》,人民法院出版社2017年版,第295~296页。

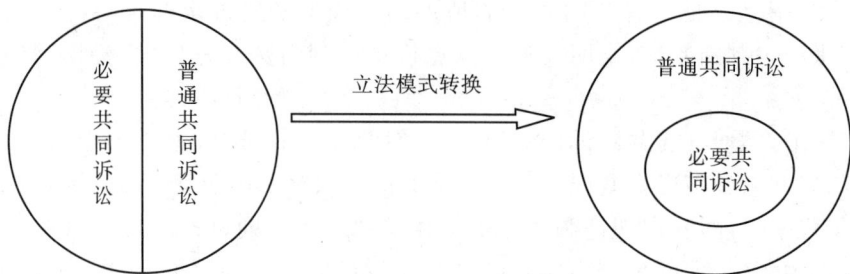

图 3-1

确定"为依据确定必要共同诉讼外部边界,也即界分必要共同诉讼和普通共同诉讼,将必要共同诉讼限定于诉讼标的有"合一确定的必要"的范围;其次,以"诉讼共同的必要性"为基准对必要共同诉讼进行内部划分,将必要共同诉讼区分为固有和类似两种类型,进一步缩限固有必要共同诉讼的范围。

固有必要共同诉讼,是指诉讼标的对于共同诉讼人必须合一确定,必须数人一同起诉或一同被诉的诉讼。也就是说,固有必要共同诉讼须同时具备"合一确定的必要"和"共同诉讼的必要",其产生的基础是共同诉讼人在实体法上具有共同的管理处分权,其范围非常狭窄。[①] 结合我国的有关规定,固有必要共同诉讼具体包括以下几种类型:(1)第三人对他人间法律关系提起的形成之诉,如债权人依据《合同法》第 74 条提起的撤销权诉讼,如果是针对债务人与受让人间的法律行为,应当以债务人和受让人为共同被告。(2)第三人对他人间身份关系提起的确认之诉,如利害关系人申请宣告他人婚姻无效的诉讼,应以婚姻关系的双方当事人为被申请人。[②] (3)涉及数人共同管理处分或执行职务的诉讼,例如诉讼代表人为数人的情形,发生诉讼时必须成为共同诉讼人。(4)涉及共同共有关系的诉讼,如共有物分割之诉。

与固有必要共同诉讼不同,类似必要共同诉讼仅具有"合一确定的必要",而无"共同诉讼的必要"。这种必要共同诉讼是基于诉讼法上既判力扩张的效力而形成的,主要发生于数人对作为诉讼标的的权利均有权独立行使的情形,结合我国有关实体法和司法解释,大致有两种类型:(1)数当事人请求变动同一法律关系的共同诉讼,主要是公司内部诉讼,比如数名股东请求解散公司的诉讼,数名股东提起撤销股东大会、董事会决议的诉讼等。(2)数当事人基于相同法律关系请求相同给付的

---

① 大陆法系的固有必要共同诉讼主要有三种:(1)使他人间法律关系发生变动的诉讼;(2)数人共同管理处分或执行职务的情形;(3)涉及共有物的诉讼,主要是分割共有物之诉、基于共有权请求转移所有权登记之诉等共有人主张共有权的诉讼。参见陈计男:《民事诉讼法论》(下),三民书局 1999 年版,第 171 页;兼子一、竹下守夫:《民事诉讼法》,白绿铉译,法律出版社 1995 年版,第 189 页。

② 参见《婚姻法解释(二)》第 6 条。

共同诉讼,比如:数名股东根据公司利润分配方案请求分配利润的诉讼,数名股东提起的股东代表诉讼,数名债权人提起的代位权诉讼等。

3.以"合一确定"为基础,构建必要共同诉讼的程序规则

我国目前的程序规则不仅过于简约,而且难以保证判决的合一确定,因而有必要予以调整。基于合一确定的原理,在必要共同诉讼审理程序上必然产生两项要求:即作为裁判基础的诉讼资料的统一性和诉讼进程的齐一化,以使共同诉讼人同进同退、同胜同败。主要包括以下两个方面:

(1)诉讼进程的一致性。必要共同诉讼应适用同一个诉讼程序予以审理,不能分别进行辩论,因此,在期间的进行上也必须整齐划一,共同诉讼人中一人发生诉讼中止或者中断的事由,诉讼中止或者中断的效力及于全体共同诉讼人。

(2)诉讼资料的统一性。我国目前实行的"协商一致原则"不仅操作不便,而且有违"合一确定"的原理。相较而言,日本和台湾地区所实行的"有利原则"更有利于强化共同诉讼人之间的牵制性,保证裁判的统一性,值得借鉴。而"是否有利"是指在行为时就形式上而言,而不是指行为的结果是否使共同诉讼人获得胜诉判决。具体而言,诸如进行抗辩、否认对方当事人的主张、提出上诉等,均属于有利益的行为;而自认、放弃诉讼请求、撤诉等均属于不利益的行为。

三、诉讼第三人制度的立法构造及重构路径

在我国的当事人制度中,诉讼第三人无疑是实务和理论上最受关注、争议最大、批评最多的一个制度,因而被学者戏称为民事诉讼法学中的"五星级"问题。[①]这首先是因为诉讼第三人本身是民事诉讼当事人制度中最为独特的一种制度,传统的民事诉讼以纠纷相对解决为原则,而第三人参加诉讼却涉及多方主体和多重民事法律关系,突破了两造对立的基本诉讼构造,其诉讼结构和诉讼法律关系都非常复杂。而且,第三人参加诉讼的基本根据是第三人与本诉当事人争议的诉讼标的具有一定的利益牵连关系,而实体法上牵连关系的形式多样,程序上如何准确确定第三人的范围和诉讼地位,既能充分保障当事人的实体利益和程序主体权,又能实现纠纷的统一解决诉讼经济理念,是非常难以把握的问题。其次是因为我国的诉讼第三人制度是建立在职权主义的诉讼体制和理念之上的,在诉讼理念、程序规则上都存在着不合理性的一面,尤其是其中的无独立请求权第三人,在制度设计上存在结构性缺陷,在司法实务中问题丛生,因而在理论上也引起了众多争议。

然而,近些年来,有关诉讼第三人的研究和争议已渐趋平息。一方面,经过多年的争论,学界在诸多问题上已达成共识,并且也难以有新观点呈现;另一方面,尽

---

① 张卫平:《"第三人":类型划分及展开》,载张卫平:《民事程序法研究》(第一辑),中国法制出版社2004年版,第58页。

管学界批评众多,并且提出了若干完善建议或者重构方案,但并没有在立法上取得任何进展,2007 年和 2012 年两次民事诉讼法的修改均未涉及诉讼第三人制度,仍然维持着原有的制度形态。①

(一)我国诉讼第三人制度的源流和立法构造

诉讼第三人,是指为保护自己的民事权益而参加到他人之间业已开始的诉讼中去的人。这种制度是随着社会经济的发展和民事关系的日趋复杂,纠纷的范围逐渐扩大而涉及多数或者多方主体的现实状况而产生的。为了对纠纷相对主体之外的第三人的利益提供保护,现代各国民事诉讼法普遍承认了第三方主体参加诉讼的制度,但由于在法律传统、诉讼制度以及审判方式上存有较大差异,导致各国的制度在类型、范围和诉讼构造上各不相同。我国的诉讼第三人制度承袭自苏联,无论是从称谓上还是从分类、具体制度的规定上来看,都可以反映出我国的诉讼第三人制度与苏联的诉讼第三人制度之间的传承关系。

1.诉讼第三人的制度发展脉络

我国的诉讼第三人制度肇端于 1982 年的《民事诉讼法(试行)》,定型于 1991 年的《民事诉讼法》,其后即基本处于稳定状态,立法上仅在司法解释上略有补充和调整。因此,在制度发展上主要可分成两个阶段:

(1)初创时期,这一阶段的规定主要是 1982 年的《民事诉讼法(试行)》和 1984 年最高人民法院的《民事诉讼法(试行)意见》。《民事诉讼法(试行)》第 48 条第 1 款规定:"对当事人争议的诉讼标的,第三人认为有独立请求权的,有权提起诉讼,成为诉讼当事人。"第 2 款规定:"对当事人争议的诉讼标的,第三人虽然没有独立请求权,但是案件处理结果同他有法律上的利害关系的,可以申请参加诉讼,或者由人民法院通知他参加诉讼。"由此确立了有独立请求权第三人和无独立请求权第三人两种第三人的制度构造。其后,1984 年的《民事诉讼法(试行)意见》第 16 条对无独立请求权第三人进行了补充规定,主要涉及两个内容:一是增加了法院通知参加诉讼的方式;二是明确法院可以确定由第三人承担义务,并规定:如果在判决中确认第三人承担义务,第三人有权上诉;如果在调解协议中确定第三人承担义务,应征求第三人的意见。至此,诉讼第三人制度基本成型。

(2)定型阶段,1991 年《民事诉讼法》在整合《民事诉讼法(试行)》和《民事诉讼法(试行)意见》的基础上,形成了现行的当事人制度形态。其第 56 条维持了《民事诉讼法(试行)》规定的制度模式,即以是否对当事人双方的诉讼标的具有独立的请求权为依据,将第三人分为有独立请求权第三人和无独立请求权第三人两种类型并分别予以规范,同时在第 2 款关于无独立请求权第三人的规定中吸收了《民事诉

---

① 2012 年的《民事诉讼法》在第三人的规定中增加一款,规定了第三人撤销之诉,但诉讼第三人系狭义上的,专指第三人参加诉讼的制度,因而第三人撤销之诉并不属于此处的制度范畴。

讼法(试行)意见》第 16 条的内容,规定:"对当事人双方的诉讼标的,第三人虽然没有独立请求权,但案件处理结果同他有法律上的利害关系的,可以申请参加诉讼,或者由人民法院通知他参加诉讼。人民法院判决承担民事责任的第三人,有当事人的诉讼权利义务。"此后立法上均无变化,仅在司法解释上有所补充,涉及的规定主要有:(1)1992 年的《民诉意见》第 65 条和第 66 条,对第三人的诉讼地位和诉讼权利进行了具体说明;(2)1994 年《关于在经济审判工作中严格执行〈民诉法〉的若干规定》第 9~11 条,明确列举了不能作为无独立请求权第三人处理的几种情况;(3)2015 年的《民事诉讼法解释》第 81 条、第 222 条、第 237 条等,对第三人在第二审程序中申请参加诉讼、有独立请求权第三人参加诉讼时原告申请撤诉等具体问题进行了规定。

综上可知,我国现行民事诉讼法对诉讼第三人的规范非常原则化,仅有一个条文,司法解释虽然有所补充,但其内容总体也比较简略,并未对第三人参加诉讼的程序、第三人诉讼行为的效力、判决效力等作出规定,这与第三人参加诉讼的复杂形态显然是不相称的,给第三人制度的理解和实务运作增添了更大的难度。一方面,第三人的基本内涵、诉讼地位以及参加诉讼的程序等问题基本是由诉讼理论予以限定,而学者间关于"独立请求权"的理解、"与案件的处理结果有法律上利害关系"的界定、无独立请求权第三人的诉讼地位等问题争论颇大,未见统一。另一方面,由于缺乏程序规制,第三人制度的运用在实务中具有相当大的随意性而出现滥用现象,任意增列无独立请求权第三人的问题一度比较突出。[①]

2.诉讼第三人制度的基本构造

根据《民事诉讼法》第 56 条的规定,以参加诉讼的根据为标准,将诉讼第三人分为两种类型:一是有独立请求权的第三人,即因对当事人争议的诉讼标的具有独立的请求权而参加诉讼的人;二是无独立请求权的第三人,即虽无独立的请求权,但因与案件处理结果具有法律上的利害关系而参加诉讼的人。两种第三人既具有共同的特点,同时在参诉根据、参诉方式以及诉讼地位等方面又存在差异,透过两种第三人的对比,可以比较清晰地勾勒出我国诉讼第三人的基本制度形态和构造。

(1)诉讼第三人的共性特征

作为参加诉讼的第三方主体,诉讼第三人具有以下共同的特征:①第三人须为本诉当事人以外的人,其参加诉讼后,既不取代原诉讼当事人的地位,也不与本诉讼一方当事人构成共同原告或共同被告。②无论是否具有独立的诉讼地位,第三人均以自己的名义参加诉讼并独立实施诉讼行为,这一点与当事人一致而有别于

---

① 因而最高人民法院在 1994 年的《关于在经济审判工作中严格执行〈民事诉讼法〉的若干规定》中,专门就无独立请求权第三人进行了规定,明确列举了不能作为无独立请求权第三人处理的几种情况。

诉讼代理人。③第三人须与他人间的诉讼具有一定的利害关系,这是第三人参加诉讼的根据,也是其不同于证人、鉴定人、翻译等人员之处。在我国,第三人与本诉之间的利害关系,具体表现为对本诉的诉讼标的具有独立的请求权,或者本诉的处理结果会影响其法律上的利益。④第三人参加诉讼的目的是保护自己的权利或利益,即使是处于辅助地位的无独立请求权第三人,其最终目的也是避免自己的利益受到不利影响。⑤第三人参加的是他人之间正在进行的诉讼,因而第三人参加诉讼以本诉的存在作为其前提和基础。

(2)两种诉讼第三人的制度差异

根据有关立法和理论,有独立请求权第三人与无独立请求权第三人的差异具体表现为以下几个方面:

其一,在参诉根据上,有独立请求权第三人参加诉讼的根据,是对他人之间争议的诉讼标的的全部或部分具有独立的请求权,对"独立请求权",理论上一般解释为该第三人的请求主张既不同于原告,也不同于被告,而是对诉讼标的主张独立的实体权利。无独立请求权第三人参加诉讼的根据,是"与案件的处理结果有法律上的利害关系"。理论上一般认为这种"法律上的利害关系",是指第三人与本诉的一方当事人之间存在着一个民事法律关系,而该法律关系与作为本诉诉讼标的的法律关系在事实上或者客体上有牵连,从而导致第三人的利益会因该当事人败诉而遭受不利影响。

其二,在参诉方式上,有独立请求权第三人以起诉的方式参加诉讼,即以本诉的原、被告为被告提起诉讼。其参加诉讼后构成诉的合并,法院应合并审理,以便于查明案情,并避免作出相互矛盾的裁判。无独立请求权第三人参加诉讼的方式则有两种,即申请参加或者由法院通知参加,在法院依职权通知时,无独立请求权第三人必须参加诉讼。

其三,在诉讼地位和诉讼权利上,有独立请求权第三人在诉讼中的地位相当于原告,享有原告的诉讼权利,承担原告的诉讼义务。至于无独立请求权第三人的诉讼地位,实务和学理上颇存争议,根据立法以及相关司法解释,其诉讼地位实际上有两种情形:①在一般情况下处于辅助地位的诉讼参加人,不具有独立当事人地位;②在被判决承担民事责任时,则具有独立当事人地位,有权提出上诉。由于无独立请求权第三人参加诉讼的情形比较复杂,是否会被法院判决承担责任具有不确定性,因而其诉讼地位也具有一定的不确定性。

(二)无独立请求权第三人的制度定位和异变

尽管不是直接脱胎于大陆法系,但我国两种诉讼第三人的基本构造与大陆法

系的诉讼参加制度具有相当的同构性。[①] 其中,有独立请求权第三人的制度形态
与德国的主参加制度如出一辙,并无实质差异;而无独立请求权第三人制度虽然与
其从参加(或称辅助参加)制度比较近似,但在诉讼构造上却存在本质差异。造成
这种差异的根本原因在于,我国的诉讼第三人制度源自苏联,并且在移植的过程中
进行了本土化改造。而无独立请求第三人制度在"制度移植＋本土改造"的过程
中,分别被注入了苏联民事诉讼法和我国传统审判模式的不同元素,使得制度构造
经过从量变到质变的过程,最终形成既不同于德日的大陆法系辅助参加也不同于
苏联的无独立请求的第三人的特别形态。

1.无独立请求权第三人的制度定位

从制度的基本形态来看,苏联的民事诉讼制度和大陆法系的民事诉讼制度有
着历史渊源,[②]虽然称谓不同,但其"没有独立请求的第三人"在制度设置仍以"诉
讼辅助人"的定位为基调,整个制度框架和设计原理都与大陆法系的辅助参加制度
基本一致。我国在移植苏联的诉讼第三人制度时,自然也承袭了这一制度构架。
因此,关于无独立请求权第三人的诉讼地位,我国的立法和传统理论基本上都维持
着"辅助参加"的定位,并以此为基础来进行制度设定和阐释。

按照我国理论和实务的一般解释,无独立请求权第三人其诉讼地位具有独立
性和从属性特点。一方面,无独立请求权第三人可以自己的名义参加诉讼和进行
诉讼活动,其诉讼地位具有一定的独立性,享有诸如委托诉讼代理人、提供证据、进
行辩论等诉讼权利;另一方面,由于对诉讼标的没有独立请求权,在诉讼中处于辅
助地位,只能依附于原告或被告一方,通过支持一方当事人的主张来维护自己的利
益,不能实施非当事人不能实施的特定诉讼行为。比如,无权提出管辖权异议,也
无权实施放弃、变更诉讼请求或者撤诉等处分性诉讼行为。因而他不是真正的当
事人而只具有从属于当事人的地位。

2.无独立请求权第三人制度的异变

在我国无独立请求权第三人制度的构建过程中,经历了两次重要的改造,第一
次是苏联对大陆法系辅助参加制度和理论的改造,注入了职权主义的理念;第二次
是我国在制度移植时,植入了追究第三人责任的功能,从而导致这一制度在发展轨
迹上逐渐偏离了"辅助参加"的制度机理,制度的内涵和理念发生了质的异变。具

---

① 德日等国现行的独立参加制度存在较大差异,德国仍然维持着传统的主参加制度形态,日
本则经过改造形成了独具特色的独立当事人参加制度,我国台湾地区的主参加制度形态与德国基本
一致,但其范围比较德国要宽泛。

② 在苏联大革命前,俄国在借鉴西欧国家法律制度,对司法制度和诉讼制度进行了多次变革,
基本上按照法国民事诉讼法典的结构和原则建立了自己的民事诉讼体制,并确立了当事人主义的民
事诉讼模式。参见张卫平:《转换的逻辑——民事诉讼体制转型分析》,法律出版社 2004 年版,第
103 页。

体而言,其差异主要体现在两个方面:

其一,以职权主义诉讼体制为建构基础,强化了法院的职权干预。苏联的民事诉讼体制是以职权主义为基本特征的,职权干预的理念贯穿了苏联的整个民事诉讼理论体系,并被注入诉讼第三人的制度肌理之中,并在此理念下进行了制度改造。我国传统的民事诉讼制度受苏联的影响,也确立了职权主义的诉讼模式,那些具有职权主义色彩的制度变化也为我国所继受,具体包括以下几个方面:(1)参加诉讼的方式上,增加了法院依职权通知参加诉讼的方式,取消了诉讼告知制度。由于法院可以经当事人申请而传唤第三人参加诉讼,使得诉讼告知制度失去了存在的必要。(2)取消当事人对诉讼参加的异议程序。因为在通知无独立请求权第三人参加诉讼时,法院应主动对第三人参加诉讼是否有充分理由进行审查,无须当事人提出异议。(3)废弃第三人诉讼行为的限制规则。第三人的诉讼行为是否能够发生效力,须由法院来作出判断和决定,因而不再要求第三人的行为受制于辅助参加的目的,第三人的诉讼行为由此获得了更大的独立性,可以实施与主当事人诉讼行为相抵触的行为。

其二,增设责任追究功能,允许法院直接判决第三人承担民事责任。判决第三人承担民事责任是我国对无独立请求权第三人制度进行本土化改造的结果。[1]1982 年《民事诉讼法(试行)》中并没有关于判决第三人承担责任的内容,[2]该规定最早出现在最高人民法院 1984 年的《民事诉讼法(试行)意见》第 16 条,并被 1991 年《民事诉讼法》所吸纳。这种不以诉为前提的责任追究方式,是我国司法实务中长期形成的做法,具有非程序化的特点,与我国实务中追求实质正义和彻底解决纠纷的审判观念相契合,因而得到立法的肯定和司法实务的青睐。

经过两次改造,有关无独立请求权第三人的法律规定越来越简约,程序规则越来越简化,而职权干预越来越强化,尤其是对第三人"无诉而判"的责任追究方式,不仅破坏了辅助参加的制度机理,而且与不告不理和程序保障等基本程序原理相悖,使得我国的无独立请求权第三人制度出现了不可克服的内在矛盾。

(三)关于无独立请求权第三人参诉根据和诉讼地位的学说争议

我国学界和实务界对有独立请求权第三人的看法较为统一,但对无独立请求权第三人制度,由于现行法律规范过于简略,并且在制度设计上存在缺陷,故而这一制度无论是在理论上还是在实务中都存在诸多争论和分歧,其焦点主要集中在

---

① 而苏联的实务和理论对本诉法院判决第三人承担责任是明确持否定态度的。参见苏俄最高法院民事上诉庭在关于赤尔维雅科夫案件的裁定中明确指出:"由于第三人在诉讼中的地位是助手,所以决不能判令第三人为给付或判决他受益。"并在其后案件的裁定多次表示了同样的意见。参见[苏联]A.Φ.克列曼:《苏维埃民事诉讼》,王之相、王增润译,法律出版社 1957 年版,第 137 页注 1。

② 这也可以从一个侧面说明判决第三人承担民事责任的规定并非移植自苏联。

无独立请求权第三人的参诉根据和诉讼地位两个方面。

1.关于无独立请求权第三人参诉根据的不同解释

这一问题实质是对"与案件的处理结果有法律上的利害关系"的理解。"法律上的利害关系"是一个相当宽泛的概念,现行法律和司法解释没有作出明确的解释和界定,理论上通常将其具体化为实体法律关系之间的牵连性来予以把握,即认为"法律上的利害关系"主要是指本诉当事人所争议的法律关系与第三人参加的另一法律关系在事实上或者客体上有牵连。但对于这种利害关系的具体内容,学界一直存在着相当大的分歧,主要形成三种观点:

(1)义务性关系说。这一学说将法律上的利害关系理解为"义务性关系",即第三人可能因该当事人败诉而承担义务或赔偿责任。[①] 具体而言,基于第三人与当事人一方存在的民事法律关系,如果该当事人败诉的话,就有权请求第三人赔偿相应的损失或履行相应的义务。由于法律明确规定法院可以判决第三人承担民事责任,而实务中无独立请求权第三人参加诉讼也以可能承担民事责任的情形居多,因而义务性关系说成为我国传统理论中的主流学说。

(2)权利义务性关系说。按照这种见解,法律上的利害关系是一种权利义务的牵连关系,即一方当事人对第三人或者第三人对一方当事人基于某一实体法律关系可能存在返还请求权或者赔偿请求权,具体可表现为三种形式:义务性关系、权利性关系和权利义务性关系。[②] 较之于传统的义务性关系说,权利义务性关系说扩大了无独立请求权第三人的范围,更符合无独立请求权第三人参加诉讼的实际情况,因而得到了多数学者的支持。

(3)预决关系说。这种见解认为法律上的利害关系表现为:基于法律关系之间的牵连关系,致使本案的处理结果对第三人与本案一方当事人可能发生的有联系的另一个诉讼具有预决作用;[③]或者本案的裁判结果对于第三人是否承担责任有一定的预决意义。[④]

2.关于无独立请求权第三人诉讼地位的争议

无独立请求权第三人的诉讼地位是一个理论和实务争论不休的问题。由于法律一方面认定无独立请求权第三人没有独立请求权,只能以申请或者通知的方式

① 柴发邦:《民事诉讼法学》,法律出版社 1987 年版,第 168 页;杨荣新:《民事诉讼法学》,中国政法大学出版社 1997 年版,第 173 页。

② 柴发邦:《民事诉讼法学新编》,法律出版社 1992 年版,第 176 页;陈斌:《对无独立请求权的第三人参加诉讼若干问题的探讨》,载《法律科学》1989 年第 4 期;肖建华:《论我国无独立请求权第三人制度的重构》,载《政法论坛》2000 年第 1 期。

③ 张晋红:《民事诉讼当事人研究》,陕西人民出版社 1997 年版,第 301 页。

④ 江伟、单国军:《论民事诉讼无独立请求权第三人的确定》,载《中国人民大学学报》1997 年第 2 期。

参加诉讼;另一方面又规定被判决承担责任的第三人有当事人的诉讼权利义务,使得无独立请求权第三人的诉讼地位问题扑朔迷离,学界此观点不一,主要形成三种观点:

(1)诉讼参加人说。这种观点是传统理论的通说,认为无独立请求权第三人是具有独立诉讼地位的诉讼参加人,属于广义的当事人,其参加诉讼后只能处于支持一方当事人的立场,支持一方当事人的主张而反对另一方的主张。[①] 这种观点其实是按照"辅助参加"观念来确定无独立请求权第三人的地位,难以对判决第三人承担责任的情形作出解释,与我国法律规定和诉讼实践不相符合。

(2)狭义当事人说。这种见解认为在无独立请求权第三人参加诉讼的情形,实际上存在着两个争议的实体法律关系,因而也存在着两个诉,由此形成诉的合并,无独立请求权第三人可享有当事人的诉讼权利和承担当事人的诉讼义务。[②] 狭义的当事人说提高了无独立请求权第三人的诉讼地位,能够对判决第三人承担民事责任的做法提供支持。但该说将无独立请求权第三人一律作为独立当事人,缺乏充分的理由和依据,也不符合法律的规定。

(3)附条件的当事人说。由于法律规定被判决承担民事责任的第三人具有当事人的权利义务,有学者因而提出了附条件的当事人说,认为无独立请求权第三人是有条件的当事人或不确定的当事人,即其在一定条件下可成为狭义的当事人。具体而言,无独立请求权第三人是否能够取得当事人的地位,取决于案件裁判结果,在法院判决第三人承担民事责任时,其处于狭义当事人的地位;而如果法院未判决其承担民事责任,则第三人就只是一种独立的诉讼参加人。[③] 由于有法律规定作支持,附条件的当事人说成为有力学说。但是,以被判决承担民事责任作为享有当事人诉讼权利的前提,出现了从诉讼结果倒推出其诉讼地位的独特现象,使得无独立请求权第三人的诉讼地位在一审中处于不确定的状态,显然不符合诉讼原理。

无独立请求权第三人的诉讼地位与无独立请求权第三人参加诉讼是否形成诉的合并密切相关,实际上是一个问题的两个方面。如果认为无独立请求权第三人参加诉讼后不构成诉的合并,相应地势必认为无独立请求权第三人在诉讼中不具有独立当事人的地位,而只是处于辅助地位的诉讼参加人;反之,如果认为无独立请求权第三人参加诉讼后构成诉的合并,则必然认为无独立请求权第三人是独立

---

① 柴发邦:《民事诉讼法学》,法律出版社 1987 年版,第 169 页;王怀安:《中国民事诉讼法教程》,人民法院出版社 1992 年版,第 122 页。

② 李剑非:《论无独立请求权第三人的诉讼地位》,载《政治与法律》1994 年第 2 期;赵钢:《从司法解释与现行立法之抵触看无独立请求权第三人诉讼地位之困窘及其合理解脱》,载《法学》1997 年第 11 期。

③ 柴发邦:《中国民事诉讼法学》,中国公安大学出版社 1992 年版,第 261 页。

的当事人。由于无独立请求权第三人是否会被法院判决承担责任具有不确定性，因而无论是认为其参加诉讼构成诉的合并还是不构成诉的合并，在法律和理论上都可以找到相应的依据和理由，但又都存在一定的冲突而难以自圆其说。

(四)无独立请求权第三人制度的结构性缺陷及重构路径

如前所述，我国的无独立请求权第三人制度在法律、理论和实务之间充斥着矛盾和脱节，各种相互矛盾的主张都能在法律和理论上找到一定的依据，但又都不能与现行制度调和。究其原因，在于我国的无独立请求权第三人在制度设计上存在结构性的缺陷，即责任追究功能与辅助参加原理之间的不可兼容性，突出表现为判决承担第三人民事责任与第三人所处的辅助参加地位之间的矛盾，这是无独立请求权第三人制度陷入理论泥淖的根源所在。

鉴于我国的无独立请求权第三人制度所存在的结构性缺陷，学者们在借鉴美国的第三人制度、大陆法系的诉讼参加制度的基础上，提出了各种不同的重构方案，具体包括：

其一，独立当事人模式。这种模式的基本特点是抛弃了辅助参加的制度形式，以判决第三人承担责任的法律规定为出发点来重新定位无独立请求权第三人制度。因此，主张赋予无独立请求权第三人以当事人地位，让其以诉的形式进入诉讼，许可法院对两个诉(即本诉和第三人之诉)合并审理，使得判决第三人承担责任在程序上具有正当性。

其二，辅助参加模式。这种模式的基本特点是将责任追究功能从无独立请求权第三人制度中剔除，主张恢复无独立请求权第三人作为诉讼辅助人的本来面目，按照大陆法系的辅助参加制度来构建我国的无独立请求权第三人制度，第三人在诉讼中只是辅助一方当事人为诉讼行为，不具有独立当事人的地位，法院不能判决其承担民事责任，从而化解制度上的矛盾。[1]

其三，分解模式。这种模式主张将无独立请求权第三人分解为具有独立当事人地位的第三人和辅助性的第三人两种类型，分别借鉴英美法系的诉讼第三人制度和大陆法系的辅助参加制度来予以构建，这是目前的有力说。[2]

鉴于我国的无独立请求权第三人兼含可能被判决承担民事责任和不被判决承担民事责任两种情况，采取分解模式来进行制度重构应该是更为可取的路径。一方面，我国的无独立请求权第三人的原本就与大陆法系的辅助参加制度具有同构

---

[1] 赵信会、李祖军：《无独立请求权第三人制度的内部冲突与制衡》，载《现代法学》2003年第6期；王新红等：《关于无独立请求权第三人的几个问题》，载《法学评论》1996年的3期。

[2] 张晋红：《民事诉讼当事人研究》，陕西人民出版社1997年版，第288页；张卫平：《"第三人"：类型划分及展开》，载张卫平：《民事程序法研究》(第一辑)，中国法制出版社2004年版，第58页；蒲一苇：《民事诉讼第三人制度研究》，厦门大学出版社2009年版，第190页。

性,回复原有的制度基础具有天然的优势;另一方面,我国无独立请求权第三人制度在追究第三人责任方面的立法和长期实践,为借鉴美国的第三人制度提供了制度基础和社会基础,而以诉为前提来追究第三人责任,不仅可以克服"无诉而判"的弊病,而且有利于实现纠纷一次解决的理念。按照分解模式的重构路径,我国的无独立请求权第三人可解构为以下两种类型:

(1)义务参加型第三人(被告型第三人),即由于本诉被告认为第三人就原告所提出的请求对自己负有责任,因而对其提起诉讼而使其参加诉讼的第三人。义务参加型在第三人因为被本诉被告起诉而参加诉讼的,在本诉中处于被告的地位,即本诉被告提起的第三人之诉中的被告。

(2)辅助参加型第三人,即因与他人间的诉讼结果具有法律上的利害关系,为辅助一方当事人而申请参加诉讼的第三人。辅助参加型第三人与大陆法系的辅助参加人基本相同,是我国诉讼理论中一般所理解的无独立请求权第三人。

四、第三人撤销之诉制度在我国的立法和实践

出于遏制虚假诉讼、恶意诉讼和对案外第三人提供权利救济的立法考量,2012年修订的《民事诉讼法》参考法国和我国台湾地区的例子,确立了一种新的诉讼制度——第三人撤销之诉,从而丰富了我国大陆的案外人救济制度。

第三人撤销之诉,是指与案件具有法律上利害关系的第三人,因不能归责于己的事由而未参加诉讼,而其民事权益因案件的处理结果而受到损害时,向作出裁判的法院提起的请求撤销或改变原生效裁判的诉讼。这种诉讼的目的是撤销他人之间的已经生效的裁判,与解决纠纷的通常诉讼具有很大的差异,表现出截然不同的性质和特征:

(1)第三人撤销之诉性质上属于形成之诉。在诉讼理论上,形成之诉可分为实体法上的形成之诉和诉讼法上的形成之诉,前者旨在变更或形成实体法律关系的诉讼;后者旨在变更或形成某种诉讼法上效果的诉讼。第三人撤销之诉属于诉讼法上的形成之诉,其诉讼标的为诉讼法上的形成权,具体而言,是"撤销确定终局判决对第三人不利部分之形成权"。

(2)第三人撤销之诉是一种特殊救济程序。第三人撤销之诉的提起是针对原诉讼的生效裁判,是对判决既判力的有限制的否定。也即说,第三人撤销之诉针对的是已经发生效力的裁判文书(包括判决、裁定和调解书),就程序性质而言与再审程序相似,属于一种特殊或者非常的救济程序。因此,第三人撤销之诉的提起受到严格限制,除了一般的起诉条件外,还需具备法律所设定的特别要件。

(3)第三人撤销之诉是一种事后救济程序。以裁判是否生效为标准,对案外第三人的救济程序有事前救济与事后救济之分。诉讼第三人通过参加他人之间的正在进行的诉讼来保护自己的利益,属于事前的救济程序;而第三人撤销之诉的提起

则是在裁判生效之后,第三人通过请求撤销他人之间已经生效的裁判文书来保护自己的利益,因此属于事后救济程序。从程序原理来看,第三人一般应当通过事前程序来需求利益保护,只有在其有正当理由而未能获得事前救济时,才能启动事后救济程序。

(一)第三人撤销之诉的立法目的和意义

1.第三人撤销之诉的立法目的及理由

关于第三人撤销之诉的立法目的,根据全国人大法律委员会在《关于〈民事诉讼法修正案(草案)〉审议结果的报告》(2012年8月27日)中的说明,第三人撤销之诉的增设,旨在对被恶意诉讼侵害的案外第三人进行救济,其原因是当前"当事人通过恶意诉讼等手段,侵害案外人合法权益的情况时有发生",故此"对恶意诉讼,除了应当适用妨害民事诉讼的强制措施给予拘留、罚款或者依法追究刑事责任外,还应当在民事诉讼法中增加对案外被侵害人的救济渠道"。[①] 根据第三人撤销之诉的立法理由,当事人撤销之诉的立法目的是为被恶意诉讼侵害的案外第三人提供救济渠道。因此,第三人撤销之诉具有以下两个制度功能:

其一,规制恶意诉讼。第三人撤销之诉的确立以遏制恶意诉讼的现实需要为出发点,是恶意诉讼程序法规制机制的构成部分。近年来,司法实践中恶意诉讼逐年增多,已经蔓延到了民事诉讼的各个领域,因而在2012年民事诉讼法的修订过程中,恶意诉讼的规制是热点问题之一。最初,在第一次和第二次的修正案草案中,并未确立第三人撤销之诉,对恶意诉讼主要是通过诉讼中的强制措施来规制。但在恶意诉讼中,双方当事人通过虚假诉讼损害第三人权益的现象最为常见,譬如,在债权诉讼中,当事人恶意串通转移财产,逃避债务,增大第三人的债权受偿风险;在婚姻诉讼中,假离婚真逃债;在股东代表诉讼中,股东代表侵害其他股东的利益等。[②] 鉴于此,在恶意诉讼的规制上,案外人的救济也成为立法讨论中关注的焦点问题,第三人撤销之诉由此进入立法视野,并最终得以确立。

其二,为被侵害的案外人提供救济渠道。第三人撤销之诉是通过对利益受损害的案外第三人进行救济的方式来规制恶意诉讼的,因而属于案外第三人救济制度之一。与第三人参加诉讼的情形不同,第三人撤销之诉是对案外第三人的一种事后救济,即通过赋予案外第三人在特定条件下启动诉讼程序的权利,使其获得对抗生效裁判的机会。作为案外第三人救济机制之一,第三人撤销之诉与第三人参加诉讼制度、案外第三人执行异议制度分别在不同的诉讼阶段发挥作用,相互衔

---

① 全国人大常委会法制工作委员会民法室:《民事诉讼法立法背景与观点全集》,法律出版社2012年版,第10～11页。

② 全国人大常委会法制工作委员会民法室:《民事诉讼法立法背景与观点全集》,法律出版社2012年版,第337页。

接、相互补充,构成一个保护第三人权益的制度体系。

尽管立法确立第三人撤销之诉的出发点是基于恶意诉讼的规制,其初衷在于为"被恶意诉讼侵害"的案外人提供救济,带有极强的目的性和指向性,但是,立法并未将这一目的明确宣示于条文中,也没有将案外人的救济限定于虚假诉讼的情形,其适用已经超出了规制恶意诉讼的目的。从这个意义上看,第三人撤销之诉显然更侧重的是对被错误裁判损害的案外第三人提供事后救济。

2.第三人撤销之诉的意义

在立法过程中,关于是否有必要引入第三人撤销之诉一直存在争议,"否定说"至今仍然具有一定的影响力,不少学者对该制度持保留或者否定态度。[①] 鉴于民事诉讼的固有模式所存在的局限性,根据我国的制度现状和救济案外人的现实需要,第三人撤销之诉的确立有其现实的必要性和意义。

首先,第三人撤销之诉有助于克服当事人主义诉讼模式的固有缺陷。经过近30年的司法改革,我国的民事诉讼逐步转变为当事人主义模式,纠纷的处理方式、诉讼的范围等均由当事人决定,法院裁判所依据的事实和证据也须由当事人提出,这种诉讼模式虽然符合私权自治原理,但也为双方当事人恶意串通,通过虚伪自认、虚假调解协议损害第三人利益提供了方便。故此,确立第三人撤销之诉为利益受到侵害的案外人提供必要的事后救济,能够在一定程度上消解处分权主义以及"调解优先"所带来的负面效应。[②]

其次,第三人撤销之诉可以弥补再审制度的不足。一项制度的设置是否有其必要,首先应当看现行或已经存在的制度是否能够满足人们对其诉求或解决问题的需要。[③] 有学者提出:第三人权益的救济可以通过再审程序实现,只要法律将第三人纳入再审的申请主体就能解决。[④] 然而,虽然都具有对抗判决效力的效果,但再审制度的功能和程序设计与案外第三人的救济并不具有一致性,难以直接适用于第三人。而第三人撤销之诉在主体、事由、裁判范围以及效力上均不同于再审,具有独立于再审的功能和意义。

最后,第三人撤销之诉有利于完善案外人的救济制度。民事诉讼法中原有的案外第三人保护制度,在事前救济方面主要是第三人参加诉讼制度;在事后救济方面,则是在执行程序中规定了案外人申请再审和执行异议之诉。由于依托于执行

---

① 陈刚:《第三人撤销判决诉讼的适用范围——兼论虚假诉讼的责任追究途径》,载《人民法院报》2012 年 10 月 31 日;董露、董少谋:《第三人撤销之诉的探究》,载《西安财经学院学报》2012 年第 6 期。

② 王福华:《第三人撤销之诉适用研究》,载《清华法学》2013 年第 4 期。

③ 张卫平:《第三人撤销判决制度的分析与评估》,载《比较法研究》2012 年第 5 期。

④ 赵钢、刘学在:《民事审监程序修改过程中若干争议问题之思考》,载《中国法学》2009 年第 9 期。

程序,案外人申请再审存在诸多局限性,难以为案外人提供有效的程序救济。第三人撤销之诉的确立能够弥补事后救济程序的不足,从而形成合理的案外人救济制度体系。

(二)第三人撤销之诉的制度设计及反思

第三人撤销之诉对我国而言是一个崭新的制度,难免存在不尽完善之处,对这一制度的理解和适用也需要一个过程。另外,从立法过程来看,第三人撤销之诉的确立显得比较仓促,相关立法草案直至第三次审议时才被提出来,之前既没有经过实践进行探索,也没有充分的理论准备和立法论证,理论和实务上关于第三人撤销之诉的讨论热潮开始于立法之后,此前对于第三人撤销之诉的研究并不多。因此,第三人撤销之诉一经确立就引起了广泛的争议,其制度设计也因存在诸多问题而颇受诟病。

1.第三人撤销之诉的制度设计

2012年《民事诉讼法》第56条第3款规定:"前两款规定的第三人在因不能归责于本人的事由未参加诉讼时,如果有证据证明发生法律效力的判决、裁定、调解书的部分或者全部内容错误,损害其民事权益的,可以在六个月内向作出该判决、裁定、调解书的人民法院提起诉讼。"根据该规定,我国的第三人撤销之诉在制度设计上具有以下两个突出的特点:

其一,从体例上看,立法将第三人撤销之诉规定在总则的当事人一章中。关于第三人撤销之诉的立法体例,在立法建议稿中曾提出了各种不同的方案,有的建议独立成章;有的建议将所有涉及当事人异议的情形规定在一起,包括参加诉讼、事后异议和执行异议;有的建议以再审程序为依托,在审判监督程序中增设条文。[①]立法最终却另辟蹊径,在第56条中增设一款来予以规定,借助既定的第三人制度来限定第三人撤销之诉的原告资格,从而使第三人撤销之诉成为第三人制度的构成部分。

其二,从内容上看,该规定主要是设定了第三人撤销之诉的条件,具体包括(1)原告适格要件,主要有二:一是原告限于诉讼第三人的范围,即本可以作为有独立请求权第三人或者无独立请求权第三人参加诉讼的人;二是第三人因不可归责于己的原因未能参加诉讼,即第三人未参加诉讼并非因自己的过错所致,第三人在主观上不具有可归责性。(2)实质要件,具体包括:第一,第三人请求撤销的对象是原诉讼的生效裁判,包括判决、裁定和调解书;第二,第三人撤销之诉是一种事后救济程序,所针对的须是已经生效裁判文书;第二,原诉讼生效裁判的内容存在错误;其三,第三人的民事权益因生效裁判的错误而受到损害。(3)程序要件,包括起诉期

---

① 全国人大常委会法制工作委员会民法室:《民事诉讼法立法背景与观点全集》,法律出版社2012年版,第343页。

限和管辖要件,即第三人撤销之诉应从案外人知道或者应当知道其民事权益因生效裁判而受到损害之日起六个月内提起;第三人撤销之诉专属于作出该判决、裁定、调解书的法院管辖。

2.第三人撤销之诉制度设计存在的问题

我国的第三人撤销之诉在制度设计上的最大特点,就是将案外第三人的事前和事后救济制度统一规定在一个条文中,从而将第三人撤销之诉与诉讼第三人进行了紧密对接。这样的制度设计却使得第三人撤销之诉在诉讼原理上产生了诸多问题。

(1)第三人撤销之诉的定性不清晰。如前所述,第三人撤销之诉针对的是已经发生效力的裁判文书,就程序性质而言与再审程序相似,属于一种特殊救济程序。从比较法的角度来看,法国和我国台湾地区都将第三人撤销判决的诉讼程序确定为特殊救济程序,例如台湾所谓的"民事诉讼法"就将第三人撤销之诉规定在第五编再审程序中。2012 年《民事诉讼法》将第三人撤销之诉作为当事人制度规定在总则中,程序定性不明确,尤其是立法在第三人撤销之诉的条件上,并没有将第三人不能通过其他程序获得救济作为前提条件,流露出将第三人撤销之诉视为一般诉讼程序的倾向,难免导致在适用上出现扩大化倾向。

(2)适用范围比较狭窄。现行立法将第三人撤销之诉的原告限制在两种诉讼第三人的范围,导致原告范围比较狭窄,不能覆盖所有受到生效裁判损害的案外人。根据诉讼第三人的参诉根据,判断提起第三人撤销之诉的原告是否适格的标准,就是看其是否对原诉讼的诉讼标的具有独立的请求权,或者与案件的处理结果具有法律上的利害关系。根据这一判断标准,一些因原诉讼裁判而利益受损害的案外人并不具备提起第三人撤销之诉资格。比如,实践中常见的"假离婚真逃债"的情形,在债务人通过离婚诉讼转移财产时,债权人不能对诉讼标的主张独立的请求权,与案件的处理结果也没有法律上的利害关系,并不能作为有独立请求权的第三人或者无独立请求权第三人参加诉讼,因而也就不能通过提起第三人撤销之诉来获得救济。

(3)与判决效力相对性原理相抵触。所谓判决效力相对性,是指他人之间的判决效力原则上只对该诉讼的当事人有效,不能约束当事人以外的第三人,仅在判决效力扩张的情形,才会发生对当事人之外第三人的约束力。[①] 根据这一原理,原诉讼当事人之间的生效判决对案外第三人原则上并既判力,如果判决涉及或损及第三人的利益,第三人可以通过另行诉讼来保护自己的权益,因而并无必要提起撤销本诉生效判决的诉讼。正因如此,无论是法国还是我国台湾地区,第三人撤销判决诉讼的设置均为弥补判决相对性原则的不足,并将第三人与判决结果的利害关系

---

① 陈荣宗、林庆苗:《民事诉讼法》,三民书局 2005 年版,第 643 页。

主要限定为判决效力扩张及于第三人的情形。而我国大陆的现行立法没有将第三人撤销之诉的原告限定在"受判决效力约束的第三人"范围内,显然与既判力原理是相冲突的。比如,有独立请求权第三人具有独立的权利主张,其请求本身是可以单独成诉的,是否参加诉讼可由其自由选择,即便不参加诉讼,其权利仍然可以通过另行起诉获得司法救济,并无必要请求撤销本诉生效裁判。正如学者所指出:民事诉讼法以"因不能归责于本人的事由未参加诉讼"并"损害其民事权益"为要件,为有独立请求权第三人以提起撤销本诉确定判决诉讼方式另设权利救济途径,有涉强制诉讼之意味。①

(4)欠缺必要的诉讼程序设计。由于被作为当事人制度规定在总则中,局限了该制度的内容设计,不可能于条文中展开其具体的程序设计,因而仅以一个条文进行原则性的规定,使得该制度缺乏可操作性,只能待于实践摸索或者司法解释来予以明确。

(5)第三人撤销之诉与案外人申请再审并存,产生程序重复问题。案外人申请再审制度始于 2007 年修订的《民事诉讼法》关于执行异议的规定,即在法院对案外人执行异议作出驳回或者中止执行的裁定后,案外人、当事人如对该裁定不服,认为原判裁有错误的,依照审判监督程序办理。② 案外人申请再审与第三人撤销之诉同属于对利益受生效裁判侵害的案外第三人提供事后救济的特殊程序,二者的功能与目的本身具有重合性。但是立法在确立第三人撤销之诉后,并未删除第227 条有关案外人申请再审的规定,由此导致针对生效裁判案外第三人存在两种救济途径,这两种程序关系如何、应如何适用即成问题,理论和实务中对此存在着很大争议。

(三)第三人撤销之诉程序规则的司法完善

由于民事诉讼法对第三人撤销之诉仅作了原则性规定,并未涉及诉讼程序方面的内容,导致实务中对第三人撤销之诉的适用做法不一,争议比较大。因此,2015 年的《民事诉讼法解释》专设一章对第三人撤销之诉进行规定,确立了第三人撤销之诉的程序规则。

1.对第三人撤销之诉的起诉条件予以明确和细化

鉴于《民事诉讼法》所规定的起诉条件比较原则,不便于理解和把握,《民事诉讼法解释》进一步进行了细化补充。比如,《民事诉讼法解释》第 295 条对"因不能归责于本人的事由未参加诉讼"进行了解释,并列举了不能归责于第三人的事由,

---

① 陈刚:《第三人撤销判决诉讼的适用范围——兼论虚假诉讼的责任追究途径》,载《人民法院报》2012 年 10 月 31 日。

② 最高人民法院的有关司法解释随后进一步对案外人申请再审进行了明确规定,比如 2008 年的《审判监督程序解释》、2009 年的《关于受理审查民事申请再审案件的若干意见》等。

具体包括:(1)不知道诉讼而未参加的;(2)申请参加未获准许的;(3)知道诉讼,但因客观原因无法参加的;(4)因其他不能归责于本人的事由未参加诉讼的。《民事诉讼法解释》第 296 条则对"原诉讼生效裁判的内容存在错误"进行了限缩性解释,是指判决、裁定的主文以及调解书中处理当事人民事权利义务的结果。也即是说,生效裁判的内容错误仅限于实体处理内容,不包括事实认定、理由以及程序内容。

2.明确了第三人撤销之诉的适用范围

关于第三人撤销之诉的适用范围,《民事诉讼法解释》第 297 条作了排除性规定,规定了不能提起第三人撤销之诉的四种情形:(1)非讼案件,即适用特别程序、督促程序、公示催告程序、破产程序等非讼程序处理的案件。适用非讼程序审理的案件,其救济方式和途径均有特别规定,不适用第三人撤销之诉。比如,适用特别程序作出的判决、裁定,当事人、利害关系人认为有错误的,可以向法院提出异议。(2)婚姻无效、撤销或者解除婚姻关系等判决、裁定、调解书中涉及身份关系的内容。由于婚姻关系被解除或者无效后,当事人即可以另行结婚,如果允许提起第三人撤销之诉,不利于社会关系的稳定。因此,对于确认婚姻无效、撤销婚姻和解除婚姻关系的判决、调解书中涉及身份关系的部分,第三人不得提起撤销之诉。(3)对代表人诉讼案件的生效裁判,未参加登记的权利人不能提起第三人撤销之诉。根据《民事诉讼法》第 54 条的规定,对于人数不确定的代表人诉讼,人民法院所作的判决、裁定的效力亦可扩张及于未参加登记的权利人。如果未参加登记的权利人认为该裁判有错误,可以通过申请再审予以救济。(4)对公益诉讼案件的生效裁判,同一侵权行为的受害人不能提起第三人撤销之诉。公益诉讼和私益诉讼的立法目的和起诉条件均不相同,法院受理公益诉讼后并不影响同一侵权行为的受害人提起诉讼,因此并无提起第三人撤销之诉的必要。

3.确定了审理第三人撤销之诉的特殊程序规则

第三人撤销之诉是一种特殊的诉讼,其制度功能和构成上与再审相似,因而其审理程序不同于普通的诉讼。《民事诉讼法解释》针对其在起诉、受理和审理等环节的特殊程序要求进行了规定,具体包括:(1)第三人撤销之诉不适用立案登记制,法院收到起诉状和证据材料后,不能当即登记立案,而应当在 5 日内送交对方当事人,对方当事人可以自收到起诉状之日起 10 日内提出书面意见,以法院便于全面了解和审查起诉是否符合第三人撤销之诉的条件。(2)立案期限为 30 日。由于法院对起诉要做实质审查,因而第三人撤销之诉的立案期限比较长。(3)适用普通程序进行审理。由于第三人撤销之诉涉及生效裁判的判定,对各方当事人的民事权益影响重大,因而不能适用简易程序。(4)关于原生效裁判的执行,在第三人撤销之诉的审理期间,原则上不中止执行;如果第三人提供相应担保,请求中止执行的,法院可以在第三人请求的范围内裁定中止执行。

4.规定了第三人撤销之诉的裁判方式

根据《民事诉讼法解释》第300条的规定,根据当事人的请求,第三人撤销之诉的裁判方式有三种:(1)判决驳回诉讼请求。法院经审理认定第三人撤销原生效裁判的请求不成立的,应判决驳回第三人的诉讼请求。(2)判决撤销原判决、裁定、调解书内容的错误部分。撤销判决包括部分撤销和全部撤销,以第三人的撤销请求成立为前提,具体适用于两种情况:一是第三人撤销原生效裁判的请求成立,且该第三人没有提出独立的实体权利主张;二是第三人提出了独立的实体权利主张,法院经审理认定其撤销原生效裁判的请求成立,但其实体权利的主张不成立。(3)判决改变原判决、裁定、调解书内容的错误部分。如果第三人在提出撤销原生效裁判请求的同时,还提出了独立的实体权益主张,法院经审理认定上诉两项请求均成立,则可以判决撤销原生效裁判的错误内容,并对第三人的实体权益主张作出新的判决。具体而言,改变判决的作出须满足以下条件:其一,须以第三人撤销原生效裁判的请求为前提;其二,须第三人提出了独立的实体权益主张;其三,第三人所主张的实体权益须与撤销请求有直接关系,也即与原诉讼标的有关,因而可以用以否定原生效裁判的内容。

值得注意的是,改变判决的适用,意味着允许第三人在第三人撤销之诉中提出独立的民事权利主张,法院可以将第三人确认其民事权利的请求与撤销原生效裁判的请求进行合并审理。在这种情形下,第三人撤销之诉的性质已经发生了改变,不再是形成之诉而是一种混合之诉,即形成之诉与确认之诉的混合。鉴于其程序的复杂性,对改变判决的适用应该予以严格限制,对二审生效裁判提起的第三人撤销之诉,原则上不适用改变判决,以避免产生审级上移和加重上级法院负担等弊端。

5.厘定第三人撤销之诉与相关诉讼制度的衔接关系

(1)第三人撤销之诉与案外人执行异议的关系。关于第三人撤销之诉与案外人的关系的处理,实则主要是第三人撤销之诉与案外人申请再审的协调问题,其原因在于案外人申请再审须以提出执行异议为前提。对于这一问题,《民事诉讼法解释》确立的规则是:赋予案外第三人有限制的程序选择权,按照启动程序的先后,当事人只能选择相应的救济程序,以避免程序的重复。具体区分为两种情况:其一,如果案外人先启动第三人撤销之诉,则不能再申请再审。即使该案外人在执行程序中提出了执行异议,在不服驳回执行异议的裁定时,也不能对原生效判决文书申请再审,而是继续进行第三人撤销之诉。其二,如果案外人先启动执行异议程序,则只能通过申请再审程序进行救济。即是说,案外人如果对法院驳回其执行异议的裁定不服,认为原生效裁判内容错误损害其合法权益的,应当根据《民事诉讼法》第227条规定申请再审,不能提起第三人撤销之诉。

(2)第三人撤销之诉与当事人申请再审的关系。第三人撤销之诉和当事人申请再审在提起的主体、条件、程序等方面均各不同,因此两种程序依法可以分别启动。但是,由于这两种程序均为纠错程序,功能上具有一致性,且针对的是同一生效裁判,如果第三人撤销之诉和再审程序同时并行的话,不仅会造成程序的重复和当事人的讼累,而且难以避免矛盾判决的出现。对这种情况,《民事诉讼法解释》第301条采取诉讼合并的方式来予以处理,基本规则是再审程序吸收第三人撤销之诉。具体规则如下:在第三人撤销之诉案件审理期间,法院对原生效判决、裁定、调解书裁定再审的,受理第三人撤销之诉的法院应当裁定将第三人的诉讼请求并入再审程序。但是,如果有证据证明原诉讼存在诉讼诈害,即原审当事人恶意串通损害第三人合法权益的,则不予合并。法院应当裁定中止再审诉讼,并先行审理第三人撤销之诉案件。

由于再审案件可能分别适用第一审和第二审程序审理,与第三人撤销之诉的审理程序可能不相一致,因此,在合并的情况下,还需对审理程序进行协调。如果再审程序适用第一审程序审理的,法院应当对第三人的诉讼请求一并审理,所作的判决可以上诉;再审程序适用第二审程序审理的,法院可以进行调解,调解不成的,应当裁定撤销原判决、裁定、调解书,发回一审法院重审,以保障第三人的审级利益。

(四)完善第三人撤销之诉制度应解决的几个问题

如前所述,我国的第三人撤销之诉的制度设计还不完善,甚至存在着一些与诉讼原理相互矛盾、脱节的情况。最高人民法院的司法解释虽然有所弥补,但并不能从根本上解决立法上存在的问题。因而第三人撤销之诉的完善显然还有一个过程,需要在司法实践中不断积累经验,同时在理论上展开深入研究,厘清第三人撤销之诉的制度定位和制度原理,从而为立法完善和司法适用提供合理路径。

1.关于应否承认"诈害防止参加"的问题

所谓诈害防止参加,是指第三人主张由于诉讼结果而使自己权利受到损害,而参加到他人间正在进行的诉讼的情形。诈害防止参加起源于日本,并为我国台湾地区所谓的"民事诉讼法"所继受,由此扩大了主参加制度的适用范围,使得主参加制度具有诉讼诈害防止功能。按照日本和我国台湾地区的通说,[①]诈害防止参加以本诉当事人主观上具有通过诉讼侵害第三人权利的意思为条件,其目的主要是防止本诉原、被告共谋,以虚伪诉讼损害第三人的权利。

我国有独立请求权第三人的适用范围狭窄,仅限第三人对争议的诉讼标的主张独立权利一种,并不允许第三人主张由于诉讼结果使自己权利受到损害,而参加

---

① 即诈害意思说。关于诈害防止参加要件,日本学说众多,具有代表性的是除判决效说、利害关系说、诈害意思说,此外还有诈害性诉讼进行说、利益考量说等多种学说。参见[日]高桥宏志:《重点讲义 民事诉讼法》,张卫平、许可译,法律出版社2007年版,第337页。

到他人间正在进行的诉讼中。由于主张虚假诉讼的案外人并不符合作为有独立请求权第三人的参诉条件，即该案外人并不属于有独立请求权第三人的范畴，因而也不具备提起第三人撤销之诉的资格。换言之，由于有独立请求权第三人制度并不具有防止诉讼诈害的功能，直接导致第三人撤销之诉实际上也不具有诉讼诈害的事后救济功能，因而难以实现遏制虚假诉讼的目的。显然，欲使作为事后救济制度的第三人撤销之诉具有遏制虚假诉讼的功能，作为事前救济的第三人参加诉讼制度也应该具有功能的统一性，否则虚假诉讼也就难以成为对第三人进行事后救济的事由。

故此，从遏制虚假诉讼和保护第三人权益的目的考虑，立法上应扩大有独立请求权第三人参加诉讼的根据，诈害防止参加这种类型，允许第三人以防止诈害诉讼为根据参加诉讼，从而使有独立请求权第三人制度具有防止虚假诉讼的功能，一方面可以给作为案外人的债权人或者其他利害关系人提供及时的保护；另一方面也与第三人撤销之诉的功能相协调，从而构成一个完整的救济制度。

2.关于第三人撤销之诉程序的后置性问题

所谓第三人撤销之诉的后置性，是指第三人只有在不能适用其他法定程序获得救济的情况下，才能开启第三人撤销之诉。第三人撤销之诉程序的后置性问题涉及第三人撤销之诉的程序性质以及其起诉条件的设定。

第三人撤销之诉是针对第三人未能在原诉讼判决的形成过程中参与诉讼，导致判决损害了其权益的情形，而特别设置的带有补救性质的例外程序，其制度价值体现在为第三人的权益提供事后救济，以使得第三人获得充分的程序保障。作为一种对生效裁判进行争执的特殊救济程序，基于裁判安定性的考虑，第三人撤销之诉的开启应该受到严格限制，如果案外人可以通过通常诉讼程序获得救济，就不应当适用第三人撤销之诉，这种程序适用的位序是由其程序性质所决定的。在我国台湾地区，学理上认为第三人撤销之诉是对于利害关系第三人的特别救济程序，因此将不能应循其他法定程序请求救济作为诉讼要件之一。[1] 在江伟教授所主持的《民事诉讼法修改建议稿》（第三稿）中，就明确将"不能适用其他程序获得救济"作为提起第三人撤销之诉的条件。[2] 根据最高人民法院 2008 年的《审判监督程序解

---

[1] 杨建华：《民事诉讼法要论》，北京大学出版社 2013 年版，第 443 页。

[2] 该建议稿第 390 条规定："对案件有法律上利害关系的第三人因不可归责于己的事由未参加诉讼，导致不能提出足以影响裁判结果的事实或证据的，除可以适用其他程序获得救济的以外，可以双方当事人为共同被告提起撤销原判决之诉。人民法院审理第三人撤销之诉，适用再审的规定。"参见江伟：《〈中华人民共和国民事诉讼法〉修改建议稿（第三稿）及立法理由》，人民法院出版社 2005 年版，第 295 页。

释》第 5 条的规定,也将"无法提起新的诉讼解决争议"作为案外人申请再审的条件。①

基于第三人撤销之诉的程序性质,在程序适用上应当具有后置性,即以第三人不能通过其他程序获得救济作为适用的前提,并以此为基础来处理有独立请求权第三人另行起诉和提起第三人撤销之诉的关系,从而限制第三人撤销之诉的适用,避免程序的滥用。

3.关于一般债权人能否提起第三人撤销之诉的问题

尽管立法过程中,当事人恶意串通转移资产、逃避债务,增大债权人受偿风险,被列为恶意诉讼的典型表现之一,并作为第三人撤销之诉的立法理由和适用情形之一,②但是实务中却没有将一般债权人列入第三人撤销之诉的救济范围。

从司法实践的案例来看,通常不接受一般债权人提起第三人撤销之诉,其理由主要有三个:(1)一般债权人不属于诉讼第三人的范畴,即其不能作为有独立请求权的第三人或者无独立请求权第三人参加原诉讼,因而并非适格原告。(2)原诉讼的裁判不存在错误。一般债权人提起第三人撤销之诉的撤销事由,多是债务人在与他人的债权诉讼中,将其财产抵偿或者抵押给他人,导致自己的债权不能实现。而法院认为原诉讼中的债权人获得的抵押或者抵偿是依照法律事实、经过法定程序取得的,原生效裁判的内容虽然对原告有所不利,但在认定事实和适用法律上并无错误。(3)一般债权不属于侵权责任法保护的民事权益范围,因而即使一般债权人与原诉讼的判决结果可能存在法律上的利害关系,也不能据此认定损害其《民事诉讼法》56 条规定的民事权益。③

基于债权的相对性、平等性特征,债权的效力相对较弱,不具有物权的优先性、支配性以及追及力,因而债权人在法律上的地位往往也不如物权人优越,其利益比较容易受到损害。在我国司法实务中,债务人通过虚假诉讼等方式转移财产、逃避债务的现象十分普遍,《合同法》第 74 条对此规定了债权人的撤销权,对于债务人放弃到期债权、无偿转让其财产或者以明显不合理的低价转让财产,给债权造成损害的,债权人可以请求法院撤销债务人的行为。但是,这种撤销权的行使是针对债务人在诉讼外对其财产所实施的不适当处分行为,对于债务人与他人串通以诉讼的方式来转移财产、逃避债务的行为则并无效果。如果对这种情况不予以规制,无

---

① 最高人民法院《关于适用〈民事诉讼法〉审判监督程序若干问题的解释》第 5 条规定:"案外人对原判决、裁定、调解书确定的执行标的物主张权利,且无法提起新的诉讼解决争议的,可以在判决、裁定、调解书发生法律效力后二年内,或者自知道或应当知道利益被损害之日起三个月内,向作出原判决、裁定、调解书的人民法院的上一级人民法院申请再审。"

② 全国人大常委会法制工作委员会民法室:《民事诉讼法立法背景与观点全集》,法律出版社 2012 年版,第 337 页。

③ 参见宁夏回族自治区高级人民法院(2014)宁民撤终字第 1 号民事裁定书。

疑就会成为一个法律漏洞,使得诉讼成为债务人逃避债务的避风港,不仅危害债权人的利益,而且损害了程序的正当性和权威性。

故此,为了加强一般债权人的保护,防止其债权因恶意诉讼而受到损害,一方面,法律应当承认诈害防止参加,允许债权人在债务人与他人串通实施虚假诉讼时参加诉讼;另一方面,应当将第三人撤销之诉作为救济一般债权人权益的重要程序。通常而言,在以下两种情形下应当准许一般债权人提起第三人撤销之诉:

(1)债务人与他人串通进行诉讼诈害,危害债权人债权的。比如,债务人与他人串通进行虚假债权诉讼,并通过调解或者自认而获得不利诉讼结果,其裁判内容危害债权人债权的,债权人可通过提起第三人撤销之诉来获得救济。

(2)债务人在与他人间的诉讼中,对其财产的处分危害债权人债权的。比如,债务人于债权诉讼中,将其主要财产或全部财产抵押或者抵偿给其他债权人;债务人在财产转让合同纠纷中,将其财产无偿或者以明显不合理的低价转让给他人等。上述情形下,如果危害到债权人债权的实现,则债权人可以通过提起第三人撤销之诉获得救济。①

---

① 蒲一苇:《第三人撤销之诉适用范围的实体法分析》,载《民事程序法研究》(第十四辑),厦门大学出版社 2015 年版,第 131 页。

第
四
章

民事证据制度的变迁

引　言

　　证据在民事诉讼中的重要性毋庸赘言,一部完整的《民事诉讼法》中必须包含比较完备的证据制度。证据制度是指诉讼中有关证明活动规则和制度的总和,是由一系列关于诉讼证明的法律规范或规则构成的。能否建立科学、完善的证据制度,直接关系到民事诉讼法的立法宗旨能否实现,关系到当事人的民事实体权利能否通过诉讼获得保护,也关系到诉讼程序是否能够实现公正、效率的价值目标。证据制度与诉讼制度是从属关系,二者密切联系,不能截然分开。一方面,诉讼制度决定证据制度,为证据制度贯彻落实提供保障,诉讼制度赋予了法官及当事人的相应法律地位,才有了证据的收集及采信质证过程,否则,证据制度无法得到体现、保证;另一方面,证据制度并不是完全被动和消极的,它可以影响并反作用于诉讼制度。诉讼制度的变革必然会体现在证据制度上,证据制度的发展变化又会对诉讼制度提出新要求,并产生影响。可以说,特定证据制度总是特定诉讼模式下的产物。

　　完善的诉讼模式和证据制度是公正司法机制产生和存在的基础。任何一个国家的司法制度先进与否,取决于以其证据制度为核心的诉讼机制。中华人民共和国证据制度 40 年来的立法与实践探索为认识与理解我国民事诉讼制度的发展历程提供了一个视角。从改革开放确立法制建设以来,特别是从 1982 年我国颁布实行《民事诉讼法（试行）》到 2015 年《最高人民法院关于适用〈中华人民共和国民事诉讼法〉的解释》，中国的诉讼制度，特别是证据制度始终处于一个不断探索、修改和完善的过程中。

民事证据制度的改革与完善，可以说一直是我国民事诉讼模式转型与审判方式改革的核心和关键。肇始于 20 世纪 80 年代末的民事审判方式改革，以强调当事人举证责任为切入点，经过十几年的摸索之后，进入一个强化庭审功能，尤其是强调当庭举证、质证的新阶段。我国的民事证据制度改革实际上是在司法实践层面上对一些与法律或立法精神相违背的不合理的具体做法的纠正。但司法改革由于受到司法行为的性质及其运行规律的局限，一般情况下无法突破现行诉讼制度的法律规定。我国 40 年来民事证据制度的发展，就是司法改革实践探索推动民事诉讼立法不断发展完善的历史。

一、中华人民共和国证据制度的创立和发展

（一）我国民事证据制度的现代传统

自 1840 年鸦片战争后，中国逐步沦为半封建半殖民地社会。与此同时，封建法制也半封建半殖民地化，证据制度亦如此。清朝、北洋军阀和国民党政府曾制定和颁布过刑事、民事诉讼法典或草案。其中有关证据的规定，主要是移植大陆法系证据制度的内容，但也保留了我国封建证据制度中的某些内容。[①]

中华人民共和国的证据制度，是新民主主义革命法制和证据制度在同国民党反动派的斗争中，随着革命事业和人民司法实践的发展，逐步创立和发展起来的。在人民革命政权创建初期，各地各级苏维埃政权在同反革命及一切反革命派别斗争中，坚决逮捕、审讯、处置了一批反革命分子，给他们以致命的打击，使苏维埃政权得到了巩固，成绩是主要的。但是，由于一些隐藏在苏维埃政权内的反革命分子的破坏和政府工作人员缺乏经验，有的地方在肃反工作中犯了轻信口供和搞"逼、供、信"的错误。为了防止这类现象的再度出现，建设好革命秩序，1931 年 12 月 13 日，中央执行委员会非常会议通过的第六号《中华苏维埃共和国中央执行委员会训令》，对处理反革命案件和建立司法机关的暂行程序作出了九点规定。其中第四点指出，只有收集到了"充分的证据"，证明某人确系反革命分子时，才允许司法机关按照法定程序对其实行逮捕。第八点规定："在审讯方法上，为彻底肃清反革命组织及正确判决反革命案件，必须坚决废止肉刑，而采用收集确实证据及各种有效方法。"这是人民政权在司法制度方面对证据制度所作的最早的规定。

1933 年 5 月在革命根据地颁布实施的《中华苏维埃共和国司法人民委员会对

---

① 本部分内容主要参考周国均：《论新中国证据制度的创立和发展》，载《新疆社会科学》1986 年第 3 期。

裁判机关工作的指示》,对收集、固定、保全和运用证据都作出了明确规定。例如,"对每个案件的材料,要尽量去搜集,不得再有事实还未明了,又不经过预审,就拿到法庭来马虎判决的情形发生"。此类从人民司法实践中总结出来的有关证据制度的规定,在当时对正确处理案件,起了很重要的作用。

抗日战争初期,我们党和政府吸取了搞"逼、供、信"造成严重危害的教训,总结了人民司法的经验,在某些法律和决议中,明确规定了办案必须注重调查研究,严禁刑讯逼供的原则。首先,规定了法庭收集证据有六种方法:"一、审讯原被告,二、传证人证明,三、勘查实际情形,四、审查证物、赃物,五、征求群众和群众团体的意见,并动员他们收集材料,六、讨论、分析研究。"其次,明确了废止肉刑,禁止刑讯,重证据不重口供、原被告有证明责任、证人有作证义务、鉴定人应认真鉴定、审判人员在必要时应对现场进行勘验等证据规则;最后,规定了法庭对证据审查判断的基本原则:"审判员审理案件,以真实发现为判决之根据……对供词采纳,应辨明真伪,分别取舍。"并强调逮捕、审判和定案必须有确实的证据。

解放战争时期的证据制度比抗日战争时期又有发展。这主要表现在两个方面:一是在证据指导原则方面有新的规定。除了继承抗日战争时期有关法律、法令、条例、决定等规定的废止肉刑,严禁刑讯逼供,重证据不重口供等内容之外,还特别强调依靠群众,走群众路线和实事求是,忠于事实真相。二是开始对侦查、起诉、审判各阶段各自如何收集、固定、保全、审查判断和运用证据作出了明确规定。

(二)中华人民共和国民事证据制度的初步创制

1949 年 2 月,中共中央发布了《关于废除国民党的六法全书与确定解放区的司法原则的指示》。它不仅明确提出了"国民党全部法律只能是保护地主与买办官僚资产阶级反动统治的工具,是镇压与束缚广大人民群众的武器","国民党的六法全书应该废除",而且要求"人民的司法工作不能再以国民党的六法全书为依据,而应以人民的新法律作为依据"。"目前在人民法律还不完备的情况下,司法机关的办事原则应该是:有纲领、法律、命令、条例、决议者,从纲领、命令、条例、决议之规定,无纲领、法律、命令、条例、决议规定者,从新民主主义政策。"上述指示,不仅为司法机关依据何种根据办案提供了准则,而且也为发展中华人民共和国的证据制度指出了明确的方向。中华人民共和国成立后,为了保障镇压反革命的运动沿着正确的轨道进行,党中央强调各地司法机关对反革命残余分子"务必谨慎从事,务必纠正一切草率从事的偏向"。

1950 年 7 月颁布的《中国人民法院组织法暂行大纲》第 6 条规定:"在进行审判时,不应仅凭诉状、供词与辩论作为裁判之根据,应对案件切实进行调查,以期获得全部事实真相和充分证据,再依据新民主主义法令与政策,用公正的精神,独立审判。"1950 年东北人民政府司法部将各级人民法院在诉讼程序上的实际经验及该部关于诉讼程序的零星指示汇集起来,编纂成《关于诉讼程序的几个问题》,下发到下属的各级人民法院参照执行。该文件第 1 条规定："法院判案应调查研究,根据证据。对证据之取舍,由法院依案件之具体情形,分别为之,不受任何形式之拘束。"第 2 条规定："证人证言,鉴定之意见。证物,检验笔录,群众意见,其他与案件有关的书面文件,及被告之供述,均有证据之效力。"这些有关证据的规定,不仅继承了新民主主义革命时期证据制度中行之有效的成功经验,而且在许多方面还有了进一步的发展。1954 年 6 月通过的我国第一部《宪法》有力地促进了我国诉讼制度和证据制度的发展。

中华人民共和国成立以来至"文化大革命"前这段时间,民事证据制度也有了发展。1950 年 12 月 31 日,中央人民政府法制委员会草拟了《中华人民共和国诉讼程序通则(草案)》。通则第 40 条规定:"……民事案件的诉讼人应就其主张的事实,举出证明方法(书面证据、证物、证人、勘验、鉴定等),法院亦应调查事实,搜集、调查证据。法院认定事实,应凭证据,不应单凭诉讼人的陈述。"第 41 条规定:"人民法院审判案件不应对于诉讼人的一方专注意于其不利的事实和证据,或专注意于其有利的事实和证据,而应全面考虑,分别斟酌,综合考虑,以求得真实。诉讼人未曾主张的事实或权利,法院亦得斟酌具体情况,予以裁判。"1956 年 10 月,最高人民法院印发了《关于各级人民法院民事案件审判程序总结》,系统地总结了办理民事案件的经验,对如何调查、收集、固定、保全、审查判断和运用证据做了明确规定。在此基础上,1957 年最高人民法院制定了《民事案件审判程序(草案)》,明确规定:"证据应由当事人提出,人民法院为了查清案情,必要时应当主动地调查、搜集证据,并可进行鉴定……","调查中,对审理前搜集的证据和当事人在审讯中提出的新证据都应当加以审查……"。上述规定,对保证民事诉讼的正常进行起了重要的作用。

"文化大革命"期间,林彪、江青反革命集团疯狂地破坏社会主义法制,对广大干部和人民群众实行封建法西斯专政。他们在司法上实行唯心主义和形而上学,叫嚣"办案要立足于有,着眼于是",恢复封建社会的"一人供听,二人供信,三人供定",私设公堂,刑讯逼供,伪造证据,制造冤假错案。中华人民共和国成立十多年来总结、制定出来的行之有效的刑事证据制度和民事证据制度都遭到了严重破坏。自 1976 年粉碎江青反革命集团以来,特别是党的十一届三中全会以来,社会主义法制得到了恢复和加强。审判工作逐步走上了正常的轨道,立法工作蓬勃开展,证据制度也开始逐渐恢复起来。

综上所述,中华人民共和国的证据制度是在马列主义、毛泽东思想的指导下,在总结了自红色政权建立以来的几十年人民司法实践经验、教训的基础上创立和发展起来的。随着社会主义物质文明和精神文明建设的发展以及司法实践的发展,我国的证据制度也逐渐得以成型与发展。

二、1982 年《民事诉讼法(试行)》中的证据制度

1982 年 3 月 8 日,中华人民共和国第一部民事诉讼法,即《中华人民共和国民事诉讼法(试行)》颁布了。该法有关证据制度的规定共 24 条。与此前 1979 年颁布的《中华人民共和国刑事诉讼法》相比,从证据制度方面看,在总结司法实践经验的基础上,又增加了一些新的内容,使证据制度进一步得到了发展。例如,在证据种类中,新增加了"视听资料"。在提交物证和书证问题上规定:"书证应当提交原件,物证应当提交原物。提交原件或原物确有困难的,可以提交复制品、照片、副本、节录本。提交外文书证,必须附送中文译本"等。但总体上说,这部法律确立的证据制度与刑事诉讼中的证据制度仍是没有区分的,仍是非常粗疏的,并带有较明显的职权主义色彩。[①]

(一)民刑不分的一元化证据制度

从各国民事诉讼立法体例看,对民事证据制度的安排有三种方式,一是规定在民事诉讼法的总则或通则中,二是规定在民事诉讼法的第一审程序中,三是制定单独的证据法。综观当今世界各国立法体例,其民事证据制度各有特点。比如,单独制定证据法的英、美等国,因案件事实多由陪审团作出裁决,其证据法的内容主要是关于证据的可采性规则,其证据制度有相对独立性,与审判制度并非完全一致。将证据制度规定在第一审程序中的国家,一般是第一审法院负责审查证据,第二审法院只根据第二审程序的有关规定审查证据,原则上案件的事实由一审法院负责。罗马尼亚、匈牙利、日本等国就是这种立法体例。法国的民事诉讼法在通则中对证据问题做了一般规定,对一切法院具有适用性,但上诉法院只审理上诉要点,并不要求二审同一审一样全面贯彻证据制度。苏联将证据制度列入民事诉讼法总则之中,作为诉讼上的一项基本制度。由于其诉讼模式上的职权主义传统,二审对上诉案件的审理不受上诉、抗诉范围的限制,对一审法院认定的事实进行全面的审查,但是上诉法院不同于一审法院,一般不收集、调查补充证据,是就案卷中现有材料和当事人及其他诉讼参加人提出的补充材料进行审查。

我国 1982 年《民事诉讼法(试行)》受苏联民事诉讼法的影响较大,不但将证据制度作为一项基本制度列入总则,而且在基本原则的指导下,全面地贯穿于各种诉讼程序。我国《民事诉讼法》的基本原则中规定,人民法院审理民事案件,必须"以事实为根据,以法律为准绳"。根据这个原则,不论哪一个审级的人民法院审理民事案件,都必须以事实为根据。反映案件的事实,必须借助于证明手段,以一切证明手段全面、客观地揭示案情,才能做到以事实为根据。为此,我国民事诉讼法中

[①] 本部分内容较多参考刘家兴:《我国民事诉讼证据制度的主要特点》,载《法学研究》1986 年第 3 期。

证据一章,集中规定了民事诉讼证据制度,适用于各种诉讼程序,不论第一审诉讼程序,第二审程序,还是审判监督程序,无一例外地全面加以贯彻,不因审级不同,而在适用证据制度上有所区别。

我国这一时期的证据制度在内容方面体现为三大诉讼法统一规定的证据制度的基本框架。这种"大一统"证据制度没有针对不同诉讼案件的特点规定不同的制度。在证据概念、证据收集审查、证明标准及证明程序等方面在三大诉讼法中基本都是统一的规定。

(二)客观真实证据观念的初步形成

试行《民事诉讼法》第 56 条第 1 款规定:"当事人对自己提出的主张,有责任提供证据",第 2 款规定:"人民法院应当按照法定程序,全面地、客观地收集和调查证据"。即第 1 款是对当事人的要求;第 2 款是对人民法院的要求。即既要求当事人提供证据,又要求人民法院全面、客观地收集和调查证据,调动当事人和人民法院两个方面的积极性,以保障利用充分的证明材料,全面揭示案件的客观真实情况,这是我国民事诉讼证据制度的一个突出特点。在外国,民事诉讼证据或者完全由当事人提供,或者原则上由当事人提供,法院只进行补充性的收集、调查。而不是一方面要求当事人提供证据,另一方面又同时要求法院全面、客观地收集、调查证据。在美国,证据完全由当事人自己提出,多由陪审团审理后作出判断。在日本,案件事实由当事人提供证明和释明,法院只是通过庭审的方式进行调查。在法国,证据由当事人提出,法院采取预审的办法进行查证。在苏联,证据由当事人和其他参加人提供,如果提供的证据不充分,法院责令其提供补充证据,或者由法院主动收集补充证据。在匈牙利与蒙古人民共和国,证明案件事实的证据,原则上由当事人提出,法院认为需要时也可以收集。由当事人提供证据,或者原则上由当事人提供证据,二者虽有明显的区别,但在不同程度上都受着处分原则的支配,即使有些国家规定,法院可以依职权主动收集证据,也只是在当事人提供证据不足或者是对局部证据采用的原则,法院并非全面、客观地收集和调查证据。

1982 年《民事诉讼法(试行)》既要求当事人提供证据,又要求人民法院收集和调查证据,正是要发挥两方面的积极性,从不同的角度以充分的证据来揭示案件的客观真实情况。在当事人提供证据与人民法院收集和调查证据的关系上,应当是在实事求是的原则基础上,两个方面积极性的结合,而不是缩小某一个方面。所谓两个方面积极性的结合,即当事人从诉讼的开始到整个活动过程,在人民法院的指导下,全面、客观地积极提供证据,供人民法院尽快查明案情。而人民法院在发挥当事人提供证据积极性的同时,全面、客观地收集和调查证据,使当事人提供证据与人民法院收集、调查证据,统一服从于对案件客观审理的需要。认为人民法院只有收集部分证据的任务,或者只是收集当事人无法提供的那些证据,也是不正确的。对某个具体案件,就全部证据看,人民法院收集和调查的证据可能是部分的,但如果能用以调查案情,应该说是全面、客观地收集和调查了证据,因为部分是相对全部而言的,当事人提供一部分证据,人民法院收集和调查一部分证据,构成揭示案件客观真实情况的全部根据,这是事实,也是正常的。某些证据当事人难于提供,或者自己根本无法提供,如某些专门性的鉴定结论,勘验笔录等,只能由人民法院收集和调查,这也是事实。但是,不能因此就认为,人民法院只有收集部分证据的任务,或者只是收集当事人无法提供的证据。人民法院全面地、客观地收集和调查证据,是以全面查明案情为基点的,既不受任何范围的限制,也不以任何条件为前提,对当事人未提供的证据应当收集和调查,对当事人已提供的证据也有权审核和调查,而不只是收集当事人尚未提供和无法提供的某些证据。

(三)证据调查收集上的职权主义

在民事诉讼证据制度中,也有所谓当事人主义与职权主义之别。有些国家以当事人主义为原则,诉讼资料的提出任凭当事人之自由,法院原则上不加干涉。有些国家以职权主义为原则,对证据问题做一些具体规定,使当事人提供证据有所遵循。有些国家在确定当事人及其他诉讼参加人提供证据的原则下,确定了国家的干预,即在当事人提供证据不足的情况下,法院可主动收集补充证据。

我国 1982 年《民事诉讼法(试行)》中的民事证据制度,贯彻了国家干预的原则,否定了当事人主义和职权主义的传统理论,确定了民主原则与国家干预原则相结合的证据制度,视当事人提供证据主要是他的权利,当其提供证据不足时,法院可责令其提供补充证据,或者法院主动收集补充证据。上诉法院审理案件不受上诉、抗诉范围的限制,证据的提出与运用,证明材料是否客观真实,法官有权过问,因证据问题而发生错判的案件,法院也可以依职权决定再审。在民事证据制度中,贯彻国家干预原则,无疑是一个发展,其基点在于案件的证明材料与案件的客观真实情况,尽可能地相一致,追求事物的客观真实性。

我国民事诉讼证据制度,在充分肯定民主原则的同时,始终贯彻国家干预的原则,在民主原则与国家干预原则的结合上,以国家干预原则为主导,国家干预只服从于对案件依法审判的需要,而不受任何前提条件的限制。比如,诉讼开始时,原告应当提出证据,被告应当提出答辩状,但原告未提出证据的,并非一概不予受理,被告未提出答辩状的,并不影响人民法院对案件的审理,诉讼开始后,当事人可以对自己的主张提供充分的证据,人民法院根据案件的需要,全面、客观地收集和调查证据。人民法院收集和调查证据,既不以当事人提出申请为前提,也不以当事人提供证据不足为条件;在诉讼过程中,人民法院可以告知当事人提供有关证据,当事人也可要求人民法院收集有关证据,并以自己的举证为人民法院调查证据提供线索;当事人未提出的证据,人民法院可以收集;当事人已提出的证据,人民法院有权进行调查;当事人拒绝陈述的,不影响人民法院根据证据确定对案件事实的认定。人民法院在证据问题上的积极主动作用,体现国家干预,在诉讼过程中自始至终贯彻国家干预原则,是我国试行《民事诉讼法》中民事证据制度的重要特点。①

（四）证据发现与提供渠道的社会性

相对于西方国家证据制度的日益专业化、专门化与专家化,我国试行《民事诉讼法》确立的证据制度,在证据的发现与提供上还体现出广泛社会性的特点。证据制度的社会性是我国传统上的"群众路线"及现代"司法大众化"的体现。证据制度虽然是诉讼中的一项制度,但贯彻证据制度必须认真依靠群众,也只有将证据制度建立在社会广泛支持的基础上,才能充分依靠群众,全面、客观地收集和调查证据,实事求是查明案情。证据制度的社会性主要表现在三个方面:第一,在证人范围问题上,许多国家都有限制性的规定,如亲属或者与当事人有利害关系的人不能作证,或某些职业人员基于一定的原因可以拒绝作证。还有的规定法院可以限定提出证人的人数,而在我国无此类限制,而是规定"凡是知道案件情况的人,都有义务出庭作证"。并且将证人作证与其所在单位负责人支持作证结合起来,以取得广泛的社会支持。此外,我国民事诉讼法上关于单位可以作为证人的规定也是世界证据法上的独特规定。第二,在鉴定人的选任上,在外国一般由法院指定鉴定人,而在我国一般是人民法院通知有关部门,由有关部门指派有专业知识的人担任鉴定人,并且要求鉴定人所在单位在鉴定结论书上加盖公章,使鉴定工作获得社会的支持。第三,在勘验物证或现场取证时,在外国,只是当事人和有关人员参加,而在我国还邀请当地基层组织或者有关单位派人参加,有关单位和个人根据人民法院的通知,有义务保护现场,协助勘验工作,被邀请参加的人应在勘验笔录上签名或盖章。

将证据制度建立在社会广泛支持的基础上,是由人民司法制度的性质所决定的,也是人民司法工作的优良传统。有学者认为,这一特点体现了为人民立法,为人民司法,依靠人民群众维护社会主义法制。我们办理民事案件,历来是依靠群众,调查研究,并尽可能走出法庭,就地审判,利用多种渠道,争取社会的广泛支持,保证实事求是、全面、客观地查明案情。

三、1991 年《民事诉讼法》中的证据制度

（一）相对独立的民事证据制度的形成

1991 年《民事诉讼法》制定后,我国民事证据制度开始走上与刑事证据制度相区分的独立发展道路。很多学者在看到民事诉讼证据与刑事诉讼证据具有共性的同时,更要看到民事诉讼证据与刑事诉讼证据之间存在较大的差异。

第一,证据的直接目的和作用不同。民事诉讼证据的直接作用是"查明事实,

---

① 刘家兴:《我国民事诉讼证据制度的主要特点》,载《法学研究》1986 年第 3 期。

分清是非，正确适用法律"，其目的是正确处理民事案件和经济纠纷案件；刑事诉讼证据的直接作用是"准确、及时地查明犯罪事实，正确应用法律、惩罚犯罪分子，保障无罪的人不受刑事追究"，其目的是查明犯罪事实，惩罚犯罪分子，维护社会主义的正常秩序。第二，证明对象不同。民事诉讼的证明对象是当事人主张的实体法上的事实、诉讼法上的事实和证据事实等，刑事诉讼的证明对象是犯罪事实等。第三，举证责任不同。民事诉讼的举证责任，按照我国民事诉讼立法规定，实行当事人举证，即民事诉讼当事人对自己提出的主张，有责任提供证据，人民法院应当依照法定程序，全面地、客观地收集和调查证据。民事诉讼的举证责任是民事诉讼证据的核心问题，采取什么样的举证责任原则，直接关系着民事审判活动的程序、方式、效率、质量。因此，民事诉讼举证责任研究的内容广泛，包括举证责任的含义、举证责任的主体、人民法院收集调查证据与当事人举证的关系、举证责任分担原则、不负举证责任的后果、举证责任倒置理论等。而刑事诉讼一般由司法机关承担举证责任，被告人不负举证责任。刑事诉讼举证责任的内容，仅限于举证责任的主体等少数问题。显然，民事诉讼举证责任比刑事诉讼举证责任复杂、涉及面广。第四，证据种类不完全相同。例如，我国民事诉讼立法将视听资料作为一种独立的证据种类，而在刑事诉讼法中，视听资料属于书证、物证，不是独立的证据。此外，民事诉讼有当事人陈述这一证据种类，没有被告人的供述和辩解这一证据种类，而这两种证据完全不同。还有，民事诉讼不存在检查笔录这一证据种类，而在刑事诉讼中，检查笔录和勘验笔录一样，是一种证据。第五，证据的运用规则不同。两种诉讼收集、调查证据的主体不同。民事诉讼中当事人负有举证责任，必须收集、提供有关证据，人民法院也要按法定程序收集、调查证据。在刑事诉讼中，收集、调查证据主要由人民检察院和公安机关进行，审查、判断证据主要由人民法院进行，被告人不收集、调查、提供证据。而且，收集、调查证据的方式不同。刑事诉讼中的司法机关一般采用讯问被告人、扣押物证书证、侦查实验以及搜查等方法收集、调查、获取证据，而民事诉讼不能采用以上方法收集、调查证据。此外，运用证据的程序不同。刑事诉讼分为立案、侦查、提起诉讼、审判等几个阶段，收集、调查证据主要在立案、侦查等阶段进行，审查判断证据主要在审判阶段进行。民事诉讼中，原告起诉、法院受理案件后，调查、审查、判断证据的活动就开始了，直到判决作出。第六，运用证据的原则不完全相同。在刑事诉讼中，公检法三机关相互制约、相互配合是重要的运用证据的原则，而民事诉讼运用证据时，不强调这些原则。

(二)客观真实证据观念的更新

证据制度与诉讼制度之间具有非常密切的关系，证据制度的变革也来自审判观念的更新。1991 年《民事诉讼法》强化当事人举证责任，意味着不再强调法院调查取证，而是要将庭前的调查取证活动限制到最低程度。在大多数情况下，法院将依照双方当事人所提供的证据，在审查判断的基础上作出定案结论。但这就涉及还要不要发扬调查研究的优良传统,要不要坚持实事求是的审判原则的问题。如果不从认识上对这个问题加以解决,强化当事人举证责任在实践中就会大打折扣。

实事求是原则,作为辩证唯物论的根本指导思想,对民事诉讼制度的指导作用是不容置疑的。但是也必须看到,诉讼制度有其特殊性,实事求是原则并不能取代或否定反映诉讼特殊规律的一系列原则,这是因为诉讼过程具有双重性,一方面,它是查明案件事实真相的认识过程,另一方面又是对案件事实进行法律评判的过程。作为认识过程,如果被认识的事物无法确定,就不能武断地作出结论;但作为法律评判过程,司法机关对所受理的案件都应作出明确结论,且必须在法律规定的期限内完成,不能无限期地拖延。要将这对矛盾统一起来,就必须对实事求是在民事诉讼活动中的具体运用有一种科学、理性的认识。首先,实事求是作为一个可操作的诉讼概念,它是说,审理案件必须以事实为根据,而法院所确认的事实,又必须要有证据,而且证据要有充分或相当充分的证明力。任何事实只要缺乏证据或证据力不足,法院在审理中都将不予认定,即使这一事实确实客观存在。其次,实事求是作为运用证据的一项总的指导原则,它确认了法院应尽力寻求案件绝对真实的价值取向。但是由于各种主客观因素的影响,要求司法人员对案情、证据做到绝对正确的认识是相当困难的,大部分案件只能做到接近或逼近客观真实。因此,实事求是在诉讼活动中只能是一种追求客观真实基础上法律真实的原则,不可能有一种绝对真实的标准。再次,由于调整范围和保护对象不同,民事诉讼和刑事诉讼有着不同的证明标准。刑事责任关系到公民的自由和生命,如果出错,可导致一个无辜的人身败名裂,因而务求定罪准确。这就决定了刑事诉讼的证据标准要求较高、较严格。而民事诉讼则主要是涉及"私人"之间的诉讼,法律力求在私人之间实现公道,然而这种公道只是相对的,从一定意义上讲,民事诉讼不存在对与错的概念,它所确立的只是一种以牺牲个案真实为代价来保证案件普遍的实体真实的中性原则,很显然,它对证据标准的要求相对较低。在民事诉讼中,某些当事人由于不能举证而丧失法律保护,从法律的角度看,这是他轻率和疏于法律保护意识所付出的代价,只能由自己承担。

(三)强化当事人的举证责任

改革开放之前,受苏联诉讼制度的影响,我国民事诉讼证据制度长期实行的是一种以法院调查取证为主、当事人举证为辅的双轨制,体现了较浓郁的国家干预主义和职权主义色彩。1982 年试行《民事诉讼法》也强调当事人举证,问题在于它把举证责任作为一种诉讼义务而不是一种实体责任规定的,但这一时期所谓的举证责任在实践中基本被理解为提供证据的行为责任。代表性观点认为:举证责任是指诉讼当事人应就他所主张的权利或防御方法所依赖的事实提出证明。民事诉讼通常有三个角色,即原告、被告和负责宣告请求有无根据的法官,举证责任旨在解决三者中谁应寻找并提出证据的问题。① 这种理解掩盖了举证责任最本质的内涵,即当事人举证不能时有可能承担败诉风险,造成当事人举证责任在立法上的虚化,使双轨制实质上沦为一种"超职权主义"。的确,当事人举证责任如不以承担一定的法律后果来体现,就不成其为举证责任。在双轨制的模式下,诉讼当事人有理由产生这样一种依赖:即使他不举证,人民法院也有责任全面、客观地调查,收集证据,查明案件事实,保障"有理"的"他"在不举证时获得胜诉,从而丧失举证的积极性,导致举证重心向法院一边倾斜。由此形成的弊端是:第一,导致诉讼效率低下,案件积压居高不下。法院包揽取证的最直接的后果就是使调查取证成了法院工作的重心和审理案件的代名词,调查取证的结束往往也就意味着案件审理的实际终结,但是,在双轨制模式下,由于当事人没有举证压力,不能有效地配合法院的工作,调查取证并非易事。有的案件一波三折,有的案件查无对证,人民法院在那些子虚乌有的证据和无休无止的缠诉中消耗了大量的时间和精力。低效率带来的连锁反应是,由于诉讼费时费力,人们对通过民事审判解决纷争的期望降低,开始出现一种摆脱法院,谋求诉外解决的消极倾向。第二,加重了人民法院本来就已十分紧张的经费负担。民事诉讼主要是关于当事人之间的是非之争、权益之争的诉讼,诉讼费用理应由当事人自己承担,这些费用包括一切为进行民事诉讼所支出的必要费用。人民法院包揽证据调查、收集工作,实际上是代人受过,使一部分应由当事人承担的诉讼费用无端地转嫁给了法院,转嫁给了国家。人民法院并不宽裕的经费在沉重的取证负担面前无疑是杯水车薪。

1991 年《民事诉讼法》朝强化当事人举证责任迈出了重要的一步。该法第 64 条规定:"当事人对自己提出的主张,有责任提供证据,当事人及其诉讼代理人因客观原因不能自行收集的证据,人民法院应当调查收集。人民法院应当按照法定程序,全面地客观地审查核实证据。"与旧法相比,新法文字改动并不多,但原则改动不小。第一,新民事诉讼法将原来的全面、客观地收集、调查证据改为全面、客观地审查核实证据,这表明,在今后的诉讼格局中,人民法院的主要任务将是审查判断证据,在收集、调查证据方面,将退居次要地位,而以当事人为主。第二,限定了人民法院需查证的情形。强调当事人举证,并不完全排斥法院主动调查证据。这表明我国法院在证据取得上已从全面查证转向有限查证。当事人的举证责任因而得到进一步加强。正如当时最高人民法院院长任建新多次指出:"我们应当进一步强调当事人举证责任,必要时法院可以调查,就是以当事人举证为主,法院调查为辅,应尽快建立这样一个制度,决不能再停留在全部证据或主要证据、大部分证据都由法院、法官列举的老方法上。"很显然,强化当事人举证责任已成为当前人民法院审

---

① 郭玉元:《论强化当事人举证责任——兼论民事诉讼证据制度的完善》,载《法治论丛》1993 年第 5 期。

判方式改革的一项主要议题。

(四)证据审查判断规则的建立

强化当事人举证责任,意味着人民法院今后将把主要精力放在审查判断证据上,因而有必要建立证据接纳、证据排斥、证据推定等一系列查证规则。一定的查证规则之所以必要,乃在于:一方面,有利于人民法院在某些案件中直接根据双方当事人提供的证据作出结论,从而避免不必要的查证;另一方面,有利于人民法院在双方证据矛盾而又无法查实的情况下,正确确定举证负担,从而避免不必要的自由裁量。翻开西方国家的诉讼法,无论是英美法还是大陆法,都重视建立一些必要的证据法则。而长期以来,在这一问题上,我国实际上是采取一种虚无主义态度,我们把法定证据主义斥之于形式主义,把自由心证斥之于主观主义。由于缺少采证规则,不少审判人员对当事人提供的证据把握不准,举棋不定,害怕在真伪俱存的各种证据中审查判断,去伪存真;而是习惯于在查证中,自己去重新调查一遍,造成查证范围过宽,结果又变相地回到了从前的路子上。因此,确立一些必要的证据法则对强化当事人举证责任的改革是非常必要的。从目前看,迫切需要确立这样几项规则,一是建立证据的申请、审查和异议制度,也就是说,对当事人需要通过法院权力介入而收集的证据,由当事人提出申请,法院在审查后作出是否调查取证的决定,如法院认为不属法院调查取证范围,当事人有权提出异议,不提出异议者,在上诉审中将丧失提出这项证据的权力。二是确立书证在证据法上的"证据之王"地位,尤其是在债务、商务纠纷案件中,可借鉴国外的做法,对一定数额以上的金钱债务纠纷,明确规定不得引用口头证言作为证据;除非有对立的书证材料证明该项书证系伪造,书证不能推翻,但这规则不应对抗第三人。三是证据法规则如同所涉及的权利一样,主要是私人的事,不具有公共秩序性质,应允许当事人放弃或作为当事人协议的内容,适用合同自治原则。四是为了督促当事人及时举证,提高一审的价值,对上诉程序中使用新的证据加以限制。总的原则是这些新的证据的存在应是在第一审程序中为现在企图提出上诉的当事人一方所不知道和第一审程序后才产生的事实。特别是要对那些自认在一审中没有说出真情而在上诉审准备说出真情的证人严加限制。在我国还没有证据法及民事诉讼法相关规定及原则的情况下,人民法院有必要也有责任加强这方面的司法解释工作。之后的适用意见从司法解释角度确立了包括自认、推定等五项规则,无疑是个良好开端。

(五)1991年《民事诉讼法》中的证据制度的不足

总体上来说,我国1991年制定的《民事诉讼法》中规定的民事诉讼证据制度仍极不完善,主要表现在:对证据的规定过于原则和简单,而且在某些方面也很不合理,《民事诉讼法》关于证据的规定只有区区12个条文,根本无法涵盖民事诉讼证据制度应有的丰富内容;尽管最高人民法院在《关于适用〈中华人民共和国民事诉讼法〉若干问题的意见》中,对证据问题又做了 9 条解释性规定,并且其他有关法律和司法解释中的个别条款也对证据问题有所涉及,但就总体而言,这些规定都是零零碎碎的,在内容上缺乏系统性、完整性甚至合理性。因此,这种"粗放型"的立法必然会导致司法实践中在诸多关涉证据的问题上,当事人和人民法院均缺乏明确的规范可遵循,具体表现为:当事人举证与法院调查取证的各自适用畛域不清;举证责任分配的界限不明;当事人举证的保障机制欠缺;证人作证制度欠合理;质证制度尚属缺漏;法院对证据的采信和事实的认定缺乏透明度,等等。显然,1991 年民事诉讼立法规定的不足在客观上要求从司法实践中对民事诉讼证据制度予以完善。

从诉讼模式转型的角度来看,改变我国法院传统上的强职权主义,采纳当事人主义的诉讼模式,应当是我国 1991 年《民事诉讼法》立法及民事审判方式改革的基本走向。这就需要不断地弱化法院的负担,强化当事人提供证据的责任。具体体现就是把收集、提供证据的义务划归到当事人的头上,法院只负责审查判断证据。诉讼权利和诉讼义务是不可分割的两个方面:诉讼义务的增加应当同时伴以诉讼权利扩大,诉讼义务的减少必然引起诉讼权利的弱化。这种相互呼应的关系不能人为地予以割裂。我国 1991 年《民事诉讼法》下的当事人就正面临着诉讼义务加大而诉讼权利却被弱化的尴尬局面,即"当事人的举证责任沉重,而当事人的举证权利稀薄"。这种局面的出现并不是改革的方向出了什么问题,而是改革只把当事人主义下的证明责任实实在在地放在了当事人身上,却没有把当事人主义下的调查取证权赋予当事人,从而导致当事人主义诉讼模式被人为地扭曲了。当事人的调查取证权不管是从诉讼模式的角度来看,还是从证据制度的体系来看,都应当说是极为重要的。

证据制度中的很多内容都需要依赖当事人的调查取证权,如举证期限、庭前证据交换、证明责任等。毫无疑问,要求当事人在规定的期限内提交证据、在庭审之前进行证据交换,都是建立在当事人能够迅速地收集到该收集的证据这一基础之上的。若希望当事人能够迅速地收集到该收集的证据,就必须赋予当事人调查取证权,赋予当事人各种有效的证据收集手段。要想证明责任发挥作用,同样离不开当事人的调查取证权。如果证明责任是在当事人因为没有充分的调查取证权、没有有效的证据收集手段而导致案件事实真伪不明时发挥作用,令当事人不得不承担败诉后果的话,这种责任制度明显违背公平原则,损害了当事人的合法权益。1991 年《民事诉讼法》中未制定相对应的保障当事人的调查取证权的措施,是对当事人合法权益的一种忽视。当事人若不对自己的主张做任何证明,或虽加以证明但在辩论结束时其主张的事实仍真伪不明均要承担败诉风险。因此当事人若想排除这种风险就必须提供证据材料对其主张加以证明,要提供证据材料对其主张加以证明就必须收集证据材料。因此,不管是从实际上,还是从理论上当事人都应当是证据材料的收集主体。立法没有就当事人收集证据材料的程序作出规定确是事实,但这一立法缺陷并不能成为否认当事人是证据材料收集主体的理由。

有学者早就指出了我国民事诉讼证据的研究现状不能满足民事、经济审判实践的要求,而民事、经济审判实践呼唤着民事诉讼证据法学早日诞生。民事诉讼证据法学有自己的概念、研究对象和科学体系,它的创立有其历史必然性和现实可行性,是其他任何法律科学无法替代的。民事诉讼证据法学应当成为一门独立的法律科学。民事诉讼证据法学的创立,必将引起民事、经济审判的一场革命。[①]

四、民事审判方式改革对证据制度的探索

从 20 世纪末我国法院系统所进行的审判方式改革实践来看,证据制度的缺陷已经成为制约改革向纵深发展的一个瓶颈问题。肇始于 20 世纪 80 年代末的民事审判方式改革,最初的动因在于试图通过强调当事人的举证责任来解决因民商事诉讼案件数量激增与法院的审判力量相对不足之间的矛盾,以便缓解法院及其法官调查取证的负担,提高诉讼的效率。但是,由于举证责任制度在证据制度中所占的核心地位以及证据制度本身在整个民事诉讼制度中所处的核心地位,因而举证责任制度的改革必然会牵涉当事人举证与法院查证的关系,质证制度、认证制度,合议庭和独任审判员的职责权限等各方面的庭审改革问题,并进而波及整个民事审判制度乃至司法制度的改革。而这些制度的改革又反过来对民事诉讼证据制度提出了更高的要求。在此种情况下,各地法院便纷纷突破现行证据立法的规定而出台了自己的民事诉讼证据规则。这些证据规则既不是国家的法律,也不属于司法解释的范围,但它实实在在地成为地方法院的"民事证据法",并在案件审理实践中各行其是,造成了证据问题上极其混乱的局面。因此,完善民事诉讼证据立法,以便规范法院的审判行为和当事人的诉讼行为,推进民事审判方式改革向纵深发展,便成为当务之急。[②]

在民事证据的规范性依据方面,尽管立法机关自 1991 年后未对民事证据制度作出修订,但这一实践性极强的制度伴随着司法实践在不断地发展,这主要是通过最高人民法院的司法解释逐步发展的。这方面的司法解释集中地反映在 1992 年发布的《关于适用〈中华人民共和国民事诉讼法〉若干问题的意见》及 1998 年发布的《关于民事经济审判方式改革问题的若干规定》(以下简称《审改规定》)中。《审改规定》绝大部分其实都是关于证据制度改革的内容。对"当事人举证和法院调查收集证据问题""改进庭审方式问题""对证据的审核和认定问题""加强合议庭和独

[①] 姜亚行:《民事诉讼证据法学初论》,载《法律科学》1991 年第 3 期。

[②] 关于此一时期证据制度的实践探索的总结,参见江苏省高级人民法院研究室:《民事诉讼中的证据制度》,载《人民司法》1997 年第 5 期。

任审判员职责问题"等做了详细规定。但现在看来,稍显不足的是,我国从 20 世纪 80 年代末期开始起动的司法制度改革,其中心依然是强调当事人的举证责任,而始终忽视当事人履行举证责任的权利保障和程序保障。作为第一轮司法改革成果的结晶的《审改规定》虽然着重强调了当事人的举证责任,并对证明责任分配规范作出了原则性的规定,但对于调查取证权方面的规定,却仍然把重点放在了法院身上,都未对当事人调查取证权的程序保障作出规定。这无疑是证据制度改革中的一个明显缺陷。1999 年最高人民法院《人民法院五年改革纲要》提出:"民事、经济审判方式改革要进一步完善举证制度,除继续坚持主张权利的当事人承担举证责任的原则外,建立举证时限制度,重大、复杂、疑难案件庭前交换证据制度,完善人民法院收集证据制度,进一步规范当事人举证、质证活动。"通过司法实践确立新的证据规则,在一定程度上弥补了《民事诉讼法》证据规则过少的缺陷。

本轮司法改革的焦点当然是作为审判方式改革核心内容的庭审方式改革。为提高审判公正性和审判效率,法院着力于将此前形式主义的庭审改造为实质的集中庭审,探索了使庭审实质化的多种方式。审判方式改革以来,很多法院试点推行了直接开庭的做法,这在很大程度上减轻了法院的负担,提高了审判效率。但这主要还是针对简单案件而言的,对于较为复杂的案件,直接开庭的比率还不高。主要是因为法官在开庭前不接触当事人,对双方争执的事实上及法律上的焦点、难点和疑点没有较为充分的预见,庭审难免带有盲目性,有时甚至会漏审关键的事实,或听任当事人在细枝末节的问题上纠缠不休;庭审前,一方对他方所掌握并准备在开庭时出示的证据未能接触和研究,庭审中对于突然提交的证据材料很难有效地开展质证。为保障庭审实质化和有效率地进行,随着改革的深入,必然要求相应的证据制度方面的建设,具体来说,主要包括以下几个方面的内容:

(一)庭前听证与证据交换制度

关于庭前听证的内容及运作方式,在改革的探索阶段,各地做法不太一致,有法院认为有适当加以规范的必要。庭前听证会由独任审判员或合议庭根据案情的疑难程度决定并征得庭长同意后进行。这样既可以充分考虑到审理案件的实际需要,又可以适当制约以防止听证范围的任意扩大。听证会应由独任审判员或合议庭中的案件承办人召集主持。那种由书记员代为召集主持并兼作记录的做法应当予以纠正。听证的范围应界定为案情疑难复杂的案件。庭前听证的范围不能任意扩大,更不能把庭前听证误认为是必经程序。庭前听证的任务主要是理清焦点、明确重点,由当事人确认无争议的事实和证据,听取当事人所争议的事实并审核有异议的证据,指导其进一步举证,确认人民法院应依职权查证的范围。听证可按照下述顺序进行:当事人及第三人陈述自己的主张、诉讼请求及理由、答辩及反驳理由、诉讼意见;当事人出示证据;当事人相互交换证据,对对方证据作出认可或不认可的明确表示并阐明理由;必要时法院可以引导当事人围绕有争议的事实和证据进行预辩论；审判人员认真听证，指导当事人在规定期限内进一步举证；审判人员认为已经达到听证目的即可终结听证，并由当事人审阅笔录后签字确认。

关于交换证据副本制度，审判实践中不少当事人及其诉讼代理人往往留一手，把某些证据当成秘密武器，在庭上搞突然袭击，这样显然不利于深入质证，不利于审判人员当庭认证，亦不能公平地保护当事人双方的诉讼权利，因而有法院认为这方面的改革探索对于抗辩式诉讼的深入开展是必要的和有益的。但是，改革与探索不能超出法律规定的范围。因此，我们只能要求双方当事人尽可能地将有关证据在庭前听证会上出示并与对方当事人进行证据副本交换，未作交换而当事人要求在庭审中出示的仍应准其出示，但对方当事人确有与此相关的对抗证据需要调取的，亦应准许。对于因此而延误结案时间、增加诉讼开支的，可对有错误的一方当事人进行批评教育或训诫，亦可逐步探索让其承担有关经济责任。

(二)举证责任制度

审判方式改革以来，各级法院注意强调当事人的举证责任，并明确举证不能所应承担的诉讼风险，使民事诉讼法规定的举证责任原则逐步落实。

一是强化当事人的举证责任，弱化法院的查证工作。审判方式改革初期，学界已有学者引进了大陆法系国家的现代证明责任制度，并在司法实践中产生重大影响。根据这一理论，举证责任应在诉讼过程中被合理分配并适时转换。在主张方完成举证后，举证责任即应适时地转移到辩方，由辩方对诉方证据进行反驳或提出对抗性证据。但实践中有些审判人员对举证责任的分担和转移把握不准，如不少人身损害赔偿案件在被告赖账而又没有旁证人在场的情况下，要求原告拿出摄像式的直观证据来证明损害确系被告所致即属苛求，以致不少当事人感到有理没法说，从而在一定程度上和一定范围内损害了人民法院的威信。因此，要正确处理好举证责任的合理分担，尚需提出证明责任分配的原则性规则。激进的改革观点一度认为，审判方式改革就是要"坐堂问案"，举不出证据就驳回诉讼请求，因而对一些当事人自己确实不能取得证据的案件，采取一推了之的态度，致使当事人的合法权益得不到及时有效的司法救济，掩盖并加剧了当事人之间的矛盾。尤其是在广大农村地区当事人文化素质、法律素质普遍较低的情况下，对于当事人因客观原因确实不能自行收集的证据，或人民法院认为需要自行收集的证据，审判人员仍应抱着对案件事实负责、对当事人负责的态度，依职权认真调查收集，尽可能妥善公正地处理好每一个案件，以平息纠纷，化解矛盾，维护社会稳定。

如针对证人不愿作证问题，改革探索了保障证人作证的多方面措施。证人不肯作证，更不肯出庭作证，已是多年来困扰审判工作的一个难题。其原因是多方面的，主要是证人怕卷入矛盾，不愿得罪人；有的当事人扬言报复证人；证人的有关费用无法列支；证人怕耽误时间影响自身事务等等。有的地方还出现了证人以证据或证据线索为筹码向一方当事人索取金钱回报的问题。对于这些问题，有法院认为首先是加强对证人的保护，对于那些报复或扬言报复证人的当事人，要坚决采取制裁措施，决不能听之任之；其次是要落实好证人出庭作证的有关经济开支如误工费、车船费、食宿费等，这类费用目前可先由一方当事人垫交法院，由法院向证人支付，案件审结后作为其他诉讼费用由败诉方承担；再次要做好证人的思想工作，宣传每一个公民都有出庭作证的法律义务。对于那种以证据或证据线索为筹码向当事人索要钱财的现象，要将其视为妨碍民事诉讼的行为，采取有力措施加以制止。

二是重视论证与建立可操作性证明标准。当事人向法庭举证只是一种手段，其目的是要证明其诉讼请求所依据的案件事实存在。有些证据是能够直接证明案件真实情况的，而大多数的证据则是间接说明案情的，这就需要逻辑论证。它与举证一样，同样是当事人的责任，谁举证，谁就有责任证明该证据能证实或说明什么。在庭审实践中，不少审判人员往往不注意这一点，因而使庭审显得枝蔓繁杂，且缺乏理性色彩。诉讼模式与审判方式从职权主义向当事人主义转型，必然要求强化当事人运用证据支持自己主张的论证责任。而在证明标准的把握上，审判方式改革中法官们日益认识到所谓客观真实的标准缺乏可操作性，因此探索了具体可操作的证明标准。审判实践中绝大多数案件其案情细节甚至关键情节往往是不可能被证据逐一证明的，所以举证充足总是相对的。在这种情况下，审判人员就必须抓基本事实和基本证据，对其进行必要的逻辑分析，从而判明案件的真实情况。只要请求方的基本证据能够证明支持其诉讼请求的基本事实存在并合乎逻辑，就可以认定案件事实的存在。这种从当事人诉讼对抗的程序角度来把握证明标准的做法对此前抽象的客观真实标准也是一次重要的改革。

三是初步形成举证时限制度。最高人民法院《关于执行〈中华人民共和国民事诉讼法〉若干问题的意见》第 76 条规定："人民法院对当事人一时不能提交证据的，应根据具体情况，指定其在合理期限内提交。当事人在指定期限内提交确有困难的，应在指定期限届满前向人民法院申请延期。"这一司法解释在我国首次确立了法院指定举证期限的制度，但对于指定期限前提的一般举证期限恰恰没有规定。在审判实践中，各地举证期限的规定五花八门，由于规定混乱，当事人往往并不认真执行甚至故意不执行，将重要证据攥在手上，待庭审中视情况突然抛出，以便打对方一个措手不及，为其收集对抗证据制造难题。还有的当事人故意在一审中不举证而到二审中举证，人为地将一、二审的裁判效力置于不稳定状态，干扰了审判程序的功能和作用。

（三）当事人庭审质证制度

传统庭审质证中的主要问题，一是质证不深入，流于形式。很多当事人质证时对出证方所举证据仅仅表示否认或怀疑，即将球又踢给出证方，并无休止地要求出证方证明证据的真实性，这是极不合适的。其实每一轮次的质证，如质证方否认或怀疑，应要求质证方运用相关的法律规范、逻辑推理或事实证据来对抗对方所举证据,达到说明或基本说明其无效的程度,该轮质证才算结束。

二是质证冗繁,效率不高。有些审判人员在庭审中对当事人所举证据在庭上逐一质证,而不论其与案情是否紧密关联,且在真实性上纠缠不休。甚至导致了庭审无序化和法官被当事人牵着鼻子走的现象。实践探索认为质证中应重点抓住对案件起关键作用以及相互矛盾和存有争议的证据进行质证。对于当事人在庭审中出示与其诉讼请求没有直接关系的所谓证据应及时制止并加以引导,而不必进入质证程序,以减少无谓的纠缠。

三是划不清质证过程中相互辩驳与辩论程序的界限。多数案件质证中已就有关证据进行过辩驳,而在庭审的辩论阶段双方当事人及其代理人对此又进行重复论述,其实这是没有必要的。应该说质证中的相互辩驳仅是针对所举证据的有效性进行的,而庭审中的辩论则是要求当事人及其代理人运用法庭所认定的有效证据和有关法律法规从总体上对其诉讼请求的合法性进行论述和辩驳。

四是对质证的诉讼意义存在误解。有观点认为,质证与举证一样,既是当事人的诉讼权利,也是当事人的诉讼义务,因而如果质证不能,同样要承担败诉的风险。这种观点已经或正在审判实践中转化为一种审判价值取向,而在某种程度上影响着对案件的判决。有法院认为从本质上讲质证只是通过当事人对对方所举证据的对质和辩驳,提高法庭认定证据的效率,有利于查清事实真相并减轻法院工作负担。除非对方当事人明确认可的,不管当事人对证据能否提出质疑以及质证的结果如何,其证据的效力均需由法庭实事求是地加以判定。如果让质证不能的人承担败诉的风险,就有可能走入巧言善辩者胜的误区。

(四)法院认证制度

当庭认证是审判方式改革实践中的重要探索,是指独任审判员或合议庭在庭审中对当事人所举证据经过双方质证后,对该证据是否具备能证明案情的效力即有效还是无效所作出的认定。法庭认证必须对证据从合法性、关联性、真实性的角度进行综合考察,而不能顾此失彼,并应向当事人明示该证据有效还是无效以及本庭是否予以采纳。当庭认证对于审判人员而言,确是一个棘手的问题。有法院认为解决这个问题的关键,一是尽可能地要求当事人在开庭前全面提交证据副本并与对方当事人交换,审判人员熟悉并研究案情,做好充分的准备工作;二是对较为复杂的案件召开庭前听证会,让双方当事人充分发表自己的意见;三是开庭时要坚持民主集中制,注意发挥合议庭成员的作用,及时交换意见,避免审判长一人说了算,对于认定难度较大的证据亦可短暂休庭,进行讨论;四是实在认定不了的不必强求当庭认证,可在庭后提交审判庭或审判委员会讨论决定。

认证制度的改革还包括认证的方式、认证过程中的说理及认证过程中发现假证、伪证的处理问题。关于认证的方式,司法改革实践中主要形成了综合认证与一证一认两种主要方式。两者各有利弊,可根据具体案情区别对待,而不必强求一律。实践探索经验认为,具有较强的相对独立性的证据,可以一证一认;证据与证据之间具有关联或矛盾、彼此之间有证明作用的,可以分组举证、质证和认证;对于全案证据不多的亦可综合认证。总之每个案件都有不同的具体情况,应分别采取不同方式进行认证,不必拘泥于形式,要以有利于准确认定证据、查清整个案情为目标。

关于认证过程中的说理问题。要让当事人赢得堂堂正正,输得心服口服,就必须说理。实践经验认为,认证中的说理关键是要用一两句话概括说明当事人所举证据为何有效或无效,包括是否合法,如违法违背了哪一条法律;是否与案情相关联;是否能够被证明是真实的等。

关于庭审认证过程中发现假证、伪证的处理问题。审判方式改革实践表明,对构成妨害民事诉讼的假证、伪证行为要坚决采取制裁措施,对情节恶劣的要适用刑法以伪证罪追究;对于律师指导当事人提供假证、伪证的,要加以惩戒,改革过程中各地可探索制定诉讼代理的有关规定加以规范,对违规的可以采取在一定期间内禁止其代理本院案件的办法加以制裁。与当事人、证人串通参与提供伪证的,亦可对其采取民事制裁措施。

五、2001 年《证据规定》确立的现代民事证据制度

证据制度作为我国审判方式改革的一项重要内容,各地法院在改革过程中对其做了大量有益的探索,但同时还存在不少需要进一步研究解决的问题。在审判效率普遍不高的情况下,建立公正、高效、科学的证据制度尤其必要。各地法院围绕着这一核心问题展开了多方面的探索,大大推进了我国民事证据制度的建立与发展,探索了我国民事证据制度的基本框架,并为形成作为第二轮司法改革成果的最高人民法院制定的《关于民事诉讼证据的若干规定》奠定了实践基础。

2001 年 12 月 21 日,最高人民法院公布了《关于民事诉讼证据的若干规定》(法释〔2001〕22 号)(以下简称《证据规定》),标志着我国证据制度正日趋完善和成熟,也将我国的民事审判方式改革推向纵深。《证据规定》是自《民事诉讼法》颁布以来最高司法机关第一次制定专门的、系统的证据规定。1991 年的《民事诉讼法》关于证据的规定仅有 12 条,而这个证据规定有 83 条,极大地丰富了民事审判的证据规则。由于我国目前尚没有统一的证据法典,因此,这个证据规定所确立的一系列证据规则不论是对公民参加诉讼还是法官审理案件都具有非同寻常的意义,是我国在民事诉讼制度与证据制度改革上所迈出的重大步伐。

虽然我国 20 世纪末期法院系统大规模的审判方式改革使其在民事证据制度的探索方面积累了较为丰富的经验,我国学界也积极推动证据法的制定,并实际上

起草了多个证据法草案，①但从国家立法机关的视角来看，在短期内制定民事诉讼证据法典或者统一的证据法典却不大可能，对《民事诉讼法》进行全面修订的条件亦不成熟，因而在司法实践的层面上就产生了一对难以解决的矛盾，即证据规则的粗陋不堪与审判实践的客观需求之间的矛盾。在此背景下，制定统一的、相对完备的证据规则，以便尽快消除民事审判实践中的混乱状态，并为法院和当事人提供据以遵循的明确、具体的证据规范，就成为最高人民法院所必须面对和解决的一个实践性课题。最高人民法院早在1999年公布的《人民法院五年改革纲要》中即提出，要完善我国的民事诉讼证据制度；2000年则将民事诉讼证据问题分解确定为22个重点调研课题；2001年又将起草民事诉讼证据的司法解释作为五项重点改革措施之一。经过广泛调研和论证，《证据规定》于2001年12月21日公布。

从《证据规定》的出台背景来说，它现实地满足了审判实务的客观需要，为民事诉讼中的举证、查证、质证、认证诸过程提供了较为明确、具体的行为准则。但我们应当清醒地认识到，《证据规定》本身远不是尽善尽美的，特别是其中的某些内容显然突破了现行《民事诉讼法》的规定，因而从严格意义上讲，其合法性亦是值得怀疑的。但就总体而言，《证据规定》一方面吸收了之前民事审判方式改革的一些合理成果，另一方面，借鉴了国外民事诉讼证据立法和理论的合理成分。从而初步建构起了我国民事诉讼证据制度的基本框架，主要包括举证责任分配、举证时限制度、证据交换制度、证据失权制度等。

（一）举证时限制度

所谓举证时限制度，是指负有举证责任的当事人应当在法律规定或法院指定的期限内提出用以证明其主张的相应证据，逾期不举证的，则将承担相应不利法律后果的制度。证据交换制度乃是指开庭审理之前，在受诉法院审判人员的组织和主持下，双方当事人彼此交换己方所持有的证据材料的制度。设置举证时限和证据交换制度，目的是促使当事人适时地提出证据并让双方当事人彼此知道对方所持有的证据，防止诉讼突袭，以便实现诉讼公正和提高诉讼效率。对于举证时限和证据交换制度，限于当时的主、客观条件，1991年颁行的《民事诉讼法》并没有作出规定。《证据规定》对这一问题所作的突破性规范，同样是基于诉讼实践和审判方式改革的紧迫需要，当然，与当时理论上的深入探讨和学界的极力倡导也有很大关系。

1991年《民事诉讼法》并没有对举证期限问题作出明确规定。根据《民事诉讼法》第125条第1款"当事人在法庭上可以提出新的证据"之规定和第179条中"有

① 代表性专家建议稿如肖建国、章武生：《民事证据法（建议稿）》，汤维建等：《民事证据法学者建议稿》，毕玉谦等：《中国证据法草案建议稿》，陈界融：《统一证据法》，陈光中：《中华人民共和国刑事证据法专家拟制稿（条文、释义与论证）》，江伟：《中国证据法草案（建议稿）》等等。

新的证据，足以推翻原判决、裁定"时当事人可以申请人民法院进行再审的规定以及其他有关条款，理论上和实务中一般都认为，我国民事诉讼实行的是"证据随时提出主义"，也即当事人不仅可以在庭审前提出证据，而且也可以在庭审过程中提出新的证据，不仅可以在一审程序中提出证据，而且也可以在二审和再审程序中提出新的证据。从民事诉讼实践来看，"证据随时提出主义"确实存在很多弊端，容易造成"诉讼突袭"现象的发生，阻碍了诉讼效率的提高，客观上增加了当事人的诉讼成本支出，并导致人民法院大量重复性劳动，浪费了有限的司法资源，并且破坏了生效判决的既判力，损害了法院裁判的稳定性和权威性。为了克服证据随时提出主义的弊端，以便调动当事人举证的积极性，防止"证据突袭"及提高诉讼效率，对举证时限作出规定，改"证据随时提出主义"为"证据适时提出主义"就成为各地法院审判方式改革的重要内容之一。鉴于上述立法疏漏和实践中的问题，《证据规定》在对《民事诉讼法》第 75 条第 1 款"期间包括法定期间和人民法院指定的期间"之"指定期间"作扩张性解释，并对《民事诉讼法》第 125 条第 1 款"当事人在法庭上可以提出新的证据"之"新的证据"作限制性解释的基础上，本着"证据适时提出主义"，要求当事人必须在一定期间内举证，否则即产生证据失效的法律后果。但必须指出的是，无论是扩张性解释还是限制性解释，实质上都是对《民事诉讼法》现有规定的一种突破。然而从实用主义的角度来看，它在一定程度上又确实具有"完善"和"补充"《民事诉讼法》的功能和作用。《证据规定》规定举证期限的确定方式既可以由当事人协商确定，也可以由人民法院予以指定，也规范了举证时限的重新指定与延长的方式。①

(二)证据交换制度

举证时限制度与证据交换制度是审前准备程序的两项重要内容，二者彼此关联，相互补充，缺少其中任何一项，都会使审前准备程序难以发挥出应有的作用。开庭审理前，双方当事人彼此交换各自所持有的证据，其重要意义就在于：首先，可以借此整理和明确争点，为开庭审理的顺利进行做好准备，以提高诉讼效率；其次，可以防止诉讼突袭，促进诉讼公正的实现；再次，对于一部分案件来说，可促使当事人在审前达成和解，实现案件的繁简分流和纠纷解决方式的多元化。

对于证据交换问题，英美法系和大陆法系国家都有不同程度的规定。特别是以美国为代表的英美法系国家，规定有较为完备的发现程序和证据开示制度。《证据规定》关于证据交换的安排，在一定程度上是借鉴国外民事诉讼立法中证据开示制度的结果。实际上我国证据交换的做法同其他改革举措一样，也是源自司法实践。在民事审判方式改革初期，为落实公开审判原则、强化当事人的举证责任、强

---

① 赵钢：《民事诉讼证据制度的新发展——兼述举证时限与证据交换制度》，载《河南大学学报（社会科学版）》2003 年第 1 期。

化庭审功能,很多法院推行了所谓"一步到庭"的改革。

但随着改革的深化,又发现"一步到庭"的做法存在很多弊端。故此弃用"一步到庭",转而加强和充实审前程序的改革,证据交换制度和举证时限制度即审前程序改革的核心内容。在总结各地经验、借鉴外国立法的基础上,《证据规定》对证据交换的适用范围、时间、次数等问题都做了规定。

关于证据交换的适用范围,《证据规定》第 37 条规定了两种情况:一是经当事人申请,人民法院可以组织当事人在开庭审理前交换证据。这一点体现了对当事人处分权的尊重。二是人民法院对于证据较多或者复杂疑难的案件,应当组织当事人在答辩期届满后、开庭审理前交换证据。

关于证据交换的时间,《证据规定》第 38 条明示:"交换证据的时间可以由当事人协商一致并经人民法院认可,也可以由人民法院指定。人民法院组织当事人交换证据的,交换证据之日为举证期限届满之时。当事人申请延期举证经人民法院准许的,证据交换日相应顺延。"另外,根据《证据规定》第 40 条第 1 款的规定,当事人收到对方交换的证据后提出反驳并提出新证据的,人民法院应当通知当事人在指定的时间进行交换。

关于证据交换的进行,《证据规定》第 39 条要求证据交换应当在审判人员的主持下进行。在证据交换的过程中,审判人员对当事人无异议的事实、证据应当记录在卷;对有异议的证据,按照需要证明的事实分类记录在卷,并记载异议的理由。通过证据交换,确定双方当事人争议的主要问题。

关于证据交换的次数,《证据规定》第 40 条第 2 款规定:"证据交换一般不超过两次。但重大、疑难和案情特别复杂的案件,人民法院认为确有必要再次进行证据交换的除外。"这样规定,既可以防止诉讼滞延,又可以满足特殊之需。[①]

(三)证据失权制度及其例外

举证时限的法律效力是举证时限制度的核心部分,没有关于法律效力的规定,举证时限的指定和商定就很难具有约束力,因此《证据规定》第 34 条规定:"当事人应当在举证期限内向人民法院提交证据材料,当事人在举证期限内不提交的,视为放弃举证权利。对于当事人逾期提交的证据材料,人民法院审理时不组织质证。但对方当事人同意质证的除外。"也就是说,举证时限具有强制性,当事人必须在举证时限内提交有关的证据材料,在举证时限内未提交的,即丧失提出证据的权利;此即所谓"证据失权"制度。在举证时限过后,即使再提交证据材料,人民法院在审理时原则上也不组织当事人进行质证,除非对方当事人同意。

举证时限和证据交换制度的规定,要求当事人必须在举证时限内提出证据,否

---

① 赵钢:《民事诉讼证据制度的新发展——兼述举证时限与证据交换制度》,载《河南大学学报(社会科学版)》2003 年第 1 期。

则其证据即不被法院采纳,从而产生失去证明权的法律后果。这种后果对当事人来说是极为严重的。因此,如果在任何情况下都不允许当事人于举证时限届满后提出新的证据(例如在举证时限内当事人确实因为非属于自身的客观原因而不能提供有关证据等情况),那么对该当事人来说显然是很不公平的。《民事诉讼法》第125 条第 1 款规定,"当事人在法庭上可以提出新的证据",第 179 条还规定当事人有新的证据时可以申请再审,因而如果完全禁止当事人在开庭审理时提出新的证据,那么显然会造成司法解释与《民事诉讼法》之间直接发生尖锐的冲突。但如果对当事人提出新的证据完全不加限制,则《证据规定》关于举证时限和证据交换的规定就会从根本上失去意义。在此情况下,最高人民法院通过对《民事诉讼法》第125 条和第 179 条中的"新的证据"加以限制性解释的方式,对《民事诉讼法》进行了"隐性"的"修改",从而避免了直接的冲突,并使得其与举证时限和证据交换制度相互协调。

首先,关于"新的证据"的范围界定。《证据规定》分别规定了一审、二审和申请再审的"新的证据"的界定。但也存在如何理解和把握"新发现的证据"等新的问题。

其次,关于提供"新的证据"的时间。根据《证据规定》第 42 条和第 44 条第 2 款的规定,当事人在一审程序中提供新的证据的,应当在一审开庭前或者开庭审理时提出。当事人在二审程序中提供新的证据的,应当在二审开庭前或者开庭审理时提出;二审不需要开庭审理的,应当在人民法院指定的期限内提出。当事人在再审程序中提供新的证据的,应当在申请再审时提出。

再次,关于提供的证据不属于"新的证据"之法律后果。《证据规定》第 43 条第1 款明示:"当事人在举证期限届满后提供的证据不是新的证据的,人民法院不予采纳。"这一规定与《证据规定》第 34 条关于"举证时限的效力"和第 41 条关于"新的证据"的界定在内容上彼此联系,起着相互补充的作用。

最后,关于提出"新的证据"所引发的法律后果。提出"新的证据"除对案件本身产生相应影响外,根据《证据规定》第 46 条,还会产生以下两个方面的后果:其一,由于当事人的原因未能在指定期限内举证,致使案件在二审或者再审期间因提出新的证据被人民法院发回重审或者改判的,原审裁判不属于错误裁判案件。其二,一方当事人请求(提出新的证据的)另一方当事人负担由此增加的差旅、误工、证人出庭作证、诉讼等合理费用以及由此扩大的直接损失,人民法院应予支持。[①]

---

① 最高人民法院民事审判第一庭:《民事诉讼证据司法解释的理解与适用》,中国法制出版社2002 年版。

六、2012 年《民事诉讼法》对民事证据制度的调适

2012 年修订的《民事诉讼法》中关于民事证据制度的部分,没有得到全面的修改,但相比其他制度的修订而言,仍然属《民事诉讼法》中修正较多的部分。对证据制度的修订来看,其内容涉及证据的种类、证据的适时提出、证据收据、证人证言、鉴定意见以及证据保全等方面,经过此次修订,证据这一章的条文数量也有了明显的增加,从 12 个条文增加到 19 个条文。但总体上说,此次《民事诉讼法》修订对于民事证据制度部分立法尚缺乏一个框架性的思考,立法者似乎没有考虑通过修改《民事诉讼法》,搭建民事证据制度的基本架构。从内容上看,民事证据制度大体上可以分为两大部分——证据规则与证明规范。2012 年修订的《民事诉讼法》主要关注了证据种类中几类证据的运用问题,而忽视了证明规范和证据规则的其他内容,以至于连证据裁判原则这样基本的证据原则都没有规定。也没有就民事证据制度中最重要的内容——客观证明责任的分配作出原则性规定。此前《民事诉讼法》仅有关于主观举证责任的规定,即人们通常所言的"谁主张,谁举证"。在证明部分,《民事诉讼法》文本中还缺失了关于免证事项、证明妨碍、证明与释明等相关规定,尤其是免证事项规范的缺失。在证据部分,关于证据调查,各类证据的运用,证据的质证、认证等都有所缺失。关于这些内容,虽然此前最高人民法院的《证据规定》有所规范,但鉴于这一规范的司法解释性质,其效力不能够高于立法,但其中的一些制度规范实际上改变了《民事诉讼法》确定的民事证据制度的基本框架。因此,《证据规定》的合法性一直饱受质疑,这就大大降低了《证据规定》的有效性。实际上,《证据规定》也在不断质疑声中渐入半睡眠甚至深度睡眠的状态。虽说将民事证据制度的所有内容都在《民事诉讼法》中加以规定是不可能的,也不现实,但将其基础性、支柱性的内容加以规定是可以做到的。例如,除客观证明责任的一般原则以及适用前提之外,关于免证事项、自认制度等是可以明确规定的。有的反映现代性诉讼特征及应对措施的证据制度,如文书提出命令制度,在国外已经普遍适用,但在 2012 年修订的《民事诉讼法》中依然没有得到反映。因此,民事证据制度修正还有进一步探讨的余地。[①]

(一)关于证据种类的规范

本次修订关于证据种类主要涉及三个方面:一是在类别上增加了"电子数据",使证据的种类增加到八种;二是把"鉴定结论"改为"鉴定意见";三是调整了证据的排列顺序,把原来排在第五位的"当事人陈述"提升到首位。在修订后的《民事诉讼法》中,八种证据的排序是:当事人陈述、书证、物证、视听资料、电子数据、证人证

[①] 张卫平:《民事诉讼法修改与民事证据制度的完善》,载《苏州大学学报(哲学社会科学版)》2012 年第 3 期。

言、鉴定意见、勘验笔录。

首先,2012 年修订的《民事诉讼法》中明确规定,将电子数据作为新的证据。所谓电子数据,有的称为电子证据,是指基于电子技术生成、以数字化形式存在于磁盘、磁带等载体,其内容可与载体分离,并可多次复制到其他载体的,能够证明案件事实的数据。我们常见的电子合同、电子提单、电子保险单、电子发票、电子文章、电子邮件、短信、光盘、网页、域名等都涉及电子数据,用这些电子数据可以在诉讼中证明某一事实。随着科技的发展,电子数据越来越多地存在于我们日常生活之中。实际上,电子数据也早已作为证明案件事实的证据大量地在诉讼中使用,只是在《民事诉讼法》中没有明确作为一类。学理上,有的人将这类证据归入视听资料。明确规定电子数据作为证据的一种,突出了电子证据的重要性,将有利于人们更好地使用、审查和判断电子数据。

其次,把"鉴定结论"改为"鉴定意见"是对这类证据的准确表述。鉴定人在对所提交的鉴定物进行鉴定后,确实需要出具一份具有结论性质的鉴定报告,即便是由于检材本身的原因无法作出确切的判断,鉴定人也需要在报告中写明无法形成确切判断的结论性意见。但以前在诉讼过程中把它们称为"鉴定结论"就容易混淆鉴定结论在诉讼中的实际效力,模糊了鉴定人与法官在诉讼中的地位和职责。因为鉴定人的意见不是法官判断最终案件事实的结论,不能束缚法官。毕竟"鉴定意见"只是证据的一种,要作为认定事实的依据,需要经过质证这一法定程序,需要经过法官的审查判断。

最后,对证据排序的调整,主要的争议是把"当事人陈述"从原先的第五位调到了首位。修订前的法律把"书证"放在首位,由于书证是民事诉讼中最常见也是最重要的证据,将其放在首位是没有任何异议的。相比之下,当事人的陈述在多数甚至大多数情况下只是证明的对象,本身的真实性有待证据证明,只是在少数情况下才能够例外作为证据来使用。当然,在作出"书证"应当排在首位而"当事人陈述"应当排在末位这一判断时,判断的标准应当是每一类证据在诉讼中的重要程度。但实际上,我们要根据每一类证据的相对重要性来排序是相当困难的因此对新法中的排序,只要我们不是从相对重要性的角度看待这一问题,单纯地把它看作先后顺序的排列,也就能够逐渐接受和认同。

(二)关于证人制度的修正与完善

关于证人制度,2012 年修订的《民事诉讼法》将原《民事诉讼法》第 70 条改为 3 条,作为第 72 条、第 73 条、第 74 条。在这些条文中,有些修改有很大的积极意义,但也有应修改之处最终给予了保留是很遗憾的,如单位作证。从证据法理而言,单位作证本身是违反证人特性的。证人只能以自然人的亲身感知作证,单位作为一种社会组织因为不能感知因而也无法就其感知作证。所有表面上为单位证明的内容其实都是自然人的作证,而非单位。单位也无法作为一个主体进行质证,质证也只能是自然人。关于证人作证的实践最为突出的是两个问题:其一,证人伪证的问题;其二,证人出庭作证难的问题。如何防止证人伪证应当是本次民事证据制度修改和完善中的重点问题。不过遗憾的是,《民事诉讼法》修正案在这方面的作为不大。作伪证应当给予处罚,这在理论上是没有问题的,因为证人的作证义务从性质上是一种公法上的义务。在制度规定上,技术问题仅仅在于处罚的种类和罚款的数额。关于处罚的种类,除了构成刑事犯罪应当给予刑事制裁的外,对于伪证行为作为一种妨碍民事诉讼的违法行为至少可以给予罚款的处罚,关于数额的确定应该不难,其他违法的处罚数额都能确定,对作伪证的处罚数额也应该不难确定。

导致出庭作证难的因素比较复杂,但其中一个原因是证人出庭作证的费用问题。2012 年修订后的《民事诉讼法》规定:"证人因履行作证义务而支出的交通、住宿、就餐等必要费用以及误工损失,由败诉一方当事人负担。当事人申请证人作证的,由该当事人先行垫付;当事人没有申请,人民法院依法通知证人作证的,由人民法院先行垫付。"这一规定弥补了现行《民事诉讼法》在证人费用方面的缺陷,作出了原则性的规定。

出庭作证难的一个原因是到庭的成本太高,因此,采取远程作证的方式可能是一个有效的应对方法。在一些科技发达的都市,远程异地作证在技术上已经没有太大的问题。作证的电子化也是司法或诉讼电子化的一个组成部分。2012 年修订后的《民事诉讼法》规定:"经人民法院依法通知,证人应当出庭作证。有下列情形之一的,经人民法院许可,可以通过书面证言、视听传输技术或者视听资料等方式作证:(一)因健康原因不能出庭的;(二)因路途遥远,交通不便不能出庭的;(三)因自然灾害等不可抗力不能出庭的;(四)其他有正当理由不能出庭的。"

证人证言经过此次修订,虽然解决了证人出庭作证的补偿问题和明确了可以不出庭的例外情形,但对于完整的证人证言制度而言,如何从法律上保证证人履行出庭义务仍然是无法回避的问题。虽然当下强制证人出庭的条件和时机还不成熟,但今后在法律中总是要对此作出规定。而一旦对无正当理由不出庭的证人规定制裁性的法律后果,拒证特权的问题就必须加以规定。

证人作伪证是长期困扰我国民事诉讼的老大难问题,它严重地妨害了司法公正。如何保证证人出庭作证时说真话,是需要解决的一个根本性的问题。这一问题不解决,即使证人出庭了,法官还是不敢相信证人。证人说真话虽然也离不开整个社会道德水准的改善和提升,但诉讼制度本身建设更为重要,为了防止证人提供虚假证言,规定证人在作证前应当宣誓具结、增强诉讼代理人质询证人的能力、将作伪证记载在其信用记录上、追究作伪证证人的刑事责任,这些都能够营造证人不敢作伪证的制度环境。[1]

(三)关于鉴定意见

鉴定意见是民事诉讼中常用的一种证据,只要涉及专门性问题,法官往往就需要在鉴定人的帮助下对事实作出判断。当代科学技术的发展日新月异,社会分工越来越细密,新知识、新技术层出不穷,这就决定了法官在诉讼中时常会遇到一些需要借助专业技术、专业知识、专门经验才能作出判断的问题。由于鉴定人是帮助法官对诉讼中的专门性问题作出评价和确认的,所以在大陆法系国家,鉴定人被定性为法官的帮手,鉴定人的作用在于用其专业知识来弥补法官判断能力的不足,帮助法官对证据调查中的专门性问题作出正确判断。2012 年《民事诉讼法》对鉴定意见进行了比较多的修订。首先,对启动鉴定程序的方式作出了调整,规定了当事人可以向法院申请鉴定,法院也可以依职权委托鉴定;其次,规定了鉴定人产生的方式为首先由当事人协商确定,协商不成时再由法院指定,法院依职权启动鉴定时应当委托具备鉴定资格的人进行鉴定;再次,规定了在必要时鉴定人应当出庭作证,鉴定人经法院通知后拒不出庭的,鉴定意见不得作为认定事实的依据,支付鉴定费用的当事人可以要求返还鉴定费用;最后,增设了专家辅助人,规定当事人可以申请人民法院通知有专门知识的人出庭,就鉴定人作出的鉴定意见或者专业问题提出意见。

(四)新增专家辅助人制度

还增加了专家辅助人的规定,赋予当事人申请人民法院通知有专门知识的人出庭,就鉴定人作出的鉴定意见或者专业问题提出意见的权利。专家辅助人,是指由当事人聘请,帮助当事人向审判人员说明案件事实中的专门性问题,协助当事人对案件中的专门性问题进行质证的人。早在《证据规定》中就设置了专家辅助人制度,规定当事人可以向法院申请由一至二名具有专门知识的人员出庭就案件的专门性问题进行说明,审判人员和当事人可以对专家辅助人发问,专家辅助人可以对鉴定人询问,专家辅助人还可以进行对质。专家辅助人制度在实务中取得了积极的效果。在一些涉及复杂的专门性问题的案件中,专家辅助人的出庭既使得对鉴定意见的质证具有了实质性内容,又帮助法官更为深入和准确地理解那些专门性问题。不过,仅仅采用鉴定、专家辅助人显然是不够的,他们只是向裁判者说明、解释诉讼中的专门性问题,如果裁判者对所涉及的专门性问题完全是门外汉,裁判者依然不能正确地判断这些专门性问题,尤其是在专家辅助人与鉴定人产生尖锐对立的时候。这一问题一方面可以通过提高法官的专业化水平,另一方面可以通过

---

[1] 张卫平:《民事诉讼法修改与民事证据制度的完善》,载《苏州大学学报(哲学社会科学版)》2012 年第 3 期。

人民陪审员制度来解决,引入专家型的陪审员可以有效地增强裁判者判断专门性问题的能力。为了解决诉讼中的专门性问题,我国民事诉讼中存在三种机制——专家陪审员、鉴定人、专家辅助人,如果再加上由法院聘请的非鉴定人专家,则存在四种机制。如何在诉讼程序中合理地运用这些机制,不至于造成专业人员的过度使用,是今后的诉讼实务需要妥善应对的问题。

(五)关于证据收据与证据保全

与规定新的基本原则、设置新的程序这类事关重大问题的修订形成鲜明对照的是,此次修订也有针对诉讼中具体、细小问题的修订,新增证据收据的规定便属于此种情形。新增第 66 条规定:"人民法院收到当事人提交的证据材料,应当出具收据,写明证据名称、页数、份数、原件或者复印件以及收到时间等,并由经办人员签名或者盖章。"证据收据问题在司法解释中早有规定。早在 1992 年 7 月,最高人民法院就在《民事诉讼法意见》第 71 条中对此问题作出过规定,2012 年《民事诉讼法》中规定证据收据,实际上是把司法解释上升为法律。此条规定看似琐碎,但其实对保障当事人的合法权益、保障司法公正、提升司法的公信力具有重要的现实意义。最高人民法院针对民事证据制度作出过许多司法解释,立法机关把这一司法解释上升为法律,也说明了对此问题的重视。

当事人收集证据能力弱,是长期困扰我国民事诉讼的问题。增设由法院实施的诉前证据保全,增强了当事人收集证据的能力,同时也增加了当事人选择的空间,当事人可以根据纠纷的具体情况,申请法院或者公证机构实施证据保全。

证据保全是起诉前或诉讼中事先固定和保存证据的制度。对于证据保全,修改前的《民事诉讼法》只规定了诉讼中的证据保全,但是,从某种意义上说,诉前的证据保全更为重要。修订前的法律只规定了诉讼中的证据保全。由于没有规定诉前的证据保全,当事人需要诉前保全证据只能申请公证机关进行,但公证机关不是司法机关,无权采取强制性的保全措施,所以法院的缺位在制度设计上是有缺陷的。后来,我国的《海事诉讼特别程序法》规定了海事证据保全,其内容为起诉前或仲裁前的证据保全。自 2000 年起,为适应加入世界贸易组织的需要,我国相继对专利法、商标法、著作权法进行修订,在修订上述知识产权方面的法律时,增设了诉前证据保全的规定。最高人民法院在相关的司法解释中,也对诉前证据保全作出了规定。不过,这类由法院实施的诉前证据保全仅限于海事诉讼案件和知识产权案件,还未形成普遍适用于各类案件的诉前证据保全制度。此次修订《民事诉讼法》,设立了统一适用于各类民事纠纷的诉前证据保全制度。2012 年《民事诉讼法》把证据保全分为诉讼过程中的证据保全和诉前证据保全,诉讼过程中的证据保全原则上根据当事人的申请而采取,但法院在必要时也可以主动采用证据保全措施;诉前证据保全则只能根据利害关系人的申请而采取,申请诉前证据保全的实质性要件是情况紧急,存在着在起诉前采取证据保全措施的必要性,如果不立即采取保全措施,证据就可能灭失或者以后就难以取得;程序性要件则是当事人要向有管辖权的法院提出申请。

(六)关于证据的适时提出

2012 年《民事诉讼法》在第 64 条"提供证据和收集证据"的规定后,增加了第 65 条要求当事人及时提供证据,未能及时提供证据的,"人民法院应当责令其说明理由;拒不说明理由或者理由不成立的,人民法院根据不同情形可以不予采纳该证据,或者采纳该证据但予以训诫、罚款"。相对于我国原有的民事证据制度而言,第 65 条的规定无疑是极具创新性的,此规定的实施,会造成我国证据资料提交的实质性变化。修订前的法律对证据的提出采用的是"随时提出",按照原来的规定,当事人不仅可以在第一审程序的法庭辩论终结前提出新的证据,而且可以在第二审程序中,甚至在再审程序中提出新的证据,并且无论当事人未能在合理期间内提交证据的原因何在,只要证据本身对查明争议事实具有重要意义,法院都会接受该证据,允许该证据进入诉讼程序。这样不设任何时间限制的证据提交制度虽然有利于发现事实,但也留下了迟延举证、拖延诉讼的隐患。在合理的时间内实施诉讼行为,使正义能够及时实现是任何诉讼制度的内在要求。而要想做到这一点,就必须要求当事人和法官这两类最重要的诉讼主体能够及时地实施诉讼行为。换言之,诉讼的及时化有赖于当事人与法院的合作。而要使当事人在合理的时间内完成诉讼行为,在制度安排上必须对当事人进行规制,对他们实施特定诉讼行为的时间作出具体要求,并对逾期实施的法律后果作出明确的规定。大量的诉讼源于事实方面的争议,提供证据是当事人在诉讼中实施的主要行为之一,因而当事人能否及时地提供证据,对诉讼能否及时进行关系重大。

自《证据规定》实施后不久,举证时限制度即引来社会的热评。举证时限制度的执行也更是处于半休眠或完全休眠状态。为了回应人们对举证时限制度的质疑,这次修法者试图通过对《民事诉讼法》的修改,对最高法院的举证时限制度进行立法干预,在《民事诉讼法》修正案中针对举证迟延的问题,专门设置了一条,即第 56 条。该条规定:"当事人对自己提出的主张应当及时提供证据。未及时提供证据的,人民法院应当责令其说明理由。理由不成立的,人民法院根据不同情形予以训诫、罚款、赔偿拖延诉讼造成的损失、不予采纳该证据。"这一规定试图以制裁举证迟延从而取代举证时限制度。这种方法的基本认识是否定将举证失权作为举证时限制度的基础。论证的基本路径是,因为举证是当事人一项重要的诉讼权利,其重要性体现在举证这种诉讼权利与实体权利有着密切的关联,举证失权的发生将直接影响实体正义的实现。

这种思路的特点是不将失权作为防止举证迟延的基本手段,而是将制裁和赔偿作为防止举证迟延的手段。这一思路和方案总体而言,是为了避免严格失权,有利于实现实体上的公正。但有学者认为在论证和设计上存在可商榷之处。

民事证据制度是《民事诉讼法》中最重要，也是最复杂的一项制度，因此，修改和完善民事证据制度将是一项艰巨的工作，本次《民事诉讼法》修改对于民事证据制度调整还只是一小步。今后，一方面，需要在深入研究域外证据制度和理论的基础上，借鉴域外的证据制度；另一方面，也需要对我国民事证据制度的实践情形进行深入的调查，获得更为充分的实证资料，以便构建完善实用的民事证据制度。理论和实证研究这两个方面，目前我们的作为都还有很大欠缺。从理念上，应当说，不仅民事证据制度的研究，民事证据制度的完善也都受到当下所谓"大众化司法"的司法理念的影响，导致我们在相当的程度上将证据规则简单化、程序虚无化当作大众化司法应有的内涵，从而阻碍了学术研究的深化和制度建设的推进，使得我国的民事证据制度以及民事诉讼依然在一个较低的、单一化的层次上运行。一个能够应对现代社会的复杂化、多样化的纠纷以及满足多元化需求的民事诉讼系统应当是一个多层次的复杂系统，既有极其简易、快捷的程序应对，也有精致、细致的事实确认和裁判程序应对，使其能够保持诉讼效率、成本与诉讼正义实现的均衡。因此，欲使我国的程序法制能够进一步得以提升，转化我们的司法理念是非常必要的，如果不能将我们的司法理念转化为现代化的司法理念，民事证据制度的现代化是难以实现的。

七、2015 年《民事诉讼法解释》对民事证据制度的完善

2012 年修订的《民事诉讼法》对民事证据制度条文的修改并不多，主要是增加了"电子数据"这一新证据形式并对举证时限制度等作出了新规定。在此之前，《证据规定》作为我国民事审判方式改革与证据制度探索的重要成果，一直是司法实践中遵循的证据与证明制度的主要规范。2012 年《民事诉讼法》修订之后，《证据规定》的有些规范已因不再合法而失效，但《证据规定》确立的包括证明责任分配原则在内的许多规范仍然需要继续适用与完善。举证证明责任是民事诉讼证明制度的核心，但这一制度的良好运行要求必须完善相关配套制度。2015 年制定的《最高人民法院关于适用〈中华人民共和国民事诉讼法〉的解释》（以下简称《民事诉讼法解释》）对举证证明责任及其分配、无须举证证明的事实与法院调查取证权、举证期限及其法律效果的分层设置、证据审查认定原则与证明标准、各种证据运用的规范化与制度化进行了全面的规范。《民事诉讼法》的司法解释对证据制度的规定是以举证证明责任制度的完善为核心的，本文一方面侧重于对《民事诉讼法解释》中关于举证证明责任及其配套新规定进行解读分析，另一方面也顺带对本解释已扬弃的原有关于举证责任倒置及法官分配举证责任的规定进行评述。

（一）举证证明责任及其分配

现代证明责任理论以肯定案件事实的真伪不明状态的存在为理论前设，在法律要件事实真伪不明时法官将根据证明责任分配规则作出负担证明责任的一方当

事人败诉的判决。也正因此,证明责任在诉讼一开始就作为一种败诉的风险存在于特定的当事人一方,并由此提供了当事人双方交替证明行为的内在动力。正是在这一意义上,证明责任被称为"民事诉讼的脊梁",对于民事诉讼制度具有特别的重要性。以证明责任调控诉讼证明活动的整个过程的观点流行了一个多世纪,很少有人对其创建的逻辑框架提出质疑。其中,客观证明责任是现代证明责任的核心,一般所谓证明责任分配就是指客观证明责任的分配,这是证明责任理论的重中之重。客观证明责任是实际证明陷入困境时的一种裁判方法,其性质是一种风险,与当事人在诉讼过程中提供证据的行为责任是很不相同的。这是在我国民事诉讼法学界已基本达成的共识。客观证明责任决定了主观证明责任的存在及意义,但这并非就表明在诉讼过程中客观证明的适用比主观证明责任更重要。在任何国家的司法裁判实践中,作为客观证明责任裁判基础的事实真伪不明状态的最终出现总是低概率的,而主观证明责任在当事人之间的交替承担才是诉讼事实证明的常态。通常情况下,由当事人主观证明责任的交替承担而达到证明标准完成案件事实查明,不能最终达到证明标准的事实认定落入所谓的真伪不明区域。事实真伪不明的界定要求法官穷尽一切合法手段,包括首先排除在自认及免证事实上的适用,及根据自由心证对案件事实进行的判断。证明责任的适用要求利用一切手段来克服真伪不明,这样要求对各种证据的审查运用及其证明力的判断进行经验总结,在尽可能利用具体举证责任进行判断的基础上将客观证明责任裁判作为最后的裁判手段。

《民事诉讼法解释》第 90 条规定:"当事人对自己提出的诉讼请求所依据的事实或者反驳对方诉讼请求所依据的事实,应当提供证据加以证明,但法律另有规定的除外。在作出判决前,当事人未能提供证据或者证据不足以证明其事实主张的,由负有举证证明责任的当事人承担不利的后果。"本条为对证明责任双重含义即主观证明责任与客观证明责任的表述,但与德日等国现代证明责任理论并不完全等同。在现代证明责任理论中,客观证明责任是指法律要件事实真伪不明时的败诉风险负担,客观证明责任分配决定了主观证明责任的承担。而在我国,主观证明责任仍居主导地位,客观证明责任被置于主观证明责任之后,也即是说,当事人承担不利后果的原因被理解为是"当事人未能提供证据"或者虽然尽力提供了证据,但"证据不足于证明其事实主张"。这种对客观证明责任与主观证明责任的逻辑联系的表述与经典证明责任理论仍有差异。

此前一直将主观证明责任的表述当成证明责任分配的表述,是对证明责任分配规则的粗浅理解。本次司法解释第 91 条吸收了我国学界对证明责任理论的研究成果,进一步明确适用罗森贝克的"规范说",是关于证明责任分配原则的完整表述。第 91 条明确了证明责任分配的一般原则:"人民法院应当依照下列原则确定举证证明责任的承担,但法律另有规定的除外:(一)主张法律关系存在的当事人,应当对产生该法律关系的基本事实承担举证证明责任;(二)主张法律关系变更、消灭或者权利受到妨害的当事人,应当对该法律关系变更、消灭或者权利受到妨害的基本事实承担举证证明责任。"从"谁主张、谁举证",到《证据规定》第 2 条,再到本条规定,我国对证明责任分配的理论表述逐渐明晰,反映了我国对证明责任及其分配理论的认识深化。

国外证明责任分配学说通说是德国学者罗森贝克的学说。其主张各当事人对有利于自己的规范要件事实承担证明责任,但具体分配时要根据实体法规范结构之间的相互关系把握证明责任分配的规则。因此,其提出的学说被称为"规范说"。"规范说"对我国当前司法实践具有重要的应用价值与现实意义。如前所述,可操作性强是其一大比较优势,只要分析实体法规范并进行逻辑推演即可得出证明责任分配的具体规则,利用起来比较方便。①"规范说"在我国也已有一定的实践基础,多数法官已在审判实务中自觉或不自觉地运用该学说分配证明责任。有学者对我国近年最高人民法院《公报》案例的实证研究表明:通行于德、日等国的"当事人对有利于自己的法律要件事实负证明责任"的原则同样为我国法院所采用,在我国审判实务中,法官们能够自觉地通过对实体法的分析,抽象出相关的法律要件,按照这一原则在当事人之间分配证明责任。运用分配证明责任的基本原则对拟将适用实体法进行分析,然后按照实体法的规定分配证明责任可以说是法官的一项基本功,法官在诉讼中,一般都能自觉地依此方法对证明责任作出正确的分配。②从分配结果来看,也基本上能够符合公平正义的价值目标。

虽然"规范说"在我国学界基本形成共识,但实务界对这一理论并不具有清醒的认识,多数法官还是在"谁主张、谁举证"这一迷思概念下根据一般公正的感觉进行证明责任的分配,司法解释将"规范说"的主要内容作为解释条文加以规定,有利于精确化民事诉讼证明责任的分配,并将带动对这一理论的进一步的认识。

(二)无须举证证明的事实与法院调查取证权的规范

当事人应当对自己主张的要件事实承担举证证明责任,但有些事实由于在一般情况下极少出现明显争议而并不需要由主张的当事人首先在行为上举证证明,这些无须举证证明的事实即举证证明责任的例外事实。《民事诉讼法解释》第 92 条规定:"一方当事人在法庭审理中,或者在起诉状、答辩状、代理词等书面材料中,对于己不利的事实明确表示承认的,另一方当事人无需举证证明。对于涉及身份关系、国家利益、社会公共利益等应当由人民法院依职权调查的事实,不适用前款

---

① 多数学者认为"规范说"具有较好的可操作性,但也有少数学者认为其晦涩难懂。代表性意见如叶自强:《中国民事诉讼法》,法律出版社 2004 年版,第 174 页。

② 李浩:《民事判决中的举证责任分配——以〈公报〉案例为样本的分析》,载《清华法学》2008 年第 6 期。

自认的规定。自认的事实与查明的事实不符的,人民法院不予确认。"第 93 条规定:"下列事实,当事人无须举证证明:(一)自然规律以及定理、定律;(二)众所周知的事实;(三)根据法律规定推定的事实;(四)根据已知的事实和日常生活经验法则推定出的另一事实;(五)已为人民法院发生法律效力的裁判所确认的事实;(六)已为仲裁机构生效裁决所确认的事实;(七)已为有效公证文书所证明的事实。前款第二项至第四项规定的事实,当事人有相反证据足以反驳的除外;第五项至第七项规定的事实,当事人有相反证据足以推翻的除外。"此外,第 114 条规定:"国家机关或者其他依法具有社会管理职能的组织,在其职权范围内制作的文书所记载的事项推定为真实,但有相反证据足以推翻的除外。"

《民事诉讼法解释》关于无须举证证明的事实的规定,相对于此前的解释,更加清楚准确。尤其是对于无须举证事实的两种法律效果的区别规定,相对于此前的规定更为细致与合理。众所周知的事实和推定的事实(包括法律推定和事实推定)具有转移具体举证责任的效力,即主张此事实的当事人无须首先举证证明,人民法院应当对此事实预先予以认定,但对方当事人可对此提出反驳证据,对方提出的反证如果动摇了法官预先形成的心证,也即使得法官对该事实的心证程度因此反证的提出而降低到证明标准之下,落入所谓"真伪不明"区域,则主张此事实的当事人此时就需要承担提出证据加以证明的举证责任了。由此看来,本来对此无须举证的当事人会因对方的反证行为而不得不承担起举证证明的行为责任,并且在事实真伪不明时承担最终事实不能认定的风险。因此可以说此三类事实的规定转移的是具体提出证据的行为责任,但并不转移客观证明责任。而对于人民法院生效裁判、仲裁机构生效裁决及公证文书所证明的事实,以及其他公文书证,其证明效力则是证明责任分配规则。也即主张此事实的当事人无须首先举证加以证明,并且在对方当事人提出相反证据推翻以上事实时才需要举证证明。此处"有相反证据足以推翻"与前述"有相反证据反驳"的要求是显然不同的,"反驳"只需达到该证据的提出使事实回到真伪不明状态即可,而"推翻"则是要求对反面事实的证明达到证明标准。

在学理上,推定事实的效力存在较大的争议,推定到底转移的是具体的举证证明的行为责任还是作为败诉风险的客观证明责任,在不同国家都存在争论,而很少有国家在法律上作出明确规定。事实推定的效力只能是转移举证证明的行为责任而不能转移客观证明责任存在较为一致的认识,而对于法律推定则分歧较大。要明确统一法律推定的效力前提是对法律推定的准确界定。《民事诉讼法解释》第 93 条第 1 款第(3)项所谓"根据法律规定推定的事实"应当是指在法律中对具体事实的明确的推定,即具有典型的推定结构的表述。一个完整推定的结构包括前提事实和推定事实,前提事实是诉讼中已知事实,而推定事实是结论事实。此处应当不包括实体法上的拟制及作为归责原则的如过错推定或因果关系推定等条文的表述,对于此类法律要件事实的推定其实就是实体法关于证明责任分配的依据。

当事人承担举证证明责任的前提是当事人能够调查收集有关的证据,否则,在证据不足时由当事人承担败诉的结果就欠缺正当性。但在目前,当事人及其代理律师的调查收集权限还受到诸多条件的限制,法院代表国家的证据调查权则比较有保障。《民事诉讼法》第67条规定,人民法院有权向有关单位和个人调查取证,有关单位和个人不得拒绝。人民法院仍然保留有调查收集证据的权力,《民事诉讼法》第64条第2款规定:"当事人及其诉讼代理人因客观原因不能自行收集的证据,或者人民法院认为审理案件需要的证据,人民法院应当调查收集。"《民事诉讼法解释》分别对"当事人及其诉讼代理人因客观原因不能自行收集的证据"及"人民法院认为审理案件需要的证据"作出了细致的列举。第94条规定:"民事诉讼法第六十四条第二款规定的当事人及其诉讼代理人因客观原因不能自行收集的证据包括:(一)证据由国家有关部门保存,当事人及其诉讼代理人无权查阅调取的;(二)涉及国家秘密、商业秘密或者个人隐私的;(三)当事人及其诉讼代理人因客观原因不能自行收集的其他证据。"民事诉讼中证据的收集与提供证据证明责任制度是当事人的负担。在当事人因客观原因不能自行收集证据时,申请人民法院调查收集证据,这从性质上可认为是当事人以法院作为调查收集证据的手段,根据举证证明责任的原理,当事人应当在举证期限届满前书面申请人民法院调查收集。但当事人提交申请时,为防止申请调查取证权利的滥用及提高诉讼效率,人民法院可对申请调查收集的证据进行初步审查,如该证据与待证事实无关联、对证明待证事实无意义或者其他无调查收集必要的,人民法院不予准许。同时,人民法院主动依职权调查取证被限制在很小的范围内,第96条规定:"民事诉讼法第六十四条第二款规定的人民法院认为审理案件需要的证据包括:(一)涉及可能损害国家利益、社会公共利益的;(二)涉及身份关系的;(三)涉及民事诉讼法第五十五条规定诉讼的;(四)当事人有恶意串通损害他人合法权益可能的;(五)涉及依职权追加当事人、中止诉讼、终结诉讼、回避等程序性事项的。"本条规定的情形是具体列举的,并不包括弹性条款,除前款规定外,人民法院调查收集证据,应当依照当事人的申请进行。

我国传统民事诉讼模式下人民法院为最大限度查明案件事实真相曾普遍依职权调查取证,这种做法在市场经济时代诉讼率高企的形势下是不可能维持下去的,而且法院依职权调查取证的行为也有损裁判者消极中立的角色安排,可能引起当事人的怀疑与不满。因此20世纪80年代末期开始的民事审判方式改革为缓解法院办案压力,提高诉讼的效率而强化当事人的举证责任,使法院从调查取证的事务中解放出来,并因此开启了我国民事诉讼模式从职权主义向当事人主义的转型。[①]《证据规定》就曾明确限定法院依职权调查取证的范围,固定了审判方式改革的成

---

① 张卫平:《转换的逻辑——民事诉讼体制转型分析》,法律出版社2004年版,第225页。

果。此次《民事诉讼法解释》承继了当事人主义诉讼模式转型的思路与方向,使人民法院调查取证行为进一步规范化,进一步肯定了法院调查取证的弱化与补充地位,也就是强化了证明责任理论要求下当事人取证的主导地位。

(三)举证期限及其法律效果的分层设置

行为意义上的证明责任要求当事人对其主张的要件事实首先要提出证据,并依据证据说服法官相信其主张的事实的存在。在证明程序设置上,为实现当事人间的公平与诉讼的效率,法律要求当事人遵循诚实信用,在合理的时间内提出证据。2012 年修正后的《民事诉讼法》第 65 条规定,当事人对自己提出的主张应当及时提供证据,从而完成了我国民事诉讼举证上从原来的"证据随时提出"向"证据适时提出"的制度转变。这一转变的关键就是举证期限及其法律效果的规定。解释第 98 条到 102 条,是关于举证期限及其法律效果的规定。关于举证期限的确定及延长的方法,解释规定人民法院应当在审理前的准备阶段确定当事人的举证期限。举证期限可以由当事人协商,并经人民法院准许。举证期限届满后,当事人对已经提供的证据,申请提供反驳证据或者对证据来源、形式等方面的瑕疵进行补正的,人民法院可以酌情再次确定举证期限,该期限不受前款规定的限制。当事人申请延长举证期限的,应当在举证期限届满前向人民法院提出书面申请。申请理由成立的,人民法院应当准许,适当延长举证期限,并通知其他当事人。延长的举证期限适用于其他当事人。申请理由不成立的,人民法院不予准许,并通知申请人。

《证据规定》曾经通过对"新证据"的限缩解释创造性地初步确立了我国的举证时限制度,并以"证据失权"为原则作为逾期举证的法律效果。但《证据规定》实施以来的实践表明这种改革在我国当前显得太过激进,逾期举证一律失权的处理与我国公民程序法律意识不高,民众对实质公正与程序正义的认识尚有较大的差距的现实难以协调,因此在后来司法实践中并未对逾期举证一律做失权处理,而是在利用文字规定的弹性解释上使得人民法院实际上会根据逾期举证的具体情形作出多元化的处理,以平衡诉讼效率与实质公正之间的紧张关系。这种实践试错与审判经验在本次司法解释中得到较好的体现,司法解释以 5 个条文具体规定了举证期限及逾期举证的多元化效果配置。

第一,当事人逾期提供证据的,人民法院应当责令其说明理由。第二,当事人因客观原因逾期提供证据,或者对方当事人对逾期提供证据未提出异议的,视为未逾期。第三,当事人非因故意或者重大过失逾期提供的证据,人民法院不能做失权处理,而应当采纳。第四,当事人因故意或者重大过失逾期提供证据,但该证据与案件基本事实有关的,人民法院依然应当采纳。最后,当事人因故意或者重大过失逾期提供证据,且该证据并非与案件基本事实有关的,人民法院不予采纳。

综上所述,逾期举证的多层效果是根据当事人逾期举证行为的主观态度及证据在案件事实查明中的作用大小而分别设置的。总的来说,逾期举证行为的不利后果可分三种性质的制裁:一是证据法上的失权效果,是最严重的制裁;二是诉讼法上的强制措施;此外,根据《民事诉讼法解释》第 102 条第 3 款的规定,"当事人一方要求另一方赔偿因逾期提供证据致使其增加的交通、住宿、就餐、误工、证人出庭作证等必要费用的,人民法院可予支持"。即,不管当事人逾期举证基于什么心态及证据作用大小,行为人都可能要承担对方当事人因诉讼拖延而发生的额外诉讼费用。这种责任,虽然由诉讼程序规则规定,但实质上类似于私法上的侵权责任。关于逾期举证的多层效果的配置,丰富了对于行为意义上的举证证明责任的不利后果的内容,使当事人对举证责任的把握更加具体明确。

(四)证据审查认定原则与证明标准的明晰化

根据《民事诉讼法》第 64 条规定,当事人有提供证据的行为责任,人民法院负调查收集证据方面的补充责任,法院主要的任务不是调查收集证据,而是"依照法定程序,全面地、客观地审查核实证据"。证据的审查认定也即证据评价与对案件事实进行判断的过程,采取何种方法对案件事实进行判断是证据制度的核心内容。我国《民事诉讼法》的这一规定过于抽象,可操作性较差,因此《民事诉讼法解释》第 105 条在法律的上述规定之后进一步解释为"依照法律规定,运用逻辑推理和日常生活经验法则,对证据有无证明力和证明力大小进行判断,并公开判断的理由和结果。"有法院认为这就基本确立了我国民事诉讼中的自由心证原则。[①] 本条的规定,就是在借鉴现代自由心证原则的核心内容基础上结合我国实际情况作出的,可以说是中国的自由心证制度的表述。

举证证明责任的行为层面含义不仅要求当事人提供证据,也包括对证据的质证。《民事诉讼法解释》第 103 条规定,证据应当在法庭上出示,由当事人互相质证。未经当事人质证的证据,不得作为认定案件事实的根据。除当事人在审理前的准备阶段认可的证据,经审判人员在庭审中说明后,视为质证过的证据之外,其他证据的质证均应在庭审程序中,以直接言辞的方式来进行。关于质证的内容,《民事诉讼法解释》第 104 条规定:"人民法院应当组织当事人围绕证据的真实性、合法性以及与待证事实的关联性进行质证,并针对证据有无证明力和证明力大小进行说明和辩论。能够反映案件真实情况、与待证事实相关联、来源和形式符合法律规定的证据,应当作为认定案件事实的根据。关于质证的内容与规则的相关详细规定,即各种证据运用的规范化与制度化,在下文中有具体分析。

《民事诉讼法解释》根据证明标准的层次性对我国民事诉讼证明标准分别做了原则规定与特殊规定。第 108 条首先规定:"对负有举证证明责任的当事人提供的证据,人民法院经审查并结合相关事实,确信待证事实的存在具有高度可能性的,

---

① 最高人民法院民一庭:《民事诉讼证据司法解释的理解与适用》,中国法制出版社 2002 年版,第 303 页。

应当认定该事实存在。"在大陆法系国家用于表达事物存在可能性而非必然性的概念就是"盖然性",高度盖然性就是大陆法系国家与地区民事诉讼中所普遍采用的一种证明标准。这一规定确立的"高度盖然性"标准也是我国学理与实践中一直遵循的民事诉讼证明标准。该条第 2 款继续从当事人举证证明行为责任的角度解释了法官进行事实认定的情形,规定:"对一方当事人为反驳负有举证证明责任的当事人所主张事实而提供的证据,人民法院经审查并结合相关事实,认为待证事实真伪不明的,应当认定该事实不存在。"在诉讼中,负有举证证明责任的当事人提供的证据是本证,依据本证从而形成待证事实的存在具有高度可能性的判断即达到证明标准,但通常情况下,法院并非根据一方证据而作出判断,不负证明责任的当事人也会提供反证以对抗本证的作用,以说服法院相信与待证事实相反的事实存在或本证并不足以证明待证事实的存在。但对方提供反证并不需要达到使法官相信相反事实的存在具有高度可能性的程度,而只需要使待证事实处于真伪不明状态即可,因为在待证事实真伪不明的状态下,根据证明责任即应由负举证证明责任的当事人承担败诉的后果。但该款直接规定待证事实真伪不明的,应当认定该事实不存在,这就与证明责任理论相悖。从具体案件裁判实践来看,认定待证事实真伪不明从而适用证明责任作出负证明责任方当事人败诉的判决与认定待证事实不存在从而判决负证明责任方败诉似乎是同样的结果,但这在解释方法上确存在区别。也就是实际上证明结果只做了待证事实存在与待证事实不存在的两分,而证明责任理论预设的是证明状态的三分。

在"高度盖然性"这一一般证明标准之下,民事诉讼证明标准也可能根据具体待证事实的不同而呈现不同的层次要求。法律对待证事实所应达到的证明标准另有规定的,从其规定。理论上来说,可能会因为实体或程序法对于具体证明对象的要求不同而存在证明标准提高或降低的情形。而第 109 条"排除合理怀疑"标准就是主要根据实体法的规定将欺诈、胁迫、恶意串通等事件事实及口头遗嘱或赠与事实的证明提高了证明标准。欺诈等事实因其行为达到的社会危险性严重程度要求应当在证明标准上与犯罪事实同样对待,这在美国民事诉讼中也是与一般民事案件事实的证明相区别的,要求达到"清楚且有说服力的证据"程度。在"案件事实清楚、证据确实充分"这种一元化的证明要求下,我国司法实践中三大诉讼的证明标准一直是多元化的,而此次《民事诉讼法解释》首次确立了在民事诉讼中证明标准的分化,体现了对不同证明对象的不同证明要求,是对证明标准更加合理与精确的表达。

(五)各种证据运用的规范化与制度化

《民事诉讼法解释》对各种形式证据的特征及其运用做了细致的规定,如针对 2012 年修订的《民事诉讼法》所增设的"电子数据"这种新证据形式内涵模糊的问题,解释第 116 条对视听资料和电子数据的解释有助于从外延上对这两种证据形式进行比较清晰的区分,规定"视听资料包括录音资料和影像资料。电子数据是指通过电子邮件、电子数据交换、网上聊天记录、博客、微博客、手机短信、电子签名、域名等形成或者存储在电子介质中的信息。存储在电子介质中的录音资料和影像资料,适用电子数据的规定",即存储介质形式区分视听资料与电子数据。而在各种证据的提出上,均明确了当事人作为举证证明责任主体的地位,并规定当事人应当在举证期限内提出申请。司法解释规定了当事人可申请人民法院责令对方当事人交出书证、申请证人或具有专门知识的人出庭作证、申请鉴定、对物证或现场进行勘验,这些证据提出行为均应当由当事人在举证期限届满前提出,并对各种程序与权利作出了明确规范。除此之外,《民事诉讼法解释》在各种证据的具体运用规范上落实了几个重要的原则与制度。

首先,对各种证据的提出与审查运用的规定贯彻了直接言辞原则。在我国传统民事诉讼方式下,证据的直接审查受到很大的限制,如当事人不出庭陈述、证人不出庭作证、单位作证的单位负责人不出庭、鉴定人不出庭提出鉴定意见、具有专门知识的人提出书面意见等,这对相关事实的准确判断造成了很大的障碍。本次《民事诉讼法解释》对各种证据形式均强调了直接审查的方式。《民事诉讼法》第72条明确规定证人有义务出庭作证,《民事诉讼法解释》第117条规定当事人申请证人出庭作证的具体程序,及当事人应当在举证期限届满前提出。未经人民法院通知,证人不得出庭作证,但双方当事人同意并经人民法院准许的除外。为保障证人出庭作证,解释对证人出庭作证的经济补偿作出了明确规定。证人因履行出庭作证义务而支出的交通、住宿、就餐等必要费用,按照机关事业单位工作人员差旅费用和补贴标准计算;误工损失按照国家上年度职工日平均工资标准计算。人民法院准许证人出庭作证申请的,应当通知申请人预缴证人出庭作证费用。第114条规定:国家机关或者其他依法具有社会管理职能的组织提供公文书证的,必要时,人民法院可以要求制作文书的机关或者组织对文书的真实性予以说明。第115条规定:"单位向人民法院提出的证明材料,应当由单位负责人及制作证明材料的人员签名或者盖章,并加盖单位印章。人民法院就单位出具的证明材料,可以向单位及制作证明材料的人员进行调查核实。必要时,可以要求制作证明材料的人员出庭作证。单位及制作证明材料的人员拒绝人民法院调查核实,或者制作证明材料的人员无正当理由拒绝出庭作证的,该证明材料不得作为认定案件事实的根据。"第122条规定具有专门知识的人出庭代表当事人对鉴定意见进行质证,或者对案件事实所涉及的专业问题提出意见。"具有专门知识的人在法庭上就专业问题提出的意见,视为当事人的陈述。人民法院准许当事人申请的,相关费用由提出申请的当事人负担。"第123条规定:"人民法院可以对出庭的具有专门知识的人进行询问。经法庭准许,当事人可以对出庭的具有专门知识的人进行询问,当事人各自申请的具有专门知识的人可以就案件中的有关问题进行对质。"

其次,建立了我国民事诉讼法上的非法证据排除规则与证据预防规则。大陆法系国家依据自由心证原则,对证据的证明能力一般并不做特别限制。但在现代程序正义理论下,以非法方法收集的证据虽然有利于最大限度地发现真实,但从程序角度来看则对对方与社会造成了侵害,因而不应一概肯定。本次司法解释采纳利益衡量的原则来处理非法证据的可采性问题,即将取证方法的违法性所损害的利益与诉讼所保护的利益进行比较权衡,如取证手段的违法性对他人权益的损害明显弱于该案诉讼所欲保护的利益,则该证据不应作为非法证据予以排除。《民事诉讼法解释》第 106 条规定:"对以严重侵害他人合法权益、违反法律禁止性规定或者严重违背公序良俗的方法形成或者获取的证据,不得作为认定案件事实的根据。"相对于《证据规定》,解释对于证据取得的"非法"手段的列举包括三种情形,即严重分割他人合法权益、违反法律禁止性规定及严重违背公序良俗,这样的权衡处理较好地协调了查明案件事实真相与制裁防范非法取证行为之间的平衡,是长期以来我国相关理论探讨与实践经验的总结。

所谓预防规则是指为防止某些证据自身存在虚伪或错误的特殊危险,而设置相应程序及措施加以事先防范,借以担保证据的真实性和可靠性的规范与措施。一般是针对特定形式的证据,为防止出现伪证而要求以某种保证性方式作为预防措施。[①]《民事诉讼法解释》第 110 条规定:"人民法院认为有必要的,可以要求当事人本人到庭,就案件有关事实接受询问。在询问当事人之前,可以要求其签署保证书。保证书应当载明据实陈述、如有虚假陈述愿意接受处罚等内容。当事人应当在保证书上签名或者捺印。负有举证证明责任的当事人拒绝到庭、拒绝接受询问或者拒绝签署保证书,待证事实又欠缺其他证据证明的,人民法院对其主张的事实不予认定。"司法解释强化了当事人到庭及具结制度,会对当事人陈述形成一定的约束。《民事诉讼法解释》第 119 条规定:"人民法院在证人出庭作证前应当告知其如实作证的义务以及作伪证的法律后果,并责令其签署保证书,但无民事行为能力人和限制民事行为能力人除外。证人签署保证书适用本解释关于当事人签署保证书的规定。"并在下一条规定证人拒绝签署保证书的,不得作证,并自行承担相关费用。

此外,《民事诉讼法解释》细化和落实了举证妨碍制度的具体内容。民事诉讼中的举证妨碍是指民事诉讼当事人在诉讼过程中或诉讼之外,以故意或过失的作为或不作为方式,致使对方当事人陷入证明困难或证明不能的行为。《民事诉讼法解释》虽未重申对举证妨碍的一般规定,但对于在民事诉讼中适用最多的书证有具体的规定。书证在当事人控制下的,对方可以申请法院发布文书提出命令,无理拒不提交书证的行为构成书证举证妨碍。根据举证妨碍救济原理,在当事人实施举

---

① 毕玉谦:《民事证据法及其程序功能》,法律出版社 1997 年版,第 383 页。

证妨碍行为,使最佳证据不能取得的情况下,应由负举证责任的当事人以其他替代证据对案件事实加以证明。首先,根据《民事诉讼法解释》第 111 条规定,书证的原件在对方当事人控制之下,而书证持有人经合法通知提交而拒不提交的,这种消极的举证妨碍行为产生的效果首先应当是人民法院可以结合其他证据和案件具体情况,审查判断书证复制品等能否作为认定案件事实的根据。其次,《民事诉讼法解释》第 112 条规定:"书证在对方当事人控制之下的,承担举证证明责任的当事人可以在举证期限届满前书面申请人民法院责令对方当事人提交。申请理由成立的,人民法院应当责令对方当事人提交,因提交书证所产生的费用,由申请人负担。"最后,对方当事人无正当理由拒不提交书证的,人民法院可以认定申请人所主张的书证内容为真实。上述举证妨碍的法律效果可区分为对被妨碍当事人的救济和对妨碍行为人的制裁两个层面。其中救济层面的效果为有条件采纳书证复印件或推定提出申请人所主张的书证内容为真实;而制裁方面则根据解释第 113 条规定,持有书证的当事人以妨碍对方当事人使用为目的,毁灭有关书证或者实施其他致使书证不能使用行为的,人民法院可以依照民事诉讼法妨害民事诉讼行为,对其处以罚款、拘留的强制措施。

第五章

民事诉讼调解制度的变迁

引 言

在我国漫长的纠纷解决史中,既有类似于今日法庭审理的"过堂审断",也有通过有权威的第三方劝解与说服来化解纠纷的调解。调解一直是我国民事纠纷解决体系中重要的构成部分。它既是我国民事纠纷解决过程的突出特征,也是我国民事纠纷解决传统的"标志"。在制度构成上,调解分为诉讼外调解与诉讼调解。诉讼外调解,亦即民间调解,是在邻里、宗族、行会等民间组织形态下经由德高望重人士劝解与说服化解纠纷的活动。中华人民共和国成立后,诉讼外调解的主要形式是由基层组织负责进行的人民调解。近年来,各种行业协会的调解、仲裁调解、电视节目调解等多种形式的诉讼外调解也有非常大的发展。诉讼调解,是在诉讼过程中,通过审判者的劝解与说服,促使纠纷当事人协商解决纠纷的活动。由审判者在民事诉讼过程中主持调解,是我国民事诉讼的传统资源。在新民主主义革命时期我党领导的根据地,对这种传统资源既有传承,也有"扬弃"。在调解主体方面,指定群众中有威望的人进行调解,有传承的一面。由审判人员与有威望的公正群众共同调解,充分听取普通群众的意见,则具有创造性;在调解依据方面,将习惯作为调解依据,具有传承性,但是,革命根据地对于习惯也采取了甄别态度,与革命需要、群众利益保护相悖的陋习被摒弃。特别值得注意的是,革命根据地将法理作为先于习惯的调解依据,法理直接体现为当时实施的政策、法令。这是飞跃式的发展。改革开放后的诉讼调解制度,不是无本之木、无源之水,是在新民主主义革命时期、社会主义革命和建设时期的调解制度的基础上,总结经验教训,不断发展、演化而来的。因此,本章在梳理、总结改革开放后诉讼调解制度变迁过程之前,先简述新民主主义革命时期、社会主义革命和建设时期的调解制度,以期明了改革开放后诉讼调解制度发展、变迁的"起点"。

改革开放后,1982年《民事诉讼法(试行)》的制定与实施;1991年《民事诉讼法》的制定与实施;2007年、2012年《民事诉讼法》的修改;2015年《最高人民法院关于适用〈中华人民共和国民事诉讼法〉的解释》是民事诉讼法律制度发展过程中的重大事件,也是诉讼调解制度发展过程中的重大事件。就诉讼调解制度而言,2004年《最高人民法院关于人民法院民事调解工作的规定》是一部对诉讼调解制度的发展具有深远影响的司法解释。这部司法解释的制定与实施也是调解制度发展史上的重大事件。本章就以上述重大事件作为梳理诉讼调解制度的阶段节点,按顺序对"着重调解"阶段(1982—1991年)、"自愿、合法调解"阶段(1991—2004年)、"促进调解"阶段(2004—2012年)、"理性调解"阶段(2012年至今),诉讼调解的制度构成、观念,调解行为模式的变化与发展进行阐述与分析。

一、"大调解"的制度渊源

近年来,"大调解"是我国纠纷解决领域、司法领域的一个"热词",是广受社会各界关注的社会治理工程,是各级政府投入大量人力、物力并寄予厚望的重大改革项目。追根溯源,在中国共产党领导的新民主主义革命时期就已经有比较多的政策法令,对"大调解"的体系与运作机制作出规定;在生死旦夕的革命斗争过程中,各个层次的调解活动起到了联系群众、团结群众、巩固政权、维护群众权益的实实在在的作用;在调解活动蓬勃展开的过程中,司法工作者以及各界人士对于调解的正当性、调解与审判关系、强化调解的程度进行了务实、深入的讨论。这些有益的讨论促成解放战争时期调解制度的进一步完善。重温重视调解的革命传统司法理念及其指引下的改变群众日常生活的调解行动,重新阅读三大起义(南昌起义、秋收起义、广州起义)之后工农民主政权、抗日民主政权、解放区民主政权的政策法令,不仅仅是为了获得穿越"时光隧道"的"共鸣",更是为了今日"大调解"能吸取历史经验教训、再创历史辉煌。

(一)新民主主义革命时期的调解

1927年三大起义(南昌起义、秋收起义、广州起义)之后,中国共产党在湖南、江西、福建交界地带建立工农民主政权,一方面开展"打土豪,分田地"的社会革命,另一方面与处心积虑"戡乱、围剿"的国民党政权展开殊死的军事斗争。1931年,工农红军在江西瑞金建立中华苏维埃共和国并开始着手确立红色法律体系和司法制度。1931年11月7日,中华苏维埃共和国工农兵代表大会通过了《中华苏维埃共和国宪法大纲》。其后,苏维埃政权陆续制定了《婚姻条例》《土地法大纲》《苏维埃政府组织条例》《裁判部的暂行组织和裁判条例》《惩治反革命条例》《中华苏维埃共和国司法程序》等重要法律,初步建立起了苏区的法律体系。在这个时期的立法工作中,在苏联留学、工作十年而且学习和研究过苏联法律的"红色法律专家"梁柏台作出了重大贡献。为了建立起苏维埃的司法程序,梁柏台领导制定了《裁判部的暂行组织和裁判条例》,依据该条例来建立各级裁判部、组织法院,按照所规定的程序来审判案件。同时,梁柏台积极推动并参与起草了《中华苏维埃共和国司法程序》等程序法,使各级裁判部的审判工作有法可依。司法人民委员部还颁发了各种表式(法律文书样式),如案卷、审判记录、判决书、传票、拘票、搜查票等,使各级裁判部的公文案卷得以统一规范。梁柏台非常重视公开审判,他曾尖锐地批评会昌、石城县有的案件不是在法庭公开审判,而是在裁判部部长的房间里写个判决书就算审判完了。①

中华苏维埃共和国中央执行委员会于 1932 年 6 月 9 日公布的《中华苏维埃共和国暂行组织及裁判条例》较为系统地规定了公开审判制度、陪审制度、回避制度、辩护制度、上诉制度、审级制度,初步确立了审政合一、审检合署的司法体制。中华苏维埃共和国中央执行委员会于 1934 年 4 月 8 日公布的《中华苏维埃共和国司法程序》是在国内战争环境下制定的,目的是镇压反革命、保障革命民众利益、巩固苏维埃政权。它规定了裁判部等司法机关的职权,废除了上级批准制度,实行上诉制度,规定了审级制度,"苏维埃法庭为两级审判制,即限于初审终审两级"。中华苏维埃共和国最初的这两部诉讼法规体现出建立人民群众参与基础上的现代审判制度的愿望,但是都没有对调解制度直接作出规定。不过,规则并不能涵盖实践活动的全部。马锡五同志在其《新民主主义革命阶段中陕甘宁边区的人民司法工作》一文中明确述及:"我们远在工农政权时期,就开始了调解工作。在抗日战争时期,更加重视。"②

1.抗日战争时期的调解

(1)抗日战争时期的调解规范

抗日战争时期,调解受到各革命根据地的高度重视。1941 年,《山东省各级司法办理诉讼补充条例》(1941 年 4 月 18 日)、《山东省调解委员会暂行组织条例》(1941 年 4 月 18 日)、《陕甘宁边区高等法院对各县司法工作的指示》(1941 年 5 月 10 日)陆续对调解制度作出规定。1942 年,《晋察冀边区行政村调解工作条例》(1942 年 4 月 1 日)规定已起诉者也可以进行调解。1943 年《陕甘宁边区民刑事件

---

① 郭宏鹏:《梁柏台:"以身付诸国"的红色法律专家》,载《法制日报》2016 年 8 月 31 日。

② 马锡五:《新民主主义革命阶段中陕甘宁边区的人民司法工作》,载《政法研究》1955 年第 1 期。

调解条例》(1943年6月11日)建构了由民间调解、政府调解、诉讼调解构成的调解体制。1944年《陕甘宁边区政府关于普及调解、总结判例、清理监所指示信》(1944年6月6日)对群众自己调解、群众团体调解、政府调解、审判与调解结合的网络式调解体制作出更具体的阐述。1944年《晋冀鲁豫边区太岳区暂行司法制度》(1944年3月1日)第28条明确民事案件的解决以和解为最好的解决方式,双方同意、书立和解合同、和解效力、和解后请求法庭撤销告诉的程序在此规则中亦有规定。1944年《晋察冀行政委员会关于加强村调解工作与建立区调处工作的指示》、1944年《山东渤海区村调解委员会暂行组织条例》、1945年《山东省政府关于开展调解工作的指示》等政策法令都对调解作出规定。综合上述规范文本的内容,可以归纳出抗日战争时期,抗日根据地调解的如下特征与趋势:

第一,以政府调解为枢纽的自治型调解体系粗具规模。从上述规定调解制度的规范文本看,抗日战争时期,革命根据地的调解已经形成由群众自行调解(如亲邻调解)、群众团体调解、政府调解和诉讼调解构成的"大调解体系"。上述规定调解制度的规范文本共同的内容是建立村、区调解委员会或者县、省调解委员会,规范与强化村、区调解委员会或者县、省调解委员会的调解职能。区、县、省调解委员会是同级政府的组成部分,调解委员会主任由同级政府负责领导(如区委员会主任)兼任。上级调解委员会指导下级调解委员会的调解工作(如区调解委员会指导村调解委员会)。显然,这种从村公所调解委员会自下而上的调解体系是一种政府调解体系。如有学者所言,在四种形式的调解中,在基层人民政权主导下进行的政府调解又是当时占主要地位的调解类别。它是通过邀请当地各机关人员以及民众团体和"公正群众"从旁协助来进行民事纠纷的调解。[①] 更确切讲,革命根据地时期政府调解的这种地位是一种枢纽的地位。从政府调解的调解人员构成看,政府调解是群众路线在纠纷解决领域的直接体现形式。革命根据地政府不仅介入纠纷解决、主持调解,也鼓励、引领、指导群众自行调解、群众团体调解。在调解环节中,政府调解还是当事人不接受群众自行调解、群众团体调解的后续"救济"途径。政府调解不成,还能启动裁判所或者法庭的审判程序。诉讼中调解活动仍可继续。可见,政府调解是居于群众自行调解、群众团体调解与诉讼程序、诉讼调解之间的"枢纽"。上述规定调解制度的规范文本中,大都开宗明义地指出倡导、规范调解制度是为了减少诉讼案件、减少人民群众的诉累。鉴于抗日战争时期抵抗御侮与发展壮大人民力量的双重使命以及革命根据地政府可调配资源(经济、文化、人员)的局限,绝大多数纠纷通过民间自行调解、群众团体调解方式解决是实事求是的选择。各抗日根据地政府制定的调解规则充分体现了依靠群众解决群众自己的纠纷的方针政策,大都明确了如何在政府领导下,以政府调解为枢纽,以村、区调解委员

---

① 韩延龙:《试论抗日根据地的调解制度》,载《法学研究》1980年第5期。

会为依托,推动群众自发解决纠纷的实践。《陕甘宁边区高等法院对各县司法工作的指示》(1941 年 5 月 10 日)中指出边区的司法工作要深入群众,要在群众中建立司法工作的基础。在此次选举运动中,要在各乡选出人民仲裁员、人民检查员,组织人民法庭,经过人民法庭,调解人民群众的一切纠纷。1944 年《陕甘宁边区政府关于普及调解、总结判例、清理监所指示信》(1944 年 6 月 6 日)明确了群众自己调解是最重要的调解方式,非常直接地表达了要相信群众有自己调解纠纷的能力、要由群众调解群众自己的纠纷的自治型调解理念。综上所述,在抗日战争时期严峻的军事、政治形势下,在"群众路线"的指引下,抗日革命根据地逐步形成了与军事、政治斗争相适应,与审政合一模式相适应,与当时革命根据地资源(经济、文化、人员)状况相适应的以政府调解为枢纽的自治型调解体系。

第二,调审结合与调审分离模式并存。根据 1943 年《陕甘宁边区民刑事件调解条例》(1943 年 6 月 11 日)第 6 条、第 8 条、第 10 条、第 11 条的规定,民间调解、行政调解在事件已系属司法机关时,仍可在侦查、审判、上诉、执行各阶段进行。法庭外调解成立的事件,调解人要制作和解书。如果事件已系属司法机关时,要给司法机关另写一份和解书,请求销案。司法机关对法庭外和解书要根据规定审查。对于已经系属法庭的案件,法庭可以依职权调解,也可以指定当事人的亲友、邻居、民众团体进行调解。对于指定调解产生的和解书,法庭依规定进行审查。这一条例综合规定了抗日革命根据地调解体制、调解机制的具有里程碑意义的规范文本。就此规范文本的上述内容看,抗日战争时期,在革命根据地的纠纷解决过程中,体现调审结合模式的法院主导调解与体现调审分离模式的指定调解处于并存状态。

1944 年《陕甘宁边区政府关于普及调解、总结判例、清理监所指示信》(1944 年 6 月 6 日)要求发扬审判与调解结合的马锡五同志的审判方式,指出召集群众大家评理,政府和人民共同断案,真正实现了民主。人民懂得了道理又学会了调解,以后争讼就会减少。重大又复杂的案件,定要这样做。同时也指出法庭指定调解的方式也要推行。这一规范文本的意义在于对调审合一模式与调审分离模式的应用条件作出区分,适用调审合一模式的案件应当符合重大、复杂的条件。由此推之,对于通常案件仍可由法庭指定调解。

第三,调解前置定型化。山东省临时参议会公布的《山东省调解委员会暂行组织条例》对区乡调解委员会的组织架构、调解的机制(调解调查、调解合议、调解回避、调解管辖、调解笔录、即时调解、不威迫利诱、调解免费)、调解依据(习惯、法理)作出规定。该条例第 15 条规定:"凡调解不成之案件,应将该案件所有文卷、证据及调查所得之案情,一并呈送上级司法机关审理之。"这一规定意在引导、形成一种区乡调解委员会调解前置的司法模式;1945 年 5 月《苏中区人民纠纷调解暂行办法》第 2 条规定:"人民民事纠纷,非经调解手续,不得起诉";《山东省战时工作推进委员会关于民事案件厉行调解的通令》更为详尽地规定:"凡民事案件,无论大小一律先由区调解委员会试行调解。调解成立者,应即由调解委员会发给调解笔录(其效力与判决同),其调解不成立者,应即发给调解不成证书,以凭起诉。凡不经调解或未持调解不成证明书者,概不受理。"

第四,调解依据明确化。山东省临时参议会公布的《山东省各级司法办理诉讼补充条例》第 3 条规定,为教育民众及补救审级不全的欠缺,对于民刑案件尽量采取调解的方式,但危害抗战及广大群众利益的民刑重大案件不在此例。该条例第 4 条规定,法理、习惯为调解及审理案件重要依据之一,唯不利抗战及庸俗的道德观念与仅利于少数人的习惯不得援用。《山东省战时工作推进委员会关于民事案件厉行调解的通令》规定调解的法律依据以战时法令与当地之善良习惯为主;1944 年《晋冀鲁豫边区太岳区暂行司法制度》(1944 年 3 月 1 日)第 28 条明确民事案件的解决以和解为最好的解决方式,反对无原则的调解以及反对无条件的调解。反对无原则调解意指调解应以遵守政策法令为前提。

第五,调解范围宽广。1943 年 6 月 11 日颁布的《陕甘宁边区民刑事件调解条例》第 2 条即明确规定:"凡民事一切纠纷均应厉行调解,凡刑事除下列各罪不许调解外,其他各罪均得调解:(一)内乱罪;(二)外患罪;(三)汉奸罪;(四)故意杀人罪;(五)盗匪罪……(二十三)其他习惯性之犯罪。"可见,在抗日根据地,调解的适用范围十分宽广,除了民事案件均适用调解之外,大部分的刑事案件也均可适用调解方式解决。调解范围宽广这一特征,在解放战争时期得以继续。如冀南区在其 1946 年 2 月 24 日颁布的《冀南区民刑事调解条例》中也作出类似的规定。

第六,调解为主、审判为辅的原则初露端倪。在抗日战争时期,各抗日根据地直接规定调解为主、审判为辅的诉讼规范、调解规范的尚不普遍。1944 年 10 月公布的《苏中区处理诉讼案件暂行办法》第 4 条规定,对于民事案件,以调解为主,审判为辅。这一规定的出现意味着调解为主、审判为辅的纠纷解决理念在部分抗日根据地已获得认同。不过,《苏中区处理诉讼案件暂行办法》并没有明确调解为主原则中调解究竟是诉讼外的调解还是诉讼中的调解。

(2)抗日战争时期的调解运行模式

纠纷解决理念、调解规则塑造具体的调解活动。各抗日根据地的调解规则的共同点是对群众路线的坚守,在规则构成的细节方面又不尽相同,调解运行模式也有一定差异。在抗日战争后期,陕甘宁边区的马锡五审判方式包含了一种典型的调解运行模式。

"马锡五审判方式"的表述最早见于时任陕甘宁边区政府主席林伯渠 1944 年 1 月 6 日的《边区政府一年工作总结报告》。该报告提出,"诉讼手续必须力求简便,提倡马锡五同志的审判方式,以便教育群众"。1944 年 3 月 13 日《解放日报》刊登的《马锡五同志的审判方式》一文中作出以下总结:第一,他是深入调查的。第二,他是在坚持原则、坚决执行政府政策法令又照顾群众生活习惯及维护其基本利益的前提下,合理调解的,是善于经过群众中有威信的人物进行解释说服工作的,是为群众又倚靠群众的。第三,他的诉讼手续是简单轻便的,审判方法是座谈式而不是坐堂式的。① 在 1945 年 1 月 13 日《解放日报》刊发的《新民主主义的司法工作》一文中,马锡五审判方式被总结为八点:第一,走出窑洞到出事地点解决纠纷;第二,深入群众,多方调查研究;第三,坚持原则,掌握政策法令;第四,请有威信的群众做说服调解工作;第五,分析当事人的心理,征询其意见;第六,邀集有关的人到场评理,共同断案;第七,审案不拘时间地点,不影响群众生产;第八,态度恳切,使双方乐于接受审判。② 1945 年陕甘宁边区推事审判员联席会议上,边区高等法院代院长王子宜提出马锡五审判方式有三个特点:其一,深入农村调查研究;其二,就地审判,不拘形式;其三,群众参加解决问题。1949 年,马锡五在延安大学针对学生对马锡五审判方式的提问,他的回答是:第一,尊重群众意见。而针对民事和刑事案的区别,对群众意见的采纳程度是不同的:"对刑事案件是十分慎重的,对民事案件则是尽量采纳的。"第二,就地审理。一个推事,一个书记,带上笔墨案牍,走到任何一个乡村,便可以就地开庭了。但对于重大且案情复杂的案子,还是不采用这种方式,必须在法院中进行较精密的处理。第三,定期巡回审判。③ 尽管从不同角度对马锡五审判方式的总结性阐述对其具体构成的理解略有差异,但不难看出马锡五审判方式的核心理念是群众路线。如法制史专家张希坡所述,马锡五同志进行审判工作的突出特点即走群众路线,其认为听取群众的意见和批评是做好司法工作的中心;此外,马锡五实行审判和调解相结合的办案方法,常常携卷下乡,深入调查以解决案件中的疑难问题,甚至还解决了一些缠讼多年的疑难案件,深受群众的欢迎和爱戴——据此,边区的人们将马锡五的这种贯彻群众路线、调判结合的办案方式称为"马锡五同志的审判方式"。④ 马锡五审判方式中的调判结合,既指诉讼外调解与审判的结合,也指诉讼中调解与审判的结合。诉讼外调解主要体现为政府调解引领下的群众自行调解与群众团体调解;诉讼中的调解则注重发挥审判人员与群众中有威信的人物的双重作用。马锡五同志当时既是陕甘宁边区高等法院陇东分庭庭长,又是陕甘宁边区陇东行政公署专员。在审政合一模式下,具有双重身份的地方领导在调解过程中具有很高的权威性,也获得边区群众的广泛信从。

---

① 《马锡五同志的审判方式》,载《解放日报》1944 年 3 月 13 日。

② 林间:《新民主主义的司法工作——"边区建设展览会介绍"》,载《解放日报》1945 年 1 月 13 日。

③ 张希坡:《马锡五与马锡五审判方式》,法律出版社 2013 年版,第 188 页;张姝:《司法为民:马锡五审判方式的精髓》,载《光明日报》2014 年 8 月 13 日;张波:《陕甘宁边区司法制度的"语境论"分析——以马锡五审判方式为例》,载《理论导刊》2016 年第 9 期。

④ 张希坡:《马锡五同志和他的审判方式》,载《社会科学战线》1979 年第 4 期。

将审判与实地调查、说服教育、调解相结合的"马锡五审判方式"与当时国民党统治区法官只管"坐堂问案"的审判方式形成鲜明对比。这种新型司法,在陕甘宁边区陇东分区取得明显成效。以马锡五所在的陇东分庭为例,在1943年马锡五就任分庭庭长之前,该庭调解处理的案件仅占全部案件数量的17%,而1944年,该庭的调解结案率就大幅上升到了65.6%。在这种情况下,边区政府要求各分区、各县要"学习马锡五同志的方式",各个边区开始效仿马锡五审判方式:合水、关中、鄜县等各个地区均开始适用马锡五同志的方式进行民事审判工作;该年秋天,绥德分区也在其分区司法会议上明确提出,要"号召司法工作者深入乡村,用马锡五审判方式就地解决大小纠纷"[①];同年,晋察冀边区也在其《关于执行改进司法制度的决定应注意事项的命令》中强调了要学习马锡五调查研究的审判方式;1945年,山东省第二次行政会议也专门宣传了要实行马锡五审判方式这一思想,要深入调查、调解为主、打破形式主义解决纠纷。[②]"马锡五审判方式"获得认同并被大力倡导后,陕甘宁边区民事案件的调解结案率呈现增加趋势,如边区1945年5月到7月间,共受理纠纷97件,最终用调解解决的案件多达93起。边区的调解率在1945年达到了48%的比重。[③]

马锡五审判方式之所以成为新民主主义司法的典型,是多方因素合力推动的结果。首先,这是由边区的自然资源禀赋及其生产方式所决定的。其次,是由于这一审判方式弱化了体现现代法治精神的政策法令与边区传统社会习俗的冲突。再次,这也是由于边区执行特殊的司法体制所决定的。最后,是我们党塑造"新型司法"的推动作用。[④] 在当时的调解规则层面,体现调审结合模式的法院主导调解与体现调审分离模式的指定调解处于并存状态。首先,法院可以指定当事人的亲朋好友、当地公正义士、劳动英雄、长者等个人,或者乡参议院或公会、农商会、妇女联合会、青年救国会以及抗援会等民众团体参加案件的调解工作。其次,法院可以指定区、乡政府调解,这种方式便于就近了解案件情况、查明事实,也有利于调解书的最终执行。最后,即审判人员会同区乡干部、当地群众代表人物以及双方亲族邻里共同调解,高等法院还定期派出推事,协同县司法处的裁判员一起深入基层、集中调解纠纷。[⑤]

在调解实际运行中,体现调审结合模式的法院主导、充分发挥群众中调解力量的共同调解运行模式成为主流模式,而体现调审分离模式的指定调解模式逐渐式

① 张希坡:《马锡五同志和他的审判方式》,载《社会科学战线》1979年第4期。

② 张希坡:《马锡五与马锡五审判方式》,法律出版社2013年版,第215~219页。

③ 杨永华、方克勤:《陕甘宁边区法制史稿》,法律出版社1987年版,第241页。

④ 张波:《陕甘宁边区司法制度的"语境论"分析——以马锡五审判方式为例》,载《理论导刊》2016年第9期。

⑤ 杨永华、方克勤:《陕甘宁边区法制史稿》,法律出版社1987年版,第221~223页。

微。这种在法院和司法干部主导下,同时依靠群众和基层干部进行共同调解的方式,使得边区的调解工作在依政策法令开展的前提下还紧密贴合了当时的政治形势和生产生活需要,取得了较好的法律效果和政治效果。

(3)对抗日战争时期调解规则、调解运行模式的讨论与反思

第一,关于司法机关应否调解的讨论。据杨永华、方克勤的研究,针对司法机关应不应该进行调解的问题,司法机关内部也始终存在两种意见:一种意见认为,司法机关是审判机关,不应该进行调解活动,特别是在推行调解的初步阶段还提出了"自愿调解"的原则,且调解可能会导致对遵守政策法令的松动;而另外一种观点认为司法机关应当开展调解工作,认为许多老百姓存在"不到黄河心不死,乡下调解不服,总想到县上来告",因此法院开展调解工作具有相当深厚的群众基础。①抗战时期,一切为了群众的革命理念的正当性日益增强,第二种观点最终成为多数人的观点,并且作为正确观点确立下来。

第二,关于调解与审判关系的反思。如前所述,在抗日革命根据地政策法令中出现"调解为主,审判为辅"的规则,反映出对调判关系的这种认识在当时获得较广泛的认同。对此观点,当时也有一些争议。《陕甘宁边区推事审判员联席会总结——1945 年 12 月 29 日王院长报告》关于"审判与调解"有这样一段精辟论述。代院长王子宜在该报告中指出:"调解为主是不是对? 或者审判为主吗? 审判与调解结合吗? 我们认为,如果指的民间纠纷,实际大量的可以经过调解了结,因此说是'调解为主'那是可以的。但如果指的司法机关,尤其是狭义的司法政策说也是'调解为主'就不妥当。……在司法政策上说来,无论'调解为主'或'审判为主'均不妥当。至于审判与调解是否可以结合呢? 我们认为新的审判方式之所以不同于旧式审判,其具体意义之一就是新的审判应包含调解因素在内。我们的法庭对当事人有教育责任。无论审讯或宣判,都需要经过一番说服解释的工夫,使人家心悦诚服。"②上述报告从审判规律角度具体分析、阐释了该如何理解调解与判决的关系,重视调判结合,而非刻意计较诉讼中审判与调解的主次地位;阐明调解为主原则在诉讼与诉讼外纠纷解决方式的关系层面才有合理性,对解放战争时期的司法政策制定、诉讼制度建构乃至当代诉讼制度优化都有积极的启示意义。

第三,关于强化调解的程度的反思。在抗日根据地的政策法令中调解前置呈现为一种趋势。这是在制度建设层面高度重视调解理念的直接体现。在纠纷解决实践中,也出现了强制调解迹象。马锡五后来也曾指出,革命根据地时期也曾发生过"民事案件均得以进行调解""调解为主、审判为辅""调解是诉讼的必经程序"以

---

① 杨永华、方克勤:《陕甘宁边区法制史稿》,法律出版社 1987 年版,第 219~221 页。
② 潘怀平:《陕甘宁边区"调判关系"的协调及其启示》,载《人民法院报》2013 年 11 月 8 日。

及由此产生的强迫调解等错误,但幸而这种情况很快就得到了纠正。① 这一点在《陕甘宁边区推事审判员联席会总结——1945 年 12 月 29 日王院长报告》中有明确记载。王子宜在上述报告中指出"调解是诉讼的必经程序"是不适当的,"调解不是诉讼的必经程序",并解释道:"所谓'调解不是诉讼的必经程序',就是说,诉讼必须经过的是审级,即先经第一审不服,再上诉至第二审。至于调解则不是必经的程序,群众发生纠纷,可以经过调解,也可以不经过调解,而直诉至县司法处,任何人不得干涉阻止。"② 上述对强化调解程度的反思,直接影响到解放战争时期,我党领导的解放区的司法政策及法令的调整。

2.解放战争时期的调解

1944 年《陕甘宁边区政府关于普及调解、总结判例、清理监所指示信》(1944 年 6 月 6 日)要求注意防止为了调解数字上的锦标而强迫当事人服从调解的偏向。否定强制调解,尊重当事人调解的自愿性的观念在解放战争时期逐步被当时的政策法令层面所吸收。调解前置的规则与做法逐步被否定。

1948 年 9 月 1 日,边区高等法院在安字第 3 号指示信中指出,调解需要遵循"双方自愿,不许有任何强迫"、"要遵守政府政策法令、照顾民间善良习惯"以及"任何人不愿调解或者不服从调解,有权径向县司法处或者地方法院起诉"几项要求。此外,该指示信还强调了"调解并非诉讼的必经程序,不得加以任何阻止或留难"。③ 调解非必经程序、调解应当自愿的观念在解放战争后期获得广泛认同。例如 1949 年《旅大市高等法院关于调解工作方案(草案)》就已经明文规定:进行调解,应当本着政府的政策法令并取得两造的同意;不得对于双方或一方有强迫调解及阻止起诉的行为。此外,同年出台的《哈尔滨市人民法院调解规则》第二条至第六条也明确规定了调解必须双方自愿、不得强迫,且调解并非诉讼的必经程序;调解应当以说服教育为主,但反对无原则的"和事佬";以及公私之间的纠纷、劳资之间的纠纷以及带有政策性的新问题等情况不适于调解。

就新民主主义革命时期调解的总体状况而言,在抗日战争时期形成的以政府调解为枢纽的自治型调解体系在解放战争时期进一步巩固,奠定了"大调解"传统的基石;在诉讼中,调审结合、政府和人民共同断案、审判人员与群众共同调解的司法传统也逐步形成;抗日战争时期调解前置的规则、强制调解的行为在解放战争时期逐步被纠正,尊重诉讼权利、自愿调解观念成为政策法令制定的新的支撑点。

(二)社会主义改造和建设时期的诉讼调解(1949—1982 年)

新民主主义革命时期,工农民主政权、抗日民主政权、解放区民主政权在法律

---

① 马锡五:《新民主主义革命阶段中陕甘宁边区的人民司法工作》,载《政法研究》1955 年第 1 期。
② 潘怀平:《陕甘宁边区"调判关系"的协调及其启示》,载《人民法院报》2013 年 11 月 8 日。
③ 杨永华、方克勤:《陕甘宁边区调解原则的形成》,载《西北政法学院学报》1984 年第 1 期。

制度建设上,重视对当时的苏联法律制度的学习、借鉴,更重视结合革命根据地实际情况实事求是地形成"革命法制"。在诉讼领域,形成于抗战后期的马锡五审判方式是"革命法制"的重要构成。这种将纠纷解决与思想教育、调解与审判两者有机结合的审判方式,在中华人民共和国成立以后得以延续。与审判结合的人民调解、诉讼中调解仍是纠纷解决的主要途径,并主要经历了以下三个阶段:

1.尝试先行调解阶段

在新民主主义革命时期,工农民主政权、抗日民主政权、解放区民主政权为适应军事与政治斗争的需要、巩固政权与维护群众利益的需要,陆续制定、颁布了一些政策法令。这些政策法令在创建革命法制的过程中产生了重大作用,不过,还不够全面、不够具体。在纠纷解决领域重视调解,是适时的策略选择。中华人民共和国成立之初,百废待兴,立法工作难以快速推进,纠纷解决的依据存在不少"空白地带"。先行调解就成了纠纷解决的首选规则。1950 年《中华人民共和国诉讼程序试行通则(草案)》第 30 条规定:"民事或轻微刑事案件的当事人得向人民法院声请调解,法院应视情况,先行调解;调解如不成立,应即进行审判。"同时,该草案还明确了调解并非诉讼必经程序;法院进行调解,必须认清是非,不违反政策法令,且不得强迫当事人接受。此外,该草案的第 31 条规定了先行调解的场地以及集体调解:"调解在院内或者院外皆可进行,同类案件较多者,法院认为适当,得进行集体调解。"

2.试行调解阶段

1956 年 10 月 17 日,最高人民法院发布了具有民事诉讼法意义的《最高人民法院关于各级人民法院民事案件审判程序总结》,该总结在"审理案件前的准备工作"章节中提出了"试行调解"的概念。所谓试行调解,指的是对那些案情已经明确而又有调解可能的案件,……受理这种案件的审判人员可以试行调解,当事人也可以随时请求调解(除婚姻案件外)。根据该总结,调解活动的场地不限,先由审判人员讲解政策法令、法律,同时对当事人进行团结教育,双方达成一致后制发调解书,与判决书有同等效力。如果当事人事后翻悔且调解书确有错误,可以参照审判监督程序处理。若调解不成,则即行审判。

3."调解为主"方针的确立

1957 年,针对反右派运动中出现的问题,毛泽东发表了《关于正确处理人民内部矛盾的问题》讲话,将社会矛盾分为敌我矛盾和人民内部矛盾两种类型,并提出解决人民内部矛盾要按照"团结—批评—团结"的路径来进行。凡属于思想性质的问题,凡属于人民内部的争论问题,只能用民主的方法去解决,只能用讨论的方法、批评的方法、说服教育的方法去解决,而不能用强制的、压服的方法去解决。[①] 1958 年 8 月召开的协作区

---

① 毛泽东:《关于正确处理人民内部矛盾的问题》,载《人民日报》1957 年 6 月 19 日。

主任会议上,毛泽东说,公安、法院也在整风,法律这个东西没有也不行,但我们有我们这一套,还是马青天那一套好,调查研究,就地解决问题。① 当时学者认为,"调查研究,就地解决,调解为主"的方针,是在系统地总结了我国司法工作的先进经验的基础上,针对民事纠纷的性质和特点而制定出来的一条处理民事案件的正确方针。这一方针集中地体现了毛泽东同志关于正确处理人民内部矛盾的光辉思想和我们党的实事求是、一切从实际出发、调查研究的马克思列宁主义辩证唯物主义的工作作风;充分发扬了我国审判工作大走群众路线的优良传统。② 1962 年最高人民法院院长谢觉哉在最高人民法院干部会上的讲话《我对马锡五同志的认识》中,号召全体司法干部向马锡五同志学习。③ 1963 年,最高人民法院召开了第一次全国民事审判工作会议,在总结了新民主主义革命时期司法实践和审判工作经验的基础上,出台了《最高人民法院关于民事审判工作若干问题的意见》,提出了"调查研究,就地解决,调解为主"的民事审判工作十二字方针。1964 年第三届全国人民代表大会第一次会议上,最高人民法院的工作报告指出:"处理民事案件,必须具有坚强的阶级观点,必须坚决贯彻执行党中央和毛主席指示的依靠群众、调查研究、调解为主、就地解决的方针。……在人民法庭工作的审判人员,一般都做到了有计划地携卷下乡、下厂,调查研究,就地征求群众意见、处理案件。"④自此,"依靠群众、调查研究、调解为主、就地解决"的十六字方针正式提出。直到 1982 年《民事诉讼法(试行)》颁布,在近二十年间,"调解为主"成为我国民事审判活动的基本方针,也对之后我国的民事诉讼立法活动形成了一定的影响。在十六字方针的指导之下,1979 年最高人民法院发布的《人民法院审判民事案件程序制度的规定(试行)》也进行了类似的规定。在这近二十年间,调解成为解决民事纠纷的基本方法与主要途径。

二、改革开放后"着重调解"阶段的诉讼调解(1982—1991 年)

(一)1982 年《民事诉讼法(试行)》对"着重调解"原则的确立

1."着重调解"原则确立的背景

自 1979 年起,我国就已开始了《民事诉讼法(试行)》的起草工作。在起草试行《民事诉讼法》的立法过程中,立法者即逐渐意识到,"调解为主"实际上还带有"审判为辅"的隐藏含义,会使法院在实践中为追求调解率而强迫调解。因此,在《民事诉讼法(试行)》的规定中,立法者对"调解为主"的方针做了修正,将其修改成"着重调解"的原则。

---

① 丛进:《曲折发展中的岁月》,河南人民出版社 1989 年版,第 65 页。

② 北京大学法律系五年级政法业务科研小组:《"调查研究,就地解决,调解为主"——处理民事纠纷的正确方针》,载《法学研究》1961 年第 2 期。

③ 张希坡:《马锡五与马锡五审判方式》,法律出版社 2013 年版,第 224 页。

④ 《最高人民法院院长谢觉哉在三届人大第一次会议上的报告》,载《人民日报》1965 年 1 月 1 日。

经过几年的起草准备,1982 年颁布的《民事诉讼法(试行)》最终将"着重调解"正式确立为基本原则。这部试行的民事诉讼法,是对我国自革命根据地时期以来的审判调解经验的总结,将过去零散于各类法律文件中的关于调解制度的规定予以相对体系化的整合。但是,由于"调解为主"的思潮自中华人民共和国成立以后就始终成为我国法院进行审判工作的实质原则,因此 1982 年试行民事诉讼法确立的"着重调解"原则,仍在很大程度上受该种理念的影响。调解在当时环境下被认为仍具有以下几方面的优势:

首先,调解有利于纠纷的彻底解决,"官断民服"的方式往往会导致当事人由于不服结果而长期争讼,而调解主要靠说服教育,最终能够使得当事人友好协商,解决纠纷。其次,诉讼调解大多都由审判人员直接携卷下乡、就地解决,广泛征求群众意见,有助于联系群众、方便群众,消除孤立办案的官僚主义作风。再次,调解有利于防止人民内部矛盾激化——当时的观点认为,由于实践中的许多矛盾是人民内部矛盾激化演变而成的,只要审判人员经过细致的调解工作,双方当事人最终是能够彼此体谅、消除嫌隙的,因此调解这种方式不伤当事人和气,有利于社会的团结安定。最后,适用调解解决纠纷,有利于提高办案效率、降低上诉率。[①]

2.《民事诉讼法(试行)》中的诉讼调解

《民事诉讼法(试行)》在第一章"任务和基本原则"中规定了"着重调解"的原则——其中第 6 条规定,人民法院审理民事案件,应当着重进行调解;调解无效的,应当及时判决。第 7 条规定,人民法院受理的民事案件,能够调解的,应当在查明事实、分清是非的基础上进行调解,促使当事人互相谅解,达成协议。

相应地,该法第十章"普通程序"的第四节以及第十三章"第二审程序"还分别具体规定了以下关于调解活动的要求:

第 97 条——人民法院受理的民事案件,能够调解的,应当在查明事实、分清是非的基础上进行调解,促使当事人互相谅解,达成协议。

第 98 条——人民法院进行调解,可以由审判员一人主持,也可以由合议庭主持,并且尽可能就地进行。

第 99 条——人民法院进行调解,根据案件需要,可以邀请有关单位和群众协助。被邀请的单位和个人,应当协助人民法院进行调解。

第 100 条——调解达成协议,必须双方自愿,不得强迫。

第 101 条——调解达成协议,应当制作调解书,由审判人员、书记员署名,并加盖人民法院印章。调解书送达后,即具有法律效力。对不需要制作调解书的协议,应当记入笔录,由双方当事人、审判人员、书记员签名或者盖章后,即具有法律效力。

---

① 刘春茂:《论民事诉讼中的调解程序》,载《青海社会科学》1982 年第 6 期。

第 102 条——调解未达成协议或者调解书送达前一方翻悔的,人民法院应当进行审判,不应久调不决。

第 153 条——第二审人民法院审理上诉案件,可以进行调解。调解达成协议,应当制作调解书,由审判人员、书记员署名,并加盖人民法院印章。调解书送达后,原审人民法院的判决即视为撤销。

(二)1982 年《民事诉讼法(试行)》的运行方式

1.“着重调解”时期诉讼调解的基本原则

从以上《民事诉讼法(试行)》中关于调解规定的内容看,“着重调解”是民事诉讼法的基本原则。不过,《民事诉讼法(试行)》制定时已开始关注调解的自愿性、合法性、真实性。

(1)在一般规则层面规定了调解自愿性要求。延续抗战后期即开始的对强制调解现象的反思,中华人民共和国成立以后,一度比较重视调解的自愿性,《民事诉讼法(试行)》也在第 100 条作出了明确规定。这为 1991 年《民事诉讼法》确立调解自愿原则做了过渡和准备。

(2)调解合法性要求有了间接依据。《民事诉讼法(试行)》第 5 条规定了人民法院审理民事案件必须坚持“以事实为根据,以法律为准绳”这一基本原则。作为法院审判工作极其重要的组成部分,诉讼调解自然也应当在遵循这一基本原则的前提下展开。因此,在诉讼调解中,当事人之间达成调解协议也不能违背法律的强行性规定和公共利益。在中华人民共和国成立以前的长期调解工作中,由于立法的空白和欠缺,大量调解往往都依靠当地政策和零散法律文件展开,再加之受阶级矛盾与人民内部矛盾这种特殊时期矛盾分类方式的影响,合法调解在实践中缺乏落实的可能性。这种情况在 20 世纪 50 年代后期体现得尤为明显:该时期的调解常常将所有的民事案件都看作不同阶级、不同思想和不同道路之间的斗争,甚至提出了“坚持以阶级斗争为纲”的民事审判工作口号,在没有法律依据的情况下进行调解,乃至出现过要通过“制服不讲理的当事人”来迫使其达成调解协议的案例——由是,在相当一段时间之内,调解工作还被冠以“篡改人民法院专政机关的性质”“破坏社会主义法制”之名。[①] 为了杜绝调解异化现象再次出现,立法机关也开始意识到诉讼调解合法性的重要。因此,尽管这一时期的《民事诉讼法(试行)》对诉讼调解应当遵循合法原则的意志还未完全显露,该法第 5 条中“以事实为根据,以法律为准绳”的表述,已经为调解工作合法运行设定了“轨道”。

(3)确立查明事实、分清是非的调解规则。该法第 97 条明确了在诉讼调解中,若当事人达成调解协议,则应当以查明事实、分清是非为前提——这是我国法律对

---

① 李荣棣、唐德华:《试论我国民事诉讼中的调解》,载《法学研究》1981 年第 5 期。

该规则的首次规定,也可以看出,查明事实原则实际上是对革命根据地时期调解工作经验的总结和沿用,主要指的是将案件发生的起因、背景、过程等所有事实情况查探清楚,以还原案件事实,并在此基础上辨明是非。

2.“着重调解”时期诉讼调解的具体流程

如前所述,1982 年《民事诉讼法(试行)》规定了调解程序可以在受理后、审判前就开始,也可以运用在一审、二审甚至审判监督程序中。若在审判前开始,矛盾经过试行调解就予以解决,未经开庭诉讼即告终结;若在一审中达成调解协议,则无须上诉。该法出台以后的司法实践中,诉讼调解主要按照以下流程进行:(1)准备阶段。案件依法受理之后,应依照《民事诉讼法(试行)》第十章第二节的规定做好审理前的准备工作。除了其他各项法定程序之外,尤其重要的是进行“调查研究,收集证据”,这是进行调解的基础条件。调查工作大致包括如下几个方面:①询问证人,取得证言。可以个别进行,也可召开座谈会议,可以庭外进行,也可当庭进行;②询问当事人,听取他们的陈述和辩解;③提取物证及书证,……物证与书证应合法认证;④勘验现场。(2)调解阶段。此阶段可分三个互相衔接(有时可交错进行)的阶段:①思想教育,由主持调解的审判人员根据已经查明的案情讲解有关的政策、法律、法令,指出各方的理由是否充足及其根据,动员双方协商解决,明确协商中应遵循的原则。②当事人协商,既可以就地进行,也可以当庭进行,也可以让当事人在庭外自行协商,这种协商,应该视需要邀请有关人员,包括行政领导或人民调解组织的代表参加并发表意见,但必须不脱离司法机关的主持。③终止调解。其一,调解无效,付诸判决;其二,调解成立,制作文书。[①] 可见,“着重调解”阶段对于事实查明方法及事实查明与调解的关系已经有了更成熟的认识并且已经规则化;一以贯之地坚持发挥法制宣传与思想教育在调解中的重要作用;已经明确意识到调解及时终结的程序意义。

(三)对“着重调解”原则的讨论与反思

1.对“着重调解”原则的质疑

在“着重调解”原则出台之后,不少学者认为,“着重调解”原则虽然是对“调解为主”理念的修正,但其实质仍然无法脱离调解优先、调解为主的基调,两者都是强调调解、偏倚调解并且都将调解放在审判之前,使得审判成为“无足轻重的辅助手段”。这是由于,“着重调解”实际上包含着以下几方面的隐语:首先,“着重调解”意味着人民法院在受理案件后应当立足于调解,能用调解结案的就不会采取判决方式;其次,由于调解工作本身即一种思想教育,因此不论是否审判,前期都仍要进行调解;再次,《民事诉讼法(试行)》规定了调解贯穿于民事审判活动的审理前、第一

---

① 　陶毅:《试论我国民事诉讼中的调解》,载《法学评论》1982 年第 Z1 期。

审、第二审程序，正是说明了民事审判活动仍以调解作为解决问题的主要方式——据此可以解读出，"着重调解"实际上就意味着人民法院不到万不得已，就不作出判决的立场。①

除此之外，还有观点认为，调解为主、着重调解等原则淡化了人们的法治观念，助长了无政府主义，不符合宪法关于人民法院行使审判权的规定：虽然调解也是人民法院行使审判权的方式，但若将调解为主、着重调解等理念作为原则，将审判放于次要位置，无异于损害法律的严肃性的行为；此外，该原则也为一些单位和个人干涉司法审判活动提供了可乘之机，易于助长"以权威压制法律"的风气，损害当事人的权利——据此，该学者提出应当将诉讼调解的原则更改为"审判为主"原则。②

此后即出现了针对这种观点的论争，认为本时期的调解原则符合当前环境的需要，此外，该回应还针对上述观点进行了反驳。针对该观点认为，诉讼调解不同于民间调解，是在人民法院的主持之下通过对当事人进行耐心的说服教育与思想工作，在双方达成谅解的基础上达成调解协议解决纠纷，因此诉讼调解与判决一样均是查明事实、适用法律的过程，是法院行使审判权的方式，不存在淡化人们观念的可能性。因此，诉讼调解不仅不会损害法律和法院的严肃性，相比诉讼而言还能更好地发挥联系群众、为人民服务的效果。③

无独有偶，另有观点也指出，在十六字方针基础上修改得出的"着重调解"原则并未过时且十分符合当时的需要。这种观点认为：首先，法院在调解中通过对当事人进行耐心细致的说服教育，有利于克服审判人员"坐堂问案"的作风；其次，调解不同于判决，能在不伤当事人和气的情况下解决纠纷，有利于其日后团结相处。另外，其还认为，调解能够真正、彻底地解决纠纷，大量减少当事人的申诉与缠讼现象。④ 可见，在改革开放之初，对于调解的功能、应用方式，学者们存在很大的分歧。

2.对"着重调解"原则的反思

(1)关于"着重调解"原则的正当性

在中华人民共和国成立以后到《民事诉讼法》出台这段时间中，尽管诉讼调解的原则已经逐步由"调解为主"修改成了"着重调解"，但事实上，这前后两个阶段的调解原则之核心价值却并未产生实质性的改变，总体来说仍是"变表不变里"。资料显示，从1978年底到1982年间，全国各级法院共审结一审民事案件1649500多件，其中调解结案的案件数量占80%左右，其中浙江省审结的民事案件中，调解结

---

① 曾昭度、赵刚：《对着重调解原则的若干思考》，载《法学评论》1988年第5期。

② 吕宏：《对"调解为主"的质疑》，载《浙江学刊》1981年第3期。

③ 唐德华：《民事审判工作应当坚持"调解为主"——与吕宏同志商榷》，载《浙江学刊》1982年第1期。

④ 陈钦一：《对诉讼调解若干问题的探讨》，载《法学研究》1984年第1期。

案与经由调解撤诉的案件数量占 84.6％；①1980 年与 1981 年，江西省上高县人民法院分别审结民事案件 198 件、205 件，其中分别有 193 件与 201 件案件是最终通过调解解决的。② 可见，尽管本阶段中已经不再强调"调解为主"原则，但我国法院的调解工作在实践中仍旧继续有惯性似地遵循该原则的指引，不仅仅贯彻了"调解为主"的思想，更是进一步将"调解为主"的理念发挥到了能够发挥的极致，调解结案率亦达巅峰状态，这种做法突破了原则中"为主"与"着重"的不同侧重点对诉讼调解工作所进行的调整。

（2）关于调解依据与调解的方式

虽然 1982 年《民事诉讼法（试行）》已经明确了调解工作应当以事实为根据，以法律为准绳，但由于在本阶段中大部分民事实体与程序相关法律均仍未颁行，诉讼调解事实上处于一种无据可依的状态。得益于发源于革命根据地时期的丰富经验，本时期的诉讼调解在无法获得足够的法律依据的情况下仍进展十分顺利：这主要是由于本阶段的调解仍可以沿用过去制定的相关政策、法令以及善良风俗等继续运行。此外，最高人民法院在本阶段也出台了关于各级人民法院审判和调解依据的文件，譬如：人民法院在调解婚姻家庭纠纷时，可以根据党的婚姻家庭政策、当时的社会道德风尚等对当事人做思想工作，对于部分包办婚姻，则可以结合当地的风俗、根据个案的不同情况对夫妻双方的关系进行改善；对于土地、宅基地等纠纷，则可以根据土地改革时指定的政策、方针，在与有关部门共同研究、妥善处理的基础上进行调解。③ 这种做法虽然能够解决大部分实践中调解遇到的大部分问题，但其归根结底还是权宜之计，并不能作为诉讼调解工作的常态，也不利于纠纷解决的系统化运行。不仅如此，由于"人民内部矛盾论"的深远影响，本阶段的诉讼调解仍将绝大部分的矛盾定性为人民内部矛盾，因此在调解的过程中将主要精力放在了对当事人进行说服教育的部分，坚持根据"团结—批评—团结"的群众路线工作方法对当事人进行思想教育、法制宣传，依靠群众、通过"循循善诱、不厌其烦、反复教育、讲透道理"等方式对当事人进行长期的"打磨"，最终达到解决纠纷的目的，完成调解。④ 可见，本阶段的诉讼调解工作实际上并未发挥出诉讼调解的特长与优势，与民间调解并无实质差异，并未在纠纷解决当中发挥出作为审判机关应当具备的专业作用。

此外，《民事诉讼法（试行）》对诉讼调解制度的规定总体来说还是较为粗糙，存在许多规定模糊之处。诸如对调解不成案件的具体处理方式，对于何类案件属于

---

① 黄双全：《我国民诉法的着重调解与及时判决原则》，载《社会科学》1983 年第 7 期。

② 童益钊：《谈民事诉讼着重调解的原则》，载《人民司法》1982 年第 12 期。

③ 最高人民法院《关于贯彻执行民事政策法律的意见》（1979 年 2 月 2 日）。

④ 陈一云：《正确进行诉讼调解，增强人民内部团结》，载《法学杂志》1982 年第 3 期。

"调解未达成协议"或者"调解不成"需要判决的情况并没有一个准确的定义,使得人民法院在调解中对一些在劝导多次仍不能达成共识的案件束手无策,不知是该继续坚持"着重调解"原则还是应当践行《民事诉讼法(试行)》第 102 条"不应久调不决"这一规定,不利于纠纷的解决。而对部分当事人同意,但不合常理、显失公平或有损第三人权利甚至是违反法律规定的调解协议是否有效的问题,立法也并未给出有效的答案。如有学者总结,着重调解原则虽然在用语上避开了"调解为主,审判为辅"的表达,但其实质仍是以往先行调解、调解为主的基调,两者的相似之处十分明显——强调调解、偏重于调解并且将调解放在优先于判决的位置上,使得判决成为无足轻重的辅助手段。同时,该原则将导致实践中法院为了追求调解率而强迫当事人进行调解甚至达成调解协议的情况。[①] 尽管如此,1982 年的《民事诉讼法(试行)》系统规定诉讼调解制度的制度形成意义还是不容忽视的。在诉讼调解制度史上,着重调解阶段是一个承前启后的阶段。

三、改革开放后"自愿、合法调解"阶段的诉讼调解(1991—2003 年)

由于 1982 年出台的《民事诉讼法(试行)》虽然确立了"着重调解"原则,但其内核仍难逃延续多年的"调解为主"方针之影响,导致实践中出现大量为了追求调解率而强制调解的情况。为了缓解这种现象的发生,同时满足社会转型时期的需要,1991 年我国颁布了正式实施的《民事诉讼法》,提出了人民法院应当"根据自愿和合法的原则进行调解",标志着"着重调解"时代的结束、"自愿、合法调解"阶段的开始。

(一)1991 年《民事诉讼法》对诉讼调解制度的改变

1.《民事诉讼法》关于诉讼调解的具体规定

《民事诉讼法》对调解的主要原则进行了调整,在第一章"任务、适用范围和基本原则"的第 9 条中明确规定:"人民法院审理民事案件,应当根据自愿和合法的原则进行调解;调解不成的,应当及时判决。""着重"二字变为"自愿、合法"四字,是具有历史意义的进步。

《民事诉讼法》还为调解制度单独设第八章。在第八章和诉讼程序章节对调解做了如下的规定:

第 85 条——人民法院审理民事案件,根据当事人自愿的原则,在事实清楚的基础上,分清是非,进行调解。

第 86 条——人民法院进行调解,可以由审判员一人主持,也可以由合议庭主持,并尽可能就地进行。人民法院进行调解,可以用简便方式通知当事人、证人

---

① 江伟、李浩:《论市场经济与诉讼调解制度的完善》,载《中国人民大学学报》1995 年第 3 期。

到庭。

第 87 条——人民法院进行调解,可以邀请有关单位和个人协助。被邀请的单位和个人,应当协助人民法院进行调解。

第 88 条——调解达成协议,必须双方自愿,不得强迫。调解协议的内容不得违反法律规定。

第 89 条——调解达成协议,人民法院应当制作调解书。调解书应当写明诉讼请求、案件的事实和调解结果。调解书由审判人员、书记员署名,加盖人民法院印章,送达双方当事人。调解书经双方当事人签收后,即具有法律效力。

第 90 条——下列案件调解达成协议,人民法院可以不制作调解书:(一)调解和好的离婚案件;(二)调解维持收养关系的案件;(三)能够即时履行的案件;(四)其他不需要制作调解书的案件。对不需要制作调解书的协议,应当记入笔录,由双方当事人、审判人员、书记员签名或者盖章后,即具有法律效力。

第 91 条——调解未达成协议或者调解书送达前一方反悔的,人民法院应当及时判决。

此外,对于调解可以介入的程序,本次修法还在其余几个章节做了以下的规定:

第 128 条——法庭辩论终结,应当依法作出判决。判决前能够调解的,还可以进行调解,调解不成的,应当及时判决。

第 155 条——第二审人民法院审理上诉案件,可以进行调解。调解达成协议,应当制作调解书,由审判人员、书记员署名,加盖人民法院印章。调解书送达后,原审人民法院的判决即视为撤销。

第 180 条——当事人对已经发生法律效力的调解书,提出证据证明调解违反自愿原则或者调解协议的内容违反法律的,可以申请再审。经人民法院审查属实的,应当再审。

2.《民事诉讼法》关于诉讼调解的主要变化

(1)新的立法体例

1991 年制定民事诉讼法时采用了新的立法体例。在 1982 年《民事诉讼法(试行)》中,调解制度被放置在第一审普通程序中,并且位于开庭审理这一小节之前。这样的结构安排,容易使得审判人员产生应当在开庭前对案件先行调解,若调解不成,则再开庭审理的误读。在"着重调解"语境之下,不调解不开庭、调解不成才开庭极易形成实践中理所当然的做法。为了纠正这种认识与制度实施中的偏差,1991 年制定民事诉讼法时,立法机关将调解制度从第一审程序中抽离出来,置于总则之中作为独立的一章。这样的立法体例凸显了调解在法院审判活动中相对独立的地位,使得调解和审判的关系得到了进一步的明晰。尽管 1982 年《民事诉讼法(试行)》已经明确了调解可以适用于二审程序中,但由于其主体内容被置于第一审程序之中,容易导致实践中误认为调解是开庭前的必经阶段。在新的立法体例下,立法机关的立法意图更加明确:尽管诉讼调解是解决民事纠纷相当重要的方式,但调解并非强制性、前置性的必经程序。这对于《民事诉讼法》的规范化实施具有重要的意义。

(2)确立自愿、合法的调解原则

1991年《民事诉讼法》,抛弃了"着重调解"原则。这部法律将调解原则表述为:"人民法院审理民事案件,应当根据自愿和合法的原则进行调解。调解不成的,应当及时判决。"这就是延续至今的"自愿、合法调解"原则。1991年《民事诉讼法》在第一编总则中将"自愿、合法调解"原则作为《民事诉讼法》基本原则规定下来,又以第八章专章对调解制度作出具体规定。第八章"调解"中,第85条、第88条将自愿、合法原则进一步具体化,以便于实施。《民事诉讼法》第180条规定的申请再审事由从事后救济角度给自愿、合法调解原则的实施提供了有效保障。

(3)系统规定调解程序

①确定便利的调解程序通知方式

1991年《民事诉讼法》第86条在通常的通知方式之外,又新增了可以用简便方式通知当事人、证人到庭进行调解的规定。这一程序安排更容易体现出调解程序灵活和便捷的特征。

②确定更能体现调解自愿原则的调解书生效方式

《民事诉讼法(试行)》规定调解书经送达即生效,即确立了送达生效的调解书生效方式。1991年《民事诉讼法》将调解书的生效时间后移,在送达后,还须经双方当事人签收后,调解书才具有法律效力。这种调解书生效方式在调解书送达时又给当事人一次表达意愿的机会。其立法目的是更充分地尊重和保障当事人形成和表达真实意愿的权利。

③确定调解书载明事项

1991年《民事诉讼法》第89条确定了调解书上应当载明的具体事项,明确了调解书上应当载明诉讼请求、案件的事实和调解结果几项必备内容。不过,1991年《民事诉讼法》并未要求调解书载明双方当事人的责任认定,体现出调解与审判的不同,也有利于诉讼调解促进当事人达成谅解这一功能的实现。

(二)"自愿、合法"原则促成诉讼调解制度的"转型"

1.本时期诉讼调解的运作情况

受"着重调解"原则的影响,在20世纪90年代前期,民事诉讼中的调解结案率仍比较高,从1991年到1997年,调解结案率一度维持在50%到59%之间如表5-1所示。"自愿、合法"原则确立后,诉讼调解结案率开始进入"下行"轨道。以下关于1991年至2002年间全国法院结案情况的数据可以直观地反映出这种变化。

表 5-1　1991 年至 2002 年我国一审民事案件调解与判决情况表①

年份	结案数量	调解结案	判决结案	调解率	判决率
1991	1910013	1128465	456000	59.08%	23.87%
1992	1948949	1136970	460932	58.34%	23.65%
1993	2091651	1224060	487005	58.52%	23.28%
1994	2382174	1392114	547878	58.44%	23.00%
1995	2714665	1544258	658187	56.89%	24.25%
1996	3084464	1672892	815741	54.24%	26.45%
1997	3277572	1651996	955530	50.40%	29.15%
1998	3360028	1540368	1115849	45.84%	33.21%
1999	3517324	1500269	1257467	42.65%	35.75%
2000	3418481	1336002	1328510	39.08%	38.86%
2001	3457770	1270556	1417625	36.74%	41.00%
2002	4393306	1331978	1909284	30.32%	43.46%

　　通过该表可以看出,在 1991—2002 年间,全国法院结案总数呈现持续增长的态势:由 1991 年的 1910013 件激增到了 2002 年的 4393306 件,并在其中的 1995—1999 年之间增长迅速。在这些年中,尽管人民法院收案结案的总数始终持续增长,但案件调解率在逐年降低,从 1991 年接近 60% 的份额降低到了约 30%,并在 1998 年以后下降得尤为迅速。与此相应的,案件判决率在进入"上升轨道",从 20 世纪 90 年代初期的 23.87% 逐年增长到了 43.46%。该表可以较为明显地显示,"自愿、合法调解"原则确立后,人民法院在民事审判中利用调解解决纠纷的案件逐年减少,利用判决解决纠纷的案件数量开始增长,体现出诉讼调解制度在诉讼活动中的作用不断减弱的趋势。

　　2."转型期"诉讼调解结案率下降的原因

　　(1)诉讼调解制度"转型"的背景

　　1992 年,中国共产党十四大明确提出建立社会主义市场经济体制的经济改革目标。1993 年 11 月 14 日中国共产党第十四届中央委员会第三次全体会议通过《中共中央关于建立社会主义市场经济体制若干问题的决定》,明确指出社会主义市场经济体制的建立和完善,必须有完备的法制来规范和保障。要高度重视法制建设,做到改革开放与法制建设的统一,学会运用法律手段管理经济。法制建设的

---

　　①　表格的调解率、判决率等数据根据《中国法律年鉴》(1992—2003 年)中的数据计算得出。

目标是:遵循宪法规定的原则,加快经济立法,进一步完善民商法律、刑事法律、有关国家机构和行政管理方面的法律,20世纪末初步建立适应社会主义市场经济的法律体系;改革、完善司法制度和行政执法机制,提高司法和行政执法水平;建立健全执法监督机制和法律服务机构,深入开展法制教育,提高全社会的法律意识和法制观念。这一决定明确要求加强和改善司法、行政执法和执法监督,维护社会稳定,保障经济发展和公民的合法权益。依法惩处刑事犯罪和经济犯罪,及时处理经济和民事纠纷。社会主义市场经济体制改革中社会利益结构产生了巨大的变化。公民之间、公民与法人、非法人组织等经济活动的主体之间的民事纠纷的种类也更为丰富,民商事纠纷的数量与复杂程度也大幅度增加。民商事法律规范日益完善。运用法律手段管理经济的观念、权利观念、契约观念深入人心。法学教育、法律职业化进程也取得前所未有的进步。调解的功能局限性日渐显露,调解中心型的民事诉讼制度已经不能适应社会主义市场经济体制改革的需求。1997年,中国共产党十五大将"依法治国,建设社会主义法治国家"确立为"党领导人民治理国家的基本方略";1999年《中华人民共和国宪法修正案》明确规定"中华人民共和国实行依法治国,建设社会主义法治国家"。与依法治国基本方略直接对应的依法审判理念,在司法体制改革与民事诉讼制度改革中产生了强大的引领作用并使诉讼行为、审判行为发生实质性变化。在中观层面,这一时期展开的民事审判方式改革也对诉讼调解制度的发展状态产生了较大的影响。这是一次庭审中心指向的改革,长期形成的调解中心型的民事审判方式就是改革的对象。诉讼调解由民事诉讼主要路径转向民事诉讼的辅助路径,是民事诉讼制度的转型也是诉讼调解制度自身的转型。这种转型是整个国家经济模式、国家治理方式转型在纠纷解决领域、诉讼领域的自然延伸。

在这一时期,市场经济得到快速发展,我国的经济主体开始呈现出多样化的趋势,乡镇企业、私营企业和个体户纷纷涌现。我国市场经济活动的活跃程度、复杂程度与人民群众的需求、法律知识获得能力也大幅度提升。人民群众对诉讼的态度也发生了转变,在模糊权利义务界限的调解与明确界定权利义务界限的审判之间,对调解的选择意愿逐渐变弱。长期以来形成的调解中心型的民事审判是由和谐这一最高的目标出发,情理优于法理,为达到情理上的和谐,甚至牺牲事实、法律原则来进行无原则调解的方式。[①] 随着社会主义市场经济体制的逐步建立,这种审判方式已经不符合社会发展需要。

---

① 柴发邦:《体制改革和完善诉讼制度》,中国人民公安大学出版社1991年版,第23页。

在这一时期,调解作为我国民事审判工作主要方式的正当性受到质疑。[①] 这些质疑,主要认为诉讼调解成为案件久拖不决的理由,大大降低了审判机关的办案效率;调解违背正当程序理论,调解的随意性导致了案件解决的无序与混乱。这种情况一方面不利于法治秩序的形成,另一方面更使得人民法院在民众间威信降低;调解的前置实际上仍是强制调解的表现,是对当事人权利的变相剥夺;在市场经济的发展下,调解的传统性已经不能满足纠纷多样化带来的解纷需求。在这一时期,理论界对调解制度弊端的讨论与反思更为深入。这种理论话语氛围,也影响到年青一代法律职业者对调解的认知以及他们在民事诉讼中对待调解的态度与行为取向。

(2)此阶段诉讼调解结案率下降的直接原因

①"自愿、合法调解"原则的确立

"着重调解"原则下各种规范性文件也在反复强调调解的自愿性的重要意义,但是,"自愿"的要求在我国长期的诉讼调解工作中始终难以全面实现。有学者指出,"着重调解"阶段实际上为强制调解提供了宽松的环境,甚至在某种意义上鼓励了强制性调解。[②] 因此直到"自愿、合法调解"原则确立前,仍有不少审判人员依赖调解,变相强制当事人适用调解程序解决纠纷。而相比于审判,调解是对当事人处分权的部分剥夺,是对当事人正当民事权利与诉权的漠视。当事人在其民事权利遭受侵害时本就有向法院请求救济的权利,但调解的本质是以公权力介入私权纠纷并依靠其强制力使当事人牺牲部分权利达成调解协议的过程。[③] 因此长期依赖调解解决问题对民事诉讼的公正价值也将造成一定的负面影响。"自愿、合法调解"原则的确立,使得人民法院不再需要追逐调解率,对于更适宜用审判解决的案件也可不再用调解的方式反复协调,只需按照法律规定依法裁判,因此,在这一时期,诉讼调解案件的数量比例开始逐渐呈现下滑趋势。

②诉讼调解制度自身的局限性

诉讼调解制度自身的局限性也是本阶段调解结案率下降的重要原因。首先,90 年代开始出现的部分新类型案件已经不适宜运用诉讼调解这一方式来解决。学者们提出,即便除却了刑事案件,在民事领域,也并非所有的案件都能适用调解解决:只有那些涉及民事权益纠纷、存在民事实体权利义务争议的案件才能成为诉讼调解的对象;而特别程序、公示催告程序、督促程序等案件,单纯的确认之诉(如

[①] 汪小珍、方龙华:《诉前调解质疑》,载《律师世界》1994 年第 12 期;何文燕:《调解和支持起诉两项民诉法基本原则应否定》,载《法学》1997 年第 4 期;许中宝:《建立诉讼调解法消除调解的无序状态》,载《上海大学学报(社会科学版)》1997 年第 5 期等。

[②] 翁晓斌:《论诉讼调解制度改革》,载《现代法学》2000 年第 5 期。

[③] 白彦:《人民诉讼调解制度若干问题浅析》,载《法律适用》1994 年第 12 期。

确认合同无效、确认专利权)案件起诉时一方当事人人数众多又不能确定的案件不应当用调解的方式审理。[①] 诉讼调解是当事人行使处分权与法院行使审判权的结合,若当事人并不能自由处分其民事权利,则此类案件不能进行调解。其次,从诉讼成本的角度考虑,诉讼调解也并不比审判更有优势,由于调解可以适用于程序的任何一个阶段,一个案件的审理最多可能经历从调解到审判,再回归调解又重新审判如此循环的多个阶段——如此长的办理周期,很可能花费审判机关极大的人力和财力。[②] 诉讼调解能发挥作用的范围与程度是由其优势与局限性决定的。诉讼调解的局限性决定了这种解决民事纠纷的方式不可能无限制地扩张。

(三)本时期诉讼调解制度探讨的关键问题

1.调解制度规范化的几种理论模型

(1)专门机构论

有学者认为,应当在法院内设置专门的调解机构负责诉讼调解工作,在法院内部分离出调解和审判的不同部门,并且将调解程序前置,实施由不同的人员采取先调后审的方式进行调解。[③]

(2)原则地位否定论

在本时期内,对调解制度质疑最为强烈的当属原则否定论。持原则否定论观点的学者提出,民事诉讼的基本原则应当具有高度的概括性和涵盖力,应当能体现出民事诉讼的具体特征,而调解不过是一种诉讼的方式,并不具有概括全部民事诉讼活动的能力,对民事诉讼活动也没有统帅性和指导性的价值;再者,一种以"自愿"为前提的制度也不适宜作为民事诉讼的原则呈现在立法中——在这种意义上,以当事人行使处分权为基础的调解,本身应当包含于处分原则的内涵中,不能单独作为民事审判活动的基本原则,故而应当将其修正。因此,该观点主张者认为,现行《民事诉讼法》中关于调解的规定不应当以原则的形式出现,只能以具体规则的形式被立法规定。[④]

(3)调审关系重构论

主张此论的学者认为,民事诉讼是以国家强制力为保障的程序法律制度,审判应当成为主要的方式,调解则应当作为辅助手段,两者独立且互不干扰;因调解和审判各有优势——调解可以弥补审判处理僵硬、运转不灵的缺陷,而审判可以抑制

---

① 张锋、赵珉:《浅论对法院调解规范化的几个具体问题》,载《河北法学》1997 年第 5 期;熊跃敏:《对诉讼调解程序进行法律规制的几个具体问题》,载《辽宁教育学院学报》1998 年第 6 期。

② 赵钢、占善刚:《诉讼成本控制论》,载《法学评论》1997 年第 1 期。

③ 江伟、王强义:《完善我国民事诉讼立法的若干理论问题》,载《中国社会科学》1991 年第 5 期。

④ 何文燕:《调解和支持起诉两项民诉法基本原则应否定》,载《法学》1997 年第 4 期。

法官的主观随意性。① 将调解过程与审判过程分离、将诉讼调解剥离出民事诉讼之外成为单行的纠纷解决制度更适应当时的纠纷解决需求。② 在赞同调审分离"方案"的前提下,学界还产生了两种不同的观点:一种观点认为,分离后的程序应当坚持先调解后审理的模式,调解不成的案件可以进行审判,但反之则不许可,只能通过和解解决纠纷;而另一种观点则认为,只要消除强制调解的影响,在法院内部由不同的法官主持调解与审判部分即可以达到调审分离的目的。③ 另有实务工作者认为,调解和审判并不应当成为独立的程序,但应当在 1991 年修法的基础上进一步落实和完善"自愿、合法调解"原则,以防止再度出现强制性的调解;在坚持自愿原则的前提下,把握调解的技巧、时机和方式,进一步促进诉讼调解制度的发展。④

（4）诉讼和解倡导论

诉讼和解论的主张者认为,应当直接将调解制度从我国的民事审判工作中排除出去,由诉讼和解全盘代替。学者指出,实践中有部分当事人利用调解拖延时间、隐匿财产、转移证据、随意反悔,在调解书送达时反悔的屡见不鲜;而调解与审判混合模式对法院来说也是负担,有些法院拟定的调解方案就是判决书的内容,只是结案形式上的不同而已。⑤ 而诉讼和解制度在这一点上具有超然的优势,首先在当事人的角度根本不存在所谓的"强制"一说,其次在法院角度可以顺利地完成由"调解型"模式向"判决型"的转变。⑥

这一时期专家学者对调解功能、调审关系、调解与审判在诉讼中的具体安排从多角度、多层面进行了探讨,形成了有益的理论积淀。

2.对查明事实要求的讨论

1982 年《民事诉讼法（试行）》中的第 97 条规定,人民法院受理的民事案件,能够调解的,应当在查明事实、分清是非的基础上进行调解,促使当事人互相谅解,达成协议。1991 年《民事诉讼法》第 85 条规定,人民法院审理民事案件,根据当事人自愿的原则,在事实清楚的基础上,分清是非,进行调解。尽管,这前后两个条文关于查明事实要求的措辞略有变化,查明事实是调解的前提这一行为模式并未发生变化。对此行为模式,学界进行了较为持久的讨论:有学者认为,诉讼调解规定以事实为依据、以法律为准绳的基本理念是有必要的,因为我国目前仍属调审合一的

---

① 王亚新:《论民事、经济审判方式的改革》,载《中国社会科学》1994 年第 1 期。

② 李浩:《民事审判中的调审分离》,载《法学研究》1996 年第 4 期。

③ 王红岩:《论民事诉讼中的调审分立》,载《法学评论》1999 年第 3 期。

④ 山东省烟台市中级人民法院:《正确理解和适用调解原则》,载《人民司法》1992 年第 5 期。

⑤ 白彦:《人民诉讼调解制度若干问题浅析》,载《法律适用》1994 年第 12 期。

⑥ 章武生、吴泽勇:《论我国诉讼调解制度的改革》,载陈光中、江伟主编:《诉讼法论丛》第 5 卷,法律出版社 2000 年版,第 498～501 页。

阶段,人民法院和审判人员从客观来说均对当事人的权利义务形成了一定的影响力,为了防止调解人员随意处断当事人的权利,明确规定对事实认定的要求,有利于约束法官滥用审判权、减少强制调解的风险;而查明案件事实是审判人员具体分析具体材料、对证据作出正确判断的前提,只有取得全面充分的证据,才能反映纠纷的发展过程,才能对案件事实作出符合客观实际的结论。因此,诉讼调解工作不仅应当查明事实,还必须依靠群众查清事实,全面收集与案件有关的证据,解决矛盾。① 此外还有学者指出,根据实践中的数据,许多调解当事人争议的并非法律问题,而是事实问题,若法官无法查清基本事实问题,而是一味地"和稀泥",既无法对民事诉讼的权利义务关系予以确认,也无法制裁民事违法行为,人民法院就极容易陷入无原则调解矛盾只求解决纠纷的泥淖,无法完成民事诉讼法规定的任务。②

持相反意见的学者则认为,查清事实等关于事实认定的要求没有必要成为原则抑或规则被规定在立法中,尤其是不需要在诉讼调解制度中予以明确规定。首先,我国的民事诉讼当时并没有遵循其他国家处分原则、辩论原则等,而是在职权主义模式下进行;在我国的职权主义模式下,人民法院本来就可以主动调查、收集证据,因此该条原则没有必要额外单独规定。其次,在调解中,人民法院应当尊重当事人的自由意志,若当事人认为其争议事实不再需要单独查明,则法院应当允许其达成合意以快速解决纠纷,这一点在婚姻家庭纠纷案件中尤为关键——若法院在这类案件中坚持再次查明事实,反而可能使得双方关系再度紧张,也不利于当事人隐私的保护。③

除此之外,另有学者称,诉讼调解中对事实查明的要求不适合作为原则继续存在,但可以作为倡议性的规定继续存在。这类要求并不适宜机械地规定在民事诉讼法体系中,应当将其合理柔化:在当事人要求查明事实的情况下,应当尊重当事人的意志对事实进行调查,尤其是对一些疑难、复杂案件,更应当"精确地"查明事实、分清是非;但若双方当事人已经就事实达成了一致的看法,则可以直接由调解人员在此基础上出具可供参考的调解方案,便于当事人达成协议。④

调解要"查明事实、分清是非"在事实清楚的前提下展开调解,还是只考虑当事人的调解意愿,是个复杂的问题。因此,对这一问题的讨论延续至今。虚假诉讼、虚假调解现象的出现,为这一问题的解决提供了新的实践基础,也使更多人注意到片面追求调解制度灵活性和高效率优势的弊端。

---

① 陈一云:《正确进行诉讼调解,增强人民内部团结》,载《法学杂志》1982 年第 3 期。

② 李浩:《查明事实、分清是非原则重述》,载《法学研究》2011 年第 4 期。

③ 宋朝武、黄海涛:《调解真实原则质疑 从程序保障看调解制度改革》,载《法律适用》2005 年第 5 期。

④ 赵钢:《民诉机制之完善与和谐社会之构建——以合意原则和诚信原则为重心》,载《法商研究》2006 年第 5 期。

四、改革开放后"促进调解"阶段的诉讼调解(2003—2012 年)

(一)早期预热阶段的调解促进时期(2003—2006 年)

1.在全面建设小康社会的背景下调解制度重新受到重视

经过为期十年的持续下降,在 2002 年,民事诉讼中的调解结案率已经降至 30. 32％。世纪之交,这种情况引起了各界注意。如当时最高人民法院有关负责人所言,近些年来,由于民事案件数量大量增加,法院审判力量相对不足,一些法院过分强调"一步到庭""当庭宣判",对调解重视不够,该调不调,能调不调,调解结案率下降,上诉、申诉率上升,信访压力增大。各地法院针对调解工作中存在的问题,采取了一些针对性的措施,取得了一些成果,但也出现了各地做法不一影响司法统一的问题。最高人民法院对此非常重视,2003 年把诉讼调解规范化作为专门问题提上工作议程,成立了调研组,对法院调解工作的整体情况和存在的问题做了全面的调查研究。① 审判实践中"上诉、申诉率上升,信访压力增大"的现实问题与全面建设小康社会、促进社会和谐的大政方针相互结合,诉讼调解制度迎来其发展历程上的"拐点"。2002 年 11 月 8 日,中国共产党第十六次全国代表大会在北京举行。这次会议上提出全面建设小康社会的改革目标。党的十六大报告在阐述全面建设小康社会的宏伟目标时强调,建设更高水平的小康社会,就是要使经济更加发展、民主更加健全、科教更加进步、文化更加繁荣、社会更加和谐、人民生活更加殷实,还强调要努力形成全体人民各尽其能、各得其所而又和谐相处的局面,巩固和发展民主团结、生动活泼、安定和谐的政治局面。把社会更加和谐作为我们党要为之奋斗的一个重要目标明确提出来,在我们党历次代表大会的报告中是第一次。② 为响应全面建设小康社会、促进社会和谐的方针政策,最高人民法院在 2003 年度全国高级法院院长会议上,将"加强诉讼调解工作,提高诉讼调解结案率"作为落实司法为民的重要举措进行布置。③ 这一年,最高人民法院颁行了《关于适用简易程序审理民事案件的若干规定》(以下简称《简易程序规定》),对简易程序运行中的调解制度做了细致规定;2004 年 3 月 10 日肖扬院长在十届全国人大二次会议上的工作报告中汇报落实司法为民要求的情况时述及:"司法为民,重点在基层。我院要求基层人民法院充分发挥贴近群众的优势,设立巡回法庭,采取就地立案、就地开庭等方式,及时解决普通民事纠纷。加强诉讼调解,充分发挥调解解决纠纷的职能作

---

① 《调解让诉讼更加"人性化"》,载《光明日报》2004 年 9 月 24 日。

② 胡锦涛:《正确处理各种社会矛盾 大力促进社会和谐——在省部级主要领导干部提高构建社会主义和谐社会能力专题研讨班上的讲话》(2005 年 2 月 19 日)。

③ 刘嵘:《树立司法为民思想,践行公正与效率主题——记全国高级法院院长座谈会》,载《人民司法》2003 年第 9 期。

用。"同年,最高人民法院颁行了《关于人民法院民事调解工作若干问题的规定》(以下简称《民事调解规定》),开始对诉讼调解制度进行大刀阔斧的改革。

2.《简易程序规定》对诉讼调解的促进

《简易程序规定》主要针对适用简易程序办理的案件,但其中已有多个新增条款涉及了诉讼调解制度方面:

首先,《简易程序规定》第14条明确了以下几种案件应当在开庭审理时先行调解:"(一)婚姻家庭纠纷和继承纠纷;(二)劳务合同纠纷;(三)交通事故和工伤事故引起的权利义务关系较为明确的损害赔偿纠纷;(四)宅基地和相邻关系纠纷;(五)合伙协议纠纷;(六)诉讼标的额较小的纠纷。但是根据案件的性质和当事人的实际情况不能调解或者显然没有调解必要的除外。"

此外,《简易程序规定》第15条还进一步细化了关于诉讼调解达成后形成的调解协议的规定:"调解达成协议并经审判人员审核后,双方当事人同意该调解协议经双方签名或者捺印生效的,该调解协议自双方签名或者捺印之日起发生法律效力。"本条第二款还赋予了当事人摘录或复制该调解协议的权利,并明确了调解协议生效后,若一方拒不履行的,则另一方可以持民事调解书申请强制执行。

在程序上,《简易程序规定》第16条、第17条还新增了关于调解书领取和补正的相关规定:"人民法院可以告知当事人到人民法院领取调解书的具体日期,也可以在当事人达成调解协议的次日起十日内将民事调解书发送给当事人。若当事人以民事调解书与调解协议的原意不一致为由提出异议,人民法院审查后认为异议成立的,应当根据调解协议裁定补正民事调解书的相关内容。"

可以看出,《简易程序规定》明确了应当先行调解的案件范围以及调解协议的强制执行效力,以提高通过诉讼调解方式解决纠纷的实效,产生了促进调解的先导效应。紧随其后颁行的《民事调解规定》沿用了《简易程序规定》中的部分内容,并在此基础上实现了跨越式的发展。

3.《民事调解规定》的跨越式发展

2004年最高人民法院颁行的《民事调解规定》,在多个方面对诉讼调解制度作出了跨越式的细化规定,体现出最高人民法院进一步深化民事审判方式改革、重构诉讼调解制度的强烈意愿:

(1)在调解主体方面的发展

①协助调解

该《民事调解规定》首先拓宽了诉讼调解的主体范围。《民事调解规定》第3条第1款确立了协助调解制度:"人民法院可以邀请与当事人有特定关系或者与案件有一定联系的企业事业单位、社会团体或者其他组织,和具有专门知识、特定社会经验、与当事人有特定关系并有利于促成调解的个人协助调解工作。"根据条文理解,所谓协助调解,就是由人民法院邀请上述单位或者个人前往法院帮助法官调解的制度,上述单位和个人在这种情况下也成了同法院一样的调解中间人。尽管1991年修改后的《民事诉讼法》已经规定了诉讼调解可以邀请相应的协助,但该种协助因立法的相对模糊,在实践中并未得到良好的践行;《民事调解规定》明确了具体可以参与协助调解的主体,已经开始体现出诉讼调解的社会化趋势。

②委托调解

《民事调解规定》还对委托调解作出规定。《民事调解规定》第 3 条第 2 款规定:"经各方当事人同意,人民法院也可以委托前款规定的单位或者个人对案件进行调解,达成调解协议后,人民法院应当依法予以确认。"在主体方面,委托调解与协助调解的主体构成是一致的,但其与协助调解的区别在于,委托调解是人民法院经过法定的委托手续,将案件直接委托给上述主体进行调解的方式。

在新民主主义革命时期,中国共产党领导的根据地实施的调解制度中就有共同调解与指定调解的调解方式。在改革开放初期的民事诉讼调解制度运行中,共同调解、指定调解的传统没有得到足够的重视。《民事调解规定》在调解主体适度社会化理念的指引下,传承了共同调解、指定调解的传统。协助调解是共同调解的延续,委托调解是指定调解的延续。《民事调解规定》结合改革开放后新的社会状况,对共同调解、指定调解制度进行了与时俱进的制度转化。

(2)在调解程序方面的发展

①诉讼调解的适用范围

2003 年《简易程序规定》已经规定了应当进行先行调解的案件种类。在此基础上,2004 年《民事调解规定》又吸收了 20 世纪 90 年代末期诸多学者们提出的建议,进一步缩小了可以适用诉讼调解的案件范围,将一部分不适宜也不应当用调解手段解决的案件予以明确。《民事调解规定》第 2 条规定:"对于有可能通过调解解决的民事案件,人民法院应当调解。但适用特别程序、督促程序、公示催告程序、破产还债程序的案件,婚姻关系、身份关系确认案件以及其他依案件性质不能进行调解的民事案件,人民法院不予调解。"可以看出,本阶段的调解规定开始注意到了并非所有的案件都能使用调解这种方式解决,相比以往关于调解的立法而言更为客观和严谨。

②可以进行调解的阶段

《民事调解规定》中关于诉讼调解的适用阶段的规定更为详尽。《民事调解规定》的首条就明确了诉讼调解能够介入的阶段:"人民法院对受理的第一审、第二审和再审民事案件,可以在答辩期满后裁判作出前进行调解;在征得当事人各方同意后,人民法院可以在答辩期满前进行调解。"与此同时,"在答辩期满后裁判作出前进行调解"的表述又对法院开始诉讼调解的起点作出准确规定,体现出对当事人调解意愿的尊重,同时也起到对调解案件时长间接控制的作用,减少了"久调不决"情形发生的可能性。

③关于调解保密规则的规定

新民主主义革命时期的诉讼调解是在纠纷解决领域贯彻"群众路线"的制度体现,调解公开进行也是一以贯之的规则。在《民事调解规定》颁行之前,未见明确的关于调解保密的规定。《民事调解规定》的制定过程中参酌域外的调解立法例,充分考虑到部分民事案件中保护当事人隐私权的必要性,确立了调解保密规则。《民事调解规定》第7条明确规定若当事人申请不公开进行调解的,人民法院应当准许。这一规则从更深层次上尊重了当事人的意愿和综合保护当事人权益的必要性,减少了调解的障碍。

(3)在调解效力方面的发展

第一,超出调解协议的诉讼请求可纳入调解。《民事调解规定》第9条规定:"调解协议内容超出诉讼请求的,人民法院可以准许。"该条款一改过去认为诉讼调解基于审判权性质的考虑,认为诉讼调解也不能超出当事人诉讼请求的理念,将超出诉讼请求的部分也纳入调解协议的效力范围,使得调解更具灵活性,以提升纠纷解决的彻底性。

第二,对调解协议的不予确认。《民事调解规定》第12条再次细化了不能予以确认的调解协议的范围——"调解协议具有下列情形之一的,人民法院不予确认:(一)侵害国家利益、社会公共利益的;(二)侵害案外人利益的;(三)违背当事人真实意思的;(四)违反法律、行政法规禁止性规定的"。该条款除了再次强调了当事人自愿原则在调解中的重要性,也开始关切到调解损害了案外人利益或者违反强制性法律规定的调解协议情况,因此本条的规定将其排除出了予以确认的范围。

第三,签署调解协议的生效方式。《民事诉讼法》规定,调解书经当事人签收生效。调解实践中,有的当事人在达成调解协议后随意反悔、拒绝签收调解书,调解的实际效果因之而受到影响。为此,《民事调解规定》第13条规定,当事人在调解中达成协议并经审判人员审核后,双方当事人同意该调解协议经双方签名或者盖章生效的,该调解协议自双方签名或者盖章时起生效。这种经当事人签署的调解协议与经当事人签收的调解书具有相同的法律效力。这一规定,有利于促生当事人诚信意识、提高调解效率。

(4)关于激励调解方面的发展

为激励调解,《民事调解规定》创设了调解担保制度与调解违约责任承担制度。这一制度创新是《民事调解规定》颇受关注之处。《民事调解规定》第10条规定当事人可以在调解协议中约定一方不履行调解协议时承担额外的民事责任,经人民法院确认后,在发生一方不履行调解协议时,另一方当事人可以直接申请人民法院强制执行。《民事调解规定》第11条增加了调解担保制度:"调解协议约定一方提供担保或者案外人同意为当事人提供担保的,人民法院应当准许;案外人提供担保的,人民法院制作调解书应当列明担保人,并将调解书送交担保人;担保人不签收调解书的,不影响调解书生效。"可见,调解担保可以由当事人自己完成,也可以由案外人提供。调解担保生效后,由于其已为法院生效的文书所确认,因而将产生强制执行的效力。据此,本条还规定:"当事人或者案外人提供的担保符合担保法规定的条件时生效。"据此可以看出,调解中的担保是否实现,还要依据我国《担保法》的相关规定予以判断。上述激励机制,有利于促进调解协议的自觉履行,消除当事人顾虑,促进当事人达成调解协议。

《民事调解规定》在调解主体适度社会化理念的指引下对新民主主义革命时期的共同调解、指定调解制度的创造性回归;细化有效调解协议的积极条件与消极条件;明确调解适用范围与启动阶段;新设调解保密规则、调解效力变通规则和调解激励机制等方面体现出促进调解制度的跨越式发展的意图。

(二)迅速升温阶段的调解促进时期(2007—2009 年)

1.构建和谐社会与重兴诉讼调解之耦合

在经历了 21 世纪初期几年的预热之后,随着 2004 年《民事调解规定》的实施,诉讼调解进入加速发展的轨道。2005 年 4 月,最高人民法院发布了《最高人民法院关于增强司法能力、提高司法水平的若干意见》,提出要大力加强诉讼调解工作,坚持"能调则调、当判则判、判调结合、案结事了"的准则,尽量通过诉讼调解达到平息纠纷的目的。2006 年 10 月,党的十六届六中全会通过的《中共中央关于构建社会主义和谐社会若干重大问题的决定》指出,要形成科学有效的利益协调机制、诉求表达机制、矛盾调处机制、权益保障机制,实现人民调解、行政调解、司法调解有机结合,更多采用调解方法,综合运用法律、政策、经济、行政等手段和教育、协商、疏导等办法,把矛盾化解在基层、解决在萌芽状态。2007 年 3 月 1 日,最高人民法院颁布《关于进一步发挥诉讼调解在构建社会主义和谐社会中积极作用的若干意见》,提出人民法院的审判工作要遵循"能调则调、当判则判、调判结合、案结事了"这一指导方针,充分发挥出广大法官的聪明才智,创造性地开展诉讼调解工作。该文件主要提出了以下几方面的意见:首先,应当深刻认识到诉讼调解在构建和谐社会中的重大意义;其次,要强化调解、尊重规律,努力实现"案结事了"这一目标;再次,要创新机制,完善制度,充分发挥诉讼调解化解矛盾、平息纠纷的作用;最后,要加强培训、促进交流,大力提高法官的诉讼调解能力。2007 年 12 月 26 日,胡锦涛总书记在全国政法工作会议代表和全国大法官、大检察官座谈会上指出,促进社会和谐,本着"定分止争、案结事了、息事宁人"的司法和谐目的,按照"能调则调,当判则判,调判结合,案结事了"的要求,探索建立包括民事诉讼调解、执行和解、行政诉讼和解、轻微刑事案件和刑事附带民事案件调解、指导人民调解等内容的多元化纠纷解决机制,用司法的和谐促进社会和谐。

可以看出,从 2005 年到 2007 年这短短的两年间,最高人民法院对调解和判决关系的定位就已经发生了变化,两者的关系由 2005 年《最高人民法院关于增强司法能力、提高司法水平的若干意见》中的"判调结合"转变成了 2007 年《关于进一步发挥诉讼调解在构建社会主义和谐社会中积极作用的若干意见》中的"调判结合",反映出调解制度在构建和谐社会的社会背景之下迅速上升的地位。新的司法政策以"调判结合"作为中心,要求人民法院应当根据案件的实际情况灵活运用调解和裁判的方式和手段——能调解的及时调解,不能调解的和无须调解的要及时裁判;所谓"能调则调",则指根据自愿原则,当事人愿意通过调解方式解决纠纷的案件,人民法院应当进行调解;"当判则判"指对当事人不愿调解的案件,调解可能损害国家、集体或第三人利益的案件,调解可能违背诚信原则以及其他社会主义道德的案件,人民法院应在查清事实的基础上及时依法作出裁判;最后,通过上述方式达到"案结事了"目标,使得当事人息诉罢讼,以最大限度地增加和谐因素、构建和谐社会。① 大力促进诉讼调解制度,除了其符合我国构建社会主义和谐社会的需求这一最为重要的原因之外,还有以下几方面因素的共同作用:

首先,ADR 制度在国内的研究热潮带来的影响。尽管替代性纠纷解决机制的精准内涵应当为替代诉讼、诉讼之外的纠纷解决机制,并不包括诉讼活动本身,但由于当时大多数的研究都将其认定为多元化纠纷解决机制(包括诉讼和审判),而调解作为不通过审判就能解决纠纷的模式,显然兼具东方经验和西方精华的双重优势,既迎合了 ADR 研究与推广的热潮,又同时坚守了我国传统文化的宝贵经验,成为该时期纠纷解决模式当中最受青睐的制度。

其次,降低错案发生率的现实需求。学者认为,当时环境下法治建设的发展更倾向于要求人们依照法律规则来进行民事活动,体现出一定的形式主义刚性特征;同时在该阶段中,法律规定大量增加又缺乏一定的体系性,不能有效地调度法律资源。因此,诉讼调解能够更为灵活地调动当事人处分权利的界限,以弥补实体法上的刚性抑或缺失,同时也降低法官因为裁量不当引发的错案风险。②

再次,宣传导向以及典型报道的涌现。在大力促进调解的司法政策确立之后,不少法院都在其工作中加强了对诉讼调解工作的宣传和报道,对诉讼调解这种纠纷解决机制进行直接或者间接的报道甚至弘扬。在这一时期,全国法院系统报道的先进法院以及先进法官的数据中,有绝大多数案件都是以诉讼调解这种形式出现的。③ 在这样的态势下,民事案件的调解率开始逐年回升,调解制度的全面复兴也成为必然之势。对当时诉讼调解的势态,有学者深表担忧,认为我国的诉讼调解已经呈现出一种强势作为,"着重调解"再次成为一种司法政策导向。这种态势出

---

① 肖扬:《充分发挥司法调解在构建社会主义和谐社会中的积极作用》,载《求是杂志》2006 年第 19 期;《最高人民法院工作报告附件》,载《最高人民法院公报》2008 年第 4 期。

② 张卫平:《诉讼调解:时下势态的分析与思考》,载《法学》2007 年第 5 期。

③ 范愉:《调解的重构(上)——以诉讼调解的改革为重点》,载《法制与社会发展》2004 年第 2 期。

现和发展的一个重要原因是司法政策对政治形势的简单对应和"过度反应"。这种导向影响了法律所规定的诉讼调解所应遵循的基本原则的实施,这种以抽象的政治要求取代个案具体情形的处理方式,在很大的程度上偏离了诉讼调解的正确定位和运行轨道,对我国法治的发展和民事纠纷的公正解决产生了消极的影响,因此,应当以实事求是的态度对待诉讼调解,使诉讼调解回归应有的定位。[①] 针对这一时期初露端倪的"调解热"趋势,该学者进一步提出一味强调诉讼调解不利于社会和谐的观点。[②]

2.调解社会化局面的形成

《关于进一步发挥诉讼调解在构建社会主义和谐社会中积极作用的若干意见》突出了调解社会化的作用并对其进行了细化规定,其中第 11 条指出:"人民法院可以根据法律以及司法解释的规定,建立和完善引入社会力量进行调解的工作机制;人民法院可以引导当事人选择办案法官之外的有利于案件调解的人民调解组织、基层群众自治组织、工会、妇联等有关组织进行调解,也可以邀请人大代表、政协委员、律师等个人进行调解;经当事人同意,法官助理等审判辅助人员受人民法院指派也可以调解案件;对疑难、复杂和有重大影响的案件,人民法院的庭长或者院长可以主持调解。"在此意见以及其他规范性文件的综合作用下,在我国的纠纷解决领域,调解社会化的局面渐趋形成。

支持调解社会化的学者认为,委托调解等调解社会化的制度模式切实为法院分流了大量案件,缓解了法院当前情况下"案多人少"的危机,有利于扩大司法民主、提高司法公信力;此外,调解的社会化也展示了民事审判权由国家向社会流动的趋势,是对民事审判权予以社会属性的标识,具有促进社会治理的功能,也有利于和谐社会的构建。[③]

有学者也指出,虽然委托调解和协助调解能够将刚性的审判以一种更柔和的方式替代,在一定程度上缓解社会矛盾,但诉讼调解总体上来说仍然是法院行使审判权的行为,因此诉讼调解的主体也应当是代表法院行使审判权的审判人员组成的审判组织——据此,调解的社会化可能导致其与审判权主体之间产生冲突。[④]亦有学者进一步提出,作为一项宪法性权利,公民公正和平地解决有关法律权利争议的途径在于将其诉诸法院,调解社会化将使得公民的诉权被变相剥夺或削减。[⑤]还有学者认为,这种在法律体系中引入非形式司法的理念,对制度司法和诉讼的固

① 张卫平:《诉讼调解:时下势态的分析与思考》,载《法学》2007 年第 5 期。

② 张卫平:《一味强调诉讼调解不利社会和谐》,载《南方周末》2007 年 5 月 17 日 A04 版。

③ 刘加良:《论委托调解的功能》,载《中外法学》2011 年第 5 期;《委托调解原论》,载《河南大学学报(社会科学版)》2011 年第 5 期。

④ 杨秀清:《反思诉讼调解主体的社会化》,载《社会科学论坛》2008 年第 2 期。

⑤ 张嘉军:《社会化:诉讼调解的新走向》,载《北大法律评论》2012 年第 1 辑。

有构造和模式产生了冲击,也挑战了传统的民事诉讼法律关系、诉讼原则和程序正当性理论,是对传统的民事诉讼模式提出的新挑战。[①] 另有学者指出,调解的社会化具有一定的实效,是对我国传统调解制度的创新,但因委托调解的主体毕竟已经不是人民法院,因此对可以进行委托调解的案件范围应当进一步限缩,仅限于那些案情简单的部分,诸如疑难、复杂以及那些需要进行先行调解的六类案件,就不适用委托调解的方式解决。[②] 可见,调解社会化带来的是调解、调解权的属性问题。如果调解是审判行为、调解权是审判权,调解社会化的举措是有悖审判基本原理与规律的。众所周知,审判行为、审判权具有专属性。能作出审判行为的只能是审判组织(合议庭或者独任庭),能行使审判权的只能是审判组织(合议庭或者独任庭)。为此,有学者认为,为解决提高调解效能过程中的法理冲突,妥当处理调解程序与审判程序的关系,进一步推动调解向高水平发展,有必要明确调解权并非审判权,而是审判辅助权。为了实现审判权,客观存在着辅助审判权实现的审判辅助权。审判辅助权是辅助审判权行使的权力,包括类审判辅助权和纯审判辅助权。类审判辅助权的典型就是调解权,调解可以解决民事纠纷,调解也产生具有终局性的法律文书。确立调解权是审判辅助权,可以化解调解人来源开放性、调解权行使主动性、调解效益优先性与审判权构成的一系列矛盾,进一步推动调解改革,提高调解效能。[③] 如果要将诉讼中的调解主体扩展到审判组织之外的个人、社会组织、其他国家机关,需要在原理方面深入论证,在程序运作方面依法理重构。

(三)重回鼎盛状态的调解促进时期(2010—2012年)

1."调解优先、调判结合"原则的回归

2009年夏,最高人民法院为了全面加强诉讼调解工作的进程、充分发挥法院在化解矛盾、构建和谐社会中的重要职能,专门召开了全国诉讼调解工作经验交流会。本次会议再次强调了诉讼调解的重要性,重申了调解制度是中国特色社会主义司法制度优势,也是当下维护社会和谐稳定的必然要求。该次会议重申"调解优先、调判结合"的审判工作原则,要求法院树立"调解是高质量、高效益的审判,调解能力是高水平司法能力"的观念,同时还应抓住"案结事了"这个目标。[④]

2010年,最高人民法院颁布《关于进一步贯彻"调解优先、调判结合"工作原则

[①] 肖建国:《司法ADR建构中的委托调解制度研究——以中国法院的当代实践为中心》,载《法学评论》2009年第3期。

[②] 李浩:《委托调解若干问题研究——对四个基层人民法院委托调解的初步考察》,载《法商研究》2008年第1期。

[③] 韩波:《诉讼调解的实证分析与法理思辨——对最高人民法院〈关于人民法院民事调解工作若干问题的规定〉的实施调查》,载《法律适用》2007年第4期。

[④] 最高人民法院研究室:《人民诉讼调解工作的历史新定位——全国诉讼调解工作经验交流会综述》,载《人民司法》2009年第17期。

的若干意见》，对"调解优先、调判结合"这一调解工作原则在化解社会矛盾、维护社会稳定与促进和谐社会的构建方面进行了深入、详细的阐述，并进一步提出了以下几方面的要求：

首先，强调了这一时期诉讼调解的重要性，指出推进社会矛盾化解、社会管理创新、公正廉洁执法三项重点工作，是人民法院在新形势下履行自身历史使命的必然要求，是人民法院积极回应人民群众关切的必然要求，也是当前和今后一个时期人民法院的首要工作任务。

其次，须牢固树立"调解优先"的原则。各级法院特别是基层法院要把调解作为处理民事案件的首选结案方式和基本工作方法。对依法和依案件性质可以调解的所有民事案件都要首先尝试通过运用调解方式解决，将调解贯穿于民事审判工作的全过程和所有环节；真正做到能调则调、尽可能把握一切调解结案的机会。

再次，要进一步建立和强化诉前调解工作、立案调解工作和庭前调解工作：要积极引导当事人选择非讼方式解决纠纷，做好立案前的调解、案件移送到审判业务庭前的调解以及开庭之前的调解工作。

最后，该意见提出健全类型化调解机制和建立"大调解"工作体系的要求，推动人民调解、行政调解以及司法调解"三位一体"的大调解工作体系建设，进一步完善调解衔接机制，真正实现案结事了，维护社会的和谐稳定。

由是观之，这一时期大力促进诉讼调解的司法政策与构建和谐社会的大政方针之间存在内在关联。大力促进调解已从司法审判领域的改革上升到国家治理层面的重大问题的高度。对此，有学者言简意赅地总结道，由于纠纷解决是我国民事诉讼活动的根本目的，因此诉讼调解的复兴并不是一场自发性的突然变动，而是由上而下进行的建构性变革，该变革的核心目的即通过加强诉讼调解以实现纠纷解决以达到构建社会主义和谐社会的目的。① 这一时期，在各方力量的倡导、支持与推动下，调解思维重获正当性、调解方法与技能成为比法律适用方法与程序技术更重要的法律职业技能，调解结案率也自然成为衡量法官业绩与能力的首要指标。"着重调解"原则以"调解优先"这种新的表述方式又重新回到了民事诉讼中，并发挥了重大作用。

2."大调解"与"零判决"、"调解年"等改革实践

（1）"大调解"改革

在"调解优先"原则的指导之下，我国的法院纷纷开始对"大调解"工作体系建设进行踊跃尝试。对何为"大调解"，学界与理论界始终有狭义与广义两种看法。所谓狭义的"大调解"改革，指的是《关于进一步贯彻"调解优先、调判结合"工作原则的若干意见》中提出的人民调解、行政调解以及司法调解"三位一体"整合与联动机制。而广义的"大调解"工作体系，则指在党委、政府的统一领导下，由政法委综

---

① 潘剑锋、刘哲玮：《论诉讼调解与纠纷解决之关系》，载《比较法研究》2010 年第 4 期。

合治理部门牵头协调、司法行政部门业务指导、调解中心具体运作、职能部门共同参与并整合各种调解资源,对社会矛盾纠纷的协调处理工作体系。①

这段时期,"大调解"运动与回归马锡五审判方式的实践动向形成强势合力。有学者指出,作为一种审判方式,囿于自身的特点和理念,马锡五审判方式已不具有普遍的现实意义,已经疏离了中国社会的发展趋势。重提这种方式虽然对我们建构和完善多元化、替代性纠纷解决方式具有警示性,但在中国法治建设的初级阶段,民事诉讼建构的基本方向依然应当是强调诉讼裁判的主导性、强调裁判程序的正当性,以顺应和推动中国社会的转型。② 总体来说,构建"大调解"工作体系,是由于其能适应我国转型期社会矛盾解决的需要、实现社会管理再组织化的有效载体。"大调解"工作体系也是满足民众日益增长的司法需求、维护社会秩序、满足社会纠纷解决需要的重要方式。因此,尽管最高人民法院的意见仅仅提出了"三位一体"的要求,在本阶段的实践中,广大法院却不约而同地将广义的"大调解"运动作为其本阶段改革的尝试方向,将该改革演变成了一场由党政驱动、司法能动、多方联动下法院主导对其进行关系协调的调解大运动。③

①"大调解"运动的实践范例

1)南通模式

南通大调解以"整合资源、整体联动、形成合力"作为其特色,整合了政法资源和社会资源,创设了诸如劳资纠纷调解处理中心的"一站式"服务模式。类似的调处中心可以为当事人提供初步的法律咨询,若当事人要求调解,则可以选择劳动仲裁就地解决;即使调解不成需要诉讼,还可以直接由设立在调解中心的劳动争议庭进行审判。除此之外,南通市还设立了类似的环保纠纷、拆迁纠纷以及医患纠纷等专门类别的调解处理中心,建立"政府—民众"模式化解纠纷的联动网络,解决各类纠纷——截至 2010 年,南通建立专业调处机构 15 个,在该年度中解决医患纠纷2163 件、环保纠纷 973 件以及拆迁纠纷 247 件④。

2)北川模式

北川模式是指北川县在县委与县政府的统一领导下,以乡(镇)法律事务中心为平台、以村法制室为依托、以"综治办"牵头,各职能部门、人民调解组织和司法部门协调配合,集综合治理、信访接待、人民调解、行政调解、行政裁决、仲裁和诉讼等功能于一体的多元化纠纷解决机制。北川模式一方面实行乡(镇)法律事务中心、村法制工作室、社区上下互动的工作运行方式——村法制室、村调委会、治保会职

---

① 潘伊川、洪磊:《"大调解行动"与"大调解"机制》,载《西南政法大学学报》2009 年第 6 期。

② 张卫平:《回归"马锡五"的思考》,载《现代法学》2009 年第 5 期。

③ 艾佳慧:《"大调解"的运作与使用边界》,载《法商研究》2011 年第 1 期。

④ 易香:《南通大调解(上)》,载《今日中国论坛》2011 年第 4 期;《南通大调解(下)》,载《今日中国论坛》2011 年第 5 期。

能融为一体,既是村一级的调解组织,又是面向广大人民群众的法律宣传机构;既可以调解基层民间纠纷,又可以汇报基层情况、反映民情,还可以协助司法机关、行政执法机关处置具体案件。北川模式还将乡(镇)法律事务中心与乡(镇)治安综合治理委员会办公室、司法所、信访接待室以及乡(镇)级具有行政执法权的机构融为一体,有效整合乡(镇)法制资源,对基层发生的民事案件、治安案件、行政案件等予以汇总,按"谁主管,谁负责"的原则进行分流,对民间纠纷及时组织调解,调解不成的进行积极引导或代理诉讼;对行政案件及时依法予以处理——做到"小事不出村,大事不出乡(镇)",维护社会稳定。[①]

②"大调解"过程中存在的问题

通过上述实例可以看出,实践中的法院与政府通过所谓的"联动机制",已经将"三位一体"的"大调解"工作体系更进一步建立成了政府主导下的"多位一体"的"大调解"。对此有学者指出,实践中的"大调解"改革存在着以下几方面的问题:首先,"大调解"对党委和政府具有极高的依赖性。原本"大调解"机制的预设功能是缓解法院的诉讼压力和信访压力,但"大调解"在实践中却成为各级政府与其职能部门自上而下推行的方式,以政治上的意识形态作为其依赖的权威资源,本质上是行政力量干预纠纷解决的模式。其次,"大调解"以全社会动员的方式进行,成本极高,且各部门之间存在互相推诿的情况。再次,"大调解"模式下的纠纷解决主要是事后性的,面对的大多数是已经激化的矛盾,并未起到此前期待的预防纠纷之作用,反而更像信访工作的延伸。[②] 还有学者指出,推进"大调解"运动固然符合当前的社会需求,但与此同时,纠纷解决也要注意建立法治理念,在法律的指导下依法运作,在保障司法程序正当性的前提下,进行司法改革与新模式的创造。[③]

(2)"调解年"与"零判决"的尝试

除了"大调解"运动以外,在本阶段的实践中,还出现了调解年活动与对"零判决"司法的尝试。2009 年,河南省高级人民法院在全省法院开展了调解年活动,建立了"社会法庭"这种高度组织化的诉讼调解社会化机制。所谓"社会法庭",即指将社会上一些较有威信的离退休干部、人大代表、政协委员、村党支部书记、村委会主任、老党员等组织成一个常设的纠纷解决机构,接受法院的委托并在法院指导下,依据乡土人情、伦理道德、公序良俗等民间社会规范来调解纠纷的形式。[④] 在

---

① 刘永强、乔闻钟:《"北川模式"与几种纠纷解决机制的比较研究》,载《西南科技大学学报(哲学社会科学版)》2009 年第 1 期。

② 吴英姿:《"大调解"的功能及限度:纠纷解决的制度供给与社会自治》,载《中外法学》2008 年第 2 期。

③ 龙宗智:《关于"大调解"和"能动司法"的思考》,载《政法论坛》2010 年第 4 期。

④ 李仕春、彭小龙:《"法院——社会调解"模式的基础与制度构建——以河南省调解年活动为中心的考察》,载《河南社会科学》2010 年第 1 期。

制度构成意义上,"社会法庭"属于委托调解组织载体的新形式。

在调解年活动中,为了响应河南省高院的号召,南阳市中级人民法院随后还组织了在 13 个基层法院的 99 个法庭中开展"零判决竞赛"的活动,制定了"100％调解"与"零判决"的目标。在这种氛围下,河南省多地法院相继开展了以"零判决"为目标的调解年活动。例如 2009 年上半年,郑州市中级人民法院知识产权庭在响应该号召之后审理了近 200 起案件,全部以调解结案的方式完成①。随后,在国内的各个地区都出现了类似的活动,如河北、广西、福建三明等地区的"零判决"活动以及新疆的重大案件三级调解制度等风格不同但内核相似的大力促进调解的活动。②

针对实践中的这类尝试,学者指出,"零判决"现象以无讼理论为基础,试图以消灭一切纠纷体现出构建和谐社会的宗旨,但这种理想化的方式终究无法获得理论和实践的双重支持,模糊了法院的角色定位、容易滋生法律虚无主义。③ "零判决"的提法与实际操作方式,意味着调解率高低成为衡量法院、法官工作业绩、司法能力的唯一标准,在此实践指向下,久调不决、强迫调解的诉讼痼疾会卷土重来,诉讼程序、法律适用方法会再次遭受漠视,法官的职业化建设与法治建设都会受到冲击。

(四)本时期诉讼调解的运行效果

1.本时期诉讼调解制度的总体发展趋势

如表 5-2 所示,在 2003—2012 年间,人民法院的总结案数量始终保持着增长的趋势,由 2003 年的 4416168 件涨至 2012 年的 7206331 件,并在其中的 2008 年至 2012 年呈现出高速增长的态势。与此同时,案件的调解率也随之一路增长,从不到 30％增长到了 41.7％,其中:在 2003—2006 年的早期预热阶段,人民法院的调解率从 29.94％开始缓步提升,到 2006 年已经恢复到近结案数量三分之一的份额;在 2007 年,调解率超过了结案总数的三分之一,到 2009 年又提升至36.21％;在 2010 年到 2012 年间,伴随着调解鼎盛时期的到来,诉讼调解结案的案件数量比例也最终升高到了 41.7％。可见,在本时期,一方面社会经济的发展带来了纠纷和案件数量的爆发式增长,法院的审判负荷沉重,调解承担了纠纷"泄洪口"的功能。另一方面,本时期高度推崇、大力促进调解的司法政策将诉讼调解推向超常规发展的状态。

---

① 《我市知识产权案半年零判决》,载《郑州日报》2009 年 7 月 4 日第 2 版。

② 王书林:《新疆民商事案调结率猛升》,载《人民法院报》2005 年 12 月 28 日第 1 版。

③ 叶肖华:《零判决现象的反思与批判》,载《政法论坛》2015 年第 3 期。

表 5-2　2003—2012 年我国一审民事案件调解与判决情况表①

年份	结案数量	调解结案	判决结案	调解率	判决率
2003	4416168	1322220	1876871	29.94％	42.50％
2004	4303744	1334792	1754045	31.01％	40.76％
2005	4360184	1399772	1732302	32.10％	39.73％
2006	4382407	1426245	1744092	32.54％	39.80％
2007	4682737	1565554	1804780	33.43％	38.54％
2008	5381185	1893340	1960452	35.18％	36.43％
2009	5797160	2099024	1959772	36.21％	33.81％
2010	6112695	2371683	1894607	38.80％	30.99％
2011	6558621	2665178	1890585	40.64％	28.83％
2012	7206331	3004979	1979079	41.70％	27.46％

2.围绕诉讼调解快速"升温"现象的讨论

（1）关于调解应否优先的论争

持调解优先肯定论的学者认为,调解优于判决,是优质的纠纷解决和结案方式,是对传统司法模式的继承和突破。概括看来,持该观点的理论认为调解优先原则的确立主要有以下几方面的功能:

①对诉讼调解制度的正当性之肯定

学者提出,从宏观视角上看,调解优先原则的确立,一定程度上为我国的民事审判工作理清了思路:调解优先原则一方面对调解的正当性作出了肯定的评价,另一方面对调解与判决之间的关系作出了优先性判断——这表明,法院不再将调解视为所谓"二流司法",也不仅仅把它当成法院应对"案多人少"的权宜之计,而是正面提出调解是高质量审判、高效益审判,调解能力是高水平司法能力,公开承认调解是一种优质的纠纷解决和结案方式,且其效果事实上优于判决。②

②满足纠纷激增引起的解纷需求

另有学者认为,鉴于以大量劳动争议案件与再审案件为主的案件数量急剧增加的实际情况,在调解优先原则下进行诉讼调解工作,能够在一定程度上解决社会转型期间带来的诉讼爆炸问题,也能为民事审判工作过于僵化的现状带来新的生

---

① 表格的调解率、判决率等数据根据《中国法律年鉴》（2004—2013 年）中的数据计算得出。

② 范愉:《诉讼调解:审判经验与法学原理》,载《中国法学》2009 年第 6 期。

机,弥补固有成文法的滞后带来的审判问题。①

可以看出,持肯定论的学者对调解这种纠纷解决方式在现阶段发挥的作用总体较为满意,对如此运行的调解机制的后续作用也抱有乐观的期待。

更多学者对实质性的调解优先原则持否定的态度。持调解优先否定论的理论主要有以下几类观点:

①自身逻辑不自洽

学者指出,原则中"调解优先"的"调解"主要指司法程序外的调解,而"调判结合"中的调解却指的是诉讼调解,该原则前后主语不一致,容易引起在"诉讼中也要贯彻调解优先原则"的误解,具有强制调解之误导性,使得法院将调解的地位拔高到前所未有的高度,甚至有法院提出了全面、全员、全程调解这类口号。② 制度运行逻辑或言制度运行的法理,是具体行动与制度本身之间的正当性纽带。这根纽带出了问题,具体行动与制度、支撑话语体系相互作用构成的实践就会产生差强人意的效果。

②冲击自愿调解原则

还有学者认为,若在实践中贯彻调解优先的理念,会使得当事人遵循自愿进行调解的可能性进一步降低。这是因为,由于我国民事审判活动采取调判合一的模式,尽管用调解还是判决仍由当事人最终决断,但在纠纷解决的过程中,法官事实上往往对适用何种程序具有选择的决定权,若法官一心趋于调解,当事人是很难抗拒的。对于一些事实和责任都非常清晰的案件来说,调解实际上就会导致当事人只能作出单向度的让步,即权利人向义务人的让步——这就使得被告方可以借助调解来规避责任,长此以往也将会导致民众对法律的漠视。③

③无法彻底解决纠纷

另有学者指出,虽然"调解优先"的口号用了一种全新的表现形式,但究其本质,其与"调解为主、着重调解"原则的思想内核并未有实质性的区别,而后两者已经被历史证实有诸多弊端——容易造成反复调解情况,增加法院和当事人双方的诉累等。另外,大范围适用调解解决纠纷不仅不能形成规则之治,还会违反依法法治的精神。而事实上,经过调解的案件也并不能做到真正定分止争、彻底化解纠纷,因此调解优先与实现和谐社会的目标之间并无直接的因果关系。④

---

① 熊跃敏、朱健:《"调解优先":政策考量与程序规则——以程序保障为视角的分析》,载《河南大学学报(社会科学版)》2012年第4期。

② 吴英姿:《"调解优先":改革范式与法律解读——以O市法院改革为样本》,载《中外法学》2013年第3期。

③ 李浩:《理性地对待调解优先——以诉讼调解为对象的分析》,载《国家检察官学院学报》2012年第1期。

④ 田平安:《"调解优先"质疑论》,载《河南大学学报(社会科学版)》2013年第1期。

④催生表面化的"和谐"

还有学者指出,用调解营造出的"无讼"社会,事实上是以牺牲民众的正当权利和利益换来的表面"和谐",这种"息事宁人"的纠纷解决模式,并非真正意义上和谐社会应有的状态。在实践中,优先调解的理念会促使更多的审判人员运用调解解决纠纷,放任当事人在囚徒困境中以让步为主要内容进行互相博弈。① 法治状态下的和谐,是依法审判与合意解纷机制在各自功能区域充分发挥作用又相互协调而产生的社会效果,是法定权利与程序选择权都产生法定效力后的社会效果。以调解挤压乃至替代审判来换取的和谐,通过限缩法定权利与程序选择权来换取的和谐,不具有持续性,不利于法治社会的形成、法治国家的构建。

(2)对调解高反悔率现象的关注与讨论

从经济学视角看,调解也是利益的博弈。当事人在调解后发现,不履行调解协议能够带来更高的利益时,更倾向于选择反悔来降低损失。据统计,近年来合同纠纷案件的调解反悔率高达 60%,权属确认类案件的反悔率也超过半数。② 在高反悔率现象出现的同时,调解的不稳定性还引发了"旋转门"现象这一连锁反应。所谓"旋转门"现象,指的是在调解中出现的:一方面在案件审理阶段全力促成当事人达成调解协议,并以调解书的方式结案以期实现"案结事了"的积极效果;另一方面,调解协议又因为调解质量、当事人实际履行能力和意愿等因素的制约没有得到全面的执行,权利人不得不再次诉诸法院申请强制执行的现象。③ 根据学者的统计,自 2008 年开始,全国许多地方都出现了大量调解案件回流到执行程序中的情况,在江苏淮安地区,这类案件的数量占据了所有执行案件数量的 40% 以上;在北京地区,该比例也在 30% 以上。在 2008 年中,上海市法院有 41% 的调解案件最终回到了强制执行程序中;广州市从化区法院的调解案件有 1722 件进入了执行程序,占调解案件比例的 66.72%。此学者认为,这种病态的现象使得调解的优势荡然无存,显示出调解方式在有效、彻底解决纠纷方面的局限性。此外,这种情况增加了原告的诉讼负担、损害了债权人的权益,使得其权利实现的周期进一步延长;再次,这种情况在我国法院"执行难"问题本就严峻的情况下进一步增加了执行的工作量,进而使得司法公信力下降。④ 对高调解反悔率、"旋转门"现象的实证分析,否定了对调解功能盲目乐观的各种理论假说。这种反思获得的共鸣增多,当理性面对调解率、调解功能的声音成为学术强音时,"过热"的调解回归理性轨道就指日可待了。

---

① 李祖军:《调解制度论:冲突解决的和谐之路》,法律出版社 2010 年版,第 91～92 页。

② 陈力:《民事调解高反悔率及其解释》,载《法律适用》2010 年第 7 期。

③ 潘剑锋:《论民事司法与调解关系的定位》,载《中外法学》2013 年第 1 期。

④ 李浩:《当下诉讼调解中一个值得警惕的现象——调解案件大量进入强制执行研究》,载《法学》2012 年第 1 期。

五、改革开放后"理性调解"阶段的诉讼调解(2012年至今)

经过2012年修改后《民事诉讼法》对调解制度的再度调整,我国的诉讼调解再度进入了一个较为平缓的发展状态,在2013—2015年间,我国法院运用调解方式结案的案件数量分别占案件总量的37.92%、33.73%和28.77%。① 一种平缓下降的趋势再度显现。2014年的《最高人民法院工作报告》继续呼吁各级法院加大诉前调解力度,促进社会和谐,但是,同时也指出应当"坚持合法自愿调解原则,规范司法调解"。② 这一工作报告措辞的变化释放了我国诉讼调解要进入"理性调解"新阶段的信号。

(一)2012年修改后《民事诉讼法》关于诉讼调解的主要规定

1.坚守自愿调解原则。2012年修改后的《民事诉讼法》仍旧沿袭了1991年《民事诉讼法》对调解自愿原则的规定,明确了人民法院应当根据自愿和合法的原则进行调解;调解不成的,应当及时判决。这是对调解基本原理的坚守。

2.规制虚假调解、恶意调解行为。调解超常规发展阶段,法官急于调解案件的心理也会被恶意当事人利用来骗取调解书,谋求非法利益。这种现象社会影响极坏。修改后的《民事诉讼法》第112条增加了对恶意调解等行为予以规制的规定:"当事人之间恶意串通,企图通过诉讼、调解等方式侵害他人合法权益的,人民法院应当驳回其请求,并根据情节轻重予以罚款、拘留;构成犯罪的,依法追究刑事责任。"同时,第113条还进一步明确了在执行程序中,通过调解等方式逃避履行法律文书确定的义务的,人民法院也应当根据情节轻重予以罚款、拘留;构成犯罪的,依法追究刑事责任。

3.明确规定先行调解制度。修改后的《民事诉讼法》提升了先行调解规则的效力层级。《民事诉讼法》第122条规定,"当事人起诉到人民法院的民事纠纷,适宜调解的,先行调解,但当事人拒绝调解的除外"。先行调解规则由司法解释中的规则被"提升"为法律中的规则,体现出立法机关对调解的功能仍然是寄予厚望的。

4.明确规定诉讼调解的案件分流功能。案件分流制度,是2012年《民事诉讼法》修改的重要内容。《民事诉讼法》在"审理前的准备"这一部分中的第133条较为详细地规定了案件分流的具体方式:"人民法院对受理的案件,分别情形,予以处理:(一)当事人没有争议,符合督促程序规定条件的,可以转入督促程序;(二)开庭前可以调解的,采取调解方式及时解决纠纷;(三)根据案件情况,确定适用简易程序或者普通程序;(四)需要开庭审理的,通过要求当事人交换证据等方式,明确争议焦点。"可以看出,该条文虽然细化了人民法院受理案件后应当根据不同的情形

---

① 调解案件比例数据根据《中国法律年鉴》相应年份统计数据计算而得。
② 周强:《最高人民法院工作报告》(2014年3月10日)。

分别予以处理,但从上述分流的四个具体方向来看,上述四种分流方式并不是并列关系,因为可以适用调解的阶段不仅仅限于第一审的普通程序、简易程序,还适用于二审、再审程序。如果在二审、再审程序中能够调解结案,也属于案件分流的形式。

5.对诉讼调解检察监督机制的完善。修改后的《民事诉讼法》进一步赋予了各级检察机关对调解书进行检察监督的权力,以保障当事人在调解中的合法权利。《民事诉讼法》第 208 条明确规定,人民检察院发现调解书损害国家利益、社会公共利益的,应当提出抗诉。据此,调解书既可以申请再审,也可以由检察院依职权进行抗诉。

6.生效调解书纳入第三人撤销之诉。修改后的《民事诉讼法》第 56 条第 3 款赋予了第三人通过第三人撤销之诉撤销侵害其权利的调解书之权利。该条文规定,有独立请求权的第三人和无独立请求权的第三人若因不能归责于本人的事由未参加诉讼,但有证据证明发生法律效力的判决、裁定、调解书的部分或者全部内容错误,损害其民事权益的,可以自知道或者应当知道其民事权益受到损害之日起六个月内,向作出该判决、裁定、调解书的人民法院提起诉讼。人民法院经审理,诉讼请求成立的,应当改变或者撤销原判决、裁定、调解书;诉讼请求不成立的,驳回诉讼请求。

2012 年《民事诉讼法》修改,在诉讼调解的合理定位方面似乎并无大的"动作",但是,从法规范体系角度观之,这次对《民事诉讼法》的修改,是建立在对调解促进阶段超常规发展的调解所带来的弊端深刻反思的基础上的。在立法机关的视野中,超常规发展的调解滋生了恶意调解、虚假调解现象,而且存在较为严重的违背自愿、合法调解原则而侵害当事人权益的情况,因此,不仅将恶意调解、虚假调解行为纳入民事诉讼强制措施的适用对象中,还将检察监督的对象扩展至损害国家利益、社会公共利益的生效调解书。第三人撤销之诉是裁判文书生效后的特殊救济方式,其适用范围相对而言是比较严格的。将合法权益受生效调解书侵害的第三人也纳入第三人撤销之诉的救济范围,可见立法机关对虚假调解、恶意调解行为侵害第三人权益的危害性已形成有依据的判断。通过坚守自愿、合法调解的底线,通过事中惩戒、事后监督与救济相结合的方式遏制借调解牟取不当利益的行为,2012 年《民事诉讼法》的修改对超常规发展的调解进行了"双管齐下"的"纠偏",意在将其拉回到理性的轨道上。

(二)《民事诉讼法解释》对诉讼调解制度的细化规定

2015 年施行的《最高人民法院关于适用〈中华人民共和国民事诉讼法〉的解释》在 2012 年新《民事诉讼法》的基础上,对诉讼调解制度进行了进一步的完善和细化,具有独特的意义:

1.明确规定调解、和解不利豁免规则

《民事诉讼法解释》在第 107 条中明确规定，"当事人为了达成调解协议或者和解协议作出妥协而认可的事实，不得在后续的诉讼中作为对其不利的根据，但法律另有规定的或当事人均同意的除外"。

2.明确规定调解保密规则

《民事诉讼法解释》在第 146 条中规定了调解过程不公开，进一步明确了以调解保密为原则、以当事人同意公开为例外。同时，主持调解以及参与调解的人员，对调解过程以及调解过程中获悉的国家秘密、商业秘密、个人隐私和其他不宜公开的信息，应当保守秘密，但为保护国家利益、社会公共利益、他人合法权益的除外。此外，该条还规定了调解协议内容亦不公开，但为保护国家利益、社会公共利益、他人合法权益，人民法院认为确有必要公开的除外。这与《民事诉讼法》规定的公开审判原则恰恰相反。如果将调解权理解为审判权的一种形式，调解保密规则与审判公开原则之间的冲突是难以解释的。

3.明确规定调解中无独立请求权第三人的权利与义务

《民事诉讼法解释》第 150 条规定："人民法院调解民事案件，需由无独立请求权的第三人承担责任的，应当经其同意；该第三人在调解书送达前反悔的，人民法院应当及时裁判。"该条款保障了没有参加到调解中的无独立请求权的第三人的权益，也对防范恶意调解起到一定的规制作用。

4.明确规定公益诉讼中的调解程序

对公益诉讼制度的细化规定是《民事诉讼法解释》的重要内容。该解释规定，公益诉讼案件中，人民法院可以对当事人进行调解。值得注意的是，公益诉讼案件调解协议生效方式与普通民事案件不同，其采取公告送达的形式：在当事人达成和解或者调解协议后，人民法院应当将和解或者调解协议进行公告（期间不得少于三十日）。公告期满后，人民法院经审查，和解或者调解协议不违反社会公共利益的，应当出具调解书；和解或者调解协议违反社会公共利益的，不予出具调解书，继续对案件进行审理并依法作出裁判。

可以看出，《民事诉讼法解释》顺应了"坚持合法、自愿调解原则，规范司法调解"新的司法政策，对调解的合法性、自愿性以及保密性等原则进行了再一次的明晰与细化，确保调解的当事人甚至与案件有利害关系的案外人的合法权益不受侵害，在鼓励调解的前提下，对调解规范化操作方面做了细化规定。

（三）先行调解制度的逐步细化

1.先行调解的概念与正当性

1950 年《中华人民共和国诉讼程序试行通则（草案）》第 30 条中使用了先行调解的概念，纠纷解决过程中也有先行调解的具体举措。改革开放后，先行调解的概念最早出现在 2003 年最高人民法院颁布的《简易程序规定》的第 14 条。该条文明确规定法院对六类适用简易程序审理的案件应当先行调解。此后,尽管《民事调解规定》并未作出进一步的细化规定,但是,绝大多数民事案件采用的是简易程序,因此,先行调解规则在诉讼过程中的应用空间是极大的。

2012 年《民事诉讼法》的修改将先前司法解释规定的先行调解纳入诉讼调解制度之中,但对于何为诉讼调解层面的先行调解,却并未给出确定的含义。对此,两种理解模式可能产生:一种理解是,先行调解是立案前的调解,指的是人民法院在没有立案前即要对案件先进行调解的方式。另一种对先行调解的理解则是:先行调解是立案后、开庭前人民法院组织当事人调解的活动,仍在诉讼调解范围。① 2007 年最高人民法院颁布的《关于进一步发挥诉讼调解在构建社会主义和谐社会中积极作用的若干意见》明确指出,人民法院应当进一步完善立案阶段的调解制度,这体现出立案前进行先行调解的意图。据此意见,先行调解应采第一种理解方式;若依修改后的《民事诉讼法》第 133 条对立案后案件分流中调解的规定,先行调解应采第二种理解方式。法律的效力高于司法解释的效力,但是,在诉讼实践中,司法解释是实务部门的直接操作依据。我国的诉讼实践由司法解释"塑造"。司法解释的规定"架空"法律规定,这种法律适用的"怪现象",在我国诉讼实践中已经达到"见怪不怪"的程度。如果以推行改革或进行改革试点为名,这种"怪现象"还能被名正言顺地正当化。因此,先行调解两种界定方式的一致化问题,貌似简单,实际解决起来很困难。

基于这种情况,学者提出了对先行调解制度的质疑:从诉讼的角度看,此时案件尚未属于法院,双方当事人的民事诉讼法律关系尚未正式确立,严格来说,法院对案件还没有管辖权,若法院在受理案件之前就能对案件进行调解,则法院尽管能够依据现有的法律规定进行先行调解,但其应依据何种理由和方式通知被告参加调解即成为问题。② 进一步说,若先行调解成功,那么法院在这种情况下如何确认调解协议并制作调解书,仍然需要探讨。

2.先行调解的主体

依照法律的规定,先行调解的主体应当仅限于人民法院,这属于诉讼调解的范畴,由人民法院依职权发起,但当事人也享有结束先行调解继而进入诉讼的权利。实践中,人民法院还往往结合委托调解、协助调解,以及后期的特邀调解等方式,对立案之前的案件进行调解。也就是说,在征得当事人的同意之后,先行调解的主体范围可以扩张至人民调解委员会、行业协会、行政机关等等。然而,尽管实践已经对先行调解进行了社会化的探索,但从法学理论上来看,由于此阶段中法院对案件无管辖权,因此其将案件委托出去的行为始终缺乏妥当性,形成了理论与实践的断

---

① 宋朝武:《对民诉法修正案中调解制度的若干理解》,载《中国审判》2012 年第 6 期。
② 赵刚:《关于"先行调解"的几个问题》,载《法学评论》2013 年第 3 期。

裂。另外，立案前调解主体的泛化也使调解的规范化难度提升，易于滋生虚假调解与恶意调解。

3.先行调解的适用范围

修改后的《民事诉讼法》并没有明确应当先行调解案件的具体类别，仅仅规定"适宜调解的，先行调解"；但总体来说，可以推断出适用先行调解的案件应当是法律关系较为明确、案件事实基本清楚的案件。实践中，法院究竟根据2003年《简易程序规定》中对先行调解范围的规定进行先行调解，还是可以有所突破？2003年《简易程序规定》中对先行调解范围的规定能否作为2012年修改后《民事诉讼法》确定的"适宜调解"标准的操作性解释规则，仍不无疑义。

4.繁简分流改革背景下对先行调解制度的进一步细化

为了贯彻和落实民商事案件繁简分流、先行调解和速裁等方面的工作，更为规范地完善法院的民事审判工作，2017年，最高人民法院颁布《关于民商事案件繁简分流和调解速裁操作规程（试行）》，对先行调解制度进行了细化。

（1）明确规定先行调解的范围、方式与基本程序要素。首先，该规程首条即明确了先行调解的范围，先行调解包括人民法院调解和委托第三方调解。其次，该规程第7条和第8条指出，所谓先行调解，指的是案件适宜调解的，人民法院应当出具先行调解告知书，引导当事人先行调解；当然，遵循调解自愿原则是程序底线，当事人明确拒绝的除外。先行调解告知书包括以下内容：先行调解的特点、自愿调解的原则、先行调解人员、先行调解程序、先行调解法律效力、诉讼费减免规定以及其他相关事宜。此外，该规程第16条规定："当事人同意先行调解的，暂缓预交诉讼费。委托调解达成协议的，诉讼费减半交纳"，以鼓励当事人进行先行调解和委托调解。为了便于调解的顺利展开，规程还明确了先行调解场地的多样性——先行调解并不拘于在人民法院进行，其不仅可以在法院的诉讼服务中心进行，也可以在调解组织所在地或者双方当事人选定的其他场所开展，甚至还可以通过在线调解、视频调解、电话调解等远程方式开展。

（2）明确委托调解的范围。委托第三方调解是先行调解的重要方式。此前的司法解释对委托调解仅仅进行了概括性的表述，并未对可以进行委托调解的案件进行概括式列举。因此，规程第9条列举了适宜进行委托调解的案件类型，规定"下列适宜调解的纠纷，应当引导当事人委托调解：（一）家事纠纷；（二）相邻关系纠纷；（三）劳动争议纠纷；（四）交通事故赔偿纠纷；（五）医疗纠纷；（六）物业纠纷；（七）消费者权益纠纷；（八）小额债务纠纷；（九）申请撤销劳动争议仲裁裁决纠纷。其他适宜调解的纠纷，也可以引导当事人委托调解。"总体来看，上述纠纷或为熟人之间的纠纷或需要一定的专业知识才能解决或争议标的金额小，较为适宜适用委托调解方式解决。

（3）明确规定诉调对接机制。规程第18条简单描述了人民法院建立诉调对接管理系统的建立目的:该系统旨在完成对立案前第三方调解的纠纷进行统计分析,与审判管理系统信息共享。诉调对接管理系统将按照"诉前调"字号对第三方调解的纠纷逐案登记,采集当事人情况、案件类型、简要案情、调解组织或调解员、处理时间、处理结果等基本信息,形成纠纷调解信息档案。可以看出,诉调对接系统有利于检索案件的情况、了解当前案件的进展,对于需要从调解转到诉讼的案件,抑或在诉讼中试图调解的案件都能起到一定的便利作用,也将对诉讼调解的规范化运作产生可期待的促进效果。

(四)特邀调解改革举措的实施

2015 年 2 月,最高人民法院颁布《关于全面深化人民法院改革的意见——人民法院第四个五年改革纲要(2014—2018)》,进一步提出了下一阶段人民法院要全面深化多元化纠纷解决机制的改革任务,要"建立人民调解、行政调解、行业调解、商事调解、司法调解联动工作体系"以实现"推动多元化纠纷解决机制立法进程,构建系统、科学的多元化纠纷解决机制"的目的。由此可见,多种调解模式联动下"有机衔接、相互协调"的多元化纠纷解决机制的构建,成为人民法院改革的重要目标。

为了加强诉讼与非诉讼纠纷解决方式的有效衔接以构建科学的多元化纠纷解决机制,2016 年 5 月最高人民法院颁布《最高人民法院关于人民法院特邀调解的规定》,对特邀调解改革举措进行了详细规定:

(1)特邀调解制度的主要内容

①特邀调解的概念与原则

《最高人民法院关于人民法院特邀调解的规定》的第 1 条、第 2 条阐述了特邀调解之概念与原则:"特邀调解,是指人民法院吸纳符合条件的人民调解、行政调解、商事调解、行业调解等调解组织或者个人成为特邀调解组织或者特邀调解员,接受人民法院立案前委派或者立案后委托依法进行调解,促使当事人在平等协商基础上达成调解协议、解决纠纷的一种调解活动。特邀调解应当遵循以下原则:(一)当事人平等自愿;(二)尊重当事人诉讼权利;(三)不违反法律、法规的禁止性规定;(四)不损害国家利益、社会公共利益和他人合法权益;(五)调解过程和调解协议内容不公开,但是法律另有规定的除外。"可见,特邀调解的本质即人民法院吸收其他各类调解组织或者个人,接受人民法院的委托对案件进行调解以解决当事人纠纷的制度。

②人民法院在特邀调解中的职责

《最高人民法院关于人民法院特邀调解的规定》第 3 条对特邀调解工作中人民法院承担的职责进行的列举式说明,明确了人民法院应当承担下列几方面的工作:"(一)对适宜调解的纠纷,指导当事人选择名册中的调解组织或者调解员先行调解;(二)指导特邀调解组织和特邀调解员开展工作;(三)管理特邀调解案件流程并统计相关数据;(四)提供必要场所、办公设施等相关服务;(五)组织特邀调解员进行业务培训;(六)组织开展特邀调解业绩评估工作;(七)承担其他与特邀调解有关的工作。"

③特邀调解主体与调解员名册

《最高人民法院关于人民法院特邀调解的规定》第5条至第10条则详细地规定了特邀调解主体及调解员名册相关内容:人民法院应当建立特邀调解组织和特邀调解员名册。依法成立的人民调解、行政调解、商事调解、行业调解及其他具有调解职能的组织,可以申请加入特邀调解组织名册。品行良好、公道正派、热心调解工作并具有一定沟通协调能力的个人可以申请加入特邀调解员名册。

此外,人民法院可以邀请符合条件的调解组织加入特邀调解组织名册,可以邀请人大代表、政协委员、人民陪审员、专家学者、律师、仲裁员、退休法律工作者等符合条件的个人加入特邀调解员名册。特邀调解组织应当推荐本组织中适合从事特邀调解工作的调解员加入名册,并在名册中列明;在名册中列明的调解员,视为人民法院特邀调解员。

④特邀调解程序

《最高人民法院关于人民法院特邀调解的规定》明确表达了对立案前先行调解的支持,并将这种不具有审判权前提下对案件进行调解的活动称为委派调解。该规定第11条提出,"对适宜调解的纠纷,登记立案前,人民法院可以经当事人同意委派给特邀调解组织或者特邀调解员进行调解;登记立案后或者在审理过程中,可以委托给特邀调解组织或者特邀调解员进行调解"。可见,立案前的调解即委派调解,而委托调解仅仅指立案后法院依据管辖权将案件再次委托出去的情况。

《最高人民法院关于人民法院特邀调解的规定》第12条结合名册制度,再次重申当事人自愿调解原则:"双方当事人应当在名册中协商确定特邀调解员;协商不成的,由特邀调解组织或者人民法院指定。当事人不同意指定的,视为不同意调解。"

此外,《最高人民法院关于人民法院特邀调解的规定》的第13条、第14条分别规定了特邀调解程序中调解员的数量以及地点:"特邀调解一般由一名调解员进行;对于重大、疑难、复杂或者当事人要求由两名以上调解员共同调解的案件,可以由两名以上调解员调解,并由特邀调解组织或者人民法院指定一名调解员主持;当事人有正当理由的,可以申请更换特邀调解员。调解一般应当在人民法院或者调解组织所在地进行,双方当事人也可以在征得人民法院同意的情况下选择其他地点进行调解。"

除了上述几个方面的规定,《最高人民法院关于人民法院特邀调解的规定》第28条还规定了特邀调解中对当事人的救济程序,规定了特邀调解员存在如下行为的,当事人可以向法院投诉:强迫调解;违法调解;接受当事人请托或收受财物;泄露调解过程或调解协议内容和其他违反调解员职业道德的行为。

（2）特邀调解与诉讼调解的关系

作为一种较为新颖的调解模式,特邀调解可以说是人民法院在探索科学的多元化纠纷解决机制方面的大胆尝试。由于我国长期以来受传统文化中"厌讼"思想的影响,实践中仍有大多数当事人愿意采取调解的方式解决纠纷。此外,当下我国社会的主要矛盾之一即社会公共事务的复杂性与社会管理模式的局限性之间的紧张关系,处于由"管理"迈向"治理"的过渡时期。[①] 特邀调解改革举措的出现,是新时代对纠纷解决新理念、国家治理体系与纠纷解决的关系合理化、破解人民日益增长的公正解决纠纷需要和不平衡不充分的诉讼资源供给之间的矛盾的有益探索。

---

① 龙飞:《论国家治理视角下我国多元化纠纷解决机制建设》,载《法律适用》2015 年第 7 期。

第六章

民事审判程序的变迁

引　言

以 1978 年为起点,我国民事审判程序的现代化改革走过了 40 年。[①] 这 40 年

---

　　① 必须强调的是,对改革开放 40 年来我国民事诉讼法制和审判程序改革的讨论不能对清末民初以来民事诉讼的发展视而不见,不能脱离中华人民共和国建立以来民事诉讼法制建设的历程。只是囿于本文的主题和篇幅,不再对此专门论述。相关文献包括但不限于樊崇义:《诉讼原理研究》,载樊崇义:《诉讼法学研究》(第五卷),中国检察出版社 2003 年版,第 41～45 页;江伟、刘学在:《中国民事诉讼基本理论体系的阐释与重塑》,载樊崇义:《诉讼法学研究》(第五卷),中国检察出版社 2003 年版,第 70～71 页;潘剑锋:《民事诉讼法制建设四十年》,载《中外法学》1989 年第 5 期;韩象乾、乔欣:《中国民事诉讼法学 50 年》,载《政法论坛》1999 年第 6 期;江伟、傅郁林:《走向二十一世纪的中国民事诉讼法学》,载《中国法学》1999 年第 6 期;赵钢:《回顾、反思与展望——对二十世纪下半叶我国民事诉讼法学研究状况之检讨》,载《法学评论》1998 年第 1 期,;常怡、田平安、黄宣、李祖军:《新中国民事诉讼法学五十年回顾与展望》,载《现代法学》1999 年第 6 期;张卫平:《体制转型与我国民事诉讼理论的发展》,载《清华大学学报》(哲学社会科学版)2001 年第 6 期;吴泽勇:《清末修订〈刑事民事诉讼法〉论考——兼论法典编纂的时机、策略和技术》,载《现代法学》2006 年第 2 期;吴泽勇:《清末修订〈法院编制法〉考略——兼论转型期的法典编纂》,载《法商研究》2006 年第 4 期;吴泽勇:《〈大清民事诉讼律〉修订考析》,载《现代法学》2007 年第 4 期;吴泽勇:《〈民事刑事诉讼暂行章程〉考略》,载《昆明理工大学学报·社科(法学)版》2008 年第 1 期。

有高歌猛进,有犹豫徘徊,也有砥砺前行。① 开始于 1978 年的经济体制改革领先于我国民事审判程序的现代化改革。民事审判程序的现代化真正被提上日程要到 20 世纪 80 年代,这也决定了,我国民事审判方式现代化改革的初衷是为社会主义市场经济保驾护航,②以商品经济的内在规律和我国的发展现状为导向,革新我国传统的民事审判程序。③ 随着商品经济的蓬勃发展,民事纠纷在质和量上都发生了巨变。④ 在质上,随着民营经济的比重逐渐增大,政府和单位在纠纷解决方面的作用逐渐弱化。在量上,随着经济发展逐渐加速,民事纠纷的数量激增。⑤ 司法机关面对民事纠纷在质和量上的巨变,显得应接不暇。为了及时和有效地化解民事纠纷,在总体上助力市场经济发展,我国民事诉讼进行了诸多方面的努力,例如,面对"诉讼爆炸",我国在 1991 年《中华人民共和国民事诉讼法》(以下简称《民事诉讼法》)中创造性地规定了民事审限制度,⑥以一刀切的方式原则上要求所有一审普

---

① 我国民事诉讼立法的总体性回顾参见张卫平:《中国民事诉讼法立法四十年》,载《法学》2018 年第 7 期。

② 江伟:《市场经济与民事诉讼法学的使命》,载《现代法学》1996 年第 3 期;汤维建:《市场经济与民事诉讼法学的展望(上)》,载《政法论坛》1997 年第 1 期;汤维建:《市场经济与民事诉讼法学的展望(下)》,载《政法论坛》1997 年第 2 期。

③ 1988 年第十四次全国法院工作会议上,时任最高人民法院院长任建新的报告是《充分发挥国家审判机关的职能作用,更好地为"一个中心、两个基本点"服务》。

④ 王亚新:《论民事、经济审判方式的改革》,载《中国社会科学》1994 年第 1 期。

⑤ 1987 年,全国法院审结民事案件 1196494 件,比上年增加 217504 件,上升 22.2%。五年来,全国法院共审结民事案件 4634822 件,包括涉外民事案件 3126 件;此外,全国基层法院及其派出的人民法庭还指导人民调解委员会调处了 3000 多万件民间纠纷。1987 年,全国法院受理的债务案件达到 256432 件,比 1983 年增长了七倍多。1987 年,全国法院受理婚姻案件 547794 件。五年来,婚姻案件一直是增长的,始终居民事案件总数的第一位。1987 年,全国法院受理赡养案件 38780 件,赡养案件不断上升。著作权、肖像权、名誉权等纠纷已不断起诉到法院。1983 年全国地方法院普遍建立了经济审判庭后,审理的经济纠纷案件逐年成倍地增长,1987 年,达到 365848 件,比上年增加 18.63%,比 1983 年上升 8 倍多。五年来,全国法院共审结经济纠纷案件 994302 件。参见《最高人民法院工作报告(1988 年)》。

⑥ 1991 年之前,潘剑锋教授曾撰文认为,一个案子在法院里耽误了多长时间也算不上违法,这显然与"及时、正确、合法"地处理好案件的司法原则相违背。为了及时解决当事人之间的纠纷,减轻当事人的诉累,我们有理由提出在我国民事诉讼法中,应当规定案件审结的具体期限。参见潘剑锋:《民事诉讼法制建设四十年》,载《中外法学》1989 年第 5 期。

通程序要在 6 个月内审结,简易程序在 3 个月内审结,上诉案件在 3 个月内审结。①
而应对"诉讼爆炸",好钢用在刀刃上也逐渐成为我国民事审判程序改革的出发点。
过去法官大包大揽、事无巨细的民事审判方式②已经越来越无法适应市场经济发
展所带来的海量民事纠纷。在民事诉讼法律关系中,法院承担了过重的责任,这也
使当事人的主人翁意识迟迟难以生成。是故,我国民事审判程序的现代化改革体
现为逐步弱化法院的作用,让当事人真正成为程序的主人翁。③

　　受到"诉讼爆炸"的压力,法院的应激反应是给自己卸担子,给当事人压担子。
虽然这在形式上与当事人主义审判模式一致,并且在现代化改革的初期能够形成
合力,但毕竟审判程序改革最初的动力来源是卸担子和压担子,而并非是在实质上
尊重和加强当事人的程序权利,换句话说,当事人主义是手段,而不是最终目的,因
此,这一时期的改革虽然方向明确且步伐有力,但却存在着不小的隐忧。这并非杞
人忧天,而是在 2001 年前后集中凸显出来。在弱化法官作用和加强当事人主人翁
意识的改革导向之下,我国审判程序的现代化改革迎来了快速发展期。④ 2001 年,

---

　　① 蔡虹、刘加良:《论民事审限制度》,载《法商研究》2004 年第 4 期;王亚新:《我国民事诉讼立
法上的审限问题及修改之必要》,载《人民司法》2005 年第 1 期;刘加良、侯艳芳:《民事审限延长制度
探析》,载《理论学刊》2005 年第 1 期;王福华、融天明:《民事诉讼审限制度的存与废》,载《法律科学》
2007 年第 4 期;韩波:《审限制度:"二十周岁"后的挑战》,载《当代法学》2011 年第 1 期;唐力:《民事
审限制度的异化及其矫正》,载《法制与社会发展》2017 年第 2 期;任重:《民事迟延裁判治理转型》,
载《国家检察官学院学报》2016 年第 3 期。

　　② 1963 年,第一次全国民事审判工作会议提出"调查研究,就地解决,调解为主"的民事审判工
作方针。1964 年,民事审判工作的方针又进一步发展为"依靠群众,调查研究,就地解决,调解为主"
的十六字方针。改革开放后,虽然民事审判方式也面临着改革的压力,但之前几十年的民事审判经
验却被保留了下来,并具有如下特点:体现"两便"精神、贯彻个人处分和国家干预相结合原则、着重
调解、动员社会力量参与和协助民事诉讼。参见潘剑锋:《民事诉讼法制建设四十年》,载《中外法学》
1989 年第 5 期。

　　③ 1982 年《民事诉讼法(试行)》将当事人举证和法院调查收集证据置于同等地位。《民事诉讼
法(试行)》第 56 条规定的目的在于,举证问题上要发挥当事人和法院两方面的积极性。但这种规定
在实践中产生的突出问题是加重了人民法院的责任,导致办案效率低下,案件久拖不决。当事人及
其代理人没有举证积极性,应当由当事人及其诉讼代理人负责举证的,他们也未尽到举证的责任,结
果往往都是由法官来调查收集证据,形成所谓的"当事人动嘴,法官跑腿""法官调查,律师阅卷"这种
严重违背民事诉讼规律的现象。参见最高人民法院民事审判第一庭:《民事诉讼证据司法解释的理
解与适用》,中国法制出版社 2002 年版,第 5 页。

　　④ 傅郁林教授将 1991 年到 2001 年归纳为"诉讼模式改革时期——以司法专业化为基本目
标"。改革最初从庭审方式入手,以强化审判公开、当事人举证责任为主要内容,同时,合议制度和裁
判文书改革也列入了议事日程;理论界则基于对超职权主义诉讼体制和"调解型"程序结构的反思,
引入程序正义理念,对于当事人主义、处分权主义、辩论主义等现代西方国家的诉讼理念和程序制度
进行了热烈研讨,主张增加程序进行中的当事人参与权,以抑制法官权力膨胀和司法腐败。参见傅
郁林:《迈向现代化的中国民事诉讼法》,载《当代法学》2011 年第 1 期。

最高人民法院颁布实施《最高人民法院关于民事诉讼证据的若干规定》(以下简称《证据规定》),其中的举证时限和证明责任都是当事人主义审判方式改革的重要成果,①具有特别重要的进步意义。② 不过,或许也是因为《证据规定》的步子迈得比较大,因此受到了社会的质疑。以"莫兆军事件"为导火索,社会舆论逐渐开始质疑现代化的审判程序是否能适应我国国情。③ 例如,"莫兆军事件"中的老夫妇是否能够理解证明责任的意义? 面对举证能力不足的老夫妇,法官不依职权全面搜集和调查证据是否会造成当事人之间的实质不平等? 老夫妇自杀的悲剧结果是否是以证明责任为代表的现代民事审判方式在我国水土不服的缩影?④ 以上种种质疑和批评都伴随着"莫兆军事件"而发酵。⑤ 从民众的视角看,民事审判方式的现代化改革是否只是法官踢皮球的一个幌子呢? 改革对其自身的利益究竟有何影响? 这种影响是积极的还是消极的?《证据规定》因"莫兆军事件"而引发的社会质疑其实并不令人奇怪。我国民事审判程序改革的第一推动是卸担子和压担子,从而使法院尽可能多地解决民事纠纷。在此过程中,当事人只是被动地接受更多的责任,而并未在思想上真正认同这是自己应有的程序权利,并且要正确和充分地行使自己的程序权利才能获得国家提供的法律保护。

除了"莫兆军事件"所引起的反弹,卸担子和压担子的改革思路还直接影响到民众是否可以进入民事诉讼。让当事人成为程序的主人翁,是因为法官无暇事无巨细地审理所有民事纠纷。当法官的审判压力和当事人的主人翁地位发生冲突时,后者往往要让位于前者。"两便"精神中,法院的方便要优于当事人的方便。对

---

① 1949 年以来,我们在民事诉讼中一直坚持超职权主义的诉讼模式,当事人习惯于将诉讼上的一切事务通过一纸诉状全交给法院,法院则包揽了本应由当事人自己履行的大量诉讼义务。进入 90 年代末期,中国的民事审判方式改革吸取和借鉴了大量对抗制诉讼模式中的积极因素,扩大了当事人在民事诉讼中的权利,同时也强化了当事人举证和质证的义务。参见最高人民法院民事审判第一庭:《民事诉讼证据司法解释的理解与适用》,中国法制出版社 2002 年版,第 25 页。

② 李浩教授认为,《证据规定》对充实和完善我国的民事证据制度,推动民事证据立法,统一民事证据规则,克服证据规则地方化的倾向,具有重大而深远的意义。参见李浩:《民事证据的若干问题——兼评最高人民法院〈关于民事诉讼证据的司法解释〉》,载《法学研究》2002 年第 3 期。

③ 徐卉研究员认为,我国民事诉讼法学界的主流是规范法学研究,研究焦点集中在对法律规范的设计、解释和分析上,而过于忽略对当下司法实践和中国问题本身的深度研究和理论关注。这一问题,在有关借鉴国外民事程序制度、经验以完善我国现行法律、制度的研究方面体现得尤为突出。参见徐卉:《民事诉讼法学研究的知识转型》,载《法学研究》2012 年第 5 期。

④ "水土不服"并不是新近出现的质疑,《大清民事诉讼律草案》也因为封建势力以"与中国情况不符"为借口而被搁置,且最终由于清廷的覆灭而未及实施。参见樊崇义:《诉讼原理研究》,载樊崇义:《诉讼法学研究》(第五卷),中国检察出版社 2003 年版,第 42 页。

⑤ 此外,蔡彦敏教授认为,莫兆军事件存在简易程序的扩大化适用。参见蔡彦敏:《中国民事司法案件管理机制透析》,载《中国法学》2013 年第 1 期;蔡彦敏:《从莫兆军案件透析简易程序的扩大化适用》,载《民事程序法研究》(第三辑),厦门大学出版社 2007 年版,第 39～49 页。

此,突出的例证是立案审查制。虽然我国历经 40 年的民事审判方式现代化改革,但是,立案审查制这一顽疾却迟迟无法得到根治。虽然 2015 年之后,我国在名义上建立起了立案登记制,不过,因为《民事诉讼法》第 119 条和第 124 条为代表的起诉条件规定并未有任何变化,因此,起诉条件高阶化问题在我国依旧存在。让当事人成为主人翁,首先应当保障当事人真正能够通过起诉启动程序,这是现代审判程序的应有之义。① 然而,通过起诉就能够启动民事审判程序,显然又会进一步导致案件数量的激增,这与我国民事审判程序改革解决"案多人少"的现实目标背道而驰。② 因此,虽然学者不断呼吁,并且十八届四中全会审议通过的《中共中央关于全面推进依法治国若干重大问题的决定》明确要求由"立案审查制"变为"立案登记制",但起诉条件的高阶化在我国却依旧"屹立不倒"。③

1978 年以后,伴随着商品经济的全面建立和蓬勃发展,民事审判方式改革逐渐成为社会的共识,并且经历了跨越式发展。但进入 21 世纪,对进一步深化民事审判方式改革的犹豫和彷徨,却也凸显出我国过往功利性改革的问题。④ 为了继续深入民事诉讼审判方式改革,民事诉讼体制或模式转型论或许是无法绕开的重大理论问题。"莫兆军事件"所引发的社会连锁反应也让我们反思,民事诉讼审判方式改革的最终成功,不仅需要在制度层面的努力,而且需要在思想认识上的加强,特别是对于立法者和司法者。民事诉讼审判方式改革的目标并不是在制度上

---

① [德]赫尔维格:《诉权与诉的可能性》,任重译,法律出版社 2018 年版,第 65～67 页。

② 到了 20 世纪 80 年代中后期,随着法院受理案件的逐年增多,法院"人员少,任务重"的矛盾日益突出。审判方式改革问题被提上日程。参见最高人民法院民事审判第一庭:《民事诉讼证据司法解释的理解与适用》,中国法制出版社 2002 年版,第 6 页。段文波教授也认为,我国的立案程序具有原发性,其并非肇端于大陆法系的诉讼要件理论,而是源于解决起诉难的实践需要。参见段文波:《起诉条件前置审理论》,载《法学研究》2016 年第 6 期。张嘉军教授认为,"立案登记制"的全面实施,给立案庭带来巨大挑战。大陆法系也有将起诉要件审查前置于接收诉状阶段而非审判阶段的立法例。我国将起诉受理的审查前置于立案庭的做法也有其存在的正当性。但今后的改革方向是,立案庭不再对起诉要件进行审查,将之切割给审判庭,其仅保留对诉状本身的审查。参见张嘉军:《立案登记背景下立案庭的定位及其未来走向》,载《中国法学》2018 年第 4 期。

③ 张卫平教授认为,只有将实体判决要件(诉讼要件)的审理置于受理后的诉讼阶段,才能真正实现立案登记制。不过,作为案件受理制度的改革并非仅仅是关于起诉条件的修正作业以及案件受理制度本身的调整,还必须对相关裁判制度、诉讼要件、法院组织结构、诉讼费用等制度进行相应调整。参见张卫平:《民事案件受理制度的反思与重构》,载《法商研究》2015 年第 3 期。

④ 民事审判方式改革的功利性也对诉讼法学研究的发展产生了负面影响。"整个诉讼法学研究基本上还处于急功近利的状态,出现什么问题,就解决什么问题,东来东挡,西来西挡,堵不完的漏洞,治不完的硬伤和软伤。"参见樊崇义:《诉讼原理研究》,载樊崇义:《诉讼法学研究》(第五卷),中国检察出版社 2003 年版,第 46 页。张卫平教授认为,现行的环境、体制、机制对于抑制学术自由、学术创新,刺激短期、功利化的学术行为,追求学术成果的 GDP,助长学术行政化,扭曲学术竞争具有因果关系。参见张卫平:《对民事诉讼法学贫困化的思索》,载《清华法学》2014 年第 2 期。

给法官减负,而是要在思想认识上树立绝对尊重和全面保障当事人的民事程序权利的红线。[①] 也只有当法官在思想认识上真正重视当事人的民事程序权利时,当事人才会相信民事程序权利真的有用,认同自己真的是程序的主人翁,而这不再仅仅只是给法官减负的幌子或口号。

(一)我国民事审判程序改革的逻辑

对于我国民事审判方式 40 年波澜壮阔的改革,民事诉讼体制或模式论提供了较为可行的分析模型,并为进一步改革提供了明确、具体和具有可操作性的蓝图。[②] 因此,无论是对改革 40 年进行系统的理论总结,还是对进一步改革进行理论上的展望,民事诉讼体制或模式论都尤具针对性。

1.我国为何需要民事审判程序改革?

从计划经济到市场经济的转型,是否必然伴随着民事审判方式的改革?模式论认为,这是历史的必然。经济体制的高度集中化是苏联经济体制的特色。这种高度集中的经济体制包括国家所有制占绝对优势,指令性的计划经济体制,高度集中的部门管理体制,以行政手段为主的经济管理方法,优先发展重工业和军事工业等。在这种经济体制状态下,商品经济已经萎缩,作为个体的民事权利主体资格已显得微不足道,民事法律关系已经达到相当的"公"化程度。当事人主导型诉讼模式在苏联以及原东欧国家之所以要遭到否定和批判,并以职权干预诉讼体制取而代之,一个很重要的原因在于,在这些国家,私有财产权完全被剥夺和否定,取而代之的是全民所有制。这就导致个人作为诉讼主体的基本条件已经丧失,个人的自由也必然受到极大的限制。没有财产自由也即不可能存在反映和体现财产自由相应的其他自由的法律,也就不可能存在反映和体现权利主体自由意志的诉讼体制。这也说明,民事诉讼体制与经济体制的关系在于,国家在国民经济生活中的地位也必然要在经济纷争解决领域里得到体现。只不过国家在这一领域的作用不再是通过经济行政管理部门,而是通过被认为代表国家行使审判权的法院和代表国家法

---

① 冯珂博士认为,从我国民事诉讼改革的进程看,尽管制度层面就当事人诉讼权利完善已取得了不少进展,但在权力制约方面仍有不足。只有将改革重心从权利保障转向权力制约,才能构建起实质意义的当事人主义。参见冯珂:《从权利保障到权力制约:论我国民事诉讼模式转换的趋向》,载《当代法学》2016 年第 3 期。

② 率先提出民事诉讼模式转型及其分析方法的是张卫平教授。参见张卫平:《转制与应变——论我国传统民事诉讼体制的结构性变革》,载《学习与探索》1994 年第 4 期;张卫平:《大陆法系民事诉讼与英美法系民事诉讼——两种诉讼体制的比较分析(上)》,载《法学评论》1996 年第 4 期;张卫平:《大陆法系民事诉讼与英美法系民事诉讼——两种诉讼体制的比较分析(下)》,载《法学评论》1996 年第 5 期;张卫平:《民事诉讼基本模式:转换与选择之根据》,载《现代法学》1996 年第 6 期;张卫平:《转换的逻辑:民事诉讼体制转型分析》(修订版),法律出版社 2007 年版。

律监督权的检察机关来加以实现，^①通过法院和检察院积极干预民事法律关系争议的解决过程，以维护非规范民事交往中"公"的利益。显然，这种民事诉讼形态自然区别于解决平等民事主体之间民事诉讼形态。^②

张卫平教授认为，我国的改革开放在最短的时期内给中国社会带来了迅速、广泛、巨大的变化。在法律领域，以至于改革开放初期制定的几乎所有法律，现在看来都显得落后和陈旧。原因在于，法律只是计划经济时代环境的需要，是那时候环境的反映。因此，在商品经济快速发展的同时，我国民事审判方式面临的改革是从体现计划经济的职权干预型诉讼模式转换为符合商品经济发展的当事人主导型诉讼模式。^③ 这一时期经济领域的改革措施给中国社会经济层面带来的历史性变化主要有：（1）初步建立了社会主义市场经济，不断培育和发展市场体系。（2）与经济体制改革相适应的是，要发展商品经济，就必须充分调动商品生产者的积极性，市场经济就是要通过优胜劣汰给予商品生产者压力，不能适应市场经济需要的，就要被无情淘汰。（3）非公有制经济的兴起和迅速发展是我国经济改革的重要成果。非公有制经济的兴起和发展同样对我国社会各个方面具有重大的影响。经济的巨变也对社会观念产生了影响，这包括：（1）主体意识的增强和依附意识的弱化。（2）权利意识不断得以增加。（3）契约意识的生成及强化。社会意识的变化也直接推动了民事诉讼体制的转型。除了经济和社会发展为民事诉讼体制转型提供的原动力，民事诉讼审判方式改革还受到了民事实体法的影响。一般认为，民事诉讼的目的是为了确认和实现民事实体权利，因此，民事实体法的改革也会相应牵动民事诉讼法的调整。在民法中强调民事主体的地位和作用，强调民事主体的权利而非义务，也自然要求在民事诉讼中强化当事人的主体地位。民法中坚持的私法自治原则，也自然会通过当事人的民事权利主张反映在诉讼中，要求民事诉讼中贯

---

① 1954年人民检察院组织法中明确了人民检察机关参与民事诉讼，由于各种各样的原因，这一制度在实践中没能得到普遍的贯彻执行。潘剑锋：《民事诉讼法制建设四十年》，载《中外法学》1989年第5期。

② 张卫平：《转换的逻辑：民事诉讼体制转型分析》（修订版），法律出版社2007年版，第123～127页。

③ 这种反思不仅局限于法律制度，而且集中体现在法学研究中。中华人民共和国成立后，我国法学一度"全盘苏化"，采用苏联法学模式，开设"国家与法权理论"或"国家与法的理论"。把法和国家紧密联系在一起的体系适应了阶级斗争思维，导致了法理学本体的弱化，使法理学实际上成为国家理论的附属。改革开放后，针对这种情况，法学家展开了广泛讨论，加上政治学作为一门独立学科已经恢复，法学界形成了法学以法而不是以国家和法、更不是以国家为研究对象的基本共识。张文显：《法理：法理学的中心主题和法学的共同关注》，载《清华法学》2017年第4期。在诉讼法层面，反思我们学习苏联诉讼法学理论，苏联把国家和无产阶级专政的理论，即以阶级性和党性的研究方法传到我国，而且很快为我国诉讼法学者所接受，并一直禁锢了思想近30年。我国司法制度的完善和发展，司法体制的改革，尤其是诉讼法原理的研究，认真反思和澄清苏联诉讼法学的影响是非常重要的。参见樊崇义：《诉讼原理研究》，载樊崇义：《诉讼法学研究》（第五卷），中国检察出版社2003年版，第44～45页。

彻当事人主导,将当事人作为程序的主人。可以说,有体现商品经济的民事实体法就必然要求同样有体现市场经济的民事诉讼法。不可想象,建立在商品经济发展要求基础上的民事实体权利能够通过反映计划经济环境的民事诉讼得以实现。不仅如此,我国长期存在的重实体轻程序倾向也在逐步得到缓解。现代民事诉讼法学建立在实体法和程序法二元结构基础之上,与民事实体权利相对,独立存在着民事程序权利。现代法律也特别强调当事人的民事程序权利。① 同样,重新认识程序、发现程序对于中国法治的发展具有极其重要的意义。② 在上述因素的共同作用之下,以当事人主义为关键词的民事审判程序现代化改革逐渐成为学界和全社会的共识。③

2.我国是否已经完成民事审判程序转型?

经过 40 年的持续推进,我国已经确立以中国特色社会主义市场经济体制作为经济改革方向。体现市场经济根本要求和固定改革开放成果的民法典也正在按部就班地制定当中,其中,《中华人民共和国民法总则》已于 2017 年颁布实施。民法典分编草案也已提请第十三届全国人大常委会第五次会议审议。可以说,我国经济体制和实体法都已经基本完成了体制转型。那么,我国民事诉讼体制或模式是否同样完成了转型? 我国的民事审判方式改革是否已经基本完成? 这是个需要仔细研判的问题,也是我国民事诉讼法学研究需要达成的基础性共识。经过下述分析可以发现,我国尚未真正建立起当事人主导型诉讼模式。中国民事诉讼现代化并未彻底实现,它依旧在改革的路上。现行诉讼法律规范、司法解释和审判实践虽然呈现出当事人主义的改革趋向,但仍在总体上以职权干预型诉讼模式为内核。④

民事诉讼模式论认为,体制的转型有赖于民事诉讼基本原则重建,特别是从非

---

① 有关程序正义参见季卫东:《法律程序的意义——对中国法制建设的另一种思考》,载《中国社会科学》1993 年第 1 期;[日]谷口安平:《程序的正义与诉讼》,王亚新、刘荣军译,中国政法大学出版社 1996 年版,第 67 页;陈桂明:《诉讼公正与程序保障——民事诉讼程序优化的法哲学探讨》,载《政法论坛》1995 年第 5 期;江伟、刘荣军:《民事诉讼程序保障的制度基础》,载《中国法学》1997 年第 3 期。

② 张卫平:《转换的逻辑:民事诉讼体制转型分析(修订版)》,法律出版社 2007 年版,第 194～240 页。

③ 王亚新教授认为,这与市场经济条件下当事人必须成为"自我决定、自我负责"的意思自治主体这一本质性的要求存在内在地紧密相关。参见王亚新:《民事诉讼法二十年》,载《当代法学》2011 年第 1 期。傅郁林教授也认为,1991 年法典在提升当事人的诉讼主体地位、保障当事人程序权利和限制法官的超职权主义角色、推进程序规范化和司法专业化等方面,都有重大进步,在配置法官与当事人的权限关系方面,明显开始向着处分权主义和辩论主义的方向推进,虽然总体上法官仍居于支配地位,当事人权利对法官权限的制约只是相对的和非常有限的,但中国自此有了符合工业社会和市场经济特征的现代民事诉讼制度的雏形。参见傅郁林:《迈向现代化的中国民事诉讼法》,载《当代法学》2011 年第 1 期。

④ 张卫平:《民事诉讼体制或模式转型的现实与前景分析》,载《当代法学》2016 年第 3 期。许可教授认为,民事诉讼法和相关司法解释条文表明,当事人主义诉讼模式的核心标准——请求拘束原则和主张责任已经基本在我国法上得以确立。参见许可:《论当事人主义诉讼模式在我国法上的新进展》,载《当代法学》2016 年第 3 期。

约束性辩论原则转换为约束性辩论原则以及处分原则的重塑。因此,体制转型成功与否最为直接的标准就是逐一检验我国是否已经完成了上述两项基本原则的重建。辩论原则和处分原则是具体制度必须坚守和不能逾越的红线。当事人权利保障的诉讼目的是私法自治在民事诉讼中的投影。一方面,它包含诉权的必然要求,国家有责任保障当事人通过民事诉讼主张和实现其民事权利;另一方面,它又要求以当事人为程序的主人,至少在直接涉及实体权利的事项上保障当事人的处分自由。这集中体现为民事诉讼处分原则。处分原则以诉讼标的为核心贯彻私法自治原则。凡是涉及起诉、撤诉、上诉、再审以及诉的变更与合并等以诉讼标的为内核的制度,当事人原则上有处分的自由。同时,为了不因处分自由而损害对方当事人及案外人的民事权益,又要求构造出撤诉的被告人同意和既判力制度。

既然当事人是程序的主人,其是否可以处分事实和证据? 这也是民事诉讼基础理论长期争论的问题。一般认为,处分原则的作用范围被认为不再包括事实和证据。[①]然而,辩论原则的核心要求却依旧得以坚守。这主要源于两方面考虑:(1)人类历史表明,当事人相比法官与案件事实更为贴近,其更有能力阐明事实。当事人对自己的事情更为关心,其也更有动力实现这一目标。由法官提出事实的做法不当加重法官负担,导致中立性丧失且极易滋生司法腐败。[②] (2)诉讼标的的明确的识别标准和既判力相对性原则等事后救济措施也都保障了以当事人事实主张为基础的裁判并不会导致对案外人民事权益的贬损。[③] 因此,辩论原则也是当事人主导型诉讼模式的应有之义,且与处分原则构成一车双轮。它的内核被归纳为三项基本要义:(1)当事人的事实主张构成法院裁判的依据,法官不能将事实引入诉讼程序;(2)法官认定事实受当事人自认的约束;

---

① [德]罗森贝克、[德]施瓦布、[德]哥特瓦尔德:《德国民事诉讼法》,李大雪译,中国法制出版社2007年版,第522页。

② 虽然《弗里德里希诉讼法典》(1781)和《普鲁士邦国一般法院法》(1793)用职权探知原则代替了辩论原则,意图实现社会公共利益和诉讼效率,但在短短几十年后,普鲁士民事诉讼就再次被修改了,职权探知原则也因此被抛弃。《1871年德国民事诉讼法草案及理由书》第202页写道:"普鲁士诉讼法在最重要的基本原则上与德意志普通诉讼不同,并且构成了其直接的反面。普鲁士诉讼中,辩论原则和随时提出原则被指示程序所取代,法官据此被要求进行官方的救助,通过任何合法的手段去查明当事人之间存在的实体法律关系,这是从普通法中的形式主义的严格限制中解放出来的一次伟大尝试。但在司法实践中,这被证明是错误的和无法实现的,因此,很快就产生了修法的需求。人们可以说,法律发展的历史表明,在所有的诉讼体系中没有任何一个能够像普通诉讼法一样协调统一。"[德]莱波尔特:《民事诉讼与社会意识》,任重译,《民事程序法研究》(第十八辑),第7页脚注1;Dieter Leipold, Zivilprozessrecht und Ideologie-am Beispiel der Verhandlungsmaxime, JuristenZeitung 1982, S. 443, Fn. 39.对此文的评述参见刘哲玮:《怎样建设理想国——〈民事诉讼法与社会意识〉读后感》,载《民事程序法研究》(第十八辑);任重:《德国民事诉讼体制转型分析——读〈民事诉讼法与社会意识〉有感》,载《民事程序法研究》(第十八辑)。

③ 任重:《案外第三人权益保护:德国制度与理论》,载中国民事诉讼法学研究会主编:《民事程序法研究(第十一辑)》,厦门大学出版社2014年版,第108页。

(3)法官证据调查的范围限于当事人申请的事项。在真实义务和释明义务被接受后,第3项要义已经原则上被抛弃,例外限于证人证言。真实义务也构成了自认制度的修整器。[①] 以此为标准,纯粹辩论原则已经退出历史舞台。但辩论原则的第1项要义仍旧得到无条件坚守,第2项要义的例外也有严格的限定。因此,德国法依旧坚持修正的辩论原则。其与职权探知原则以及处于模糊中间状态的协同主义之间存在明确的界限。[②] 这也从另一个方面说明,当事人主义的确立需要明确界碑,否则极易发生改革的反复和倒退。[③]

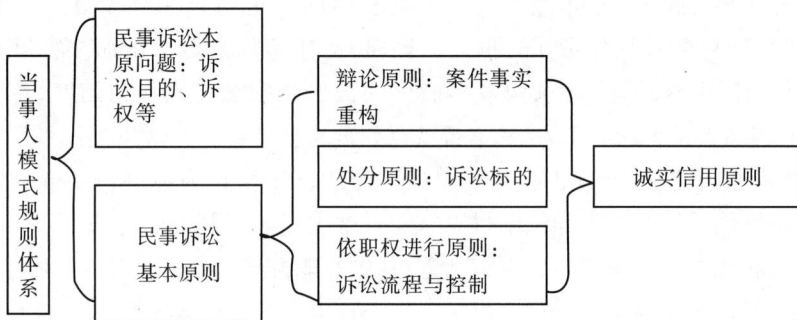

图 6-1　当事人主义诉讼模式的规则和理论体系图[④]

[①] 任重:《民事诉讼真实义务边界问题研究》,载《比较法研究》2012 年第 5 期;纪格非:《我国民事诉讼中当事人真实陈述义务之重构》,载《法律科学》2016 年第 1 期。

[②] 刘明生:《对协同主义之检讨》,载中国民事诉讼法学研究会:《民事程序法研究(第十二辑)》,厦门大学出版社 2014 年版,第 91 页;任重:《民事诉讼协动主义的风险及批判——兼论当代德国民事诉讼基本走向》,载《当代法学》2014 年第 4 期。

[③] 刘荣军教授针对民事诉讼中"新职权主义"的动向,认为我国民事诉讼制度中,我们曾经批判、摒弃的职权主义的阴影仍然挥之不去。而且附随这民事诉讼以及司法制度中产生着影响。具有讽刺意义的是,很多理论性和科学性很好的理论在中国的司法运用中发生了惊人的变异。参见刘荣军:《民事诉讼中"新职权主义"的动向分析》,载《中国法学》2006 年第 6 期。同样,莱波尔特教授也强调,法治国家的成就很容易就会被挥霍一空,但我们又需要以多大的牺牲为代价才能够再次赢回它们? 人们也应该在民事诉讼领域进行这样的思考。参见[德]莱波尔特:《民事诉讼与社会意识》,任重译,载《民事程序法研究》(第十八辑)。

[④] 诉讼进行原则(Prozessbetrieb)并未被我国民事诉讼法明确规定,也未广泛出现在教科书论述中。诉讼进行原则囊括辩论原则和处分原则以外的诉讼法律规范。这些规范具体规定了民事诉讼结构和民事诉讼的流程,例如管辖、期间、送达和诉讼中止。为了加快诉讼流程以及减轻当事人负担,德国民事诉讼法在 1877 年后逐步确立了依职权进行原则(Amtsbetrieb)。然而这并未动摇其当事人主导型诉讼模式。而对于诚实信用原则,其虽然被规定在《民事诉讼法》第 13 条第 1 款,且在处分原则之前。但其并非核心基本原则。其作用方式仅为补充性适用。故图 1 将其置于辩论原则、处分原则和依职权进行原则之后。参见任重:《民事诉讼诚实信用原则的实施:德国的认知与实践》,载《法学家》2014 年第 4 期。

以诉讼目的和诉权为代表的民事诉讼本原问题与辩论原则、处分原则一道撑起当事人主导型民事诉讼理论和规范体系的脊梁,如图 1 所示。较早结合基本理论探讨我国民事诉讼基本原则的是张卫平教授,其分别在 1996 年和 2001 年对辩论原则与处分原则进行了重述。① 我国现行《民事诉讼法》虽然与 1991 年版本相比已有诸多修正,但对辩论原则和处分原则的表述却无一字之差。《民事诉讼法》第 12 条规定:"人民法院审理民事案件时,当事人有权进行辩论。"第 13 条第 2 款规定:"当事人有权在法律规定的范围内处分自己的民事权利和诉讼权利。"尽管如此,我国却尚未彻底确立两项基本原则的应有之义。《民事诉讼法》第 64 条第 2 款规定人民法院依申请和依职权收集证据。《民事诉讼法解释》第 94 条、第 95 条和第 96 条又对依申请和依职权收集证据的情形作出了限定。这些规定直接对应辩论原则第三要义。与德国法一脉相承,我国民事诉讼虽然放弃了第三要义,却并无法得出其摈弃了辩论原则。对于我国是否确立辩论原则还需有更进一步论据。与第二要义相对的是《民事诉讼法解释》第 92 条。其在《证据规定》第 8 条的基础上重申了自认制度。因此,辩论原则第二要义在我国得到了认可。对于第一要义,在我国民事诉讼法和司法解释中并无明确规定。然而,由于法官可以依职权搜集和调查证据,因此存在通过证据资料补充诉讼资料的可能,进而违背第一要义。特别是在《民事诉讼法》第 7 条"以事实为依据"的客观真实要求下,当事人的事实主张难以对抗法官通过证据调查充实的诉讼资料。可见,第一要义实为辩论原则的试金石。虽然在裁判文书中存在原告诉称和被告辩称的结构,然而经审理查明的内容却并不受上述两部分事实主张的严格限定。因此,张卫平教授将《民事诉讼法》第 12 条界定为非约束性辩论原则,将能够体现第一和第二要义的诉讼基本原则称为约束性辩论原则。

由此可见,我国民事诉讼法律规范并未确立约束性辩论原则。改革的深水区集中在第一要义的构建,即克服司法实践中通过证据资料填充诉讼资料的做法。与此相比,处分原则的情形稍有改善。一方面,我国民事诉讼坚持"不告不理"原则,只有当事人才能启动诉讼程序;另一方面,虽然我国起诉制度存在高阶化的顽疾,但当事人却享有无条件上诉的权利,这也可以作为处分原则的体现。即便如此,却依旧无法认定我国已经建立起处分原则。违背处分原则的诉讼法律制度依旧较为广泛地散见于民事诉讼法和司法解释中。以起诉制度为例,除了诉讼要件和起诉条件的混淆以及对当事人诉权的不当限制,其还引发处分原则的贬损。仅凭当事人的起诉并不能确立诉讼标的,也无法开启诉讼程序。这还有赖于法院依据《民事诉讼法》第 119 条和第 124 条的实质性审查以及立案程序。再如撤诉制

---

① 张卫平:《我国民事诉讼辩论原则重述》,载《法学研究》1996 年第 6 期;张卫平:《民事诉讼处分原则重述》,载《现代法学》2001 年第 6 期。

度,《民事诉讼法》第 145 条规定撤诉需要得到法院的准许,却无需对方当事人的同意。虽然司法实践中普遍存在征求当事人意见的做法,但这还难谓对处分原则的贯彻。此外还有再审制度。再审的对象无疑仍旧是原诉讼标的。而再审程序的开启却不限于当事人的申请。根据《民事诉讼法》第 198 条、第 208 条,人民法院和人民检察院都可以在不存在当事人处分的前提下开启再审程序,这与再审之诉的失位一并构成了在我国真正建立起处分原则的制度障碍。

(二)民事审判程序改革的具体举措

在经济和社会体制转型的大格局之下,我国民事诉讼也经历了模式转型和审判方式的改革。所谓民事审判方式改革,并没有一个确切的含义,大体上是指法院对过去审理、裁判民事案件的习惯程式和操作方式的较大或结构性变动。民事审判方式改革的对象是过去的习惯程式和操作方式,即传统的民事审判方式。民事审判方式改革不仅存在定义不确定的问题,其具体的改革举措也在不同时期有不同的目标。第一阶段:落实民事诉讼法。在民事审判方式改革的初期,民事审判方式改革的目标在一定程度上不过是落实现行民事诉讼法的规定,纠正传统民事审判过程中的习惯做法,其实质是贯彻现行民事诉讼法。从这个意义上讲,民事审判方式的改革并不具有真正的改革意义。[①] 第二阶段:完善民事诉讼法。随着社会的发展,民事审判方式改革在某些领域具有了改革意义,开始触动现行民事诉讼法,尤其是证据方面。这种改革主要是因为民事诉讼法过于简陋,以至于无法满足民事诉讼实践的需要。第三阶段:司法改革措施。随着人们对司法改革合法性的强调,司法机构弱化对民事审判方式的改革,而是推进更为实际的改革措施,特别是法院体制改革和法官体制改革。

一般认为,民事审判方式改革至今经历了三个阶段:第一个阶段是 20 世纪 80 年代末到 90 年代中期;第二个阶段是从 20 世纪 90 年代中期至 90 年代末;第三个阶段是从 20 世纪 90 年代末至今。[②]

第一阶段以 1988 年第十四次全国法院工作会议为开端。会议强调当事人的

---

① 张卫平:《转换的逻辑:民事诉讼体制转型分析(修订版)》,法律出版社 2007 年版,第 242 页。

② 张卫平:《转换的逻辑:民事诉讼体制转型分析(修订版)》,法律出版社 2007 年版,第 248 页。傅郁林教授将 1991 年到 2011 年民事诉讼法的发展分为两个阶段:(一)诉讼模式改革时期——以司法专业化为基本目标(1991—2001 年);(二)司法改革调整时期——司法改革目标多元化(2001—2010 年)。详见傅郁林:《迈向现代化的中国民事诉讼法》,载《当代法学》2011 年第 1 期。此外,还有从我国法学发展的维度进行了阶段分类,考虑到其分类标准并非法制而是法学,故并未列举。参见韩象乾、乔欣:《中国民事诉讼法学 50 年》,载《政法论坛》1999 年第 6 期;江伟、傅郁林:《走向二十一世纪的中国民事诉讼法学》,载《中国法学》1999 年第 6 期;赵钢:《回顾、反思与展望——对二十世纪下半叶我国民事诉讼法学研究状况之检讨》,载《法学评论》1998 年第 1 期;常怡、田平安、黄宣、李祖军:《新中国民事诉讼法学五十年回顾与展望》,载《现代法学》1999 年第 6 期。

举证责任、调整调解与判决的相互关系。1991 年《民事诉讼法》相比《民事诉讼法（试行）》进行了较大的修改，最主要的特点是弱化法院的职权，减少法院干预，更强调当事人的主动性和处分自由。不过，1991 年《民事诉讼法》因为理论准备的不足，对理论和实践中的问题也缺少足够的回应，因此在颁布实施时起就显现出不适应性，这为民事审判方式改革留下了较大的作用余地。总结 20 世纪 90 年代初全国法院民事审判改革举措，主要有以下内容：(1)强化当事人的举证责任。(2)强化庭审功能，变"四部曲"为"一步到庭"。(3)强调公开审判。(4)实行当事人当庭质证、法院当庭认证。

第二阶段的集中体现是 1998 年最高人民法院通过的《关于民事经济审判方式改革问题的若干规定》(以下简称《审判方式改革规定》)，将民事审判改革以来比较成熟、成型的改革措施以司法解释的形式予以规范化和制度化。结合《审判方式改革规定》和一些地方法院民事审理方式的新举措，改革措施具有以下几点：(1)实施庭前证据交换制度。(2)实行查审分离制度。(3)施行证据失权制度。(4)进一步强化当事人举证，使当事人举证制度化、规范化。(5)进一步规定法院调查收集证据的职权范围。(6)进一步改进庭审方式。(7)试行证据调查令制度。

第三阶段从 20 世纪 90 年代末至今，主要以《最高人民法院关于法院改革的五年纲要》作为根据。具体举措包括：(1)为了回应社会对司法腐败的质疑，这一阶段将审判方式改革的外延扩展到审判人员的内部组织监督和审判权力的制约。在制约审判人员的权限方面，主要做法是使审判规则更加细化，进一步限制审判人员的自由裁量权。(2)民事审判方式改革在这一阶段更多转向证据制度，因为司法不公的现象集中发生于此。(3)重视审前程序，特别是证据交换制度和举证时限制度。(4)立审分立、审执分立、审监分立。(5)案件审理流程管理。(6)助理审判员制度和法官职业化。(7)判决书改革。(8)民事诉讼的简易化。

根据最新的《最高人民法院关于全面深化人民法院改革的意见——人民法院第四个五年改革纲要（2014—2018）》，新阶段的改革基本延续了第三阶段内容，是在此基础上对法院体制和法院组织监督体制的细化和深入。与民事诉讼有关的改革举措包括以下内容：(1)建立与行政区划适当分离的司法管辖制度，如最高人民法院巡回法庭、跨行政区划的法院、知识产权法院、公益诉讼管辖制度。(2)建立以审判为中心的诉讼制度，例如完善民事诉讼证明规则、建立庭审全程录音录像机制、规范处理涉案财物的司法程序。(3)优化人民法院内部职权配置，如改革案件受理制度、完善分案制度、完善审级制度、强化审级监督、完善案件质量评估体系、深化司法统计改革、完善法律统一适用机制、推动完善司法救助制度、深化司法领域区际国际合作。(4)健全审判权力运行机制，如健全主审法官和合议庭办案机制与责任机制、健全院庭长审判管理机制和监督机制、健全审判管理制度、改革审判委员会工作机制、推动人民陪审员制度改革、推动裁判文书说理改革。(5)构建开放、动态、透明、便民的阳光司法机制,包括完善庭审公开制度、完善审判流程公开平台、完善裁判文书公开平台、完善执行信息公开平台。(6)推进法院人员的正规化、专业化、职业化建设,如推动法院人员分类管理制度改革、建立法官员额制、改革法官选任制度、完善法官业绩评价体系、完善法官工资。(7)确保人民法院依法独立公开行使审判权,包括推动省级以下法院人员统一管理改革、建立防止干预司法活动的工作机制、健全法官履行法定职责保护机制、完善司法权威保障机制、强化诉讼诚信保障机制、推动人民法院财物管理体制改革、推动人民法院内设机构改革。

(三)改革的局限

1978 年以来,我国民事审判程序经历了前所未有的大变革,其成绩应当被充分肯定,但是,其局限也不能被忽视,这些限制因素也成为我国民事审判程序进一步改革和最终实现体制转型的重点和难点。在改革开放 40 年辉煌成就基础上的进一步深化改革,也应当着力解决和克服以下问题和局限。

1.民事审判方式改革的主体是司法机关。由于我国《民事诉讼法》法律文本并没有频繁和根本性的修订,在 1991 年颁布实施后,直到 2007 年才迎来首次修订,这导致在将近 20 年时间里,立法者对民事审判方式改革是失语的,司法机关是绝对的主导。司法机关主导民事审判方式改革虽然有积极意义,例如其作为裁判者最熟悉和了解民事审判程序,对其中的问题及其出路也有更形象生动与更深刻的解读和把握,但是,其消极作用同样不容小觑:一方面,司法机关主导的民事审判方式改革只会从自己的视角出发,在潜意识里以自己的利益为根据。① 这其实是民事审判方式改革时快时慢的根本原因。在减轻法院负担的举证方面,我们可以看到改革的步子相当大。但在可能增加法院负担的立案登记制改革方面,却存在踏步不前的问题。

2.民事审判方式改革的主线是诉讼效率。② 虽然诉讼公正也是民事审判方式改革的重要目标,但是在已有的改革举措看来,诉讼效率居于更加突出和优先的地位。民事审判方式改革的社会和经济背景是商品经济发展引起的纠纷质变和量变。面对大量涌来的案件,法院的应激反应是给自己卸担子,给当事人压担子。"案多人少"其实是民事审判方式改革的真正动因。很多符合民事诉讼发展规律和满足诉讼公正要求的改革建议,都因为"案多人少"而被搁置下来。很多在实质上损害当事人程序权利的改革举措,也都在"案多人少"的借口下被推进。

---

① 张卫平:《转换的逻辑:民事诉讼体制转型分析(修订版)》,法律出版社 2007 年版,第265 页。
② 较早在学理上讨论诉讼经济问题的是顾培东教授。参见顾培东:《诉讼经济简论》,载《现代法学》1987 年第 3 期。从民事司法成本方面的讨论参见王福华:《论民事司法成本的分担》,载《中国社会科学》2016 年第 2 期。

3.民事审判方式改革在真正树立当事人主人翁意识方面贡献不多。由于民事审判方式改革的推动者是司法机关,其改革必然考虑自身利益。民事审判方式改革的主线是诉讼效率,诉讼公正并未成为绝对的首要目标。这导致民事审判方式改革中,当事人处于消极被动的地位。虽然改革强调树立当事人的主人翁地位,但这在实质上是要求当事人承担更多的责任。而在诉讼权利和审判权的关系上,诉讼权利往往处于弱势地位。

4.民事审判方式改革对民事诉讼自身规律的尊重不足。强调当事人的程序权利,制约法院的裁判权力,这是民事诉讼发展的主线。受制于民事审判方式改革的推进主体是司法机关,以保障当事人程序权利为主要内容的民事诉讼自身规律并未得到坚决贯彻,如既判力相对性与纠纷一次性解决之间的紧张关系。[①] 虽然2015年《民事诉讼法解释》第247条具体细化了重复诉讼的标准,但对于诉讼标的和诉讼请求的关系,以及何谓"后诉的诉讼请求实质上否定前诉裁判结果",这都有待理论的进一步厘清。[②] 目前来看,这给司法机关适用既判力相对性留下了相当大的裁量空间,并可能因此滋生司法腐败。

5.民事审判方式改革导致全国范围内民事审判程序不统一。民事审判方式改革的推动者不仅仅是最高司法机关,而且也包括各级人民法院。从上述三个阶段的民事审判方式改革内容上看,其中相当部分是来源于地方法院的创新。地方法院的新思路、新办法和新经验,经过总结归纳后在全国范围内推广,这种方法虽然能够降低改革可能带来的社会成本,是较为审慎稳妥的方案,但这也在相当时间范围内造成了全国民事审判程序的不统一。[③] 不仅如此,由于地方创新经验被全国采纳也被看作是地方法院的重要政绩,这又进一步刺激各级各地法院勇于创新和善于创新,这导致民事审判程序不统一的问题越演越烈。这一问题直到现在也并未得到根本解决。仅仅通过了解法律、司法解释和指导性案例,并无法掌握全国范围内的做法。这也是我国民事诉讼立法、实践和理论相互脱节的重要成因之一。或许这也正是理论"内卷化"[④]错觉的根本原因。

---

① 吴泽勇教授在考察我国案外人申请再审的实践后发现,我国法院并不接受判决效力相对性原则。参见吴泽勇:《第三人撤销之诉的原告适格》,载《法学研究》2014年第3期。

② 袁琳:《"后诉请求否定前诉裁判结果"类型的重复诉讼初探》,载《西南政法大学学报》2017年第1期。

③ 证据规则是较为集中的例证。李浩教授认为,一些地方的高级人民法院、中级人民法院相继制定了适用于本辖区的民事证据规则,这虽然满足了审判实务的需要,并且为制定统一的证据规则积累了经验,但也造成了证据规则的地方化。参见李浩:《民事证据的若干问题——兼评最高人民法院〈关于民事诉讼证据的司法解释〉》,载《法学研究》2002年第3期。

④ 关于民事诉讼理论"内卷化"参见吴英姿:《诉讼标的理论"内卷化"批判》,载《中国法学》2011年第2期。

（四）民事诉讼审判程序的社会化风险及其反思

伴随着民事审判方式改革进入深水区，体制转型也开始受到反思和批判。[①] 其中较为具有代表性的是民事诉讼的社会化主张，也被称为协同或协动主义（德文：Kooperationsmaxime）[②] 以及和谐主义诉讼模式。和谐主义诉讼模式认为，当事人主义和职权主义诉讼模式不能适应中国转型时期民事纠纷解决的特殊需要。实现民事诉讼模式转型是优化我国民事诉讼制度、完善民事诉讼立法的一项基本作业。我国民事诉讼模式转换的基本方向是建构和谐主义诉讼模式。和谐主义诉讼模式摆脱单纯从诉讼程序上解决纠纷的狭隘视野，将司法诉讼视为一项社会福利制度，着眼于当事人争议的彻底消解，是对传统民事纠纷解决机制和诉讼哲学的双重超越。目前我国构建和谐主义诉讼模式的主要任务是：从和谐主义诉讼理念出发，重新设置民事诉讼基本原则体系；以强化当事人诉讼主体地位为基础，形成科学合理的案件事实探明机制；建立法律观点开示制度，保障法院和当事人就法律问题展开充分的对话和交流。[③] 民事诉讼社会化论则认为，社会化民事诉讼制度所强调的公共物品属性，要求民事诉讼向社会提供连续、平等的纠纷解决服务，满足人民在新时代对公平正义的新期待。社会化民事诉讼制度所强调的程序的公共性，则要求法官对诉讼过程进行积极干预，消除当事人之间的诉讼势差，保障民事司法的社会共享。在国家与市场关系角度，通过社会化改革，民事诉讼制度可弥合市场经济对于当事人主义诉讼模式以及社会管理对于职权主义诉讼模式的差异性诉求，发挥民事司法在市场经济与社会管理、权利本位与社会本位之间的沟通媒介功能。制度构建中应以诉讼合作原则及实体真实观念为重心，合理安排法院与当事人的诉讼分工，调和个人自由与社会正义的关系，满足新时代人民日益增长的纠纷解决新需求。[④] 相对于我国既有的职权主义诉讼模式，民事诉讼的社会化更强调对当事人处分权的尊重和当事人主体地位的维护，这方面的积极意义应当得到

[①] 傅郁林教授认为，2001 年是以处分权主义和辩论主义以及程序规范化为目标的民事程序改革的巅峰，此后改革的方向便开始发生逆转。涉法信访的大量增加给政府形成的压力，直接导致了2007 年全国人大紧急启动民事诉讼法修正案对再审程序的强化，也引起了法院的自我反思和对调解的在读依赖，司法为民、能动司法作为对 20 世纪 90 年代司法专业化、消极司法理念的修正成为主流话语。傅郁林：《迈向现代化的中国民事诉讼法》，载《当代法学》2011 年第 1 期。

[②] 笔者建议将 Kooperationsmaxime 翻译为协动主义。具体理由参见任重：《民事诉讼协动主义的风险及批判》，载《当代法学》2014 年第 4 期。

[③] 黄松有：《和谐主义诉讼模式：理论基础与制度构建——我国民事诉讼模式转型的基本思路》，载《法学研究》2007 年第 4 期。

[④] 王福华：《民事诉讼的社会化》，载《中国法学》2018 年第 1 期。

肯定。不过,民事诉讼的社会化是否可能在我国生根发芽,这尚需要较长的观察和检视,①例如,作为民事诉讼社会化集中体现的释明制度在我国是否已经被正确和科学地建立和运用起来?②作为民事诉讼社会化主张的理论来源,德国民事诉讼协同主义的发展或许能够给我国进一步深化民事审判方式改革提供必要的风险提示。③在德国,协动主义希望描绘一条有别于当事人辩论主义和职权探知主义的中间道路,它不仅不会陷入职权探知主义,而且能够有效克服辩论主义的缺陷。自1933年引入真实义务以及释明义务的实在化以降,纯粹辩论主义逐渐被打破,但协动主义所畅想的另一种诉讼模式却并未到来。不仅如此,20世纪70年代开始的斯图加特模式以及以此为基础进行的1976年民事诉讼简化和加快改革也始终恪守辩论主义的基本价值判断和根本要求。就此而言,协动主义从未取代辩论主义的地位。如果说当代德国法学依旧存在协动主义这一概念的话,它也正像贝特曼所主张的一样,是作为辩论主义的修正形式存在的。④而对于此种意义上的协动主义,即便支持者瓦瑟曼也认为没有存在的必要,因为叫法的不同不仅是多余的,而且是危险的。⑤当代德国民事诉讼的基本走向就事实探知而言依旧坚守辩论主义。对于民事诉讼普通程序而言,案件事实的重构一如既往是当事人的事情。法官不能主动依职权进行真实性审查,当事人的事实主张和在此基础上的证据调

---

① 王福华教授认为,如果对协同主义误读,将不甚成熟的协同主义理论照搬到我国,而忽视辩论主义的作用,可能从根本上颠覆《民事诉讼法》的基础,如此危险倾向不可不察。目前构建我国民事诉讼制度的首要任务,恐怕还是在于如何使作为整个民事诉讼核心的辩论程序真正得以实在化,而非超前地对协同主义要素不加区别地引入,否则,可能导致法院实质诉讼指挥权的滥用,导致犹如盲目引进物种而破坏生态平衡般的诉讼灾难。参见王福华:《民事诉讼协同主义:在理想和现实之间》,载《现代法学》2006年第6期。

② 关于释明的讨论参见江伟、刘敏:《论民事诉讼模式的转换与法官的释明权》,载《诉讼法论丛(第6卷)》,法律出版社2001年版,第319～349页;张卫平:《民事诉讼"释明"概念的展开》,载《中外法学》2006年第2期;韩红俊:《论释明义务对民事诉讼理论的优化》,载《法律科学》2006年第5期;熊跃敏:《民事诉讼中法院释明的实证分析——以释明范围为中心的考察》,载《中国法学》2010年第5期;严仁群:《释明的理论逻辑》,载《法学研究》2012年第4期;王杏飞:《论释明的具体化:兼评〈买卖合同解释〉第27条》,载《中国法学》2014年第3期;曹云吉:《释明权行使的要件及效果论——对〈证据规定〉第35条的规范分析》,载《当代法学》2016年第6期;张海燕:《论法官对民事实体抗辩的释明》,载《法律科学》2017年第3期。

③ 任重:《民事诉讼协动主义的风险及批判——兼论当代德国民事诉讼基本走向》,载《当代法学》2014年第4期。

④ Vgl. Bettermann, Hundert Jahre Zivilprozessordnung – Das Schicksal einer liberalen Kodifikation, ZZP 91, 391.

⑤ Vgl. Wassermann, Der soziale Zivilprozess: zur Theorie und Praxis des Zivilprozesses im sozialen Rechtsstaat, 1978, S. 109.

查是法官认知的唯一来源。① 不仅如此,当代德国民事诉讼的根本转向在可预见的未来也不会到来。辩论主义的基本走向同样是社会法治国家原则、公平程序及法定法官等宪法制度的题中之意和根本要求。这些基本认识划定了具体法律制度解释与适用的界限,其同样是当代德国民事诉讼的底色和基调。从比较民事诉讼角度观察,这些基本认识也是正确理解德国民事诉讼具体法律制度以及以此为基础的制度建构的基本前提和根本保障。民事诉讼社会化理论在德国的冷遇,或许也应该引起我国民事审判程序改革的足够警惕和重视。

一、民事审判程序改革的重要举措

在总论部分,本书在总体上描述和分析了我国改革开放 40 年来,民事诉讼审判方式改革走过的三个阶段,并列举了每个阶段的主要举措。在此之后,本书尝试以法律、司法解释和司法性文件的变革为视角,逐项讨论和分析民事审判方式改革的重要举措。

我国原有民事诉讼模式是在继承新民主主义革命时期人民司法传统和借鉴苏联民事诉讼体制的基础上形成的。② 中华人民共和国成立后的 30 多年间,我国一直没有制定一部民事诉讼法。1950 年 12 月 31 日,中央人民政府法制委员会草拟了《中华人民共和国诉讼程序通则(草案)》,要求根除反动司法机关压迫人民的、烦琐迟缓的、形式主义的诉讼程序,实行便利人民、建议迅速、实事求是的诉讼程序。法院审判案件应当深入群众,就地调查,就地审判。这部通则是中华人民共和国第一部诉讼草案,也是我国民事诉讼法制建设的开端,由于各种各样的原因,这部通则最后没能颁布实施,但它所确定的一些内容,则为此后的有关民事诉讼法律规范所吸收。就体例结构方面来说,这部通则也是比较完整的,它除了规定总则外,还对民事诉讼管辖、起诉、受理、代理、调解、审判、判决、上诉、抗告、再审、执行、监督审判等制度作了规定,为以后的民事诉讼法律规范打下了良好的基础。1951 年 9 月 3 日,中央人民政府委员会颁布了《中华人民共和国人民法院暂行组织条例》《中央人民政府最高人民检察署暂行组织条例》和《各级地方人民检察署组织通则》,确立了公开审判、巡回审判、陪审制等审判原则和制度,对检察机关参与民事诉讼提出了要求。1954 年,我国颁布了第一部宪法,同时还颁布了人民法院组织法和人民检察院组织法,这些法律,对民事诉讼的原则和制度又有了进一步的推动。③

---

① 关于辩论主义与真实义务的边界可参见任重:《民事诉讼真实义务边界问题研究》,载《比较法研究》2012 年第 5 期。

② 江伟、刘学在:《中国民事诉讼基本理论体系的阐释与重塑》,樊崇义:《诉讼法学研究》(第五卷),中国检察出版社 2003 年版,第 70~71 页;赵钢:《回顾、反思与展望——对二十世纪下半叶我国民事诉讼法学研究状况之检讨》,载《法学评论》1998 年第 1 期。

③ 潘剑锋:《民事诉讼法制建设四十年》,载《中外法学》1989 年第 5 期。

1956 年 10 月,最高人民法院印发《关于各级人民法院民事案件审判程序总结》(以下简称《程序总结》)。为了提供国家立法机关草拟刑、民事诉讼法的实际资料,督促各地人民法院贯彻人民法院组织法,总结各地人民法院审判程序的实践经验用以改进审判工作,最高人民法院在 1955 年上半年内,总结了北京、天津、上海等 14 个大城市高级人民法院和中级人民法院的刑、民事案件审判程序的经验,在此基础上经过意见的反馈形成了《程序总结》。1957 年,最高人民法院又将《程序总结》的基本内容条文化,更全面地制定了《民事案件审判程序》,共 84 条。① 主要内容有:对于有关国家和人民利益的重要民事案件,人民检察院可以提起诉讼;在上诉方面,上诉法院应当就上诉或者抗诉的请求进行审理,对未经提起上诉或者抗诉的部分及未提起上诉的当事人有关的部分,如果发现原裁判适用政策、法律、法令有错误时,也应当进行全面审理;再审只能按照审判监督程序进行,由人民法院或人民检察院提起。总体而言,《程序总结》较为全面系统地规定了民事审判程序,它对纠正审判实践中存在的错误,提高法院的办案质量,起了十分重要的作用。总结虽然包括了案件的接受、案件审理前的准备工作、审理、裁判、上诉、再审、执行,但不足之处在于没有对诉讼管辖作出规定,这说明这个时期,我国民事诉讼法制的建设已经逐步建立起来,但还不够全面。②

1949 年到 1957 年上半年,我国民事诉讼法制已经逐步建立了起来,特别是 1957 年《程序总结》的出台,标志着我国民事诉讼法制从建立阶段向发展阶段过渡。但 1957 年下半年开始,"左"的思潮在全国开始泛滥,刚刚起步的民事诉讼法制不仅没能进一步发展,而且还遭到了相当程度的破坏,表现之一是 1957 年最高人民法院草拟的《民事案件审判程序(草案)》没能通过,已经在全国印发的《程序总结》也没得到认真的执行。1962 年,全国开始重新抓司法建设。③ 1963 年,最高人民法院召开第一次全国民事审判工作会议,制定了《关于民事审判工作若干问题的意见》,要求民事审判应当贯彻"调查研究,就地解决,调解为主"的十二字方针。1964 年,民事审判工作又进一步发展出"依靠群众,调查研究,就地解决,调解为主"的十六字方针。但好景不长,1966 年下半年开始,国家法制建设在十年间遭受了极大破坏,民事诉讼法制建设也没能幸免于难。④

1979 年 2 月,最高人民法院召开了第二次民事审判工作会议,制定了《人民法院审判民事案件程序制度的规定(试行)》(以下简称《制度规定》),在民事诉讼法公布之前试行。《制度规定》与前述《程序总结》内容基本相同,只是增加了关于案件

---

① 杨荣新、叶志宏:《民事诉讼法参考资料》,中央广播电视大学出版社 1986 年版,第 229 页。

② 潘剑锋:《民事诉讼法制建设四十年》,载《中外法学》1989 年第 5 期。

③ 潘剑锋:《民事诉讼法制建设四十年》,载《中外法学》1989 年第 5 期。

④ 潘剑锋:《民事诉讼法制建设四十年》,载《中外法学》1989 年第 5 期。

管辖、案件回访制度和法院办事细则规定。

这些在《民事诉讼法》出台之前的司法解释和司法文件奠定了我国民事诉讼审判程序的基础。1982 年颁布的《中华人民共和国民事诉讼法（试行）》将我国民事诉讼体制或模式以立法的方式固定了下来。《民事诉讼法（试行）》的颁布和实施是我国民事诉讼法制建设道路上的一个重要里程碑，标志着我国民事诉讼法制建设的全面恢复和发展。1984 年 8 月，最高人民法院印发了《最高法院关于贯彻执行〈民事诉讼法（试行）〉若干问题的意见》，对民事诉讼法中的某些具体制度作了详细的说明，并通知各级法院参照执行。同时，最高人民法院审判委员会还通过了《民事诉讼收费办法（试行）》。为了进一步满足商品经济发展的要求，1991 年，我国出台了中华人民共和国第一部正式施行的《中华人民共和国民事诉讼法》。1991 年《民事诉讼法》与 1982 年《民事诉讼法（试行）》相比，法院在民事诉讼中的职权干预被弱化，当事人在诉讼中的处分权得到增强。不过，1991 年《民事诉讼法》在法院的程序事项决定权与当事人的程序参与权的配置关系上，基本沿袭了 1982 年《民事诉讼法（试行）》，几乎没有体现辩论主义的理念。法官在程序的推进上拥有绝对的诉讼指挥权，当事人几乎不能参与决定程序实务，更未对法院的诉讼指挥权构成任何制约。① 此后的一系列司法解释和司法文件也都体现出加强当事人主导地位的努力方向，例如 1992 年《民诉意见》、1993 年《最高人民法院第一审经济纠纷案件适用普通程序开庭审理的若干规定》、1994 年《最高人民法院关于在经济审判工作中严格执行〈中华人民共和国民事诉讼法〉的若干规定》、1998 年《最高人民法院关于民事经济审判方式改革问题的若干规定》、2002 年《最高人民法院关于民事诉讼证据的若干规定》（以下简称《证据规定》）、2003 年《最高人民法院关于适用简易程序审理民事案件的若干规定》。

囿于篇幅限制，本书需要对三个阶段的改革举措进行必要的筛选。

首先，本文对经过第三阶段扩展后的广义民事审判方式改革举措原则上不再进行详细论述。涉及司法体制改革和法院内部监督管理的举措，虽然也直接或间接影响到民事审判方式，不过，这些举措已经不再局限于民事诉讼领域。不仅如此，这些举措更多涉及法官选任和内部管理问题，其已经不再是严格意义上的民事诉讼审判程序问题。

其次，狭义的民事审判方式改革举措中的部分内容，经过几十年来的不断努力已经成为了法律甚至是社会的常识，特别是公开审判和质证认证的要求，这些内容也是被司法审判最严格遵守的内容，因此，这些内容也不再成为详述的重点。

最后，诸多当前正在集中讨论和加快改革的内容，由于还未取得实质性的进展，抑或是其在司法实践中的作用还有待进一步考察，故而并未被列入具体讨论的

---

① 傅郁林：《迈向现代化的中国民事诉讼法》，载《当代法学》2011 年第 1 期。

范围,前者如裁判文书说理改革,[①]后者如小额程序,[②]因此,虽然这些内容是改革的重点,但还需要有更长观察时间才能进行较为客观的描述和公允的评价。

综上,本书拟对以下问题进行详细梳理和总结,它们包括从立案审查到登记立案、举证证明责任(包含搜集调查证据)、举证时限和证据交换、庭审方式改革、审限制度、调解和审判的关系。选择以上内容详细讨论的逻辑在于,我国立案审查制的建立以解决"案多人少"作为内在动机,这突出反映出我国民事审判方式改革的初衷及其局限。在此背景下,"起诉难"问题日益突出,并最终在十八届四中全会审议通过的《中共中央关于全面推进依法治国若干重大问题的决定》中被明确要求建立立案登记制。2015 年颁布实施的《民事诉讼法解释》第 208 条是否落实了这一要求?在"案多人少"的背景下,真正意义上的立案登记制又应该如何被具体落实?这些问题都深刻反映出我国民事审判程序改革所面临的错综复杂的考虑因素和现实变量。以立案登记制改革为样本提取出的改革规律,也深刻决定了下述具体问题的基本走向,如举证责任最初的高歌猛进和近年来的"现代化"反思,再如举证时限、证据交换以及庭审方式改革举措中呈现出的民事诉讼体制转型所要求贯彻的诉讼规律、司法机关推行改革所谋求的诉讼效率以及以"以事实为依据"为代表的传统诉讼观念之间的掣肘。同样,审限制度是在"案多人少"背景下的东方发明,但一刀切的方式体现出改革的决心和诉讼规律之间的矛盾冲突,且审限的作用机制并不依赖于诉讼权利,而是以行政手段快刀斩乱麻。如何充分尊重诉讼规律,以诉讼权利为作用机制实现迟延裁判的治理转型,这是我们在总结审判程序 40 年来的改革成果基础上,进一步深化改革的具体体现。而调解与审判的关系,则凸显出民事审判程序改革向何处去的问题。从最初强调以调解为主,到改革开放后对调解的冷思考,再到 21 世纪初的大调解之风,无疑成了民事审判程序乃至整个民事诉讼现代化改革的风向标。本书希望这些内容能够以点带面,使读者对我国改革开放 40 年来民事审判程序具体改革措施获得深入且全面的理解与认识,并对未来一个阶段的深化改革形成若干共同认识。

---

① 曹志勋:《对民事判决书结构与说理的重塑》,载《中国法学》2015 年第 4 期。

② 例如唐力教授和谷佳杰博士对 2013 年某直辖市部分基层法院适用小额诉讼制度审结案件情况进行了实证调查。调查结果显示与适用简易诉讼程序案件相比,适用小额诉讼程序的比例最小为 0.49%,最高不过 5.14%。参见唐力、谷佳杰:《小额诉讼的实证分析》,载《国家检察官学院学报》2014 年第 2 期。严仁群教授经过调研后发现,小额诉讼程序在实践中的利用率很低,这与立法者当初引入该程序时的预期形成鲜明对比。参见严仁群:《小额诉讼程序移植困境之省思》,载《江苏行政学院学报》2015 年第 3 期。肖建国教授和刘东博士经过调研发现,由于我国现行法并未限制适用小额诉讼的案件类型,导致司法实践中大公司和企业俨然成为利用该程序的主力军,使得小额诉讼程序有沦为大公司收债工具的风险。肖建国、刘东:《小额诉讼适用案件类型的思考》,载《法律适用》2015 年第 5 期。

二、案件受理制度

1956 年《程序总结》的开篇内容是"案件的接受"。但是,在"案件的接受"部分只是总结了口头和书面起诉方式,以及起诉状的格式和内容要求,并未对实质起诉条件进行规定。实质起诉条件内容出现在"审理案件前的准备工作"部分,其规定:"(一)审查案件应否受理,起诉手续是否完备。在接受案件的时候,应当审查原告人有无诉讼请求权,案件是否应归人民法院处理和应否归本法院管辖。原告人没有诉讼请求权的,应当用裁定驳回,并将裁定书送达原告人;对依法应当由行政机关处理的或者不属于本法院管辖的案件,应当分别移送有关机关或者有管辖权的人民法院处理,移送案件的裁定书应当送达原告人。案件决定受理后,应当审查起诉手续是否完备,如原告人是否已经在诉状上签名或者盖章、双方当事人的住址是否明确、是否已经按对方人数提出诉状副本、所交的证物、附件的种类和件数是否与诉状所载相符等等。如有欠缺或不符,应当告知原告人补正。"这可以被看作是我国立案审查制度的雏形,初步形成了积极和消极起诉条件的构造。其中,积极起诉条件包括:(1)起诉手续完备;(2)原告人有诉讼请求权;(3)案件归人民法院处理和本法院管辖。消极起诉条件包括:(1)不属于行政机关处理的案件。1957 年《民事案件审判程序(草稿)》基本是《程序总结》的条文化,其在"一、起诉(总结成为案件的接受)"中的第 1 条规定:"请求保护自己权利,或者请求保护依法由他保护的人的权利,可以向有管辖权的人民法院起诉。人民检察院对于有关国家和人民利益的主要民事案件,也可以提起诉讼(第一款)。原告人没有诉讼请求权的应当用裁定驳回(第二款)。"

相比 1956 年《程序总结》,1979 年《制度规定》在案件受理条件方面进行了微调,其规定:"凡有明确的原告、被告和具体的诉讼要求,应由人民法院调查处理的民事纠纷,均应立案处理。人民法院不得把基层组织、有关单位的调解和介绍信作为受理案件的必要条件。凡立案处理的,应有当事人的起诉书或口诉笔录。对简易纠纷和一般信、访可不予立案,但处理后要登记备查。"仅从规范层面出发,1979年《制度规定》的起诉门槛更低,其只要求:(1)有明确的原告;(2)有明确的被告;(3)有具体的诉讼要求;(4)应由人民法院调查处理的民事纠纷。只要满足这四项起诉条件均应由法院立案处理。不仅如此,《制度规定》还特别强调不得把基层组织和有关单位的调解和介绍信作为受理案件的必要条件。

1982 年《民事诉讼法(试行)》第 81 条第 1 款第 1 项与《制度规定》的起诉条件有较大不同,而是更接近 1956 年《程序总结》的表述,其中,"原告有诉讼请求权"被进一步界定为"原告是与本案有直接利害关系的个人、企业事业单位、机关、团体"。第 1 款第 2 项吸收了《制度规定》的表述,即"有明确的被告、具体的诉讼请求和事实根据"。第 3 项规定"属于人民法院管辖范围和受诉人民法院管辖"。

在消极起诉条件方面,1982年《民事诉讼法(试行)》规定得更为详尽具体,其84条规定:"人民法院对于下列起诉,分别情况,予以处理:(一)违反治安管理处罚条例的案件,告知原告向公安机关申请解决;(二)依法应当由其他行政机关处理的争议,告知原告向有关行政机关申请解决;(三)对判决、裁定已经发生法律效力的案件,当事人又起诉的,告知原告按申诉处理;(四)依法在一定时期内不得起诉的案件,在不得起诉的期限内起诉的,不予受理;(五)判决不准离婚的案件,没有新情况、新理由,在六个月内又起诉的,不予受理。"

1991年颁布实施的《民事诉讼法》基本延续了1982年《民事诉讼法(试行)》关于起诉条件的规定。其第108条规定:"起诉必须符合下列条件:(一)原告是与本案有直接利害关系的公民、法人和其他组织;(二)有明确的被告;(三)有具体的诉讼请求和事实、理由;(四)属于人民法院受理民事诉讼的范围和受诉人民法院管辖。"相比《民事诉讼法(试行)》第81条,只是在第1款将"个人、企业事业单位、机关、团体"修改为"公民、法人和其他组织",以与1986年颁布的《中华人民共和国民法通则》的概念表述保持一致。第3款将"具体的诉讼请求和事实根据"调整为"具体的诉讼请求和事实、理由"。在消极起诉条件方面,第111条规定:"人民法院对符合本法第一百零八条的起诉,必须受理;对下列起诉,分别情形,予以处理:(一)依照行政诉讼法的规定,属于行政诉讼受案范围的,告知原告提起行政诉讼;(二)依照法律规定,双方当事人对合同纠纷自愿达成书面仲裁协议向仲裁机构申请仲裁、不得向人民法院起诉的,告知原告向仲裁机构申请仲裁;(三)依照法律规定,应当由其他机关处理的争议,告知原告向有关机关申请解决;(四)对不属于本院管辖的案件,告知原告向有管辖权的人民法院起诉;(五)对判决、裁定已经发生法律效力的案件,当事人又起诉的,告知原告按照申诉处理,但人民法院准许撤诉的裁定除外;(六)依照法律规定,在一定期限内不得起诉的案件,在不得起诉的期限内起诉的,不予受理;(七)判决不准离婚和调解和好的离婚案件,判决、调解维持收养关系的案件,没有新情况、新理由,原告在六个月内又起诉的,不予受理。"与1982年《民事诉讼法(试行)》第84条相比,其第1款第1项在原84条第1款第1项和第2项的基础上进行总结和调整,以适应1989年颁布的《中华人民共和国行政诉讼法》。第2项为新增加内容,将书面仲裁协议作为消极起诉条件。第3项为兜底条款。第4项规定,对不属于本院管辖的案件,告知原告向有管辖权的人民法院起诉,这不同于《程序总结》的处理方式,即"对依法应当由行政机关处理的或者不属于本法院管辖的案件,应当分别移送有关机关或者有管辖权的人民法院处理,移送案件的裁定书应当送达原告人"。第5项到第7项则基本与1982年《民事诉讼法(试行)》保持一致。尽管如此,对于不符合起诉条件的处理方式,分别针对《民事诉讼法(试行)》和《民事诉讼法》的前后两个司法解释却有较为不同的态度。《最高人民法院关于贯彻执行〈民事诉讼法(试行)〉若干问题的意见》第36条规定:"人民法院收到原告起诉状,经认真审查,认为不符合民事诉讼法规定的受理条件的,通知原告不予受理并说明理由。原告仍坚持起诉的,可以立案受理,经进一步查明起诉确实不符合受理条件的,以书面裁定驳回起诉。"因此,虽然 1982 年《民事诉讼法(试行)》第 81 条第 1 款规定"起诉必须符合以下条件",但是起诉条件规定却并非是受理的必要条件。根据上述第 36 条规定,只要原告坚持起诉的,法院可以立案受理,经进一步查明起诉确实不符合受理条件的,以书面裁定驳回起诉。与此不同,虽然 1991 年《民事诉讼法》第 108 条第 1 款同样表述为"起诉必须符合下列条件",但《最高人民法院关于适用〈中华人民共和国民事诉讼法〉若干问题的意见》第 139 条却规定:"起诉不符合受理条件的,人民法院应当裁定不予受理。立案后发现起诉不符合受理条件的,裁定驳回起诉。不予受理的裁定书由负责审查立案的审判员、书记员署名;驳回起诉的裁定书由负责审理该案的审判员、书记员署名。"因此,起诉的积极和消极条件并不再是可以由法院裁量处理的事项,而是受理的必要前提条件。对比前后两个司法解释可以发现,虽然 1991 年《民事诉讼法》第 108 条相比 1982 年《民事诉讼法(试行)》第 81 条并没有表述上的根本不同,但是却实质性地提高了起诉的门槛。

此后,2007 年《民事诉讼法》并未改动条文的编号和内容,积极起诉条件被规定在第 108 条,消极起诉条件规定在第 111 条。2012 年《民事诉讼法》将条文编号变更为第 119 条(积极起诉条件)和第 124 条(消极起诉条件)。2017 年《民事诉讼法》只是在第 55 条新增第 2 项,并未涉及案件受理制度。

以 1956 年《程序总结》关于案件受理制度的表述为起点,以 1982 年《民事诉讼法(试行)》第 81 条和第 84 条为过渡,1991 年《民事诉讼法》第 108 条和第 111 条形成了我国现行案件受理制度。这一制度一直延续至今而未有任何条文表述和制度内涵上的改动。我国民事案件受理制度虽然能够起到节流的作用,从而缓解法院一直以来"案多人少"的问题,但是却通过起诉条件的高阶化限制了民众对民事诉讼的使用,这也导致社会关于"起诉难"的抱怨。对此,有学者认为,我国民事诉讼法关于起诉条件的设置标准过高,实质是将实体判决要件等同于起诉条件以及诉讼开始的条件。为此应当改革起诉制度,将起诉条件与实体判决要件相剥离,实行实体判决要件的审理和实体争议审理并行的"二元复式结构"。在改革起诉制度的同时,法院内部机构也应当调整,取消现行的"立审分立"原则,不再设立立案庭。[①]针对社会普遍反映的"起诉难"问题,该观点认为,我国起诉难问题主要源于我国特有的一种超法律规范的司法政策限制。这种司法政策限制主要是基于我国的现实状况、实质正义优先、传统意识以及治理习惯等因素。但这种调整以牺牲法律和司法的权威性以及法律的普遍性为代价,不利于我国的法治建设。在我国从传统法

---

① 张卫平:《起诉条件与实体判决要件》,载《法学研究》2004 年第 6 期。

治转向现代法治的过程中,随着法律调整范围的扩大和法律体系的完善,这种政策性调整的适用应当逐步加以限制以至最终取消。①

切实保障当事人诉权,解决起诉难,这也成为中国共产党第十八届中央委员会第四次全体会议特别关注的民生问题。《中共中央关于全面推进依法治国若干重大问题的决定》要求"改革法院案件受理制度,变立案审查制为立案登记制,对人民法院依法应该受理的案件,做到有案必立、有诉必理,保障当事人诉权"。这成为我国民事案件受理制度进一步改革的总纲领。《最高人民法院关于全面深化人民法院改革的意见——人民法院第四个五年改革纲要(2014—2018)》第 17 条规定:"改革案件受理制度。变立案审查制为立案登记制,对人民法院依法应该受理的案件,做到有案必立、有诉必理,保障当事人诉权。加大立案信息的网上公开力度。推动完善诉讼收费制度。"为了进一步落实案件受理制度改革要求,2015 年施行的《民事诉讼法解释》第 208 条规定:"人民法院接到当事人提交的民事起诉状时,对符合民事诉讼法第一百一十九条的规定,且不属于第一百二十四条规定情形的,应当登记立案;对当场不能判定是否符合起诉条件的,应当接收起诉材料,并出具注明收到日期的书面凭证。需要补充必要相关材料的,人民法院应当及时告知当事人。在补齐相关材料后,应当在七日内决定是否立案。立案后发现不符合起诉条件或者属于民事诉讼法第一百二十四条规定情形的,裁定驳回起诉。"

我国《民事诉讼法解释》第 208 条被看作是对案件受理制度改革的回应,其也被称为"立案登记制"。然而,该条是否能够切实解决我国起诉条件高阶化问题,化解社会对"起诉难"的抱怨?根据该条第 1 款后段,其充其量只解决了过往法院口头告知不予受理或者以未收到起诉状和其他材料为由的推脱行为。第 1 款前段表明以《民事诉讼法》第 119 条和第 124 条为代表的立案审查机制并未被破除。最高人民法院以"当场不能判定时应接收起诉材料,并出具注明收到日期的书面凭证"取代了立案登记制的真谛。最高人民法院的考量因素是,"敏感案件一旦立案登记,就无法回避。这些起诉,如果简单立案登记,极易造成负面政治影响,容易形成连锁反应,影响国家社会安定"。②

综上,我国民事立案登记制改革依然在路上。

---

① 张卫平:《起诉难:一个中国问题的思索》,载《法学研究》2009 年第 6 期。

② 沈德咏:《最高人民法院民事诉讼法司法解释理解与适用》,人民法院出版社 2015 年版,第 556 页。

三、证明责任

强化当事人的举证责任,[①]这是贯穿我国民事审判方式改革三个阶段的主线,其要着力克服的就是法院对举证和证明工作大包大揽的原有模式。《中华人民共和国诉讼程序试行通则(草案)》第 40 条规定:"刑事民事案件的诉讼人应就其所主张的事实,举出证据方法(书面证据、证物、证人、勘验、鉴定等),法院亦应自行调查事实,搜集、调查证据。法院认定事实,应凭证据,不应单凭诉讼人的陈述。"第 41 条规定:"人民法院审判案件,不应对于诉讼人的一方专注意于其不利于的事实和证据,或专注意于其有利的事实和证据,而应全面注意,分别斟酌,综合考量,以求得真实(第一款)。诉讼人未曾主张的事实或权利,法院亦得斟酌具体情况,予以裁判(第二款)。"在 1956 年《程序总结》中规定:"上述事项进行完毕,法院即开始调查事实。先由审判员或者由审判员指定的人民陪审员介绍原告人起诉的要求与理由及被告人的答辩内容。其次,由原告人和被告人分别作补充陈述。再由审判人员就争执焦点向双方当事人进行讯问,接着讯问证人或鉴定人。讯问证人的时候,应当指出本案需要他证明的问题,并让他作充分的陈述。证人有数人的时候,应当隔离讯问,必要时可要他们互相对质。调查中,对审理前搜集的证据和当事人在审理中提出的新证据,都应当加以审查。"虽然 1957 年《民事案件审判程序(草稿)》第 28 条明确将提出证据作为当事人的权利,但当事人在案件事实证明过程中依旧处于被动地位。

1982 年《民事诉讼法(试行)》在第 6 章专门规定证据,并且在 56 条规定:"当事人对自己提出的主张,有责任提供证据(第一款)。人民法院应当按照法定程序,全面地、客观地收集和调查证据。"虽然第 56 条规定在第 1 款首先明确了"提供证据证明自己提出的主张"是当事人的责任,但第二款却又再次重申了人民法院依法全面客观收集和调查证据的职权。因此,当事人依旧不是证明程序的主导者。对此,时任最高人民法院院长任建新在第十四次全国法院工作会议上强调当事人的举证责任。"《民事诉讼法(试行)》规定,当事人对自己提出的主张,有责任提供证据。但是,过去在法院审理民事案件和经济纠纷案件中,往往忽略了当事人的举证责任,承担了大量调查、收集证据的工作。这既增大了法院的工作量,影响办案效率;也没有依法充分调动当事人及其诉讼代理人的积极性。今后要依法强调当事人的举证责任,本着'谁主张,谁举证'的原则,由当事人及其诉讼代理人提供证据,法院则应把主要精力用于核实、认定证据上。当然,在必要时,法院有权也有责任

---

① 对于证明责任制度,我国现有三种称谓。法律和原有司法解释中称"举证责任",学界一般用"证明责任",新的司法解释称为"举证证明责任"。相对于前两种称谓,第三种称谓在学术研究中基本不用。参见李浩:《民事诉讼法适用中的证明责任》,载《中国法学》2018 年第 1 期。

依照法定程序收集和调查证据。当事人及其诉讼代理人提供的证据,应当在开庭审理中相互质证;当事人及其诉讼代理人伪造证据的,已经查实,要依法予以制裁。"

相比 1982 年《民事诉讼法(试行)》第 56 条,1991 年《民事诉讼法》第 64 条进一步强调由当事人提出证据,其规定:"当事人对自己提出的主张,有责任提供证据(第一款)。当事人及其诉讼代理人因客观原因不能自行收集的证据,或者人民法院认为审理案件需要的证据,人民法院应当调查收集(第二款)。人民法院应当按照法定程序,全面地、客观地审查核实证据(第三款)。"除了再次重申当事人对自己提出的主张有责任提供证据,该法第 64 条还进一步限缩了法官的证据搜集职权,从 1982 年的"人民法院应当按照法定程序,全面地、客观地收集和调查证据"修改为"当事人及其诉讼代理人因客观原因不能自行收集的证据,或者人民法院认为审理案件需要的证据,人民法院应当调查收集",并逐渐形成当前当事人申请收集证据和依职权搜集证据的两分格局。而"依法、全面、客观"不再是搜集证据的要求,而是对审查核实证据的要求。针对 1991 年《民事诉讼法》第 64 条第 2 款的两个类型,1992 年颁布实施的《民诉意见》第 73 条规定:"依照民事诉讼法第六十四条第二款规定,由人民法院负责调查收集的证据包括:(1)当事人及其诉讼代理人因客观原因不能自行收集的;(2)人民法院认为需要鉴定、勘验的;(3)当事人提供的证据互相有矛盾、无法认定的;(4)人民法院认为应当由自己收集的其他证据。"此后,虽然 2007 年和 2012 年以及 2017 年《民事诉讼法》修正并未再触及第 64 条,但是,我国司法实践中对当事人提供证据的重视程度越来越高,法官调查搜集证据的范围得到了进一步和实质性的限缩。[①] 根据 2015 年《民事诉讼法解释》第 94 条到第 96 条区分申请调查和职权调查两类。其中,第 94 条规定:"民事诉讼法第六十四条第二款规定的当事人及其诉讼代理人因客观原因不能自行收集的证据包括:(一)证据由国家有关部门保存,当事人及其诉讼代理人无权查阅调取的;(二)涉及国家秘密、商业秘密或者个人隐私的;(三)当事人及其诉讼代理人因客观原因不能自行收集的其他证据(第一款)。当事人及其诉讼代理人因客观原因不能自行收集的证据,可以在举证期限届满前书面申请人民法院调查收集(第二款)。"第 95 条从相反方向规定:"当事人申请调查收集的证据,与待证事实无关联、对证明待证事实无意义或者其他无调查收集必要的,人民法院不予准许。"第 96 条规定依职权调查搜集证据的范围:"民事诉讼法第六十四条第二款规定的人民法院认为审理案件需

---

① 《证据规定》的起草者认为,1982 年《民事诉讼法(试行)》已经将当事人举证和法院调查收集证据置于了同等重要的地位。该法第 56 条是为了在举证问题上发挥当事人和法院两方面的积极性。但这一规定在实践中产生的突出问题是加重了人民法院的责任,导致办案效率低下,案件久拖不决。当事人及其代理人没有举证积极性。参见最高人民法院民事审判第一庭:《民事诉讼证据司法解释的理解与适用》,中国法制出版社 2002 年版,第 5 页。

要的证据包括：(一)涉及可能损害国家利益、社会公共利益的；(二)涉及身份关系的；(三)涉及民事诉讼法第五十五条规定诉讼的；(四)当事人有恶意串通损害他人合法权益可能的；(五)涉及依职权追加当事人、中止诉讼、终结诉讼、回避等程序性事项的(第一款)。除前款规定外，人民法院调查收集证据，应当依照当事人的申请进行(第二款)。"

除了在证据提供责任层面的努力，我国证明责任还经历了侧重点从主观意义向客观意义的重大转变，并形成目前证明责任和提供证据责任相互区分和密切配合的格局。随着 2015 年《民事诉讼法解释》的颁布实施，我国语境下证明责任的三重含义(客观证明责任、主观证明责任和动态举证责任)及其相互关系成为突出的法律问题。不过，这一问题却并非是新论题。20 世纪 80 年代中后期开始，我国启动旨在减少法院对每个案件的资源投入以提高效率的民事审判方式改革，举证责任正是改革的中心。[①] 虽然民事诉讼体制转型的初衷是给法院减负，给当事人压担子，但是这客观上为我国民事诉讼法律制度和理论体系的现代化注入了强劲的动力。然而，无法忽视的是这种作用机制给证明责任论带来的潜在局限，特别是司法实践在吸收理论成果时产生的微妙变化。由于改革的目标是把举证工作交给当事人，因此，在第一个步骤上较为轻松地达成了共识。不过，证明责任论的核心问题并非回答举证是法官还是当事人的事情，而是处理真伪不明时哪一方当事人对何种事项承担诉讼风险(第二个步骤)。显然，证明责任论的供给与司法实践最迫切的需求之间存在较大的错位。司法实践需要的最多只是罗森贝克的主观证明责任，[②]相反，罗氏理论的核心却是客观证明责任，证明责任规则被认为主要不是对诉讼活动的制裁，而是用于克服客观上存在的真伪不明。[③]

与第一步相比，证明责任的第二个步骤举步维艰。造成这种困境的原因是多方面的，这大体可以分为主观和客观两个方面。在主观方面，民事审判方式改革所要求的法官减负和提高效率的目标已经达成，从证明责任的主观到客观的第二步走开始逐渐失去了司法政策和社会大背景的支持。相比而言，客观方面或许才是更严重也更难以解决的制约因素。罗森贝克证明责任论是法律问题的分析方法，其以法律精密结构和法官娴熟的法律技能为前提，而这些都是我国当时所不具备的。德国技术合作公司(GTZ)发现，我国大部分法官并没有掌握法律适用方法，而

---

① 张卫平：《民事证据法》，法律出版社 2017 年版，第 269～270 页；王亚新、陈杭平、刘君博：《中国民事诉讼法重点讲义》，高等教育出版社 2017 年版，第 93 页。

② 对我国传统举证责任的梳理及其批判参见霍海红：《证明责任：一个功能的视角》，载《北大法律评论》2005 年第 2 辑。

③ ［德］罗森贝克、［德］施瓦布、［德］哥特瓦尔德著：《德国民事诉讼法》，李大雪译，中国法制出版社 2007 年版，第 848 页；vgl. auch Rosenberg/Schwab/Gottwald, Zivilprozessrecht, 17. Aufl. 2010, § 115 Rdnr. 3.

且通过两到三个星期的强化训练，很多人还是无法掌握。令人惊讶的是，这些法官都是各地选派的业务骨干。[1] 受限于此，实务部门对证明责任的理解似乎只有事实层面这一条歧路可寻，即谁应当对何种具体主张提供什么证据，以及其可能对法官心证产生的量化影响如何。当然，法官将证明责任从作为大前提的法律问题下移到作为小前提的事实问题并非只有上述一个理由，而是受到诸多因素的影响，例如《民事诉讼法》第7条"以事实为依据，以法律为准绳"的客观真实要求以及证明责任判决可能给法官考评甚至职务晋升埋下的潜在风险。[2]

上述因素共同导致第二个步骤在司法实践中出现了严重的变形。对此，《民事诉讼法》第64条第1款、《证据规定》第7条都是较为集中的体现。[3] 有学者认为，司法实践中主观证明责任的统治地位相当牢固，理论界倡导的客观证明责任与司法实务见解有不小的鸿沟。[4] 上述理论和实践的鸿沟或许正是《民事诉讼法解释》起草者赋予证明责任以三重含义的深层原因。由于证明责任被降格为事实问题，其必然被法官寄希望于解决司法实践中的"证明难"，通过强制当事人拿出证据以促成法官形成心证。由于这是罗森贝克证明责任论辐射不到的问题，自然也就不可能产生很好的效果，甚至催生出了诸多乱象。这一方面阻碍了实务部门对罗森贝克证明责任论的正确理解，另一方面也为"谁主张谁举证"的粗放随性适用提供了土壤。针对实务部门的概念误解，为了解决"证明难"，有学者系统阐述了具体举证责任论，认为具体举证责任概念提出的必要性正是起因于客观证明责任理论规范诉讼证明活动的模糊性与有限性。如果将主观证明责任认为是证明责任的"组成部分"，再将具体举证责任纳入主观证明责任范畴，那么，确实就会出现概念模糊外延混乱的逻辑错误。[5]

可见，第二个步骤在我国迟迟无法被正确贯彻的理论原因是实务部门将证明责任从作为大前提的法律层面降格为作为小前提的事实层面，并意图使其担负起克服"证明难"这一不可能完成的任务。相反，直接解决证明难的配套证据制度又

① 卜元石：《法教义学：建立司法、学术与法学教育良性互动的途径》，载《中德私法研究》第6卷。

② 曹志勋：《"真伪不明"在我国民事证明制度中确实存在么？》，载《法学家》2013年第2期。

③ 对《证据规定》第7条的讨论和批判可参见胡学军：《法官分配证明责任：一个法学迷思概念的分析》，载《清华法学》2010年第4期；霍海红：《证明责任配置裁量权之反思》，载《法学研究》2010年第1期。

④ 霍海红：《主观证明责任逻辑的中国解释》，载《北大法律评论》2010年第2辑。

⑤ 胡学军：《具体举证责任论》，法律出版社2014年版，第1～6、54、62页。

尚未在我国彻底建立起来,[①]这与法官对证据种类的僵化理解[②]以及消极适用[③]一起构成了"证明难"的深层次理论成因。有鉴于此,有学者提出,我国应当建立证明责任与具体举证责任的"法律—事实"二元格局,以实现证明责任概念和理论的纯化。[④] 当然,具体举证责任并非与证明责任毫无关联,对具体事实主张的证明也往往是以避免真伪不明为目标的。以混合动力汽车为例,汽油发动机是客观证明责任,为了避免出现真伪不明,就需要通过证据使法官确信相关构成要件的存在。虽然客观证明责任隐藏于汽车机身内部,但是却为汽车源源不断地提供着动力。而具体举证责任就像电动机。驱动电动机的电池依靠汽车制动或者滑行来充电,具体举证责任最深层次的动力来源依旧是真伪不明的败诉风险,为此,一方就需要将法官的确信拉高到证明标准以上,对方就需要再次将法官的临时心证拉低到证明标准以下,从而体现出具体举证责任或证明的必要性在当事人之间来回摇摆的外观,并最终建立起法官的心证。[⑤] 尽管如此,我们却不能认为电动机是汽油发动机的组成部分,认为具体举证责任是证明责任的一重内涵。虽然电动机的动力来源同样是汽油发动机,但是,其制度范畴和作用机制都具有独特性。我国和德国证明责任的异同以及证明责任与具体举证责任的二元结构如图 6-2 所示。

在此基础上,我们建议不仅要从概念上,也宜在法律依据上将具体举证责任与证明责任区别开来。例如,《民事诉讼法解释》第 90 条第 1 款文义将当事人的举证责任与诉讼请求的提出和反驳联系起来,而诉讼请求在我国总是能够与特定的法

---

① 李浩:《民事证明责任研究》,法律出版社 2003 年版,第 73～78 页。

② 例如将证据理解为某种特定的有体物。2012 年电子证据作为独立的证据种类固然能够起到若干积极作用,不过电子证据真的与其他证据种类完全不同么? 其不能够被书证、勘验和视听资料所吸收么? 其实正是陷入了将证据理解为特定有体物的误区,才需要随着社会的发展不断增加新的证据种类,使其总是落后于现实生活。

③ 对于公证书的依赖就是突出的体现,这不仅大大增加了当事人诉讼的成本和难度,而且无法从根本上克服法官消极适用勘验以及言辞辩论全趣旨的问题。《德国民事诉讼法》第 286 条第 1 款规定:"法院应该考虑言词辩论的全部内容以及已有的调查证据的结果,经过自由心证,以判断事实上的主张是否可以认为真实。作为法官心证根据的理由,应在判决中记明。"参见《德国民事诉讼法》,丁启明译,厦门大学出版社 2016 年版,第 68 页。《日本民事诉讼法》第 247 条规定:"裁判所于作出判决时,应斟酌口头辩论全趣旨以及证据调查结果,依自由心证,对事实主张的真实与否作出判断。"参见《日本民事诉讼法典》,曹云吉译,厦门大学出版社 2017 年版,第 77 页。

④ 胡学军:《具体举证责任论》,法律出版社 2014 年版,第 63 页。

⑤ Vgl. Gottwald, Grundprobleme der Beweislastverteilung, Jura 1980，225，227；MüKoZPO/Prütting，§ 286 Rdnr. 103；Rosenberg/Schwab/Gottwald，a. a. O.，§ 115 Rdnr. 6；Saenger，§ 286 Rdnr. 56.

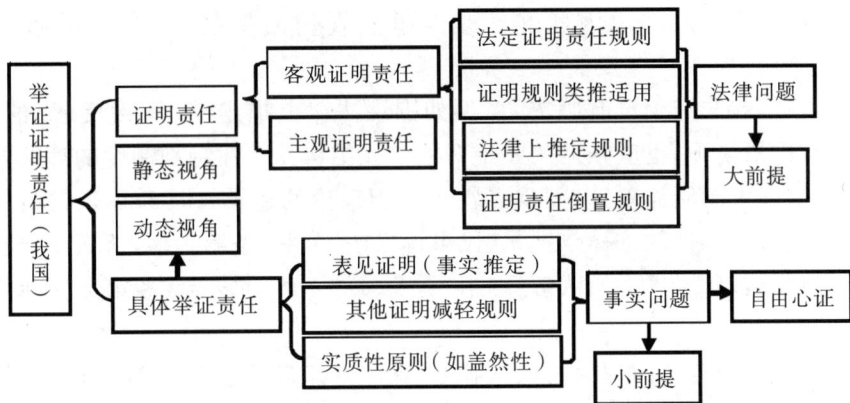

图 6-2　举证责任二元结构图

律构成要件相互挂钩。[①] 这种表述方法或许更符合法律层面的证明责任。[②] 而第
90 条第 2 款以判决作出前为时间点，并突出此时当事人承担的不利后果，其表述
均直接指向了客观证明责任。潜在的干扰项是"未能提供证据或者证据不足以证
明其事实主张"，这在证明的结果上包含了认定待证事实不存在和待证事实真伪不
明两种状态。不过，结合《民事诉讼法解释》第 108 条第 2 款的"真伪不明"概念进
行体系解释，基本能够确定《民事诉讼法解释》第 90 条第 2 款对应客观证明责任，
但在今后修订法律解释时还是应当对《民事诉讼法解释》第 90 条第 2 款和第 108
条第 2 款加以改进，将第 90 条第 2 款中段修改为"待证事实主张真伪不明"。由于
第 90 条第 2 款后段只是抽象地提出"由负有举证证明责任的当事人承担不利的后
果"，而并没有对不利后果为何详加解释，因此，建议在第 108 条第 2 款明确证明责
任的作用机制，相应修改为"人民法院经审查并结合相关事实认为待证事实真伪不
明的，拟制为待适用法律规范的构成要件不具备"，从而使其在我国充当明定的证
明责任基本规则。笔者之所以反对采用"应当认定该事实不存在"的表述，是因为
真伪不明的作用机制并非拟制待证事实的存在或不存在，而是在真伪不明时如何
适用法律。[③] 也因此，莱波尔特教授认为真伪不明虽然是证明责任的作用前提，但

---

　　① 虽然证明责任是连接程序法与实体法的桥梁，但诉讼法规范同样存在证明责任的作用空
间，这也是我国既有研究较为忽视的领域。最新文献参见李浩：《民事诉讼法适用中的证明责任》，载
《中国法学》2018 年第 1 期。

　　② 胡学军教授认为，《民事诉讼法解释》第 90 条第 1 款是具体举证责任的规范根据。参见胡
学军：《举证证明责任的内部分立与制度协调》，载《法律适用》2017 年第 15 期。

　　③ 基于对《民事诉讼法解释》第 108 条第 2 款的误读，近期有学者倡导我国应抛弃"真伪不
明"。参见欧元捷：《论"事实真伪不明"命题的抛弃》，载《政治与法律》2016 年第 11 期。张卫平教授
认为二分法不适合我国国情。参见张卫平：《民事证据法》，法律出版社 2017 年版，第 278～279 页。

是证明责任的功能和任务却并非克服真伪不明的事实状态。① 普维庭教授也持相同观点，其倡导的拟制说因此并非是对事实真伪的拟制，而是对法律适用的拟制。②

二元格局并非完全没有临界点，例如围绕法律上推定③和间接反证④的论争。不过，在我国语境下，更应强调的是绝对的二元结构。上述特别制度的理解差异并不会造成实践中的明显差别，其重点在于基础理论的逻辑一贯和体系自洽。二元格局在我国可供选择的法律依据是《民事诉讼法》第 64 条第 1 款，从而建立起以其为总括性规定，以《民事诉讼法解释》第 90 条、第 91 条和第 108 条第 2 款为具体落实的规范群。

综上，在双重含义的理论共识基础上，具体举证责任论进一步对证明责任的内涵和外延进行了提纯，其目的是建立"法律问题（证明责任）—事实问题（具体举证责任）"的二元结构。证明责任与具体举证责任各司其职且互为补充。没有证明责任论为依靠的具体举证责任就像一辆被抽空了汽油的混合动力汽车。没有了具体举证责任加以补充的证明责任必然面临真伪不明的大量出现，证明责任判决将不断受到质疑，就像在拥堵的公路上行驶的大排量燃油汽车。随着具体举证责任对法官心证说理的加强和"证明难"的克服，证明责任怀疑论也终将失去市场。证明责任论在我国已经生根发芽并完成了本证。具体举证责任论不仅不构成反证，反而进一步加强了对证明责任论的确信。⑤

---

① Vgl. Stein/Jonas/Leipold，§ 286 Rdnr. 48.

② ［德］汉斯·普维庭：《现代证明责任问题》，吴越译，法律出版社 2006 年版，第 23 页；MüKoZPO/Prütting，§ 286 Rdnr. 93.

③ 2014 年 6 月 22 日，中国民事诉讼法学研究会主办、国家关系学院承办的第一届紫荆民事诉讼青年沙龙围绕许可教授的报告"程序和实体视角下的共同危险行为"展开讨论。参见许可：《从诉讼视角论共同危险行为之构成要件与免责事由——以〈侵权责任法〉第 10 条为中心》，载《民事程序法研究》（第十二辑），厦门大学出版社 2014 年版，第 243～254 页。研讨实录参见曹云吉：《第一届紫荆民事诉讼沙龙实录》，载《民事程序法研究》（第十二辑），厦门大学出版社 2014 年版，第 253～281 页。其他从诉讼法层面讨论法律上事实推定的论文包括但不限于霍海红：《论共同危险行为规则之因果关系免责：以〈侵权责任法〉第 10 条之解释为中心》，载《中外法学》2015 年第 1 期；任重：《民事诉讼视野下的共同危险行为》，载《法制与社会发展》2015 年第 6 期。

④ 段文波：《间接反证——事实认定中的效用论》，载《宁夏大学学报（人文社会科学版）》2008 年第 3 期；刘鹏飞：《间接反证适用范围探析》，载《证据科学》2013 年第 1 期；曹云吉：《间接反证论——罗森贝克间接反证理论解析》，载《民事程序法研究》（第十一辑），厦门大学出版社 2014 年版，第 150～176 页。

⑤ 任重：《论中国"现代"证明责任问题——兼评德国理论新进展》，载《当代法学》2017 年第 5 期。

四、举证时限和证据交换①

在强化当事人举证责任之外,举证时限和证据交换制度的建立是缓解"案多人少"和提高诉讼效率的另一民事审判方式改革举措。1950年《中华人民共和国诉讼程序试行通则(草案)》第40条规定:"刑事民事案件的诉讼人应就其所主张的事实,举出证据方法(书面证据、证物、证人、勘验、鉴定等),法院亦应自行调查事实,搜集、调查证据。法院认定事实,应凭证据,不应单凭诉讼人的陈述。"对于提出证据的时间限制和证据交换程序,则没有明确规定。1956年《程序总结》关于"审理案件前的准备工作"规定道:"(二)调查和搜集证据。当事人提出的证据材料不齐全的时候,可告知他加以补充;人民法院为了查清案情,如果认为有必要,也应当主动地全面地调查和搜集证据,并可以进行鉴定。"将1956年《程序总结》条文化的1957年《民事案件审判程序(草稿)》第6条第1款规定:"证据应当由当事人提出,人民法院为了查清案情,必要时也应当主动地调查,搜集证据,并可以进行鉴定。"1979年《制度规定》与上述两个历史文件一脉相承,将当事人作为证据调查的对象:"审判人员或合议庭成员接办案件后,要在认真审阅诉讼材料的基础上,深入基层,依靠群众和基层组织对案件情况进行调查研究。调查研究必须坚持群众路线,坚持实事求是,坚持阶级分析的方法,倾听正、反两方面的意见,切忌先入为主,主观臆断,偏听偏信。要查清案件的事实真相和问题的性质,明辨是非责任。调查要弄清原、被告的基本情况,纠纷发生的时间、地点、原因、经过、结果、双方争执的焦点,搜集有关的证据材料、群众和基层单位领导的意见等。对同当事人有利害关系的人提供的证明材料和互有矛盾的证明材料,要仔细分析、查对、核实。"

1982年《民事诉讼法(试行)》虽然在第2条规定民事诉讼法的任务包括及时审理民事案件。第6条要求人民法院审理民事案件,调解无效的,应当及时判决。但是对举证时限和证据交换则没有任何规定。不仅如此,该法第108条第1款规定:"当事人在法庭上可以提出新的证据。"《民诉(试行)意见》和1991年《民事诉讼法》以及《民诉意见》也均未出现关于举证时限和证据交换的规定。此后,1982年《民事诉讼法(试行)》第108条第1款规定移至1991年《民事诉讼法》第125条第1款。不仅如此,1998年《最高人民法院关于民事经济审判方式改革问题的若干规定》也没有引入举证时限和证据交换制度。

同样是为了化解"案多人少",其目标同样指向诉讼效率,为何举证责任的步伐明显比举证时限要快,也更容易被接受,这或许也受到了我国传统诉讼观念的影响。在作为我国既有的职权干预型诉讼模式中,法官虽然是证明活动的主体,但在

---

① 本部分主要内容已发表。任重:《我国诉前行为保全申请的实践难题:成因与出路》,载《环球法律评论》2016年第4期。

实践过程中,法官也不得不主要依赖当事人提出事实和证据,毕竟当事人是案件的亲历者。因此,仅就案件事实和证据的来源来看,职权主义诉讼模式和当事人主义诉讼模式没有本质的不同。历史经验表明,通过当事人之间利益的对立和相互博弈,当事人主义在揭示案件事实方面并不比职权主义差。与此不同,举证时限在诉讼理念上的挑战显然要大得多,也即迟延提出的证据不予质证而在结果上产生的证据失权是否具有正当性。支持观点认为,民事诉讼中失权的正义性原理源于人们对诉讼效率性和时间经济性的认同。人们对诉讼的价值判断最基本的是诉讼的公正性,其次是诉讼的经济性。不过人们在考虑诉讼的经济性时,更多的是从法经济学中的经济投入和产出的比例关系来考量的,只是顾及物质的经济型,而没有考虑到时间的经济性,即以最小的时间投入获得同样的物质收获。尽管为公正地解决纠纷所消耗的时间是一种必要,但这种耗费不仅不能转化为物质财物的增加,而且除了直接消耗资源外,还由于时间的耗费间接导致物质财富的减少,因此,这里时间的耗费是人们力图避免的。民事诉讼中的失权主要有以下情形:(1)答辩权的丧失;(2)上诉权和申诉权的丧失;(3)管辖异议权的丧失;(4)证据提出权的丧失。[①] 怀疑观点认为,证据失权本质上不同于答辩、管辖权异议、上诉等失权,因此,不能用上述失权的必要性和合理性来说明证据失权的正当性。证据失权与实体公正存在不可调和的矛盾,失权会造成实体公正失落。我国目前的失权制度甚至不符合程序公正的要求。美、德等西方国家其实并未真正实行严格的证据失权。改造目前的举证时限制度,用费用制裁替代证据失权,是走出困境的方法。[②]

我国不仅在法律规定中明确当事人可以在法庭上提出新证据,在审判实践中,在判决书形成之前,当事人实际上都可以提出新的证据。因为无论是审判理念还是审判习惯都存在判决以事实为依据的问题,即追求案件事实真实的绝对化。由于在判决形成之前,审判人员对案件事实的认识是没有止境的,从哲学认知的意义上讲,即使判决形成后也没有使该案的审判人员成为对本案事实真相认识的终结者。审判人员只是在有限的认识范围内相对地认识了案件的事实真相。在这种理念的指导下,任何在判决形成之前出现的证据都有可能成为审判人员认识案件事实真相的金钥匙,拒绝新的证据就可能意味着错判。因此,在我国民事诉讼法和民事审判的实际操作中所谓"证据随时提出主义"就必然存在。[③]

尽管民事诉讼中的失权理念与我国客观真实的价值追求存在难以调和之处,然而,"证据提出随时主义"的弊端在诉讼实务中却相当明显:(1)开庭审理中无法

---

① 张卫平:《论民事诉讼中失权的正义性》,载《法学研究》1999 年第 6 期。

② 李浩:《举证时限制度的困境与出路——追问证据失权的正当性》,载《中国法学》2005 年第 3 期。最新讨论参见杨会新:《集中审理模式下证据失权制度重构》,载《现代法学》2018 年第 4 期。

③ 张卫平:《论民事诉讼中失权的正义性》,载《法学研究》1999 年第 6 期。

使质证工作顺利进行。(2)使庭审难以顺利进行。不仅如此,由于随时可以提出证据,这种制度设计也促使当事人选择突然袭击,以这种方式获得诉讼上的优势地位。这也是我国诚信诉讼文化迟迟无法形成的原因之一。针对上述问题,2002年《证据规定》专章规定"举证时限与证据交换",特别是第34条规定:"当事人应当在举证期限内向人民法院提交证据材料,当事人在举证期限内不提交的,视为放弃举证权利(第一款)。对于当事人逾期提交的证据材料,人民法院审理时不组织质证。但对方当事人同意质证的除外(第二款)。当事人增加、变更诉讼请求或者提起反诉的,应当在举证期限届满前提出(第三款)。"这是举证时限和证据交换制度在我国真正长出了牙齿,没有失权保障的举证时限和证据交换只是一种倡导性的规定,真正要让当事人认真对待举证时限和证据交换,就必须有严格意义上的证据失权制度。2002年《证据规定》关于举证时限和证据失权的规定具有重大的进步意义。不过,囿于传统诉讼思维的影响,《证据规定》第34条所规定的失权效并未得到司法实践的坚决执行,司法实践中当事人突袭提出证据的情况仍时有发生。不仅如此,虽然《证据规定》确立了证据失权制度,但《民事诉讼法》中关于新证据的规定却依旧存在。

2002年之后,关于以严格的证据失权为内核的举证时限和证据交换制度的去留问题一直是司法实践和诉讼理论共同关注的问题。[①] 最终,2015年《民事诉讼法解释》并未继续坚持严格意义上的证据失权制度,而是在第101条规定:"当事人逾期提供证据的,人民法院应当责令其说明理由,必要时可以要求其提供相应的证据(第一款)。当事人因客观原因逾期提供证据,或者对方当事人对逾期提供证据未提出异议的,视为未逾期(第二款)。"在第102条规定:"当事人因故意或者重大过失逾期提供的证据,人民法院不予采纳。但该证据与案件基本事实有关的,人民法院应当采纳,并依照民事诉讼法第65条、第115条第一款的规定予以训诫、罚款(第一款)。当事人非因故意或者重大过失逾期提供的证据,人民法院应当采纳,并对当事人予以训诫(第二款)。当事人一方要求另一方赔偿因逾期提供证据致使其增加的交通、住宿、就餐、误工、证人出庭作证等必要费用的,人民法院可予支持(第三款)。"虽然2015年《民事诉讼法解释》在形式上保留了举证时限和证据交换制度,但作为其内核的证据失权制度却被剥去了,作为折中,只是以训诫、罚款以及费用补偿作为替代。

以证据失权为内核的举证时限和证据交换制度为何无法在我国切实贯彻?为何2002年之后,我国司法实践与在总结司法实践经验基础上制定的《证据规定》出

---

① 例如李浩:《举证时限制度的困境与出路——追问证据失权的正义性》,载《中国法学》2005年第3期。对于举证时限制度的积极评价参见郭小冬、姜建兴:《民事诉讼中的证据和证明》,厦门大学出版社2009年版,第205页。

现了两张皮的问题？[①] 既然《证据规定》第 34 条已经明确规定了证据失权，那么，司法实践中的证据突袭却又为何依旧大行其道？以至于同样是总结司法实践经验的《民事诉讼法解释》第 101 条和第 102 条要实质性地放弃证据失权？举证时限和证据交换制度为何在我国产生了去实质化的倾向，其反思的意义不仅局限在该制度本身，也是我国民事审判方式改革中问题和隐忧的一个缩影。

以证据失权为内核的举证时限和证据交换制度在我国举步维艰的原因有两个层面，一是理念层面过于超前和准备不足，二是制度层面的僵化理解和法解释的失位。在理念上，我国民事审判方式改革的主要动机是解决"案多人少"问题，作为副产品是强调当事人应该在民事诉讼中有更多的担当。但证据失权的理念基础是在诉讼目的上认同，民事诉讼以保护民事实体权利为核心，案件客观真相是实现这一诉讼目的的手段和途径，但其并非是目的本身。为了解决民事纠纷，国家设立了法院，从而使人们得以主张和实现民事权利。为了规范国家民事法院的程序，国家又制定出民事诉讼法。[②] 当事人最关心的也是他可以在满足何种条件后获得胜诉并得到法院提供的法律保护。由此可见，民事诉讼的目的和诉权不仅是立法的逻辑起点，而且也是民事诉讼法学理论的出发点。它们构成了民事诉讼金字塔形理论体系框架的第一层。所有较之更为具体的民事诉讼理论问题都脱胎于此。任何民事诉讼法律制度的起点在于国家仅在极小的范围内准许个人动用自己的力量去保护其受到损害或受到威胁的民事权益。如果因为事实上或法律上的原因，个人不被准许或者也没有能力用自己的力量去保护其受到损害或被威胁的权益，那么，他就应当向国家设置的司法机关寻求帮助。诉权正是诉讼目的的必然要求。国家通过排除私力救济并规定司法机关应当提供这样或那样的法律保护的前提条件，就是承认了提供法律保护是国家的义务，并赋予个人以权利。诉讼目的和诉权虽然抽象，但却与民事诉讼法律体系的具体样态密切相关，这也直接影响到当事人是否可以通过提起民事诉讼主张自己的民事权益。从诉讼目的论和诉权观出发，无论诉讼请求是否在事后看来有根据，任何人都应当被允许进入民事诉讼并在法院前接受符合法律要求的审判。这正是禁止私人暴力的国家承诺，也是保障社会和平稳定的必然代价。

在制度层面，人们对举证时限制度的职责主要集中在举证失权的严苛性。但实际上，从最高法院规定的举证时限制度来看，其并不严苛。因为举证时限制度中存在所谓"新证据"的规定，使得当事人的逾期举证具有了相当程度的例外，只要是

---

① 张卫平：《民事诉讼法》（第四版），法律出版社 2016 年版，第 225 页。

② 张卫平：《民事诉讼法》（第四版），法律出版社 2016 年版，第 8～9、14 页；王亚新、陈杭平、刘君博：《中国民事诉讼法重点讲义》，高等教育出版社 2017 年版，第 5 页；[德]罗森贝克、施瓦布、哥特瓦尔德：《德国民事诉讼法》，李大雪译，中国法制出版社 2007 年版，第 1 页。

"新证据",便不受举证时限的约束,享有失权的"豁免权"。①《证据规定》第 40 条第 1 款规定:"当事人收到对方交换的证据后提出反驳并提出新证据的,人民法院应当通知当事人在指定的时间进行交换。"第 41 条规定:"《民事诉讼法》第一百二十五条第一款规定的'新的证据',是指以下情形:(1)一审程序中的新的证据包括:当事人在一审举证期限届满后新发现的证据;当事人确因客观原因无法在举证期限内提供,经人民法院准许,在延长的期限内仍无法提供的证据;(2)二审程序中的新的证据包括:一审庭审结束后新发现的证据;当事人在一审举证期限届满前申请人民法院调查取证未获准许,二审法院经审查认为应当准许并依当事人申请调取的证据。"

除了对"新证据"的理解偏差,我国还存在证明标准单一的问题。之所以对"新证据"的认定没有能够充分缓解证据失权所带来的严苛性,也是因为对"新证据"的证明对当事人而言并不简单。如果无法使法官确信迟延提交的证据构成《民事诉讼法》和《证据规定》中的"新证据",也就难以通过"新证据"实现失权的"豁免"。《民事诉讼法解释》颁布实施以前,证明标准降低并未得到我国民事诉讼立法和司法解释的重视和强调。② 虽然我国《民事诉讼法》和相关司法解释并未出现"优势盖然性"或"降低证明标准"的明确表述,但仅据此认为我国不承认证明标准降低的论证或许是不周延的。《民事诉讼法》第 45 条采取了与第 64 条和《民事诉讼法解释》第 90 条不同的表述。据此,当事人提出回避申请的,应当"说明理由",而非"有责任提供证据"或"应当提供证据加以证明"。"说明理由"在语义上与德语 Glaubhaft-machung 高度一致。当然,其能否比照德国法进而认为法官回避的事由采取低于高度盖然性的疏明还有赖立法、司法解释的明确和判例的支持。与此类似的是,《民事诉讼法解释》第 101 条针对证据逾期提出规定,"人民法院应当责令其说明理由,必要时可以要求其提供相应的证据"。显然,这也与《民事诉讼法》第 64 条、《民事诉讼法解释》第 90 条的表述有明显区别。以"说明理由"为标准,《民事诉讼法解释》中还包括第 229 条,当事人在庭审中对其在庭审前的准备阶段认可的事实和证据提出不同意见的理由说明;第 342 条,当事人推翻其在第一审程序中实施的诉讼行为时的理由说明;第 368 条,担保物权实现程序被申请人对申请有异议时的理由说明;第 387 条,再审逾期提出证据的理由说明。③ (见图 6-3)

① 张卫平:《民事诉讼法》(第四版),法律出版社 2016 年版,第 225 页。
② 沈德咏:《最高人民法院民事诉讼法司法解释理解与适用》,人民法院出版社 2015 年版,第 357 页。
③ 任重:《我国诉前行为保全申请的实践难题:成因与出路》,载《环球法律评论》2016 年第 4 期。

民事诉讼证明标准 → 排除合理怀疑（90%）
- 欺诈 胁迫、恶意串通（109）
- 口头遗嘱、赠与事实（109）

民事诉讼证明标准 → 高度盖然性（75%）
- 行为保全和财产保全（民诉法第100、101条）

民事诉讼证明标准 → 优势盖然性（50%）
- 举证时限（民诉法第65条）
- 法官 回避（民诉法第44条、第45条）
- 推翻 庭审前认可事实和证据（229）
- 推翻第一审诉讼行为（342）
- 担保物权 申请异议（368）
- 再审逾期 提交证据（387）
- 其他程序事项（以"说明理由"为标志）

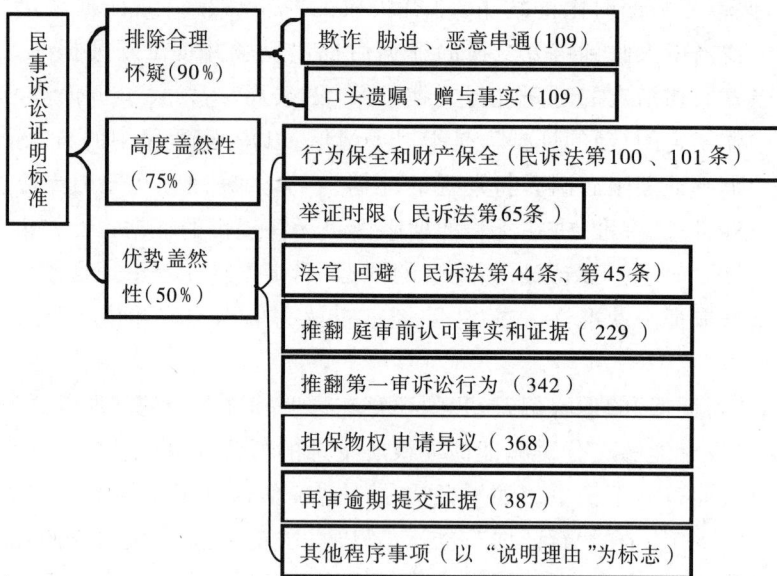

图 6-3　民事诉讼证明标准的三层结构①

五、审限制度

审理期限，是指法律规定人民法院审理案件的期限，也称为审限。1991 年《民事诉讼法》之前，我国并没有关于审理期限的明确规定。1991 年《民事诉讼法》第 135 条规定："人民法院适用普通程序审理的案件，应当在立案之日起六个月内审结。有特殊情况需要延长的，由本院院长批准，可以延长六个月；还需要延长的，报请上级人民法院批准。"第 146 条规定："人民法院适用简易程序审理案件，应当在立案之日起三个月内审结。"第 159 条规定："人民法院审理对判决的上诉案件，应当在第二审立案之日起三个月内审结。有特殊情况需要延长的，由本院院长批准（第一款）。人民法院审理对裁定的上诉案件，应当在第二审立案之日起三十日内作出终审裁定（第二款）。"第 163 条规定："人民法院适用特别程序审理的案件，应当在立案之日起三十日内或者公告期满后三十日内审结。有特殊情况需要延长的，由本院院长批准。但审理选民资格的案件除外。"

与民事诉讼中的其他制度设计不同，为我们熟知的域外民事诉讼法几乎没有类似审限制度的相关规定。这种差异的深层理论原因在于，审限制度根植于我国民事诉讼中法院占主导地位的现状。就法院对民事诉讼进程、诉讼标的和案件事实重构方面发挥的积极作用而言，我国民事诉讼审限制度的提出和贯彻并不难理

---

①　未明确说明时，图中条文出自《民事诉讼法解释》。

解。① 然而,以民事诉讼客观规律为视角审视审限制度会发现,审限制度的作用机制并不以民事诉讼法律关系为基础。作为民事诉讼法律关系主体的双方当事人基本被我国现行审限制度排除在外:一方面,具体案件的审限标准并不为当事人所知,法律并未规定法官有义务就此向当事人作出解释和说明;另一方面,面对法院超期审理的情形,现行审限制度也并未给当事人提供民事诉讼程序救济,当事人只能以民事诉讼法律制度以外的途径向审理法院的院领导或者上级人民法院进行反映,或者采取信访等特殊渠道。由此可见,审限制度在我国并非真正意义上的民事诉讼法律问题,其制度性质更接近法院内部管理规范和绩效标准。就此而言,审限制度是否适宜规定在《民事诉讼法》中也颇值得商榷。

在法院系统的积极要求下,审限制度被规定在 1991 年《民事诉讼法》中。与其他条文相比,民事诉讼审限制度受到了更认真的对待,②并在日后被自上而下反复强调。与司法实务的热情形成鲜明对比的是审限制度在理论研究中的冷遇。形式上的原因是其他国家的民事诉讼中大都没有审限制度,③因此欠缺比较法资料的来源和观点的支持。不仅如此,由于审限制度在法官与法院考核评价中的消极作用,关于延长审限比例及实际运作状况等重要数据和信息很难通过司法调研被获取。部分法院会在立案后要求当事人签署《调解同意书》,调解期间通常为 6 个月。根据《最高人民法院关于人民法院民事调解工作若干问题的规定》第 4 条和第 6 条规定,人民法院委派审判辅助人员进行庭外和解和经当事人同意继续调解的期间不计入审限。在上述法院近两年的审判实务中,鲜有不同意签署《调解同意书》的情形。因此,可以获得的司法数据难以全面客观描述审限制度的实际运作,难以支撑审限制度的相关研究。

民事审限制度的提出与 20 世纪 80 年代末 90 年代初民事诉讼案件数量的骤增相关:1989 年,我国民事一审案件增幅达 27.54%,1993 年后,民事一审案件连续四年持续高增长。④ 在此背景下出现了大量积案和诉讼拖沓问题。⑤ 建立审限制度的直接目的是在法官人力暂时无法得到完全补充的背景下提高诉讼效率,从而达到清理积案的效果。由此可见,审限制度在确立之初就具有应激性。在运作过程中,审限制度也逐步成为本院内部法官晋升和上下级法院绩效考核的主要标准,

---

① 王亚新:《我国民事诉讼立法上的审限问题及修改之必要》,载《人民司法》2005 年第 1 期。

② 审限制度确立之后,地方各级法院表现出持续的热情。各地不仅全面贯彻《民事诉讼法》关于审限的规定,并且自觉以更短的审限作为内部标准要求自己。参见于晓强:《陵县"审限减半"提升公信高效》,载《中国审判》2010 年第 1 期。

③ 蔡虹、刘加良:《论民事审限制度》,载《法商研究》2004 年第 4 期。

④ 王福华、融天明:《民事诉讼审限制度的存与废》,载《法律科学》2007 年第 4 期。

⑤ 例如截至 2000 年 7 月底仍有积案 1856802 件,其中有些是超审限甚至积压一两年的。参见祝铭山:《严格审限制度,提高审判效率》,载《人民法院报》2000 年 9 月 28 日第 1 版。

具有较为明显的内部性。不仅如此,审限的时长规定也基本是政策性的,其反映出快速解决民事纠纷和有效清理法院积案的主观愿景,却并未以民事诉讼平均时长等实证统计数据作为基础。因此,对审限时长的具体标准也较少留有价值判断余地和法律解释空间。① 这也构成审限制度较少为理论研究所关注的更深层次原因。

与审限制度的结构悖论相联系,其在民事司法中的具体实施也面临两难:一方面,过于刚性的审限规定由于并未以实证数据为基础,因此在民事司法实务中不断出现与具体案件差异性之间不可调和的紧张关系,甚至被认为其既不能准确反映诉讼效率,②又因为过分追求审限内结案而引发一系列损害当事人程序权利甚至实体权利的异化现象。③ 另一方面,柔性和充分体现具体案件差别的例外规定又可能架空审限制度,进而使其在消除积案和促进诉讼效率方面的积极作用也难以为继。为了实现制度作用就不得不一再强调对审限的遵守。为了避免法官的恣意和规避就不得不一再细化审限在期间、扣除、延长理由和程序中的具体操作。而对审限的严格遵守又迫使法官尝试新方法在具体案件中弱化审限制度规定,甚至挤压当事人的程序和实体权利。面对实践中的新情况,立法者和最高人民法院又不得不再次细化和强化审限制度的各项要求,从而在审限制度的刚性和具体案件的个性之间来回反复,却又难以找到科学和合理的平衡点。

审限制度异化现象的克服和裁判迟延问题的解决应当以民事诉讼自身发展规律和民事诉讼法律关系为基础展开。德国民事诉讼中的迟延裁判异议及损害赔偿制度是一种在此基础上进行的有益尝试。④ 与我国审限制度相比,德国以诉讼当事人为制度主体,以当事人向审理法院提出异议的方式预防裁判迟延的发生。出于审判独立和业务负担的考虑,德国《法院组织法》第 198 条以下并未允许当事人就迟延裁判再向上级法院提出特别抗告。在审理法院无视当事人异议导致裁判迟延时,当事人被赋予特殊的损害赔偿请求权,并对非物质性损害提供了具体的赔偿标准。当事人据此得以向州高等法院或联邦最高法院以州政府或联邦政府为被告

---

① 这一推论也可以在既有文献中得到印证。既有文献多集中讨论和强调民事审限制度在司法实践中的严格执行;约束法官随意延长和扣除审限的行为;减少可以延长次数;明确延期具体期限和明确延长理由等,如刘雅珍:《超审限是违法行为》,载《现代法学》2000 年 10 月第 5 期。

② 王福华、融天明:《民事诉讼审限制度的存与废》,载《法律科学》2007 年第 4 期。

③ 审限制度异化的具体表现为:(1)通过简易程序转普通程序规避审限限制;(2)滥用延长次数和延长期限,甚至出现无期限拖延,然而却并不违反审限规定;(3)滥用审限扣除情形;(4)延长审限理由宽泛,甚至法定期限不能审结都可以延长;(5)超审限之后补办审批等。参见叶德武、黄家波、黄金波、冯杨勇、郭娟:《全面完善审限制度,逐步促进审限规范》,载《人民法院报》2013 年 5 月 16 日第 8 版。

④ 任重:《民事迟延裁判治理转型》,载《国家检察官学院学报》2016 年第 4 期。

主张因迟延裁判引发的损害赔偿,从而在当事人权益保护、法官独立行使审判权和司法公信力之间找到了科学和合理的平衡点。虽然德国民事诉讼迟延裁判异议及损害赔偿制度的实际效果尚需较长时间的观察和总结,并且类似制度的引入也须结合我国国情进行细致和全面的讨论与评估,需要以《民事诉讼法》《国家赔偿法》等法律群的全盘调整为前提。但以民事诉讼法律关系及其自身发展规律为基础,在当事人实体和程序权利保护的语境下寻找解决方案却为我国民事诉讼迟延裁判的治理提供了新的思路。法院是民事诉讼法律关系的重要主体,其裁判行为同样是诉讼行为的一种,对于法院的不作为应当在民事诉讼制度框架内加以解决。作为民事诉讼法律关系的另一方,当事人对迟延裁判有直接利害关系,其也更有能力发现和制约法院的不作为。以当事人作为制约迟延裁判的权利主体,坚持以当事人的诉讼权利制约法院的审判权力,也同样有利于法院依法独立行使审判权。借此可以避免进入以院长和上级法院的行政权力制约法官和下级法院审判权力的恶性循环,并可能最终通过行政权力管理模式向诉讼权利制约模式的转型,实现民事诉讼中迟延裁判的科学应对和完满解决。

六、庭审方式

对于我国庭审方式改革,具有关键意义的是 1998 年颁布实施的《最高人民法院关于民事经济审判方式改革问题的若干规定》,其专章规定了"关于改进庭审方式问题",并在第 8 条规定:"法庭调查按下列顺序进行:1、由原告口头陈述事实或者宣读起诉状,讲明具体诉讼请求和理由。2、由被告口头陈述事实或者宣读答辩状,对原告诉讼请求提出异议或者反诉的,讲明具体请求和理由。3、第三人陈述或者答辩,有独立请求权的第三人陈述诉讼请求和理由;无独立请求权的第三人针对原、被告的陈述提出承认或者否认的答辩意见。4、原告或者被告对第三人的陈述进行答辩。5、审判长或者独任审判员归纳本案争议焦点或者法庭调查重点,并征求当事人的意见。6、原告出示证据,被告进行质证;被告出示证据,原告进行质证。7、原、被告对第三人出示的证据进行质证;第三人对原告或者被告出示的证据进行质证。8、审判人员出示人民法院调查收集的证据,原告、被告和第三人进行质证(第一款)。经审判长许可,当事人可以向证人发问,当事人可以互相发问(第二款)。审判人员可以询问当事人(第三款)。"随后在第 9 条到第 20 条分别对证据证明、本次开庭小结和下次开庭重点、第二次开庭只调查审理未调查事项、法庭调查结束前对认定事实和当事人争议事实进行归纳总结、围绕争议焦点进行辩论、辩论次序和下一轮辩论、法庭辩论时审判人员的行为要求以及适用简易程序的审理程序进行了规定。

上述规定旨在改变原有的庭审方式。根据 1956 年《程序总结》的规定,庭审方式大致可以概括为以下步骤:审判员或审判员指定的人民陪审员介绍原告人起诉的要求与理由及被告人的答辩内容→由原告人和被告人分别作补充陈述→再由审判人员就争执焦点向双方当事人进行讯问→接着讯问证人或鉴定人→法庭如果认为案情已经完全查清,即由审判员宣布开始辩论→先由原告人或者他的代理人发言→次由被告人或者他的代理人答辩→以后可以互相进行辩论→原告人或者他的代理人辩论后,必须再让被告人或者他的代理人最后辩论→辩论中,如果发现与本案有关的新事实需要进一步调查时,法庭可以宣布停止辩论,恢复调查,或者裁定案件延期审理→在查清事实的基础上,法庭根据实际情况,对那些可以用调解方式解决的案件,可以随时向双方当事人讲解政策、法律、法令,进行团结教育,在双方当事人自愿的原则下,当庭试行调解,也可以宣布临时休庭,让双方当事人自行协议→如果调解成立,即当庭制作调解书。如果调解不成,即继续进行审判。

　　1957 年《民事案件审判程序(草稿)》基本延续了《程序总结》中的庭审方式和顺序,并特别在第 28 条专门强调了当事人的诉讼权利。1979 年《人民法院审理民事案件程序制度的规定(试行)》在开庭审理部分,除规定公开审理原则外,规定开庭审理的程序如下:"(一)书记员查点当事人和有关人员是否到齐,宣布法庭注意事项。审判长宣布法庭的组成人员,核对当事人的身份,告知当事人应有的诉讼权利。(二)核对案件事实。通过对当事人和证人的讯问,检验开庭审理前调查的材料是否可靠、准确。讯问时要查明案件的基本情况,抓住事实的关键,找出纠纷发生的根源,分清是非责任。不能到庭的证人的证明材料要当庭宣读。有鉴定书或现场勘察材料的,要当庭宣布或让当事人阅看。(三)核对事实后,应允许当事人充分进行辩论和陈述。允许当事人向证人、鉴定人发问,允许被告人作最后申辩。如果当事人就事实提出新的问题,不能当庭查对的,可宣布休庭,另行调查处理。(四)再次进行调解。法庭在查明案件事实的基础上,对可以调解解决的案件,应再次进行调解。(五)审讯笔录的宣读和签名。"

　　1982 年《民事诉讼法(试行)》基本延续了 1979 年《制度规定》的主要内容,其在第 107 条规定法庭调查:"法庭调查按下列顺序进行:(一)询问当事人和当事人陈述;(二)告知证人的权利义务,询问证人,宣读未到庭的证人证言;(三)询问鉴定人,宣读鉴定结论;(四)出示书证、物证和视听资料;(五)宣读勘验笔录。"在第 110 条规定法庭辩论:"法庭辩论按下列顺序进行:(一)原告及其诉讼代理人发言;(二)被告及其诉讼代理人答辩;(三)双方互相辩论(第一款)。法庭辩论终结,由审判长按原告、被告的先后顺序征询双方最后意见(第二款)。"通过将法庭调查和法庭辩论分别规定在不同条文,1982 年《民事诉讼法(试行)》在原有庭审方式和顺序的基础上实现了法庭调查和法庭辩论的二阶段化。除此之外,其内容基本延续我国传统的庭审方式和顺序。

　　相比于 1982 年《民事诉讼法(试行)》,1991 年《民事诉讼法》更进一步加强了当事人在民事诉讼中的作用。其第 124 条规定:"法庭调查按照下列顺序进行:

（一）当事人陈述；（二）告知证人的权利义务，证人作证，宣读未到庭的证人证言；（三）出示书证、物证和视听资料；（四）宣读鉴定结论；（五）宣读勘验笔录。"第127条规定："法庭辩论按照下列顺序进行：（一）原告及其诉讼代理人发言；（二）被告及其诉讼代理人答辩；（三）第三人及其诉讼代理人发言或者答辩；（四）互相辩论（第一款）。法庭辩论终结，由审判长按照原告、被告、第三人的先后顺序征询各方最后意见（第二款）。"

1991年《民事诉讼法》在法庭调查和法庭辩论方面的修订有以下几个方面：（1）删去"询问当事人"；（2）将出示书证、物证和视听资料置于鉴定结论之前；（3）增加第三人及其诉讼代理人发言或答辩并在第2款作出相应调整。2007年民事诉讼法修正案并未改变1991年《民事诉讼法》上述两个条文的表述。2012年民事诉讼法修订时在第138条第1款第3项增加了电子数据内容，将第4项的"鉴定结论"修改为"鉴定意见"。

与1991年《民事诉讼法》相比，1998年《最高人民法院关于民事经济审判方式改革问题的若干规定》只是进一步细化和具体化，但在庭审方式和顺序上并没有本质的改动。尽管如此，其依旧有较为积极的价值和作用。1991年《民事诉讼法》第124条虽然删去了"询问当事人"，只保留"当事人陈述"，但并未明确此处的当事人陈述之内容和目的为何。1998年《若干规定》将其细化为5个步骤，分别是：1、由原告口头陈述事实或者宣读起诉状，讲明具体诉讼请求和理由。2、由被告口头陈述事实或者宣读答辩状，对原告诉讼请求提出异议或者反诉的，讲明具体请求和理由。3、第三人陈述或者答辩，有独立请求权的第三人陈述诉讼请求和理由；无独立请求权的第三人针对原、被告的陈述提出承认或者否认的答辩意见。4、原告或者被告对第三人的陈述进行答辩。5、审判长或者独任审判员归纳本案争议焦点或者法庭调查重点，并征求当事人的意见。这实际上是将当事人在开庭审理中的陈述作为法院事实认定和证据调查的准据，在庭审方式和顺序上贯彻了当事人主义诉讼模式。

尽管如此，我国《民事诉讼法》分别用两个法条规定法庭调查和法庭辩论的做法并没有因为庭审方式改革而有根本的改变，司法实践中亦严格遵循法庭调查和法庭辩论的前后两个阶段。对此，有学者主张，我国民事庭审结构大致可分为法庭调查与法庭辩论前后两个阶段。在我国诉讼模式从职权主义转向辩论主义的情形下，这种以苏联为样本进行阶段性划分的庭审构造致使庭审各阶段功能重复与界限不清，并且在争点不明的情况下贸然进入证据调查容易肇致无的放矢等问题。观诸两大法系庭审设计，英美法系因陪审制而实行集中审理，故将审理分为审前和庭审两个阶段；又因采用证据分离主义，从而将事实主张与证据调查的功能分置于前述两个阶段。相反，大陆法系之德日由于采用口头审理方式之证据结合主义，因此诉讼程序整体上并未区别事实主张与证据调查两个阶段；又因实行辩论主义，从而将庭审区分为口头辩论与证据调查两个阶段以区别诉讼资料与证据资料。鉴于我国民事诉讼模式已经从职权主义转向辩论主义,加之采用并行审理方式,又因法律传统等因素,宜参照德日民事诉讼法庭审构造,对调我国现行庭审两阶段,激活法庭辩论并提高以争点为中心的法庭调查的效能。[①]

七、审判与调解的关系

调解在我国经历了"U"形演变并复又逐渐回归到与审判之间的理性关系。

调解在我国有悠久的历史,民间调解传统契合中国人特有的心理和行为方式,从而延续下来,并被吸收进司法制度中,成为中国司法解决争议的一种重要方法和手段。这种演变的一个重要标志是作为我们现行民事司法制度重要历史继承部分的"马锡五审判方式"的确立。[②]"马锡五审判方式"是对陕甘宁边区从事司法裁判工作特点的概括,体现的是当事人司法裁判方式。"着重调解"被视为"马锡五审判方式"的最基本特点之一。

这一认识也反映在中华人民共和国成立后的法律文件中。1950 年颁布的《中华人民共和国诉讼程序试行通则(草案)》第 2 条第 1 款规定:"根除反动司法机关压迫人民的、烦琐迟缓的、形式主义的诉讼程序;实行便利人民的、简易迅速的、实事求是的诉讼程序。"尽管如此,立法者在当时却并不认为调解是诉讼的必经程序。《试行通则(草案)》第 30 条规定:"民事或轻微刑事案件的当事人得向人民法院申请调解(第一款)。起诉的民事或轻微的刑事案件,法院亦应视具体情况,现行调解。调解如不成立,应即进行审判。但调解非诉讼必经程序(第二款)。法院进行调解,必须分清是非,不违反政策法令,且不得强使当事人接受。"第 31 条规定了调解的时间、地点和集体调解:"人民法院进行调解,不论在声请时、审理时或执行时,院内或院外,均得为之。同类案件较多者,如法院认为适当时,亦得进行集体调解。"第 32 条规定了调解的具体操作规则:"法院进行调解,应将双方争执要点、调解结果及其内容记明笔录。调解合法成立者,应填制调解书(载明调解内容),或调解证(仅载明调解成立),发给双方(第一款)。但显无必要者,得不发给(第二款)。"

而为何在中华人民共和国建国之初要强调调解的地位和作用,除了历史传统和意识形态的原因,也显然与当时裁判根据不足有关,这也体现在《试行通则(草案)》第 3 条:"人民司法机关处理案件,有中国人民政治协商会议共同纲领,人民政府或人民解放军的纲领、法律、法令、条例、命令、决议规定者,依其规定;无规定者,依新民主主义的政策。"

与《试行通则(草案)》一脉相承,对调解的强调也体现在 1956 年《程序总结》

---

① 段文波:《我国民事庭审阶段化构造再认识》,载《中国法学》2015 年第 2 期。

② 张卫平:《诉讼调解:时下形态的分析与思考》,载《法学》2007 年第 5 期。

中,其不仅在第二章"审理案件前的准备工作"中专门规定了"试行调解",①还在第三章"审理"部分特别强调法庭根据实际情况,在查清事实的基础上可以用调解方式解决案件。② 此外,第五章"上诉"中也有关于调解的内容,即"对事实已经清楚而又有调解可能的案件,可以进行调解。公开审理和调解的程序,都可以参照前述审理第一审案件的程序"。将 1956 年《程序总结》条文化的 1957 年《审判程序(草稿)》在第 16 条以下几种规定了调解的内容,其中第 16 条规定:"审判人员认为案情明确而又有调解可能的案件,可以试行调解。当事人也可以随时请求调解(第一款)。除婚姻案件外,调解不是诉讼毕竟的程序,调解不成,应当继续进行审判(第二款)。"第 18 条重申了调解工作的自愿原则与合法原则:"调解必须处于双方当事人自愿,必须遵守政策、法律、法令。违反当事人自愿和违背政策、法律、法令的调解无效。"第 20 条明确调解的效力:"由人民法院主持成立的调解,与判决有同等效力。如果当事人一方事后翻悔,经审查原调解确有错误的,可以参照人民法院组织法第十二条第一款规定的审判监督程序处理(第一款)。经过审查原调解并无错误,不准许翻悔,债务人翻悔无正当理由,而债权人申请执行时,可以强制执行(第二款)。"第 21 条对诉讼外和解的效力进行了规定:"已经向人民法院起诉,而当事人双方在外达成和解的,应当由双方当事人具状撤回案件(第一款)。经当事人和解撤回的案件,除有正当理由之外,不能就同一诉讼标的再行起诉。"

在 1982 年《民事诉讼法(试行)》之前指导我国民事审判实践的《人民法院审判

---

① "(四)试行调解。对那些案情已经明确而又有调解可能的案件(不是所有的案件),为增进人民内部团结以利发展生产,受理这种案件的审判人员可以试行调解,当事人也可以随时请求调解。但是,除婚姻案件外,调解不是诉讼必经程序,不是不经调解就不能审判。调解可以在人民法院内进行,也可以在人民法院外进行。调解必须出于双方当事人的自愿,必须遵守政策、法律、法令。调解时,一般先由审判人员讲解政策、法律、法令和进行团结教育,然后由双方当事人考虑和协商。如果调解成立,就由双方当事人在调解笔录上签名或者盖章,主持调解的审判人员和书记员也应当签名,然后制发调解书。如果调解不成,即决定开庭审理。由人民法院主持成立的调解,与判决有同等效力。如果当事人一方事后翻悔,经审查原调解确有错误的,可以参照人民法院组织法第十二条第一款规定的审判监督程序处理。首先可以由合议庭传唤双方当事人再进行调解,如果调解不成,即进行审判。如经审查原调解并无错误,应不准翻悔,债务人翻悔无正当理由,而债权人申请执行时,可以强制执行。已经在法院起诉而当事人双方在外成立和解的,应当由双方当事人具状撤回案件。经当事人和解撤回的案件,除有正当理由外,不得就同一标的再行起诉。"

② "在查清事实的基础上,法庭根据实际情况,对那些可以用调解方式解决的案件,可以随时向双方当事人讲解政策、法律、法令,进行团结教育,在双方当事人自愿的原则下,当庭试行调解,也可以宣布临时休庭,让双方当事人自行协议。如果调解成立,即当庭制作调解书。如果调解不成,即继续进行审判。"

民事案件程序制度的规定(试行)》也专章对调解作出了规定。① 与以往的法律文件不同,1979 年《制度规定(试行)》特别强调"调解为主",其规定"凡可以调解解决的,就不要用判决,需要判决的,一般也要先进行调解"。重调解的导向也体现在1982 年《民事诉讼法(试行)》的法律条文中,其第 6 条规定:"人民法院审理民事案件,应当着重进行调解;调解无效的,应当及时判决。"第 97 条规定:"人民法院受理的民事案件,能够调解的,应当在查明事实、分清是非的基础上进行调解,促使当事人互相谅解,达成协议。"第 111 条规定:"法庭辩论终结,可以再行调解;调解未达成协议的,依法作出判决。"第 153 条规定:"第二审人民法院审理上诉案件,可以进行调解。调解达成协议,应当制作调解书,由审判人员、书记员署名,并加盖人民法院印章。调解书送达后,原审人民法院的判决即视为撤销。"就此,调解制度在我国达到了第一次高潮。在与审判的关系上,调解处于优势地位。虽然《民事诉讼法(试行)》也明确规定,调解必须自愿,但将着重调解作为一项原则规定时,必然在一定程度上会影响调解的自愿性,与民事诉讼的处分原则形成冲突和紧张。②

调解与审判的关系同样是 1988 年召开的全国第 14 次审判工作会议的改革重点。审判方式改革的"中心工作"包括强调当事人的举证责任、调整调解与判决的相互关系。所谓"调整诉讼调解与判决的相互关系",其实质就是弱化诉讼调解在民事诉讼中的地位,强调的是"该调则调,该判则判"。③ 当然,这种转向的原因是多方面的。一方面,调解作为我国传统的民事审判方式的一部分,在新时期开始被反思,④另一方面,以《民法通则》为中心的民事实体法律体系逐渐开始形成,这为以审判为中心提供了坚实的法律基础。时任最高人民法院院长的任建新在全国第14 次审判工作会议上所做的报告中强调:"不断深化对民事审判工作重要性的认

---

① "处理民事案件应坚持调解为主。凡可以调解解决的,就不要用判决,需要判决的,一般也要先经过调解。处理离婚案件,必须经过调解。调解要尽量就地进行。调解要坚持自愿的原则,对当事人只能说服教育,以理服人,不得强迫。调解必须按政策、法律办事,遵循'团结—批评—团结'的公式,充分依靠基层组织和群众,对当事人进行政治思想教育、政策法律教育,分清是非,深入细致地做好当事人的思想工作,在提高觉悟的基础上,互相协商,解决问题。调解笔录、达成的协议应由当事人和参加调解的人员签名或盖章。人民法院调解解决的民事案件,应制作调解书,发给当事人。调解书应写明当事人的基本情况、案件事实、争执焦点和调解结果,写明'本调解书与判决书有同等法律效力'。调解书由审判人员或合议庭人员署名,人民法院盖章。经调解和好的离婚案件,可不制作调解书,但要写明情况,记录存卷。如果当事人对调解达成的协议事后翻悔,应审查原因,由审判人员或合议庭再行调解,调解不成,即可判决。"

② 张卫平:《中国民事诉讼法立法四十年》,载《法学》2018 年第 7 期。

③ 张卫平:《诉讼调解:时下形态的分析与思考》,载《法学》2007 年第 5 期。

④ 江伟教授和李浩教授明确指出,着重调解原则已经不适合市场经济发展的要求,不利于保护当事人的民事权利。参见江伟、李浩:《论市场经济与法院调解制度的完善》,载《中国人民大学学报》1995 年第 3 期。

识,切实加强对民事审判工作的领导。在新形势下做好民事审判工作,严格依照民事法律保护公民、法人的合法权益,对防止矛盾激化,维护社会安定团结,深化改革、扩大开放,促进社会生产力的发展,促进社会主义精神文明建设,都具有十分重要的意义。"

在这一指导思想影响下,1991年《民事诉讼法》第9条规定:"人民法院审理民事案件,应当根据自愿和合法的原则进行调解;调解不成的,应当及时判决。"相比1982年《民事诉讼法(试行)》第6条规定,更强调调解的自愿和合法,弱化调解相对于审判的优势地位。立法和司法政策上的转向也第一时间体现在司法实践中,尤其是在《证据规定》出台之后。由于证据规则方面更加细化,民事诉讼程序的刚性特征也得以强化,基于上述综合因素,在民事诉讼中,诉讼调解结案率大幅度降低,在许多法院,诉讼调解结案率已经不到10%,二审案件诉讼调解结案率更低。[①]

不过,随着21世纪初和谐诉讼模式的提出,以及司法政策上对提高诉讼调解结案率的追求,调解结案率又迅速回升。一些在诉讼调解方面走在前列的基层法院几乎是以每年5%以上甚至10%的幅度在提高诉讼调解的结案率,诉讼调解结案率已经超过60%,个别法院甚至已经超过70%。中级法院的诉讼调解结案率也达到了30%或40%以上。调解结案率、"调撤率"已经成为衡量一个法院,尤其是基层法院工作业绩的一个"硬指标"。不仅如此,它也同时成为了衡量一个审判员业务工作的"硬指标"。[②] 诉讼调解迎来了"U"形演变的第三个阶段,从谷底迅速攀升到最顶峰。对此,张卫平教授认为,诉讼调解再兴的原因主要存在四个方面:(1)受到国外纠纷解决方式变化的影响。(2)实体法、程序法的"刚性"以及实体法的缺失。(3)民事审判方式改革受阻,促成了诉讼调解的回归。(4)审判责任追究机制强化了法官的"避错"心里,使得法官在审判中尽可能回避直接通过裁判解决纠纷。[③]

而在我国新形势下,调解优势地位的重新确立,也带来了诸多问题,其中首先是对当事人民事权利和程序权利的损害。审判人员能通过"背靠背"的方式促成调解,其实质是要求权利人放弃自己的部分权利,或者被告要承担部分自己本不应当承担的义务。不仅如此,这也逐渐形成了法律虚无主义,法律中规定的当事人权利无法通过诉讼的方式被全面实现。由于调解将事实认定和法律适用的问题模糊化,这也就导致法官无需在诉讼中努力查明事实,追究事实的真相。在法律适用方面也就不需要探究法律规定的精神、法律适用的最佳状态和法律适用的科学性。

---

① 张卫平:《诉讼调解:时下形态的分析与思考》,载《法学》2007年第5期。
② 张卫平:《诉讼调解:时下形态的分析与思考》,载《法学》2007年第5期。
③ 张卫平:《诉讼调解:时下形态的分析与思考》,载《法学》2007年第5期。

从而影响了我国法官裁判水平的提高。①

　　幸运的是,随着和谐诉讼模式的戛然而止,调解开始重新回归理性的定位。民事诉讼目的是保护当事人的民事实体权利,这是一个国家禁止当事人私力救济的必然逻辑结果。当国家法律赋予的民事权利无法通过民事诉讼被实现或者只能部分实现,则当事人必然重新通过私力救济的方式来充分行使自己的权利,这将在总体上破坏一个国家和社会的长治久安。不仅如此,法律所赋予的民事实体权利无法通过民事诉讼被实现,还将使民众丧失对法律的信心和信仰,不可能真正认同自己是民事诉讼中的主人翁。因此,在调解和判决的关系上,不应过分强调调解的优先地位,而应当切实履行民事判决这一庄严的国家承诺,将调解真正建立在自愿和合法的基础之上。

---

　　①　张卫平:《诉讼调解:时下形态的分析与思考》,载《法学》2007 年第 5 期。

第七章

程序保障的诸措施

引　言

　　本章是对民事诉讼法程序保障的诸制度的变迁梳理,主要包括三大部分内容,即保全制度、送达制度以及民事诉讼强制措施制度。这三部分内容应当说是民事诉讼法自立法之初即存在的制度,经过 30 余年的修订,制度逻辑也发生了相应的变迁,而背后支撑这种变迁的仍然是这些年司法改革以及学者理论研究所倡导的主旋律,即从职权主义向当事人主义审判模式转变。而正是经历了这样的变迁,当事人诉讼权利逐渐增大进而制约法院的同时,作为程序保障制度的民事强制措施制度亦逐步完善,进而对当事人的诉讼行为形成了有效的规制。而保全制度的变迁亦反映出了对当事人权利保障的加强,一方面表现为诉前保全的增设,另一方面则表现为双方当事人在保全问题上的保障趋于平衡,逐步实现了平等保护的目标。送达制度由于其特殊性,仍然适用了职权送达主义,但是逐步强化了送达的制度网,同时提升了法院在送达环节的权力,增大了送达的便利性与证明上的便利性,强化了对规避送达行为的制裁,以保障了权利人的权利的实现。

　　总体而言,程序保障制度作为民事诉讼法一项必备制度,在三十余年的变迁中,展示出来诸多制度变迁的规律,下文将对这几项制度的变迁予以梳理、总结。

一、保全制度的变迁

(一)1982—2015 年民事诉讼保全制度的基本结构

1.1982 年《民事诉讼法(试行)》

1982 年《民事诉讼法(试行)》中,诉讼保全规定于一审普通程序之中[①],共三条,即第 92 条至第 94 条。

1982 年《民事诉讼法(试行)》规定的诉讼保全主要是诉讼中的财产保全。[②] 启动财产保全的方式主要有两种,即当事人申请启动和法院依职权启动。同时,对于保全的范围予以限定,并对保全的方式作了列举式规定。[③] 对于申请人是否提供担保及申请人败诉时的损害赔偿责任作了相应的规定。[④]

2.1991 年《民事诉讼法》

1991 年《民事诉讼法》中,诉讼保全规定于总则第九章,[⑤]共五条,即第 92 条至第 96 条。

1991 年《民事诉讼法》规定了两种财产保全制度,即诉中财产保全与诉前财产保全。在启动方式上,诉中财产保全依然为两种启动方式,即依"对方当事人申请"和依法院职权启动。不过,法院依职权启动被附加了"必要时"的限制。同时在该种保全制度中,亦允许法院裁量决定是否需要提供担保。而在诉前财产保全制度中,启动方式仅有当事人申请一种,且申请人必须提供担保。同时为了保护被申请

---

① 1982 年《民事诉讼法(试行)》第二编第十章第三节。

② 1982 年《民事诉讼法(试行)》第 92 条:"人民法院对于可能因当事人一方的行为或者其他原因,使判决不能执行或者难以执行的案件,可以根据对方当事人的申请,或者依职权作出诉讼保全的裁定。人民法院接受当事人诉讼保全的申请后,对情况紧急的,必须在四十八小时内作出裁定,并开始执行。"

③ 1982 年《民事诉讼法(试行)》第 93 条:"诉讼保全限于诉讼请求的范围,或者与本案有关的财物。诉讼保全采取查封、扣押、冻结、责令提供担保或者法律准许的其他方法。人民法院对查封、扣押的物品,不宜长期保存的,可以变卖,保存价款。"

④ 1982 年《民事诉讼法(试行)》第 94 条:"人民法院决定采取诉讼保全措施,可以令申请人提供担保;拒绝提供的,驳回申请。申请人败诉的,应当赔偿被申请人因诉讼保全所遭受的财产损失。"

⑤ 1991 年《民事诉讼法》第一编第九章。

人的利益,规定了申请人提起诉讼的期限,即"15 日",若不提起诉讼,则解除保全措施。①

需要注意的是在对财产予以冻结后,增加了"法院通知被冻结人"以及"不得重复查封、冻结"的规定,增强了对被申请人的程序保障。②

为了保障被申请人的正常生产生活,规定"被申请人提供担保,可以解除保全措施"。在申请有错误时,申请人应当赔偿被申请人的损害。应当注意的是,此时非"申请人败诉",而是"申请有错误"。③

3. 1992 年《民诉意见》

继 1991 年《民事诉讼法》颁布施行后,最高人民法院于 1992 年制定《最高人民法院关于适用〈中华人民共和国民事诉讼法〉若干问题的意见》,其中于第 31 条至第 32 条对诉前财产保全的管辖法院作了明确的规定。包括申请保全的管辖法院、保全后当事人起诉的管辖法院、未于法定期间起诉而导致被申请人损害诉讼的管辖法院作了较明确的规定。④

另外,于第 98 条至第 105 条对诉讼保全的相关程序操作作了更为明确细致的规定。主要包括对担保数额、不宜长期保存物品的保全处置、被保全财产的保管义务、不动产及特殊动产的保全措施、抵押物及留置物的保全、一审结束二审开始前

---

① 1991 年《民事诉讼法》第 92 条:"人民法院对于可能因当事人一方的行为或者其他原因,使判决不能执行或者难以执行的案件,可以根据对方当事人的申请,作出财产保全的裁定;当事人没有提出申请的,人民法院在必要时也可以裁定采取财产保全措施。人民法院采取财产保全措施,可以责令申请人提供担保;申请人不提供担保的,驳回申请。人民法院接受申请后,对情况紧急的,必须在四十八小时内作出裁定;裁定采取财产保全措施的,应当立即开始执行。"第 93 条:"利害关系人因情况紧急,不立即申请财产保全将会使其合法权益受到难以弥补的损害的,可以在起诉前向人民法院申请采取财产保全措施。申请人应当提供担保,不提供担保的,驳回申请。人民法院接受申请后,必须在四十八小时内作出裁定;裁定采取财产保全措施的,应当立即开始执行。申请人在人民法院采取保全措施后十五日内不起诉的,人民法院应当解除财产保全。"

② 1991 年《民事诉讼法》第 94 条:"财产保全限于请求的范围,或者与本案有关的财物。财产保全采取查封、扣押、冻结或者法律规定的其他方法。人民法院冻结财产后,应当立即通知被冻结财产的人。财产已被查封、冻结的,不得重复查封、冻结。"

③ 1991 年《民事诉讼法》第 95 条:"被申请人提供担保的,人民法院应当解除财产保全。"第 96 条:"申请有错误的,申请人应当赔偿被申请人因财产保全所遭受的损失。"

④ 《最高人民法院关于适用〈中华人民共和国民事诉讼法〉若干问题的意见》第 31 条:"诉前财产保全,由当事人向财产所在地的人民法院申请。在人民法院采取诉前财产保全后,申请人起诉的,可以向采取诉前财产保全的人民法院或者其他有管辖权的人民法院提起。"第 32 条:"当事人申请诉前财产保全后没有在法定的期间起诉,因而给被申请人造成财产损失引起诉讼的,由采取该财产保全措施的人民法院管辖。"

采取保全措施的法院、对债务人到期收益以及对第三人债权的处理等。[①]

4.2007 年《民事诉讼法》

2007 年,全国人大对《民事诉讼法》做了部分修改。但对于诉讼保全制度无论是在章节安排还是条文内容等均没有予以修改。因此,其与 1991 年《民事诉讼法》的规定相同。

5.2012 年《民事诉讼法》

2012 年,全国人大再次对《民事诉讼法》进行修改。在章节安排上没有作出相应的改动。但条文变为第 100 条至第 105 条。

2012 年《民事诉讼法》在已有的财产保全规定的基础上,增加了行为保全的规定。[②] 自此,民事诉讼保全制度中则存在财产保全与行为保全两种类型。

保全制度在制度结构上与以前相比变化不大,在启动方式上,原则上坚持当事人申请,例外情况下允许法院依职权启动,即所谓的"必要时",而诉前保全,无论是财产保全还是行为保全,均由当事人申请启动,法院不能依职权启动保全措施。另外,关于诉前保全的管辖法院,1991 年及 1997 年《民事诉讼法》均未明确规定,只是在 1992 年《民诉意见》中,对管辖法院作了规定,但 2012 年民事诉讼法的规定相

---

① 《最高人民法院关于适用〈中华人民共和国民事诉讼法〉若干问题的意见》第 98 条:"人民法院依照民事诉讼法第九十二条、第九十三条规定,在采取诉前财产保全和诉讼财产保全时责令申请人提供担保的,提供担保的数额应相当于请求保全的数额。"第 99 条:"人民法院对季节性商品、鲜活、易腐烂变质以及其他不宜长期保存的物品采取保全措施时,可以责令当事人及时处理,由人民法院保存价款;必要时,人民法院可予以变卖,保存价款。"第 100 条:"人民法院在财产保全中采取查封、扣押财产措施时,应当妥善保管被查封、扣押的财产。当事人、负责保管的有关单位或个人以及人民法院都不得使用该项财产。"第 101 条:"人民法院对不动产和特定的动产(如车辆、船舶等)进行财产保全,可以采用扣押有关财产权证照并通知有关产权登记部门不予办理该项财产的转移手续的财产保全措施;必要时,也可以查封或扣押该项财产。"第 102 条:"人民法院对抵押物、留置物可以采取财产保全措施,但抵押权人、留置权人有优先受偿权。"第 103 条:"对当事人不服一审判决提出上诉的案件,在第二审人民法院接到报送的案件之前,当事人有转移、隐匿、出卖或者毁损财产等行为,必须采取财产保全措施的,由第一审人民法院依当事人申请或依职权采取。第一审人民法院制作的财产保全的裁定,应及时报送第二审人民法院。"第 104 条:"人民法院对债务人到期应得的收益,可以采取财产保全措施,限制其支取,通知有关单位协助执行。"第 105 条:"债务人的财产不能满足保全请求,但对第三人有到期债权的,人民法院可以依债权人的申请裁定该第三人不得对本案债务人清偿。该第三人要求偿付的,由人民法院提存财物或价款。"

② 2012 年《民事诉讼法》第 100 条:"人民法院对于可能因当事人一方的行为或者其他原因,使判决难以执行或者造成当事人其他损害的案件,根据对方当事人的申请,可以裁定对其财产进行保全、责令其作出一定行为或者禁止其作出一定行为;当事人没有提出申请的,人民法院在必要时也可以裁定采取保全措施。人民法院采取保全措施,可以责令申请人提供担保,申请人不提供担保的,裁定驳回申请。人民法院接受申请后,对情况紧急的,必须在四十八小时内作出裁定;裁定采取保全措施的,应当立即开始执行。"

较于该司法解释更为明确,即 1992 年《民诉意见》规定的管辖法院为"被保全财产所在地",而 2012 年民事诉讼法规定的管辖法院为"被保全财产所在地、被申请人住所地或者对案件有管辖权的人民法院"。①

应当注意的是,关于被申请人提供担保而解除保全措施的情形,仅限于财产保全的情形,不包括行为保全的情形,即在行为保全中,不因被申请人提供担保而解除保全措施。②

另外,在规定内容上亦有些许变动,如将"申请仲裁"作为解除诉前保全的情形之一,将诉前保全后起诉的时间扩大到 30 日,将原有通知被申请人的情形,从"被冻结财产之人扩展到被保全之人"。③

6.2015 年《民事诉讼法解释》

2015 年,最高人民法院制定并出台《民事诉讼法解释》,该司法解释应当是民事诉讼法领域规定最为详细的司法解释,全文共 552 条,涉及保全的条文共 20 条,即第 27 条、第 152 条至第 168 条、第 171 条至第 172 条。

该司法解释对于保全制度的规定可谓非常翔实。首先,对于申请人诉前保全但未起诉或未申请仲裁而导致被申请人损失时,以及起诉或申请仲裁但仍因保全错误而导致被申请人损失时,被申请人请求损害赔偿的管辖法院作出了明确的规定。④ 对于诉前财产保全与行为保全提供担保的相关程序以及担保数额亦作出了

---

① 2012 年《民事诉讼法》第 101 条:"利害关系人因情况紧急,不立即申请保全将会使其合法权益受到难以弥补的损害的,可以在提起诉讼或者申请仲裁前向被保全财产所在地、被申请人住所地或者对案件有管辖权的人民法院申请采取保全措施。申请人应当提供担保,不提供担保的,裁定驳回申请。人民法院接受申请后,必须在四十八小时内作出裁定;裁定采取保全措施的,应当立即开始执行。申请人在人民法院采取保全措施后三十日内不依法提起诉讼或者申请仲裁的,人民法院应当解除保全。"

② 2012 年《民事诉讼法》第 104 条:"财产纠纷案件,被申请人提供担保的,人民法院应当裁定解除保全。"

③ 2012 年《民事诉讼法》第 103 条:"财产保全采取查封、扣押、冻结或者法律规定的其他方法。人民法院保全财产后,应当立即通知被保全财产的人。"

④ 2015 年《民事诉讼法解释》第 27 条:"当事人申请诉前保全后没有在法定期间起诉或者申请仲裁,给被申请人、利害关系人造成损失引起的诉讼,由采取保全措施的人民法院管辖。""当事人申请诉前保全后在法定期间内起诉或者申请仲裁,被申请人、利害关系人因保全受到损失提起的诉讼,由受理起诉的人民法院或者采取保全措施的人民法院管辖。"

明确的规定。① 对于实践中,被作为担保物或者质物的财产因被保全是否引发担保权的消灭,该司法解释亦作出明确规定,即"人民法院保管担保物的,质权、留置权不因采取保全措施而消灭"。② 对于由人民法院指定被保全人保管的财产,如果继续使用对该财产的价值无重大影响,可以允许被保全人继续使用。③ 这是从"物尽其用"的角度作出的变通性规定,与 1992 年《民诉意见》相比,更具灵活性。关于担保物保全后担保权人的优先受偿权的保护、被申请人到期收益的保全、被申请人到期债权的保全等仍然延续了 1992 年《民诉意见》的相关规定,保证了法律规定的连续性与稳定性。④

2015 年《民事诉讼法解释》在以往法律规定及司法解释基础上又对如下内容作出了详尽明确的规定。即二审法院与再审法院的续保规定,⑤对法律文书生效后进入执行前需要采取保全措施的,明确规定法院可依当事人申请采取保全措施,

---

① 2015 年《民事诉讼法解释》第 152 条:"人民法院依照民事诉讼法第一百条、第一百零一条规定,在采取诉前保全、诉讼保全措施时,责令利害关系人或者当事人提供担保的,应当书面通知。利害关系人申请诉前保全的,应当提供担保。申请诉前财产保全的,应当提供相当于请求保全数额的担保;情况特殊的,人民法院可以酌情处理。申请诉前行为保全的,担保的数额由人民法院根据案件的具体情况决定。在诉讼中,人民法院依申请或者依职权采取保全措施的,应当根据案件的具体情况,决定当事人是否应当提供担保以及担保的数额。"

② 2015 年《民事诉讼法解释》第 154 条:"人民法院在财产保全中采取查封、扣押、冻结财产措施时,应当妥善保管被查封、扣押、冻结的财产。不宜由人民法院保管的,人民法院可以指定被保全人负责保管;不宜由被保全人保管的,可以委托他人或者申请保全人保管。查封、扣押、冻结担保物权人占有的担保财产,一般由担保物权人保管;由人民法院保管的,质权、留置权不因采取保全措施而消灭。"

③ 2015 年《民事诉讼法解释》第 155 条:"由人民法院指定被保全人保管的财产,如果继续使用对该财产的价值无重大影响,可以允许被保全人继续使用;由人民法院保管或者委托他人、申请保全人保管的财产,人民法院和其他保管人不得使用。"

④ 2015 年《民事诉讼法解释》第 157 条:"人民法院对抵押物、质押物、留置物可以采取财产保全措施,但不影响抵押权人、质权人、留置权人的优先受偿权。"第 158 条:"人民法院对债务人到期应得的收益,可以采取财产保全措施,限制其支取,通知有关单位协助执行。"第 159 条:"债务人的财产不能满足保全请求,但对他人有到期债权的,人民法院可以依债权人的申请裁定该他人不得对本案债务人清偿。该他人要求偿付的,由人民法院提存财物或者价款。"

⑤ 2015 年《民事诉讼法解释》第 162 条:"第二审人民法院裁定对第一审人民法院采取的保全措施予以续保或者采取新的保全措施的,可以自行实施,也可以委托第一审人民法院实施。再审人民法院裁定对原保全措施予以续保或者采取新的保全措施的,可以自行实施,也可以委托原审人民法院或者执行法院实施。"

但是 5 日内不申请执行的,解除该保全措施。^① 对保全措施的解除情形以及解除
程序作了更为详尽的规定,除采取保全措施的法院及上级法院可以解除保全措施
外,任何单位都无权解除保全措施。对于解除保全措施的事由明确如下:"保全错
误的、申请人撤回保全申请的、申请人的起诉或者诉讼请求被生效裁判驳回的、人
民法院认为应当解除保全的其他情形。"^②另外,司法解释亦增加了对裁定变更保
全标的物的规定,为以后的执行方便奠定了基础,同时亦对保全措施与执行措施的
衔接作了规定,加快了执行的效率,减轻了当事人的"程序性成本"。^③ 司法解释还
对保全裁定的救济措施作了明确的规定,^④从而保障了申请人与被申请人的程序
和实体权利。

7.2016 年《财产保全司法解释》

该司法解释是在《民事诉讼法》及 2015 年颁布的《民事诉讼法解释》的基础上,
再次对民事诉讼财产保全制度的相关程序规定予以细化。其主要包括如下几部分
内容。

关于申请财产保全的程序。当事人或利害关系人应当以书面申请的方式提出
保全申请,该保全申请应向立案机构或审判机构提出,通常移送执行机构予以实
施;在仲裁程序中,申请财产保全的,当事人应通过仲裁机构向人民法院递交相关

---

① 2015 年《民事诉讼法解释》第 163 条:"法律文书生效后,进入执行程序前,债权人因对方当
事人转移财产等紧急情况,不申请保全将可能导致生效法律文书不能执行或者难以执行的,可以向
执行法院申请采取保全措施。债权人在法律文书指定的履行期间届满后五日内不申请执行的,人民法
院应当解除保全。"

② 2015 年《民事诉讼法解释》第 165 条:"人民法院裁定采取保全措施后,除作出保全裁定的人
民法院自行解除或者其上级人民法院决定解除外,在保全期限内,任何单位不得解除保全措施。"第
166 条:"裁定采取保全措施后,有下列情形之一的,人民法院应当作出解除保全裁定:(一)保全错误
的;(二)申请人撤回保全申请的;(三)申请人的起诉或者诉讼请求被生效裁判驳回的;(四)人民法院
认为应当解除保全的其他情形。解除以登记方式实施的保全措施的,应当向登记机关发出协助执行
通知书。"

③ 2015 年《民事诉讼法解释》第 167 条:"财产保全的被保全人提供其他等值担保财产且有利
于执行的,人民法院可以裁定变更保全标的物为被保全人提供的担保财产。"第 168 条:"保全裁定未
经人民法院依法撤销或者解除,进入执行程序后,自动转为执行中的查封、扣押、冻结措施,期限连续
计算,执行法院无需重新制作裁定书,但查封、扣押、冻结期限届满的除外。"

④ 2015 年《民事诉讼法解释》第 171 条:"当事人对保全或者先予执行裁定不服的,可以自收到
裁定书之日起五日内向作出裁定的人民法院申请复议。人民法院应当在收到复议申请后十日内审
查。裁定正确的,驳回当事人的申请;裁定不当的,变更或者撤销原裁定。"第 172 条:"利害关系人对
保全或者先予执行的裁定不服申请复议的,由作出裁定的人民法院依照民事诉讼法第一百零八条规
定处理。"

材料。同时对于人民法院受理后作出裁定的时间等作了详尽规定。①

关于担保数额及提供担保方式。(1)担保数额的规定。该司法解释对担保数额的规定做了相应的改变,即人民法院依照《民事诉讼法》第100条规定责令申请保全人提供财产保全担保的,担保数额不超过请求保全数额的30%;申请保全的财产系争议标的的,担保数额不超过争议标的价值的30%。②(2)追加担保,即申请人提供的担保不足以弥补被保全人损失的,人民法院可以责令追加担保,拒不追加解除保全措施。③(3)第三人、保险人、金融机构为申请人提供担保的情形。④

---

① 《最高人民法院关于人民法院办理财产保全案件若干问题的规定》第1条:"当事人、利害关系人申请财产保全,应当向人民法院提交申请书,并提供相关证据材料。申请书应当载明下列事项:(一)申请保全人与被保全人的身份、送达地址、联系方式;(二)请求事项和所根据的事实与理由;(三)请求保全数额或者争议标的;(四)明确的被保全财产信息或者具体的被保全财产线索;(五)为财产保全提供担保的财产信息或资信证明,或者不需要提供担保的理由;(六)其他需要载明的事项。法律文书生效后,进入执行程序前,债权人申请财产保全的,应当写明生效法律文书的制作机关、文号和主要内容,并附生效法律文书副本。"第2条:"人民法院进行财产保全,由立案、审判机构作出裁定,一般应当移送执行机构实施。"第3条:"仲裁过程中,当事人申请财产保全的,应当通过仲裁机构向人民法院提交申请书及仲裁案件受理通知书等相关材料。人民法院裁定采取保全措施或者裁定驳回申请的,应当将裁定书送达当事人,并通知仲裁机构。"第4条:"人民法院接受财产保全申请后,应当在五日内作出裁定;需要提供担保的,应当在提供担保后五日内作出裁定;裁定采取保全措施的,应当在五日内开始执行。对情况紧急的,必须在四十八小时内作出裁定;裁定采取保全措施的,应当立即开始执行。"

② 《最高人民法院关于人民法院办理财产保全案件若干问题的规定》第5条第1款。

③ 《最高人民法院关于人民法院办理财产保全案件若干问题的规定》第5条第3款。

④ 《最高人民法院关于人民法院办理财产保全案件若干问题的规定》第6条:"申请保全人或第三人为财产保全提供财产担保的,应当向人民法院出具担保书。担保书应当载明担保人、担保方式、担保范围、担保财产及其价值、担保责任承担等内容,并附相关证据材料。第三人为财产保全提供保证担保的,应当向人民法院提交保证书。保证书应当载明保证人、保证方式、保证范围、保证责任承担等内容,并附相关证据材料。对财产保全担保,人民法院经审查,认为违反物权法、担保法、公司法等有关法律禁止性规定的,应当责令申请保全人在指定期限内提供其他担保;逾期未提供的,裁定驳回申请。"第7条:"保险人以其与申请保全人签订财产保全责任险合同的方式为财产保全提供担保的,应当向人民法院出具担保书。担保书应当载明,因申请财产保全错误,由保险人赔偿被保全人因保全所遭受的损失等内容,并附相关证据材料。"第8条:"金融监管部门批准设立的金融机构以独立保函形式为财产保全提供担保的,人民法院应当依法准许。"

(4)不要求申请人提供担保的情形。[①] (5)关于保全财产信息或线索的提供、查询的规定。[②] (6)关于保全措施执行中应注意的问题。[③] (7)申请人应解除保全的相

---

① 《最高人民法院关于人民法院办理财产保全案件若干问题的规定》第9条:"当事人在诉讼中申请财产保全,有下列情形之一的,人民法院可以不要求提供担保:(一)追索赡养费、扶养费、抚育费、抚恤金、医疗费用、劳动报酬、工伤赔偿、交通事故人身损害赔偿的;(二)婚姻家庭纠纷案件中遭遇家庭暴力且经济困难的;(三)人民检察院提起的公益诉讼涉及损害赔偿的;(四)因见义勇为遭受侵害请求损害赔偿的;(五)案件事实清楚、权利义务关系明确,发生保全错误可能性较小的;(六)申请保全人为商业银行、保险公司等由金融监管部门批准设立的具有独立偿付债务能力的金融机构及其分支机构的。法律文书生效后,进入执行程序前,债权人申请财产保全的,人民法院可以不要求提供担保。"

② 《最高人民法院关于人民法院办理财产保全案件若干问题的规定》第10条:"当事人、利害关系人申请财产保全,应当向人民法院提供明确的被保全财产信息。当事人在诉讼中申请财产保全,确因客观原因不能提供明确的被保全财产信息,但提供了具体财产线索的,人民法院可以依法裁定采取财产保全措施。"第11条:"人民法院依照本规定第十条第二款规定作出保全裁定的,在该裁定执行过程中,申请保全人可以向已经建立网络执行查控系统的执行法院,书面申请通过该系统查询被保全人的财产。申请保全人提出查询申请的,执行法院可以利用网络执行查控系统,对裁定保全的财产或者保全数额范围内的财产进行查询,并采取相应的查封、扣押、冻结措施。人民法院利用网络执行查控系统未查询到可供保全财产的,应当书面告知申请保全人。"

③ 《最高人民法院关于人民法院办理财产保全案件若干问题的规定》第13条:"被保全人有多项财产可供保全的,在能够实现保全目的的情况下,人民法院应当选择对其生产经营活动影响较小的财产进行保全。人民法院对厂房、机器设备等生产经营性财产进行保全时,指定被保全人保管的,应当允许其继续使用。"第14条:"被保全财产系机动车、航空器等特殊动产的,除被保全人下落不明的以外,人民法院应当责令被保全人书面报告该动产的权属和占有、使用等情况,并予以核实。"第15条:"人民法院应当依据财产保全裁定采取相应的查封、扣押、冻结措施。可供保全的土地、房屋等不动产的整体价值明显高于保全裁定载明金额的,人民法院应当对该不动产的相应价值部分采取查封、扣押、冻结措施,但该不动产在使用上不可分或者分割会严重减损其价值的除外。对银行账户内资金采取冻结措施的,人民法院应当明确具体的冻结数额。"第16条:"人民法院在财产保全中采取查封、扣押、冻结措施,需要有关单位协助办理登记手续的,有关单位应当在裁定书和协助执行通知书送达后立即办理。针对同一财产有多个裁定书和协助执行通知书的,应当按照送达的时间先后办理登记手续。"

关情形。^①(8)救济措施的启动程序等^②。

从上述内容即可以看出,该财产保全司法解释涵盖了从启动到异议救济程序多方面的内容,内容详细全面,为诉讼财产保全实践提供了较为精确的司法指引。

(二)1982—2015 年民事诉讼保全制度的制度变化

1.关于诉讼保全制度章节安排的规定

1982 年《民事诉讼法(试行)》将保全程序规定于一审程序编,并规定于审前准备程序之后,开庭审理之前。而于 1991 年《民事诉讼法》之后各个时期的民事诉讼法规定,均将诉讼保全规定纳入到了总则编。而这就意味着保全程序从 1991 年之后并非是一审程序中的附带程序。而这一变化的出现主要是因为诉前保全程序的规定。通过该种制度安排,可以看出民事诉讼法对当事人权利保障逐渐加强。

另外,从章节的名称来看,亦经历了从 1982 年的"诉讼保全"到 1991 年的"财产保全"再到 2012 年"保全"的变化。而这些变化亦是因为增加了诉前保全与行为保全而导致的直接结果。

2.民事诉讼保全制度的类型

从上述法律规定的变迁来看,1982 年《民事诉讼法(试行)》至 2007 年《民事诉讼法》的规定中,民事诉讼保全制度的类型从诉讼财产保全变化为诉讼财产保全与诉前财产保全两类,而后于 2012 年《民事诉讼法》修改后,增加行为保全,完善了保全的相关制度类型,进而使得保全类型与民事实体请求权形成对应。在民事请求权中,有请求给付物的请求权,亦有请求给付行为的请求权,如请求停止侵害等。由于长期以来,民事诉讼法仅关注给付物的请求权,而未对给付行为之请求权予以关注,导致实践中因加害人行为导致受害人损害范围未能在诉讼早期予以限制,导致不必要的损害的发生。实际上,早在 2001 年,最高人民法院就以司法解释的形式,对诉前停止侵犯注册商标专用权行为的行为保全问题作了专门的规定。^③ 为

---

① 《最高人民法院关于人民法院办理财产保全案件若干问题的规定》第 23 条:"人民法院采取财产保全措施后,有下列情形之一的,申请保全人应当及时申请解除保全:(一)采取诉前财产保全措施后三十日内不依法提起诉讼或者申请仲裁的;(二)仲裁机构不予受理仲裁申请、准许撤回仲裁申请或者按撤回仲裁申请处理的;(三)仲裁申请或者请求被仲裁裁决驳回的;(四)其他人民法院对起诉不予受理、准许撤诉或者按撤诉处理的;(五)起诉或者诉讼请求被其他人民法院生效裁判驳回的;(六)申请保全人应当申请解除保全的其他情形。人民法院收到解除保全申请后,应当在五日内裁定解除保全;对情况紧急的,必须在四十八小时内裁定解除保全。申请保全人未及时申请人民法院解除保全,应当赔偿被保全人因财产保全所遭受的损失。被保全人申请解除保全,人民法院经审查认为符合法律规定的,应当在本条第二款规定的期间内裁定解除保全。"

② 《最高人民法院关于人民法院办理财产保全案件若干问题的规定》第 25 条至第 27 条。

③ 《最高人民法院关于诉前停止侵犯注册商标专用权行为和保全证据适用法律问题的解释》法释〔2000〕2 号。

民事诉讼行为保全制度入法提供了实务经验和基础。

3.启动诉讼保全机制的方式

从上述法律规定的变迁来看,从 1982 年《民事诉讼法(试行)》一直到 2016 年《最高人民法院关于人民法院办理财产保全案件若干问题的规定》的规定,启动诉讼保全机制的方式均为当事人申请与法院依职权启动两种。不过,在这些年的法律变迁中,在法院依职权启动的条件或规定逐渐从"与当事人启动并列"转变为当事人申请启动为原则、法院职权启动为例外。如 1982 年《民事诉讼法(试行)》规定诉讼保全启动的方式为当事人申请或法院依职权启动。这就表明这两种方式是并列的。法院对于采取保全措施的裁量权是非常大的,即便当事人不申请法院亦可采取保全措施。而 1991 年民事诉讼法则将当事人申请作为原则,而将法院职权启动作为例外,职权启动的条件被规定为"法院认为必要时"。而后一直到 2012 年民事诉讼法,均是将职权启动的条件规定为"法院认为必要时"。不过何为"必要时",并没有明确的界定,而是将其交由法院根据实际情况予以裁量判断。①

4.民事诉讼保全机制的启动程序

从 1982 年《民事诉讼法(试行)》到 2016 年《最高人民法院关于人民法院办理财产保全案件若干问题的规定》,保全机制的启动程序逐步完善。1982 年《民事诉讼法(试行)》并没有对申请的形式以及管辖法院等启动方面的程序作相应的规定;1991 年《民事诉讼法》亦没有作出相关规定,直到 1992 年《民诉意见》中,对诉前财产保全的管辖法院作出了相应的规定。2007 年《民事诉讼法》亦未作变化,2012 年《民事诉讼法》由于增加了行为保全的规定,因此对于管辖法院作了更为详尽的规定。2015 年《民事诉讼法解释》亦沿袭了相关规定。直至 2016 年最高人民法院制定并颁布《最高人民法院关于人民法院办理财产保全案件若干问题的规定》,对申请启动程序予以完善,并明确规定申请应以书面形式及记载事项,当事人申请后应由法院何部门受理、何部门执行等。可以说对于民事诉讼保全程序的启动程序作了详尽的规定。

5.关于申请人提供担保的规定

1982 年《民事诉讼法(试行)》中由于没有诉前保全的规定,仅有诉讼中财产保

---

① 正是由于没有职权启动的明确条件限制,因此实践中出现了法院以采取保全措施的形式强制当事人接受调解的情形。如《最高人民法院经济审判庭关于严格依法正确适用财产保全措施的通知》(1991 年 9 月 27 日法经〔1991〕122 号)。其中载明:"我们还发现,有的法院以财产保全压当事人接受调解,有的法院在没有申请人的申请和担保的情况下采取保全措施又不慎重,给当事人甚至案外人造成不应有的损失。为避免类似事件的发生,望各级人民法院经济庭注意以下事项:一、采取财产保全措施应当慎重行事,严格遵守民事诉讼法所规定的保全条件和保全范围。没有使法律文书不能执行或者难以执行的情况的,不应当采取财产保全措施。二、采取财产保全措施,原则上应当根据当事人的申请进行,并可责令申请人提供担保;确有必要时依职权保全要特别慎重。"

全的规定,因此申请人是否提供担保是在诉讼中由法院裁量决定的。不过,关于提供担保的数额并没有明确规定。1991 年《民事诉讼法》由于增加了诉前保全的规定,因此在申请人提供担保方面,增加了"诉前保全必须提供担保"的规定。不过亦没有明确规定担保数额,而是由 1992 年最高人民法院明确"担保数额相当于请求保全的数额"。2007 年与 2012 年《民事诉讼法》及 2015 年《民事诉讼法解释》均沿袭了该规定;不过,2016 年《最高人民法院关于人民法院办理财产保全案件若干问题的规定》则作了一定的变更,即第 5 条第 1 款规定:"人民法院依照民事诉讼法第一百条规定责令申请保全人提供财产保全担保的,担保数额不超过请求保全数额的百分之三十;申请保全的财产系争议标的的,担保数额不超过争议标的价值的百分之三十。"

另外,关于不要求提供担保的情形,2016 年《最高人民法院关于人民法院办理财产保全案件若干问题的规定》予以明确规定,即"(一)追索赡养费、扶养费、抚育费、抚恤金、医疗费用、劳动报酬、工伤赔偿、交通事故人身损害赔偿的;(二)婚姻家庭纠纷案件中遭遇家庭暴力且经济困难的;(三)人民检察院提起的公益诉讼涉及损害赔偿的;(四)因见义勇为遭受侵害请求损害赔偿的;(五)案件事实清楚、权利义务关系明确,发生保全错误可能性较小的;(六)申请保全人为商业银行、保险公司等由金融监管部门批准设立的具有独立偿付债务能力的金融机构及其分支机构的。法律文书生效后,进入执行程序前,债权人申请财产保全的,人民法院可以不要求提供担保"。

综上,关于申请人提供担保的规定,从 1982 年《民事诉讼法(试行)》就已有规定,而对于担保数额的规定亦逐渐完善。

6.关于通知被保全人之规定

1982 年《民事诉讼法(试行)》中在对被申请人财产采取保全措施时,并无通知被申请人的规定。在 1991 年《民事诉讼法》中明确规定了"通知被冻结财产之被申请人",而于 2012 年《民事诉讼法》中修改为"通知被保全财产之人"。"通知程序"逐步完善,被通知的主体亦逐步扩大,显现出《民事诉讼法》在程序保障机制上的逐渐完善。

7.关于保全错误的赔偿规定

(1)关于赔偿条件的变化

1982 年《民事诉讼法(试行)》规定申请人败诉的,应当赔偿被申请人因保全所遭受的损失。但是从 1991 年《民事诉讼法》开始,则改为"申请有错误的"。从"申请人败诉"到"申请人申请有错误",是将赔偿损失的责任与"诉讼结果""脱钩",进而无论申请人胜诉还是败诉,只要申请有错误,均要赔偿损失。这主要是因为在1991 年《民事诉讼法》中增加了诉前保全的规定。若申请人未于法定期间提起诉讼,此时并不存在败诉与否的结果,但是亦应当对被申请人予以赔偿。

（2）关于赔偿程序的完善

1982 年《民事诉讼法（试行）》并没有规定被申请人如何获得赔偿救济。在 1992 年《民诉意见》中，对于诉前保全未按时起诉而导致损害时，被申请人起诉的管辖法院予以明确，即由采取该保全措施的法院管辖。而于 2015 年《民事诉讼法解释》中，对于诉前保全按时起诉后，因保全错误而引发的损害赔偿诉讼的管辖法院予以明确，即由受理起诉的法院或采取保全措施的法院管辖。

8.关于保全裁定的救济程序

1982 年《民事诉讼法（试行）》中并无关于保全裁定救济程序的规定，1991 年《民事诉讼法》中亦无相关规定。最高人民法院于 1992 年《民诉意见》第 110 条对保全裁定的救济程序予以规定。2015 年《民事诉讼法解释》第 171 条依然沿袭了该规定。

从救济程序的设计来看，民事诉讼法逐渐注重对被申请人的程序保障，进而为保全程序的公正实施奠定了程序正当性基础。

9.关于解除保全的规定

1982 年《民事诉讼法（试行）》并没有规定保全的解除条件，这对被申请人而言无疑是不利的。1991 年《民事诉讼法》规定被申请人提供担保后，可以解除保全。同时，由于 1991 年《民事诉讼法》规定了诉前财产保全，因此对于诉前财产保全规定了起诉的期间，即 15 日。若不于 15 日内起诉的，法院裁定解除保全措施。而于 2012 年《民事诉讼法》中，将法定期间改为"30 日"。2015 年《民事诉讼法解释》在先前法律规定的基础上，于第 166 条增加了对保全裁定解除的情形，即"（一）保全错误的；（二）申请人撤回保全申请的；（三）申请人的起诉或者诉讼请求被生效裁判驳回的；（四）人民法院认为应当解除保全的其他情形"。2016 年《最高人民法院关于人民法院办理财产保全案件若干问题的规定》继续增加解除保全措施的情形，即申请人不响应追加担保的情形，再就是本解释第 23 条规定的申请人及时申请解除保全的情形，即"（一）采取诉前财产保全措施后三十日内不依法提起诉讼或者申请仲裁的；（二）仲裁机构不予受理仲裁申请、准许撤回仲裁申请或者按撤回仲裁申请处理的；（三）仲裁申请或者请求被仲裁裁决驳回的；（四）其他人民法院对起诉不予受理、准许撤诉或者按撤诉处理的；（五）起诉或者诉讼请求被其他人民法院生效裁判驳回的；（六）申请保全人应当申请解除保全的其他情形"。另外，在本解释第 27 条中，若对在案外人异议成立，申请人未于法定期间提起异议之诉时，则人民法院亦可解除保全措施。

综上，可以看出保全措施解除的情形逐渐增多，可以说对被保全人利益保障逐渐加大。

10.关于对他人财产予以保全的规定

1982 年《民事诉讼法（试行）》中并没有关于对债务人到期债权、到期收益予以保全的相关规定,1991 年《民事诉讼法》亦同。不过在 1992 年《民诉意见》中,于第 104 条至第 105 条对此予以规定了。但是应当注意的是,对于到期收益可以采取保全措施,但是对于对第三人的到期债权是不能采取保全措施的。① 2015 年《民事诉讼法解释》仍然沿袭了这一规定。对他人财产予以保全的规定体现的是对权利人保障力度的增强。

另外,关于担保物被保全的情形,1982 年《民事诉讼法(试行)》并没有作相关规定,1991 年《民事诉讼法》亦同。1992 年《民诉意见》中对担保物的保全作出规定,即允许被保全,但是担保权人享有优先受偿权。2015 年《民事诉讼法解释》沿袭了该规定。

从上述来看,民事诉讼保全措施在法律规定中逐渐完善,即在平衡申请人、被申请人、案外第三人等权利利益上谋求协调,进而使权利人的权利获得最大限度的保障。

11.关于保全标的物的保管与使用

1982 年《民事诉讼法》并没有对保全标的物的保管与使用作出规定,1991 年《民事诉讼法》亦同。而于 1992 年《民诉意见》中,对此予以明确规定,不过规定较为严格,即人民法院在财产保全中采取查封、扣押财产措施时,应当妥善保管被查封、扣押的财产。当事人、负责保管的有关单位或个人以及人民法院都不得使用该项财产。不过,2015 年《民事诉讼法解释》对此予以了变通,即由人民法院指定被保全人保管的财产,如果继续使用对该财产的价值无重大影响,可以允许被保全人继续使用;由人民法院保管或者委托他人、申请保全人保管的财产,人民法院和其他保管人不得使用。

从上述可以看出,"物尽其用"提高保管标的物的使用价值的理念逐步得到加强,同时亦表明即便保护权利人的权利,亦要将对被申请人的损害降到最低。

12.关于程序衔接性规定

关于保全程序在一审、二审、再审间的衔接,以及其与执行程序等的衔接的规定,对于保全制度目的的实现至关重要。1982 年《民事诉讼法(试行)》并无此方面的规定。1991 年《民事诉讼法》亦无此规定。1992 年《民诉意见》中,规定:"对当事人不服一审判决提出上诉的案件,在第二审人民法院接到报送的案件之前,当事人有转移、隐匿、出卖或者毁损财产等行为,必须采取财产保全措施的,由第一审人民法院依当事人申请或依职权采取。第一审人民法院制作的财产保全的裁定,应及

---

① 《最高人民法院关于对案外人的财产能否进行保全问题的批复》(法释〔1998〕10 号)载明"对于债务人的财产不能满足保全请求,但对案外人有到期债权的,人民法院可以依债权人的申请裁定该案外人不得对债务人清偿。该案外人对其到期债务没有异议并要求偿付的,由人民法院提存财物或价款。但是,人民法院不应对其财产采取保全措施"。

时报送第二审人民法院。"①2015年《民事诉讼法解释》沿袭了该规定。同时,亦对二审法院、再审法院续保作出了相关规定,对于未被撤销或解除的保全裁定,进入执行程序后的效力亦作了明确的规定,即仍然有效,执行法院无须重新制作裁定书。2016年《最高人民法院关于人民法院办理财产保全案件若干问题的规定》在沿袭了上述规定的基础上,又对轮候查封、扣押、冻结等作了明确的规定,进而完成了从诉前财产保全到诉中财产保全,再到二审、再审、执行程序的衔接,使得保全裁定效力覆盖面从诉前扩展到执行完毕,保证了保全以及执行等的效率。

(三)1982—2015年民事诉讼保全制度变迁的特点及背景

从上述《民事诉讼法》及相关司法解释关于保全规定的变迁来看,存在着如下几个特点。第一,规定逐渐明确化、细致化;第二,公正与效率并重;第三,实体与程序对应;第四,法院与当事人间的分工更加明确。

1.社会生活复杂化导致法律的精细化

上述特点是因为社会生活的复杂化,尤其是改革开放以来经济生活的繁荣与复杂化导致了民事法律关系的复杂化。在1982年制定《民事诉讼法(试行)》时,尚无《民法通则》那样的民事法律的同一性的相关规定。法院审判的模式以调解式审判为主。而这种审判方式在当时可以很好地化解因法律规定不完备所引发的各种不足。随着经济生活复杂化,民事法律活动需要通过完备的民事法律予以调整,进而于1987年正式实施《民法通则》。于1991年制定《民事诉讼法》时,因应社会生活、经济生活等的复杂化的需求,保全制度亦作了相应的完善,即增加了诉前财产保全规定,以保障当事人实体权利的实现。保障执行的顺利进行、民事权利顺利实现是保全制度的立法宗旨。不过,即便如此,亦应防止当事人通过保全制度损害他人利益,进而破坏社会生活、经济生活的稳定有序。因此,民事诉讼法在保障当事人实体权利实现这一目的的基础上,于1991年《民事诉讼法》及1992年《民诉意见》中完善、增加了保障被申请人利益的条款,即通知被申请人的规定以及解除保全的规定,同时将"申请人败诉导致被申请人损害"修改为"申请错误",即需赔偿被申请人的损害。这些规定均是提升被申请人的程序保障以及实体保障的规定,进而使得因保全而导致的被申请人的损害降到最低程度。

---

① 实际上,早在1988年最高人民法院就已有相关的规定,即《最高人民法院关于在一审判决后的上诉期限内原审法院能否采取诉讼保全措施的批复》[法(研)复〔1988〕7号]载明"第一审人民法院在审理民事案件时,对于可能因当事人的行为或其他原因,使判决不能执行或者难以执行的案件,一般应在宣告判决前及时依法采取诉讼保全措施;在宣告判决后或者判决书送达后的上诉期限内,发生当事人有转移、隐匿、出卖或毁损财产等情况,认为必须采取诉讼保全措施的,无论当事人是否提出上诉,均应由第一审人民法院依法采取诉讼保全措施。但对上诉的案件,第一审法院在上诉期限内所制作的诉讼保全措施的裁定书,应及时报送上诉审法院备案"。

2.职权主义向当事人主义的转变

从上述保全制度的变迁可以看出,在保全程序的启动方式上,存在着从"依申请或依职权"向"原则上依申请、必要时依职权"的转变。而这也是民事诉讼制度从职权主义模式向当事人主义模式的例证,进而回归民事诉讼的本质。不致依职权保全而损害被申请人利益。从诉讼结果上来看,由于民事诉讼法规定,申请人败诉或者申请错误,要由申请人承担损害赔偿责任;若允许依职权启动保全程序,那么当一方当事人败诉或保全错误时,何人承担损害赔偿责任呢?即便从这个角度而言,从职权主义向当事人主义转化亦有一定的制度依据。

3.实体法律的完备化

在实体法上存在着两种类型的请求权,即请求给付标的物的请求权和请求给付一定行为的请求权。而给付行为的请求权中亦存在着如停止侵害请求权那样的禁止行为人为一定行为的请求权。那么在民事诉讼给付之诉当中,自然也就存在着请求给付标的物与请求给付行为两种不同的诉讼请求。针对上述给付行为的诉讼请求,若不允许利害关系人诉前予以行为保全,那么就有可能导致受害人受害范围不断扩大,进而招致不可弥补的后果。因此,随着民事诉讼法的逐渐完善,行为保全制度也被纳入保全制度当中。

不过,应当明确的是,行为保全与财产保全最大的不同在于行为保全相当于提前实现了权利人的权利主张,因此诉前行为保全与诉中行为保全的适用应更加慎重。

4.注重权利保护向注重双方当事人间的公平的转变

保全制度是申请人对被申请人财产或行为予以限制处分的一种措施,必然会对被申请人的正常的生产生活造成一定影响。因此,在保护权利人权利实现的同时,亦应当注意对被申请人权利保护,进而使得对被申请人的损害降到最低。毕竟在判决确定生效之前,无法确定双方当事人是否享有权利或需承担责任。因此,在修改的《民事诉讼法》以及最高人民法院司法解释中,一直存在着以下对双方当事人利益公平协调的制度,如申请人的申请权与被申请人的"被通知权"、申请人的申请权对应被申请人的异议权、被申请人的利益保护与申请人的担保义务、被申请人的财产或行为自由与被申请人的担保义务、申请人的保全权利与被申请人使用、保管被保全标的物的权利、申请人的保全权利与法定的解除保全措施的事由、申请人的保全权利与申请错误时的损害赔偿权利等等。这些权利与义务的配置,无不体现了保护权利人权利的同时亦防止权利人滥用该制度损害被申请人利益的立法理念。

5.注重公平的同时兼顾效率

随着保全制度的逐步完善,保全从诉前一直到执行结束均有适用的可能,因此,保全的效力如何在诉讼与执行等程序间贯通,则是非常重要的问题。如果任何一个程序,如二审、再审、执行等均需要重新针对涉案财产或行为予以保全,那么则不仅浪费司法资源,而且有可能因为重新保全等导致程序拖延,进而影响了权利人权利的实现。因此,在民事诉讼法的修改以及司法解释的制定中,均注重程序效率的提升,使得保全的效力贯彻始终,自动转换。以此提高了制度适用效率,进而更大限度地迅速实现权利保护。

6.注重对案外人的保护

随着社会经济生活的复杂化,财产本身的使用价值和交换价值均逐渐成为交易的对象,进而也就使得财产上附着的权利复杂化、多样化。通常而言,财产的使用价值可能归所有权人,而其亦可利用其交换价值设定抵押、质押等等,以实现物尽其用,推动经济的发展。而正是由于此,财产上不仅存在着持有人或权利人的权利,还会附着有其他与诉讼无关之人的权利,担保物权尤为显著,这就涉及对财产保全与案外人利益保护之间的平衡。民事诉讼法的保全制度对于担保权人的保护从无到有,最终确定担保权人由于是以财产的交换价值为对象,因此申请人依然可以申请保全,但是担保权人依然享有优先受偿的权利。

另外,对于被申请人到期债权以及到期收益,民事诉讼法的规定亦作了区分,对于前者,不能保全第三债务人的财产,而对于后者可以采取保全措施,进而在对案外人的保护上更加完善。

二、送达制度的变迁

送达是民事案件审理过程中的重要程序事项,是保障人民法院依法公正审理民事案件、及时维护当事人合法权益的基础。随着我国社会经济的发展和人民群众司法需求的提高,从 1982 年《民事诉讼法(试行)》一直到 2015 年的《民事诉讼法解释》,对送达的相关规定予以修订并对相关问题提出明确的标准问题,降低送达难度,保证民事权利的迅速实现以及受送达人的程序权利。

(一)送达的制度结构

1.1982 年《民事诉讼法(试行)》

1982 年《民事诉讼法(试行)》将送达规定于总则编第七章第二节第 68 条至第 75 条。

从该法的规定来看,送达制度基本包括如下几项内容。第一,送达日期;第二,送达主体;第三,受送达主体;第四,送达方式;第五,特殊送达对象的送达程序。

(1)关于送达日期

该法明确规定,送达回证签收日期为送达日期。[①] 这是原则性规定,送达必须

---

① 1982 年《民事诉讼法(试行)》第 68 条:"送达诉讼文书必须有送达回证,由受送达人在送达回证上记明收到日期,签名或者盖章。受送达人在送达回证上的签收日期为送达日期。"

要有受送达人或其他依法规定的主体签收。

（2）关于送达主体

从该法的规定来看，送达是由人民法院实施，而非当事人实施，因而适用的是职权进行主义。

（3）关于受送达主体

该法规定的受送达主体为本人、同住成年家属或受送达人指定的代收人。[①]

（4）送达方式

该法中规定直接送达[②]、留置送达[③]、邮寄送达或委托送达[④]、公告送达[⑤]。从该法的规定来看，送达原则上应当采用直接送达方式，只有在直接送达有困难或无法直接送达时才能采用留置送达或邮寄送达、委托送达。只有在上述全部送达方式均无法送达时，方可采用公告送达，以此谋求对当事人的程序利益保护。

（5）特殊送达对象的送达方式

该法对受送达人为军人、被监禁人、被劳动教养人的送达方式作了特殊规定，即受送达人是军人的，通过其所在部队团以上单位的政治机关转交。受送达人是被监禁的，通过其所在监所或者劳动改造单位转交。受送达人是被劳动教养的，通过其劳动教养单位转交。代为转交的机关、单位收到诉讼文书后，必须立即交受送达人签收。

2.1991 年《民事诉讼法》

1991 年《民事诉讼法》在送达制度基本结构上与 1982 年《民事诉讼法（试行）》几乎相同，不过在具体制度的规定上有些许变化。该法的送达规定亦规定于总则编第七章第二节第 77 条至第 84 条。

（1）送达日期

送达日期的规定与 1982 年《民事诉讼法（试行）》相同，仍然规定为受送达人签收之日为送达日期。

---

① 1982 年《民事诉讼法（试行）》第 69 条："人民法院送达诉讼文书，应当直接送交受送达人；本人不在的，交他的同住成年家属签收；受送达人已向人民法院指定代收人的，交代收人签收。"

② 1982 年《民事诉讼法（试行）》第 69 条："人民法院送达诉讼文书，应当直接送交受送达人；本人不在的，交他的同住成年家属签收；受送达人已向人民法院指定代收人的，交代收人签收。"

③ 1982 年《民事诉讼法（试行）》第 70 条："受送达人拒绝接收诉讼文书的，送达人应当邀请有关基层组织的代表或者其他人到场，说明情况，在送达回证上记明拒收事由和日期，由送达人、见证人签名或者盖章，把诉讼文书留在受送达人的住处，即视为送达。"

④ 1982 年《民事诉讼法（试行）》第 71 条："直接送达诉讼文书有困难的，可以委托其他人民法院代为送达，或者邮寄送达。邮寄送达，以挂号回执上注明的收件日期为送达日期。"

⑤ 1982 年《民事诉讼法（试行）》第 75 条："受送达人下落不明，或者用本章规定的其他方式无法送达的，公告送达。自发出公告之日起，经过三个月，即视为送达。公告送达，应当在案卷中记明原因和经过。"

（2）送达主体

关于诉讼文书的送达主体，1991 年《民事诉讼法》并没有明确，因为与 1982 年《民事诉讼法（试行）》相比，删除了"人民法院"字样。

（3）受送达主体

关于受送达主体，1991 年《民事诉讼法》规定的更为具体，其按照民事主体的不同来区分受送达主体，即区分为公民、法人、其他组织。进而分别予以规定。[①]

（4）送达方式

关于送达方式，1991 年《民事诉讼法》依然沿袭了 1982 年《民事诉讼法（试行）》的规定，分为直接送达[②]、留置送达[③]、委托或邮寄送达[④]、公告送达[⑤]。不过，对于公告送达的规定，公告日期从"三个月"改为"六十日"。

（5）特殊送达对象的送达方式

本部分沿袭了 1982 年《民事诉讼法（试行）》的规定，没有作相关修改。

3.1992 年《民诉意见》

1992 年《民诉意见》第 81 条至第 90 条为送达的规定，对送达的相关内容予以细化并明确。总体而言，该解释是对相关送达方式的受送达主体、送达程序以及"可视为送达"的时间点予以了明确，总的目标就是降低法院送达的难度，不至于因为受送达人主观原因导致的送达难影响权利人权利的实现。

（1）关于留置送达的适用

扩大适用受送达主体范围。1982 年《民事诉讼法（试行）》与 1991 年《民事诉

[①] 1991 年《民事诉讼法》第 78 条："送达诉讼文书，应当直接送交受送达人。受送达人是公民的，本人不在交他的同住成年家属签收；受送达人是法人或者其他组织的，应当由法人的法定代表人、其他组织的主要负责人或者该法人、组织负责收件的人签收；受送达人有诉讼代理人的，可以送交其代理人签收；受送达人已向人民法院指定代收人的，送交代收人签收。受送达人的同住成年家属，法人或者其他组织的负责收件的人，诉讼代理人或者代收人在送达回证上签收的日期为送达日期。"

[②] 1991 年《民事诉讼法》第 78 条第 1 款："送达诉讼文书，应当直接送交受送达人。受送达人是公民的，本人不在交他的同住成年家属签收；受送达人是法人或者其他组织的，应当由法人的法定代表人、其他组织的主要负责人或者该法人、组织负责收件的人签收；受送达人有诉讼代理人的，可以送交其代理人签收；受送达人已向人民法院指定代收人的，送交代收人签收。"

[③] 1991 年《民事诉讼法》第 79 条："受送达人或者他的同住成年家属拒绝接收诉讼文书的，送达人应当邀请有关基层组织或者所在单位的代表到场，说明情况，在送达回证上记明拒收事由和日期，由送达人、见证人签名或者盖章，把诉讼文书留在受送达人的住所，即视为送达。"

[④] 1991 年《民事诉讼法》第 80 条："直接送达诉讼文书有困难的，可以委托其他人民法院代为送达，或者邮寄送达。邮寄送达的，以回执上注明的收件日期为送达日期。"

[⑤] 1991 年《民事诉讼法》第 84 条："受送达人下落不明，或者用本节规定的其他方式无法送达的，公告送达。自发出公告之日起，经过六十日，即视为送达。公告送达，应当在案卷中记明原因和经过。"

论法》均规定留置送达适用于"公民",而并不适用于法人和其他组织；1992 年《民诉意见》将留置送达的规定扩大适用于法人和其他组织。①

适用于公民时，受送达人拒绝接受诉讼文书，有关基层组织或者所在单位的代表及其他见证人不愿在送达回证上签字或盖章的，由送达人在送达回证上记明情况，把送达文书留在受送达人住所，即视为送达。② 该规定针对的是实践中无法获得相关单位签字而无法送达的情形。

另外，根据该解释的规定，诉讼代理人若被指定为代收人，则亦为留置送达的对象。

关于调解书作除留置送达的除外规定。之所以如此，是因为在对调解书签收之前，当事人仍可以不接受调解，要求以判决形式解决纠纷，如果允许留置送达，那么就会侵害当事人在接受调解与否上的选择权。③

（2）关于直接送达的适用

1992 年《民诉意见》将直接送达的对象扩展及于诉讼代理人，而且若诉讼代理人为受送达人指定的代收人时，其亦为留置送达的对象。④

（3）关于邮寄送达的适用

1992 年《民诉意见》对邮寄送达的送达日期进行了明确，即邮寄送达，应当附有送达回证。挂号信回执上注明的收件日期与送达回证上注明的收件日期不一致的，或者送达回证没有寄回的，以挂号信回执上注明的收件日期为送达日期。⑤ 这为实践中出现的送达回证与挂号信回执注明的日期不一致等情形提供了明确的送达日期依据。

（4）关于委托送达的适用

1992 年《民诉意见》对委托送达的送达日期作出了明确规定，即依照《民事诉

---

① 1992 年《民诉意见》第 81 条："向法人或者其他组织送达诉讼文书，应当由法人的法定代表人、该组织的主要负责人或者办公室、收发室、值班室等负责收件的人签收或盖章，拒绝签收或者盖章的，适用留置送达。"

② 1992 年《民诉意见》第 82 条。

③ 1992 年《民诉意见》第 84 条："调解书应当直接送达当事人本人，不适用留置送达。当事人本人因故不能签收的，可由其指定的代收人签收。"1982 年《民事诉讼法（试行）》第 101 条："调解达成协议，应当制作调解书，由审判人员、书记员署名，并加盖人民法院印章。调解送达后，即具有法律效力。"1991 年《民事诉讼法》第 89 条："调解达成协议，人民法院应当制作调解书。调解书应当写明诉讼请求、案件的事实和调解结果。调解书由审判人员、书记员署名，加盖人民法院印章，送达双方当事人。调解书经双方当事人签收后，即具有法律效力。"

④ 1992 年《民诉意见》第 83 条："受送达人有诉讼代理人的，人民法院既可以向受送达人送达，也可以向其诉讼代理人送达。受送达人指定诉讼代理人为代收人的，向诉讼代理人送达时，适用留置送达。"

⑤ 1992 年《民诉意见》第 85 条。

讼法》第 80 条规定,委托其他人民法院代为送达的,委托法院应当出具委托函,并附需要送达的诉讼文书和送达回证,以受送达人在送达回证上签收的日期为送达日期。

(5)关于特殊受送达主体的送达的适用

1992 年《民诉意见》对特殊受送达主体的送达日期作了明确的规定,即依照《民事诉讼法》第 81 条和第 82 条规定,诉讼文书交有关单位转交的,以受送达人在送达回证上注明的签收日期为送达日期。

(6)关于公告送达的适用

由于公告送达是无法适用其他送达方式时适用的送达方式,因此当事人不能受送达的可能性较高,因此为了给予受送达之当事人充分的程序保障,1992 年《民诉意见》对公告送达的相关程序予以明确规定。即首先,公告送达,可以在法院的公告栏、受送达人原住所地张贴公告,也可以在报纸上刊登公告;对公告送达方式有特殊要求的,应按要求的方式进行公告。公告期满,即视为送达。其次,公告送达起诉状或上诉状副本的,应说明起诉或上诉要点,受送达人答辩期限及逾期不答辩的法律后果;公告送达传票,应说明出庭地点、时间及逾期不出庭的法律后果;公告送达判决书、裁定书的,应说明裁判主要内容,属于一审的,还应说明上诉权利、上诉期限和上诉的人民法院。

(7)关于定期宣判时送达的规定

人民法院在定期宣判时,当事人拒不签收判决书、裁定书的,应视为送达,并在宣判笔录中记明。

4. 2007 年《民事诉讼法》

2007 年《民事诉讼法》修改时,并未对送达部分做任何修改,因此与 1991 年《民事诉讼法》的规定相同。

5. 2012 年《民事诉讼法》

2012 年《民事诉讼法》对于送达制度的规定基本上沿袭了上述《民事诉讼法》的规定,在篇章结构上,仍将其置于总则第七章第二节。不过条文数有所增加,即第 84 条至第 92 条。不过,关于送达日期、公民法人或其他组织的受送达人的规定,直接送达、邮寄送达、委托送达、公告送达、特殊主体的送达等与上述民事诉讼法规定相同。不过,对于送达方式进行了相关的修订。

(1)关于留置送达

在关于留置送达的规定上,若公民拒绝签收,除选择邀请基层组织或所在单位代表到场,人民法院还可以选择拍照、录像等方式记录送达过程,视为送达。进而改变了以往仅由送达人记录过程,而无法监督的情况。①

(2)关于电子送达

2012 年《民事诉讼法》将电子送达的形式予以法定化。简化了送达程序,提高了诉讼效率。不过,为了保障受送达人的程序利益,规定必须经过受送达人的同意方可实施电子送达,而且电子送达的文书亦受限制,判决书、裁定书、调解书不能适用电子送达。② 因此,应当说适用电子送达是在保障公平公正的基础上,提高诉讼效率。

6.2015 年《民事诉讼法解释》

2015 年民事诉讼法解释对送达的相关规定作了更为细化的规定,从该解释第 130 条至第 141 条均为对送达程序的相关规定。

(1)对留置送达相关问题的明确

2015 年《民事诉讼法解释》在沿袭了上述《民事诉讼法》以及 1992 年民事诉讼法司法解释的相关规定的基础上,对留置送达相关问题再次予以明确规定。如对公民实施送达时,《民事诉讼法》第 86 条规定的"有关基层组织和所在单位的代表"究竟指的是何人,一直在实践中存有异议。该解释对此予以明确,即《民事诉讼法》第 86 条规定的有关基层组织和所在单位的代表,可以是受送达人住所地的居民委员会、村民委员会的工作人员以及受送达人所在单位的工作人员。通过该规定,明确了受送的对象,降低了送达的难度,保障了诉讼程序的顺利进行。

(2)对直接送达相关问题的明确

对当事人实施送达,原则上首先应利用直接送达方式,保障当事人享有程序权利。不过实践中直接送达有时候难以实施,进而不得不采用留置送达、公告送达等非常方式,相比而言,这些送达方式与直接送达相比,在对受送达人的程序保障上仍存在些许不足。因此,完善直接送达的相关规定,穷尽直接送达的送达方式,方是进一步加强对受送达人程序保障的重要途径。因此,在 2015 年《民事诉讼法解释》中,对直接送达方式予以了完善,即人民法院直接送达诉讼文书的,可以通知当事人到人民法院领取。当事人到达人民法院,拒绝签署送达回证的,视为送达。审判人员、书记员应当在送达回证上注明送达情况并签名。人民法院可以在当事人住所地以外向当事人直接送达诉讼文书。当事人拒绝签署送达回证的,采用拍照、录像等方式记录送达过程即视为送达。审判人员、书记员应当在送达回证上注明

---

① 2012 年《民事诉讼法》第 86 条:"受送达人或者他的同住成年家属拒绝接收诉讼文书的,送达人可以邀请有关基层组织或者所在单位的代表到场,说明情况,在送达回证上记明拒收事由和日期,由送达人、见证人签名或者盖章,把诉讼文书留在受送达人的住所;也可以把诉讼文书留在受送达人的住所,并采用拍照、录像等方式记录送达过程,即视为送达。"

② 2012 年《民事诉讼法》第 87 条:"经受送达人同意,人民法院可以采用传真、电子邮件等能够确认其收悉的方式送达诉讼文书,但判决书、裁定书、调解书除外。"

送达情况并签名。

(3)关于委托送达相关问题的明确

1992年《民诉意见》第86条对委托送达的方式予以规定,不过并没有明确受委托的人民法院送达的相关期限。进而为受委托法院"推诿"送达埋下了隐患。2015年《民事诉讼法解释》对此予以明确,即委托送达的,受委托人民法院应当自收到委托函及相关诉讼文书之日起10日内代为送达。

(4)对电子送达相关问题的明确

2012年《民事诉讼法》规定了电子送达方式,同时设定了适用电子送达的条件,即必须经过受送达人同意。2015年《民事诉讼法解释》对受送达人同意的形式作了规定,即受送达人同意采用电子方式送达的,应当在送达地址确认书中予以确认。以此作为受送达人同意接受电子送达的证据,防止受送达人反悔而导致程序拖延。

另外,2015年《民事诉讼法解释》又对《民事诉讼法》第87条第2款规定的到达受送达人特定系统的日期作出明确规定,为人民法院对应系统显示发送成功的日期,但受送达人证明到达其特定系统的日期与人民法院对应系统显示发送成功的日期不一致的,以受送达人证明到达其特定系统的日期为准。

(5)关于送达地址的变更

由于经济的发展,人员流动加速,适用直接送达方式送达诉讼文书给受送达人往往会因为送达地址的变更而导致无法直接送达,因此2015年《民事诉讼法解释》给予当事人变更送达地址的权利,如不变更,人民法院在后续程序中,依然按照一审程序确认的送达地址予以送达。①

(6)关于公告送达相关问题的明确

1992年《民诉意见》对于1991年民事诉讼法规定的公告送达方式予以了细化;2015年《民事诉讼法解释》继续对上述司法解释的规定予以细化,即在原有规定基础上,增加"报纸、信息网络等媒体上刊登公告"的规定,并明确"发出公告日期以最后张贴或者刊登的日期为准"。同时规定"人民法院在受送达人住所地张贴公告的,应当采取拍照、录像等方式记录张贴过程",以此明确了适用公告送达方式时,法院应当留存相应的记录,以证明完成了公告送达。另外,增加"公告送达应当说明公告送达的原因"的规定,防止公告送达的滥用,侵害受送达人的程序权利。最后,明确"适用简易程序的案件,不适用公告送达"。

---

① 2015年《民事诉讼法解释》第137条:"当事人在提起上诉、申请再审、申请执行时未书面变更送达地址的,其在第一审程序中确认的送达地址可以作为第二审程序、审判监督程序、执行程序的送达地址。"

7.2017 年最高人民法院《关于进一步加强民事送达工作的若干意见》

2017 年,最高人民法院针对实践中"送达难"的问题专门出台《关于进一步加强民事送达工作的若干意见》。在该意见中,对相关的送达问题予以明确,进而为化解法院"送达难"提高了诉讼效率,保障了当事人权利实现。具体的相关措施如下。

(1)关于送达地址及确认

该意见明确指出:"当事人提供的送达地址应当包括邮政编码、详细地址以及受送达人的联系电话等。同意电子送达的,应当提供并确认接收民事诉讼文书的传真号、电子信箱、微信号等电子送达地址。当事人委托诉讼代理人的,诉讼代理人确认的送达地址视为当事人的送达地址。"对于上述送达地址,当事人应当前述送达地址确认书。当事人拒绝确认的,则法院按照《最高人民法院关于登记立案若干问题的规定》可以不予受理。①

(2)送达地址不准确等导致无法送达的处理

实践中存在着送达地址不准确、拒不提供送达地址、送达地址变更而未告知法院的情形,此时无法直接送达。意见明确规定,因当事人提供的送达地址不准确、拒不提供送达地址、送达地址变更未书面告知人民法院,导致民事诉讼文书未能被受送达人实际接收的,直接送达的,民事诉讼文书留在该地址之日为送达之日;邮寄送达的,文书被退回之日为送达之日。

(3)关于当事人拒绝提供地址等情形的处理措施

司法实践中,送达难很多情形下是因为当事人以各种方式拒绝接受送达所导致,如拒绝应诉、拒接电话、避而不见、搬离住所躲避送达等。出现上述情况时,该意见对这些情形下的处理措施予以明确,即①当事人在诉讼所涉及的合同、往来函件中对送达地址有明确约定的,以约定的地址为送达地址;②没有约定的,以当事人在诉讼中提交的书面材料中载明的自己的地址为送达地址;③没有约定、当事人也未提交书面材料或者书面材料中未载明地址的,以一年内进行其他诉讼、仲裁案件中提供的地址为送达地址;④无以上情形的,以当事人一年内进行民事活动时经常使用的地址为送达地址。人民法院按照上述地址进行送达的,可以同时以电话、

---

① 最高人民法院《关于进一步加强民事送达工作的若干意见》第 1 条:"送达地址确认书是当事人送达地址确认制度的基础。送达地址确认书应当包括当事人提供的送达地址、人民法院告知事项、当事人对送达地址的确认、送达地址确认书的适用范围和变更方式等内容。"第 3 条:"为保障当事人的诉讼权利,人民法院应当告知送达地址确认书的填写要求和注意事项以及拒绝提供送达地址、提供虚假地址或者提供地址不准确的法律后果。"第 4 条:"人民法院应当要求当事人对其填写的送达地址及法律后果等事项进行确认。当事人确认的内容应当包括当事人已知晓人民法院告知的事项及送达地址确认书的法律后果,保证送达地址准确、有效,同意人民法院通过其确认的地址送达诉讼文书等,并由当事人或者诉讼代理人签名、盖章或者捺印。"

微信等方式通知受送达人。如果以上述标准仍无法确定送达地址的,自然人以其户籍登记的住所或者在经常居住地登记的住址为送达地址,法人或者其他组织以其工商登记或其他依法登记、备案的住所地为送达地址。

(4)对电子送达的方式予以规范

2012年《民事诉讼法》规定了电子送达方式,2015年《民事诉讼法解释》亦对该送达方式的相关操作程序予以规范。在该意见中再次对电子送达的相关问题予以规范。具体如下,采用传真、电子邮件方式送达的,送达人员应记录传真发送和接收号码、电子邮件发送和接收邮箱、发送时间、送达诉讼文书名称,并打印传真发送确认单、电子邮件发送成功网页,存卷备查。采用短信、微信等方式送达的,送达人员应记录收发手机号码、发送时间、送达诉讼文书名称,并将短信、微信等送达内容拍摄照片,存卷备查。对于移动通信工具能够接通但无法直接送达、邮寄送达的,除判决书、裁定书、调解书外,可以采取电话送达的方式,由送达人员告知当事人诉讼文书内容,并记录拨打、接听电话号码,通话时间,送达诉讼文书内容,通话过程应当录音以存卷备查。

(二)送达的制度结构变迁

送达制度在制度变迁上主要围绕着如下几点展开,受送达人的范围扩张、送达方式的增加、送达日期的明确化等。下文将通过对这几点的整理总结,描述送达制度相应的变化。

1.受送达人

(1)主体类型的扩大

1982年《民事诉讼法(试行)》仅规定了一种受送达人即公民,并没有对法人和其他组织作为当事人予以送达的情形予以规定。这主要是因为当时《民法通则》并未颁布,民事主体的类型并未明确所致。1991年《民事诉讼法》即将受送达人的范围予以扩大,即扩大至法人和其他组织。之后的《民事诉讼法》历次修改及民事诉讼法解释均沿袭该规定。

(2)受送达人范围的扩大

从《民事诉讼法》历次修改及最高人民法院相关司法解释的规定来看,受送达主体的范围亦逐渐扩大,受送达主体从本人、同住成年家属或受送达人指定的代收人一直扩展到诉讼代理人。

(3)送达方式的增加

从1982年《民事诉讼法(试行)》一直到2012年《民事诉讼法》的规定,基本上确定了送达方式的种类,即直接送达、留置送达、邮寄送达、委托送达、公告送达。在此基础上,2012年《民事诉讼法》又增加了电子送达。不过,应当明确的是电子送达和上述送达在划分标准上是不一样的。上述送达方式的确定是以是否直接由人民法院送达到本人为区分标准。前两者是人民法院直接送达,后三者是未实施直接送达的情形。而电子送达应当说是直接送达的一种，即由人民法院直接送达到本人，只不过未采取"面对面"的方式。

（4）送达方式的规范化

从 1982 年《民事诉讼法（试行）》一直到 2017 年最高人民法院《关于进一步加强民事送达工作的若干意见》，送达方式逐步规范与完善。

第一，明确了直接送达作为原则，其他送达方式作为补充。

第二，对直接送达方式亦进行了相关的变通，如 2015 年《民事诉讼法解释》规定人民法院直接送达诉讼文书的，可以通知当事人到人民法院领取。当事人到达人民法院，拒绝签署送达回证的，视为送达。审判人员、书记员应当在送达回证上注明送达情况并签名。人民法院可以在当事人住所地以外向当事人直接送达诉讼文书。当事人拒绝签署送达回证的，采用拍照、录像等方式记录送达过程即视为送达。审判人员、书记员应当在送达回证上注明送达情况并签名。

第三，对留置送达的情形予以明确，并对适用留置送达时，人民法院的相关操作方式予以规范和变通，如 1982 年《民事诉讼法（试行）》中，在适用留置送达时，要求送达人应当邀请有关基层组织的代表或者其他人到场，说明情况，在送达回证上记明拒收事由和日期，由送达人、见证人签名或者盖章，把诉讼文书留在受送达人的住处，即视为送达。1991 年《民事诉讼法》沿袭了该规定。不过，1992 年《民诉意见》则作了变通性规定，即受送达人拒绝接受诉讼文书，有关基层组织或者所在单位的代表及其他见证人不愿在送达回证上签字或盖章的，由送达人在送达回证上记明情况，把送达文书留在受送达人住所，即视为送达。通过这个解释可以看出，留置送达的适用条件变得宽松，但是从反面亦可反映出送达难的情形已经凸显。2007 年的规定与 1991 年《民事诉讼法》的规定相同，2012 年《民事诉讼法》则规定，受送达人或者他的同住成年家属拒绝接收诉讼文书的，送达人可以邀请有关基层组织或者所在单位的代表到场，说明情况，在送达回证上记明拒收事由和日期，由送达人、见证人签名或者盖章，把诉讼文书留在受送达人的住所；也可以把诉讼文书留在受送达人的住所，并采用拍照、录像等方式记录送达过程，即视为送达。换句话说，在留置送达时，人民法院可以选择适用上述两种方式，即邀请相关代表到场或直接拍照、录像记录送达过程，进而适用留置送达。

第四，对于送达地址的确认以及无法送达时的处理措施逐渐规范化与明确化。从 1982 年《民事诉讼法（试行）》一直到 2017 年最高人民法院《关于进一步加强民事送达工作的若干意见》，对于送达地址的确认及对无法送达时的处理措施逐渐规范化与明确化。应当说这也是自 2015 年《民事诉讼法解释》以及 2017 年送达意见出台后的一些新的举措，减轻了送达的难度，保障了权利人权利的实现。如 2015 年司法解释规定当事人在提起上诉、申请再审、申请执行时未书面变更送达地址的，其在第一审程序中确认的送达地址可以作为第二审程序、审判监督程序、执行程序的送达地址。再如 2017 年送达意见规定,因当事人提供的送达地址不准确、拒不提供送达地址、送达地址变更未书面告知人民法院,导致民事诉讼文书未能被受送达人实际接收的,直接送达的,民事诉讼文书留在该地址之日为送达之日;邮寄送达的,文书被退回之日为送达之日。当事人拒绝确认送达地址或以拒绝应诉、拒接电话、避而不见送达人员、搬离原住所等躲避、规避送达,人民法院不能或无法要求其确认送达地址的,可以分别以下列情形处理:①当事人在诉讼所涉及的合同、往来函件中对送达地址有明确约定的,以约定的地址为送达地址;②没有约定的,以当事人在诉讼中提交的书面材料中载明的自己的地址为送达地址;③没有约定、当事人也未提交书面材料或者书面材料中未载明地址的,以一年内进行其他诉讼、仲裁案件中提供的地址为送达地址;④无以上情形的,以当事人一年内进行民事活动时经常使用的地址为送达地址。人民法院按照上述地址进行送达的,可以同时以电话、微信等方式通知受送达人。依第 8 条规定仍不能确认送达地址的,自然人以其户籍登记的住所或者在经常居住地登记的住址为送达地址,法人或者其他组织以其工商登记或其他依法登记、备案的住所地为送达地址。

(三)送达制度变迁的特点与背景

从 1982 年《民事诉讼法(试行)》一直到 2017 年最高人民法院出台《关于进一步加强民事送达工作的若干意见》均坚持原则上适用直接送达方式,例外情形下适用留置送达、委托送达、邮寄送达、公告送达等。以此原则保障受送达人的合法程序权益,不致其因为恶意诉讼等而导致权利受损。不过,由于在制度设计上加大了直接送达的力度,进而使得程序天平倾斜于受送达人。实践中由于受送达人以各种方式规避送达、拒绝送达等,导致无法送达的情形逐渐增多,严重影响了诉讼效率以及权利人权利的实现。为了很好地保护权利人权利,同时亦保护受送达人利益,从 1982 年到 2017 年,《民事诉讼法》及相关司法解释都在探讨相关的措施,以实现公平与效率的完美兼顾。而这些均表现于上述的制度结构变化,如直接送达方式的变通、留置送达方式的多样化、委托送达方式的规范化、公告送达方式的规范化、电子送达方式的出现及规范化,这些均是在谋求上述制度目的的实现。而在这些制度的基础上,确定了送达地址确认书制度,同时对于那些恶意规避送达的情形,亦出台了相关的规定和措施,使人民法院的送达难度有所缓解,保障了权利人利益,减少了司法资源的浪费。

应当说,送达制度并非民事诉讼法上最重要的制度,但是确是被告当事人参与诉讼的开始,送达难直接导致了后续程序无法开展。因而也就成为现在民事诉讼效率较低的一个重要原因。尤其是在现今大规模诉讼、复杂诉讼形式多元化的情况下,如果因为其中一方当事人无法送达,而导致整个诉讼停滞,则对权利人而言是非常不公正的。因此,民事诉讼法及相关司法解释在送达问题上规定的逐渐细化、规范化也因应了时代的要求,保障了权利人权利的迅速实现,促进了经济的良性发展。

三、妨害民事诉讼的强制措施制度的变迁

妨害民事诉讼的强制措施是为了保障诉讼程序的顺利进行而设置的相关制度规定。

（一）妨害民事诉讼的强制措施制度的基本结构

1.1982 年《民事诉讼法（试行）》

1982 年《民事诉讼法（试行）》将妨害民事诉讼的强制措施规定于总则编第八章第 76 条至第 79 条。这些条文主要规定了强制措施的种类、适用的情形、适用的程序、多种强制措施并用的条件等。

（1）强制措施的种类

1982 年《民事诉讼法（试行）》主要规定了拘传、训诫、责令具结悔过、罚款、拘留等。

（2）适用情形

第一，拘传。

根据 1982 年《民事诉讼法（试行）》的规定，拘传适用于人民法院对必须到庭的被告，经两次合法传唤，无正当理由拒不到庭的情形。应当注意的是，拘传仅适用于被告，而不适用于原告。

第二，训诫、责令具结悔过、罚款、拘留等。

根据 1982 年《民事诉讼法（试行）》的规定，诉讼参与人或者其他人有下列行为之一的，人民法院可以根据情节轻重，予以训诫、责令具结悔过或者予以罚款、拘留；构成犯罪的，依法追究刑事责任：①伪造、隐藏、毁灭证据；②指使、贿买他人作伪证；③隐藏、转移、变卖、毁损已被查封、扣押的财产；④以暴力、威胁或者其他方法阻碍司法工作人员执行职务，或者扰乱司法机关的工作秩序；⑤对司法工作人员、证人、鉴定人、勘验人、诉讼参与人、协助执行的人，进行侮辱、诽谤、诬陷、殴打或者以其他方法进行打击报复；⑥有义务协助执行的人，对人民法院的协助执行通知书，无故推脱、拒绝或者妨碍执行的。

（3）适用的程序

根据 1982 年《民事诉讼法（试行）》的规定，拘传、罚款、拘留必须经人民法院院长批准。被拘留的人，由人民法院交公安机关看管。在拘留期间，被拘留人承认并改正错误的，人民法院可以决定提前解除拘留。罚款的金额，为人民币 200 元以下。拘留的期限，为 15 日以下。罚款、拘留应当用决定书。本人对罚款、拘留不服的，可以申请复议一次。复议期间，不停止决定的执行。

（4）处罚措施并用的情形

根据 1982 年《民事诉讼法（试行）》的规定，罚款和拘留，可以合并使用。

2.1991年《民事诉讼法》

1991年《民事诉讼法》将妨害民事诉讼的强制措施规定于总则编第十章第100条至第106条。这些条文主要规定了强制措施的种类、适用的情形、适用的程序、多种强制措施并用的条件等。

（1）强制措施的种类

1991年《民事诉讼法》规定的妨害民事诉讼的强制措施包括拘传、训诫、责令退出法庭或者予以罚款、拘留。

（2）适用情形

第一，拘传。

1991年《民事诉讼法》规定，人民法院对必须到庭的被告，经两次传票传唤，无正当理由拒不到庭的，可以拘传。从该规定可以看出，适用拘传的仍然是案件的被告。

第二，训诫、责令退出法庭。

1991年《民事诉讼法》规定，人民法院对违反法庭规则的人，可以予以训诫、责令退出法庭。

第三，罚款、拘留。

1991年《民事诉讼法》规定，人民法院对违反法庭规则的人，可以予以训诫、责令退出法庭或者予以罚款、拘留。人民法院对哄闹、冲击法庭，侮辱、诽谤、威胁、殴打审判人员，严重扰乱法庭秩序的人，依法追究刑事责任；情节较轻的，予以罚款、拘留。

诉讼参与人或者其他人有下列行为之一的，人民法院可以根据情节轻重予以罚款、拘留；构成犯罪的，依法追究刑事责任："（一）伪造、毁灭重要证据，妨碍人民法院审理案件的；（二）以暴力、威胁、贿买方法阻止证人作证或者指使、贿买、胁迫他人作伪证的；（三）隐藏、转移、变卖、毁损已被查封、扣押的财产，或者已被清点并责令其保管的财产，转移已被冻结的财产的；（四）对司法工作人员、诉讼参与人、证人、翻译人员、鉴定人、勘验人、协助执行的人，进行侮辱、诽谤、诬陷、殴打或者打击报复的；（五）以暴力、威胁或者其他方法阻碍司法工作人员执行职务的；（六）拒不履行人民法院已经发生法律效力的判决、裁定的。"

人民法院对有前款规定的行为之一的单位，可以对其主要负责人或者直接责任人员予以罚款、拘留；构成犯罪的，依法追究刑事责任。

有义务协助调查、执行的单位有下列行为之一的，人民法院除责令其履行协助义务外，并可以予以罚款："（一）有关单位拒绝或者妨碍人民法院调查取证的；（二）银行、信用合作社和其他有储蓄业务的单位接到人民法院协助执行通知书后，拒不协助查询、冻结或者划拨存款的；（三）有关单位接到人民法院协助执行通知书后，拒不协助扣留被执行人的收入、办理有关财产权证照转移手续、转交有关票证、证照或者其他财产的;(四)其他拒绝协助执行的。"

人民法院对有前款规定的行为之一的单位,可以对其主要负责人或者直接责任人员予以罚款;还可以向监察机关或者有关机关提出予以纪律处分的司法建议。

(3)适用程序

1991 年《民事诉讼法》规定,拘传、罚款、拘留必须经院长批准。采取对妨害民事诉讼的强制措施必须由人民法院决定。任何单位和个人采取非法拘禁他人或者非法私自扣押他人财产追索债务的,应当依法追究刑事责任,或者予以拘留、罚款。

拘传应当发拘传票。罚款、拘留应当用决定书。对决定不服的,可以向上一级人民法院申请复议一次。复议期间不停止执行。

对个人的罚款金额,为人民币 1000 元以下。对单位的罚款金额,为人民币 1000 元以上 3 万元以下。拘留的期限,为 15 日以下。被拘留的人,由人民法院交公安机关看管。在拘留期间,被拘留人承认并改正错误的,人民法院可以决定提前解除拘留。

(4)处罚措施并用的情形

1991 年《民事诉讼法》并无处罚措施并用的规定。

3.1992 年《民诉意见》

1992 年《民诉意见》对 1991 年《民事诉讼法》关于妨害民事诉讼的强制措施的相关规定予以细化。其规定该解释的第 7 部分第 112 条至第 127 条。对各种强制措施的适用情形以及适用程序予以了明确规定。

(1)拘传

该解释规定,《民事诉讼法》第 100 条规定的必须到庭的被告,是指负有赡养、抚育、扶养义务和不到庭就无法查清案情的被告。给国家、集体或他人造成损害的未成年人的法定代理人,如其必须到庭,经两次传票传唤无正当理由拒不到庭的,也可以适用拘传。拘传必须用拘传票,并直接送达被拘传人;在拘传前,应向被拘传人说明拒不到庭的后果,经批评教育仍拒不到庭的,可拘传其到庭。

该规定将拘传的适用主体再次予以明确化。同时对适用拘传的相关程序予以细化和明确。

(2)拘留

该解释对适用拘留时的相关程序作了更为明确和细致的规定,即人民法院依照《民事诉讼法》第 101 条、第 102 条的规定,需要对诉讼参与人和其他人采取拘留措施的,应经院长批准,作出拘留决定书,由司法警察将被拘留人送交当地公安机关看管。若被拘留人不在本辖区的,作出拘留决定的人民法院应派员到被拘留人所在地的人民法院,请该院协助执行,受委托的人民法院应及时派员协助执行。被拘留人申请复议或者在拘留期间承认并改正错误,需要提前解除拘留的,受委托人民法院应向委托人民法院转达或者提出建议,由委托人民法院审查决定。因哄闹、冲击法庭,用暴力、威胁等方法抗拒执行公务等紧急情况,必须立即采取拘留措施的,可在拘留后,立即报告院长补办批准手续。院长认为拘留不当的,应当解除拘留。被拘留人在拘留期间认错悔改的,可以责令其具结悔过,提前解除拘留。提前解除拘留,应报经院长批准,并作出提前解除拘留决定书,交负责看管的公安机关执行。

相对于《民事诉讼法》而言,该解释对于适用拘留时,公安机关与法院之间的权限进行了明确界分,同时对于其他法院的协助执行义务予以明确。同时,对于必须立即采取拘留措施的情形,规定可补办批准手续等。这些规定,都有利于人民法院及时地制止相关的妨害民事诉讼的行为,增加了民事诉讼法规定的可操作性,提高了违法成本,保障了法庭秩序的正常开展。

(3)程序并用的规定

1991年《民事诉讼法》并没有程序并用的规定,而于该解释中对此予以明确,即《民事诉讼法》第101条、第102条规定的罚款、拘留可以单独适用,也可以合并适用。对同一妨害民事诉讼行为的罚款、拘留不得连续适用。但发生了新的妨害民事诉讼的行为,人民法院可以重新予以罚款、拘留。

(4)对相关处罚措施的复议程序的规定

该解释对《民事诉讼法》规定的复议程序予以细化和规范,即被罚款、拘留的人不服罚款、拘留决定申请复议的,上级人民法院应在收到复议申请后5日内作出决定,并将复议结果通知下级人民法院和当事人。上级人民法院复议时认为强制措施不当,应当制作决定书,撤销或变更下级人民法院的拘留、罚款决定。情况紧急的,可以在口头通知后3日内发出决定书。

(5)对应予处罚的相关情形予以细化

此主要体现于该解释第123条与第124条的规定,这是对当事人和有关单位相关的不合作、不配合的行为予以明确并规定可以处罚。①

(6)对应承担刑事责任时的处理程序予以规定

对于妨害民事诉讼的行为,应追究刑事责任的,需要在民事审判庭与刑事审判庭之间对该行为的审理予以机构上的转换。该解释对该问题予以明确,即依照民事诉讼法第101条的规定,应当追究有关人员刑事责任的,由审理该案的审判组织

---

① 1991年《民事诉讼法解释》第123条:"当事人有下列情形之一的,可以依照民事诉讼法第一百零二条第一款第(六)项的规定处理:(1)在法律文书发生法律效力后隐藏、转移、变卖、毁损财产,造成人民法院无法执行的;(2)以暴力、威胁或者其他方法妨碍或抗拒人民法院执行的;(3)有履行能力而拒不执行人民法院发生法律效力的判决书、裁定书、调解书和支付令的。"第124条:"有关单位有下列情形之一的,人民法院可以依照民事诉讼法第一百零二条的规定处理:(1)擅自转移已被人民法院冻结的存款,或擅自解冻的;(2)以暴力、威胁或者其他方法阻碍司法工作人员查询、冻结、划拨银行存款的;(3)接到人民法院的协助执行通知书后,给当事人通风报信,协助其转移、隐匿财产的。"

直接予以判决;在判决前,应当允许当事人陈述意见或者委托辩护人辩护。依照《民事诉讼法》第 102 条第 1 款第 6 项的规定,应当追究有关人员刑事责任的,由人民法院刑事审判庭直接受理并予以判决。依照《民事诉讼法》第 102 条第 1 项至第 5 项和第 106 条的规定,应当追究有关人员刑事责任的,依照刑事诉讼法的规定办理。

从这些规定来看,对于应当追究刑事责任的情形按照不同的情形规定了不同的审判组织,兼顾了公平与效率。

4.2007 年《民事诉讼法》

2007 年《民事诉讼法》并未对妨害民事诉讼的强制措施相关制度予以修改,沿袭了 1991 年《民事诉讼法》的相关规定。

5.2012 年《民事诉讼法》

2012 年《民事诉讼法》仍将妨害民事诉讼的强制措施规定于总则编第 10 章第 109 条至第 117 条。这些条文主要规定了强制措施的种类、适用的情形、适用的程序、多种强制措施并用的条件等。

(1)强制措施的种类

2012 年《民事诉讼法》规定的强制措施的种类主要包括拘传、训诫、责令退出法庭、罚款、拘留。

(2)适用情形

第一,拘传。

2012 年《民事诉讼法》仍然沿袭了以往《民事诉讼法》的规定,即人民法院对必须到庭的被告,经两次传票传唤,无正当理由拒不到庭的,可以拘传。

第二,训诫、责令退出法庭。

这两种处罚措施主要针对的是违反法庭规则的人,即人民法院对违反法庭规则的人,可以予以训诫、责令退出法庭。

第三,罚款、拘留。

根据 2012 年《民事诉讼法》的规定,人民法院对违反法庭规则的人,可以予以罚款、拘留。人民法院对哄闹、冲击法庭,侮辱、诽谤、威胁、殴打审判人员,严重扰乱法庭秩序的人,情节较轻的,予以罚款、拘留。

诉讼参与人或者其他人有下列行为之一的,人民法院可以根据情节轻重予以罚款、拘留:"(一)伪造、毁灭重要证据,妨碍人民法院审理案件的;(二)以暴力、威胁、贿买方法阻止证人作证或者指使、贿买、胁迫他人作伪证的;(三)隐藏、转移、变卖、毁损已被查封、扣押的财产,或者已被清点并责令其保管的财产,转移已被冻结的财产的;(四)对司法工作人员、诉讼参与人、证人、翻译人员、鉴定人、勘验人、协助执行的人,进行侮辱、诽谤、诬陷、殴打或者打击报复的;(五)以暴力、威胁或者其他方法阻碍司法工作人员执行职务的;(六)拒不履行人民法院已经发生法律效力的判决、裁定的。"另外规定,人民法院对有前款规定的行为之一的单位,可以对其主要负责人或者直接责任人员予以罚款、拘留。

有义务协助调查、执行的单位有下列行为之一的,人民法院除责令其履行协助义务外,并可以予以罚款:"(一)有关单位拒绝或者妨碍人民法院调查取证的;(二)有关单位接到人民法院协助执行通知书后,拒不协助查询、扣押、冻结、划拨、变价财产的;(三)有关单位接到人民法院协助执行通知书后,拒不协助扣留被执行人的收入,办理有关财产权证照转移手续,转交有关票证、证照或者其他财产的;(四)其他拒绝协助执行的。"

人民法院对有前款规定的行为之一的单位,可以对其主要负责人或者直接责任人员予以罚款;对仍不履行协助义务的,可以予以拘留;并可以向监察机关或者有关机关提出予以纪律处分的司法建议。

从上述来看,《民事诉讼法》仍然是按照主体在诉讼程序中的地位或作用规定相应的处罚措施,即诉讼参与人可以适用罚款或拘留,而协助执行单位主要是以罚款为处罚措施。

需要注意的是,2012 年《民事诉讼法》新增两条规定,分别对当事人间恶意串通、被执行人与他人恶意串通的情形予以规定,即当事人之间恶意串通,企图通过诉讼、调解等方式侵害他人合法权益的,人民法院应当驳回其请求,并根据情节轻重予以罚款、拘留。被执行人与他人恶意串通,通过诉讼、仲裁、调解等方式逃避履行法律文书确定的义务的,人民法院应当根据情节轻重予以罚款、拘留。

传统上,《民事诉讼法》仅仅规定的是对违反法庭规则的相关行为予以处罚,同时对于判决后拒不执行判决的相关情形予以处罚。而对于当事人依法提起诉讼的情形,并没有规定处罚措施,这是出于对当事人诉权保障的立法目的。但是,如果当事人滥用诉权,提起恶意损害他人的虚假性诉讼等,则不仅无保障其诉权的必要,同时亦浪费了司法资源,损害他人合法权益,这种情形虽然并非典型的妨害民事诉讼的顺利进行的行为,但是其是企图利用司法资源以达到损害他人的目的,这种行为从本质上讲即不正当,因此对这种情形应当作为妨害民事诉讼的行为予以对待。

(3)适用程序

拘传、罚款、拘留必须经院长批准。拘传应当发拘传票。罚款、拘留应当用决定书。对决定不服的,可以向上一级人民法院申请复议一次。复议期间不停止执行。

被拘留的人,由人民法院交公安机关看管。在拘留期间,被拘留人承认并改正错误的,人民法院可以决定提前解除拘留。

对个人的罚款金额,为人民币 10 万元以下。对单位的罚款金额,为人民币 5 万元以上 100 万元以下。拘留的期限,为 15 日以下。

（4）处罚措施的并用

2012 年《民事诉讼法》沿袭了 1991 年《民事诉讼法》与 2007 年《民事诉讼法》的规定,并无并用条款。

6.2015 年《民事诉讼法解释》

2015 年《民事诉讼法解释》对《民事诉讼法》中关于妨害民事诉讼的处罚措施作了更为详尽的规定。

（1）拘传

该解释在沿袭 1992 年《民诉意见》的规定的基础上,增加了拘传原告的情形,即人民法院对必须到庭才能查清案件基本事实的原告,经两次传票传唤,无正当理由拒不到庭的,可以拘传。不过,应当注意的是,拘传原告与拘传被告在条件上仍有所不同,即拘传被告适用的条件是"无法查清案情",而拘传原告适用的是"案件的基本事实"。因此,从这一区别来看,对原告的拘传措施的适用更为慎重。

对适用拘传的程序又作了进一步的规范和细化,即拘传必须用拘传票,并直接送达被拘传人;在拘传前,应当向被拘传人说明拒不到庭的后果,经批评教育仍拒不到庭的,可以拘传其到庭。从该规定即可以看出拘传票适用直接送达,进而保障被拘传人的程序利益。同时,在实施拘传前,经两次合法传唤后,可以再次对被拘传人批评教育,仍不到庭,可以拘传。

（2）关于训诫、责令退出法庭等适用情形与程序予以明确

诉讼参与人或者其他人实施了下列行为,即①未经准许进行录音、录像、摄影的;②未经准许以移动通信等方式现场传播审判活动的;③其他扰乱法庭秩序,妨害审判活动进行时,人民法院可以训诫、责令退出法庭。

对于上述情形,人民法院可以暂扣诉讼参与人或者其他人进行录音、录像、摄影、传播审判活动的器材,并责令其删除有关内容;拒不删除的,人民法院可以采取必要手段强制删除。

适用训诫、责令退出法庭等处罚措施时,应当由合议庭或者独任审判员决定。训诫的内容、被责令退出法庭者的违法事实应当记入庭审笔录。

（3）对拘留、罚款的相关情形予以明确和细化

该解释对《民事诉讼法》第 101 条第 1 款第 5 项规定的以暴力、威胁或者其他

方法阻碍司法工作人员执行职务的行为予以细化。[1] 另外,亦对《民事诉讼法》第111 条第 1 款第 6 项规定的拒不履行人民法院已经发生法律效力的判决、裁定的行为予以例示和细化。[2] 对《民事诉讼法》第 114 条规定的协助义务人的妨害民事诉讼的行为予以补充。[3]

(二)妨害民事诉讼的强制措施制度的制度变迁

从上述民事诉讼法关于妨害民事诉讼的强制措施制度的基本结构可以看出,该制度存在如下变迁。

1.条文篇幅量逐步增大

从 1982 年《民事诉讼法(试行)》关于妨害民事诉讼的强制措施共 4 条规定,一直到 2012 年《民事诉讼法》共 9 条规定,2015 年《民事诉讼法解释》则共有 19 条规定。从规定的条文篇幅来看,对于妨害民事诉讼的强制措施的规定历来是民事诉讼法修改的重点内容。主要是因为这些强制措施的规定是保障诉讼程序顺利进行的主要手段。

2.强制措施的种类逐步定型化、完善化

从 1982 年《民事诉讼法(试行)》开始,强制措施的种类包括拘传、训诫、责令具结悔过、罚款、拘留等。随着制度的变迁,多数强制措施仍然保留,仅仅具结悔过从《民事诉讼法》文本中被删除,而从 1991 年开始,强制措施中增加了责令退出法庭,进而保障了庭审的顺利进行。

---

① 2015 年《民事诉讼法解释》第 187 条:"民事诉讼法第一百一十一条第一款第五项规定的以暴力、威胁或者其他方法阻碍司法工作人员执行职务的行为,包括:(一)在人民法院哄闹、滞留,不听从司法工作人员劝阻的;(二)故意毁损、抢夺人民法院法律文书、查封标志的;(三)哄闹、冲击执行公务现场,围困、扣押执行或者协助执行公务人员的;(四)毁损、抢夺、扣留案件材料、执行公务车辆、其他执行公务器械、执行公务人员服装和执行公务证件的;(五)以暴力、威胁或者其他方法阻碍司法工作人员查询、查封、扣押、冻结、划拨、拍卖、变卖财产的;(六)以暴力、威胁或者其他方法阻碍司法工作人员执行职务的其他行为。"

② 2015 年《民事诉讼法解释》第 188 条:"民事诉讼法第一百一十一条第一款第六项规定的拒不履行人民法院已经发生法律效力的判决、裁定的行为,包括:(一)在法律文书发生法律效力后隐藏、转移、变卖、毁损财产或者无偿转让财产、以明显不合理的价格交易财产、放弃到期债权、无偿为他人提供担保等,致使人民法院无法执行的;(二)隐藏、转移、毁损或者未经人民法院允许处分已向人民法院提供担保的财产的;(三)违反人民法院限制高消费令进行消费的;(四)有履行能力而拒不按照人民法院执行通知履行生效法律文书确定的义务的;(五)有义务协助执行的个人接到人民法院协助执行通知书后,拒不协助执行的。"

③ 2015 年《民事诉讼法解释》第 192 条:"有关单位接到人民法院协助执行通知书后,有下列行为之一的,人民法院可以适用民事诉讼法第一百一十四条规定处理:(一)允许被执行人高消费的;(二)允许被执行人出境的;(三)拒不停止办理有关财产权证照转移手续、权属变更登记、规划审批等手续的;(四)以需要内部请示、内部审批,有内部规定等为由拖延办理的。"

从开庭到执行结束整个民事诉讼程序流程中,只要诉讼参与人、协助义务人实施了妨害民事诉讼的行为,均会有相应的强制措施对其予以惩戒。因而可以说,妨害民事诉讼行为的强制措施实现了对整个程序过程的"全覆盖"。如开庭时的拘传制度保障了应当出庭人的出庭,进而减少了缺席判决的比例,同时亦降低了程序空转的风险,避免了法院与当事人遭受无益等诉讼的诉累。对协助义务人行为的规制,避免了因协助义务人帮助当事人转移财产等而引发的保全、执行不能,进而顺利地保障了当事人权利的实现以及判决等法院文书的权威性。

3. 强制措施适用程序的规范化

强制措施有可能对诉讼参与人、协助义务人等的人身和财产造成侵害,因此对这些措施适用的程序加以规范,亦是程序正义原则的要求。从 1982 年《民事诉讼法(试行)》一直到 2015 年《民事诉讼法解释》,民事诉讼法的相关制度规定都在谋求强制措施适用的规范化。

(1)拘传

1982 年《民事诉讼法(试行)》仅仅规定了拘传的基本程序,即经两次合法传唤拒不到庭,而且仅仅适用于被告,并规定拘传应经院长批准。1991 年《民事诉讼法》在此规定的基础上,增加了拘传适用拘传票的规定。在程序上明确了拘传时应当利用文书。1992 年《民诉意见》在上述规定基础上明确了应当适用拘传的被告的范围或情形。同时规定应当对被拘传之人批评教育,而不是径直适用拘传措施,经批评教育仍拒绝出庭的,方适用拘传。同时规定,拘传票原则上应直接送达受送达人,以保障其应有的程序性权利。2007 年和 2012 年民事诉讼法沿袭了上述民事诉讼法的相关规定。不过,2015 年《民事诉讼法解释》亦将原告纳入拘传的范围,即"无法查清案件基本事实"时,可拘传原告。

从上述拘传制度的变迁可以看出,在适用主体上作出了明确的限定性解释,同时亦存在扩张制度适用的空间。在适用的程序上,从经院长批准,到适用拘传票,再到直接送达的原则性规定,均体现了拘传适用上的慎重,进而保障诉讼参与人的程序性权利。

(2)训诫、责令退出法庭

从 1982 年《民事诉讼法(试行)》规定了训诫,而后 1991 年《民事诉讼法》增加责令退出法庭以来,民事诉讼法及司法解释并没有对适用该种措施的情形予以明确化,仅仅规定的条件是违反法庭规则。这给予了法官适用该处罚措施过大的裁量权限,极大影响当事人的参诉应诉。从反面来看,由于适用条件或标准并不明确,亦可能导致无法适用,进而使得法院与当事人在是否违反法庭规则的问题上纠缠不清,影响诉讼效率。2015 年《民事诉讼法解释》对该问题予以了明确。进而廓清了在该问题上的相关制度标准和适用范围,使得法官和当事人在利用该制度时有法可依。

（3）罚款、拘留

这两种制度是民事诉讼法历次修法中着重修订的内容。适用两者的情形逐渐增多，而且适用两者的程序亦逐渐规范化。

第一，适用情形。

1982年《民事诉讼法（试行）》对于罚款、拘留的适用情形是与其他的强制措施的适用情形规定在一起的，同时赋予法官自由裁量权，即根据相关行为的情节轻重对数种强制措施予以适用。因而并没有对相关强制措施的适用情形予以细分。

1991年《民事诉讼法》在上述基础上做了两点修改：一是将违反法庭规则而应予以处罚的情形予以独立，进而明确了训诫、责令退出法庭与罚款、拘留的界限。二是将应罚款拘留的情形区分诉讼参与人与协助义务人两种情形予以规定，明确了应当受处罚的相关主体的范围。因此，应当说1991年《民事诉讼法》搭建完成了罚款与拘留的适用情形的基本框架。

1992年《民诉意见》、2007年《民事诉讼法》几乎没有对该框架作出大的修改，直到2012年《民事诉讼法》的规定。需要注意的是，2012年《民事诉讼法》新增两条规定，分别对当事人间恶意串通、被执行人与他人恶意串通的情形予以规定，即当事人之间恶意串通，企图通过诉讼、调解等方式侵害他人合法权益的，人民法院应当驳回其请求，并根据情节轻重予以罚款、拘留。被执行人与他人恶意串通，通过诉讼、仲裁、调解等方式逃避履行法律文书确定的义务的，人民法院应当根据情节轻重予以罚款、拘留。

从这一变化可以看出，民事诉讼法规定的强制措施的适用情形从原本阻挠正当的诉讼的推进和执行，扩展到"不正当诉讼"。可以说罚款与拘留的强制措施的适用已经跃出了传统的适用空间，进而对不正当诉讼的情形亦予以规制。

2015年《民事诉讼法解释》对拘留、罚款的情形作了相应的细化和补充性规定。如该解释对《民事诉讼法》第111条第1款第5项规定的以暴力、威胁或者其他方法阻碍司法工作人员执行职务的行为予以细化。[①] 另外，亦对《民事诉讼法》第111条第1款第6项规定的拒不履行人民法院已经发生法律效力的判决、裁定

---

① 2015年《民事诉讼法解释》第187条："民事诉讼法第一百一十一条第一款第五项规定的以暴力、威胁或者其他方法阻碍司法工作人员执行职务的行为，包括：（一）在人民法院哄闹、滞留，不听从司法工作人员劝阻的；（二）故意毁损、抢夺人民法院法律文书、查封标志的；（三）哄闹、冲击执行公务现场，围困、扣押执行或者协助执行公务人员的；（四）毁损、抢夺、扣留案件材料、执行公务车辆、其他执行公务器械、执行公务人员服装和执行公务证件的；（五）以暴力、威胁或者其他方法阻碍司法工作人员查询、查封、扣押、冻结、划拨、拍卖、变卖财产的；（六）以暴力、威胁或者其他方法阻碍司法工作人员执行职务的其他行为。"

的行为予以例示和细化。① 对《民事诉讼法》第 114 条规定的协助义务人的妨害民事诉讼的行为予以补充。②

第二,适用程序。

根据 1982 年《民事诉讼法(试行)》的规定,罚款、拘留,必须经人民法院院长批准。被拘留的人,由人民法院交公安机关看管。在拘留期间,被拘留人承认并改正错误的,人民法院可以决定提前解除拘留。罚款的金额,为人民币 200 元以下。拘留的期限,为 15 日以下。罚款、拘留,用决定书。本人对罚款、拘留不服的,可以申请复议一次。复议期间,不停止决定的执行。

1991 年《民事诉讼法》规定,在上述规定的基础上,规定可以向上一级人民法院申请复议,进而使当事人能够受到更为公正的程序保障。另外,对于罚款的适用分公民与单位两种情形,同时提高了对个人的罚款金额,为人民币 1000 元以下。对单位的罚款金额,为人民币 1000 元以上 3 万元以下。另外,对于被拘留的人,明确由人民法院交公安机关看管。在拘留期间,被拘留人承认并改正错误的,人民法院可以决定提前解除拘留。

1992 年《民诉意见》对适用拘留时的相关程序作了更为明确和细致的规定,即人民法院依照《民事诉讼法》第 101 条、第 102 条的规定,需要对诉讼参与人和其他人采取拘留措施的,应经院长批准,作出拘留决定书,由司法警察将被拘留人送交当地公安机关看管。若被拘留人不在本辖区的,作出拘留决定的人民法院应派员到被拘留人所在地的人民法院,请该院协助执行,受委托的人民法院应及时派员协助执行。被拘留人申请复议或者在拘留期间承认并改正错误,需要提前解除拘留的,受委托人民法院应向委托人民法院转达或者提出建议,由委托人民法院审查决定。因哄闹、冲击法庭,用暴力、威胁等方法抗拒执行公务等紧急情况,必须立即采取拘留措施的,可在拘留后,立即报告院长补办批准手续。院长认为拘留不当的,应当解除拘留。被拘留人在拘留期间认错悔改的,可以责令其具结悔过,提前解除拘留。提前解除拘留,应报经院长批准,并作出提前解除拘留决定书,交负责看管

---

① 2015 年《民事诉讼法解释》第 188 条:"民事诉讼法第一百一十一条第一款第六项规定的拒不履行人民法院已经发生法律效力的判决、裁定的行为,包括:(一)在法律文书发生法律效力后隐藏、转移、变卖、毁损财产或者无偿转让财产、以明显不合理的价格交易财产、放弃到期债权、无偿为他人提供担保等,致使人民法院无法执行的;(二)隐藏、转移、毁损或者未经人民法院允许处分已向人民法院提供担保的财产的;(三)违反人民法院限制高消费令进行消费的;(四)有履行能力而拒不按照人民法院执行通知履行生效法律文书确定的义务的;(五)有义务协助执行的个人接到人民法院协助执行通知书后,拒不协助执行的。"

② 2015 年《民事诉讼法解释》第 192 条:"有关单位接到人民法院协助执行通知书后,有下列行为之一的,人民法院可以适用民事诉讼法第一百一十四条规定处理:(一)允许被执行人高消费的;(二)允许被执行人出境的;(三)拒不停止办理有关财产权证照转移手续、权属变更登记、规划审批等手续的;(四)以需要内部请示、内部审批,有内部规定等为由拖延办理的。"

的公安机关执行。

相对于《民事诉讼法》而言,该解释对于适用拘留时,公安机关与法院之间的权限进行了明确界分,同时对于其他法院的协助执行义务予以明确。同时,对于必须立即采取拘留措施的情形,规定可补办批准手续等。这些规定,都有利于人民法院及时地制止相关的妨害民事诉讼的行为,增加了《民事诉讼法》规定的可操作性,提高了违法成本,保障了法庭秩序的正常开展。

2012年《民事诉讼法》的规定再次提高罚款金额,即对个人的罚款金额,为人民币10万元以下。对单位的罚款金额,为人民币5万元以上100万元以下。

从上述来看,对于拘留适用的相关程序逐渐细化,同时在法院与公安机关之间的分工亦逐渐明确,使得拘留能够在有法可依的基础上具有可操作性。同时,罚款的金额逐渐增长,这也与我国经济社会生活的逐步提高密切相关。

(4)关于处罚方式并用的规范

根据1982年《民事诉讼法(试行)》的规定,罚款和拘留,可以合并使用。而后的民事诉讼法均未涉及该规定。而是于民事诉讼法的相关解释中予以规定,如1992年《民诉意见》规定《民事诉讼法》第101条、第102条规定的罚款、拘留可以单独适用,也可以合并适用。对同一妨害民事诉讼行为的罚款、拘留不得连续适用。但发生了新的妨害民事诉讼的行为,人民法院可以重新予以罚款、拘留。2015年《民事诉讼法解释》对该规定予以重申。从这些规定来看,对于罚款拘留的连续或合并适用开始予以限制,尤其是明确对同一妨害民事诉讼的行为不得连续适用。

(三)妨害民事诉讼强制措施制度变化的背景及其特点

关于妨害民事诉讼强制措施制度变化的背景及其特点,首先,民事诉讼制度的改革从宏观上来讲,是逐步从职权主义向当事人主义过渡。在该转变过程中,当事人的诉讼权利逐渐能够制约法院的审判权。进而逐步形成当事人诉权与法院审判权相互合作、相互制约促进民事诉讼顺利开展的诉讼构架或格局。因而法院在民事诉讼过程中,对于当事人诉讼行为的依赖性逐渐增大。没有当事人的合作与配合,诉讼程序就无法顺利开展,执行程序亦无法顺利实施。另外,诉讼过程是双方当事人的对抗过程,由于双方当事人的利益对立性,因此无法期待双方当事人通过合作逐步展现案件事实,进而顺利作出裁判,完成执行。因而,诉讼中的真实义务、协助义务就逐渐得到提倡。不过,亦应当明确的是,民事诉讼模式从职权主义向当事人主义的过渡主要是针对诉讼之实体方面,对于诉讼进程的推进,仍然适用的是职权进行主义,而非当事人进行主义。而正是因为如此,程序进程的推进则主要依靠法院的审判指挥权。而实体方面权利的"转移"实际上影响了程序进程的推进,因为程序的推进是以"发现真实"进而"适用法律"为基础的。丢掉了发现真实这一诉讼基本目的的程序推进的意义是大打折扣的。因此,分析妨害民事诉讼强制措施制度的演变,亦应当从上述两个角度来看其演化的背景和特点。如果从"法院→

当事人"这个维度来看,进而将促进民事诉讼顺利开展视为当事人对法院的义务,那么可以说当当事人作出妨害民事诉讼的相关行为时,对该行为予以处罚自然能够顺理成章。不过,若从"当事人→当事人"的维度来看,当事人如果毁灭证据、伪造证据、不履行判决等,则应予以相应的程序性制裁,比如对于毁灭证据等,直接认定对方当事人主张的事实成立。应当明确的是,目前由于采取职权进行主义,将程序推进的权力交由法院,因而妨害民事诉讼推进则是侵害了法院的诉讼指挥权,进而也就招致了相应的处罚措施,因此应当说目前的规定是从"法院→当事人"的维度予以设置的。

其次,《民事诉讼法》增加了虚假诉讼损害案外人利益的处罚措施。而这是随着民事诉讼模式从职权主义向当事人主义过渡而产生的问题。即当事人滥用诉讼权利损害他人利益。对于这种情形,在《民事诉讼法》中除了规定案外人可以撤销相关判决等保护自己利益外,法院还有权利适用妨害民事诉讼的强制措施对其予以处罚。这也是以 2012 年《民事诉讼法》新增的诚实信用原则为依据的。

再次,从上述变迁的描述中亦可以发现,强制措施适用情形逐步扩大,但是适用的程序亦逐渐规范,而这是与适用情形扩大化相匹配的。强制措施的适用会侵害当事人或协助义务人的人身或财产权利,因此对强制措施的适用尤其是罚款或拘留,本身即应当极为慎重。因此,程序细化完善也是势在必行。而且,强制措施的适用本身不能成为妨害民事诉讼的行为来源。

最后,法院的判决书等法律文书是具有权威性的。执行程序本身和诉讼程序不同即在于其具有一定的行政性。不遵守双方当事人的平等原则。所以,在执行程序中,若当事人拒不履行判决等或妨碍判决等的执行,那么法院当然有权排除这些妨碍性措施,而对于相关的行为当然亦可以予以处罚。随着社会生活的逐步复杂化,规避法院执行、妨碍法院执行的情形逐渐扩大化、严重化,执行程序中违反诚实信用原则的情形甚至要比诉讼程序更为严重,因此保证执行的顺利实施,保证判决等诉讼法律文书的权威性,妨害民事诉讼强制措施中逐步拓宽了对执行程序的"覆盖面",以保障整个诉讼程序的顺利开展。

第八章

民事检察监督制度的变迁

引　言

我国民事检察监督作为检察机关法律监督的重要组成部分，在维护社会公平与正义方面发挥了重要作用。所谓民事检察监督制度，就是指国家确认的检察机关监督民事法律实施和民事审判活动的民事检察权及其行使民事检察权应遵循的各种法律制度的总称。从渊源上考察，我国检察监督原则的法理依据直接来源于列宁有关社会主义国家中检察权作用的理论以及苏联刑事诉讼体制中关于检察机关的地位和职能的设置。[①] 1991 年制定正式的《民事诉讼法》时，受原苏联民事诉讼检察监督制度和理论的影响，有学者呼吁在民事诉讼中进一步落实宪法所规定的法律监督，于是 1991 年的《民事诉讼法》不仅原则上确立了检察机关对审判机关民事审判活动的法律监督，在法律监督原则的制度化方面，民事诉讼法还将民事诉讼的法律监督具体化为检察机关对生效裁判的事后监督，即通过提起抗诉启动对已经生效裁判的本案再审程序，纠正审判机关的错误裁判。在民事诉讼检察监督

[①]　关于检察机关权利性质讨论，理论界有检察权即行政权、司法权以及兼具司法和行政双重属性。而在我国除了以上三种观点之外，还存在法律监督说，并且法律监督说为我国理论界通说，具体学说讨论可参见张显伟、杜承秀、王丽芳：《民事行政诉讼检察监督制度研究》，中国法制出版社 2011 年版，第 87～97 页。

的实际运行中主要是通过民事诉讼当事人申请检察机关抗诉这种被动方式启动检察监督。近些年来,面对似乎越来越严重的司法腐败、司法不公,人们的不满情绪日益见涨,要求加强民事诉讼检察监督的呼声也越来越高,也引起了中央政法高层的关注。2011 年最高人民法院和最高人民检察院出台了《关于对民事审判活动与行政诉讼实行法律监督的若干意见(试行)》,以司法解释的形式初步明确规定了民事和行政检察监督的范围和程序。[①]

一、1982 年之前

我国 20 世纪 50 年代制定的宪法和检察院组织法基本上照搬了苏联 1936 年宪法关于检察机关职权的规定,肯定了检察机关是国家法律监督机关的性质,并规定最高人民检察院(署)对国务院所属各部门、地方各级国家机关、国家工作人员和公民是否遵守法律行使检察权。这时,检察机关也试图开展一般的法律监督工作,但由于种种阻力这一工作并没有真正开展起来。

(一)1982 年之前民事检察监督制度理论梳理

早在中华人民共和国成立初期,我国即设立了最高人民检察署,作为与行政机关和审判机关平行独立的法律监督机关,行使检察监督权。在立法上,《中华人民共和国宪法》第 129 条、第 131 条分别规定了"人民检察院是国家的法律监督机关","人民检察院依照法律规定独立行使检察权"。此外,1954 年通过的《人民检察院组织法》第 4 条明确规定了检察机关有权对人民法院的审判活动法实行监督,对于有关国家和人民利益的重要民事案件有权提起诉讼或参加诉讼。

我国法律对民事检察监督制度的认识是随着政治、经济的发展而形成和发展的。检察机关参与民事诉讼的问题,早在民主革命时期就已经提出并付诸立法和司法实践了。1941 年《陕西宁边区高等法院组织条例》中就有检察机关参与民事诉讼的规定。1947 年《关东高等法院通知》中也曾指出:"凡民刑两庭诉讼案件,由民刑庭长秉承院长和检察长的意图处理之。"中华人民共和国成立以后,在较短的时间内医治了战争留给国民经济的创伤,随后掀起了社会主义建设热潮,与此相应,我国社会主义法制建设进入了新阶段,对于检察机关参与民事诉讼的制度,也仿效苏联的模式,在法律上做了明确规定。1949 年 12 月颁布的《中央人民政府最高人民检察署试行组织条例》规定,最高人民检察署直接行使并领导下级检察署行使的职权包括"对于全国社会与劳动人民利益有关之民事案件及一切行政诉讼,均得代表国家公益参与之"。1951 年《中央人民政府最高人民检察署组织通则》《各级地方人民检察署组织通则》及 1954 年《中华人民共和国人民检察院组织法》均有

---

① 张卫平:《民事诉讼检察监督实施策略研究》,载《政法论坛》2015 年第 1 期。

类似的规定。这些规定尽管只是原则性的，但是由于当时的法制工作以苏联为样板，因此，有的地方人民检察院有组织地学习了苏维埃民事诉讼法，着手摸索检察机关参与民事诉讼的范围、程序和工作方法，少数人民检察院经过参与民事诉讼的摸索，还及时做了总结。当时对检察机关参与民事诉讼制度的认识，与苏联的观点是一脉相承的。①

(二)该阶段民事检察监督制度的实践做法

中华人民共和国成立后，国家把参与民事诉讼作为检察机关的一项重要任务规定下来。当时我国的法制工作基本以苏联为模板，因而民事检察制度的设计也效仿苏联。②

1.1949 年至 1954 年：中华人民共和国的民事检察制度创建时期

1949 年 10 月，最高检察署正式成立，随后检查机构在全国自上而下逐步建立起来，各项检察业务逐步展开。1949 年 12 颁布的《中央人民政府最高人民检察署试行组织条例》第 3 条规定："最高人民检察署直接行使并领导下级检察署行使职权，包括对于全国社会与劳动人民利益有关之民事案件及一切行政诉讼，均得代表国家公益参与之。"这是关于赋予中华人民共和国检察机关民事检察职责的最早规定。1950 年《中华人民共和国诉讼程序试行通则(草案)》对人民检察院的民事检察职责做了详细的规定，其中对检察机关在民事诉讼中的地位、职权以及参与诉讼、调卷、抗诉等作了十分具体的规定。③

2.1954 年至 1957 年：我国民事检察制度顺利发展时期

1954 年 9 月颁布的《中华人民共和国检察院组织法》规定人民检察院的职权包括：对于人民法院的审判活动是否合法，实行监督；对于有关国家和人民利益的重要民事案件有权提起诉讼或参加诉讼。这是我国第一次以立法形式明确了检察机关的民事检察监督职权，奠定了我国民事检察监督制度的基础。1954 年《中华人民共和国宪法》则以根本大法的形式确认了人民检察院是我国的法律监督机关，但是，"限于当时阶级斗争的形势和检察机关自身的条件，从全国来看，检察机关参与民事诉讼的业务开展得很少"。

3.1957 年至 1976 年：我国民事检察制度的削弱和破坏时期

从 20 世纪 50 年代末开始，受当时政治形势的影响，民事检察制度逐渐遭到破坏，直至"文革"期间被取消，刚刚建立起来的社会主义法制荡然无存。

① 王桂五：《王桂五论检察》，中国检察出版社 2008 年版，第 5～14 页。
② 关于以下论述的检察制度变迁史，具体可以参见孙谦：《人民检察制度的历史变迁》，中国检察出版社 2011 年版，第 35 页；何勤华：《检察制度史》，中国检察出版社 2009 年版，第 378 页；林贻影：《中国检察制度发展、变迁及挑战》，检察出版社 2012 年版，第 46 页
③ 王桂五：《王桂五论检察》，中国检察出版社 2008 年版，第 123 到 129 页。

4.1978 年至 1982 年：我国民事检察制度重建时期

"文革"结束后，检察制度逐步得到恢复和发展。1978 年，党和国家拨乱法正，重新设置了检察机关，并对其职权作出了原则性的规定。自 1979 年五届全国人大三次会议开始，全国人大及其常委会的立法工作就已经非常直接地体现了国家发展的重点及紧迫性命题。[①]

二、1982 年《民事诉讼法（试行）》到 1991 年《民事诉讼法》阶段的检察监督制度

1982 年《中华人民共和国宪法》明确规定，人民检察院是我国的法律监督机关。在 1982 年《中华人民共和国民事诉讼法（试行）》关于人民检察院对民事审判实行法律监督只有第 12 条：人民检察院有权对人民法院的民事审判活动实行法律监督。20 世纪 80 年代中期开始，民事检察监督开始成为诉讼法学研究的一个热点。

（一）该阶段民事检察监督制度立法现状（含司法解释）梳理

1979 年的检察院组织法和 1982 年宪法在 1954 年宪法的原则基础上，想作一些符合实际的改进，但又不能挣脱先前原则的束缚。于是，在法律上抽象地肯定了检察机关是国家法律监督机关的性质，但在具体职权上又不得不现实地规定了检察院行使侦查监督、审判监督和监所监督的职权。把检察机关的监督限于司法机关系统内，即对司法人员在诉讼活动过程中的违法行为实行监督。

1982 年《中华人民共和国民事诉讼法（试行）》对于 1979 年《人民检察院组织法》的规定作了一定程度的改变，该法第 12 条规定："人民检察院有权对人民法院的民事审判活动实行法律监督。"重新确立了人民检察院对民事审判活动的监督权，在一定程度上改变了"刑事检察院"的性质。

1989 年《中华人民共和国行政诉讼法》第 10 条规定："人民检察院有权对行政诉讼实行法律监督。"第 64 条规定："人民检察院对人民法院已经发生法律效力的判决、裁定，发现违反法律、法规规定的，有权按照审判监督程序提出抗诉。"

（二）该阶段民事检察监督制度理论研究问题点

本阶段理论界更加侧重于民事检察监督的理论基础研究。在我国，该阶段中学界和实务界对民事检察制度的存废长期存有争议。反对者的主要观点是，民事检察制度干预了审判独立，破坏了民事诉讼的正常架构，侵犯了当事人的处分权等。正反两面的不同声音，关系到对民事检察制度理论根基的认识问题。通说认为，我国民事检察制度的存在有着深厚的理论基础。

---

① 关于检察机关的历史沿革，具体可参见王桂五：《王桂五论检察》，中国检察出版社 2008 年版，第 15～21 页。

1.权力制约理论[1]

所有的权力都需要制约,审判权也是这样。我国实行人民代表大会制度,"一府两院"由人民代表大会产生,对其负责,并受其监督。同时,检察机关作为宪法规定的法律监督机关,有权对行政机关和审判机关实施法律监督。通过引入检察权来实现对审判权的制约,保障法律的统一正确实施。

2.公共利益理论[2]

不管是大陆法系、英美法系还是苏联,都把检察机关保护国家利益、社会公共利益作为一项重要的制度性内容加以规定。由检察机关作为国家和社会公共利益的代表,在相关利益受到侵害时,通过提起诉讼或者参与诉讼等方式介入民事诉讼,行使检察权。我国与西方的国家性质虽然不同,但是检察机关保护社会公共利益的职权却是相似的。而且在1954年之前的《人民检察院组织法》等相关法律中,还明确规定过检察机关基于维护社会公益的需要可以直接提起民事诉讼。

3.民事检察监督与民事诉讼的基本构造

质疑民事检察制度的观点之一是:检察权的介入,打破了民事诉讼原有的"等腰三角形"的平衡结构,在这个结构中,法官居中裁判,当事人平等对抗,而检察权冲击了这一状况。[3] 这一观点貌似合理,但是经不起推敲。因为"等腰三角形"只是一种美好的设想,它的实现需要充分的条件,那就是完善的制度、公正的裁判者、具备一定法律素养的当事人。如果缺少其中任何一个因素,这个"等腰三角形"就会发生变形。比如当出现法官偏离了中心位置、当事人诉权没有得到保障等情况时,这种平衡的诉讼结构就会发生倾斜。而在普通程序中,如果发现裁判错误,当事人可以依靠自己的诉权发动诉讼程序,维护自己的权益,但在二审终结后,当事人则难以通过自身力量启动再审程序,法院的内部审判监督程序又具有明显的局限性,此时,由检察机关通过抗诉或者再审检察建议等方式行使民事检察监督权,启动再审程序,恢复当事人之间的平衡对抗,使失衡的诉讼结构重新归位,可以有效弥补诉权和内部审判监督的不足。因此,检察监督与民事诉讼程序追求的公正价值目标是一致的,它有助于修复而非破坏民事诉讼的应有架构。

4.民事检察监督与当事人处分原则[4]

当事人处分原则的含义是,在民事诉讼过程中,当事人对自己的民事实体权利

---

[1] 该观点参见王德玲:《民事检察监督制度研究》,中国法制出版社2006年版,第13~15页。

[2] 典型观点可参见刘华英:《检察机关提起公益诉讼的制度设计》,载《当代法学》2016年第5期。

[3] 谢佑平:《中国检察监督制度的政治性与司法性研究》,中国检察出版社2010年版,第112页。

[4] 刘东平、赵信会、张光辉:《民事检察监督制度研究》,中国检察出版社2013年版,第119~123页。

及诉讼权利有权依法自由处分。有质疑民事检察制度者认为,检察机关介入民事诉讼影响了当事人处分权的正常行使。通说认为,当事人处分原则不是毫无限制的,民事检察监督与当事人处分原则之间并不矛盾。对当事人处分权的尊重是原则,但并不绝对。

5.民事检察监督与审判独立①

我国审判独立原则的主要含义是:法院作为一个整体依法独立审判民事案件,不受行政机关、社会团体和个人的非法干涉。审判作为实现社会公正的最后保障,要求审判机关不偏不倚,依事实和法律裁决案件,而不应当受到任何直接和间接的不当影响。但是审判独立并不代表审判权可以不受任何约束和监督而为所欲为,审判独立具有相对性。在两大法系国家中,法官的裁权很大程度上受到陪审员和历史判例的制约。民事检察制度有助于促进公正审判,因为检察监督的存在会使法官作出裁判时更加小心谨慎,就像上诉程序的存在使得一审法官更加谨慎去对待所作裁判一样。另外,抗诉虽然会启动再审程序,但检察机关对再审应如何认定事实和适用法律,只是一种建议权。人民法院应当认真考虑但并非必须采纳,如果法院认为检察机关意见不正确,完全可以作出自认为正确的裁判。因此,民事检察监督并不会损害法院的独立审判权,在目前的实际司法条件下,反而有利于促进审判独立之前提条件的形成,有助于尽早实现审判独立。

(二)该阶段民事检察监督制度运行实践

在该阶段,实践中争论比较大的问题集中在人民检察院的民事诉讼主体资格和根据。

人民检察院能不能提起民事诉讼?这是在起草、制定以及修改我国民事诉讼法的过程中争论较多的一个问题。在民事诉讼发展的本阶段,在我国民事诉讼中,能够成为诉讼主体的只限于法院和当事人(包括共同诉讼人、有独立请求权的第三人)。人民法院可以成为诉讼主体是因为它在民事诉讼中代表国家行使审判权,它的诉讼行为对诉讼程序的发生、变更或者消灭,起着决定性作用,所以,法院因享有国家审判权而取得民事诉讼主体资格。当事人在自己的民事权益受到侵害或者与他人发生争议时,可以请求人民法院通过诉讼的形式保护自己的实体权益,他们的行为对诉讼程序的发生、变更或者消灭产生直接影响。因此,当事人可以因民事诉权取得诉讼主体资格。由此来看,如果检察机关可以提起民事诉讼,那么它就可以成为一个新的民事诉讼主体。换句话说,如果检察机关享有民事诉权,就能取得民事诉讼主体资格。

人民检察院提起民事诉讼的法律地位问题,是在讨论检察机关监督民事诉讼

---

① 江必新:《民事诉讼新制度讲义》,法律出版社 2013 年版,第 350 页。

过程中争论最多、分歧最大的一个问题。要论述人民检察院与诉的关系,证明检察机关提起民事诉讼的可行性,就无法回避这个问题。在这个问题上,有多种观点,其中最有代表性的是"当事人说"和"法律监督者说"。[①]

"当事人说"认为检察机关提起民事诉讼的法律地位为当事人,它只能以同对方平等的当事人身份进行诉讼,否则就违背了民事诉讼本质属性的要求和当事人诉讼地位平等的原则。

"法律监督者说"认为,提起民事诉讼的检察机关在民事诉讼中只能处于法律监督者的地位。这是由检察机关的性质决定的。它在民事诉讼中的地位、诉讼权利和义务,从根本上来说不是基于它是某一有争议的民事法律关系的主体,而是基于它通过监督民事诉讼,维护国家民事法律的统一正确实施的职责。

1.检察机关不能够真正独立行使检察权

《中华人民共和国宪法》第131条规定:"人民检察院依照法律规定独立行使检察权,不受行政机关、社会团体和个人的干预。"为保证检察机关能够独立行使检察权,《宪法》和《人民检察院组织法》对检察机关的领导体制也作了相应的规定。从宪法、法律的规定看,检察机关上下级之间是领导关系,同时,各级检察机关还要向产生它的国家权力机关负责。

但在实际工作中,检察机关上下级之间的领导关系是相当薄弱的,而有关党政机关及其负责人则经常成为检察工作的真正领导者和决策者,特别是在上级检察机关和地方党政负责人就某项检察业务工作问题发生意见分歧时,这种情况表现得尤为明显。下级检察院常常为接受地方党政负责人的意见,而不能接受上级检察院的领导。尽管党中央曾多次重申要保证司法机关独立行使职权,各级党委应避免对司法机关的业务工作进行直接领导,但这种情况未能从根本上得以扭转。究其原因,主要是由于虽然宪法、法律规定了检察机关上下级之间是领导关系,但这种领导关系却缺乏人、财、物几个方面的实际保障。

2.检察机关法律监督缺乏有效的手段,不能充分发挥法律监督的职能作用

我国宪法和法律都规定检察机关是国家的法律监督机关。从宪法和法律的规定来看,检察机关的法律监督权包括两方面的内容:一是对各种刑事犯罪活动进行监督,代表国家提起公诉,使触犯法律的犯罪行为受到追究;二是对公安机关、法院、监狱、看守所和劳动改造机关的执法活动是否合法进行监督,保证国家法律的正确实施。

在我国,同犯罪行为作斗争的专门机关除检察机关以外,还有公安机关、审判机关、国家安全机关、武装警察、监狱、劳动改造机关等等,检察机关的工作只是其

---

① 两种代表性观点的述评参见刘东平、赵信会、张光辉:《民事检察监督制度研究》,中国检察出版社2013年版,第119～123页。

中的"一道工序"。而对公安、法院、监狱、着守所等执法机关的执法活动进行监督的专门机关则只有检察机关一家。因此,检察机关法律监督权在后一方面的内容显得更加重要。但是,现阶段民事诉讼立法中规定的检察机关法律监督活动的手段,一般仅限于对刑事案件的被告人,而对公安、法院等机关执法活动的监督缺乏有效的措施和手段。检察机关发现公安、法院、看守所、劳动改造机关的违法活动后,一般只采取两种监督措施:一是向有关单位提出检察建议,建议这些单位停止违法活动,并对责任人员给予一定的处分;二是发出纠正注法通知书,要求纠正违法行为。除此之外,还可以用口头形式随时向有关单位、人员提出纠正违法的要求。但是,由于这些监督措施缺乏法律效力,因而使得检察机关不能有效地制止和纠正违法行为。当被监督者对检察机关检察建议和纠正违法通知置之不理时,法律监督机关便无可奈何。

实际上,我国检察机关的法律监督,只是在监督对象自觉自愿地接受监督时才能发挥作用,而其本身却没有法律上的强制保证。法律监督的一个重要特征就是应当具有强制性,没有强制性的监督就不称之为法律监督。此外,我国检察机关的法律监督职能也没能够在诉讼程序上得到充分的体现,1982 年制定的《中华人民共和国民事诉讼法(试行)》中,突破了刑事诉讼法规定的范围,规定"人民检察院有权对人民法院的民事审判活动实行法律监督"(第 12 条)。但是,由于民事诉讼法只是把检察机关对法院的民事审判活动实行法律监督作为一项基本原则来规定,而没有明确检察机关应当以何种方式、如何实行监督,没有规定具体的监督程序;在立法解释和司法解释中,也只把检察机关、对民事审判活动的监督限于对民事案件的审判人员在审判活动中有无徇私枉法的犯罪情形的范围内。因此,这方面的法律监督并没有真正开展起来。所以,我国检察机关法律监督的范围,实际上是非常狭小的。

3.检察机关的工作没有以法律监督为中心,实现法律监督职能的专门化

检察机关作为国家的法律监督机关,它的一切工作都应当以法律监督活动为中心,履行法律监督职能是一切检察工作的出发点和归宿。唯有如此,才能使检察机关在国家政治生活中发挥其特有的作用。[①] 但是,从以往检察工作的实际和法律规定看,检察机关还没有把法律监督工作放在突出的位置,而总是配合其他部门开展工作,致使检察机关自己的职能作用发挥得不够。另一方面,一些不属于法律监督范围的工作却要由检察机关承担,从而分散了法律监督机关的力量。

---

① 汤维建:《民事检察在逐步强化》,载《检察日报》2013 年 8 月 21 日第 3 版。

三、1991 年《民事诉讼法》到 2012 年《民事诉讼法》阶段

(一)该阶段民事检察监督制度立法现状(含司法解释)梳理

1991 年 4 月通过的现行《民事诉讼法》在"审判监督程序"一章中(第 185～188 条)增加规定了检察机关对生效判决、裁定以判监督程序提起抗诉的内容。1991 年,《民事诉讼法》正式施行,在总则中第 14 条规定了民事审判检察监督的原则,而且在分则中第 185 条至 188 条规定了具体的监督方式和监督程序。从这时起,检察机关对民事审判活动的监督才有法可依,各地检察院对民事审判活动的法律监督才具有了一定的可操作性,并在实际工作中起到了积极的效果,发挥了诉讼法律监督的作用。

1992 年 4 月,最高人民检察院颁布了《关于民事审判监督程序抗诉工作暂行规定》,对民事审判监督程序抗诉案件的来源、受理、审查、调取案卷、提出抗诉、再审出庭、查办审判人员犯罪案件等作出了规定。

2001 年 9 月,最高人民检察院制定了《人民检察院民事行政抗诉案件办案规则》,对检察机关办理民事抗诉案件全过程作出了更详尽的规定,成为目前检察机关办理民事抗诉案件的主要操作规程。

针对 1991 年《民事诉讼法》存在的不足,2007 年 10 月通过并于 2008 年 4 月 1 日起施行的修改后的《民事诉讼法》进一步完善了检察机关法律监督的规定:(1)将检察机关提出抗诉的情形增加了九种,达到了十三种,解决了以前检察机关对人民法院民事诉讼活动实行监督过于狭窄的问题,扩大了检察机关民行检察部门受案的范围和条件。(2)明确规定了人民检察院提出抗诉后,接受抗诉的人民法院应当自收到抗诉书之日起三十日内作出再审的裁定。从立法上解决了抗诉案件裁定再审的时限问题,申诉人在很短的时间内就能看到检察机关抗诉的结果,增加了当事人到检察机关申诉的积极性,扩大了检察机关对民事审判活动实行监督的影响。(3)明确规定了抗诉案件原则上是由接受抗诉的人民法院进行再审,只有少部分因原生效判决、裁定认定事实或者采信证据有错误的案件才可以交由原审法院审理。

2007 年 10 月 28 日,十届全国人大常委会第三十次会议表决通过了《全国人大常委会关于修改〈民事诉讼法〉的规定》。本次《民事诉讼法》的修改,涉及民事检察监督的内容有几个方面:细化了检察院的抗诉条件与法院的再审条件;人民检察院抗诉的条件和人民法院决定再审条件完全一致;明确规定抗诉案件进入再审程序的期限;初步明确了审理抗诉案件的法院级别。

2009 年 2 月,最高人民检察院检察委员会审议通过《关于进一步加强对诉讼活动法律监督工作的意见》(2010 年初印发),重申对诉讼活动实行法律监督是宪法和法律赋予检察院的重要职责,要求各级检察院进一步加强对诉讼活动的法律监督工作。

2010 年 8 月,最高人民法院、最高人民检察院、公安部、国家安全部、司法部联合制定了《关于对司法工作人员在诉讼活动中的渎职行为加强法律监督的若干规定(试行)》,明确了人民检察院对于司法工作人员的渎职行为可以通过依法审查案卷材料、调查核实违法事实、提出纠正违法意见或者建议更换办案人、立案侦查职务犯罪等措施进行法律监督。

2011 年 3 月,根据中央关于司法体制和工作体制改革的要求,最高人民法院、最高人民检察院在充分协商的基础上,会签印发了《关于对民事审判活动与行政诉讼实施法律监督的若干意见(试行)》和《关于在部分地方开展民事执行活动法律监督试点工作的通知》。此次两高会签文件对我国民行监督范围、监督措施、监督效力作了进一步明确,突破性地将调解和审判中的违法情形列入了监督范围,并明确除了抗诉监督方式外,还可以再审检察建议、检察建议等方式进行监督,从而拓展了检察机关对民事、行政诉讼活动监督的范围和方式,是检察机关依法完善民行监督的基本规范和指导性文件,是司法体制改革的重大收获,是维护司法公正和司法权威的重要措施,为强化基层民行检察职能奠定了基础,又为今后进一步加强和改进民行检察工作提供了有力的保障。

从司法实践来看,民事检察监督作为一项重要的司法制度和对民事审判活动进行外部监督的主要形式,对于监督审判权的规范行使确保司法公正、维护法制统一以及保护国家利益与社会公共利益均发挥了重要作用;尤其是近年来,我国检察机关在努力规范自身监督行为的同时,在监督方式、监督范围等方面均有所拓展,有力地打击司法腐败,维护了社会公平正义。然而,在理论上及思想观念层面,从我国民事检察监督制度产生至今,一直争论不断。理论界围绕民事检察监督,产生了否定论与肯定论、强化检察监督论与限制或取消检察监督论之间的激烈争论,很多问题尚难以达成共识。有关民事检察监督制度的理论分歧,突出地表现在两大方面:一是民事检察监督的存废之争,即民事检察监督是否具有存在的价值与合理性;二是民事检察监督的范围与途径是应当进一步拓展,还是应予以严格限制。[①]

(二)该阶段民事检察监督制度理论研究问题点

1.民事执行检察监督的争论及立法过程

《民事诉讼法》在 2012 年的修改对其第 14 条作出了改变,对人民检察院的职权和监督范围作出了进一步的扩充,并在第 235 条中明确了民事执行检察监督制度。立法机关赋予了人民检察院对民事执行工作的监督检察,在执行程序中确立了民事执行检察监督制度,从法律层面对长久以来的学术争论和实践分歧作出了明确。为了更好地认识民事执行检察监督制度,因而有必要对民事执行检察监督

---

① 关于检察监督在此阶段存废争论可参见王德玲:《民事检察监督制度研究》,中国法制出版社 2006 年版,第 23～34 页。

制度的学术争论进行系统梳理。

"执行难""执行乱"等现象严重影响司法公正和司法权威,自 20 世纪 90 年代以来,成为一个民众普通关注的社会热点问题。围绕是否建立民事执行监督制度、建立该制度是否能有效解决这一社会问题等课题,近些年尤其是 2007 年、2012 年修改《民事诉讼法》前后社会各界给予了高度关注,进而引发了理论界和实务界对是否建立执行检察监督制度的大讨论。有关重要争议点归结如下。[①]

(1)关于合法性的讨论

一是民事诉讼法中规定的执行检察监督制度是否合法有据。有人指出我国宪法赋予了人民检察院法律监督的权力,并且规定法律监督的实施行为均可以被人民检察院监督,因而民事执行工作作为我国法律实施行为的重要一环,也必然会处于人民检察院的监督范围之内。反对者则从宪政角度论证检察机关的法律监督权不符合法治原则,检察监督权力膨胀并不能有助于缓解或解决当前法制不健全的各种问题和弊端,反而破坏了法治制度的基础,导致更多的问题出现。

二对于人民检察院的民事执行检察监督工作是否在原《民事诉讼法》中作出过规定。

三是民事执行工作的规律和特性是否能够兼容执行检察监督。有人认为,在传统民事执行法上,对于瑕疵执行行为的救济,是通过设定一系列执行救济措施和制度来解决,而不是通过检察监督来实现的,民事执行检察监督在国内传统和国外经验上来说都没有足够的理论和制度支持。

四是人民检察院参与到民事执行程序中来是否有违事后监督原则。关于民事执行监督制度的确立有人认为,人民检察院启动的监督程序一般在人民法院诉讼活动结束之后,如果确立了检察监督制度必然导致人民检察院介入到一个正在进行的民事执行工作中来,不可避免地会影响人民法院工作的正常进行,这是越俎代庖,违反权力设置和运行规律的,反而会有悖于立法原意,进一步导致司法实践工作的"执行难""执行乱"现象。在司法实践当中,如果有些案件不能及时地进行监督,可能会出现案件执行标的因种种原因不能得到执行,或已无执行的必要性,这时候人民检察院再去行使监督职责反而显得鸡肋。[②] 有人提出另一种情况,人民法院或执行人员拖延履行执行程序,导致案件久拖不决,由于人民检察院只有在案件执行完结之后才能提起民事执行检察监督,这就形成了一个悖论,人民法院拖延履行执行,人民检察院只有在执行完结之后才能提起监督,督促人民法院履行职责。这也就导致了民事执行检察监督形同虚设,没有实际意义,最终也就有违立法

① 如下有关观点讨论过程,可参见刘东平、赵信会、张光辉:《民事检察监督制度研究》,中国检察出版社 2013 年版,第 28~35 页。

② 孙加瑞:《民事检察制度新论》,中国检察出版社 2013 年版,第 677~681 页。

机关的初衷。

（2）关于必要性的讨论

一是执行内部监督不断健全的情况下是否有必要加入检察监督。有人认为，人民法院执行规范化建设成效显著，以前修改的民事诉讼法在执行救济层面已经进行了不断完善，这些已然已经构成了较为严密的执行工作内部监督体系，强加执行检察监督不符合执行工作规律，缺乏充分的必要性依据。曾有法院系统的领导对加强执行权力监督工作作出过经典的论述，执行领域长期存在着"执行难""执行乱"的原因即是，人民法院执行过程中缺乏必要的监督机制，人民法院在行使国家公权力时失去了外部的约束，必然会带来诸多的问题。以此论证"执行难"和"执行乱"的现状足以表明执行工作内部监督不足以保证执行工作健康发展，应该引入检察监督。也有学者从法律关系的角度对民事执行问题进行了分析，指出在司法实践当中之所以存在这么多的"执行难"问题，显然说明执行机关的内部监督机制是不能够完全解决民事执行领域中存在的各种问题的，这就是我国民事执行领域"执行难"问题长期存在的内部原因，严重影响着我国司法的公平公正，侵蚀着我国法律的权威性，我国理论界对民事执行领域存在的诸多问题进行过长期的研究和分析，这就为当前民事执行检察监督制度的确立奠定了理论的基础。

二是执行外部监督已经很多的情况下是否需要加入检察监督。有人认为，目前存在党委、人大、政协、舆论等多种外部监督方式，检察监督实无必要。但也有学者认为，人民检察院的民事执行检察监督，由于人民检察院是我国专门的监督机关，具有其他监督形式所不具备的属性，能够有效地补充其他监督方式的不足，因此不能仅仅以有其他监督方式就去否决民事执行检察监督制度存在的必要性。

三是执行检察监督是否会使执行程序难以正常运行。有人认为，人民检察院参与到民事执行过程中来，必然会导致人民法院民事执行工作程序变得更加的复杂，间接提高了诉讼成本，反而会加剧"执行难"问题的出现，影响执行的效率。另一方面来看，执行程序作为诉讼的最后阶段，仅因为执行阶段的一个抗诉就推翻以前的判决，对案件进行重新审理，不具有切实的可操作性，会产生极大的司法负担。

（3）关于合理性的讨论

一是检察监督是否有助于司法实践中执行难问题的解决。有人认为，人民检察院参与到执行过程当中来，无助于"执行难""执行乱"问题的解决。我国执行领域存在的诸多问题并非简单产生的，内在原因很复杂，有些涉及体制、机制问题，这并不是仅仅由人民检察院就能解决的，因此没有必要确立民事执行检察监督制度。当然也有人反驳，人民法院作为国家专门的监督机关，代表国家行使监督权，主要任务是及时保障法律得到正确有效的实施。因此有必要对民事执行领域进行监督，而且作为专门的监督机关，参与到执行领域，必然可以补充其他监督行使的不同，有助于"执行难""执行乱"问题的解决，因此也就有必要去确立。

二是谁来监督监督者的问题。有学者认为,虽然人民检察院在刑事和民事诉讼领域起到了一定的维护社会正义,保障法律权威的作用,但是不可否认的是也存在有很多的问题。人民检察院一旦参与到执行程序当中来,虽然可以加强对人民法院民事执行工作的监督,但也可能会导致人民检察院过分干预人民法院的诉讼工作的正常进行,反而会间接导致"执行难"问题,而由人民检察院干预引起的执行难问题该由谁来监督。但也有学者提出,任何权力都应当受到一定的制约,没有制约的权力必然会导致腐败现象。作为人民检察院的监督权也必然由国家权力机关去进行监督,但不能因为人民检察院参与到民事执行程序当中来,有可能引起反面效果就否决民事执行检察监督制度的确立,因为这种反面效果仅仅是一种可能性,既然是不确定的就不能作为一种论断,去进行反驳。①

（4）关于监督程序的讨论

主要是加强监督论者之间就如何科学、合法设置民事执行监督程序进行的讨论。主要涉及程序的多个方面,其主要内容概括如下。

一是监督程序的启动主体和时间。执行检察监督的主体具体来说即是启动检察监督的主体一般认为主要应来自"当事人、利害关系人的申请"。监督启动时间一般认为应坚持事后监督的原则。有人认为,只要经过法院异议和复议之后,凡是当事人或者利害关系人直接向检察院或者向法院和检察院同时申诉的情况,其都可以进行法律监督。有人认为,应区分执行行为是否具有逆转性,如果具有不可逆转性的,如拍卖、固定资产处置等应当允许检察院随时可以提起监督,否则,就应当坚持事后监督的原则。

二是监督的范围。有人认为,民事执行检察监督应该是对民事执行过程不留死角的全程监督。有人认为,执行检察监督应以执行过程中容易产生腐败的问题、消极不作为问题、乱作为问题为监督对象。有人认为,人民检察院具体的监督范围应当是人民法院在执行过程中发生的各种程序性和实体性错误,当然也包括执行人员违法的强制执行行为、执行人员其他徇私枉法的行为。

三是监督的方式。抗诉和检察建议是人民检察院通常使用的两种监督方式,同时比较常用的还有监督意见、纠正违法通知等。人民检察院的监督形式比较多样,但也引起了一定的争议,每种方式都有一定的实践和理论支持,但也不乏反对的声音。

学术界普遍认为,应当针对执行实施权和执行裁决权采取不同的监督方式。但是对二者采取何种监督方式,存在不同的认识。有人认为,执行检察监督应针对执行实施行为进行,因为它更多地具有行政权的特性。而对于执行裁决权,应该适用对诉讼行为监督的规定。但大部分学者不赞成适用"抗诉"的提法,因此一般都

---

① 汤维建:《民事检察法理研究》,中国检察出版社2014年版,第210～212页。

不再以"抗诉"方式称谓,而是自行对其进行命名。有人则认为,民事执行程序中,执行法院的裁判包括对程序事项和实体事项所做的判断,因此裁定可以分为程序性裁定和实体性裁定。对于程序性的人民法院裁定,没有必要运用审判监督的方式,以保证执行的效率性,而对于人民法院作出的实体性裁定才适用审判监督的程序处理。也有学者秉承有限监督的理论认为,人民法院在执行过程中作出裁定,违反相关的法律法规的,可能会直接侵害诉讼当事人的合法权益,这就有必要由人民检察机关出面予以纠正以树立法律的权威性,维护公平正义。而对于那些虽然违法了有关规定,但没有给社会和诉讼当事人造成损害的,人民检察机关不应当过分去关注[①]。

(5)对讨论的总结和评述

对是否建立执行检察监督制度的争议,一开始主要来源于实践部门,随着讨论的深入,民事诉讼法甚至宪政领域的学者也积极加入,建言献策。有人认为这种争论主要是因为学术界和实践界的门户之争,而没有明确本身的学术立场,然而,从世界范围看,立法过程就是一个利益博弈的过程,都是各个利益阶层相互斗争直至妥协的过程。德国学者耶林曾指出:法律的产生来自现实的需求,法律规范是以人的意志作为推动的,是一种有意识的行为。因而我们应当认识到在当今利益主体多元化的民主社会当中,对一个立法的确立不再是统治阶级的一家之言,而是社会各个阶层、各个利益主体相互争议、斗争的过程,其往往反映了这个国家不同利益主体各方面的利益诉求,是各个利益主体在这个社会力量相互妥协的反映。因而立法中出现的争议是非常正常的,重要的是分析产生争议的立场和根源。

另一方面,人民法院必然会对民事执行检察监督制度存在天然的抵触情绪。产生这种心态的根源主要有以下因素存在:其一,由于人民法院审判权的基本特征,这种现象在其他国家也是普遍存在的,司法机关对检察机关的监督存在必然的抵触情绪。由于对人民法院的监督,会显示出对人民法院工作的不信任,而这种不信任在现代法治环境下,都是对法院权威和独立作出判断能力的质疑,而这种质疑直接损害的是法治的权威;其二,人民法院作为执行工作的主体,虽然存在一定程度的消极执行、执行乱等负面现象,但绝大多数的执行干警还是勤勉工作、公正廉洁的,突然强加检察机关的监督,似乎有一种对执行干警的不信任和否定评价的意味,自然多少引起执行干警以及法院系统的不快;其三,造成执行难的原因多种多样,既有人民法院内部的原因,也有地方和部门保护主义、缺乏社会信用等重要的外部原因,人民法院和执行人员对解决执行难的艰巨性和长期性有清醒的认识,对检察机关介入民事执行活动的积极作用一定程度上是持怀疑、观望态度的;其四,司法实践中也曾出现过检察机关及检察人员在其行使职权过程中,动辄采取抓人

---

① 汤维建:《民事检察在逐步强化》,载《检察日报》2013 年 8 月 21 日第 3 版。

促执行、为一方当事人谋取不正当利益以及其他消极腐败行为,这给法院和执行人员留下了检察机关即使对执行工作进行监督也难以取得良好效果的先验印①。

总之,检察机关近些年强力推进民事执行检察监督,是由我国检察机关特殊地位和性质所决定的,是建立在中央对发挥检察机关专门法律监督机关职能作用,遏制法院等权力机关消极腐败现象的认识之上的,是我国特定的政治经济形势发展的必然结果。

(三)该阶段民事检察监督制度运行实践

我国司法实践工作中长期存在这样的分歧即人民检察院是否有权对民事执行工作进行监督,由于民事执行检察监督制度确立与否长期悬而未决,而相关的法律条文又含糊不清,必然会导致正常的司法实践工作的混乱。最高人民法院曾分别在 1995 年和 2000 年下发过两个批复对民事执行检察监督是否合法合理作出过答复,最高法曾在 1995 年公布的批复中明确表明了人民法院在执行过程中所作出的裁定不属于人民检察院的抗诉范围之内。同样在 2002 年类似的批复中最高法也再次提出,人民检察院对人民法院作出的暂缓执行决定的监督没有法律依据。这就表明了在当时的整个司法领域中人民法院对于人民检察院的监督存在着一个整体的抗拒态度,人民法院对于民事执行检察监督和人民检察院的态度存在着较大的分歧,这也就间接地导致了执行领域长期存在着的各种执行难题。原民事诉讼法在法律条文中对人民检察院在民事诉讼中监督范围规定得不够明确,范围也比较含糊导致我国理论界和司法实践界对人民检察院监督的范围和监督的内容存在着巨大的分歧和争议。有些人认为,人民法院的审判职能明显不同于其执行职能,人民法院的审判活动在审理和判决阶段具有明显的司法属性,因此由人民检察院进行监督是毋庸置疑的,但是作为诉讼最后阶段的民事执行行为,具有明显的行政属性,人民检察院是否还能够通过司法监督的形式进行监督这还是有待商榷和讨论的。还有人认为,原《民事诉讼法》仅就人民法院的民事审判活动的检察监督作出了一定的规定,但是对于执行行为的检察监督原《民事诉讼法》规定比较含糊不明,因而提出再未对执行程序的检察监督作出具体的规定之前,人民检察院直接参与到民事执行过程中来显然是没有得到法律赋予的公权力的。但更多的学者指出:人民检察院的法定监督地位早已在宪法条文中明确规定了,人民检察院对民事执行工作的监督也是具有法律上的依据的,而这也是检察机关进行法律监督工作的应有之义,这是不容置疑的。民事执行工作是人民法院根据立法机关赋予的公权力,运用司法手段最终实现审判结果的过程,执行过程能否顺利高效地进行必然会影响着诉讼的正常进行。人民法院的执行行为应当处于人民检察院的监督之

---

① 张显伟、杜承秀、王丽芳:《民事行政诉讼检察监督制度研究》,中国法制出版社 2011 年版,第 42～45 页。

下,进而保障人民法院诉讼程序的顺利进行,最终维护司法的公平正义。总之,由于立法的长期不明确,导致我国司法实践中长期存在着执行检察监督制度是否应当确立的矛盾和分歧,必然会影响我国司法工作的正常有序进行,不利于我国司法权威的树立。

大约自 2007 年以后,从"审判独立与检察监督的必要性"之争,转移到"民事执行检察监督是否必要"的问题上。辩论重心转移的背景,是"强制执行法"的起草工作正在紧锣密鼓地进行,并且全国人大在 2007 年开始酝酿"民事诉讼法修正案"。在此情势下,法院的人士撰文认为,法院系统已初步建立起一套符合我国国情的执行新体制和新观念,民事执行检察监督弊大于利。而检察院的人士撰文认为,以域外没民事执行检察监督来推论我国也不该进行监督是荒谬的,实践中的"执行乱"问题需要检察监督来解决。但令人遗憾的是,民事检察监督制度的改革问题至今仍没有得到妥善的解决。究其原因,就在于检察制度改革事关法院、检察院等司法机构之间权力的重新配置,"是我国司法改革中最重要、最棘手、最困难的一块"。

1991 年《民事诉讼法》在 1982 年《民事诉讼法(试行)》相关规定的基础上于第16 章第 186 条至第 188 条明确规定了民事检察抗诉制度。十届人大常委会 2007年 10 月 28 日通过、2008 年 4 月 1 日起施行的《关于修改〈中华人民共和国民事诉讼法〉的决定》,对检察抗诉的条件、法院处理检察抗诉的期限又作了补充规定。从司法实践来看,民事检察监督作为一项重要的司法制度和对民事审判活动进行外部监督的主要形式,对于监督审判权的规范行使、确保司法公正、维护法制统一以及保护国家利益与社会公共利益均发挥了重要作用;尤其是近年来,我国检察机关在努力规范自身监督行为的同时,在监督方式、监督范围等方面均有所拓展,有力地打击司法腐败,维护了社会公平正义。然而,在理论上及思想观念层面,从我国民事检察监督制度产生至今,一直争论不断。实务界围绕民事检察监督,产生了否定论与肯定论、强化检察监督论与限制或取消检察监督论之间的激烈争论,很多问题尚难以达成共识。有关民事检察监督制度的理论分歧,突出地表现在两大方面:一是民事检察监督的存废之争,即民事检察监督是否具有存在的价值与合理性;二是民事检察监督的范围与途径是应当进一步拓展,还是应予以严格限制[①]。概括起来,实务界的争论集中于如下几个方面:

1.法律规定存在漏洞和空白

《民事诉讼法》总则中第十四条规定:"人民检察院有权对民事审判活动实行法律监督。"并将其列为一项基本原则。人民检察院作为法律监督机关对人民法院的民事审判活动实行法律监督,这是民事诉讼法赋予的一项基本职权。这里所指的

---

① 刘东平、赵信会、张光辉:《民事检察监督制度研究》,中国检察出版社 2013 年版,第 79~80 页。

民事审判活动,理应是人民法院审理民事案件的全部诉讼活动。但是,《民事诉讼法》除了在第 185 条规定检察机关有权按照审判监督程序提出抗诉外,没有任何有关检察机关职权的条款,造成在实践中关于该条款的理解产生歧义,进而造成司法机关在具体工作中难以协调,从而使检察机关很难顺利地履行法律监督职能。

2.检察机关对于民事诉讼的法律监督权过于狭窄

依照民事诉讼法规定,人民检察院有权对民事审判活动实行法律监督。民事审判活动是民事诉讼活动的重要组成部分,但不是民事诉讼活动的全部内容。人民检察院目前只对发生法律效力的判决、裁定依法进行监督;或对人民法院审判人员在审判活动中的贪赃枉法、徇私舞弊等违法行为实行法律监督,属于事后监督,这种事后监督实际上造成难以监督的后果,是与检察机关的法律监督地位不相符合的。例如,人民检察院在行使民事检察监督权时,大多源于当事人申诉提供的错案线索,检察院无从了解掌握人民法院在判案件的过程中存在的违法之处,因此检察院无法在行使民事检查监督权时,把多元与违法行为实行法律监督。积极主动地行使民事检察权。在最高人民法院作出的系列司法解释中,指出执行过程的裁定、诉前财产保全裁定、先予执行裁定均为不可抗诉裁定,这实际上也是对检察机关抗诉职能的限制。

3.抗诉程序缺少具体的操作规范。

依据《民事诉讼法》第 188 条规定:"人民检察院提出抗诉的案件人民法院再审时应当通知人民检察院派员出席法庭。"此规定有两方面含义,一方面反映了人民检察院的抗诉而引起的再审,人民法院都有义务通知人民检察院派员出席再审法庭;另一方面凡检察院接到出庭通知后,一律应当派员出席再审法庭。这两方面实践中没有任何异议,但检察院出席法庭后,具体享有哪些诉讼权利,可以进行哪些监督活动,法律却未明确规定,致使检察院在具体操作过程中无法可依,影响了监督职能的实现。如调阅人民法院的审判卷宗,虽然最高人民检察院的规定已明确检察院在办理抗诉案件过程中有权向法院调阅审判卷宗,但在实践中一直得不到圆满的解决,目前,一般还是通过检法两家的协调来解决,检察机关能否顺利地从法院调取卷宗有时还得取决于法院的态度,从而影响了民事检察监督的力度和深度。

4.未赋予检察院提起诉讼和参与诉讼的职权

现行民事诉讼法对检察机关提起诉讼或参与诉讼都未作规定,只在审判监督程序中规定了可以出席法庭支持抗诉。但在司法实践中,检察院起诉或参与诉讼有其必要性,在现阶段,全民所有制企业和集体所有制企业也是民事法律关系主体的一个方面,他们的民事活动直接或间接地涉及国家和社会利益。除通过人民法院的审判活动对他们的民事活动实行监督外,检察院也应当有权代表国家对他们的民事活动实行监督。为了使检察院的这种监督能够切实有效地进行,就必须规定人民检察院有权参与民事诉讼，以保证国家利益不受侵害①。同时检察机关对自己发现的民事、经济纠纷进行调查、取证，如果认为关系到国家、社会和人民的重大利益，又无人起诉的，可以向有管辖权的法院提起诉讼。在这种诉讼中，人民检察院既是程序意义上的原告，又是法律监督机关，具有监督诉讼活动的职能。起诉或参与诉讼与检察监督职能不相冲突，而是为了更好地行使其检察监督职能。

5.民事检察监督措施不力

从实践中看，人民检察院在行使民事检察监督权的过程中面临着许多困难，其中最为突出的是缺乏行之有效的措施，不能适应法律监督的需要。如检察机关无法随时介入有关司法活动对其进行检察，不了解人民法院对民事案件审理的具体情况，在开展民事诉讼法律监督中，抗诉案件的来源主要是当事人的申诉，这无疑限制了人民检察院抗诉案件的来源，不利于人民检察院民事审判监督职能的实现。检察机关除了采取抗诉方式外，对有关机关的其他违法行为进行监督的措施软弱，如提出检察意见，发纠正违法通知等方式，但由于缺乏保障机制，往往起不到应有之效。有时被监督机关既不提出异议，也不执行，此时检察机关往往束手无策。这些现象的出现，其主要的原因，还是法律上对民事检察权的行使缺乏有力的措施规定。

四、2012 年新《民事诉讼法》至今

新《民事诉讼法》于 2013 年 1 月 1 日起正式实施，新《民事诉讼法》强化了检察机关民事检察监督的力度，拓展了监督范围，增加了监督方式，强化了监督手段，优化了监督结构。监督范围的拓展主要体现在增加了对调解的监督、对审判程序中审判人员违法行为的监督和对执行活动的监督。监督方式的增加和手段的强化主要体现在增加了检察建议和调查核实权。在优化监督结构方面，确立了对裁判结果用抗诉和检察建议的方式监督，对于过程中的违法情形用检察建议的方式监督。同时确立了以当事人申请为主、检察机关发现为补充的监督途径，二者相互衔接，优化了监督结构，形成了多元化的监督格局。

新民事诉讼法第 14 条规定"人民检察院有权对民事诉讼实行法律监督"，民事诉讼涵盖民事诉讼活动的全过程，这意味着新民事诉讼法强化了检察监督职能，扩大了检察机关民行检察部门受案的范围和条件，检察监督的环节扩展到民事诉讼和民事执行全过程。而对这一过程的监督，新民事诉讼法虽然仍把抗诉作为主要的监督手段，但相比过去，有许多新的不同，在监督方式上，检察建议成为法定方式。

---

① 刘东平、赵信会、张光辉：《民事检察监督制度研究》，中国检察出版社 2013 年版，第 115～116 页。

(一)民事检察监督制度的立法现状(含司法解释)梳理

2012年8月31日第十一届全国人民代表大会常务委员会第二十八次会议通过了《关于修改〈中华人民共和国民事诉讼法〉的决定》。本次修法涉及民事诉讼的基本原则、具体制度和程序设计等诸多问题。如何为新法运行提供规范的、符合立法目的和实践基础的理论诠释成为当前的重要任务。

1.对诉讼活动的过程监督

此次民事诉讼法检察监督制度的修改正是落实中央司法改革任务,在总结司法实践经验的基础上,进一步强化了检察机关对民事诉讼活动的法律监督,其目的旨在通过检察机关的外部监督遏制司法腐败,回应民众对司法公正的诉求。与修改前的民事诉讼检察监督只限于对生效裁判进行抗诉的单一的、事后的、有限的监督相比,修改后的《民事诉讼法》中的民事检察监督可谓是多元的、全程的、全面的监督,主要体现在以下几个方面:监督范围拓展、监督对象扩大、监督方式扩充、监督手段增加、监督过程扩展。

总之,此次《民事诉讼法》在强化检察机关法律监督的同时,又坚持了检察监督的有限性、补充性。立法者期待检察监督权的行使能够贯彻全面监督与有限监督相结合的方针:一方面,针对民事诉讼中的违法行为适时进行监督,从外部保障民事诉讼依法进行,实现程序公正与实体公正,提升民事裁判的可接纳度;另一方面,民事检察监督应秉持谦抑与克制的特性,应当作为补充性的救济手段在民事诉讼中发挥作用。此次《民事诉讼法》修订中全面强化检察机关的法律监督是转型时期基于当下司法环境的一种现实回应,但强化检察监督能否成为司法规律还有待观察。随着司法环境的不断改善,民事检察监督可能会逐渐呈现渐弱的发展趋势。当然,在相当长的一段时期内,强化民事检察监督仍然具有强烈的现实意义。

2.对生效裁判的结果监督

毋庸置疑,尽管此次《民事诉讼法》的修订增加了检察机关对审判和执行中违法行为的过程监督,但对生效裁判的结果监督仍将是民事诉讼检察监督的重点,对此,修订后的《民事诉讼法》也有较大幅度的调整。主要修改内容如下:

一是增加了对调解书抗诉或提出检察建议的规定。根据修订后的民事诉讼法的规定,调解书损害国家利益、社会公共利益的,人民检察院应当提出抗诉或提出检察建议,提请人民法院再审。另外,实践中有些当事人通过虚假诉讼、恶意诉讼所达成的调解协议损害国家、社会公共利益以及他人合法权益,在这类案件中有的法院审判人员也参与其中。没有对调解书的抗诉,就无法监督审判人员的上述违法行为,难以维护国家、社会公共利益和他人合法权益。值得探讨的是,此次对调解书的检察监督只限定于调解书损害国家和社会公共利益而没有包括案外第三人合法权益,是否范围过窄?从审判实践上看,在通过调解结案的恶意诉讼、虚假诉讼中,多数案件涉及调解协议侵害案外第三人合法权益。如果检察机关对调解书的抗诉将合法权益受到调解书侵害的案外第三人排除在外,虽然案外第三人可能通过提起第三人撤销之诉以维护自身的合法权益,但从维护裁判的稳定性,彻底解决纠纷的角度出发,可能通过再审程序加以解决应当是较为现实的妥当的选择。因此,建议将检察机关可以抗诉的调解书的范围作扩大解释,除调解书损害国家利益、社会公共利益检察机关可以抗诉外,也将损害案外第三人合法权益的调解书纳入检察机关的抗诉范围。另外,对于何为损害国家和社会公共利益也要作出明确的规定。

二是增加了对生效裁判、调解书以及审判中的违法行为可提出检察建议的监督方式。修改后的《民事诉讼法》新增了检察建议的监督方式,主要是基于审判实践的总结。与纠正违法通知书等实践中涌现的其他监督方式相比,检察建议较为缓和,更容易为法院接受。另外,作为一种同级监督方式,检察建议一定程度上缓解了民事检察监督中的"倒三角"现象,既有利于减轻上级检察院的负担,又有利于提高检察监督的效率。不过,与司法实践中检察建议的广泛适用相比,学界对于将检察建议作为监督方式尚存疑虑。有观点认为,检察建议其实质与法院的司法建议一样属于司法机关的工作方式而不具有程序法的特性,且对于法院的生效裁判检察机关提出再审检察建议后,如果法院采纳了建议自行决定再审,势必扩大法院依职权再审的案件数量,而在再审程序的启动上主张取消法院依职权再审又是学界共同的呼声,所以对检察建议这一监督方式相当一部分学者持保留态度。值得注意的是,在审判监督程序中,提出检察建议与提请抗诉作为两种监督方式,检察机关可以选择适用。通常来说,提请抗诉比提出检察建议的效力更强。如果选择提请抗诉,就无需再提出检察建议。如果提出检察建议,应等到同级法院不予采纳建议的回复收到后或逾期未收到再向上级检察院提请抗诉。此外,根据修改后的民事诉讼法的规定,对审判程序中审判人员的违法行为可提出检察建议。这里的审判程序,从横向看,包括了从法院立案到作出裁判的全部审判过程;从纵向上看,涵盖了一审程序、二审程序和再审程序的全部审判程序。与对生效裁判提出检察建议的结果监督相比,它体现的是检察机关对人民法院审判过程的监督,主要针对审判程序中审判人员的程序违法行为。在这里,对审判人员违法行为的监督是否有范围的限制?有学者的观点是,应对审判过程中涉及侵犯当事人重要诉讼权利的重大违法行为进行监督,而不能也无法面面俱到。

三是增加了当事人申请抗诉的情形,当事人申请再审成为申请抗诉的前置程序。修改后的《民事诉讼法》第 209 条规定,当事人对于已经发生法律效力的判决、裁定、调解书,应当首先依法向人民法院申请再审,在三种情况下才可以转而向人民检察院申请检察建议或者抗诉:(1)人民法院驳回再审申请;(2)人民法院逾期未对再审申请作出裁定;(3)再审判决、裁定有明显错误。修改前的民事诉讼法就当事人申请再审与当事人申请抗诉的关系未作规定,这就意味着,当事人既可以直接申请再审,也可以直接申请抗诉,还可以同时申请再审和申请抗诉,显然,对申请再审和申请抗诉不做时间上的序位安排,浪费了司法资源,造成了程序的重复,也增加了当事人的诉讼成本。此次修改调整了当事人申请再审与申请抗诉的关系,原则上当事人申请再审在先,申请抗诉在后,当事人申请再审成为申请抗诉的前置程序。这一规定对于强化当事人的自我救济,缓和检察监督与当事人处分权之间的紧张关系无疑具有重要的意义。

3.执行检察监督

在修改后的民事诉讼法中,赋予检察机关对民事执行活动的法律监督权是民事检察监督制度的重大突破。修改后的《民事诉讼法》第235条规定:"人民检察院有权对民事执行活动实行法律监督。"据此,民事执行活动的检察监督得到了法律的正式确认。但新修订的民事诉讼法只规定了执行监督的原则,并未就执行监督的对象、范围、方式、程序以及执行监督的效力等作出明确的立法说明。建构我国的民事执行检察监督立法体系,一方面依托司法机关的不断探索和实践,另一方面,也需要理论研究的进一步深化。有关民事执行检察监督有以下问题亟待解决:

其一,执行检察监督的范围。检察机关对民事执行活动的监督是只针对代表法院行使强制执行权的执行人员,还是包括了申请执行人与被申请执行人在内的当事人?对此存在分歧。一种观点认为,民事执行活动中的检察监督不仅针对法院执行部门,还应包括执行活动中的当事人,对这些主体在执行过程中的违法行为,检察机关均有权监督。另一种观点则认为,检察机关作为一种公权力机关,其监督范围应限定于法院的执行活动,执行检察监督体现的是检察权对执行权的制约,当事人在执行程序中的行为不应在检察机关的监督范围内。值得注意的是,有观点将检察院对法院执行行为的协助也纳入民事执行检察监督的范围,并强调检察监督对民事执行工作的支持与合作。尽管检察院在执行程序中对法院的协助一定程度上能够缓解当下"执行难"问题,但这样的做法并非民事检察监督的本质要求,可以将它理解为解决"执行难"的权宜之计。归根到底,执行难的解决还将有赖于立法的完善、相关惩治措施的强化、法院执法力度的加强等。将检察机关对人民法院执行行为的支持与协助纳入检察监督的范围并寻求法理上的正当性,不仅无助于树立人民法院的司法权威,也容易消解检察机关在民事诉讼中作为法律监督者原本的角色担当。

其二,执行检察监督的方式与程序。就监督方式而言,近年来实践中使用的检察监督方式主要包括抗诉、检察建议、监督意见、纠正违法通知书、暂缓执行建议、现场监督、要求法院提供书面执行情况说明、查处职务犯罪等。提交全国人大常委会初次审议的《民事诉讼法修正案(草案)》第14条曾明确规定人民检察院对民事诉讼实行法律监督的方式是检察建议与抗诉,但正式通过的修正案取消了在检察监督基本原则条款中规定监督方式,改为在审判程序中规定,但并未明确执行程序中的监督方式。有学者认为,与党委监督、人大监督、媒体监督等其他外部监督方式相比,作为专门的法律监督机关的检察监督,其优势不仅在于监督具有很强的专业性、针对性、高效性和强制性,更在于检察监督具有法定程序的保障,其监督范围、监督方式、监督程序均应由《民事诉讼法》及相关的司法解释明确界定。由于检察权也属于公权力之一,检察监督权的行使必须在法定的范围内进行而不能越权监督,也不允许检察机关超越法律规定自我授权、自我扩权。修改后的《民事诉讼法》对审判程序中的检察监督只规定了抗诉与检察建议两种方式,这就意味着其他监督方式已经丧失了合法性。尽管《民事诉讼法》并未明确执行程序中的检察监督方式,但从程序法定原则出发,检察机关在执行程序中的监督方式只能在抗诉或检察建议中选择。从执行程序的功能与定位出发,检察建议应成为民事执行监督的主要方式,这一点也得到了两高相关文件的支持。近年来,检察建议这一监督方式已经受实践检验,在民事执行检察监督中普遍使用,并取得了良好的效果。就执行监督的程序而言,修改后的民事诉讼法也无明确规定,需要今后制定相关司法解释加以完善。值得说明的是,有关执行监督的程序可比照适用审判程序的相关规定,凡是在审判程序中有规定的,如果不与执行程序相冲突,这些规定也同样适用于执行程序,比如对于审判人员违法行为的监督以及检察建议、调查核实等监督方式和措施,在执行程序中均可以适用。

其三,执行检察监督与其他执行监督方式的关系。在民事执行程序中,检察机关对民事执行活动的监督仅是执行监督的方式之一,此外,还包括对当事人的执行救济、法院内部的执行监督等。如何协调检察监督与执行救济、法院内部监督的关系,换言之,在前述三种主要的执行监督方式中,检察监督应处于怎样的地位亦是民事执行检察监督要面对的重要课题,这也涉及我国民事执行监督体系的构建。当下我国在构建民事执行监督体系时应确立一个核心,这个核心应是包括执行救济在内的执行程序自身的完善。张志铭教授在谈及我国执行体制改革时,曾一针见血地指出:"通过确认和强化权利来制约执行权,其根本性或关键性意义甚至要大于权力划分和分工行使的意义。"我们应着力加强民事执行程序自身的完善,通过法律程序的细密化来促进民事执行目的的实现。民事执行程序自身的完善当然也不是孤立的,这需要法院系统启动相应的执行改革机制来作出配合,因此,法院方面的内部监督改革也是非常必要的。只是这种改革不应单纯寻求加强审级监督或权力分立,而应围绕民事执行程序的完善来进行,为前者提供制度性支撑。存有先天不足的法院内部监督使强化以检察监督为核心的外部监督具有了充分的正当性,但民事执行检察监督必须保持必要的克制。因为,从长远来看,一味强化检察监督等外部监督有逐渐销蚀法院内部监督以及民事执行救济程序的危险。暂时地、局部地在民事执行中强化外部监督或许是一种迫不得已的选择,但把这种选择作为一种长效机制来代替其他更为根本的监督机制则显然不是上策。

（二）该阶段民事检察监督制度理论研究问题点

新民事诉讼法虽然对民事诉讼检察监督的原则和制度进行了调整，原则上扩充了检察机关的检察监督职能，但是应当承认除了审判监督程序的检察监督之外，其他领域的检察监督并不具体。为了使其具体化，最高人民检察院迅速制定颁布了《人民检察院民事诉讼监督规则（试行）》（2013年）。尽管关于民事诉讼检察监督尤其是检察机关对民事诉讼的事前监督或过程监督，包括执行监督的必要性在理论上还存在异议，也曾经有过激烈的论辩。对民事诉讼检察监督的具体职能通过检察司法解释的形式予以进一步的充实，也通过检察司法解释使得检察监督权行使的边界显得更加明晰。

2017年6月《民事诉讼法》又进行了一次修改。这次修改的突出之点在于仅仅修改了一个条文，即在《民事诉讼法》第55条中增加了第2款。从1991年《民事诉讼法》制定以来，可谓是最小的一次修改。虽然是最小的一次修改，却有其重大的意义，其明确了检察机关在公益诉讼中的法律地位，也肯定了检察机关经全国人大授权进行公益诉讼试点的实践。

本次修改反映了法律调整的适时性，即根据社会对法律规范的需求及时对现行的法律进行调整。尽管只是增加一款，动一个法条，也要及时进行修改予以补充。这样的修改来得及时，是求实的态度。

自2002年开始，最高人民检察院在全国范围内推行再审检察建议制度。检察机关的再审检察建议主要针对原裁定确有错误但依法不能启动再审程序的案件。同时，检察建议还可以适用于符合抗诉条件，但出于诉讼经济和司法效率的目的，上级人民检察院不提起抗诉而采用再审检察建议这种准抗诉的方式，由同级人民法院和人民检察院协商而经法院同意再审的案件。在司法实务中，再审检察建议的效力在一定程度上得到了人民法院的认同。与检察机关的抗诉相比，再审检察建议实现了对法院裁判的同级监督，简化了办案程序并缩短了办案周期，使得困扰检察机关民事检察部门多年的上下级工作任务和人员配备不相适应的局面在很大程度上得到了一定的缓解，特别是使基层人民检察院也能够充分发挥其在民事检察监督方面的作用①。

（三）该阶段民事检察监督制度运行实践

2012年8月31日第十一届全国人民代表大会常务委员会第二十八次会议通过了《关于修改〈中华人民共和国民事诉讼法〉的决定》。本次修法涉及民事诉讼的基本原则、具体制度和程序设计等诸多问题。如何为新法运行提供规范的、符合立

---

① 韩成军：《新〈民事诉讼法〉对民事诉讼检察监督的拓展与规制》，载《河南社会科学》2012年第12期。

法目的和实践基础的理论诠释成为当前的重要任务。

此次民事诉讼法检察监督制度的修改正是落实中央司法改革任务,在总结司法实践经验的基础上,进一步强化了检察机关对民事诉讼活动的法律监督,其目的旨在通过检察机关的外部监督遏制司法腐败,回应民众对司法公正的诉求。与修改前的民事诉讼检察监督只限于对生效裁判进行抗诉的单一的、事后的、有限的监督相比,修改后的民事诉讼法中的民事检察监督可谓是多元的、全程的、全面的监督,主要体现在以下几个方面:

一是监督范围拓展,二是监督对象扩大,三是监督方式扩充,四是监督手段增加,五是监督过程扩展。

总之,此次《民事诉讼法》在强化检察机关法律监督的同时,又坚持了检察监督的有限性、补充性。立法者期待检察监督权的行使能够贯彻全面监督与有限监督相结合的方针:一方面,针对民事诉讼中的违法行为适时进行监督,从外部保障民事诉讼依法进行,实现程序公正与实体公正,提升民事裁判的可接纳度;另一方面,民事检察监督应秉持谦抑与克制的特性,应当作为补充性的救济手段在民事诉讼中发挥作用。此次民事诉讼法修订中全面强化检察机关的法律监督是转型时期基于当下司法环境的一种现实回应,但强化检察监督能否成为司法规律还有待观察。随着司法环境的不断改善,民事检察监督可能会逐渐呈现渐弱的发展趋势。当然,在相当长的一段时期内,强化民事检察监督仍然具有强烈的现实意义。

新《民事诉讼法》于 2013 年 1 月 1 日起正式实施,新《民事诉讼法》强化了检察机关民事检察监督的力度,拓展了监督范围,增加了监督方式,强化了监督手段,优化了监督结构。监督范围的拓展主要体现在增加了对调解的监督、对审判程序中审判人员违法行为的监督和对执行活动的监督。监督方式的增加和手段的强化主要体现在增加了检察建议和调查核实权。在优化监督结构方面,确立了对裁判结果用抗诉和检察建议的方式监督,对于过程中的违法情形用检察建议的方式监督。同时确立了以当事人申请为主、检察机关发现为补充的监督途径,二者相互衔接,优化了监督结构,形成了多元化的监督格局。

新《民事诉讼法》第 14 条规定"人民检察院有权对民事诉讼实行法律监督",民事诉讼涵盖民事诉讼活动的全过程,这意味着新《民事诉讼法》强化了检察监督职能,扩大了检察机关民行检察部门受案的范围和条件,检察监督的环节扩展到民事诉讼和民事执行全过程。而对这一过程的监督,新民事诉讼法虽然仍把抗诉作为主要的监督手段,但相比过去,有许多新的不同,在监督方式上,检察建议成为法定方式。

结　语

经过几十年的发展和完善,在现有的法律框架下,我国检察监督职能形成了比较完整的体系。但正如有关学者所言的那样,2012 年我国修改后的《民事诉讼法》原则上扩充和强化了检察机关对民事诉讼的检察监督。但这并不意味着对民事诉讼的检察监督必须全面介入。基于检察监督的各种限制性条件和风险,对民事诉讼的检察监督应当是选择性的。中心是审判监督程序,重点是事后监督而非审判程序的过程监督。[①] 今后,检察机关的职能必然随着社会的进步和法治程度的加深而不断地完善和发展,推动社会稳定、和谐地发展。

---

① 张卫平:《民事诉讼检察监督实施策略研究》,载《政法论坛》2015 年第 1 期。

第
九
章

强制执行制度的变迁

引　言

　　新中国成立初期,民事诉讼案件数量较少、诉讼全程贯彻说服教育原则、社会风气较为淳朴、法院具有显著行政化乃至军事化色彩,债务人履行生效法律文书确定义务的积极性较高,立法机关以及最高人民法院供给执行规则的必要性不彰。改革开放 40 年以来,进入执行程序的案件数量不断增长,法院难以在个案中投入足够充分的司法资源,西方价值观不断冲击传统文化,被执行人受经济利益驱使而不断更新规避逃避执行的手段,执行规则供给不足的弊端越来越明显。民事执行制度的形成及其变迁历程显示,最高人民法院通过司法解释及具有司法解释性质的其他规范性文件补充供给执行规则发挥了极为重要的功能,但亦存在着效力层级较低、涉嫌实质性造法、程序运行者制定程序规则等问题,立法机关应当尽快制定民事执行法。

一、我国民事执行制度变迁的基本轨迹

　　广义的民事诉讼程序由民事审判程序和民事执行程序两部分构成,民事审判程序又包括争讼程序和非讼程序。其中,争讼程序又被称为狭义的民事诉讼程序,民事诉讼法学理论主要以争讼程序为考察对象,非讼程序与执行程序在某种意义上仅构成争讼程序的必要补充。高度注重正当程序保障的争讼程序以及更加兼顾

效率价值的非讼程序,均以确定民事权益(民事法律关系)为主要任务。审判程序中形成的生效法律文书具有给付内容但债务人拒不履行的,债权人可以申请国家机关运用公权力,强制债务人履行生效法律文书确定的给付义务。民事权益的司法保护包括确定程序与实现程序两部分内容,但经过司法确定的民事权益未必需要经过强制执行才能实现,可以通过执行程序予以实现的民事权益也不再必然经过司法确认。执行程序的制度构建与理论研究均逐渐从完全依附型转向相对独立型,形成有别于审判程序的特殊规则和理论体系。

债务人拒不履行生效法律文书确定的义务的原因是极其复杂的,债务人履行生效法律文书的意愿不仅与当事人对前端程序(形成执行名义的审判程序、仲裁程序、公证程序等)是否感受到公平正义、前端程序主导者的权威性、前端程序运行结果的可接受性等密切相关,而且人民法院查找和控制(潜在)可供执行财产的手段及其运用状况、处分执行财产过程中发生的价值贬损程度、逃避规避执行的应对措施及其惩戒手段等也成为债务人斟酌是否自行履行生效法律文书确定给付义务的考量因素。

中华人民共和国成立初期,民事诉讼案件数量较少,人民法院可以对个案投入更多的资源进行"说服教育",当事人对前端程序的接受程度普遍较高。社会风气较为淳朴,"欠债还钱,天经地义"等自然正义观对当事人形成较大的道德压力,促使其履行生效法律文书确定的给付义务。军警式制服彰显人民法院在当时具有行政化乃至军事化色彩,在人民群众心中具有很高的权威性,债务人履行生效法律文书确定义务的积极性也就相应较高。

既然绝大多数的生效法律文书确定的给付义务能够通过债务人的自行履行获得满足,强制执行的重要性也就没有表现出来。中央人民政府法制委员会1950年12月31日通过的《中华人民共和国诉讼程序试行通则(草案)》仅有一个条文(第72条)对执行程序作出规定,确定民事执行程序的启动以债权人申请为主、法院依职权启动为辅的原则,规定法院在强制执行中可以采取的查封拍卖措施,以及赋予法院对暂先处置或暂先执行的裁判以依职权执行的权利。[①] 最高人民法院1956年10月17日颁布的《各级人民法院民事案件审判程序总结》也仅对执行程序作了

---

① 《中华人民共和国诉讼程序试行通则(草案)》第72条规定如下:"民事案件,第一审法院经胜诉人的声请,应就确定判决实施强制执行;法院认为有必要时,亦得自动进行。确定判决如系命败诉人交付金钱或可以金钱代替交付之物,法院实施强制执行有必要时,得斟酌具体情况,将其财产查封拍卖。暂先处置或暂先执行的裁判,裁判的法院认为有必要时,得不待声请,迳予执行。"参见中国社会科学院法学研究所民法研究室民诉组、北京政法学院诉讼法教研室民诉组:《民事诉讼法参考资料(第二辑·第二分册)》,法律出版社1981年版,第206页。

约 1200 字的总结。① 1957 年,最高法院刑、民诉讼经验总结办公室对该总结予以条文化,草拟了共计 84 条的《民事案件审判程序(草稿)》,其中执行条文 14 条。但最高人民法院 1979 年 2 月 2 日颁布的《人民法院审判民事案件程序制度的规定(试行)》对执行程序则仅作出了 420 字的规定,内容极为简单。②

诚如张卫平教授在总论中所指出的,改革开放带来的最直接的变化是经济体制从传统的计划经济向市场经济转型。市场经济的首要特征是市场竞争,而市场竞争通常诱发纷争。③ 自改革开放以来,伴随着市场经济的发展、社会主义法制的建设、人民群众法律意识的提升、法律服务市场的开放,不仅民事诉讼案件数量不断增加,而且败诉的被告拖延履行生效法律确定给付义务的情形也越来越严重。④ 进入强制执行程序的案件数量越来越多,债务人规避逃避执行的手段也层出不穷,强制执行程序缺失的弊端越来越明显。为此,1982 年 3 月 8 日第五届全国人民代表大会常务委员会第二十二次会议通过的《中华人民共和国民事诉讼法(试行)》第四编在总结既有执行实践经验的基础上,对执行程序作出了较为详细的规定,共有 24 个条文,占全部条文的 13.33%。

但是,1982 年《民事诉讼法》制定于改革开放初期,⑤我国经济体制改革刚刚起

---

① 《各级人民法院民事案件审判程序总结》的主要包括:"裁判文书内容含糊笼统无法执行或者数字错误不应当执行的解决方法、适用于债务人在外地或财产在外地的委托执行、因债务人死亡又无财产可供执行的终止执行、说服教育原则、因债务人确无给付能力短期内无法执行的中止执行、适用于有给付能力但经反复教育仍不履行义务的财产强制执行制度、纠正通过羁押债务人迫使其履行义务的错误做法、通过扣除一定数额工资以满足生效法律文书确定给付义务的执行方法、查封扣押财产的裁执分离原则、存款或者企业股票等财产的冻结与解除措施、查封财产的操作流程、禁止超标的额查封和执行豁免制度之雏形、拍卖已经查封财产的条件以及委托拍卖原则、不能出售查封物之折价及拒绝折价引发的中止执行、因债务人履行义务引起的查封或扣押措施之解除。"

② 《人民法院审判民事案件程序制度的规定(试行)》的主要内容包括:确立说服教育、单位执行原则,强调"采取查封、变卖财物的措施应特别慎重,须经院领导批准,重大的要报同级党委批准";注重执行程序对审判程序的反作用,执行中发现原判决或裁定不当的,通过再审程序予以纠正;判决、裁定含糊笼统无法执行的,通过补充裁定的方式予以解决。

③ 1982 年《民事诉讼法》出台后,《人民司法》发表的社评也指出:"现在党和国家工作的重点已经转移到以经济建设为中心的社会主义现代化建设上来。为了迅速提高社会生产力,就必然要求变革同发展生产力不相适应的生产关系和上层建筑。在这场变革中,社会上大量存在的是属于人民内部性质的矛盾,而民事纠纷、民事案件则是其中的重要组成部分。"佚名:《认真学习和执行民事诉讼法(试行)》,载《人民司法》1982 年第 5 期。

④ 据有关部门统计,1989 年全国各级人民法院共受理一审案件 219 万件,其中适用民事诉讼程序审理的民事纠纷案件占 182 万件、经济纠纷案件占 70 万件,经济纠纷案件争议标的金额达 200 多亿元。另从审结的伤害、杀人等刑事犯罪案件看,由于民事纠纷矛盾激化造成这两类案件的约占 70%。胡康生:《论〈民事诉讼法(试行)〉的修订》,载《中国法学》1991 年第 3 期。

⑤ 全国人大常委会法制委员会民事诉讼法起草小组成立于 1979 年 8 月 12 日,1982 年《民事诉讼法》于 1982 年 3 月 8 日正式公布试行,历经两年零七个月。

步,因商品经济关系发生纠纷的案件较少,经济审判和执行的工作经验均不多。随着改革开放和社会主义经济的发展,出现了很多1982年《民事诉讼法》未能胜任的新情况,民商事纠纷大量增加。为了适应进一步改革开放以及发展社会主义市场经济的需要,理论界与实务界呼吁对1982年《民事诉讼法》进行修改。特别是,"执行难"已经逐渐成为民事权益司法保护中的突出问题,说服教育原则的作用在很大程度上受到限制,债务人赖账不还、隐匿财产、外出躲债以及有关单位拒不协助执行等情形也较为常见。生效法律文书确定的给付义务得不到实现,减损民事权益确定程序的权威性,最终降低司法公信力。为此,1991年《民事诉讼法》在保持1982《民事诉讼法》的执行措施外,从以下几方面增加了预防和解决"执行难"的规定,主要增加诉前财产保全制度、对被执行人及其住所地或财产隐匿地进行搜查的措施、执行担保制度、随时请求法院执行制度、加倍支付迟延履行利益或迟延履行金制度、执行程序中的拘留罚款等强制措施,并对委托执行制度予以完善。① 修订后的执行条文为30条,占所有条文的11.11%。

为进一步细化民事执行规则,1992年7月14日最高人民法院审判委员会第528次会议讨论通过的《关于适用〈中华人民共和国民事诉讼法〉若干问题的意见》(《民诉意见》)对执行程序作出了规定,一共有49个条文。伴随着改革开放的深化以及经济社会的发展,司法实践中存在的"执行难"更加突出,为弥补强制执行程序规范之缺失,最高人民法院还制定了《关于人民法院执行工作若干问题的规定(试行)》《关于人民法院民事执行中查封、扣押、冻结财产的规定》《关于人民法院办理执行案件若干期限的规定》《关于人民法院执行公开的若干规定》等上百份司法解释或者具有司法解释性质的其他规范性文件。

鉴于最高人民法院出台的司法解释和具有司法解释性质的其他规范性文件存在效力层级较低、程序运行者制定程序规则而容易带有本位主义、法院单方面制定规则难以有效制约其他公权力机关、规范较为分散而难以形成规则体系等问题,理论界与实务界一致呼吁单独制定《民事执行法》,最高人民法院也牵头组织起草工作,但因民事执行法理论研究储备不足而未能得以单独制定。2007年10月28日第十届全国人民代表大会常务委员会第三十次会议通过了《全国人民代表大会常务委员会关于修改〈中华人民共和国民事诉讼法〉的决定》(根据本决定作修改并对章节条款顺序作调整后重新公布的《民事诉讼法》,以下简称为"2007年《民事诉讼法》")从九个方面对执行程序进行了局部调整,显然难以满足解决"执行难"问题的

---

① 江伟教授对1991年《民事诉讼法》予以高度的评价,认为这部法典的颁行,对于保障公民、法人的合法民事权益,维护社会稳定,促进社会主义商品经济秩序的健全发展,保障改革开放和社会主义现代化建设的顺利进行,都具有极为重要的意义。江伟:《新民事诉讼法的重大突破》,载《法学评论》1991年第3期。

需要。

在社会转型期,各种价值观并存,引导社会成员树立社会主义核心价值观是当前社会主义精神文明建设的一项重要任务。受西方某些不良价值观的影响,被执行人以成功规避逃避执行为荣,申请执行人滥用申请实现非法目的、执行人员以权谋私等情形时有发生,①治理"执行乱"成为立法机关以及最高人民法院建立健全执行规则时谋求实现的重要目标。为了解决"执行难"与治理"执行乱",理论界与实务界多次呼吁制定民事执行法,但迄今尚未在立法机关层面获得正式启动。为了回应执行实践的现实需要,2012 年 8 月 31 日第十一届全国人民代表大会常务委员会第二十八次会议通过的《全国人民代表大会常务委员会关于修改〈中华人民共和国民事诉讼法〉的决定》(根据本决定作修改并对章节条款顺序作调整后重新公布的《民事诉讼法》,以下简称为"2012 年《民事诉讼法》")将"申请执行人因受欺诈、胁迫与被执行人达成和解协议"作为恢复执行原生效法律文书的事由,明确检察院有权对民事执行活动实行法律监督,对不予执行仲裁裁决事由与撤销仲裁裁决事由予以统一,取消执行员立即采取执行措施的条件限制,完善协助执行制度以及司法拍卖制度。

显而易见,2007 年和 2012 年两次对《民事诉讼法》执行程序进行了"小修小补",无法向执行法院供给足够充分的执行规则。为了致力于解决执行难和治理执行乱,最高人民法院通过数百份司法解释和具有司法解释性质的其他规范性文件谋求补充供给执行规则。特别是,在 2016 年 3 月 16 日最高人民法院周强院长在十二届全国人大四次会议上报告最高人民法院工作时庄严承诺"用两到三年时间基本解决执行难问题"以后,为确保在两到三年期限内完成基本解决执行难目标任务,最高人民法院明显提高了执行方面司法解释和规范性文件的颁布频率,两年多

---

① "近年来法院查处的违法违纪案件中,有将近 70% 集中在民事执行阶段。而其中绝大部分发生在资产处置特别是司法拍卖环节。"刘武俊:《网络让司法拍卖更阳光》,载《法制日报》2013 年 4 月 2 日第 7 版。最高人民法院原院长王胜俊 2009 年 10 月 28 日向全国人大常委会报告关于加强民事执行工作、维护法制权威和司法公正的情况时指出,执行领域存在的消极腐败现象较为严重。参见秦佩华、毛磊:《最高人民法院报告:执行领域消极腐败严重》,载《新民晚报》2009 年 10 月 29 日第 A13 版。据统计,从 1985 年至 2009 年的 25 年间,全国法院系统共查处违法违纪人员 18600 人。当前我们无法回避的一个严峻事实是,执行人员占法院干警的十分之一,而违法违纪人数多年来却保持高达五分之一的比例。郭兵:《切实为人民掌好用好执行权——学习习近平校长"三观论"的一点体会》,载《人民法院报》2010 年 11 月 10 日第 8 版。

以来发布了 20 余部执行专项司法解释,①为地方各级人民法院有效推进各项执行工作奠定规范基础。

二、回顾我国民事执行制度变迁的价值

改革开放以来的四十年,是我国民事执行制度不断完善的四十年。在改革开放和市场经济发展过程中,不仅民事纠纷案件大量增加,而且传统文化观点也受到西方文化冲击,债务人拒不履行生效法律文书确定的给付义务的情形越来越多,就连理论上应当是双方当事人合意结果的法院调解书进入执行程序的比例也越来越高。② 债务人具备履行能力但拒不履行生效法律文书确定的给付义务,不仅导致债权人的合法权益无法实现,而且减损了司法权威,还可能迫使债权人诉诸信访等非常规救济甚或求助于"私力救济"进而危及社会稳定。因而,"执行难"问题不仅仅是人民法院面临的法律问题,还是社会各界普遍关注的热点问题,是引起党和国家高度重视的社会问题。在 1999 年 7 月 7 日转发《中共最高人民法院党组关于解决人民法院"执行难"问题的报告》(中发〔1999〕11 号,以下简称为"中央 11 号文件")时,中共中央明确指出,确保人民法院依法执行生效的法律文书,是贯彻落实党的依法治国、建设社会主义法治国家基本方略的重要内容,是保障社会信用关系

---

① 《关于进一步规范指定执行等执行案件立案、结案、统计和考核工作的通知》(法明传〔2018〕335 号)、《关于人民法院立案、审判与执行工作协调运行的意见》(法发〔2018〕9 号)、《关于仲裁机构"先予仲裁"裁决或者调解书立案、执行等法律适用问题的批复》(法释〔2018〕10 号)、《关于执行和解若干问题的规定》(法释〔2018〕3 号)、《关于执行担保若干问题的规定》(法释〔2018〕4 号)、《关于人民法院办理仲裁裁决执行案件若干问题的规定》(法释〔2018〕5 号)、《关于仲裁司法审查案件报核问题的有关规定》(法释〔2017〕21 号)、《关于审理仲裁司法审查案件若干问题的规定》(法释〔2017〕22 号)、《关于严格规范执行事项委托工作的管理办法(试行)》(法发〔2017〕27 号)、《最高法院关于"是否可以取消失信被执行人中标资格"问题的答复》、《关于因申请诉中财产保全损害责任纠纷管辖问题的批复》(法释〔2017〕14 号)、《关于认真做好网络司法拍卖与网络司法变卖衔接工作的通知》(明传〔2017〕455 号)、《关于充分发挥公证书的强制执行效力服务银行金融债权风险防控的通知》(司发通〔2017〕76 号)、《关于认真学习贯彻适用〈最高人民法院关于人民法院网络司法拍卖若干问题的规定〉的通知》(法〔2016〕431 号)、《关于在执行工作中规范执行行为切实保护各方当事人财产权益的通知》(法〔2016〕401 号)、《关于民事执行中变更、追加当事人若干问题的规定》(法释〔2016〕21 号)、《关于人民法院办理财产保全案件若干问题的规定》(法释〔2016〕22 号)、《关于民事执行活动法律监督若干问题的规定》(法发〔2016〕30 号)、《关于严格规范终结本次执行程序的规定(试行)》(法〔2016〕373 号)、《关于进一步做好刑事财产执行工作的通知》(法明传〔2016〕497 号)、《关于人民法院网络司法拍卖若干问题的规定》(法释〔2016〕18 号)、《关于人民法院办理执行信访案件若干问题的意见》(法发〔2016〕15 号)、《关于首先查封法院与优先债权执行法院处分查封财产有关问题的批复》(法释〔2016〕6 号)等。

② 李浩:《当下法院调解中一个值得警惕的现象——调解案件大量进入强制执行研究》,载《法学》2012 年第 1 期。

和商品交易安全,保证社会主义市场经济正常运行,维护社会稳定不可缺少的重要条件。党的十八大以来,以习近平同志为核心的党中央更是高度重视人民法院执行工作,党的十八届四中全会明确提出要切实解决执行难,依法保障胜诉当事人及时实现权益。最高人民法院周强院长在十二届全国人大四次会议上庄严承诺"用两到三年时间基本解决执行难问题"。解决"执行难"问题的首要条件是执行规则供给充分,鉴于立法机关尚未正式启动《民事执行法》的起草工作,最高人民法院通过单独或联合其他部门制定司法解释和具有司法解释性质的其他规范性文件,为全国各地人民法院基本解决执行难问题提供制度保障。但是,最高人民法院供给执行规则是不得已而为之,从根本上解决执行难问题仍然有赖于通过立法机关制定专门的《民事执行法》供给执行规范。鉴于此,本章将详细考察改革开放四十年以来的民事执行制度变迁,总结我国的执行实践经验,为未来单独制定《民事执行法》奠定基础。

(一)考察制度变迁的背景,制定符合时宜之规则

民事执行制度变迁与其背后的经济社会发展存在着密切的联系。从 1978 年改革开放以来,我国的社会经济取得了重大发展,民事执行制度也处于不断丰富和完善的过程。从历史视角解读民事执行制度的变迁,有助于制定与当前社会经济状况相适应的民事执行规则。限于篇幅,这里仅以说服教育与强制相结合的原则为例。在最高人民法院 1956 年 10 月印发的《关于各级人民法院民事案件审判程序总结》、最高人民法院 1963 年 8 月 28 日印发的《关于民事审判工作若干问题的意见(修正稿)》、最高人民法院研究室 1973 年 11 月 7 日印发的《一些省、市法院整顿健全民事审判程序制度的情况》等规范性文件均将说服教育作为强制执行的前置性程序。[①] 说服教育比其他执行措施更有助于节省执行资源,可以在一定程度上缓解执行力量不足问题。但是,说服教育的效果取决于说服教育者的身份以及

---

① 最高人民法院 1956 年 10 月印发的《关于各级人民法院民事案件审判程序总结》确立了说服教育原则,"债务人确有给付能力,经反复教育仍拒不履行的时候,应对其财产予以强制执行"。最高人民法院 1963 年 8 月 28 日印发的《关于民事审判工作若干问题的意见(修正稿)》也重申了说服教育原则,"法院判决正确,只是当事人故意拖延或拒绝执行,一般的应对其说服教育或请有关部门协助解决。如仍坚不执行时,可采用查封和拍卖财产或委托有关部门从工资或工分中扣除的强制办法。在执行中必须依靠组织,依靠群众,多作说服教育工作,注意方式方法,防止问题复杂化"。最高人民法院研究室 1973 年 11 月 7 日印发的《一些省、市法院整顿健全民事审判程序制度的情况》将北京、吉林、湖南、广东、山东、青海西宁市等六个高、中法院对执行程序作出的规定进行总结,其中指出:"判决正确,而当事人故意拖延或拒不执行的,应依靠有关单位和群众,进行说服教育,促其履行义务。如反复教育无效,可商请当事人所在社队或单位协助强制执行。比如对拒不执行交付生活费、赡养费、子女抚养费、偿还债款等判决的,可查封、拍卖其财产或委托其所在单位从工资、工分中扣除。"

被执行人的守法意识,如果说服教育者能够对被执行人施加的影响越大,被执行人接受说服教育而履行生效法律文书确定给付义务的可能性就越大;经过说服教育者的释法,被执行人的守法意识越强,接受说服教育而履行生效法律文书确定给付义务的可能性就越大。伴随着改革开放的进行,社区或单位对被执行人所能施加的影响越来越弱,被执行人受经济利益驱使导致守法意识有所下降,通过说服教育方式实现生效法律文书确定义务的难题越来越大。说服教育需要消耗大量的司法资源,在执行案件数量激增的情形下,难以指望执行人员有足够充分的时间和精力从事说服教育工作。

尽管说服教育前置于强制执行有助于在市场相对缺乏秩序、地方保护主义泛滥以及应付这些问题的其他制度供应不足等复杂困难的局面下依然保持运转,[①]但将说服教育前置于执行措施的正当性基础日渐趋弱。1982 年《民事诉讼法》不再规定说服教育原则,但仍以被执行人在指定期限内不履行义务为进行强制执行的条件(第 170 条),并规定当事人可以在执行程序中达成和解协议(第 181 条),1984 年 8 月 30 日最高人民法院审判委员会第 203 次会议通过的《关于贯彻执行〈民事诉讼法(试行)〉若干问题的意见》第 63 条在司法解释层面继续维持说服教育原则,即"当事人拒绝履行发生法律效力的判决、裁定、调解协议,首先要对其进行法制宣传教育,教育无效的,强制执行"。尽管 1991 年《民事诉讼法》第 230 条大体维持了 1982 年《民事诉讼法》第 170 条的规定,但 1992 年出台的《民诉意见》第 254条仅将被执行人未在指定期间履行义务作为采取强制执行措施的条件,实际上废除了严格意义上的教育说服原则,而保留作为该原则体现的执行和解制度。

显而易见,说服教育与强制执行之间存在着内在的矛盾。在通常情形下,债权人申请强制执行时,债务人的履行期限已经届满,生效法律文书确定的给付义务也已经不容争议,执行程序的推进不应当受制于债务人的意志。债权人申请强制执行通常以债务人没有在生效法律文书确定的期限内履行义务为条件,从保障当事人权益的角度来分析,缺乏再次向债务人提供履行期限的正当性。但是,从提高执行资源利用效率的角度来分析,在采取强制执行措施之前再次给债务人指定履行期限,债务人基于执行威慑机制或者为了节省执行费用而履行生效法律文书确定给付义务的,可以缓解"案多人少"的现实压力。因而,只要被执行人不存在逃避规避执行的可能性,在采取强制执行措施之前给予被执行人履行生效法律文书确定义务的期限,尚且具备正当性。但是,在现实生活中,"履行通知书"被戏称为"逃债通知书",有些被执行人在履行期间内隐匿、转移财产。为此,2007 年《民事诉讼法》第 216 条第 2 款授权执行员可以对可能隐匿、转移财产的被执行人立即采取强制执行措施。然而,被执行人"有可能隐匿、转移财产"的事实难以证明与认定。

---

① 王亚新:《强制执行与说服教育辨析》,载《中国社会科学》2000 年第 2 期。

2012 年《民事诉讼法》第 240 条不再对执行员立即采取强制执行措施作任何限制，执行员可以向被执行人发出执行通知的同时采取强制执行措施，以防止被执行人隐匿、转移财产。诚然，在金钱债权执行案件中，除非被立即采取强制执行措施的财产属于"现金或存款等可以直接扣划的财产"；执行员可以立即采取的强制执行措施应当限制为控制性执行措施。这是因为，在采取控制性执行措施之后，执行债权的实现已经获得相当程度的保障，考虑到节约执行资源和贯彻比例原则的需要，应当考虑给予被执行人筹集资金履行金钱债务的合理期限。

综上所述，说服教育与强制执行之间存在着内在的逻辑矛盾，但在市场相对缺乏秩序、部门保护主义与地方保护主义泛滥、被执行人具有较高守法意识的特定历史时期内，说服教育原则具有其相对合理性。但是，伴随着改革开放的不断深化，严格意义上的说服教育原则丧失其强制适用的环境，确保执行员迅速对可供执行财产采取控制性执行措施成为当代民事执行法的主要任务之一，将说服教育前置于强制执行已不合时宜，但后置于控制性执行措施的说服教育仍然具有重要价值，彰显说服教育原则的执行和解、执行担保等具体制度也获得广泛的适用。[①] 因而，对民事执行制度变迁进行历史考察，有助于制定与当前社会经济状况相适应的民事执行规则。

（二）反思法律渊源之不足，论证单独立法之必要

所谓的强制执行，是指执行机关根据债权人的申请而借助公权力强制债务人履行执行名义所确定之义务，以实现债权人私权的公力救济程序。[②] 显而易见，执行权属于国家公权力的有机组成部分，而国家公权力是反映统治阶级意志的，并作为社会整体代表的、以强制力保障实施的、管理社会公共事务的权力。[③] 为了防范执行机关滥用职权以及保障当事人和利害关系人的合法权益，越来越多的国家和地区倾向于单独制定民事执行法。但是，我国目前尚未启动民事执行法的制定，民事执行规则主要通过最高人民法院的司法解释以及具有司法解释性质的其他规范性文件予以供给，至少面临着以下问题：

1.程序运行者制定程序规则，对执行规则起草者提出很高的政治要求。最高人民法院在制定执行规则过程中，难免要考虑执行人员的利益诉求以及保护执行人员之必要。为此，在执行规则制定过程中，对规则起草者提出了很高的政治要

---

① 比如，《最高人民法院关于认真贯彻实施民事诉讼法及相关司法解释有关规定的通知》（法〔2017〕369 号）第 2 条第 1 款规定，执行法院在采取拘传措施前必须经过依法传唤，对于无正当理由拒不到场的被执行人、被执行人的法定代表人、负责人或者实际控制人，应进行说服教育，经说服教育后仍拒不到场的，才能采取拘传措施。

② 杨与龄：《强制执行法论》，中国政法大学出版社 2002 年版，第 3 页。

③ 王启江：《司法权的强制性与强制执行权》，载《山东社会科学》2009 年第 7 期。

求,只要本着全心全意为人民服务的想法,始终坚持程序利用者中心主义,克服自己所在部门及其工作人员的利益诉求,才能够制定出符合执行实践需要且充分保护当事人和利害关系人合法权益的执行规则。

2.最高人民法院单方面出台的规范性文件所确立的执行规则给执行当事人以外的其他主体课加义务的,容易招致其他相关主体的积极反抗或消极抵制;最高人民法院通过与其他公权力机关联合发文供给执行规则的,虽然可以完善规范性文件的实施状况,但其所提供的执行规则通常是最高人民法院与其他有关单位博弈的结果,未必最有利于执行工作之开展。

3.最高人民法院通过司法解释、批复、通知、复函、指导性案例等多种方式供给执行规范,而且不同规范性文件所确立的执行规范可能还存在着冲突,最高人民法院也尚未来得及进行全面清理和编撰,导致民事执行规则较为分散,加重了民事执行法律关系主体查找和适用执行规范的成本。①

4.最高人民法院制定具有创设执行规则内容的司法解释或者具有司法解释性质的其他规范性文件的,通常是对地方人民法院执行实践探索经验的总结,对于尚未达成共识的执行疑难问题,通常采取继续由地方人民法院探索的解决方案,亦即最高人民法院意识到执行规则空缺的,未必会尽快予以填补,导致不同地方人民法院对相同问题可能采取不同的做法。

5.司法解释和具有司法解释性质的其他规范性文件是由最高人民法院审委会、执行局、办公室等内设机构通过,而法律是由全国人民代表大会或其常务委员会制定,前者带有审判机关的立场,而后者直接体现为全国人民的意志。鉴于强制执行是国家公权力介入私人生活领域,2014年10月23日中国共产党第十八届中央委员会第四次全体会议通过《中共中央关于全面推进依法治国若干重大问题的决定》明确指出切实解决执行难,制定强制执行法,规范查封、扣押、冻结、处理涉案财物的司法程序。加快建立失信被执行人信用监督、威慑和惩戒法律制度。依法

① 按照第十一届全国人大常委会2011年、2012年工作要点和立法工作计划的要求,法制工作委员会从2011年4月开始启动对现行司法解释和具有司法解释性质的其他规范性文件进行集中清理的工作。此次司法解释集中清理工作是中华人民共和国成立以来对现行有效的司法解释和司法解释性质文件进行的首次全面集中清理。最高人民法院2013年3月6日向全国人大常委会提交的《最高人民法院关于司法解释集中清理工作情况的报告》,梳理出单独或联合制发的现行有效的司法解释、司法解释性质文件以及其他规范性文件共计3351件,经研究确定纳入清理范围的有1600件,其中确定废止的有715件,修改的有132件,保留的有753件。但是,诚如全国人大常委会法制工作委员会2013年4月23日在第十二届全国人民代表大会常务委员会第二次会议上所作《关于司法解释集中清理工作情况的报告》所指出的,司法解释清理工作应当建立常态化机制,要在总结本次集中清理工作经验的基础上,采取随时清理、专项清理与集中清理相结合的方式,将司法解释清理工作常态化,形成根据法律制定、修改或者废止的新情况、新要求及时清理相关司法解释的工作机制,确保法律正确实施,更好地发挥司法解释在指导审判、检察工作中的作用。

保障胜诉当事人及时实现权益。

综上所述，从 1978 年开始改革开放以来，伴随着 1982 年《民事诉讼法》的出台，执行规则的载体从最高人民法院乃至地方人民法院的规范性文件上升为法律。但是，受《民事诉讼法》条文数量的限制，执行规则的立法供给长期面临着供不应求的状态。为了推进执行工作的顺利进行，最高人民法院不仅对法律规定的执行制度予以细化，而且在司法解释或者具有司法解释性质的其他规范性文件中创设新的执行规则，甚至连某些地方人民法院也出台司法解释性质的规范性文件，细化或补充供给执行规则。尽管地方人民法院出台司法解释性质的规范性文件的做法已经被取缔，①但最高人民法院创造性设计执行规则的做法仍在继续。改革开放以来的 40 年，也是中国特色社会主义法律体系构建和完善的 40 年。中国特色社会主义执行规则的构建，需要建立在中国的执行实践基础之上，对于尚未完成理论研究储备以及相关立法调研之前，贸然出台的民事执行法很可能未能很好地契合当前的法制环境以及实践需求。因而，立法机关和最高人民法院允许地方人民法院开展执行改革试点，尽管可能在短期内容易造成"相同情况"在不同法院获得"不同处理"的后果，但在中国特色社会主义法律体系构建的特殊时期，仍然具有其相对合理性。但是，在全国人大常委会原委员长于 2011 年 3 月 10 日在十一届全国人大四次会议第二次全体会议上宣布"中国特色社会主义法律体系已经形成"之后，伴随着民事执行法理论研究的逐渐深入，通过法律供给执行规则的条件已经具备，单独制定《民事执行法》指日可待。

（三）考察具体制度的变迁，促进执行规则之发展

制度的变迁不等于制度的发展，考察具体制度的变迁及其原因，有利于促进执行规则之良性发展。以当事人申请人民法院执行的生效法律文书给付内容不明确的处理规则为例，1984 年 8 月 30 日最高人民法院审判委员会第 203 次会议通过的《关于贯彻执行〈民事诉讼法（试行）〉若干问题的意见》第 49 条规定："发现发生法律效力的法律文书有错写、误算、诉讼费用的负担漏判和其他失误，可由制作该法律文书的人民法院裁定补正。对经过庭审的诉讼请求漏判，或判决主文不明确无法执行的，可由制作该判决的人民法院作出补充判决。一审人民法院的补充判决，当事人不服，可以上诉；二审人民法院的补充判决，是终审判决。"通过补正裁定和

---

① 根据《最高人民法院、最高人民检察院关于地方人民法院、人民检察院不得制定司法解释性质文件的通知》（法发〔2012〕2 号）的规定，自本通知下发之日起，地方人民法院、人民检察院一律不得制定在本辖区普遍适用的、涉及具体应用法律问题的"指导意见""规定"等司法解释性质文件，制定的其他规范性文件不得在法律文书中援引。地方人民法院、人民检察院对于制定的带有司法解释性质的文件，应当在 2012 年 3 月底以前完成自行清理。

补充判决,很好地解决了生效法律文书确定的给付义务不明确问题。[1] 但是,《民事诉讼法》始终没有规定补充判决制度,而且从 2007 年《民事诉讼法》开始将"原判决、裁定遗漏或者超出诉讼请求"作为再审事由,进一步限缩补充判决制度的适用空间。最高人民法院针对 1991 年《民事诉讼法》以及 2012 年《民事诉讼法》分别作出的《适用意见》和《民事诉讼法解释》均没有维持《关于贯彻执行〈民事诉讼法(试行)〉若干问题的意见》第 49 条的规定,债权人申请执行的生效法律文书因判决主文不明确无法执行的处理方式,缺乏统一的规定,逐渐成为强制执行中的疑难问题。《最高人民法院关于人民法院执行工作若干问题的规定(试行)》(法释〔1998〕15 号)第 18 条第 4 项将"申请执行的法律文书有给付内容,且执行标的和被执行人明确"作为人民法院受理执行案件的必备条件,《民事诉讼法解释》第 463 条不仅要求"申请执行的法律文书有给付内容",更进一步将"给付内容明确"作为当事人申请人民法院执行的必备条件。据此,针对给付内容不明确的生效法律文书的执行问题,最高人民法院先是尝试通过补充判决的方式谋求解决,但后来的解决方案演变为裁定不予受理或驳回执行申请。诚然,不予受理或驳回执行申请之后,债权人仍然可以启动再审程序,请求对生效法律文书确定义务予以细化,以满足申请强制执行的需要。

但是,不予受理或驳回执行申请导致民事权益未能获得及时的保护,而且不符合执行效率原则。因而,在执行实践中,有些地方人民法院先通过召集双方当事人协商或者征求执行依据作出机构的意见等方式确定执行内容;确实无法执行的,才裁定驳回执行申请或裁定终结执行程序。[2] 有些地方人民法院明确引发文件,规定执行法院可以通过以下方式解决生效法律文书确定的给付内容不明确问题:函询形式征求作出生效法律文书的承办人及其合议庭成员意见;通过与当事人积极沟通促使当事人达成和解协议并予以履行;结合生效法律文书事实认定及裁判说理对有关给付内容进行体系解释;等等。[3] 最高人民法院也通过王某与金某借款合同纠纷执行案(最高人民法院〔2015〕执行申字第 52 号)确立"执行依据内容不明确的,执行机构在执行程序中可结合执行依据文义,审查确定其具体给付内容。执行程序中无法确定给付内容的,则应提请生效法律文书作出机构结合案件审理期

---

[1] 《最高人民法院民事审判庭关于宋国忠与宋国木房屋买卖纠纷案的电话答复》(〔90〕法民字第 1 号)表达人民法院可以通过补充判决解决遗漏诉讼请求问题。

[2] 赵晋山、葛洪涛、乔宇:《民事诉讼法执行程序司法解释若干问题的理解与适用》,载《人民司法》2016 年第 16 期。

[3] 江苏省高级人民法院 2017 年 11 月 24 日下发《关于执行内容不明确如何执行有关问题的通知》(苏高法电〔2017〕805 号)第 1、2 条的规定。

间查明情况,对不明确执行内容予以补正或进行解释说明"的执行规则。① 诚然,"如果相关执行内容不够明确,并且案件事实复杂、争议较大,需要结合生效法律文书作出后新发生的事实来确定执行内容的,人民法院在执行程序中直接审查确定执行内容,不利于保障当事人的程序权利,宜由当事人通过另行提起诉讼等方式予以明确"。②

显而易见,在双方当事人对不明确的给付义务存在实质争议的情形下,除非可以通过体系解释对生效法律文书载明的不明确给付义务作出不容争议的界定,执行人员根据生效法律文书以外的其他资料甚或新发生的事实确定给付义务的,明显违反"审执分离"原理。执行机构征询生效法律文书作出机构或者案件承办人的意见,在某种意义上发挥着与补充判决相似的功能。但是,相对于补充判决而言,作为生效法律文书的机构或者案件承办人通过信函方式对给付义务予以明确化的,不符合正当程序保障的基本原理。当事人对生效法律文书确定的给付义务存在实质争议的,作为生效法律文书的机构进行解释的过程中,应当听取双方当事人意见,并遵循争讼程序的基本原理。相对当前的实际操作而言,《关于贯彻执行〈民事诉讼法(试行)〉若干问题的意见》第 49 条的规定恐怕更为妥当。然而,让人遗憾的是,由于执行制度变迁史尚未引起学界的重视,在相关学术研讨会上,与会者均未曾注意到该条文的存在。由此可见,通过对民事执行制度变迁史的全面考察,不仅有助于从正面理解当前执行规则的前因后果,也可能有助于反思当前执行规则相对于过去执行规则的不足,但两者均有助于促进执行规则之发展。

---

① 在本案中,法院调解书确认解除王某与金某股权转让合同、选矿合作合同等协议,并明确"选矿厂及矿石归王某"。执行法院据此查封了金某与案外人韩某合伙经营的选矿厂及采挖出的矿石,金某以执行标的系其与王某筹建中的选矿厂及采挖出的矿石为由提出执行异议。最高人民法院认为,生效调解书未明确该选矿厂及矿石特定信息,双方当事人对执行依据指向的特定物亦存在严重分歧,显属执行依据给付内容不明确。已经受理的执行案件,发现执行依据内容不明确的,执行机构在执行程序中可结合执行依据文义,审查确定其具体给付内容。执行程序中无法确定给付内容的,则应提请生效法律文书作出机构结合案件审理期间查明情况,对不明确执行内容予以补正或进行解释说明,故裁定发回原执行法院重新审查处理。参见潘勇锋:《执行程序中如何处理执行依据不明确问题》,载江必新、刘贵祥:《执行工作指导》(2016 年第 1 辑),国家行政学院出版社 2016 年版,第 38 页。

② 参见最高人民法院〔2016〕执行申字第 382 号执行裁定书。

三、立法供给的民事执行规则的变迁①

(一)1982年《民事诉讼法》中的执行规范评析

1982年《民事诉讼法》通过 24 个条文规定执行制度,占全部条文的 11.7%。1982年《民事诉讼法》第四编关于"执行程序"的规定,是我国首部民事诉讼法典,也是我国民事执行规则立法供给的开始。1982年《民事诉讼法》确立的部分执行规则源自中央人民政府法制委员会与最高人民法院此前出台的规范性文件,其内容在今天看来肯定有诸多不足,作为初创的法律,自然需要经过一个发展和完善过程。此外,与当前经济基础不适应的民事执行制度,未必不适应 1982年《民事诉讼法》起草时的社会经济状况。因而,对 1982年《民事诉讼法》所供给执行规范进行评价时,应当坚持历史唯物主义。

1.第 161 条规定执行名义及执行管辖制度。第 161 条对可以申请强制执行的生效法律文书作出规定。根据第 1 款的规定,对于民事判决、裁定和调解协议以及刑事判决、裁定中的财产部分确定的给付义务,债权人可以申请第一审人民法院执行。第 2 款授权立法机关通过其他法律文书设立执行名义,并将其他执行名义的管辖权问题,留给其他专门法律解决。本条将双方当事人达成的"调解协议"作为债权人申请强制执行所依据的执行名义,②恐怕是立法失误。根据 1982年《民事诉讼法》第 101、153 条的规定,无论在一审程序还是上诉程序中,双方当事人达成协议,人民法院都应当制作调解书,但双方当事人在一审程序中达成协议且不需要制作调解书的,法院可以通过将调解协议记入笔录的方式进行结案。因而,双方当事人在诉讼程序中达成调解协议的,通常人民法院会出具相应的调解书。在理论上,作为执行名义的生效法律文书,应当是指特定国家机关、组织在其权限范围内对特定事项出具的具有法律效力的公文书。这是因为,执行名义在某种意义上是苛以执行机构以通过强制执行实现其所确定给付义务的责任,而作为双方当事人合意结果的调解协议显然不具有直接导致人民法院负担强制执行职责的效力。因而,调解协议属于双方当事人达成并签订的私文书,调解书才是人民法院根据调解协议出具的公文书,应当以调解书为执行名义。

---

① 在我国,民事执行规则的供给存在着立法供给与司法供给两种类型,立法供给的效力层级较高但规则数量较少,司法供给的效力层级较低但规则数量较多。在民事执行实践中,执行法院主要是根据最高人民法院制定的司法解释及具有司法解释性质的其他规范性文件采取强制执行措施和提供执行救济。受书稿篇幅限制,本章不得不删除"司法供给的民事执行规则的变迁"部分,其具体内容大致可以参见张卫平主编:《最高人民法院民事诉讼法司法解释要点解读》,中国法制出版社2015年版,第 379 页。

② 1982年《民事诉讼法》第 45 条第 3 款也规定,当事人必须依法行使诉讼权利,遵守诉讼秩序,履行发生法律效力的判决、裁定和调解协议。

2.第 162 条对案外人异议作出规定。根据本条规定,案外人在执行过程中对执行标的提出异议的,执行员应当进行审查,无理由的,予以驳回,有理由的,报院长批准中止执行,由合议庭审查或审委会讨论决定。根据 1979 年《法院组织法》第41 条第 1 款的规定,民事案件判决和裁定的执行事项,由地方各级人民法院设的执行员办理。案外人对执行标的提出异议的实质是对执行标的提出足以排除强制执行的权利主张,执行员对案外人提出的实体权利主张进行审查有违审执分离原理。此外,案外人或当事人对驳回或支持异议的处理结果不服的,1982 年《民事诉讼法》没有进一步提供救济措施。[①]

3.第 163 条对执行法院采取执行措施作出规定。本条规定,执行工作由执行员、书记员进行;重大执行措施,应当有司法警察参加。采取强制执行措施时,执行员应当向被执行人或者他的成年家属出示证件;并制作执行情况笔录,由在场的有关人员签名或者盖章。如前所述,1979 年《法院组织法》明确规定执行事项由执行员办理,书记员和司法警察仅发挥辅助执行员的功能,1982 年《民事诉讼法》将执行员、书记员、司法警察进行并列,没有彰显执行员的中心地位。

4.第 164 条对协助执行制度作出规定。本条规定,有关单位和个人都有义务按照人民法院的通知,协助执行。无故推脱、拒绝或者妨碍执行的,人民法院可以根据情节轻重,予以训诫、责令具结悔过或者予以罚款、拘留;构成犯罪的,依法追究刑事责任。人民法院的协助执行通知的本质是执行命令,[②]有关单位和个人并非生效法律文书确定的法律关系主体,直接要求其承担具体协助执行义务的是协助执行通知书。本条在某种意义上是规定任何单位和个人都有协助执行的法定义务,或者说,人民法院可以根据执行的需要,通过执行通知书的形式,具体要求有关单位和个人承担协助执行义务。但是,前述规定涉嫌对一般行为自由造成负面影响,故逐渐形成协助执行义务应当通过法律(至少是司法解释或司法解释性质的其他规范性文件)予以事先规定为限的观点。

5.第 165 条对委托执行制度作出规定。本条规定,被执行人、被执行的财产在外地的,可以委托当地人民法院代为执行。受委托人民法院收到委托函件后,应当在十五日内开始执行,执行完毕后,应当把执行结果及时函复委托人民法院。委托执行制度致力于解决的是受理执行案件的人民法院不便执行问题。鉴于案件仍然系属于委托法院,受托法院通常存在为完成系属于本院的案件而懈怠执行委托执行案件的情形。1982 年《民事诉讼法》没有对此作出相应的规定,在实践中不乏委托执行案件陷入"两不管"的困境。

---

① 诚然,1982 年《民事诉讼法》没有规定执行异议和执行异议之诉制度,没有赋予案外人或当事人对执行员异议审查结果的进一步救济,不是本条所单独面临的问题。

② 黄忠顺:《民事执行机构改革实践之反思》,载《现代法学》2017 年第 2 期。

6.第166条至第168条对不同生效法律文书的执行程序启动方式作出规定。根据这三条的规定,除了仲裁裁决、公证债权文书采取依申请启动执行程序以外,包括判决书和裁定书在内的其他执行名义采取依职权启动模式。依职权启动执行程序在表面上强化了对民事权益的司法保护,但实质上涉嫌侵犯债权人的程序主体性地位及其对民事权益的处分权。另外,只有在需要通过强制执行程序予以实现的生效法律文书的数量较少的情形下,依职权启动执行程序才具有可行性。

7.第169条对申请执行期限作出规定。根据本条规定,申请执行期限是不可变期间,双方或一方当事人是个人的为一年,双方是企业事业单位、机关团体的,申请执行期限为六个月,申请执行期限从法律文书规定履行期限的最后一日起计算,法律文书规定分期履行的,从规定的每次履行期限的最后一日起计算。在依职权启动执行程序的语境下,申请执行期限仅对仲裁裁决书以及公证债权文书的强制执行才具有意义,而这两类生效法律文书进入执行程序的数量较少,故申请执行期限较短且不可变的弊端在该早期未能呈现出来。

8.第170条对执行通知制度作出规定。本条规定:"执行员接到申请执行书或者移交执行书,应当在十日内了解案情,并通知被执行人在指定的期限内履行。逾期不履行的,强制执行。"执行通知制度的实质是,在采取强制执行措施之前,人民法院应当再给被执行人指定履行期限,只有逾期不履行,人民法院才可以采取强制执行措施。在推定被执行人遵守诚实信用原则的语境下,为了提高执行资源的利用效益以及缓和双方的对立关系,要求执行通知书指定履行期限具有正当性。但是,根据经验法则,被执行人如果遵循诚实信用原则,应当自行履行生效法律文书确定的给付义务,甚至不会发生民事争议和进行民事诉讼。缺乏推定被执行人诚信的正当性基础。既然被执行人缺乏诚信,执行通知书也有可能沦为"逃债通知书",受送达执行通知书的被执行人可能利用该履行期限转移、隐匿、毁损财产。更为严重的是,指定履行期限的执行通知书只有送达后,履行期限才开始计算,这就导致了有些债务人在进入执行程序之前开始"玩失踪",导致人民法院只能通过公告送达的进行向其送达执行通知书,从而大大延长其可以转移、隐匿、毁损财产的时间。

9.第171条至第181条对执行措施作出规定。首先,在金钱债权执行中,人民法院可以扣取、提取被执行人的储蓄存款或者劳动收入以及查封、扣押、冻结、变卖被执行人的财产两种措施,但采取查封、扣押、冻结、变卖被执行人的财产的,必须经人民法院院长批准。与此同时,为了保障被执行人及其所供养家属的基本生存权,扣留、提取被执行人的储蓄存款或者劳动收入的,通过协助执行通知书的方式要求有关单位办理,但应当保留被执行人及其所供养家属的生活必需费用;查封、扣押、冻结、变卖被执行人的财产的,应当保留被执行人必要的生产工具和他本人及其所供养家属的生活必需品。在查封、扣押财产时,人民法院应当通知被执行人或者他的成年家属到场,但拒不到场的,不影响执行。被执行人的工作单位和财产所在地的基层组织应当派人参加。对于被查封、扣押的财产,必须造具清单,由在场人签名或者盖章后,交被执行人或者其成年家属一份。被查封的财产,执行员可以指定被执行人负责保管;因被执行人的过错造成的损失,由被执行人承担。为了避免双方当事人矛盾激化,提高司法资源利用效率,在财产被查封、扣押后,执行员应当通知被执行人在指定期限内履行法律文书确定的义务;逾期不履行的,交有关单位收购、变卖。其次,在交付特定物执行中,执行员可以通过当面交付、执行员转交、通知有关单位转交等方式予以执行。法律文书指定交付的财物或者票证,由执行员传唤双方当事人当面交付,或者由执行员转交。有关单位持有该项财物或者票证的,应当根据人民法院的协助执行通知书转交,并由被交付人签收。当事人以外的人持有该项财物或者票证的,人民法院通知其交出。拒不交出的,强制执行。再次,在强制迁出房屋或者强制退出土地的执行中,应当通知被执行人在指定期限内履行,逾期不履行的,执行员才予以强制执行,在强制执行时应当遵循执行见证制度。强制迁出房屋或者强制退出土地,由院长签发公告,通知被执行人在指定的期限内履行。逾期不履行的,由执行员强制执行。强制执行时,被执行人的工作单位和房屋、土地所在地的基层组织应当派人参加。被执行人或者他的成年家属应当到场;拒不到场的,不影响执行。执行员应当将强制执行情况记入笔录,由在场人签名或者盖章。强制执行的财物,由人民法院派人运至指定处所,交给被执行人或者其成年家属;因拒绝接收而造成的损失,由被执行人承担。复次,对可替代行为的强制执行作出规定。对于法律文书指定的行为,执行员应当通知被执行人履行;无正当理由拒不履行的,人民法院可以委托有关单位或者其他人完成,费用由被执行人负担。最后,第 180 条对被执行人资不抵债情形下的执行债权受偿顺序作出规定。根据本条规定,被执行人被执行的财产,不能满足所有申请人要求的,按照下列顺序清偿:工资、生活费;国家税收;国家银行和信用合作社贷款;其他债务。不足清偿同一顺序的申请人要求的,按比例分配。需要说明的是,1982 年《民事诉讼法》第 181 条将执行和解作为执行措施加以规定。根据本条的规定,在执行中,双方当事人自行和解达成协议的,执行员应当将协议内容记入笔录,由双方当事人签名或者盖章。但至于执行和解的程序法效力与实体法效力,均没有明文规定。

10.第 182 条至第 184 条对执行中止和终结作出规定。根据第 182 条第 1 款的规定,人民法院裁定中止执行的情形包括:申请人表示可以延期执行;案外人对执行提出确有理由的异议;被执行人短期内无偿付能力;一方当事人死亡,需要等待继承人继承权利或者承担义务;人民法院认为应当中止执行的其他情况。根据第 183 条的规定,人民法院裁定终结执行的情形包括:申请人撤销申请;据以执行的法律文书被撤销;被执行人死亡,无遗产可供执行,又无义务承担人;追索赡养费、扶养费、抚育费案件的权利人死亡;人民法院认为应当终结执行的其他情况。根据第 184 条以及第 182 条第 2 款的规定,中止和终结执行的裁定,送达当事人后立即生效,但造成中止的情况消失后,应当恢复执行。

(二)1991 年《民事诉讼法》对执行制度的发展

伴随着改革开放的进行,我国的社会经济事业获得了较大的发展,1982 年《民事诉讼法》制定时的经济基础已经有所变化,为了适应我国市场经济以及法治社会建设的需要,1991 年《民事诉讼法》对 1982 年《民事诉讼法》的执行规则作了较大的修改,主要包括以下内容:

1.对执行名义和执行管辖制度进行修改。在执行名义的修改方面,根据 1991 年《民事诉讼法》第 50 条第 3 款以及 215 条的规定,双方当事人达成协议,人民法院制作调解书结案的,作为执行名义的是"人民法院制作的调解书"(以下简称为"法院调解书"),而不再是 1982 年《民事诉讼法》第 161 条第 1 款规定的"调解协议"。在执行管辖的修改方面,1991 年《民事诉讼法》第 207 条第 2 款对 1982 年《民事诉讼法》第 161 条第 2 款予以细化,即将"由有管辖权的人民法院执行"明确为"由被执行人住所地或者被执行的财产所在地人民法院执行"。明确生效法律文书申请执行的管辖法院,有利于避免法院推诿执行。

2.对案外人异议制度进行修改。一方面,1991 年《民事诉讼法》第 208 条强调执行员审查案外人异议进行审查时应当遵循法定程序,异议理由成立的,裁定中止对异议部分财产的执行,异议理由不成立的,通知驳回。[①] 另一方面,1991 年《民事诉讼法》第 208 条还在 1982 年《民事诉讼法》第 162 条的基础上增加关于"如果发现判决、裁定确有错误,按照审判监督程序处理"的规定。案外人对执行标的提出异议,本质上属于实体争议,既可能与原判决、裁定有关,也可能与原判决、裁定无关。提高对案外人异议审查的程序合法性要求,有助于保护案外人的实体利益和程序利益。这是因为,案外人没有参加执行名义的形成程序,在案外人对被执行财产提出异议的情形下,如果未经正当程序保障即予以强制执行,无疑对一般人的行为自由造成威胁。案外人对执行标的提出的异议,有些与原生效法律文书存在着关系(主要是特定物给付),有些与原生效法律文书不存在着关系(主要是金钱给付或可替代行为给付)。本次修改仅完善与原判决、裁定有关的案外人异议的后续救济途径,即通过审判监督程序谋求实体救济,至于与原判决、裁定无关的案外人异议的后续救济途径,仍然没有作出规定。

3.对执行法院采取执行措施的规定进行修改,并增加关于执行机构的规定。一方面,1991 年《民事诉讼法》第 209 条厘清了执行员与书记员、司法警察之间的

---

① 《适用意见》第 257 条。

关系,仅将执行员作为执行工作的承担主体,不再具体规定执行员出示证件的特定对象,明确执行笔录可以在执行完毕后再制作。需要说明的是,1982 年《民事诉讼法》第 163 条要求执行员向被执行人或者其成年家属出示证件,但在实践中,有时被执行人及其成年家属没有在执行现场,该要求可能成为妨碍执行员及时采取执行措施的因素,故本次修改予以删除。另一方面,1991 年《民事诉讼法》第 209 条第 2 款授权基层人民法院和中级人民法院根据需要设立执行机构,并授权最高人民法院对执行机构的职责作出规定。这是我国审执分离的起点,执行机构的设置,有助于执行程序走向相对独立,并且有利于执行资源的整合,尤其是强化了上下级人民法院所设立执行机构之间的协作力,对提高执行效率、增强执行威慑力、统一执行法律适用,均有裨益。

4.细化委托执行制度。考虑到受委托人民法院存在懈怠执行的情形,1991 年《民事诉讼法》第 210 条特别强调受委托人民法院不得拒绝执行,规定受委托人民法院在 30 日内如果还未执行完毕,也应当将执行情况函告委托人民法院。此外,为了强化对受委托人民法院的监督,1991 年《民事诉讼法》第 210 第 2 款规定,受委托人民法院自收到委托函件之日起十五日内不执行的,委托人民法院可以请求受委托人民法院的上级人民法院指令受委托人民法院执行。前述通过内部程序管理的角度加强对受委托人民法院的监督,但仍难以解决受委托人民法院消极执行的问题。

5.不再将执行和解作为执行措施理解,并增设当事人不履行执行和解协议的救济途径。1991 年《民事诉讼法》第 211 条隶属于"第二十章 一般规定",而 1982 年《民事诉讼法》第 181 条隶属于"第十七章 执行措施"。执行和解是当事人在执行程序中自愿达成依法变更生效法律文书确定的权利义务主体、履行标的、期限、地点和方式等内容的和解协议。由此可见,执行和解协议的达成不等于生效法律文书确定给付义务的实现,不能将其作为执行措施理解,故本次修订将其调整至"一般规定"部分。鉴于 1982 年《民事诉讼法》第 181 条没有进一步对当事人是否履行执行和解协议的后果作出规定,《关于贯彻执行〈民事诉讼法(试行)〉若干问题的意见》第 69 条作出补充规定,当事人自愿和解达成协议的,将协议记录在卷,由双方当事人签名或盖章,终结执行。但是,当事人不履行和解协议的,债权人如何进行救济? 当时的法律和司法解释均没有作出规定。1991 年《民事诉讼法》第 211 条第 2 款作出补充规定,一方当事人不履行和解协议的,人民法院可以根据对方当事人的申请,恢复对原生效法律文书的执行。

6.增设执行担保、执行承担、执行回转制度。关于执行担保,1991 年《民事诉讼法》第 212 条规定:"在执行中,被执行人向人民法院提供担保,并经申请执行人同意的,人民法院可以决定暂缓执行及暂缓执行的期限。被执行人逾期仍不履行的,人民法院有权执行被执行人的担保财产或者担保人的财产。"据此,执行担保是被执行人向人民法院提供担保,包括保证和担保物权两种形式,其中,采取担保物权形式的,是否可以采取控制性执行措施或者完成担保物权公示方法,当时的法律和司法解释均没有作出规定。① 关于执行承担,1991 年《民事诉讼法》第 213 条规定:"作为被执行人的公民死亡的,以其遗产偿还债务。作为被执行人的法人或者其他组织终止的,由其权利义务承受人履行义务。"首先,作为被执行人的公民死亡的,其遗产继承人没有放弃继承的,人民法院裁定变更继承人为被执行人,但该继承人仅在其继承遗产的范围内偿还债务,所有继承人都放弃继承的,人民法院可以直接执行被执行人的遗产。② 其次,执行中作为被执行人的法人或者其他组织分立、合并的,其权利义务由变更后的法人或者其他组织承受;被撤销的,如果依有关实体法的规定有权利义务承受人的,可以裁定该权利义务承受人为被执行人;作为被执行人的法人或者其他组织名称变更的,人民法院可以裁定变更后的法人或者其他组织为被执行人。③ 最后,其他组织在执行中不能履行法律文书确定的义务的,人民法院可以裁定执行对该其他组织依法承担义务的法人或者公民个人的财产。④关于执行回转,1991 年《民事诉讼法》214 条规定:"执行完毕后,据以执行的判决、裁定和其他法律文书确有错误,被人民法院撤销的,对已被执行的财产,人民法院应当作出裁定,责令取得财产的人返还;拒不返还的,强制执行。"《适用意见》第275 条将执行回转制度扩大适用到"法律规定由人民法院执行的其他法律文书执行完毕后,该法律文书被有关机关依法撤销的"情形。诚然,"已被执行的财产"可能因法律上或事实上的原因而无法"原物返还"。比如,案外人通过公开拍卖的方式获得该财产所有权,属于事实上的无法"原物返还";再如,债权人取得债务人财产但该财产已经灭失,属于法律上的"原物返还"。在"原物返还"不能的情形下,人民法院是否可以适用执行回转制度,直接强制债权人返还该财产的相应价值? 对此,法律和司法解释尚未作出规定。

7.将以调解书为执行名义的执行程序的启动模式由双规制调整为单轨制。根据 1982 年《民事诉讼法》第 166 条至第 168 条的规定,以公证债权文书和仲裁裁决为执行名义的执行程序的启动采取单轨制,而其他应当由人民法院执行的法律文书采取双规制,既可以由审判员移送执行员执行,也可以由当事人向人民法院申请执行。但是,根据 1991 年《民事诉讼法》第 216 条的规定,调解书的强制执行的启动改采单轨制。至此,在民事执行中,只有民事判决、裁定,才采取双规制,其他生

---

① 根据《适用意见》第 269 条的规定,执行担保,可以由被执行人向人民法院提供财产作担保,也可以由第三人出面作担保。以财产作担保的,应提交保证书;由第三人担保的,应当提交担保书。担保人应当具有代为履行或者代为承担赔偿责任的能力。

② 《适用解释》第 274 条。

③ 《适用解释》第 271、273 条。

④ 《适用解释》第 272 条。

效法律文书的执行程序的启动均采取单规制。法院可以依职权移送执行的案件有三类:(1)发生法律效力的具有给付赡养费、扶养费、抚育费内容的法律文书;(2)民事制裁决定书;(3)刑事附带民事判决、裁定、调解书。

8.完善不予执行公证债权文书制度,增设不予执行仲裁裁决制度。在不予执行公证债权文书方面,1991 年《民事诉讼法》第 218 条对 1982 年《民事诉讼法》第 168 条规定的不予执行公证债权文书制度进行完善,主要表现为不再将公证债权文书的执行法院限定基层人民法院,人民法院告知公证机关其出具的公证债权文书被不予执行的文书形式从通知调整为裁定。1991 年《民事诉讼法》第 217 条增设不予执行仲裁裁决制度,被申请人提出证据证明仲裁裁决有下列情形之一的,经人民法院组成合议庭审查核实,裁定不予执行:当事人在合同中没有订有仲裁条款或者事后没有达成书面仲裁协议的;裁决的事项不属于仲裁协议的范围或者仲裁机构无权仲裁的;仲裁庭的组成或者仲裁的程序违反法定程序的;认定事实的主要证据不足的;适用法律确有错误的;仲裁员在仲裁该案时有贪污受贿,徇私舞弊,枉法裁决行为的。人民法院认定执行该裁决违背社会公共利益的,可以依职权裁定不予执行。裁定书应当送达双方当事人和仲裁机构,仲裁裁决被人民法院裁定不予执行的,当事人可以根据双方达成的书面仲裁协议重新申请仲裁,也可以向人民法院起诉。

9.对执行措施的规定进行完善。(1)在扣留、提取被执行人的存款方面,1991 年《民事诉讼法》第 221 条对 1982 年《民事诉讼法》第 171 条进行了完善,一是将"被执行人未按执行通知履行法律文书确定的义务"作为人民法院查询被执行人存款情况的条件;二是细化储蓄存款单位,即银行、信用合作社和其他有储蓄业务的单位,以明确协助执行义务人的范围;三是根据比例原则,规定人民法院查询、冻结、划拨存款不得超出被执行人应当履行义务的范围;四是要求扣留、提取收入的人民法院作出裁定并发出协助执行通知书;五是将"供养"的表述调整为"扶养"。(2)在查封、扣押、冻结、变卖被执行人的财产方面,1991 年《民事诉讼法》第 223 条对 1982 年《民事诉讼法》第 172 条进行修改,一是将"被执行人未按执行通知履行法律文书确定的义务"作为人民法院"查封、扣押、冻结、拍卖、变卖被执行人应当履行义务部分的财产"的条件;二是取消人民法院对被执行人财产采取查封、扣押、冻结、拍卖、变卖措施必须经院长批准的规定,但强调人民法院应当作出裁定。(3)完善查封、扣押财产的程序性规定。一是 1991 年《民事诉讼法》第 224 条对 1982 年《民事诉讼法》第 173 条的规定进行完善。1982 年《民事诉讼法》第 173 条的规定以被执行人为公民为预设,没有对被执行人是法人或者其他组织的情形作出规定。1991 年《民事诉讼法》第 224 条在维持 1982 年《民事诉讼法》第 173 条内容的基础上,补充"被执行人是法人或者其他组织的,应当通知其法定代表人或者主要负责人到场"以及人民法院应当向作为被执行人的法人或者其他组织提供清单的两项规定。(4)完善处分性执行措施。1991年《民事诉讼法》第226条对1982年《民事诉讼法》第175条进行修改,将处分被查封、扣押财产的方式由"交有关单位收购、变卖"调整为"按照规定交有关单位拍卖或者变卖被查封、扣押的财产。国家禁止自由买卖的物品,交有关单位按照国家规定的价格收购"。(5)完善特定物给付执行规则。1991年《民事诉讼法》第228条第3款对1982年《民事诉讼法》第176条的规定进行完善,在通知持有特定物主体交出特定物但拒不交出的,人民法院强制执行措施指向的对象不再局限于"当事人以外的人",也包括被执行人。(6)完善强制迁出房屋或者强制退出土地的程序性规定,1991年《民事诉讼法》第229条在维持1982年《民事诉讼法》第177条内容的基础上,补充"被执行人是法人或者其他组织的,应当通知其法定代表人或者主要负责人到场"以及人民法院应当向作为被执行人的法人或者其他组织提供清单的两项规定。(7)完善行为执行规则。1982年《民事诉讼法》第178条的规定默认执行名义指定的行为属于可替代执行性为,但部分生效法律文书指定的行为属于不可替代行为,无法通过委托有关单位或者其他人完成,故1991年《民事诉讼法》第231条在"委托有关单位或者其他人完成"的基础上,授权人民法院可以强制执行。这里的"强制执行"主要适用于不可替代的行为,主要采取的是间接执行措施,只有在极其例外且有明文规定的情形下,才可以采取直接执行措施(如交付未成年子女)。(8)增加或者强化执行措施。首先,1991年《民事诉讼法》第227条增设搜查措施,"被执行人不履行法律文书确定的义务,并隐匿财产的,人民法院有权发出由院长签发的搜查令,对被执行人及其住所或者财产隐匿地进行搜查"。其次,1991年《民事诉讼法》第230条明确证照转移手续办理中有关单位的协助执行义务,"在执行中,需要办理有关财产权证照转移手续的,人民法院可以向有关单位发出协助执行通知书,有关单位必须办理"。再次,1991年《民事诉讼法》第232条增设迟延履行罚息与迟延履行金的间接执行措施,"被执行人未按判决、裁定和其他法律文书指定的期间履行给付金钱义务的,应当加倍支付迟延履行期间的债务利息。被执行人未按判决、裁定和其他法律文书指定的期间履行其他义务的,应当支付迟延履行金"。最后,1991年《民事诉讼法》第233条增加不受申请执行期间限制的规定,经过强制执行仍不能偿还债务的被执行人应当继续履行义务,债务人发现被执行人有其他财产的,可以随时请求人民法院执行。(9)删除了1982年《民事诉讼法》第180条关于被执行人资不抵债时的债权清偿顺位的规定,但增设企业法人破产还债程序。

10.完善执行中止、终结的事由。在执行中止方面,1991年《民事诉讼法》第234条对1982年《民事诉讼法》第182条规定的中止事由进行完善,一是将"被执行人短期内无偿付能力"删除,二是将"作为一方当事人的法人或者其他组织终止,尚未确定权利义务承受人的"情形作为中止执行的法定事由。在执行终结方面,将"作为被执行人的公民因生活困难无力偿还借款,无收入来源,又丧失劳动能力的"

增加为人民法院裁定终结执行的法定事由。

此外,1991 年《民事诉讼法》第 219 条将 1982 年《民事诉讼法》第 169 条关于"企业事业单位、机关、团体"的表述调整为"法人或者其他组织";1991 年《民事诉讼法》第 220 条不再要求 1982 年《民事诉讼法》第 170 条关于执行员"应当在十日内了解案情"的规定。

综上所述,相对于 1982 年《民事诉讼法》,1991 年《民事诉讼法》修正了被执行人是公民的预设,针对实践中已经呈现且能够达成共识的问题作出了相应的规定。伴随着改革开放的进行,经过近 10 年的发展,中国经济社会发生了明显的变化,1982 年《民事诉讼法》所供给的执行规则不再完全适应当时的社会经济发展需要。为了解决执行规则的滞后性以及发挥其对经济社会发展的积极作用,1991 年《民事诉讼法》对 1982 年《民事诉讼法》作出了较大的修改。但是,受《民事诉讼法》容量的限制,关于执行程序的条文仅有 30 条,占整部法典条文的 11.11%,难以供给足够充分的执行规则。鉴于此,最高人民法院的司法解释以及司法解释类规范性文件仍然成为主要的执行规则渊源,再次修订民事执行规则或者单独出台民事执行法的呼声几乎从未停止。

(三)2007 年《民事诉讼法》对执行制度的修订

与 1991 年民事诉讼立法的时代背景相比,2007 年《民事诉讼法》修订之时,中国社会的开放程度更高,市场经济更成熟,转型期间的社会矛盾也更加突出。[1] 换言之,随着中国改革开放和经济社会的发展,利益诉求多元化,新类型案件大量涌现,民事诉讼法现有规定已不能完全适应司法实践。[2] 为此,不少学者呼吁对 1991 年《民事诉讼法》进行"大修",[3] 以适应社会经济发展的需要。但是,第十届全国人民代表大会常务委员会第三十次会议于 2007 年 10 月 28 日通过的《全国人民代表大会常务委员会关于修改〈中华人民共和国民事诉讼法〉的决定》仅对 1991 年《民事诉讼法》的再审和执行部分进行局部调整的"仓促的修改",[4] 学者继续呼吁进行新一轮的修改。[5] 修改后的《民事诉讼法》共有 268 条,其中规定"执行程序"的第三编共有 35 条,占 13.01%。

1.将被执行财产所在地作为生效裁判执行法院的管辖连接点。1991 年《民事诉讼法》第 207 条第 1 款仅将第一审人民法院作为生效裁判的执行法院,但被执行

---

① 汤维建:《中国〈民事诉讼法〉修改的挑战与理念更新》,载《中国法律》2007 年第 5 期。

② 江伟、熊跃敏:《民事诉讼法修改:序幕拉开》,载《中国法律》2007 年第 5 期。

③ 江伟、孙邦清:《期待民事诉讼法全面系统修改》,载《法制日报》2007 年 7 月 8 日第 3 版。

④ 刘冬京:《关于再审程序修改的若干问题分析——以 2007 年民事诉讼法修正案为对象》,载《法学论坛》2008 年第 2 期。

⑤ 刘加良:《〈民事诉讼法〉新近修改之冷思考》,载《河南大学学报(社会科学版)》2008 年第 5 期。

人和其责任财产未必在第一审人民法院所在地,由第一审人民法院作为执行法院未必有助于强制执行的顺利进行。为此,2007年《民事诉讼法》第201条将"与第一审人民法院同级的被执行的财产所在地人民法院"也作为债权人可以选择的执行法院。

2.增设违法执行行为的监督制度,主要包括执行行为异议、执行行为复议、责令指定、提级执行、指令执行等内容。1991年《民事诉讼法》以及1982年《民事诉讼法》均没有对违法执行行为的救济途径作出规定。在司法机关具有较高权威性和公信力的情形下,当事人以及案外人通常不会质疑执行行为的合法性。但是,伴随着经济社会的发展以及极个别执行腐败问题的暴露,对执行行为进行监督的呼声越来越强烈。为此,2007年《民事诉讼法》第202条针对积极违法行为设置救济途径,第203条针对消极违法行为设置救济途径,但仍没有对违反执行行为的检察监督问题作出回应。对于执行违法行为的救济,2007年《民事诉讼法》第202条规定,"当事人、利害关系人认为执行行为违反法律规定的,可以向负责执行的人民法院提出书面异议。当事人、利害关系人提出书面异议的,人民法院应当自收到书面异议之日起十五日内审查,理由成立的,裁定撤销或者改正;理由不成立的,裁定驳回。当事人、利害关系人对裁定不服的,可以自裁定送达之日起十日内向上一级人民法院申请复议"。对于消极不作为,2007年《民事诉讼法》第203条规定,"民法院自收到申请执行书之日起超过六个月未执行的,申请执行人可以向上一级人民法院申请执行。上一级人民法院经审查,可以责令原人民法院在一定期限内执行,也可以决定由本院执行或者指令其他人民法院执行"。

3.完善案外人异议以及案外人异议之诉制度。2007年《民事诉讼法》204条对1982年《民事诉讼法》第208条进行修改,包括明确要求案外人以书面形式提出异议,要求人民法院在15日内审查,取消中止执行被提出异议的标的需要经过院长批准的规定,增加案外人、当事人对裁定不服的救济方式,即"与原判决、裁定无关的,可以自裁定送达之日起十五日内向人民法院提起诉讼"。案外人对被采取强制执行措施的特定财产提出执行异议的,通常是以其对该财产享有足以排除强制执行的实体权利为理由,对案外人是否享有该财产的实体权利以及该实体权利是否足以排除强制执行的判断,属于实体性判断,本应当通过争讼程序解决。但是,为了提高执行效率,我国立法机关采取异议前置模式,不服人民法院所作裁定的,分别通过审判监督程序与执行异议之诉谋求进一步解决。

4.取消可以设置执行机构的法院层级限制。1991年《民事诉讼法》第209条仅规定基层人民法院以及中级人民法院可以设立执行机构,高级人民法院与最高人民法院是否可以设立执行机构,没有明确的规定。伴随着改革开放的逐渐深入,进入执行程序的案件数量越来越多,被执行人逃避规避执行的情形越来越常见,通过执行体制改革提高执行效率,成为破解"执行难"的路径之一。这是因为,上下级执行机构之间实行双重领导,上级执行机构对下级执行机构可以进行资源调配,提高有限执行资源的利用效益。更重要的是,2007 年《民事诉讼法》第 202 条确立执行复议制度,高级人民法院与最高人民法院设立执行机构,有助于执行复议工作的开展。鉴于此 2007 年《民事诉讼法》第 205 条第 3 款规定,人民法院根据需要可以设立执行机构。

5. 延长申请执行期间,明确其可以适用诉讼时效中止、中断制度,并完善申请执行期间的起算方法。2007 年《民事诉讼法》第 215 条将 1991 年《民事诉讼法》第 219 条的申请执行时效制度进行调整,以强化对已经生效法律文书确定的民事权益的保护,也在一定程度上减少"执行难"。1991 年《民事诉讼法》第 219 条将申请执行期限界定为不可变期间,而且申请执行期限比诉讼时效还短,在拿到生效法律文书之后,只要债务人没有在合理期限内履行债务,理性的债权人应当及时向人民法院申请强制执行。鉴于债权人申请强制执行不需要同时提供被执行人可供执行的财产线索,人民法院受理执行案件后仍需要消耗大量执行资源查找可供执行财产。因而,设置科学的申请执行期间制度,有利于减缓债权人申请强制执行的紧迫性,间接减少大量无财产线索案件进入执行程序。为此,2007 年《民事诉讼法》第 215 条第 1 款规定:"申请执行的期间为二年。申请执行时效的中止、中断,适用法律有关诉讼时效中止、中断的规定。"与此同时,1991 年《民事诉讼法》第 219 条第 2 款没有对法律文书未规定履行期间的申请执行期间的起算方法作出规定,2007 年《民事诉讼法》第 215 条第 2 款作出"从法律文书生效之日起计算"的补充规定。

6. 增设规定执行员可以立即采取强制执行措施的例外情形。1991 年《民事诉讼法》第 220 条要求人民法院在强制执行之前应当再次指定被执行人自愿履行的期限,这为人民法院及时有效控制可供执行财产产生了制度性妨碍。为此,2007 年《民事诉讼法》第 216 条在保留 1991 年《民事诉讼法》第 220 条的基础上,作出"被执行人不履行法律文书确定的义务,并有可能隐匿、转移财产的,执行员可以立即采取强制执行措施"的补充规定。鉴于前文已有较为充分的分析,不再赘述。

7. 增设被执行人财产报告制度。我国属于社会主义国家,本着"人民法院为人民服务"的理念,债权人申请强制执行无须同时提供可供执行财产线索,人民法院在查找可供执行财产方面承担着更多的责任。但是,伴随着改革开放的不断深入,责任财产的类型日趋复杂化,被执行人逃债手段也更加高明,对责任财产的查找难度越来越大,成为基本解决执行难必须攻克的难关。为此,2007 年《民事诉讼法》第 217 条确立被执行人财产报告制度。根据该制度,"被执行人未按执行通知履行法律文书确定的义务,应当报告当前以及收到执行通知之日前一年的财产情况。被执行人拒绝报告或者虚假报告的,人民法院可以根据情节轻重对被执行人或者其法定代理人、有关单位的主要负责人或者直接责任人员予以罚款、拘留"。

8. 增设限制出境、在征信系统记录、媒体曝光等信用惩戒措施。鉴于被执行人赖债情形越来越严重,作为对执行实践中已经形成的执行威慑机制的肯定,2007年《民事诉讼法》第231条规定:"被执行人不履行法律文书确定的义务的,人民法院可以对其采取或者通知有关单位协助采取限制出境,在征信系统记录、通过媒体公布不履行义务信息以及法律规定的其他措施。"众所周知,人民法院对被执行人以及其他相关主体采取信用惩戒措施,不仅是为了保障执行程序的正常进行,更是为了让被执行人或者其他相关主体产生"处处受限"的困境,以促使其履行或促使被执行人履行生效法律文书确定的义务,故带有鲜明的间接执行措施色彩。① 这在某种程度上意味着,基于解决"执行难"的需要,我国立法机关已经注意到间接执行措施的重要性,对人执行的绝对禁止立场也已经悄然发生变化。

此外,鉴于我国已经出台《企业破产法》,2007年《民事诉讼法》删除了1991年《民事诉讼法》第十九章关于"企业法人破产还债程序"的相关规定。

显而易见,在前述八项修改措施中,除了案外人异议以及案外人异议之诉旨在保护案外人合法权益,其他八项措施均着眼于提高执行效率以及保障债权实现,契合了民事执行法的效率价值取向。

(四)2012年《民事诉讼法》对执行制度的调整

伴随着改革开放的继续深入,我国的社会、经济结构发生了重大变化,人们的司法需求也发生了变化,人民法院在处理民事纠纷案件的过程中遇到了许多新情况新问题,原《民事诉讼法》的有些内容已经不能适应实践的需要。② 为了根据我国民事诉讼的现实,满足社会或人民群众对公正、效率、迅捷解决民事纠纷的诉求,③立法机关在2012年修改《民事诉讼法》的过程中继续秉持中国特色社会主义法治理念,认真总结民事诉讼法实施的经验,针对实践中出现的新情况新问题,进一步保障当事人的诉讼权利,维护司法公正。④ 修订后的2012年《民事诉讼法》共有284条,其中,第三编关于"执行程序"的规定共有35条,占12.32%。

1.增加申请执行人申请恢复对原生效法律文书执行的事由。2012年《民事诉讼法》第230条第2款对2007年《民事诉讼法》第207条规定的执行和解制度进行完善,将"申请执行人因受欺诈、胁迫与被执行人达成和解协议"作为恢复执行原生效法律文书的事由。"当事人不履行和解协议"属于当事人申请恢复执行原生效法律文书的一般事由,而"申请执行人因受欺诈、胁迫与被执行人达成和解协议"属于申请执行人可以申请恢复执行原生效法律文书的特殊事由。根据体系解释,"申请执行人因受欺诈、胁迫与被执行人达成和解协议"的,无论当事人是否已经履行和

① 黄忠顺:《论有财产担保的债权之强制执行》,载《法律适用》2018年第8期。
② 谭秋桂:《〈民事诉讼法〉修改评析》,载《中国司法》2012年第11期。
③ 张卫平:《〈民事诉讼法〉修改中效率与公正的价值博弈》,载《中国司法》2012年第6期。
④ 曹守晔:《民事诉讼法修改若干条文的理解与适用》,载《人民司法》2012年第19期。

解协议,申请执行人均可以申请恢复对原生效法律文书的执行。但是,对申请执行人实施欺诈、胁迫行为的主体,不局限于被执行人,因为执行员也可能实施此类行为。除被执行人隐瞒财产构成欺诈较容易进行证明外,申请执行人证明其遭受欺诈、胁迫难度极大。比照 2007 年《民事诉讼法》第 207 条第 2 款与 2012 年《民事诉讼法》第 230 条第 2 款的表述,从"根据对方当事人的申请"到"根据当事人的申请"的转变,似乎意味着任何一方当事人拒不履行(包括拒不接受履行)和解协议后申请恢复原生效法律文书的执行,但因此遭受损害的申请执行人可以根据《最高人民法院关于执行和解若干问题的规定》第 15 条的规定,另行提起旨在要求被执行人赔偿其因迟延履行、瑕疵履行遭受损害。这实际上意味着申请执行人可以选择不接受履行的方式要求恢复执行原生效法律文书,但被执行人可以在申请执行人申请恢复执行原生效法律文书之前向人民法院或者公证机构办理提存,以消灭和解债务与申请执行人申请恢复执行原生效法律文书的权利。

2.明确人民检察院有权对民事执行活动实行法律监督。检察机关是否有权对民事执行行为进行监督,在理论上存在着争议。最高人民法院曾经对执行检察监督持否定观点,但伴随着执行领域出现较为严重的司法腐败问题,检察执行监督的必要性已经不容置疑。为适应执行实践的需要,2012 年《民事诉讼法》第 235 条规定,人民检察院有权对民事执行活动实行法律监督。但是,2012 年《民事诉讼法》没有进一步规定检察机关监督民事执行活动的具体方式,实践中多次检察建议等柔性监督方式。

3.修改不予执行仲裁裁决的事由,使之与撤销仲裁裁决的事由相同。在制度功能上,《民事诉讼法》规定的不予执行仲裁裁决与《仲裁法》规定的撤销仲裁裁决均可以实现阻却执行程序启动或续行的目的。在本次《民事诉讼法》修改之前,不予执行仲裁裁决与撤销仲裁裁决的主要区别在于:(1)前者只能适用于执行程序,而申请撤销裁决的期限是自收到裁决书之日起六个月内;(2)前者只适用于被执行人,而后者可以适用于双方当事人;(3)不予执行仲裁裁决的事由包括"认定事实的主要证据不足""适用法律确有错误"两项实体性事由,而撤销仲裁裁决制度则将前述两项事项相应地调整为"裁决所根据的证据是伪造""对方当事人向仲裁机构隐瞒了足以影响公正裁决的证据",以使之审查判断得以形式化。2012 年《民事诉讼法》第 237 条对其进行了调整,将不予执行仲裁裁决事由与撤销仲裁裁决的事由完全等同起来,为后续合理处理不予执行仲裁裁决与撤销仲裁裁决制度之间的关系埋下伏笔。

4.普遍授权执行员在发出执行通知的同时立即采取强制执行措施。2012 年《民事诉讼法》第 240 条对 2007 年《民事诉讼法》第 216 条进行修改,主要表现包括:(1)删除"责令其在指定的期间履行,逾期不履行的,强制执行"的规定,不再将被执行人根据执行通知履行生效法律文书确定的给付义务作为人民法院采取强制执行措施的条件;(2)不再将"被执行人不履行法律文书确定的义务,并有可能隐匿、转移财产"作为人民法院立即采取强制执行措施的限制条件,即使被执行人不存在规避逃避执行的情形,执行员也可以在发出执行通知的同时立即采取强制执行措施。这大大地限缩了被执行人规避逃避执行的时间,在申请执行人提供有效财产线索或者人民法院通过网络查控系统查找到可供执行财产的情形下,在发出执行通知的同时立即对其责任财产采取控制性执行措施,不仅有利于保障后续执行程序的顺利进行,而且对于后续说服被执行人履行生效法律文书确定的给付义务也具有重要的威慑功能。

5.增加人民法院查询、冻结、扣划、变价无形资产的范围。伴随着改革开放的进行,社会财富形态逐渐多样化,存款、债券、股票、基金份额等无形财产逐渐成为部分被执行人的主要财产。为了回应社会财富形态的新发展,2012年《民事诉讼法》第242条将被执行人的存款、债券、股票、基金份额等财产均纳入人民法院可以查询、冻结、扣划、变价被执行人财产的范围。相应地,本条也将协助执行义务人从"银行、信用合作社和其他有储蓄业务的单位"扩大至"有关单位"。

6.对被查封、扣押的财产的处分规则进行调整。2012年《民事诉讼法》第247条对2007年《民事诉讼法》第223条的规定进行修改,将"人民法院可以按照规定交有关单位拍卖或者变卖被查封、扣押的财产"调整为"人民法院应当拍卖被查封、扣押的财产;不适于拍卖或者当事人双方同意不进行拍卖的,人民法院可以委托有关单位变卖或者自行变卖"。这是立法机关以较为含蓄的方式废除了所谓的委托执行制度,不再强调拍卖被查封、扣押的财产必须委托拍卖机构进行,为当时正在试点中的自主型网络司法拍卖扫除制度障碍。

综上所述,2012年《民事诉讼法》没有新增执行规则,只是对2007年《民事诉讼法》既有的某些执行规则进行补充或完善,以回应强制执行实践的现实需要。在2012年《民事诉讼法》施行之后,2017年6月27日第十二届全国人民代表大会常务委员会第二十八次会议通过《关于修改〈中华人民共和国民事诉讼法〉和〈中华人民共和国行政诉讼法〉的决定》,但仅在2012年《民事诉讼法》第55条中增加第2款,对检察民事公益诉讼作出规定,对执行程序的内容以及条文序号没有任何影响,本书不将2017年《民事诉讼法》修订纳入考察范围。

四、我国民事执行制度变迁的整体评价

诚如张卫平教授在总论中所指出的,改革开放对我国的社会经济发展具有革命性的意义,对于法制的变化和发展更具有颠覆性或根本性的意义。改革开放40年以来,伴随着《民事诉讼法》的制定、修改以及最高人民法院相关司法解释及具有司法解释性质的其他规范性文件的不断增加,我国民事执行规则的供给逐渐增多。考虑到中国特色社会主义法律体系至2010年才形成,而且立法机关面临着编撰民

法典的重大任务,民事执行规则暂时主要通过最高人民法院的司法解释以及具有司法解释性质的其他规范性文件供给,在特定历史时期内,具有相对合理性。这里仅对民事执行制度的变迁进行宏观的整体评价。

首先,我国民事执行制度不断完善,以适应改革开放带来的经济社会变化。强制执行是民事权益司法保护的最后环节,申请执行人、被执行人以及利害关系人的民事权益均可能因人民法院采取强制执行措施受到不利影响。民事执行规则既要保护各方主体的合法权益,也要保障有效执行资源的利用效益保持在较高水平,更要确保具有履行能力的被执行人及时履行生效法律文书确定的义务。改革放开以来的 40 年,是民事实体法不断发展的 40 年,民事执行法律关系各方主体的合法权益也处于变动状态,民事执行制度进行了适时调整,适应了新时期保护民事权益的需要。改革开放以来的 40 年,是各种价值观并存且处于竞争状态的 40 年,受西方某些不良价值观影响,某些民事主体不再恪守诚信原则,极个别执行人员思想发生腐化,民事执行制度通过强化执行措施、强化执行威慑机制、增设第三人撤销之诉制度、降低追究被执行人拒绝执行判决裁定罪的难度等方式,应对当事人与利害关系人失信问题,通过细化执行标准和流程、引入随机确定司法辅助机构机制、增强当事人以及利害关系人对执行人员的监督、承认检察机关有权监督执行行为等方式,防范执行人员"乱执行"。因而,改革开放以来的 40 年,是我国民事执行制度建立健全的 40 年,目前的民事执行制度整体上契合我国仍处于并将长期处于社会主义初级阶段的基本国情。

其次,我国民事执行制度不断贯彻债权人中心主义,契合全球民事执行法的发展趋势。根据民事执行制度设计者的立场不同,民事执行规则的供给存在程序运行者中心主义和程序利用者中心主义之分。鉴于民事执行法律关系中的执行法院与当事人或者案外人之间可能存在着对立的利益诉求,考虑到其他执行法律关系主体未能有效参与制定执行法院主导的民事执行机构改革方案,为克服本位主义造成的负面影响,民事执行制度的设计者应当遵循程序利用者中心主义,[①]即民事执行制度的设计应当以强化保护申请执行人、被执行人以及利害关系人的利益为根基。[②] 与此同时,鉴于执行债权已经生效法律文书所确定,强制执行旨在"依法保障胜诉当事人及时实现权益",故申请执行人与被执行人地位是不平等的,法院应当最大限度维护债权人的合法权益,此即所谓的"执行当事人不平等原则"。[③]在程序运行者中心主义与执行当事人不平等原则的共同作用下,民事执行制度的

---

① 黄忠顺:《民事执行机构改革实践之反思》,载《现代法学》2017 年第 2 期。

② 李祖军:《利益保障目的论解说——论民事诉讼制度的目的》,载《现代法学》2000 年第 2 期。

③ 童兆洪、林翔荣、方永新:《改革:执行发展与创新的时代呼唤——执行改革实证分析与理论建构研讨会综述》,载《法律适用》2002 年第 7 期。

设计应当遵循债权人（申请执行人）中心主义。比如，《最高人民法院关于人民法院网络司法拍卖若干问题的规定》（法释〔2016〕18 号，以下简称为《网拍规定》）第 5 条授权申请执行人从名单库中选择网络服务提供者，申请执行人未选择或者多个申请执行人的选择不一致的，人民法院才予以指定。[①] 诚然，债权人中心主义不意味着在执行程序中歧视债务人或者案外人，[②]对于被执行人基本生存权的保障以及对案外人合法权益的保护，也是我国民事执行制度的重要内容。

再次，我国民事执行制度的发展符合"以对物执行为原则、以对人执行为例外"的现代民事执行法发展趋势。诚如肖建国教授所指出的，强制执行以实现生效法律文书所确定的债权为目标，所指向的对象主要是债务人的责任财产。我国民事执行制度的构建是以债务人的责任财产为中心展开的，因为不同性质的责任财产需要匹配不同类型的执行程序。现代社会中，责任财产的形态更加丰富多样，客观上要求提供较近代法更为完善的执行程序立法供给，我国民事执行制度正在逐渐覆盖从责任财产的查明、控制到责任财产的处分等完整的执行环节，并设计契合各类责任财产特征的执行措施。[③] 至于对人执行，我国早期的民事执行制度采取了极为严格的控制，禁止通过羁押（管收）被执行人的方式迫使被执行人履行生效法律文书确定的给付义务，对执行中适用拘传和拘留也进行了严格的限制，以防止执行人员变相实现"羁押"被执行人的目的。[④] 在计划经济时代，执行人员通常可以依靠被执行人的社队或单位，通过说服教育的方式，促使其自动履行生效法律文书

---

① 在处理执行申诉案件的过程中，对于没有法律和司法解释或具有司法解释性质的其他规范性文件作出明确规定的情形下，最高人民法院也倾向于遵循债权人中心主义。比如，关于抵押财产与一般财产的执行关系，最高人民法院在〔2015〕执申字第 87 号执行裁定书中指出："抵押权的设立并不意味着债务人仅在抵押财产范围内对债权人负清偿义务，债务人的全部财产除依据法律、司法解释的规定应当豁免执行之外，都应当是清偿债务的责任财产。申请执行人既可以申请执行已抵押财产，也有权申请执行被执行人的未抵押财产。"

② 肖建国：《执行程序修订的价值共识与展望——兼评〈民事诉讼法修正案〉的相关条款》，载《法律科学》2012 年第 6 期。

③ 肖建国：《强制执行法的两个基本问题》，载张卫平：《民事程序法研究》（第 16 辑），厦门大学出版社 2016 年版，第 3 页。

④ 实际上，即使在当下，最高人民法院也特别注重防范拘传措施被滥用。《最高人民法院关于认真贯彻实施民事诉讼法及相关司法解释有关规定的通知》（法〔2017〕369 号）第 2 条规定，在执行程序中适用《民事诉讼法解释》第 484 条采取拘传措施的，应当严格遵守法定的条件与程序。拘传措施对于查明被执行财产、调查案件事实具有重要意义，同时也会严重影响被拘传人的人身自由。执行法院在采取拘传措施前必须经过依法传唤，对于无正当理由拒不到场的被执行人、被执行人的法定代表人、负责人或者实际控制人，应进行说服教育，经说服教育后仍拒不到场的，才能采取拘传措施。对于已经控制被执行人的财产且财产权属清晰、没有必要调查询问的被执行人、被执行人的法定代表人、负责人或者实际控制人，不宜采取拘传措施。采取拘传措施必须严格遵守法定的时间期限，不能以连续拘传的形式变相羁押被拘传人。

确定的给付义务。因而,以对人执行为主要内容的间接执行措施在早期的民事执行制度中没有获得认可。但是,伴随着改革开放的进行及其逐渐深化,被执行人规避逃避执行的情形愈演愈烈,我国民事执行制度在强化直接执行措施的同时,迫于解决"执行难"的现实需要,间接执行措施以"执行威慑机制"的形式获得各级人民法院的普遍认可,限制消费、限制出境、联合信用惩戒等措施在保障执行程序顺利进行的同时,更被赋予了间接执行措施的属性。① 这是因为,前述措施在保全债务人可供执行财产的同时,也可以使债务人感到更为不便进而形成巨大的心理压力,促使有履行能力的债务人主动履行生效法律文书确定的义务。② 在基本解决执行难的大背景下,前述具有间接执行措施性质的执行威慑机制存在着扩大适用的倾向。考虑到间接执行措施是执行法院在作为执行名义的生效法律文书之外苛以被执行人以人身或财产上的不利益,在原理上应当遵循法律保留原则,未来应当通过法律的形式予以规定。诚然,尽管对人执行存在扩大的趋势,但绝大多数生效法律文书确定的给付义务主要是通过对物执行实现的。作为全球民事执行法的共同发展方向,"对物执行为原则、对人执行为例外"将最终体现在我国未来单独制定的《民事执行法》中。实际上,"对物执行为原则、对人执行为例外"在很大程度上也可以表述为"以直接执行为原则、以间接执行为例外"。

复次,我国民事执行制度遵循强制与自愿相结合原则,既强调通过及时有效控制可供执行财产以防范被执行人规避逃避执行,也倡导通过说服教育促使被执行人履行生效法律文书确定的义务,还通过执行和解(《民事诉讼法》第 230 条)、执行担保(《民事诉讼法》第 231 条)、以物抵债(《民事诉讼法解释》第 491 条)、代偿执行(《民事诉讼法解释》第 494 条)等制度强化执行的契约化趋势。③ 在金钱债权执行中,执行法院对可供执行财产采取控制性执行措施的,往往意味着被执行人逃避规避执行的成本及其风险较大,后续处分执行措施可能导致责任财产被贱卖且需要承担相应的执行成本,具有足够资金或者筹集资金能力的被执行人通常具备自行履行金钱给付义务的积极性。因而,在金钱债权执行中,我国民事执行制度务实地采取"先兵后礼"思路。比如,《民事诉讼法》不断降低执行法院立即采取控制性执行措施的条件限制,现行版本已经不再对执行员立即采取执行措施作任何限制,最高人民法院最新的司法解释授权债权人在生效法律文书确定的履行期限届满之前

---

① 比如,《最高人民法院关于进一步做好司法便民利民工作的意见》(法〔2014〕293 号)第 15 条要求执行法院综合运用财产申报、限制高消费、限制出境、联合信用惩戒等措施,依法适用强制措施和刑罚威慑机制,促使被执行人主动履行债务,努力提高执行效率。

② 刘贵祥、林莹:《〈关于修改〈关于限制被执行人高消费的若干规定〉的决定〉的理解与适用》,载《人民司法》2016 年第 1 期。

③ 关于民事执行程序契约化的论述,请参见汤维建、许尚豪:《论民事执行程序的契约化——以执行和解为分析中心》,载《政治与法律》2006 年第 1 期。

向执行法院申请采取保全措施,而保全措施的实际效果与控制性执行措施具有相同的法律基础。①

　　最后,在民事执行制度构建过程中,我国借鉴但不迷信域外执行理论与立法例,注重调研和总结司法实践经验,形成基本符合民事执行原理又能有效应对被执行人规避逃避执行问题的执行规则体系。实际上,除非存在着道德或法律上的制约,基于人性的弱点,被执行人即使具备履行能力,也可能会存在规避逃避的侥幸心理。因而,"执行难"是世界性难题,只是我国属于社会主义国家,更加注重保护人民群众的合法权益,对执行机构提出更高的政治要求,"执行难"才会在我国成为广受关注的社会问题。我国地方各级人民法院基于政治担当精神(以及可能追求政绩的心理)而积极开展相关试点活动,为构建和完善民事执行规则提供大量实践样本。比如,2012年《民事诉讼法》第247条废除委托拍卖原则旨在间接为以浙江高级人民法院(以下简称为"浙江高院")继续探索自主型网络司法拍卖扫除制度障碍,伴随着自主型网络司法拍卖试点大获成功,《民事诉讼法解释》第488条第1款直接规定人民法院可以自行拍卖被执行人财产。为了规范网络司法拍卖行为,保障网络司法拍卖公开、公平、公正、安全、高效,维护当事人的合法权益,在认真总结地方法院试点自主型网络司法拍卖经验的基础上,2016年5月30日最高人民法院审判委员会第1685次会议通过《网拍规定》,提供了详细的网络司法拍卖规则。

---

① 《民事诉讼法解释》第163条规定,法律文书生效后,进入执行程序前,债权人因对方当事人转移财产等紧急情况,不申请保全将可能导致生效法律文书不能执行或者难以执行的,可以向执行法院申请采取保全措施。债权人在法律文书指定的履行期间届满后五日内不申请执行的,人民法院应当解除保全。

第十章

非讼程序的变迁

引　言

　　非讼程序是与诉讼程序相对的一类程序的概念集合,在内容上主要审查和处理与民事权利义务争议无关的、不终局判定民事责任的非讼事件,旨在确认法律事实或民事权利的存在与否、行政决定的正确与否,在功能上有助于预防纠纷的发生而非直接解决民事纠纷,在特征上体现出弹性、快捷、简便和经济的程序设计。我国现行民事诉讼法在第 15 章规定了选民资格、宣告失踪和宣告死亡、认定公民无民事行为能力和限制民事行为能力、认定财产无主、确认调解协议、实现担保物权六类特别程序,它们与第 17 章督促程序、第 18 章公示催告程序虽然都没有使用"非讼程序"的概念和表述,但是这些规定或者是基本上符合非讼案件和非讼程序的法理和属性,或者是具有非讼案件和非讼程序的部分特征或某些因素,因此可以也适宜在非讼程序的框架下进行集中论述和研究。①

　　改革开放以前,我国立法上并没有明文规定非讼案件和非讼程序,非讼程序在

---

　　① 非讼程序的含义存在广义说与狭义说之分,非讼程序的界定标准也存在无争议说、法规说、目的说、性质说、手段说等不同主张。参见张卫平:《民事诉讼法》,法律出版社 2016 年版,第 441～443 页。本文主要以《民事诉讼法》上规定的特别程序、督促程序、公示催告程序为阐述对象,文中也会涉及程序性质的争议,如督促程序。

民事诉讼法律体系上尚属一项空白。1950 年《诉讼程序试行通则（草案）》、1956 年《关于各级人民法院民事案件审判程序总结》和 1979 年《人民法院审判民事案件程序制度的规定（试行）》均没有涉及非讼程序的规定。[①] 直到改革开放以后,我国在政治经济领域的快速发展催生了解决非讼案件的司法需求,非讼程序在民事诉讼法律规范中才由无到有、由少到多、由简向全,呈现出蓬勃发展的趋向和态势。在改革开放的历史格局和时代背景下,非讼程序在立法层面和理论研究上的发展具有重要的意义与价值,这既赋予了民事主体更多的程序选择权,以满足社会生活中解决不同类型案件的现实需求,也在诉讼程序之外完善了我国多元化纠纷解决的渠道和机制,有助于实现程序分流、程序优化、减轻负担、节省资源的司法目标。

一、非讼程序的确立:以特别程序为先导

1982 年我国颁布了《民事诉讼法(试行)》,在该法第 12 章首次规定了特别程序,开始确立以特别程序为先导的非讼程序在我国民事诉讼法中的角色和地位。1982 年特别程序的立法主要借鉴了 1964 年《苏俄民事诉讼法典》第 245 条,选取了苏联民事诉讼法规定的七类依特别程序审理的案件中我国司法实践已经存在的三类,分别是宣告失踪人死亡、认定公民无行为能力、认定财产无主。选民名单案件则是参照 1964 年《苏俄民事诉讼法典》第 22 至 25 条规定的行政法律关系案件,由法院审理和裁决行政机关的决定是否符合法律法规。[②]

(一)特别程序的一般规定

1982 年《民事诉讼法(试行)》在第一节"一般规定"中确立了特别程序优先原则、一审终审制、独任审理制(选民资格案件或重大疑难案件例外地适用合议制)、涉及民事权益争议时向普通诉讼程序转化的共通性规则。这四项一般规定统领着后续四类特别程序类型,不仅将不同类型的特别程序凝聚在一起,确立了非讼程序作为一个整体的基本原则与规则,而且为将来非讼程序的发展提供了开放的空间和灵活的框架。1991 年《民事诉讼法》第 163 条规定了特别程序的审理期限原则上为立案之日起 30 日内或公告期满后 30 日。例外是:(1)有特殊情况无法在规定期限内审结的,可以向法院院长申请批准延长;(2)选民资格案件适用更短的审理期限和计算方法。2015 年 2 月 4 日起施行的《最高人民法院关于适用〈中华人民共和国民事诉讼法〉的解释》进一步补充规定了非讼程序的救济规则,依据第 143、297、380、414 条,适用特别程序、督促程序、公示催告程序的案件,不能适用调解程序、第三人撤销之诉、当事人申请再审、审判监督程序,而只能依据第 374 条由当事

---

① 章武生:《非讼程序的反思与重构》,载《中国法学》2011 年第 3 期。

② 章武生:《非讼程序的反思与重构》,载《中国法学》2011 年第 3 期。

人或利害关系人向原审法院申请撤销或改变原判决、裁定。①

尽管特别程序的一般规定具有总则性地位与引领性作用,在改革开放以后的历次修法中有所补充和进步,但是特别程序的一般规定并没能确立非讼程序的一般法理。随着非讼程序类型在民事诉讼法上的增加与拓展,特别程序的一般规定已经显现出许多弊端与不足。第一,无法进一步涵盖督促程序、公示催告程序、监护人变更程序等,呈现出一定的封闭性与落后性。例如,监护人变更程序的监护人异议、担保物权实现程序的被申请人异议、支付令异议等异议程序,支付令失效时督促程序向诉讼程序的自动转化与衔接,公示催告程序之后利害关系人提起撤销除权判决的诉讼。这些救济程序和程序转化机制并没有在一般规定章节得到应有的概括和提炼。第二,仍然停留于总结和归纳不同特别程序共通的具体规则,却没有上升到非讼程序的一般法理,例如职权主义、不公开审理主义、非对审主义、非直接审理原则、非言词原则。由于现行法没有确立非讼程序的一般法理,所以我国民事诉讼法关于非讼程序的既有规定既无法区别于诉讼程序,在司法实践中产生非讼事件诉讼化与诉讼事件非讼化的模糊处理问题,也无法在非讼程序的整体框架下对现有的特别程序、督促程序、公示催告程序进行体系化的安排。第三,特别程序的一般规定大多只是关注审级、审理人数、审理时间等的简化,使得学理与实务对特别程序的特征认识仍然不清,难以区别于简易程序进行独立的程序设计,忽视了非讼程序的职权主义提升审查效率的作用。第四,《民事诉讼法解释》关于特别程序的救济规定初步确立了非讼程序的裁判变更制度,但却忽略了非讼程序的上诉、再审设置,仍然无法为当事人和利害关系人提供充分的程序保障与司法救济。②

(二)选民资格的审理

依据我国选举法,公民可以在选民名单公布之日起 5 日内向选举委员会申诉,表达选民名单遗漏有选举权的人或填列没有选举权的人(如未达到法定年龄或被剥夺政治权利的人)或名单上的姓名错写等不同意见,选举委员会应在 3 日内作出处理决定。为给公民在选举上的宪法权利提供程序保障与司法救济,1982 年《民事诉讼法(试行)》第 131 条和第 132 条规定,若公民认为选举委员会的处理决定仍然违法或有误的,仍可以向选区所在地的基层人民法院提起民事诉讼的特别程序。在严格意义上,选民资格问题并不涉及公民的人身和财产权利,应当归属于行政诉

---

① 《民事诉讼法解释》第 414 条从禁止检察院提起抗诉的角度规定督促程序不能适用审判监督程序,而第 443 条却采用了法院院长启动审判监督程序的模式纠正支付令措施。笔者认为,这在解释上存在矛盾和冲突。

② 郝振江:《论我国非讼程序的完善——聚焦于民诉法特别程序的"一般规定"》,载《华东政法大学学报》2012 年第 4 期。

讼法上的民众诉讼或宪法诉讼。我国民事诉讼法从开始规定到持续保留选民资格案件，主要是出于立法技术和立法沿革上的理由。① 首先，1979 年和 1982 年《选举法》第 25 条规定了公民对选举委员会处理决定的起诉权利，但是选举法并没有明确诉讼的性质。第一起选民资格案件发生时恰逢民事诉讼立法，所以在当时就直接纳入民事诉讼法的特别程序章，以落实选举法上保护公民的选举权和被选举权的要求。② 其次，我国特别程序章的编排实际上是参照苏联民事诉讼法的体例规定，也将行政法律关系案件纳入民事诉讼的特别程序范畴。改革开放之初，苏联立法仍对我国有着较强的影响，我国在恢复立法工作时也更为亲近在体制上相近的苏联法律规范。再次，在立法历史上，民事诉讼的立法要先于行政诉讼的立法，所以在行政诉讼法出台之前，行政争议案件也适用民事诉讼程序。1982 年《民事诉讼法（试行）》第 3 条第 2 款规定，法律规定由法院审理的行政案件，适用民事诉讼法的规定。第 84 条规定，依法应由其他行政机关处理的争议，法院应告知向其他行政机关申请解决。到了 1989 年 4 月 4 日制定和发布《行政诉讼法》时，第 11 条受案范围并没有列入选民资格案件，由此我国在民事诉讼与行政诉讼的划定与分工上就一直延续了现有的规定。③

但是，关于选民资格案件是否应当保留在民事诉讼的特别程序中，一直存在争议。特别程序说认为：(1)选举委员会依照选举法进行事实认定，不同于行政机关行使管理权。④ (2)行政诉讼的被告须是行政机关和法律、法规授予行政职权的其他主体，而选举委员会是办理选举事宜的临时机构，组织和领导选举活动的各级人大常委会是权力机关而非行政机关。⑤ (3)域外部分国家是基于特定原因才以行政诉讼审理选举争讼。例如法国的地方选举工作是由内政部和各地设立的选举局监督管理，行政法院享有管辖权。(4)在中国的宪法诉讼制度建立以前，选民资格案件作为特殊的非讼案件规定在特别程序，是较为合理的现实选择。法院行使法律事实确认权而非宪法监督权、违宪审查权，也不违背中国现行的宪法体制。⑥ 政治主义说认为，选举资格案件是以选举权争议为内容的政治事件，既不应由法院主管，也不能由选举委员会处理申诉，而应由县级人大常委会处理申诉，市级人大常委会复核。⑦ 宪法诉讼说认为，选民资格案件属于公法上的诉讼，不应归入民事诉讼。同时，选举争议不应根据争议事项的不同而分别纳入行政诉讼或刑事诉讼，而

---

① 江必新：《新民事诉讼法理解适用与实务指南》，法律出版社 2012 年版，第 672～673 页。
② 郝振江：《非讼程序研究》，法律出版社 2017 年版，第 5 页。
③ 杨建华：《大陆民事诉讼法比较与评析》，三民书局 1991 年 7 月版，第 169 页。
④ 刘家兴：《有关特别程序的适用问题》，载《政法论坛》1985 年第 5 期。
⑤ 刘国俊：《浅谈选民资格案件》，载《人大研究》1998 年第 4 期。
⑥ 邓辉辉：《选民资格案件性质探讨》，载《广西民族大学学报》2011 年第 6 期。
⑦ 康文学：《论选民资格案件的救济模式》，载《济南大学学报》2008 年第 5 期。

应当独立作为宪法诉讼程序,成立专门的选举法院或选举法庭。[①]

1991 年 4 月 9 日实施的《民事诉讼法》将"选民名单案件"修改为"选民资格案件",以更确切地揭示该类案件的本质特征,即审查选民名单的实质是认定选民资格的有无,选民名单的正确与否只是涉案事实,不能体现涉案法律关系。[②] 同时,在第 164、165 条新增选民资格案件的起诉期间、审结期间和送达期间的规定,即公民须在选举日的 5 日前起诉,法院应在选举日前审结和送达判决书,这就为法院的调查、审理和执行留足充分的时间。因为 1986 年修正的《选举法》第 25 条规定,法院必须在最短 5 日、最长 27 日内确定选民资格。起诉期限的规定既能发挥督促公民及时起诉的作用,也能保证法院享有最低限度的审理时间。

(三)宣告失踪、宣告死亡

1951 年《最高人民法院关于失踪多年的人的财产是否须经过死亡宣告程序继承人才始得开始继承问题的复函》在失踪人宣告死亡制度建立之前,指示法院根据失踪人的具体情况,在必要时进行推定死亡的宣告。法院须先进行调查,再以登报通告的方式进行至少两个月的公示催告。宣告推定死亡的判决能够根据具体情况推定死亡日期的,可以在判决中推定死亡日期,否则以判决宣告之日为失踪人的死亡日期。这为我国司法实践处理失踪和死亡问题提出了初步的解决方案,但是该司法解释性文件并没有将失踪和死亡两者之间的联系和区别梳理清楚。1982 年《民事诉讼法(试行)》才正式确立了宣告失踪人死亡制度,以司法程序审查失踪事实,既能审慎判断和认定失踪与否,也有助于安排失踪人的财产代管,切实保护失踪人的合法权益。但此时的宣告失踪与宣告死亡仍旧是割裂的,宣告失踪由公安机关依照行政程序处理,宣告死亡则是在宣告失踪的基础上依照司法程序处理。[③] 1984 年 8 月 30 日《最高人民法院关于贯彻执行〈民事诉讼法(试行)〉若干问题的意见》(以下简称《民诉试行意见》)仍然只是规定了宣告死亡制度。第 53 条第 2 款规定,下落不明人的配偶可以只要求诉讼离婚,公告送达离婚判决书,此时就不能适用宣告死亡程序。

之后,受苏联民法影响的学者主张宣告失踪与宣告死亡并设的立法体例,以利

---

① 焦洪昌:《从王春立案看选举权的司法救济》,载《法学》2005 年第 6 期。

② 唐德华:《新民事诉讼法条文释义》,人民法院出版社 1991 年版,第 278 页。

③ 柴发邦、赵惠芬:《中华人民共和国民事诉讼法(试行)简释》,法律出版社 1982 年版,第 98 页。

于及时对失踪人的财产进行管理。① 1986 年《民法通则》第 20～22 条正式确立了宣告失踪制度,不仅从实体法的角度规定了宣告失踪的时间条件、财产代管的法律后果,而且兼顾到诉讼法上宣告失踪的撤销问题。第 23～25 条在实体法上完善了宣告死亡的时间条件、宣告期间的民事法律行为效力以及撤销宣告之后的财产返还规则。1986 年《最高人民法院关于失踪人的工作单位能否向人民法院申请宣告失踪人死亡的批复》规定,利害关系人必须是与被申请宣告死亡的人存在一定的人身关系或者民事权利义务关系的人。因此,与下落不明人无民事权利关系而仅有劳动关系或行政关系的单位或个人,无权申请宣告下落不明人死亡,有关问题应依劳动法或行政法的规定解决。②

1988 年《关于贯彻执行〈中华人民共和国民法通则〉若干问题的意见(试行)》(以下简称《民通意见》)第 24～40 条进一步补充规定了宣告失踪的利害关系人的范围、宣告死亡的利害关系人的顺序、下落不明的含义和起算、财产代管人的指定和诉讼主体资格、失踪人的普通债务诉讼、失踪人的调查与公告,以及宣告死亡的时间、公告、婚姻关系、收养关系、损害赔偿、财产返还、自然死亡与宣告死亡的区别处理。对以往规定的主要调整在于:(1)将管辖依据更改为失踪人的住所地,住所地与居住地不一致时才由最后居住地法院管辖。因为实践中利害关系人主要集中在下落不明人的住所地,出具下落不明事实的书面证明的公安机关负责住所地的户籍管理,所以住所地法院更便于查明事实,接近申请人和公安机关。③ (2)明确宣告失踪与宣告死亡之间的程序关系,前者不是后者的必经前提,法院只处理当事人申请的内容,同时申请两者时应当宣告死亡。(3)新增了变更财产代管人的特别程序类型。

1991 年《民事诉讼法》第 166 条在立法上正式增加了宣告失踪制度,实现了立法规定和司法实践的统一。主要变动是:(1)下落不明的证明除了可以由公安机关出具,还可以由其他有关机关出具。2008 年《最高人民法院研究室关于四川汶川特大地震发生后受理宣告失踪、死亡案件应如何适用法律问题的答复》第 2 条规

---

① 冯乐坤:《宣告死亡制度存废之探究》,载《当代法学》2007 年第 3 期。根据当时的法工委副主任顾昂然的说法,是否规定宣告失踪,存在不同意见,但考虑到设立宣告失踪没有坏处而有好处,就最终也规定了宣告失踪制度。通过比照《民法通则》第 20～23 条和 1964 年《苏俄民法典》第 18～20 条,两者的条文规定与结构非常相近。苏联的相关立法即使不是宣告失踪制度的唯一蓝本,也可以说是最重要的参考依据之一。参见卓逸群:《我国对宣告失踪制度的法律移植及其失误》,载《中国司法》2003 年第 10 期。

② 江必新:《新民事诉讼法理解适用与实务指南》,法律出版社 2012 年版,第 684 页。相关的劳动法律规范包括《人力资源和社会保障部关于因失踪被人民法院宣告死亡的离退休人员养老待遇问题的函》(人社厅函〔2010〕159 号)、《劳动人事部关于职工失踪后的工资、保险福利待遇如何处理的复函》(1986 年 5 月 31 日)等。

③ 唐德华:《新民事诉讼法条文释义》,人民法院出版社 1991 年版,第 288 页。

定,"有关机关"主要是指公安机关,也可以包括当地县级以上人民政府,但不包括村民委员会、居民委员会或者下落不明公民的工作单位。(2)宣告死亡的情形增加第三种类型,即因意外事故下落不明,经有关机关证明该公民不可能生存。此时推定死亡不受失踪时间的限制,以妥善处理因危险事故而遇难的问题。① (3)将宣告失踪的公告期间由半年更改为三个月,同时规定宣告死亡的公告期间为一年,但意外事故中证明不可能生存的公告期间为三个月。(4)将终结审理的裁定变更为驳回申请的判决。1992 年《民诉意见》第 194~196 条也增补了相关的改进性规定。第 194 条仿照《民通意见》第 34 条第 2 款的规定,法院可以在宣告失踪和宣告死亡的审理期间,指定诉讼期间的财产管理人,以临时性地照管失踪人的财产利益。第 195 条规定,财产代管人申请变更代管的,按照特别程序审理;失踪人的其他利害关系人申请变更代管的,按照普通程序以原代管人为被告起诉。第 196 条规定了宣告失踪之后宣告死亡的受理、证明、公告和判决。

此后,2007 年和 2012 年修正《民事诉讼法》时,皆延续了之前的程序性规定。2015 年《民事诉讼法解释》第 343~345 条继受了《民诉意见》的规定,同时进一步作出了若干补充和完善:(1)第 346 条规定了多个利害关系人可以作为共同申请人;(2)第 347 条规定了寻人公告的内容;(3)第 348 条规定了撤回申请的情形和例外。在实体法上,2017 年《民法总则》第 40~53 条则基本沿袭了《民法通则》和《民通意见》的规定,同时对下落不明的起算时间、财产代管人的职责、代管人的移交和报告义务、恢复婚姻关系的例外、不能恢复收养关系,进行了补充性规定。例如,下落不明只以失去音讯为判断标准,不再像《民通意见》第 26 条要求"离开最后居住地后没有音讯",逐渐淡化住所因素在宣告失踪和宣告死亡中的程序地位。②

总之,宣告失踪和宣告死亡的程序变革充分体现了诉讼法与实体法的相互联系与配合,实体法上的规定有力补充了诉讼法在先行仓促立法时的不足,周延保护了民事主体在下落不明时的权利义务,诉讼法上的规定明确了该项非讼程序的申请、管辖、审理、裁决等事项,使得民事主体能够依循清晰的程序规范寻求司法保护。由此,宣告失踪程序有助于结束公民长期失踪的不确定状态,保护失踪人和利害关系人的利益,维护社会经济秩序的稳定。而宣告死亡程序在根本上解决了失踪人的财产归属和人身关系的变动问题。

(四)认定公民无民事行为能力、限制民事行为能力

1982 年《民事诉讼法(试行)》规定了认定公民无行为能力的程序,即公民的近亲属或所在单位可以向公民户籍所在地的基层法院提出书面申请,法院在必要时

---

① 尹田:《论宣告失踪与宣告死亡》,载《法学研究》2001 年第 6 期。
② 杨震:《民法总则"自然人"立法研究》,载《法学家》2016 年第 5 期。

通过鉴定、询问本人等方法认定其为无行为能力人的,作出认定判决并指定监护人。[①] 1984 年《民诉试行意见》第 54 条规定,医院确诊为精神病人的,无须适用特别程序宣告其为无行为能力人。因为在一般的民事纠纷案件中,只要患有精神病的当事人有法定代理人或指定代理人代理诉讼即可,不是必须适用特别程序进行宣告。[②] 不过,由于民事诉讼法是先于民法规范制定,当时对行为能力的理解过于单一,且程序适用的实体法要件并不明确,所以公民行为能力认定制度的适用和运行仍然受到严重影响。

1986 年《民法通则》第 19 条规定,精神病人的利害关系人可以申请法院宣告其为无民事行为能力人或限制民事行为能力人。1988 年《民通意见》第 8 条第 2 款再次强调确认精神病人为限制民事行为能力人属于特别程序。同时,第 5 条补充规定了是否能够辨认自己行为的判断标准,即行为人是否具备判断、理解和自我保护能力。若行为人对事物或行为缺乏判断能力和自我保护,且不知或不能预见行为后果的,就属于不能辨认(或完全辨认)自己行为的人。第 7 条规定了法院裁判所依据的证据资料可以包括司法精神病学鉴定、医院的诊断或鉴定、群众公认的当事人的精神状态认定,且在法律文本上依次使用了"依据""参照"以及"在不具备诊断、鉴定条件的情况下",因此三者的证据效力应当是逐渐递减的,司法精神病学鉴定具有最强的证据效力。第 5 条和第 8 条在主体上,将痴呆症人也纳入无民事行为能力人或限制民事行为能力人的范围,因为精神病与痴呆症在医学上的认定截然不同,前者属于脑功能紊乱的心理性疾病,后者属于脑功能退化引起的认知障碍。至于植物人、脑萎缩患者等是否也应扩张解释成认定对象,或者今后是否有必要在立法上明确纳入认定对象,存在探讨的必要。因为身体障碍与心理障碍一样都可能影响民事主体的行为能力,扩大司法保护的范围更有助于实现民事法律保护的制度目的。[③]

民事实体法的跟进有力地推动了诉讼法的发展,1991 年《民事诉讼法》正式新增了认定公民限制民事行为能力的程序,同时还进行了若干完善:(1)申请人为近亲属或其他利害关系人。其他利害关系人包括其他亲属和朋友、债权人或债务人、所在单位、居委会、村委会或者民政部门。[④] (2)第 172 条第 1 款将原法的必要时指定代理人变为强制指定代理人,代理人应为申请人以外的近亲属,近亲属互相推诿

---

① 之后管辖法院由公民户籍所在地法院变为住所地法院,以适应 1991 年《民事诉讼法》第 22 条将地域管辖法院由被告户籍所在地法院变为被告住所地法院。

② 唐德华:《新民事诉讼法条文释义》,人民法院出版社 1991 年版,第 295 页。

③ 费占海:《认定公民无民事行为能力若干问题初探》,载河北省法学会编:《深化司法体制改革——第六届河北法治论坛(上册)》2015 年版,第 413 页。

④ 1982 年《民事诉讼法(试行)》第 136 条规定的主体为"近亲属或所在单位"。这里的表述更换实际上扩大了申请主体的范围,但并非取消公民所在单位的申请主体资格。

时由法院指定。(3)第 172 条第 2 款取消了判决支持申请时同时指定监护人的规定。因为《民法通则》第 17 条已经规定了监护人的范围和顺序,精神病人所在单位或住所地的村民委员会、居民委员会享有在争议时指定监护人的权限,对指定不服时才可以向法院提起变更监护人的诉讼。①

1992 年《民诉意见》第 193 条沿袭了《民通意见》第 8 条第 1 款关于诉讼期间认定行为能力的规定,但是第 198 条在特别程序章节规定变更监护人之诉,似有失调。2015 年《民事诉讼法解释》第 351 条将"起诉"改为"异议",使得申请变更监护人程序在表述上更加契合非讼程序的特征。同时,第 352 条规定了认定公民无行为能力或限制行为能力程序中代理人的指定,将代理人的范围进一步扩大,以更加周全地保护被申请人的利益。2017 年《民法总则》第 24 条将申请主体规定为利害关系人或其他组织,有关组织包括居民委员会、村民委员会、学校、医疗机构、妇女联合会、残疾人联合会、依法设立的老年人组织、民政部门等,依据自然人与组织的不同对申请主体进行重新划分,更扩展了组织类申请主体的范围。第 31、36、38 条则进一步明确了监护人的指定、撤销与恢复程序。

不过,近些年精神病患者伤害他人以及近亲属或公权力机关恶意使无病者被收治等事件的发生,也说明了单有行为能力的认定程序仍不足以解决管理精神病患者的社会问题。除精神病人已经实施危害他人安全的行为,应当适用刑事诉讼中强制医疗的特别程序以外,《精神卫生法》上规定的仅有危险性而未发生危害性后果的,应当适用强制住院程序。但是,依据《精神卫生法》第 28～31 条和第 82 条,有危害自身危险的,必须经监护人同意才能强制住院治疗;有危害他人危险的,近亲属、所在单位、当地公安机关、当地民政等皆可以送诊;精神科执业医师作出精神障碍的诊断,精神障碍患者或其近亲属、监护人可以在事后提起诉讼进行救济。这种相关方送诊、医院诊断和实施、法院救济的模式仍然不足以保障治疗对象的合法权益,他人可能恶意送诊,治疗对象也容易陷入孤立无援的处境。因此,有学者主张,基于国家监护权和警察权的理论基础,我国未来可以将民事强制住院程序纳入非讼程序范畴,如此既能为限制治疗对象的人身自由提供正当程序基础和合法权益保障,也能以非讼程序的快速、简便、经济的特点落实民事强制住院程序。②

(五)认定财产无主

我国民事诉讼法律规范对认定财产无主程序的规定较为简单,目前《民事诉讼

---

① 不同观点认为,剥夺法院在行为能力认定程序中的指定监护权,不利于维护被监护人的合法权益和交易安全,二次提起变更监护人的程序也会增加当事人的成本,且由单位和基层组织优先指定监护人在现代社会条件下也较难落实。参见贲占海:《认定公民无民事行为能力若干问题初探》,载河北省法学会:《深化司法体制改革——第六届河北法治论坛(上册)》,2015 年版,第 415～416 页。

② 郝振江:《论精神障碍患者强制住院的民事司法程序》,载《中外法学》2015 年第 5 期。

法》上仅有 3 个条文，规定了申请、受理、公告、判决、救济的基本框架。1991 年《民事诉讼法》第 174 条将申请主体由"有关机关、团体、企业事业单位、基层组织或者个人"修改为"公民、法人或其他组织"，1992 年《民诉意见》第 197 条规定因有人在公告期间提出财产要求时另行起诉。此后，认定财产无主程序就再也没有修改过，也没有相关的司法解释予以补充或完善。另一方面，司法实践中认定财产无主程序并没有发挥应有的作用。受我国经济发展、计划生育政策以及自然灾害事件等的影响，无主财产现象应是大量存在。但截至 2018 年 5 月 23 日，"中国裁判文书网"中该案由下的裁判文书仅有 125 份，数量最多时是 2017 年的 41 份。由此可见，认定财产无主程序亟待在规范上进行细化与完善，以增强该程序的可操作性。

第一，我国对无主财产的认定实际上采取了双重立法模式，即《民事诉讼法》规定了认定财产无主的非讼程序而《民法通则》《物权法》等规定了遗失物、漂流物、埋藏物、隐藏物的失物招领程序。前者由法院受理当事人的申请后进行审查核实，经发出财产认领公告满一年仍无人认领的，判决财产无主并收归国家或集体所有；后者由拾得人或发现人移交公安机关，公安机关发布招领公告后六个月内仍无人认领的，直接收归国家所有。虽然两者在申请主体、财产标的、认定主体、公告期间、认定程序、所有权主体等方面均有所不同，但是无主财产在客观上囊括了遗失物、漂流物、埋藏物、隐藏物，因此可能存在程序运作和法律适用上的交叉与冲突。[①]但是，两者的协调却非易事，既牵涉到无主财产的实体权利归属与财产法律秩序的维护，也需要综合考量公共管理秩序与司法程序保障的问题。例如，可以区分动产的标的价额，动产标的价值更高时适用非讼程序，而标的价值较低时适用失物招领程序；或者将认定财产无主程序的适用范围限制在解决无人继承财产的归属问题。[②] 具体如何协调两种无主财产认定程序之间的关系，如何细致区分两者的适用情形，还有待将来对立法规范的完善与司法经验的总结。

第二，由于我国现行法上缺乏无人承认继承的催告程序，司法实践中申请主体经常利用认定财产无主程序主张无主财产全部或部分划归自己所有。依据《继承法》第 14、32 条和《关于贯彻执行〈中华人民共和国继承法〉若干问题的意见》第 57 条，继承人以外的对被继承人扶养较多的人可以主张分配适当的遗产，但若无人继承又无人受遗赠时，继承人以外的实际扶养人实际上没有渠道主张分配适当的遗产。此时，这类主体只能借助认定财产无主程序，其申请目的是认定无主财产全部或部分归自己所有，但法院往往会依职权将部分遗产划归国家或集体所有制组织

---

① 有学者指出，假若民法典和物权法中确立了占有制度和取得时效制度，认定财产无主程序将没有存在的必要。参见蔡虹：《非讼程序的理论思考与立法完善》，载《华中科技大学学报·社会科学版》2004 年第 3 期。

② 赵盛和：《我国无主财产认定程序的转型》，载《国家检察官学院学报》2015 年第 6 期。

所有。这就造成了程序运作与立法目的相背离的现象。[①]

第三,认定财产无主程序的适用率较低,原因之一在于申请主体缺乏有效的激励。除了集体经济组织、原财产所有人所在单位、财产所在地管理机关(如海事局对无主船舶、港务公司对集装箱货物)等出于获取无主财产所有权、摆脱管理责任等原因愿意主动申请以外,其他主体不仅无法获得无主财产的所有权,还须依据《诉讼费用交纳办法》第 41 条交纳公告费。同时,民事诉讼法并没有规定法院可以在非讼程序中决定对申请人支付必要的费用补偿或报酬,申请主体除了道德自律以外,没有足够的内在动力主动提起,导致认定财产无主程序无法发挥确定财产权属、维护财产秩序、促进物尽其用的立法目的。例如,存款人意外死亡、存款所有人遗忘、银行电子操作系统失误时,就会产生无主存款的问题。但由于无人申请认定财产无主,银行也不负有申请认定财产无主或催告认领的法定职责,使得银行在业务处理中经常将无主财产归入自己的营业外收入,显然银行的行为在法律上可能存在不当得利的问题和风险,亟待立法上予以正视和解决。[②]

二、非讼程序的发展:三足鼎立的形成

1991 年《民事诉讼法》新增了第 17 章督促程序、第 18 章公示催告程序和第 19 章企业法人破产还债程序。由于三者兼具诉讼与非讼的特征,与特别程序的已有类型有所不同,所以立法者将其单列出来。之后,2007 年《民事诉讼法》又将企业法人破产还债程序删除,只是在《民事诉讼法解释》第 297 条第 1 项、第 357 条第 4 项、第 380 条(吸收原《民诉意见》第 207 条)、第 414 条,仍然将特别程序、督促程序、公示催告程序、破产程序并列作为非讼程序对待。因为 1986 年制定的《企业破产法(试行)》只是规制全民所有制企业的破产还债程序,而具有法人资格的集体企业、私营企业、中外合资企业的破产还债程序尚没有法律规范上的依据,故 1991 年《民事诉讼法》将企业法人破产还债程序纳入。待到 2006 年颁布的《企业破产法》已经对全部企业法人类型的破产还债程序作出统一规定时,《民事诉讼法》就没有必要再规定这种商事非讼程序,最终形成了现行民事诉讼法上特别程序、督促程序与公示催告程序三足鼎立的基本格局。[③]

(一)督促程序

督促程序是法院快速解决债权债务纠纷的略式程序,即债权人向有管辖权的基层法院申请实现以金钱和有价证券为内容的债权,经过法院在 5 日内决定受理、

---

① 赵盛和:《我国无主财产认定程序的转型》,载《国家检察官学院学报》2015 年第 6 期。

② 孙秋楠:《震后无主存款的确认与法律保护》,载《人民法院报》2008 年 6 月 17 日第 5 版。

③ 最高人民法院民事诉讼法修改研究小组:《〈中华人民共和国民事诉讼法〉修改的理解与适用》,人民法院出版社 2007 年版,第 5~6 页。

15日内决定发出支付令、债务人15日内没有对支付令提出书面异议时,债权人获得支付令作为执行名义强制债务人履行双方没有争议的债务。自1991年入法之后,督促程序随着改革开放的进程,也经历了一定的制度变迁,主要分为以下几个阶段:

第一,1992年《民诉意见》第215～225条对1991年《民事诉讼法》的四个条文进行了补充和完善。(1)在支付令的申请条件上,明确了有价证券的范围包括汇票、本票、支票以及股票、债券、国库券、可转让的存款单等,请求给付的标的须已到期且数额确定,"债权人与债务人没有其他债务纠纷"的具体含义是指没有对待给付义务,支付令不能送达的情形也包括债务人不在我国境内或者虽在我国境内但下落不明的情形;(2)明确了债务人异议的审查,法院无须审查异议是否有理由,债务人的口头异议、关于缺乏清偿能力的异议、仅向其他法院的起诉均不会影响支付令的效力;(3)在程序细节上,完善了支付令审查、撤回申请、支付令送达、另行起诉的管辖等规定;(4)针对法院作出的命令与裁决,详细规定了支付令的内容与形式、支付令的执行时效和法院裁定书形式。

第二,2001年1月21日实施的《最高人民法院关于适用督促程序若干问题的规定》(以下简称《督促程序规定》)以12个条文总结并回答了司法实践中出现的制度问题:(1)吸收了1993年11月9日《最高人民法院关于中级人民法院能否适用督促程序的复函》,明确规定基层法院的管辖不受争议金额的限制;(2)吸收了1992年7月13日《最高人民法院关于支付令生效后发现确有错误应当如何处理问题的复函》,采取审判监督程序救济驳回异议的错误情形;(3)将督促程序中共同管辖、补正申请书的要求与普通诉讼程序统一;(4)在督促程序中正确处理主债务与担保债务之间的关系,向主债务人发出的支付令对担保人没有拘束力,但债权人就担保关系提起诉讼会引起支付令的失效。因为后诉法院必然要对主债权债务关系进行审查,为防止出现矛盾裁判和过多的实质审查,支付令应当失效;[①](5)增加裁定驳回申请的情形,即当事人主体不适格,或债权人要求给付没有约定的利息、违约金、赔偿金,或金钱、有价证券属于违法所得,或申请诉前保全的,均应在审查的第一阶段过滤不适格的申请;(6)规定第二阶段裁定终结督促程序的情形,即债权人同时起诉或支付令无法及时送达时;(7)进一步明确了对债务人异议的要求,仅对清偿能力、清偿期限、清偿方式等的异议不影响支付令的效力,部分债务人的异议或针对部分请求的异议不影响支付令中其他请求的效力,且债务人可以在法院裁定终结程序之前自由撤回异议。

之后,我国其他法律规范也相应发展了督促程序的规则与应用:(1)2007年

---

① 王艳彬:《〈最高人民法院关于适用督促程序若干问题的规定〉的理解与适用》,载最高人民法院研究室:《民事诉讼法司法解释理解与适用》,法律出版社2011年版,第554页。

《诉讼费用交纳办法》第 14 条修改了《民诉意见》第 132 条的规定,将支付令申请费的每件 100 元修改为比照财产案件受理费标准的三分之一交纳,使得标的额较大的案件相应提高了申请成本。不过,第 36 条也同时规定申请费可以列入另诉主张,一定程度上缓解了费用高企给申请人带来的压力。(2)2000 年 7 月 1 日实施的《海事诉讼特别程序法》第 99 条规定了海事程序的支付令申请。2001 年修正的《工会法》第 43 条和 2003 年《最高人民法院关于在民事审判工作中适用〈中华人民共和国工会法〉若干问题的解释》第 3～5 条允许就工会经费申请支付令。2008 年《劳动合同法》第 30 条和《劳动争议调解仲裁法》第 16 条允许就劳动报酬、工伤医疗费、经济补偿或者赔偿金事项达成的调解协议以及欠付的劳动报酬直接申请支付令。2009 年 7 月 24 日《关于建立健全诉讼与非诉讼相衔接的矛盾纠纷解决机制的若干意见》(以下简称《非诉衔接意见》)第 13 条对具有合同效力和给付内容的调解协议允许申请支付令。这些法律规范大大拓展了督促程序的适用领域与案件范围,有助于激活督促程序的活力与功能。①

第三,2012 年《民事诉讼法》为解决督促程序在司法实践中利用率不高的难题,②提出了三项对策:(1)第 133 条规定,法院在立案分流阶段可以依职权将受理的诉讼案件转入督促程序。立法者期望增加督促程序的适用概率,要求法院主动对双方当事人没有争议的债权债务纠纷适用督促程序。(2)第 217 条第 1 款要求加强对债务人的书面异议进行审查,以减少债务人滥用异议权的情形。因为司法实践中债务人经常会提出不实异议,若法院不加强审查,可能使得督促程序因债务人的虚假异议而转入诉讼程序,这不仅会导致督促程序无法发挥迅速解决纠纷、保护债权人权益的立法目的,而且债权人和法院也将不再愿意主动适用督促程序。(3)第 217 条第 2 款新增了督促程序与诉讼程序的衔接机制,支付令失效时债权人无须另行起诉,而是直接由督促程序转入诉讼程序,这将有助于节省当事人另诉立案的时间和经济成本,将各方在督促程序中已经进行的诉讼行为和程序结果纳入诉讼程序中有效利用。不过,是否诉讼的决定权或处分权仍保留在当事人手中,如果申请人不同意诉讼的,则不转入诉讼程序,这就避免了赋予法院过大的自由裁量权、可能模糊不同程序之间的差异性、导致程序的弱化或非正式化等担忧或顾虑。

2015 年《民事诉讼法解释》则基本继受了《督促程序规定》和《民诉意见》的相关条款,不同之处在于:(1)第 437 条强调法院应对债务人的书面异议进行形式审查,以判断支付令是否存在不予受理、驳回申请、终结程序的情形。(2)第 440、441 条补充规定了督促程序与诉讼程序的具体衔接,即债权人在支付令失效后不同意

---

① 江必新:《新民事诉讼法理解适用与实务指南》,法律出版社 2012 年版,第 806～807 页。

② 2007 年督促程序审理的案件已经不足民事一审总数的 2%,成为“冬眠程序”。江必新:《〈中华人民共和国民事诉讼法〉修改条文解读与应用》,法律出版社 2012 年版,第 422 页。

提起诉讼的,应当在 7 日内向受理法院起诉或在诉讼时效期间内向其他管辖法院起诉,若债权人没有在 7 日内向受理法院作出不同意起诉的意思表示时,视为向受理法院起诉,且支付令申请时间即为起诉时间。

但是,上述立法和司法解释的发展仍然没有解决督促程序领域的所有问题,我国督促程序依旧存在进一步完善的空间:(1)关于督促程序的属性存在非讼程序说与无需辩论的略式诉讼程序说的对立。不同的定性直接影响到支付令申请与异议的审查形式、支付令的既判力问题以及督促程序的设计等方面。(2)债务人异议的审查形式存在实质审查说与形式审查说的对立。实质审查说立足于虚假异议的严峻形势和法院裁决真实的现实任务,强调审查债务人异议的事实、理由、证据等;形式审查说基于非讼程序的性质和较短的审查期限,认为形式审查与事后救济更有利于实现督促程序的制度目的。(3)关于支付令是否具有既判力,肯定论以认诺或合意裁决为理论根据,认为赋予支付令既判力有助于稳定权利义务关系,避免重复申请和矛盾裁决,而否定论认为督促程序省略了实质审理,因程序保障不足而缺乏既判力的正当性根据。① 进一步而言,《民事诉讼法解释》第 443 条仍然允许法院依职权启动审判监督程序以救济支付令错误,却不允许当事人申请再审,这种支付令撤销模式可能会引起程序属性与设计的混乱,也与支付令是否具有既判力的判断无法保持一致。(4)关于当事人能否申请保全,肯定论认为保全可以对债务人施加压力,且能避免债务人转移财产,而否定论认为诉前保全中 15 日内起诉的要求会引起督促程序与诉讼程序的冲突,导致对同一权利保护请求的重复救济,且督促程序作为非讼程序不能适用诉讼程序的保全措施。② (5)司法实务中当事人可能更倾向于利用简易程序或诉讼调解快速实现债权,故有必要清晰界定督促程序与相关程序之间的界限。例如,将简易程序限制在低额或特定类型的民商事案件上。③ (6)关于是否引入和扩展电子督促程序,肯定论者积极评价 2015 年 6 月浙江杭州西湖区法院电子督促程序的试点,认为电子督促程序具有缩短程序时间、提高审查与处理的效率、减少当事人与法院的成本等功能,④而否定论者认为,我国现阶段不适宜也无必要进行电子化改革,应当先行提高督促程序的利用率和纠纷解决效果。⑤

(二)公示催告程序

随着改革开放以后票据金融工具在我国经济生活中的发展与应用,公示催告

---

① 史长青:《支付令既判力之研判》,载《法学杂志》2016 年第 9 期。

② 最高人民法院修改后民事诉讼法贯彻实施工作领导小组:《最高人民法院民事诉讼法司法解释理解与适用(下)》,人民法院出版社 2015 年版,第 1146~1147 页。

③ 周翠:《电子督促程序:价值取向与制度设计》,载《华东政法大学学报》2011 年第 2 期。

④ 周翠:《电子督促程序:价值取向与制度设计》,载《华东政法大学学报》2011 年第 2 期。

⑤ 王福华:《督促程序的现状与未来》,载《国家检察官学院学报》2014 年第 2 期。

程序也应运而生,这种简易便捷的程序可以迅速调整票据权利与票据持有人分离的问题,促进票据工具使用、流转的安全和票据权利关系的稳定。1991 年《民事诉讼法》第 18 章规定,可背书转让的票据被盗、遗失或者灭失时,原票据持有人可以向法院申请公示催告利害关系人申报票据权利,若无人申报时由法院宣告原票据无效,申请人可以依据除权判决向支付人请求支付。同时,第 193 条以灵活开放的规定为公示催告程序的范围扩张和实体法的完善,预留了一定的法律空间,"依照法律规定可以申请公示催告的其他事项"包括 1994 年 7 月 1 日实施的《公司法》第 150 条规定的记名股票、2000 年《海事诉讼特别程序法》第 100 条规定的提单等提货凭证。但是,1992 年 5 月 8 日《最高人民法院关于对遗失金融债券可否按"公示催告"程序办理的复函》规定的不记名、不挂失的银行金融债券不能适用公示催告,至于能否将适用范围扩展到其他有价证券,则只能留待今后的立法规定。[①] 2007 年、2012 年民事诉讼法修正时均没有对公示催告程序作出变动,仍然维持了原有条款关于申请条件、公示催告、停止支付、申报权利、除权判决、撤销诉讼的规定。

但是,在司法解释层面,1992 年《民诉意见》对公示催告程序进行了大幅的补充和完善:(1)申请人承担每件 100 元的申请费和相应的公告费(第 134 条);(2)明确票据持有人的准确含义,即失票前的最后持有人(第 226 条);(3)明确立案审查与受理的程序(第 227 条);(4)规定法院公告的内容与张贴的要求(第 228、229条);(5)允许申报期限届满之后除权判决作出之前进行有效申报(第 230 条),且申请人查看申报人出示的票据后可以提出异议以促使法院驳回申报(第 231 条);(6)在公示催告与除权判决之间设置一个为期一个月的申请阶段,以贯彻不告不理的原则,禁止法院依职权作出除权判决(第 232 条);(7)公示催告阶段可以适用独任制审查,但除权判决涉及票据的效力和票据权利的有无时,应当适用合议制(第234 条);(8)允许撤回申请(第 235 条);(9)停止支付属于财产保全措施,支付人拒不止付时适用强制措施(第 236 条);(10)终结公示催告程序的裁定应符合法定形式要求(第 238 条),终结之后转入的普通诉讼程序与利害关系人的撤销诉讼均适用票据诉讼的管辖规定(第 237、239 条)。

2000 年 12 月 31 日实施的《最高人民法院关于审理票据纠纷案件若干问题的规定》(以下简称《票据规定》)在第五章"票据救济"也补充了公示催告程序的若干规定:(1)新增三类公示催告程序的适用情形,即出票人已经签章的授权补记的支票丧失时(第 25 条),出票人已经签章但未记载代理付款人的银行汇票丧失时(第27 条),超出付款提示期限的票据丧失时(第 28 条)。(2)公告应当在全国性的报刊上登载(第 32 条)。(3)因公示催告期间票据质押、贴现而获得该票据的持票人

---

① 我国的公示催告程序相比于德日,范围仍然过于狭窄。参见江伟:《论公示催告程序》,载《中国法学》1991 年第 6 期。

不得主张票据权利,但是公示催告期间届满以后法院作出除权判决以前取得该票据的除外(第34条)。(4)对于伪报票据丧失的当事人,法院可以适用罚款、拘留的强制措施并追究刑事责任(第39条)。

2015年《民事诉讼法解释》在《民诉意见》的规范基础上,进一步推进了公示催告程序的发展:(1)法院在立案审查时须结合票据存根、丧失票据的复印件、出票人关于签发票据的证明、申请人合法取得票据的证明、银行挂失止付通知书、报案证明等证据,综合判断申请人在主体上是否适格(第446条);(2)公示催告期间届满日不得早于票据付款日后15日,这就将公示催告期间与票据付款日衔接起来,既能防止恶意申请人在转让票据后实施侵害他人票据权利的行为,也能避免申请人在票据到期之前就请求付款(第449条);(3)裁定终结公示催告程序的,应当通知申请人和支付人,经法院通知之后才能解除支付限制(第452条第2款);(4)明确利害关系人提起撤销除权判决之诉的法定理由(第460条),同时补充规定了撤销之诉的诉讼主体和请求内容(第461条)。此外,2016年4月11日《最高人民法院关于人民法院发布公示催告程序中公告有关问题的通知》还规定,法院应当在《人民法院报》上刊登公告,《人民法院报》电子版、中国法院网同步免费刊载。

我国公示催告程序经过这一系列阶段的发展,可以说已经达到相对完善的程度,基本满足了快速救济票据丧失的需求。不过,在程序细节的弥补、实体法与程序法的衔接、虚假申请的防范等方面,当前的公示催告程序仍然遗留了一些问题,留待立法予以补足:(1)在申请主体上,应当对持票人从宽解释,将票据权利人(如被背书人、质权人、收款人)和票据义务人(如出票人、背书人、汇票承兑人、支票付款人)均纳入权利保护的范围;(2)针对票据丧失情形,应当在列举性规定之外附加"其他非因持票人本意丧失票据的情形",如此才能规制票据行为领域的欺诈、胁迫、抢劫、抢夺等其他情形,扩展本就狭窄的适用范围;[①](3)将《票据规定》第38条规定的诉讼担保移用于公示催告程序,以进一步遏制滥用公示催告申请的行为;(4)由于公示催告程序终结后申报人起诉较少,而除权判决作出之后就不再涉及票据权利,票据普通诉讼经常由被告住所地的法院管辖,导致管辖分散而不利于集中审理关联纠纷,应当统一以票据支付地的法院管辖票据诉讼;[②](5)公示催告期间转让票据的行为不能一律无效,应当注重除权判决以前失票人与善意取得人之间以及交易安全与票据流通之间的利益平衡,善意取得票据的受让人也可以申报权

---

① 最高人民法院修改后民事诉讼法贯彻实施工作领导小组:《最高人民法院民事诉讼法司法解释理解与适用(下)》,人民法院出版社2015年版,第1190~1195页。

② 江苏省高级人民法院课题组:《关于票据公示催告与除权救济法律适用若干问题研究》,载《法律适用》2014年第6期。

利以保护自身的合法权益。①

三、非讼程序的演进:特别程序的扩张

2012 年修正《民事诉讼法》时非讼程序又迎来了进一步的扩张,首次增加了司法确认调解协议和实现担保物权两类特别程序,将司法实践中已经探索和总结出的新型非讼程序及时纳入立法,以法律的形式吸收和肯定了改革开放以来非讼程序演进的最新成果。调解协议的司法确认程序是司法实践驱动到法律文本规范、地方试点到全国推行、本土经验与域外借鉴相结合的典范,真正体现了民事诉讼法制在改革开放背景下的锐意进取精神。而担保物权实现程序则深刻反映出实体法与程序法的互动与交融,只有不同法律部门通力合作,民事权利才能在经济发展中得到全面实现和维护。

(一)调解协议的司法确认程序

人民调解是源于中国传统文化、具有中国特色的纠纷解决方式,改革开放以来伴随着我国法制发展的进程,人民调解工作得以逐步恢复,人民调解组织也日趋健全。但是,20 世纪后半期我国民事法制工作的重点几乎都放在了审判方式的改革上,呈现出重诉讼而轻调解的现象,人民调解持续处于低迷的状态。21 世纪初,在构建和谐社会的政治背景和发展多元化纠纷解决方式的司法潮流之下,人民调解制度又迎来了复苏与高涨的机遇。强化人民调解的制度功能、构建人民调解与民事司法的衔接机制,不仅可以及时缓和与化解社会矛盾,积极回应民众的纠纷解决需求,而且有助于解决法院案多人少的工作压力和司法公信力面临质疑的现实困境,促进司法职能的履行与拓展。

2002 年 11 月 1 日实施的《最高人民法院关于审理涉及人民调解协议的民事案件的若干规定》第一次将有民事权利义务内容的、由双方签字或盖章的人民调解协议定性为民事合同,使得人民调解协议正式具备了法律约束力,有力提升了人民调解的实效性与权威性。当事人不得擅自变更或解除人民调解协议,就人民调解协议的履行、变更、无效、撤销等发生争议时,可以向法院起诉适用简易程序解决。同时,在诉讼之外,当事人还可以向公证机关申请赋予有债权内容的人民调解协议以强制执行效力。2004 年 11 月 1 日起施行的《最高人民法院关于人民法院民事调解工作若干问题的规定》第 3 条则首次在司法解释中提出了法院可以确认诉中委托调解协议。但是,此时确认程序的性质与内容,尚不明确。

2009 年 7 月 24 日《非诉衔接意见》吸收了甘肃省定西市法院系统自 2007 年试

---

① 孙潇:《我国公示催告制度的冲突与路径选择——以实证分析为视角》,载《山东审判》2012 年第 2 期;李伟群:《除权判决的效力与票据善意取得之间的关系——从中、日票据法比较的角度》,载《法学》2006 年第 6 期。

点司法确认程序的经验,要求完善诉讼与行政调处、人民调解、商事调解、行业调解、劳动争议调解以及其他非诉讼纠纷解决方式之间的衔接机制。首先,在人民调解之外,商事调解、行业调解、行政调解、劳动争议调解以及其他调解所达成的具有民事权利义务内容的调解协议均具有民事合同性质。其次,这些调解协议存在诉讼、申请公证、申请支付令三种获得司法保护与执行的渠道。再次,法院可以进行诉前委托调解,也可以在诉中要求调解组织协助调解。后者除了申请撤诉、由法院审查后制作调解书以外,也可以申请司法确认。最后,最高人民法院还首次确立了司法确认程序的管辖、申请、审理、确认结果等基本内容。

2010 年 8 月 28 日全国人大常委会正式通过了《人民调解法》,该法第 33 条首次在立法层面确立了民事调解协议的司法确认制度。紧接着,2011 年 3 月 30 日最高人民法院正式实施《关于人民调解协议司法确认程序的若干规定》(以下简称《人民调解确认规定》)对司法确认调解协议制度进行细化与丰富,并发布了司法确认申请书、受理通知书、确认决定书、不予确认决定书等法律文书样式。该司法解释对司法确认调解协议的制度完善在于:(1)在管辖上,交由主持调解的人民调解委员会所在地的基层人民法院或者它的派出法庭,诉前委托调解时由委派的人民法院管辖。(2)在程序运行上,具体规定了申请材料、受理与确认的期限、审查程序、不予受理与不予确认的情形、确认程序与救济程序等,使得当事人与法院皆有规可循,统一了不同法院在司法实务摸索过程中的做法。(3)在程序属性上,司法确认程序真正体现出非讼程序的特征,不再是当事人以起诉的方式申请法院确认调解协议的效力,而是法院以书面审查与当面询问相结合的方式在较短的期限内确认调解协议是否遵循合法、明确和公序良俗的要求,当事人可以对确认决定申请执行,而案外人也可以申请撤销确认决定。

2012 年修正的《民事诉讼法》第 194、195 条基本沿袭了《人民调解法》第 33 条的规定,由法院使用裁定书确认调解协议有效或驳回申请,因此与《人民调解确认规定》使用决定书的做法不尽相同,不过其仍保留了 2009 年《非诉衔接意见》关于调解协议类型的开放性规定。2015 年《民事诉讼法解释》与《人民调解确认规定》不同的地方在于:(1)增加规定了共同管辖、口头申请条款;(2)涉及除督促程序以外的其他非讼程序、涉及物权和知识产权确权的,法院以裁定驳回申请;(3)在审查程序上,法院审查涉及双方的利害情况和事实时必须通知双方到场核实,法院在必要时还可以依职权向调解组织核实案件情况;(4)在裁定驳回申请的情形中,增加规定了违反自愿原则的情形,不再要求调解协议要遵守行政法规;(5)在救济程序上,当事人和利害关系人均可以在各自的异议期间内申请撤销或改变原裁定。

综上,我国的人民调解协议从作为民事合同进行诉讼走向了经过司法确认非讼程序获得执行力,司法确认调解协议程序也由仅以人民调解协议为适用对象扩展到其他多元的调解协议类型。人民调解协议与司法确认程序成为人民法院建立健全诉讼与非诉讼相衔接的纠纷解决机制改革的重要一环,但改革的步伐不能轻易停止,随着司法确认调解协议程序在实践中积累更多的实例与经验,我国仍应适时推进司法确认程序的改革,例如:(1)加强对当事人诉讼权利的保障,如限制诉讼外调解程序不能适用于复杂疑难的纠纷类型,尊重和保护当事人的程序选择权;(2)加强对法院特邀调解组织和特邀调解员的规范,调整法院附设调解委员会的组成与职责;(3)完善诉前委托人民调解与诉讼程序以及司法确认程序与调解协议履行之诉的衔接机制;[①](4)加强识别与规制虚假的司法确认申请,约束与监督当事人规避不动产等专属管辖进行申请的行为;(5)在具体操作上,可以完善对共同申请、管辖、审查内容、登记、裁定效力、撤销事由、执行救济等的程序设计。[②]

(二)担保物权的实现程序

当有担保的债权清偿期限届满却未受清偿时,债权人期望借助担保物权迅速获得优先受偿,担保人可能也希望及时消灭担保负担。此时担保物权的实现程序就可以满足债权人和担保人的两方期待,通过比普通诉讼程序更加简易、便捷的非讼程序,降低权利实现的成本,避免诉讼程序的烦琐环节,节约法院的司法资源,防范担保物的价值贬损。但是,担保物权实现程序的形成并非一蹴而就,而是经历了相当的争议和复杂的演化,主要包括自力救济、诉讼救济、执行救济、非讼救济四个阶段。

首先,实体法在改革开放初期就适时规定了担保物权的实现条件,但是由于诉讼法在此方面的缺位,实现担保物权的具体程序只能停留在自力救济阶段,即依靠单方力量或当事人之间的协议自主实现担保物权。例如,《民法通则》第 89 条和1995 年《担保法》第 71 条第 2 款和第 87 条第 2 款规定,债权人可以依法以抵押物折价或变卖的价款优先受偿,质权人或留置权人可以协议折价或依法拍卖、变卖出质或留置的财产。其次,实体法在发展过程中,尝试以诉讼救济的渠道解决担保物权的实现程序问题,但也只是指出了一个大致的方向,更引出了公力救济领域中诉讼、执行与非讼的选择争议。例如,1995 年《担保法》第 53 条第 1 款在质权、留置权的自力实现之外,特别赋予了抵押权人提起诉讼的权利。2000 年 12 月 13 日实施的《最高人民法院关于适用〈中华人民共和国担保法〉若干问题的解释》第 128 条规定了债务人和担保人在实现担保物权的诉讼中作为共同被告的主体地位,第130 条排除了依据主合同的裁判直接执行担保人财产的可能性。但是,1999 年《合同法》第 286 条规定,当事人可以协议将建设工程折价,或申请法院拍卖,此时就没

---

① 张红侠:《人民调解与民事司法衔接十年考(2002—2012)》,载《西安交通大学学报(社会科学版)》2013 年第 4 期。

② 周翠:《司法确认程序之探讨——对〈民事诉讼法〉第 194～195 条的解释》,载《当代法学》2014 年第 2 期。

有明确要求通过诉讼实现法定优先权。再次,《物权法》的出台更是加重了这种争议。《物权法》第 195 条规定了抵押权人请求法院拍卖、变卖抵押财产和其他债权人请求法院撤销实现抵押权的协议,第 220 条和第 237 条在质权人和留置权人协议折价或自主拍卖、变卖之外,规定了出质人和留置中的债务人可以请求法院拍卖、变卖质押财产。这里,"请求人民法院拍卖、变卖抵押财产"的理解存在两种相反的观点,学界和司法界认为属于非讼程序,但最高人民法院物权法研究小组认为仍是诉讼程序。此外,司法实践还衍生出类似德国、日本、韩国的依据公证文书直接执行的模式,即抵押权人可以与抵押人达成具有强制执行力的公证文书,约定债务到期而不履行时可直接申请法院强制执行。但其局限性在于,必须当事人事先一致同意,当事人事后一致同意的概率较低,且公证债权文书的适用范围只限于给付货币、物品和有价证券的情形。[①]

由此可见,实现担保物权的程序必须由诉讼法填补和完善,实体法在权利基础和构成要件上的制度优势并不能解决权利实现的程序问题,特别是诉讼、非讼与执行的方法选择问题,仍应在诉讼法的框架内解决。最终,2012 年《民事诉讼法》选择了类似我国台湾地区许可拍卖裁定的非讼程序,以利用非讼程序快捷、简便、经济的特点,适应我国行政机关主持不动产登记的现状,配合担保市场快速发展的经济形势。[②] 2015 年《民事诉讼法解释》又在此基础上推进了担保物权实现程序的完善,以 14 项条文细化规定了该程序的具体内容:(1)扩张解释申请主体的范围,第 361 条将抵押、质押、留置中的权利人和义务人都囊括进来。(2)在管辖法院的确定上,增加对权利质权、专门管辖、担保财产分散情形的规定,弥补了立法上的缺漏。(3)在审查内容方面,明确要求法院应当审查主合同债权、担保物权的实现条件、是否损害他人合法权益、担保物权实现顺序、提交材料的完整性等,列举性的开放规定也足以容纳法院在司法实践中遇到的特殊情形,如担保物权是否超出诉讼时效。但是,登记在先的担保物权尚未实现时不影响后顺位权利人提出申请,可以在实现担保物权时保留顺位在先者的份额。《物权法》第 195 条规定的当事人协议也非前提条件,而只是赋予更多的选择途径,减轻法院执行工作的压力。(4)在审查程序上,新规定了被申请人接受送达和异议权、审查的独任制与合议制组织形式、非开庭审查与职权证据调查程序、非讼程序中准用诉讼保全规则。不过,仍然没有增设法院发现裁定错误或发生情势变更时依职权撤销或变更原裁定的情形,也没有将司法实践中公开听证的做法正式引入立法。(5)在审判与救济程序上,新

---

① 江必新:《〈中华人民共和国民事诉讼法〉修改条文解读与应用》,法律出版社 2012 年版,第 334～337 页。

② 毋爱斌:《"解释论"语境下担保物权实现的非讼程序——兼评〈民事诉讼法〉第 196、197 条》,载《比较法研究》2015 年第 2 期。

义、非直接审理原则、非言词审理原则、自由证明制度等。[①] (4)集中解决围绕非讼程序的基本理论问题,保障非讼程序在司法实践的顺畅运行。在审查形式上,非讼程序是采用形式审查还是(充分或有限的)实质审查;在裁判效力上,非讼裁判是否具有既判力,形成权利或确认事实的时间是判决生效时还是判决另定时间;在程序救济上,当事人和案外人如何救济非讼裁判中的错误,是否可以申请再审、提出异议或者适用审判监督程序等;在制度制约上,如何防范当事人提出虚假的非讼申请;等等。

---

① 张卫平:《民事诉讼法》,法律出版社 2016 年版,第 441 页。

后记

本书各章作者分工如下。

张卫平(天津大学卓越教授、清华大学教授)：第一章；

王次宝(山东科技大学文法学院副教授)：第二章；

蒲一苇(宁波大学教授)：第三章；

胡学军(南昌大学法学院教授)：第四章；

韩波(中国政法大学教授)、谢凡(中国政法大学博士研究生)：第五章；

任重(清华大学副教授)：第六章；

曹云吉(天津大学法学院讲师)：第七章；

周洪江(鲁东大学讲师)：第八章；

黄忠顺(华南理工大学法学院教授)：第九章；

曹建军(天津大学法学院讲师)：第十章。